법학입문

부산대학교 교양 시리즈 21

법학입문

초판 인쇄 2021년 2월 22일
초판 발행 2021년 2월 26일

저자 강명수
디자인 박지영
편집 박지현
발행인 차정인
펴낸곳 부산대학교출판문화원

출판등록 제1983-000001호 1983. 11. 10.
부산광역시 금정구 부산대학로63번길 2(우편번호 46241)
대표전화 051-510-1932 팩시밀리 051-512-7812
www.press.pusan.ac.kr

ISBN 978-89-7316-704-3 (04360)
978-89-7316-662-6 (세트)

2020년「국립대학 육성사업」교양교과목 교재개발
법학입문
연구책임자 강명수 법학과 교수
※ 이 교재는 국립대학육성사업(REN)으로 편찬되었습니다.

부산대학교 교양 시리즈 21

법학 입문

강명수

부산대학교출판문화원

차 례

저자서문

2019년 1학기에 「법정보조사와 법학입문」 강의를 시작하면서, 일반 교양과목으로서의 특징을 살려 법학에 대한 재미있고 다양한 내용들을 다루고자 하였다. 일반인들에게 법학은 어렵고 까다로운 학문 분야로 생각되는 반면, 실생활에서 항상 접하는 문제로서 기본적인 지식이나 재미있는 사례들에 대한 흥미도 많이 가지고 있다고 생각된다. 실제로 어느 영역에서 어떠한 업무에 종사하는지, 어느 영역을 전문으로 연구하는지와 상관 없이 법과 무관하다고 단언할 수 있는 사람은 없을 것이다. 법치주의가 뿌리를 내리고 성숙한 민주주의 사회로 발전해 갈수록 우리 일상생활에 법은 더욱 가까이, 그리고 더 많은 영역에서 영향을 미치게 된다. 따라서 오늘을 사는 우리들이 기본적으로 알고 있을 필요가 있는 법학에 대한 기초소양을 강의하고 싶었고 그러한 취지로 만들어왔던 강의안을 토대로 본 교재를 내게 되었다.

먼저 강좌제목은 「법정보조사와 법학입문」인데, '법정보조사'와 관련하여서는 법학전문대학원 교재로 이미 출간된 텍스트가 있을 뿐더러 강의시간을 통해 기본적인 내용 설명이 가능하고 또한 교양교재의 특성상 법학입문을 보다 충실하게 다루는 것이 유익할 것이라는 관점에서 '법학입문'에 맞춰 집필하였다. 다음으로 법학입문이라고 하면 그 범위가 워낙 광범위하여, 자칫 흥미위주의 몇가지 사례나 법리 소개에 치우치게 되면 공부할 당시에는 재미가 있을지 몰라도 공부 이후에 법학에 대한 기초를 파악하지 못할 우려가 있다. 이에 본 교재에서는 먼저 법학 이해에 대한 기초를 서론에서 소개한 다음 우리나라 법조실무가 배출의 기준인 변호사시험(과거 사법시험)의 교과목과 주요 내용들을 중심으로 내용을 구성하였다. 그리고 우리나라가 성문법 국가인 점을 고려하여 각 주요 법률들에 대해 먼저 법조문의 전체적인 구성과 주요내용을 설명하고, 그중에서 법학입문의 관점에서 알아둘 필요가 있는 기본 법리와 판례들을 정리하였다. 즉, 본서의 가장 큰 특징이라고 할 수 있는 것이 각 주요 법률들의 전체적인 구성과 주요내용을 성문법 규정에 따라 설명한 것이라 할 수 있다. 우리나라 법 교육의 특징은 성문법국가라고 하면서도 정작 법조문이나 법전은 제대로 살펴보지 않고 판례 위주로 내용을 설명하고 학습을 한다는 것이다. 이로 인해 개별 판례들은 많이 알고 있지만 정작 그 기본이 되는 법조문의 구성이나 내용은 잘 모르는 경우가 적지 않다. 이에 본서에서는 주요 법률들의 조문 구성을 살펴보면서 전체적인 구조를 이해하고, 이를 바탕으로 하여 기본적인 법리를 살펴보고자 하였다.

다만 각 법률들은 성문법 조문 자체도 적지 않을뿐더러 세부적인 법리 내용들은 매우 방대하여 이를 법학입문의 관점에서 축약하기가 상당히 어려웠고 이로 인해 누락된 내용들도 적지 않다. 하지만 본서가 강조하듯이 법조문을 중심으로 해당 법률들의 전체 구조를 파악하고 각 법률들의 기본적인 법리를 숙지한다면, 그 이외의 내용이나 법리는 후속적인 학습을 통해 충분히 습득할 수 있다고 생각하며 그러한 관점에서 세부적이고 디테일한 내용 보다는 전체적인 구조를 이해하는데 중심을 두고 본서를 봐 나가는 것이 유익할 것으로 생각된다. 그리고 실용적인 측면을 강조한다는 차원에서 이론적인 부분들(법이란 무엇인가라는 논의부터 주요 쟁점들에 대한 학술적이고 이론적인 논의들)은 가급적 배제하였다는 점도 참고할 필요가 있을 것이다. 그럼에도 불구하고 본서에서 미진하거나 부족한 부분들은 전적으로 저자의 역량부족에 따른 것이어서 향후 개정을 통해 보완할 수 있길 희망한다.

끝으로 법학에 흥미를 가진 모든 분들에게 본서가 작은 길라잡이가 되길 바라며, 이번에 강의교재를 책으로 출간할 수 있도록 도움을 주신 부산대학교 교양교육원과 출판문화원에 감사의 말씀을 드린다.

2021년 2월

강명수

제1강

법의 기초

1 법이란 무엇인가

가. 시대와 역사의 산물

법을 어떻게 정의할 것인지에 대해서는 다양한 의견들이 제시될 수 있는데, 일응 '한 나라의 국민이 그 국민을 위해 만든 구속력 있는 약속' 정도로 이해해 볼 수 있다. 즉, 법은 한 국가의 소속 국민들에게 구속력 있는 규범으로서 국민들이 만들어 둔 약속이며,[1] 이와 같이 법을 만드는 주체도 국민이고 그 대상도 국민이며 따라서 법의 해석도 그 국민의 법감정을 통해 판단해 보아야 한다. 그리고 이러한 법의 본질상 어느 시대나 역사를 불문하고 변치 않는 규범이 있다기 보다는 그 규범을 만드는 국민들이 살아가는 시대와 역사의 산물로서, 법에 대한 해석도 그 법이 만들어진 시대와 역사를 고려하여 판단해야 한다. 예컨대, 과거에는 다양한 사형 선고 및 집행이 있었고 범죄자 뿐만 아니라 그 일족까지 벌하는 연좌제가 당연시 되기도 하였는데, 그러한 법 규정을 지금의 시각에서 불합리하고 위헌적이라고 단정해서는 안될 것이다.

이와 같이 법에 대한 해석이 달라지는 것은 시대가 다른 경우에 한정되는 것은 아니고, 같은 시대라 하더라도 그 나라의 일반 국민들이 느끼는 일반적인 법감정이 변화하면 그에 따라 법 해석도 달라질 수 있다. 예를 들어 2012년 개정전 형법 제297조에서는 강간죄와 관련하여 "폭행 또는 협박으로 부녀를 강간한 자는 3년 이상의 유기징역에 처한다."고 규정하고 있었는데, 남성은 위 규정에서 말하는 '부녀'에 해당하지 않기 때문에 여성이 남성을 성폭행한 경우 강간죄가 아닌 제298조의 강제추행죄로 처벌되었다. 강간죄의 경우 3년 이상의 유기징역에 처하는데 반해, 강제추행죄는 10년 이하의 징역 또는 1천 500만원 이하의 벌

---

1 물론 오늘날 대의민주제도 하에서는 국민들이 직접 법을 제정하는 것이 아니라 국민의 대표 또는 대리인 국회를 통해 법을 만들지만 국회는 주권자인 국민의 뜻을 법이라는 규범으로 만드는 것이므로, 이하에서는 편의상 국민이 (직접) 만드는 것이라고 한다.

금에 처하게 되어 있어 강간죄에 비해 그 법정형이 낮은데, 이로 인해 남성이 여성을 성폭행한 경우(강간죄)와 여성이 남성을 성폭행한 경우(강제추행죄) 차별이 발생하였다. 그리고 이러한 차별이 정당한지에 대해 의문이 있을 수 있는데, 우리 대법원은 "형법 제297조 강간죄에 있어서 그 객체를 부녀로 한 것은 남녀의 생리적, 육체적 차이에 의하여 강간이 남성에 의하여 감행됨을 보통으로 하는 실정에 비추어 사회적, 도덕적 견지에서 부녀를 보호하려는 것이고 이로 인하여 일반 사회관념상 합리적인 근거없는 특권을 부녀에게만 부여하고 남성에게 불이익을 주었다고는 할 수 없다 할 것이고 이는 병역법에서 남자에게만 병역의 의무를 인정하고 여자에게는 인정하지 아니함이 헌법에 위반된다고 할 수 없음과 같다."고 판시하였다.[2] 이로 인해 형법 제297조의 규정은 2012년 개정전까지 계속 존속하게 되었는데, 남성에서 여성으로 성전환한 경우 형법 제297조에서 말하는 '부녀'로 볼 것인지 아니면 남성으로 보아 동 규정의 적용을 배제할 것인지가 문제되었다. 우리 대법원은 1996년 판결에서는 부녀가 아닌 남성으로 보아야 한다고 판시한 반면,[3] 2009년 판결에서는 여성으로 보아 그 사람에 대한 성폭행을 강간죄로 인정하였다.[4]

법이 바뀐 것이 아님에도 불구하고 대법원이 유사한 사례에서 서로 다른 판단을 한 것을 어떻게 받아들여야 할 것인가? 만약 2009년에 선고된 대법원 판결에서 기존의 1996년 판결이 잘못되었음을 전제로 견해를 변경한 것이라면 소위 '전원합의체 판결'의 형식을 취하면서 이와 다른 취지의 기존 판례를 변경한다고 명시하는 것이 일반적인데, 이 사건에서는 그와 같은 판단도 없었다. 이는 결국 1996년과 2009년의 우리 국민의 일반 법감정이 변화되었다는 것을 판결에 반영한 것으로 이해해 볼 수 있고, 이와 같이 법에 대한 해석은 시대와 역사

---

2 대법원 1967. 2. 28. 선고 67도1 판결.
3 대법원 1996. 6. 11. 선고 96도791 판결.
4 대법원 2009. 9. 10. 선고 2009도3580 판결.

의 산물로서 구체적인 시대 상황을 이해하는 전제에서 다루어질 필요가 있는 것이다.

이와 같은 예를 하나 더 들어보면, 법률상 부부 사이에 강간죄가 성립할 수 있는지에 대해 1970년 판결에서는 "처가 다른 여자와 동거하고 있는 남편을 상대로 간통죄고소와 이혼소송을 제기하였으나 그 후 부부간에 다시 새 출발을 하기로 약정하고 간통죄고소를 취하하였다면, 그들 사이에 실질적인 부부관계가 없다고 단정할 수 없으므로 설사 남편이 강제로 처를 간음하였다 하여도 강간죄는 성립되지 아니한다."고 판시하였으나,[5] 2013년에는 전원합의체 판결을 통해 기존 판단과 달리 "헌법이 보장하는 혼인과 가족생활의 내용, 가정에서의 성폭력에 대한 인식의 변화, 형법의 체계와 그 개정 경과, 강간죄의 보호법익과 부부의 동거의무의 내용 등에 비추어 보면, 형법 제297조가 정한 강간죄의 객체인 '부녀'에는 법률상 처가 포함되고, 혼인관계가 파탄된 경우뿐만 아니라 혼인관계가 실질적으로 유지되고 있는 경우에도 남편이 반항을 불가능하게 하거나 현저히 곤란하게 할 정도의 폭행이나 협박을 가하여 아내를 간음한 경우에는 강간죄가 성립한다고 보아야 한다. 다만 남편의 아내에 대한 폭행 또는 협박이 피해자의 반항을 불가능하게 하거나 현저히 곤란하게 할 정도에 이른 것인지 여부는, 부부 사이의 성생활에 대한 국가의 개입은 가정의 유지라는 관점에서 최대한 자제하여야 한다는 전제에서, 그 폭행 또는 협박의 내용과 정도가 아내의 성적 자기결정권을 본질적으로 침해하는 정도에 이른 것인지 여부, 남편이 유형력을 행사하게 된 경위, 혼인생활의 형태와 부부의 평소 성행, 성교 당시와 그 후의 상황 등 모든 사정을 종합하여 신중하게 판단하여야 한다."고 하면서, "이와 달리, 실질적인 부부관계가 유지되고 있을 때에는 설령 남편이 강제로 아내를 간음하였다고 하더라도 강간죄가 성립하지 아니한다고 판시한 대법원 1970. 3. 10. 선고

5 대법원 1970. 3. 10. 선고 70도29 판결.

70도29 판결은 이 판결과 배치되는 범위에서 이를 변경하기로 한다."고 판시하였다.[6] 비록 앞서 본 사례와 달리 이 경우는 전원합의체 판결의 형식을 취하면서 기존에 이와 달리 판단한 것을 변경한 것이지만, 가정에서의 성폭력에 대한 인식의 변화를 판시 근거로 제시한 점에서 알 수 있듯이 시대와 상황에 따라 법에 대한 해석이 달라질 수 있음을 보여주는 또 다른 예라 할 것이다.

나. 올바른 것! 정당한 것!

법에 대한 일반인들의 가장 큰 오해 중의 하나가 법은 정의롭거나 정당한 것 또는 올바른 것과는 다른 획일적이고 형식적인 기준에 의한 판단이고, 따라서 우리들이 생활하면서 느끼는 상식과는 차이가 있다고 생각한다는 것이다. 하지만 법이란 앞서 본 바와 같이 일반 국민들이 만든 약속이며 따라서 법에는 일반 국민들이 생각하는 정의롭고 정당한 것에 대한 보호가 포함될 수밖에 없다. 비록 사람들의 생각을 문자로 입법하다보니 정당하게 보호되어야 할 사항들이 포함되지 못하는 한계가 있을 수는 있지만, 국민들이 생각했을 때 정의롭지 못하거나 정당하지 않은 내용을 입법으로 보호한다는 것은 상식에도 맞지 않다. 그럼에도

---

6 대법원 2013. 5. 16. 선고 2012도14788,2012전도252 전원합의체 판결. 이 판결에서는 다음과 같은 반대의견이 있었다.

[대법관 이상훈, 대법관 김용덕의 반대의견] (가) 강간죄에 대하여 규정한 형법 제297조가 개정 형법(2012. 12. 18. 법률 제11574호로 개정되어 2013. 6. 19. 시행 예정인 것, 이하 '개정 형법'이라 한다)에 의하여 개정되기 전에, 강제적인 부부관계에 대하여 행사된 폭행이나 협박을 처벌 대상으로 삼는 것을 넘어서서 강간죄의 성립을 부정하였던 종전의 판례를 변경하여 강간죄로 처벌하여야 한다는 다수의견에 대하여는 다음과 같은 이유로 찬성할 수 없다.

(나) '간음'의 사전적 의미는 '부부 아닌 남녀가 성적 관계를 맺음'이고, 강간은 '강제적인 간음'을 의미하므로 강간죄는 폭행 또는 협박으로 부부 아닌 남녀 사이에서 성관계를 맺는 것이라 할 것이다. 그리고 강간죄는 '부녀'를 대상으로 삼고 있으므로, 결국 강간죄는 그 문언상 '폭행 또는 협박으로 부인이 아닌 부녀에 대하여 성관계를 맺는 죄'라고 해석된다. 강간죄는 제정 당시부터 '배우자가 아닌 사람에 의한 성관계'를 강요당한다는 침해적인 요소를 고려하여 형량을 정하였는데, 특별한 구성요건의 변화 없이 형법 제32장의 제목 변경만으로 강간죄를 부부관계에까지 확대하는 것은 강간죄의 규정 취지와 달리 부부관계에 대하여 과도한 처벌이 이루어지게 되어 죄형균형의 원칙을 벗어나게 된다. 혼인생활과 가족관계의 특수성이 갖는 이익과 성적 자기결정권이 갖는 이익의 형량 등을 고려하여 강간죄에 의한 처벌 여부를 가려야 한다면, 차라리 일반적인 강간죄가 성립된다고 보지 않고 그 폭행 또는 협박에 상응한 처벌을 하는 것이 다양한 유형의 성적 자기결정권 침해에 대처할 수 있고 처의 혼인생활 및 권리 보호에 충실할 수 있다.

불구하고 일반인들이 법에 대해 이와 같은 오해를 하는 것은 무엇을 뜻하는 것일까? 우선 입법 과정에서 일반 국민들의 참여가 제대로 보장되어 있지 않아 입법의 경위와 취지, 내용 및 목적 등을 제대로 파악하지 못하고, 또한 법 해석에 있어서도 일반인들은 이해하기 어렵고 난해하다는 전제하에 국민들의 참여가 제대로 이루어지지 않기 때문이 아닌가 생각된다. 국민을 위해 국민이 만든 법이 국민들을 위해 제대로 작동하기 위해서는 주권자들의 적극적인 참여가 필요할 것으로 생각된다.

다. 구체적인 사례를 통해서 본 법의 역할

아래의 각 사례들에 대해 각자의 입장에서 판단해 보고 느끼는 바를 생각해 보자.

(1) 법률 상담 사례

법조인 甲은 일반인 A로부터 법률상담 요청을 받아 상담을 진행하였다. A는 최근에 매입한 토지의 경계와 관련하여 이웃 토지 소유자와 분쟁이 발생하였고, 甲은 A로부터 해당 사건에 대한 자세한 사실관계를 확인한 후 분쟁의 쟁점이 무엇인지 파악하였다. 이후 甲은 A에게 이 사건의 쟁점에 대한 본인의 판단이 무엇인지 물었고, A는 '상식적으로 판단해 보면 상대방의 주장은 근거 없고 이에 반해 나의 주장은 합리적인 것으로서 당연히 내가 옳다.'고 대답하였다. A의 이야기를 들어본 甲은 A의 주장이 맞다고 판단하여 '지금까지 이야기한 내용이 사실이라는 전제하에서, 본인의 주장이 옳고 그렇기 때문에 자신이 보호받아야 한다는 취지의 본인 생각도 타당하다.'고 답을 하였다. 그러자 A는 甲에게 자신의 주장이 상식적으로 옳고 그른지를 묻고자 상담을 요청한 것이 아니라 법적으로 어떻게 되느냐가 궁금하니 법적인 관점에서 조언을 해 달라고 하였다. 이에 甲은 '법이란게 정당하고 올바른 것을 보호하기 위한 약속이기 때문에 상식적으로 옳다면 당연히 법적으로도 보호되는 것이다.'라고 답을 하였으나, A는 이 말을 믿지 못하겠다며 '상식과 법은 다른 것으로 알고 있다. 지금까지 이야기 나눈 상식에 의하면 당연히 내가 옳고 보호받아야 하겠지만, 법이란 그와 다른 기준에 따라 획일적으로 판단하는 것이라 알고 있고 따라서 법적으로 내가 이길 수 있는지를 알려 달라.'고 계속 요청하였다. 이에 甲은 어쩔 수 없이 먼저 했던 상식적인 측면에서의 대답을 법적인 용어로 바꾸어 대답해 주었고, A는 법률용어 등을 잘 모르기 때문에 甲의 그러한 대답을 정확히 이해하지 못했음에도 불구하고 법적인 의견을 듣고서는 비로소 본인이 보호될 수 있다는 것을 수긍하였다.

(2) 형사 실무 사건

새벽 아침이 밝아오던 시간에 A(女)가 어두운 골목길에서 아주 위태로운 모습(옷도 제대로 갖춰 입지 못한 맨발 상태로서, 핸드폰이나 지갑 등 소지품도 전혀 갖고 있지 않았음)을 하고 달려오더니 지나가는 행인을 붙잡고 '좀전에 B(男)로부터 성폭행을 당할뻔 하다가 겨우 도망쳐왔다. 그러니 빨리 경찰에 신고를 해달라.'고 요청하였고, 그 행인의 신고로 경찰이 출동하여 A를 경찰서로 데리고 갔다. 이후 경찰에서는 A에게 사건 경위를 물었고, A는 최초 진술에서 B를 어떻게 만났고 어떻게 성폭행 당할 뻔 했으며 어떻게 하여 겨우 탈출하여 신고를 하게 되었는지를 매우 상세하게 진술하였다. 이후 경찰에서는 용의자로 지목된 B를 불러서 조사를 하였는데, B는 'A와 같이 술을 마셨고, 과음한 A가 술에 취해서 정신을 잃자 근처에 있던 본인(B) 집으로 데리고 갔다. 새벽쯤 A가 정신을 차리면서 집에 간다고 하여 잘 가라고 보내줬다.'며 성폭행 시도 사실을 부인하였다. 서로 간의 진술이 불일치하자 경찰에서는 다시 A를 불러서 사실관계 확인을 하였는데, A는 기존의 진술을 번복하면서 '첫 번째 진술은 술이 덜 깨고 정신도 좀 혼미한 상태여서 한 거짓이었다. 사실은 B의 진술대로 B가 성폭행하려고 했던 사실은 없다.'고 하였다. 그리고 이러한 A의 진술은 그 이후의 조사에서도 그

대로 유지되어, 결국 A의 1차 진술 이외에는 B의 성폭행 시도 사실을 뒷받침할 수 있는 증거는 없는 상태가 되었다.

(3) 민사 실무 사건

X회사는 Y은행의 주거래 고객으로서 재무상황이 우수하여 Y은행에서는 아주 중요하게 생각하는 고객이었다. X회사는 수출을 통해 달러 수입을 벌어들이는 것이 주된 영업형태여서 Y은행과 수시로 대출약정이나 환헷지(환율변동과 상관 없이 달러를 원화로 교환하는 비율을 일정액으로 고정시키는 것) 약정을 체결하곤 하였다. 어느 날 X회사는 평소와 같이 Y은행과 대출거래약정을 체결하였는데, 이후 Y은행은 X회사를 상대로 대출약정 이외에 파생상품계약(KIKO)도 체결하였다며 그에 따른 책임을 주장하는 소송을 제기하였다. X회사에서는 당시 대출약정이외에 파생상품계약(KIKO)은 전혀 체결한 바 없을뿐더러 그에 대한 논의도 진행한 바 없다고 주장하였고, 이와 달리 Y은행은 파생상품계약(KIKO)이 체결되었다면서 그 증거로 Y은행의 지점장이 작성한 업무일지와 내부품의서를 제출하였다. 즉, Y은행이 계약체결의 증거로 제출한 자료들은 모두 Y은행 내부적으로 작성된 자료들일 뿐, 거래상대방인 X회사와 관련된 자료들은 없는 상황이었다. 이에 대해 Y은행에서는 '당시 대출약정과 함께 파생상품계약(KIKO)도 같이 진행하자고 X회사가 요청했고, 이에 따라 두 가지 계약을 같이 진행하였는데 다만 관련 서류들을 보내달라고 할 때마다 X회사에서는 대출관련 서류들만 보내주면서 파생상품계약(KIKO) 관련 서류들은 회사대표가 출장을 다녀오면 보내주겠다는 등의 이유를 대면서 보내주지 않았고, 은행의 입장에서는 주거래 고객의 요청을 거절할 수 없어서 그런 약속을 믿고 계약을 진행한 것이다. 만약 X회사 말이 맞다면 은행이 있지도 않은 사실을 가지고 거짓 계약을 만들어 냈다는 것인데 그건 말이 안된다.'고 주장하였다.

라. 법의 향기

앞의 각 사례들은 법이란 무엇인지를 다시 한번 생각하게 하는 좋은 사건들이다. 먼저 첫 번째 사례는 전형적으로 법조인들이 생각하는 것과 일반인들이 생각하는 법에 대한 괴리를 잘 보여주고 있다. 사실 법이라는 것이 정의로운 사람을 지켜주기 위해 존재한다는 것 자체에 대해 회의적인 생각을 가진 사람이 적지 않다. 이는 결국 법을 만들고 해석하며 집행하는 사람들에게 잘못이 있다고 할 수밖에 없는데, 향후에는 이와 같은 오해가 불식되어서 '상식=법'이라는 것이 보편적인 법감정으로 자리잡길 기대해본다. 두 번째 사건의 경우 과연 위와 같은 상황에서 B에게 성폭행 미수범의 책임을 인정할 수 있을지 고민이 필요하다. 피해자 A의 첫 번째 진술 이외에는 증거가 없을뿐더러, 그 이후 피해자 A 스스로가 진술을 번복하면서 B의 성폭행 미수 사실을 부인했다는 이유만으로 과연 B가 무죄라고 단정할 수 있을지, 그와 같은 형식적인 측면만을 보면서 판단하는 것이 법의 정의에 맞는 것인지 고민해 볼 필요가 있을 것이다. 세 번째 사건의 경우에도 Y은행이 계약체결의 증거라고 제출한 자료들이 모두 Y은행 측에서 일방적으로 만들 수 있는 자료들이라는 이유로 증거로서 가치가 없다고 보아 Y은행의 주장을 배척하는 것이 맞는 것인지, 그렇다면 Y은행은 정말 거짓말을 하는 것인지, 아니면 X회사의 요구에 따른 선의의 피해자인지, 그렇다면 법은 어떠한 측면에 중심을 두고 판단해야 하는 것인지 고민이 필요하다.

각 사안에 대한 각자의 판단은 다를 수 있고 어떠한 결론을 내리더라도 그 결정이 잘못되었다고 단정할 수는 없을 것이다. 다만 한가지 잊지 말아야 할 것은 법이란 것이 일반 상식과 무관하게 형식적이고 획일적으로 판단하는 도구가 아니며, 오히려 일반인의 법감정을 중심으로 보편타당한 기준과 상식에 따라 판단하는 규범이고 실질적으로 정의로운 결과가 무엇인지의 관점에서 고민하고 판단할 수 있어야 한다는 것이다. 이와 관련하여 아래의 고등법원 판결문을 참고해 보자.

❖ 대전고등법원 2006. 11. 1. 선고 2006나1846 판결

가장 세심하고 사려 깊은 사람도 세상사 모두를 예상하고 대비할 수는 없는 법이다. 가장 사려 깊고 조심스럽게 만들어진 법도 세상사 모든 사안에서 명확한 정의의 지침을 제공하기는 어려운 법이다. 법은 장래 발생 가능한 다양한 사안을 예상하고 미리 만들어두는 일종의 기성복 같은 것이어서 아무리 다양한 치수의 옷을 만들어 두어도 예상을 넘어 팔이 더 길거나 짧은 사람이 나오게 된다. 미리 만들어 둔 옷 치수에 맞지 않다고 하여 당신의 팔이 너무 길거나 짧은 것은 당신의 잘못이니 당신에게 줄 옷은 없다고 말할 것인가? 아니면 다소 번거롭더라도 옷의 길이를 조금 늘이거나 줄여 수선해 줄 것인가? 우리는 입법부가 만든 법률을 최종적으로 해석하고 집행하는 법원이 어느 정도 수선의 의무와 권한을 갖고 있다고 생각한다. 이는 의회가 만든 법률을 법원이 제멋대로 수정하는 것이 아니라 그 법률이 의도된 본래의 의미를 갖도록 보완하는 것이고 대한민국헌법이 예정하고 있는 우리 헌법체제의 일부라고 생각한다.

이상과 같은 점을 참작하여 이 법원을 구성하고 있는 세 명의 판사는, 임대주택법 제15조 제1항 제1호의 '임차인'의 의미를 해석함에 있어서 이 사건 사안과 같은 특별하고도 예외적인 사정을 참작하는 실질적 의미의 임차인으로 해석하여야 한다는 점과 피고 2가 그 실질적 의미의 임차인 요건을 갖추었다는 점과 그리하여 피고 2가 이 사건 임대주택에 관하여 우선분양을 받을 권리를 가진다는 점에 대하여 의견의 일치를 보았다.

이 사건 심리 과정에 이 법원이 양측에 조정 가능성을 문의하였을 때, 원고 공사는, 피고 2측의 특별하고 딱한 사정을 참작하여 임대주택을 분양해 줄 경우 향후 유사 사정이 있는 자가 근거 없는 분양을 주장하는 나쁜 선례가 될 수 있다는 점을 들어 조정에 응할 수 없다는 견해를 밝혔다. 우리는 이 견해에 결코 동의할 수 없다. 이 판결은 원고 공사가 염려하듯 임대주택법이 달성하고자 하는 공익적 정책목표를 가로막는 나쁜 선례가 되는 것이 아니라, 임대주택법이 사용한 용어에 실질적이고도 살아있는 의미를 부여함으로써 예외적이고 특별한 사안에서까지 임대주택법의 정책적 목표와 계획을 달성할 수 있도록 하는 좋은 선례가 된다고 생각한다. 오히려 위 법이 사용한 용어의 의미를 형식적으로만 이해할 경우 위 법의 정책적 목표와 계획은 통상적인 사안에서만 달성될 수 있을 뿐이고 우리 사회에서 장래 언제든지 발생할 수 있는 다양한 예외적 사안에서 정책목표와 계획의 달성을 포기하여야 하는 나쁜 선례가 된다고 생각한다.

가을 들녘에는 황금물결이 일고, 집집마다 감나무엔 빨간 감이 익어 간다. 가을걷이에 나선 농부의 입가엔 노랫가락이 흘러나오고, 바라보는 아낙의 얼굴엔 웃음꽃이 폈다. 홀로 사는 칠십 노인을 집에서 쫓아내 달라고 요구하는 원고의 소장에서는 찬바람이 일고, 엄동설한에 길가에 나앉을 노인을 상상하는 이들의 눈가엔 물기가 맺힌다. 우리 모두는 차가운 머리만을 가진 사회보다 차가운 머리와 따뜻한 가슴을 함께 가진 사회에서 살기 원하기 때문에 법의 해석과 집행도 차가운 머리만이 아니라 따뜻한 가슴도 함께 갖고 하여야 한다고 믿는다. 이 사건에서 따뜻한 가슴만이 피고들의 편에 서있는 것이 아니라 차가운 머리도 그들의 편에 함께 서있다는 것이 우리의 견해이다.

2 삼권분립과 법의 역할

오늘날 권력분립의 원칙에 따른 기본적인 통치 기준이 삼권분립이다. 삼권분립이란 입법, 사법, 행정의 삼권을 분립하자는 것으로서 입법이란 법 제정, 사법이란 법 해석, 행정이란 법 집행 권한을 담당하는 것이고 따라서 삼권분립의 핵심은 '법'에 대한 권력을 나누는 것이다. 법이란 결국 국민의 뜻(의지)이라고 할 것이므로 삼권분립이란 국민의 뜻(의지)을 세 가지로 나눈 후 이를 행사할 수 있는 권한을 서로 다른 기관에 분배하는 것이다. 이러한 세 가지 권한 중 두 개 이상을 하나의 기관에 주는 경우 독재가 되어 국민의 권리를 제대로 보호하지 못하게 되는 것으로 이해한다. 우리나라 헌법도 "입법권은 국회에 속한다(제40조).", "행정권은 대통령을 수반으로 하는 정부에 속한다(제66조 제4항).", "사법권은 법관으로 구성된 법원에 속한다(제101조 제1항)."고 규정하고 있다.

3 법학과 법 해석학

가. 법학의 종류와 법 해석학

법학이라고 하면 법과 관련한 여러 가지 학문 분야를 총칭하는 것으로서, 입법론, 비교법학, 법제사 등 다양한 분야가 있을 수 있는데, 일반적으로 법학이라고 하면 법해석학을 의미하는 것으로서 국민의 대의기관인 국회를 통해 만들어진 법 규정을 어떻게 해석·적용하는지를 학습하는 것을 말한다. 불문법 국가인 영미법계 국가와 달리, 독일, 일본, 우리나라 등 대륙법계 국가에서는 무엇보다도 성문으로 제정된 법률 규정 자체를 중심으로 하여 그 해석론을 전개해 나가는 것이 중요하다. 물론 불문법 국가에도 많은 성문법들이 존재하고 그러한 성문법 규정들이 법 해석·집행에 중요한 기준이 되긴 하지만 구체적인 사건에서 내려진 판례들이 중요한 법규범이 된다는 점에서, 성문법 자체의 법규범성이 강조되는 대륙법계와는 차이가 있다.

이와 같이 대륙법계에 속하며 성문법 국가인 우리나라에서 법학의 중심은 성문법 규정에 대한 해석론, 즉 법해석학이 중심이 되는데, 법 규정이라는 것이 한 국가와 사회에서 일어나는(또는 일어날 것 같은) 무수히 많은 사안들을 몇 개의 단어나 문장으로 축약하여 규정해 둔 것이어서 법 규정만으로는 구체적인 해석 및 집행이 용이하지 않는 경우가 많다. 그래서 법에 대한 해석의 필요성이 제기되는데, 법 해석에 대한 권한이 있는지 여부를 가지고 무권해석과 유권해석으로 구분해 볼 수 있다.

나. 법 해석의 유형

무권해석이란 말 그대로 법 해석에 대한 권한은 없지만 법 해석 및 집행에 있어 참고가 될 수 있도록 해석 의견을 제시하는 것으로서 법학자들의 의견이 이에 해당한다. 보통 학설이라고 표현하며 따르는 인원 수에 따라 다수설, 소수설, 통설 등으로 분류한다. 다수설과 소수설은 표현 그대로 그 견해를 따르는 학자들이 다수인지 소수인지에 따른 분류이고, 통설은 다수설보다 더 많은 학자들이 따르는 견해로서 그 기준이 정해진 것은 아니지만 대략 10명을 기준으로 할 때 7~8명 이상이 따르는 견해로 볼 수 있다. 따라서 학설의 경우 소수설보다는 다수설, 다수설보다는 통설이 좀 더 설득력 있게 받아들여질 가능성이 높다.

다음으로 유권해석이란 권한이 있는 사람 또는 기관에 의한 법 해석을 말하는데, 우리나라를 포함하여 오늘날 대부분의 국가에서는 사법부에 법 해석 권한을 맡기고 있다. 우리나라 헌법 제101조 제1항에서도 "사법권은 법관으로 구성된 법원에 속한다."고 하여 법 해석권한을 사법부, 즉 법원에 맡기고 있고 결국 법원에서 판단하는 법에 대한 해석을 유권해석이라 하며, 보통 학설에 대응되는 개념으로 판례라고 한다. 판례에는 최고법원인 대법원의 판단과 고등법원이나 지방법원 등 하급심 법원[7]의 판단이 있는데, 대법원은 법률심으로서 법률적 해석에 대한 최종적인 유권해석기관이고 따라서 판례라고 하면 보통 대법원의 판단을 의미한다. 하급심 법원의 판단도 판례로서 중요성이 있지만 대법원과 달리 법률심이 아닌 사실심으로서 구체적인 사실관계 하에서의 분쟁 해결에 중심을 두고 있으며 또한 최종심이 아니기 때문에 판례로서의 중요성이나 가치는 대법원 판단에 비해 낮을 수밖에 없다.

다. 성문법의 체계

법 해석의 기초가 되는 성문법 규정은 일정한 체계로 구성되는데, 우리나라 법체계는 법전을 '편(編) - 장(章) - 절(節) - 관(款) - 항(項)'으로 구분하고 있다. 즉, 법전에서 가장 큰 목차는 '편'이라고 하고 그 이하의 하부목차들은 순서대로 '장 - 절 - 관 - 항'으로 구성된다. 예를 들어 우리나라에서 가장 중요하고 광범위한 내용을 담고 있는 민법의 경우 크게 5개의 편으로 구성되어 있고, 각 편마다 하부 목차들로 '장 - 절 - 관 - 항'을 구성하고 있다. 이와 같은 법전 편제 중 조문의 양이 많지

7 헌법 제101조 제2항에서는 "법원은 최고법원인 대법원과 각급법원으로 조직된다."고 규정하고 있다.

않은 경우에는 '편'이라는 목차 없이 '장'부터 시작해서 하부 목차들을 구성하는 경우들도 있는데, 예컨대 우리나라 헌법의 경우 '편'이라는 목차 없이 10개의 장으로 구성되어 있다.

4 실체법과 절차법

법을 공부하면서 알아야 하는 기초 지식 중 실체법과 절차법의 구분이 있다. 실체법은 보통 권리·의무의 발생, 변경, 소멸에 대해 규정하고 있는 법을 말하고, 절차법은 실체법상의 권리가 침해되었을 때 이를 보호하는 절차를 규정하고 있는 법을 말한다. 예를 들어, 민법과 형법이 대표적인 실체법이고, 민사소송법과 형사소송법이 대표적인 절차법이다. 물론 이와 같은 형식적인 기준에 의해 개별 법률들을 실체법과 절차법으로 나눌 수 있지만, 해당 법률의 개별 규정들 중에서는 실체법 속에 절차법적 규정이 포함된 경우 또는 반대로 절차법 속에 실체법적 규정이 포함된 경우 등도 있을 수 있다. 예를 들어 대표적인 실체법인 민법 제389조[8]에서는 채무불이행에 대한 구제수단으로서 '강제이행'에 대해 규정하고 있는데 동 규정은 절차법적 규정이라고 할 수 있고, 절차법인 민사소송법 중 소송비용 부담에 관한 규정(제98조 이하)이나 가집행선고가 실효된 경우의 배상책임 규정(제215조 제2항) 등은 실체법적 성질의 규정이다.

---

8 제389조(강제이행) ① 채무자가 임의로 채무를 이행하지 아니한 때에는 채권자는 그 강제이행을 법원에 청구할 수 있다. 그러나 채무의 성질이 강제이행을 하지 못할 것인 때에는 그러하지 아니하다.
② 전항의 채무가 법률행위를 목적으로 한 때에는 채무자의 의사표시에 갈음할 재판을 청구할 수 있고 채무자의 일신에 전속하지 아니한 작위를 목적으로 한 때에는 채무자의 비용으로 제삼자에게 이를 하게 할 것을 법원에 청구할 수 있다. <개정 2014. 12. 30.>
③ 그 채무가 부작위를 목적으로 한 경우에 채무자가 이에 위반한 때에는 채무자의 비용으로써 그 위반한 것을 제각하고 장래에 대한 적당한 처분을 법원에 청구할 수 있다.
④ 전3항의 규정은 손해배상의 청구에 영향을 미치지 아니한다.

실체법과 절차법을 구분하는 것은 구분 자체도 의미가 있겠지만, 실체법과 절차법의 경우 법률이 개정된 경우 소급적용 여부나 국제관계 사건의 경우 적용법이 달라지는 구분 실익도 있다. 먼저 법률이 개정된 경우 개정 이전에 발생한 사실에 대해서도 개정법이 적용되는지의 소급적용 문제와 관련하여 실체법은 예측가능성과 법적 안정성이 중요시되기 때문에 기존 행위에 대해서는 적용되는 않는 법률불소급이 원칙인데 반해, 절차법은 권리·의무의 발생, 변경, 소멸에 직접 영향을 주지 않고 다만 권리보호의 절차를 규정하고 있어 종전 행위에 대해서도 개정법이 적용되는 것이 원칙이다. 그리고 국제관계 사건의 경우(예를 들어 우리나라에서 우리나라 사람과 일본 사람이 계약을 체결하였다가 분쟁이 발생한 경우) 해당 사건에 적용할 실체법의 경우에는 우리나라 법이 아닌 다른 국가의 법이 적용될 수 있지만, 소송절차에 대한 법은 그 분쟁을 다루는 국가의 법이 적용될 수밖에 없다. 이를 간략히 도표로 정리하면 아래와 같다.

	실체법	절차법
법률이 개정된 경우	법률불소급의 원칙[9]	소급적용의 원칙[10]
국제관계 사건의 경우	외국법 적용가능	법정지법 (法庭地法, lex fori)

9 1958. 2. 22. 제정되어 1960. 1. 1. 시행된 우리 민법 부칙 제2조는 "본법은 특별한 규정이 있는 경우 외에는 본법 시행일전의 사항에 대하여도 이를 적용한다. 그러나 이미 구법에 의하여 생긴 효력에 영향을 미치지 아니한다."고 하여, 형식상 소급적용을 인정하면서도 단서 규정에 의해 사실상 불소급의 원칙을 따르고 있다.

10 2002. 1. 26. 개정 민사소송법 부칙 제2조는 "이 법은 특별한 규정이 없으면 이 법 시행 당시 법원에 계속중인 사건에도 적용한다. 다만, 이 법 시행 전의 소송행위의 효력에는 영향을 미치지 아니한다."고 규정하고, 동 부칙 제3조는 "이 법은 이 법 시행 이전에 생긴 사항에도 적용한다. 다만, 종전의 규정에 따라 생긴 효력에는 영향을 미치지 아니한다."고 규정하고 있다.

5 법의 효력

가. 헌법 - 법률 - 명령·규칙

법의 효력은 상위법이 가장 중심이 되고 그 상위법의 범위를 벗어나지 않는 범위에서 하위법의 효력이 인정된다. 한 국가의 법 규범 중 가장 최상위의 법은 헌법이며, 우리나라도 1948년에 제정되어 1987년까지 총 9번에 걸쳐 개정된 대한민국헌법이 최고의 법 규범이다. 그리고 이러한 헌법 아래에 국회에서 제정하는 법률이 있고, 법률의 범위 내에서 행정부가 제정하는 행정입법인 명령·규칙 등이 있다. 우리가 법률이라고 할 때에는 실질적 의의의 법률과 형식적 의의의 법률 중 무엇을 말하는지 명확하지 않을 수 있는데, 실질적 의의의 법률은 헌법, 법률, 명령·규칙 등 제반 법 규범을 모두 포함하는 의미이고, 이와 달리 형식적 의의의 법률이라고 하면 국회에서 제정하는 법률만을 지칭하는 것이다.

이와 같은 법 규범 상호간의 효력 차이로 인해 법률은 헌법에 위반되지 않는 범위 내에서 입법이 가능하고 만약 법률의 내용이 헌법에 위반되면 헌법재판소의 위헌결정 등을 통해 그 효력이 부정되게 된다(헌법 제111조). 또한 명령·규칙 등도 법률의 범위 내에서 제정할 수 있기 때문에 행정입법의 내용이 법률에 위반되면 이 또한 그 효력이 부정된다(헌법 제107조 제2항). 따라서 법 규범을 제정할 경우에는 상위법이 무엇인지를 확인한 후 상위법에 위반되지 않는 범위 내에서 규정하는 것이 중요하다(헌법 제108조,[11] 제113조 제2항[12] 등 참고).

나. 헌법

헌법의 제정 및 개정 경과에 대해서는 뒤에서 살펴보기로 하고, 여기서는 현

---

11 제108조 대법원은 법률에 저촉되지 아니하는 범위안에서 소송에 관한 절차, 법원의 내부규율과 사무처리에 관한 규칙을 제정할 수 있다.

12 헌법재판소는 법률에 저촉되지 아니하는 범위안에서 심판에 관한 절차, 내부규율과 사무처리에 관한 규칙을 제정할 수 있다.

행 헌법상 헌법개정에 대한 내용을 살펴본다. 우리나라 헌법은 총 10개의 장으로 구성되어 있는데 마지막 제10장이 '헌법개정'으로서 제128조부터 제130조까지 3개의 조문으로 되어 있다. 먼저, 헌법개정은 국회재적의원 과반수 또는 대통령의 발의로 제안되고(헌법 제128조 제1항), 대통령의 임기연장 또는 중임변경을 위한 헌법개정은 그 헌법개정 제안 당시의 대통령에 대하여는 효력이 없다(헌법 제128조 제2항[13]).

제안된 헌법개정안은 대통령이 20일 이상의 기간 이를 공고하여야 한다(헌법 제129조). 국회는 헌법개정안이 공고된 날로부터 60일 이내에 의결하여야 하며, 국회의 의결은 재적의원 3분의 2 이상의 찬성을 얻어야 한다(헌법 제130조 제1항). 헌법개정안은 국회가 의결한 후 30일 이내에 국민투표에 붙여 국회의원선거권자 과반수의 투표와 투표자 과반수의 찬성을 얻어야 하고(헌법 제130조 제2항), 그러한 찬성을 얻은 때에 헌법개정은 확정되며, 대통령은 즉시 이를 공포하여야 한다(헌법 제130조 제3항).

다. 입법권

우리나라 헌법 제40조에서는 '입법권은 국회에 속한다.'고 규정하여, 대의민주주의 하에서의 입법권 귀속을 명시하고 있다. 국회는 헌법 또는 법률에 특별한 규정이 없는 한 재적의원 과반수의 출석과 출석의원 과반수의 찬성으로 의결하는데(헌법 제49조), 국회에서 의결된 법률안은 정부에 이송되어 15일 이내에 대통령이 공포하며(헌법 제53조 제1항), 법률안에 이의가 있을 때에는 대통령은 그 기간내에 이의서를 붙여 국회로 환부하고 그 재의를 요구할 수 있다. 국회의 폐회중에도 또한 같다(헌법 제53조 제2항). 이 경우 대통령은 법률안의 일부에 대하여 또는 법률안을 수정하여 재의를 요구할 수 없다(헌법 제53조 제3항).[14] 재의의 요

13 그 동안 우리나라는 집권자의 임기 연장을 위한 헌법 개정이 몇 차례 있었기에, 이러한 문제를 원천적으로 차단하기 위해 1980년 헌법에서 처음으로 명시된 규정이다.

구가 있을 때에는 국회는 재의에 붙이고, 재적의원 과반수의 출석과 출석의원 3분의 2 이상의 찬성으로 전과 같은 의결을 하면 그 법률안은 법률로서 확정된다(헌법 제53조 제4항). 그리고 대통령이 정부에 이송된 법률안을 15일 이내에 공포나 재의의 요구를 하지 아니한 때에도 그 법률안은 법률로서 확정된다(헌법 제53조 제5항). 대통령은 확정된 법률을 지체없이 공포하여야 하고, 법률이 확정된 후 또는 확정법률이 정부에 이송된 후 5일 이내에 대통령이 공포하지 아니할 때에는 국회의장이 이를 공포한다(헌법 제53조 제6항). 법률은 특별한 규정이 없는 한 공포한 날로부터 20일을 경과함으로써 효력을 발생한다(헌법 제53조 제7항).

라. 행정입법

(1) 행정입법의 한계

명령·규칙 등 행정부에서 만드는 행정입법의 경우 삼권분립의 원칙상 일정한 제한이 있다. 즉, 삼권분립의 원칙에 따라 행정부는 법을 집행하는 기관이어서 법을 제정할 수는 없는데 예외적으로 행정입법을 허용해 주는 것이어서 제한된 범위와 기준에 따라야 한다.

첫째, 행정입법을 하기 위해서는 원칙적으로 법률의 위임이 있어야 한다. 즉, 입법권은 국회에 있기 때문에 그러한 입법권한을 가진 국회가 법률의 규정을 통해 행정부로 하여금 입법할 수 있도록 명시적인 위임을 해 주어야 한다. 예를 들어 우리 민법 제312조의2에서는 "전세금이 목적 부동산에 관한 조세·공과금 기타 부담의 증감이나 경제사정의 변동으로 인하여 상당하지 아니하게 된 때에는 당사자는 장래에 대하여 그 증감을 청구할 수 있다. 그러나 증액의 경우에는 대통령령이 정하는 기준에 따른 비율을 초과하지 못한다."고 하여, 전세금 증액 청구의 경우 허용되는 비율을 대통령령(시행령)에 위임해 두었고, 이러한 위임

---

14 대통령이 법률안의 일부에 대하여 또는 법률안을 수정하여 재의를 요구할 수 있게 되면, 법률을 왜곡하거나 행정부에 유리한 방향으로 취사선택할 여지가 있기 때문에 이를 금지하는 것이다.

규정에 따라 제정한 「민법 제312조의2 단서의 시행에 관한 규정」[15]에서 증액 청구의 제한에 대해 규정하고 있다.

둘째, 입법권이 있는 국회가 법률의 규정에서 입법사항을 행정입법에 위임할 수 있다는 이유로 입법의 전부 또는 상당 부분을 모두 위임해서는 안되는데 이를 '포괄위임금지의 원칙'이라고 한다. 이에 대해서는 헌법 제75조,[16] 제95조[17] 등에서 규정하고 있으며, 만약 입법을 통해 법률의 전부 또는 상당 부분을 위임해 버리면 헌법 제40조에서 규정하고 있는 입법권을 사실상 포기하는 것과 다를 바 없기 때문에 그와 같은 제한을 하고 있는 것이다.

셋째, 입법을 통해 개별규정을 위임할 수 있다고 하더라도 각 법률의 가장 중요한 핵심 사항은 법률에 위임하지 못하고 부수적이고 본질적이지 않은 사항만을 행정입법으로 위임할 수 있다. 이를 소위 '법률유보의 원칙(중요사항위임금지의 원칙)'이라 하는데, 예컨대 민법에서 권리능력, 행위능력은 아주 중요한 사항인데 그에 관한 규정을 행정입법에 위임하는 것은 허용되지 않는 것이다.

넷째, 앞에서 살펴 본 3가지 사유를 모두 갖추었다 하더라도 대의민주주의 제도 하에서 국민을 대표하여 국민의 뜻을 '법'이라는 이름으로 제정할 권한을 부여받은 입법부는 스스로가 관련 규정들을 제정하는 것이 원칙이다. 그럼에도 불구하고 행정입법으로 위임하는 것은 예외적이면서도 또 한편 국민을 위해서는 오히려 위임의 필요성이 인정되는 경우가 있는데, 잦은 개정의 필요성이 있는 경우이다. 예를 들어 「이자제한법」[18] 제2조 제1항에서는 "금전대차에 관한 계약상의 최고이자율은 연 25퍼센트를 초과하지 아니하는 범위 안에서 대통령령으로 정한다."고 규정하고 있고, 이에 따라 제정된 「이자제한법 제2조 제1항의 최고이

15 [시행 1984. 9. 1.] [대통령령 제11493호, 1984. 9. 1., 제정]

16 대통령은 법률에서 구체적으로 범위를 정하여 위임받은 사항과 법률을 집행하기 위하여 필요한 사항에 관하여 대통령령을 발할 수 있다.

17 국무총리 또는 행정각부의 장은 소관사무에 관하여 법률이나 대통령령의 위임 또는 직권으로 총리령 또는 부령을 발할 수 있다.

18 [시행 2014. 7. 15.] [법률 제12227호, 2014. 1. 14., 일부개정]

자율에 관한 규정」[19]에서는 "「이자제한법」 제2조 제1항에 따른 금전대차에 관한 계약상의 최고이자율은 연 24퍼센트로 한다."고 규정하고 있다. 만약 입법권이 국회에 있다는 이유로 최고이율을 법으로 규정하게 되면 변동되는 경제상황에 따라 수시로 법을 개정해야 하는 문제가 있고, 이에 따라 실질적인 경제변동에 입법이 따라가지 못하여 오히려 국민들에게 피해가 갈 수도 있다. 이러한 경우에는 오히려 최고 한도는 법률에 규정하면서도(포괄위임금지, 법률유보의 원칙) 세부적인 최고이율은 행정입법으로 위임하여 경제상황에 따라 신속하게 최고이율을 개정할 수 있도록 하는 것이 더 바람직한 입법 방향이 되는 것이다.

(2) 행정입법의 한계에 관한 사례 - (구)한국방송공사법(1990. 8. 1. 법률 제4264호로 개정된 것. 이하 "이 법"이라 한다) 제35조, 제36조 제1항의 위헌 여부[20]

① 심판대상 규정

제35조(텔레비전수상기의 등록과 수신료 납부의무) 텔레비전방송을 수신하기 위하여 텔레비전수상기(이하 "수상기"라 한다)를 소지한 자는 대통령령이 정하는 바에 따라 공사에 그 수상기를 등록하고 텔레비전방송수신료(이하 "수신료"라 한다)를 납부하여야 한다. 다만, 대통령령이 정하는 수상기에 대하여는 그 등록을 면제하거나 수신료의 전부 또는 일부를 감면할 수 있다.

제36조(수신료의 결정) ① 수신료의 금액은 이사회가 심의·결정하고, 공사가 공보처장관의 승인을 얻어 이를 부과·징수한다.

② 제35조가 포괄위임금지원칙에 저촉되는지 여부

이 법 제35조는 "텔레비전방송을 수신하기 위하여 텔레비전수상기(이하

19 [시행 2018. 2. 8.] [대통령령 제28413호, 2017. 11. 7., 일부개정]
20 헌법재판소 1999. 5. 27. 선고 98헌바70 전원재판부.

“수상기”라 한다)를 소지한 자는 대통령령이 정하는 바에 따라 공사에 그 수상기를 등록하고 텔레비전방송수신료(이하 “수신료”라 한다)를 납부하여야 한다. 다만, 대통령령이 정하는 수상기에 대하여는 그 등록을 면제하거나 수신료의 전부 또는 일부를 감면할 수 있다”고 규정하고 있는바, 수신료[21]는 앞에서 본 바와 같

21 (1) 수신료의 법적 성격

(가) 오늘날 방송은 민주적 여론형성, 생활정보의 제공, 국민문화의 향상 등의 공공적 역할을 수행하면서 국민의 생활에 직접적인 영향을 미치고 있으며, 대부분의 국가에서는 방송의 이러한 공공성을 고려하여 공익향상과 문화발전을 위한 공영방송제도를 두고 방송운영에 대하여 국가가 직·간접적인 지원과 규율을 하고 있다. 우리나라도 마찬가지여서 이 법으로 공사를 설립하여 공영방송사업을 맡기고 있다. 이 법에 의하면 공사는 국내외 방송을 효율적으로 실시하고 전국에 방송의 시청을 가능하게 함으로써 방송문화의 발전과 공공복지향상에 이바지하게 하기 위하여 설립된 법인으로(제1조) 라디오 텔레비전방송의 실시, 국가가 필요로 하는 특수방송의 실시 및 지원, 방송문화행사의 수행 및 방송문화의 국제교류, 방송에 관한 조사·연구 및 발전 등(제21조)의 공영방송사업을 수행한다.

이러한 공영방송사업에는 막대한 재원이 소요되는바, 이 법은 그 재원을 원칙적으로 수신료로 충당하되 필요한 경우에는 광고방송수입과 기타 수입으로 충당할 수 있도록 하고 있으며(제23조의2) 나아가 국가로 하여금 보조금, 재정자금 융자, 공사의 사채인수 등의 방식을 통하여 재정적으로 지원할 수 있도록 하고 있다(제30조). 수신료는 텔레비전방송의 수신을 목적으로 텔레비전수상기를 소지한 자에 대하여 징수하며(제35조 제1항), 수신료의 금액은 공사의 이사회가 심의 결정하고, 공사가 공보처장관의 승인을 얻어 부과 징수하며(제36조), 텔레비전의 등록을 하지 아니하거나 수신료를 연체한 자에 대해서는 공사가 추징금 또는 가산금을 징수하며, 이를 체납한 자에 대해서는 국세체납처분의 예에 따라 징수할 수 있다(제37조). 한편, 공사의 회계는 기업회계원칙에 의하여 계리하며, 회계처리의 기준과 절차 등에 관하여는 기업예산회계법을 준용하고(제23조), 이익금은 적립하도록 하는 등(제31조) 독립채산방식을 택하고 있다.

(나) 이 법에 의해 부과·징수되는 수신료는 조세도 아니고 서비스의 대가로서 지불하는 수수료도 아니다.

법원이 위헌제청신청 기각이유에서 밝힌 바와 같이 수신료는 공영방송사업이라는 특정한 공익사업의 소요경비를 충당하기 위한 것으로서 일반 재정수입을 목적으로 하는 조세와 다르다. 또, 텔레비전방송을 수신하기 위하여 수상기를 소지한 자에게만 부과되어 공영방송의 시청가능성이 있는 이해관계인에게만 부과된다는 점에서도 일반 국민을 대상으로 하는 조세와 차이가 있다. 그리고 ‘공사의 텔레비전방송을 수신하는 자’가 아니라 ‘텔레비전방송을 수신하기 위하여 수상기를 소지한 자’가 부과대상이므로 실제 방송시청 여부와 관계없이 부과된다는 점, 그 금액이 공사의 텔레비전방송의 수신정도와 관계없이 정액으로 정해져 있는 점 등을 감안할 때 이를 공사의 서비스에 대한 대가나 수익자부담금으로 보기도 어렵다. 따라서 수신료는 공영방송사업이라는 특정한 공익사업의 경비조달에 충당하기 위하여 수상기를 소지한 특정집단에 대하여 부과되는 특별부담금에 해당한다고 할 것이다.

이러한 특별부담금은, 부담금의 부과를 통하여 수행하고자 하는 특정한 사회적·경제적 과제에 대하여 조세외적 부담을 지울만큼 특별하고 긴밀한 관계가 있는 특정집단에 국한하여 부과되어야 하고, 이와 같이 부과·징수된 부담금은 그 특정과제의 수행을 위하여 별도로 관리·지출되어야 하며 국가의 일반적 재정수입에 포함시켜 일반적 국가과제를 수행하는데 사용되어서는 아니된다(헌재 1998. 12. 24. 98헌가1, 판례집 10-2, 819, 830-831).

이 법에 의하여 부과되는 수신료는 ‘텔레비전방송의 수신을 위하여 수상기를 소지하는 자’라고 하는 특정집단에 대하여 부과 징수하는 금전부담이고, 이 경우의 텔레비전방송에는 공사가 실시하는 텔레비전방송도 포함될 뿐만 아니라, 수상기 소지자는 방송시설의 설치·운영, 방송문화활동, 방송에 관한 조사·연구 등 공사가 수행하는 각종 사업의 직·간접적인 수혜자라고 볼 수 있으므로 공사가 수행하는 공영방송사업과 수신료 납부의무자인 수상기소지자 집단 사이에는 수신료라는 금전부담을 지울만한 특별하고 긴밀한 관계가 성립된다고 할 것이

이 조세라고 할 수 없으므로 그 조세임을 전제로 이 법 제35조가 조세법률주의에 위반된다는 청구인의 주장은 타당하지 아니하나, 이 조항이 수신료 납부의무자의 범위에 관하여 대통령령에 포괄적으로 위임함으로써 헌법 제75조에 규정된 포괄위임금지원칙에 위반되는 것은 아닌 지가 문제될 수 있다.

이 법 제35조 본문은 수신료 납부의무자의 범위에 관하여 '텔레비전방송을 수신하기 위하여 텔레비전수상기를 소지한 자는……텔레비전방송수신료를 납부하여야 한다'라고 규정하고 있는바, 이는 누구라도 수신료 납부의무자의 범위를 잘 알 수 있는 명확한 규정이라 할 것이다. 다만, 같은 조 단서는 등록면제 또는 수신료가 감면되는 수상기의 범위에 관하여 아무런 조건없이 단순히 대통령령이 정하도록 하고 있으나, 등록면제 또는 수신료감면에 관한 규정은 국민에게 이익을 부여하는 수익적 규정에 해당하는 것이어서 이에 대하여 요구되는 위임입법의 구체성·명확성의 정도는 상대적으로 완화될 수 있는 것이고, 또한 수신료 납부의무자의 범위가 '텔레비전방송을 수신하기 위하여' 수상기를 소지한 자로 되어 있으며, 수신료의 징수목적이 공사의 경비충당에 있다는 점을 감안하면 대통령령에서 정할 수신료감면 대상자의 범위는 텔레비전방송의 수신이 상당한 기간동안 불가능하거나 곤란하다고 볼만한 객관적 사유가 있는 수상기의 소지자, 공사의 경비충당에 지장이 없는 범위 안에서 사회정책적으로 수신료를 감면하여 줄 필요가 있는 수상기소지자 등으로 그 범위가 정하여 질 것임을 예측할 수 있다. 따라서 이 법 제35조는 헌법 제75조에 규정된 포괄위임금지의 원칙에 위반되지 아니한다고 할 것이다.

③ 제36조 제1항이 법률유보원칙에 저촉되는지 여부

오늘날 법률유보원칙은 단순히 행정작용이 법률에 근거를 두기만 하면 충분한 것이 아니라, 국가공동체와 그 구성원에게 기본적이고도 중요한 의미를 갖

며, 징수된 수신료는 국가의 일반적 과제를 수행하는데 사용되는 것이 아니라 공사가 수행하는 텔레비전방송 등의 특정 공익사업의 재정에 충당되며 독립채산방식에 의하여 별도로 관리된다는 점에서 특별부담금으로서의 요건을 갖추고 있다고 할 것이다.

는 영역, 특히 국민의 기본권실현과 관련된 영역에 있어서는 국민의 대표자인 입법자가 그 본질적 사항에 대해서 스스로 결정하여야 한다는 요구까지 내포하고 있다(의회유보원칙). 그런데 텔레비전방송수신료는 대다수 국민의 재산권 보장의 측면이나 한국방송공사에게 보장된 방송자유의 측면에서 국민의 기본권실현에 관련된 영역에 속하고, 수신료금액의 결정은 납부의무자의 범위 등과 함께 수신료에 관한 본질적인 중요한 사항이므로 국회가 스스로 행하여야 하는 사항에 속하는 것임에도 불구하고 한국방송공사법 제36조 제1항에서 국회의 결정이나 관여를 배제한 채 한국방송공사로 하여금 수신료금액을 결정해서 문화관광부장관의 승인을 얻도록 한 것은 법률유보원칙에 위반된다.

【주 문】

1. 한국방송공사법(1990. 8. 1. 법률 제4264호로 개정된 것) 제35조는 헌법에 위반되지 아니한다.
2. 같은 법 제36조 제1항은 헌법에 합치되지 아니한다.
3. 위 제2항의 법률조항은 1999. 12. 31.을 시한으로 입법자가 개정할 때까지 그 효력을 지속한다.

④ 방송관련 법 제·개정 경과

방송과 관련하여 종전에는 방송법,[22] 한국방송공사법,[23] 유선방송관리법,[24]

---

22 민영방송을 보호·육성함과 아울러 그 방송으로 하여금 공공복리의 증진에 기여할 수 있도록 하기 위하여 1963. 12. 16. 제정(법률 제1535호, 시행 1964. 1. 1.)되었다.

23 기존의 국영방송이 정부기관에 의하여 운영됨으로써 야기되는 불합리하고 비능률적인 요인을 제거하여 방송사업을 효율적으로 실시하고자 국영방송체제를 공영방송체제로 개편하기 위해 1972. 12. 30. 제정(법률 제2418호, 시행 1972. 12. 30.)되었고, 2000. 1. 12. 개정에 의해 폐지되었다(법률 제6139호, 시행 2000. 3. 13.).

24 종래 유선방송수신관리법은 1961년에 제정된 후 개정되지 아니하여 그동안의 발전된 새로운 유선방송의 기술을 수용하지 못하는 등 현실여건에 맞지 아니하므로 이를 폐지하고 유선방송의 건전한 발전과 이용의 효율화를 기할 수 있는 새로운 유선방송관리법을 1986. 12. 31. 제정(법률 제3914호, 시행 1987. 7. 1.)하였고, 2000. 1. 12. 개정에 의해 폐지되었다(법률 제6139호, 시행 2000. 3. 13.).

종합유선방송법[25]으로 분산되어 있었는데, 2000. 1. 12. 법 개정을 통해 분산된 방송법관련 법체계를 방송법으로 통합하면서, 교육부 산하의 정부출연기관인 한국교육방송원을 독립적인 공사로 전환하여 이사회 구성과 임원의 인사에서 정치적 중립성을 보장하고, 안정적인 운영재원을 확보하도록 하는 등 교육방송을 자율적이고 공익적인 전문방송으로 재정립하기 위해 한국교육방송공사법[26]을 제정하였다.

⑤ 현행 방송법[27]상 수신료 규정

수신료의 금액은 이사회가 심의·의결한 후 방송통신위원회를 거쳐 국회의 승인을 얻어 확정되고, 공사가 이를 부과·징수한다(제65조).

6 법의 적용범위

가. 인적 적용범위

우리나라 법률은 우리나라 국민 모두에게 적용되는데, 우리나라 국민이 국내에 있든 국외에 있든 상관 없이 적용되며 이를 '속인주의(屬人主義)'라고 하며, 관련하여 형법 제3조(내국인의 국외범)는 "본법은 대한민국영역외에서 죄를 범한 내국인에게 적용한다."고 규정하고 있다. 한편, 우리나라 영토 내에 있는 외국인에 대해서도 우리나라 법률이 적용되는데 이를 '속지주의(屬地主義)'라고 하며, 형법 제2조(국내범)에서는 "본법은 대한민국영역내에서 죄를 범한 내국인과

---

25 고도정보사회의 새로운 환경변화에 따라 국민의 다양한 정보욕구를 충족시키는 종합유선방송을 우리 실정에 맞게 도입·정착시킴으로써 공공의 복리증진과 이용자의 편의를 도모하기 위해 1991. 12. 31. 제정(법률 제4494호, 시행 1992. 7. 1.)되었고, 2000. 1. 12. 개정에 의해 폐지되었다(법률 제6139호, 시행 2000. 3. 13.).

26 2000. 1. 12. 제정(법률 제6136호, 시행 2000. 3. 13.).

27 [시행 2020. 12. 8.] [법률 제17632호, 2020. 12. 8., 일부개정]

외국인에게 적용한다."고 규정하고 있다.

속인주의 원칙에 따라 우리나라 국민이 외국에서 죄를 지어 그 나라에서 처벌을 받았다 하더라도 우리나라 법률이 적용되어 또 다시 처벌할 수 있게 된다. 이와 관련하여 기존 우리 형법 제7조는 '외국에서 받은 형의 집행'이라는 제목 하에 "범죄에 의하여 외국에서 형의 전부 또는 일부의 집행을 받은 자에 대하여는 형을 감경 또는 면제할 수 있다."고 규정하고 있었는데, 헌법재판소 2015. 5. 28. 선고 2013헌바129 결정[28]에서 "입법자는 국가형벌권의 실현과 국민의 기본권 보장의 요구를 조화시키기 위하여 형을 필요적으로 감면하거나 외국에서 집행된 형의 전부 또는 일부를 필요적으로 산입하는 등의 방법을 선택하여 청구인

---

28 가. 형사판결은 국가주권의 일부분인 형벌권 행사에 기초한 것으로서, 외국의 형사판결은 원칙적으로 우리 법원을 기속하지 않으므로 동일한 범죄행위에 관하여 다수의 국가에서 재판 또는 처벌을 받는 것이 배제되지 않는다. 따라서 이중처벌금지원칙은 동일한 범죄에 대하여 대한민국 내에서 거듭 형벌권이 행사되어서는 안 된다는 뜻으로 새겨야 할 것이므로 이 사건 법률조항은 헌법 제13조 제1항의 이중처벌금지원칙에 위배되지 아니한다.
나. 입법자는 외국에서 형의 집행을 받은 자에게 어떠한 요건 아래, 어느 정도의 혜택을 줄 것인지에 대하여 일정 부분 재량권을 가지고 있으나, 신체의 자유는 정신적 자유와 더불어 헌법이념의 핵심인 인간의 존엄과 가치를 구현하기 위한 가장 기본적인 자유로서 모든 기본권 보장의 전제조건이므로 최대한 보장되어야 하는바, 외국에서 실제로 형의 집행을 받았음에도 불구하고 우리 형법에 의한 처벌 시 이를 전혀 고려하지 않는다면 신체의 자유에 대한 과도한 제한이 될 수 있으므로 그와 같은 사정은 어느 범위에서든 반드시 반영되어야 하고, 이러한 점에서 입법형성권의 범위는 다소 축소될 수 있다. 입법자는 국가형벌권의 실현과 국민의 기본권 보장의 요구를 조화시키기 위하여 형을 필요적으로 감면하거나 외국에서 집행된 형의 전부 또는 일부를 필요적으로 산입하는 등의 방법을 선택하여 청구인의 신체의 자유를 덜 침해할 수 있음에도, 이 사건 법률조항과 같이 우리 형법에 의한 처벌 시 외국에서 받은 형의 집행을 전혀 반영하지 아니할 수도 있도록 한 것은 과잉금지원칙에 위배되어 신체의 자유를 침해한다.
다. 만약 이 사건 법률조항이 위헌결정으로 즉시 효력을 상실할 경우, 임의적으로나마 형을 감면할 근거규정이 없어지게 되어 감면 적용을 받아야 할 사람에 대하여도 감면을 할 수 없게 되므로, 법적 안정성의 관점에서 용인하기 어려운 법적 공백이 생기게 된다. 따라서 이 사건 법률조항에 대하여 헌법불합치결정을 선고하되, 2016. 12. 31.을 시한으로 입법자의 개선입법이 있을 때까지 계속적용을 명하기로 한다.
재판관 강일원, 재판관 서기석, 재판관 조용호의 반대의견
형벌법규가 외국에서 형의 집행을 받은 자에게 어떠한 요건 아래, 어느 정도의 혜택을 줄 것인지의 문제는 형벌의 특수성 및 국가사법권의 독자성 등 여러 요소를 종합적으로 고려하여 정할 수 있는 입법정책의 문제이다. 동일한 행위에 대하여 외국에서는 우리 형사법과 실질적으로 동일한 불법내용이 규정되어 있지 않은 경우가 있을 수 있으므로 이 사건 법률조항의 임의적 감면 방법은 불가피한 측면이 있다. 또한 일선 법원에서는 형 집행의 정도 등을 고려해 법률상 감경을 하거나 형을 면제하기도 하고, 집행유예 등의 필요성이 있는 경우 법률상 감경과 작량감경을 동시에 적용하기도 하는 등 이 사건 법률조항을 사안에 맞게 적절히 적용하고 있는 것으로 보인다. 따라서 단지 규정상 법관의 재량에 맡겨져 있다는 이유만으로 입법재량의 범위를 일탈하였다고 단정하기는 어려우므로, 이 사건 법률조항이 신체의 자유를 침해하여 헌법에 위반된다고 볼 수는 없다.

의 신체의 자유를 덜 침해할 수 있음에도, 이 사건 법률조항과 같이 우리 형법에 의한 처벌 시 외국에서 받은 형의 집행을 전혀 반영하지 아니할 수도 있도록 한 것은 과잉금지원칙에 위배되어 신체의 자유를 침해한다."고 판단함에 따라, 2016. 12. 20. 현행 제7조(외국에서 집행된 형의 산입)의 '죄를 지어 외국에서 형의 전부 또는 일부가 집행된 사람에 대해서는 그 집행된 형의 전부 또는 일부를 선고하는 형에 산입한다.'로 개정되었다.

나. 장소적 적용범위

우리나라 법률은 우리나라 영토 범위 내에서 그 효력이 미친다. 우리나라 영토와 관련하여 헌법 제3조는 "대한민국의 영토는 한반도와 그 부속도서로 한다."고 규정하고 있고, 이로 인해 현재 북한 지역도 우리 헌법상 우리나라의 영토로 규정하고 있어 법과 현실이 불일치하는 괴리가 발생하고 있다.

이와 관련하여 우리 대법원은 "조선인을 부친으로 하여 출생한 자는 남조선과도정부법률 제11호 국적에관한임시조례의 규정에 따라 조선국적을 취득하였다가 제헌헌법의 공포와 동시에 대한민국 국적을 취득하였다 할 것이고, 설사 그가 북한법의 규정에 따라 북한국적을 취득하여 중국 주재 북한대사관으로부터 북한의 해외공민증을 발급받은 자라 하더라도 북한지역 역시 대한민국의 영토에 속하는 한반도의 일부를 이루는 것이어서 대한민국의 주권이 미칠 뿐이고, 대한민국의 주권과 부딪치는 어떠한 국가단체나 주권을 법리상 인정할 수 없는 점에 비추어 볼 때, 그러한 사정은 그가 대한민국 국적을 취득하고 이를 유지함에 있어 아무런 영향을 끼칠 수 없다."고 하면서도,[29] "헌법 제3조는 '대한민국의 영토는 한반도와 그 부속도서로 한다'고 규정하고 있어 법리상 이 지역에서는 대한민국의 주권과 부딪치는 어떠한 국가단체도 인정할 수가 없는 것이므로 비록 북한이 국제사회에서 하나의 주권국가로 존속하고 있고, 우리 정부가 북한 당국자

---

29 대법원 1996. 11. 12. 선고 96누1221 판결.

의 명칭을 쓰면서 정상회담 등을 제의하였다 하여 북한이 대한민국의 영토고권을 침해하는 반국가단체가 아니라고 단정할 수 없다."고 판시하고 있다.[30]

다. 시간적 적용범위

법률의 시간적 적용범위에 대해서는 실체법과 절차법의 구분실익에서 살펴본 바와 같다. 실체법의 불소급 원칙은 특히 형사법에서 중요하게 지켜져야 하는데, 우리 형법[31]의 첫 번째 규정인 제1조[32] 제1항에서 "범죄의 성립과 처벌은 행위 시의 법률에 따른다."고 명시하고 있을 뿐만 아니라 헌법 제13조 제1항에서 "모든 국민은 행위시의 법률에 의하여 범죄를 구성하지 아니하는 행위로 소추되지 아니하며, 동일한 범죄에 대하여 거듭 처벌받지 아니한다."고 하여 헌법적 원칙으로도 천명하고 있다.

한편 형사절차법인 형사소송법은 부칙에서 본법 시행 전에 공소를 제기한 사건에는 구법을 적용하고(제1조), 본법 시행 후에 공소를 제기한 사건에는 본법을 적용하되, 본법시행 전에 구법에 의하여 행한 소송행위의 효력에는 영향을 미치지 아니한다고 규정하고 있다(제2조).

30 대법원 1990. 9. 25. 선고 90도1451 판결.

31 [시행 2021. 12. 9.] [법률 제17571호, 2020. 12. 8., 일부개정]
◇ 개정이유 및 주요내용
1953년 제정되어 시행된 현행 형법은 제정 이후 60년 이상 경과하였음에도 제정 당시의 어려운 한자어, 일본식 표현, 어법에 맞지 않는 문장 등이 그대로 사용되고 있고, 일상적인 언어 사용 규범에도 맞지 않아 일반 국민들이 그 내용을 쉽게 이해하기 어렵다는 지적이 있어 왔음.
형법은 형사실체법의 근간이 되는 법으로서 많은 형사 관련 특별법의 기초가 될 뿐만 아니라, 국민들의 일상생활에 직접 적용되는 기본법이라는 점에서 형법에 사용되는 용어나 문장은 형사 관련 특별법 등 다른 법령 문장의 모범이 되어야 하고, 국민들의 올바른 언어생활을 도모할 수 있어야 함.
따라서 형법에 사용된 일본식 표현이나 어려운 한자어 등 개정이 시급한 대표적인 법률용어들을 국민의 눈높이에 맞추어 알기 쉬운 우리말로 변경하고, 법률문장의 내용을 정확히 전달할 수 있도록 어순구조를 재배열하는 등 알기 쉬운 법률 문장으로 개정함으로써 형법에 대한 국민의 접근성 및 신뢰성을 높이려는 것임.

32 제1조(범죄의 성립과 처벌) ① 범죄의 성립과 처벌은 행위 시의 법률에 따른다.
② 범죄 후 법률이 변경되어 그 행위가 범죄를 구성하지 아니하게 되거나 형이 구법(舊法)보다 가벼워진 경우에는 신법(新法)에 따른다.
③ 재판이 확정된 후 법률이 변경되어 그 행위가 범죄를 구성하지 아니하게 된 경우에는 형의 집행을 면제한다.

제2강

법조삼륜과 법의 실질

루소가 생각한 국가 형태는 여러 가지 제도의 조합이었다. 즉, 민주제(Democracy)를 입법권의 원칙으로, 군주제(Monarchy)를 행정권의 원칙으로, 귀족제(Aristocracy)를 사법권의 원칙으로 한다는 것이다.[33]

1 법조삼륜(法曹三輪)의 이해

법조삼륜이란 판사(법원), 검사(검찰), 변호사를 지칭하는 용어로서, 세 개의 수레바퀴가 맞물려서 마차를 지탱하고 운행해 간다는 것을 의미한다. 즉, 판사, 검사, 변호사라는 세 개의 축이 한 국가의 법조를 지탱하여 그 사회를 운영해 간다는 것으로서 맡은 영역에 따른 직책과 직분이 다르면서도 하나의 법조를 지탱하는 공통된 지향점을 갖는다.

가. 법원

(1) 법원의 구성과 사물관할

법원은 헌법 제5장(법원)에서 제101조[34]부터 제110조[35]까지 근거 규정을 두고 있으며, 구체적으로는 법원조직법[36]에서 세부 규정을 마련해 두고 있다. 법원은 '1심 - 2심 - 3심' 등 심급제도로 운영되고 있으며, 2심과 3심 등 상소심이 합

---

33 양다오 지음/ 박다짐 옮김, 미국 헌법을 읽다, 유유, 2018, 98면.

34 제101조(사법권·법원 조직·법관의 자격) ① 사법권은 법관으로 구성된 법원에 속한다.
② 법원은 최고법원인 대법원과 각급법원으로 조직된다.
③ 법관의 자격은 법률로 정한다.

35 제110조(군사재판) ① 군사재판을 관할하기 위하여 특별법원으로서 군사법원을 둘 수 있다.
② 군사법원의 상고심은 대법원에서 관할한다.
③ 군사법원의 조직·권한 및 재판관의 자격은 법률로 정한다.
④ 비상계엄하의 군사재판은 군인·군무원의 범죄나 군사에 관한 간첩죄의 경우와 초병·초소·유독음식물공급·포로에 관한 죄중 법률이 정한 경우에 한하여 단심으로 할 수 있다. 다만, 사형을 선고한 경우에는 그러하지 아니하다.

36 [시행 1949. 8. 15.] [법률 제51호, 1949. 9. 26., 제정], [시행 2021. 2. 9.] [법률 제17125호, 2020. 3. 24., 일부개정]

의부로 운영되는 것에 비해 1심은 단독재판부 또는 합의부의 2가지 형태가 있다.

1심을 담당하는 지방법원의 심판권과 관련하여 법원조직법 제32조[37]에서는 합의부 관할 사건의 범위를 규정하고 있으며, 동 규정에 해당하지 않는 사건들은 지방법원 단독판사의 관할이 된다. 한편, 법원조직법 제32조 제1항 제2호와 관련하여서는 「민사 및 가사소송의 사물관할에 관한 규칙」[38] 제2조[39]에서 소송목적의 값이 2억원을 초과하는 민사사건을 합의부 관할로 규정하고 있다.

---

37 제32조(합의부의 심판권) ① 지방법원과 그 지원의 합의부는 다음의 사건을 제1심으로 심판한다. <개정 2016. 1. 6., 2018. 12. 24.>
1. 합의부에서 심판할 것으로 합의부가 결정한 사건
2. 민사사건에 관하여는 대법원규칙으로 정하는 사건
3. 사형, 무기 또는 단기 1년 이상의 징역 또는 금고에 해당하는 사건. 다만, 다음 각 목의 사건은 제외한다.
가. 「형법」 제258조의2, 제331조, 제332조(제331조의 상습범으로 한정한다)와 그 각 미수죄, 제350조의2와 그 미수죄, 제363조에 해당하는 사건
나. 「폭력행위 등 처벌에 관한 법률」 제2조 제3항 제2호·제3호, 제6조(제2조 제3항 제2호·제3호의 미수죄로 한정한다) 및 제9조에 해당하는 사건
다. 「병역법」 위반사건
라. 「특정범죄 가중처벌 등에 관한 법률」 제5조의3 제1항, 제5조의4 제5항 제1호·제3호 및 제5조의11에 해당하는 사건
마. 「보건범죄 단속에 관한 특별조치법」 제5조에 해당하는 사건
바. 「부정수표 단속법」 제5조에 해당하는 사건
사. 「도로교통법」 제148조의2 제1항·제2항, 같은 조 제3항 제1호 및 제2호에 해당하는 사건
4. 제3호의 사건과 동시에 심판할 공범사건
5. 지방법원판사에 대한 제척·기피사건
6. 다른 법률에 따라 지방법원 합의부의 권한에 속하는 사건
② 지방법원 본원 합의부 및 춘천지방법원 강릉지원 합의부는 지방법원단독판사의 판결·결정·명령에 대한 항소 또는 항고사건 중 제28조 제2호에 해당하지 아니하는 사건을 제2심으로 심판한다. 다만, 제28조의4 제2호에 따라 특허법원의 권한에 속하는 사건은 제외한다. <개정 2015. 12. 1.>

38 [시행 2017. 1. 1.] [대법원규칙 제2690호, 2016. 11. 1., 일부개정]

39 제2조(지방법원 및 그 지원 합의부의 심판범위) 지방법원 및 지방법원지원의 합의부는 소송목적의 값이 2억원을 초과하는 민사사건 및 민사소송등인지법 제2조 제4항의 규정에 해당하는 민사사건을 제1심으로 심판한다. 다만, 다음 각호의 1에 해당하는 사건을 제외한다. <개정 2002. 6. 28., 2004. 12. 29., 2015. 1. 28.>
1. 수표금·약속어음금 청구사건
2. 은행·농업협동조합·수산업협동조합·축산업협동조합·산림조합·신용협동조합·신용보증기금·기술신용보증기금·지역신용보증재단·새마을금고·상호저축은행·종합금융회사·시설대여회사·보험회사·신탁회사·증권회사·신용카드회사·할부금융회사 또는 신기술사업금융회사가 원고인 대여금·구상금·보증금 청구사건
3. 자동차손해배상보장법에서 정한 자동차·원동기장치자전거·철도차량의 운행 및 근로자의 업무상재해로 인한 손해배상 청구사건과 이에 관한 채무부존재확인사건
4. 단독판사가 심판할 것으로 합의부가 결정한 사건

각급 법원에서의 판결은 판례 번호를 통해 특정할 수 있는데, 예를 들어 대법원 1990. 9. 25. 선고 90도1451 판결이라고 할 경우 앞에 있는 숫자는 해당 법원에서 그 판결이 선고된 날짜를 말하며 뒷부분에 있는 '90도1451'이 사건번호로서 단어 앞의 숫자는 해당 법원에 사건이 제기 또는 상소된 년도를 말하며 단어 뒤의 숫자는 그 순서를 말한다. 그리고 가운데 한글 단어는 사건명칭을 말하는데, 민사사건의 경우 1심은 가합(합의부 사건) 또는 가단(단독사건), 2심은 나, 3심은 다, 형사사건의 경우 1심은 고합(합의부 사건) 또는 고단(단독사건), 2심은 노, 3심은 도인데, 사건구분을 위한 명칭이다. 사건별 사건명칭에 대한 정보는 '대한민국법원 전자민원센터 - 사건검색 - 사건구분안내' 사이트[40]에서 확인할 수 있다.

(2) 법관의 임기

법관의 자격을 일정한 기간 동안 인정할 것인지 아니면 종신까지 유지하게 할 것인지에 따라 임기제와 종신제로 나눠볼 수 있다. 우리나라는 대법원장과 대법관은 6년, 일반 법관은 10년의 임기제를 채택하고 있고,[41] 미국의 연방 법관은 종신제를 따르고 있다.[42] 법관의 자격과 관련하여 임기제를 채택하면 일정한 기

---

40 https://help.scourt.go.kr/nm/min_13/min_13_2/index_1.html

41 헌법 제105조(법관의 임기·연임·정년) ① 대법원장의 임기는 6년으로 하며, 중임할 수 없다.
② 대법관의 임기는 6년으로 하며, 법률이 정하는 바에 의하여 연임할 수 있다.
③ 대법원장과 대법관이 아닌 법관의 임기는 10년으로 하며, 법률이 정하는 바에 의하여 연임할 수 있다.
④ 법관의 정년은 법률로 정한다.
제112조(재판관의 임기와 정치관여금지·신분보장) ① 헌법재판소 재판관의 임기는 6년으로 하며, 법률이 정하는 바에 의하여 연임할 수 있다.
② 헌법재판소 재판관은 정당에 가입하거나 정치에 관여할 수 없다.
③ 헌법재판소 재판관은 탄핵 또는 금고 이상의 형의 선고에 의하지 아니하고는 파면되지 아니한다.

42 Article III (JUDICIAL BRANCH) 제3조 (사법부)
Section 1.
The judicial Power of the United States, shall be vested in one supreme Court, and in such inferior Courts as the Congress may from time to time ordain and establish. The Judges, both of the supreme and inferior Courts, shall hold their Offices during good Behaviour, and shall, at stated Times, receive for their Services, a Compensation, which shall not be diminished during their Continuance in Office.

간마다 법관에 대한 평가가 가능하여 부적절한 법관의 재임용을 막을 수 있는 장점이 있는 반면, 재임용에 대한 눈치보기로 인해 소신에 따른 판결을 하지 못할 수 있는 단점이 있다. 이와 반대로 종신제의 경우 법관이 다른 권력기관의 눈치를 보지 않고 소신껏 재판에 임할 수 있는 장점이 있는 반면, 한번 법관에 임용되면 설령 법관으로서의 자질이 없거나 부족한 것으로 판명되더라도 종신까지 그 직을 유지하게 되는 단점이 있다.

(3) 법조일원화[43]

법조일원화는 경력법관제(사법시험을 통과하고 사법연수원을 수료한 젊은 법조인을 법관으로 임용하여 법원 내에서 경력을 쌓아가도록 하는 제도)의 반대 개념으로, 충분한 사회적 경험과 연륜을 갖춘 법관이 재판을 할 수 있도록 함으로써 법원이 국민으로부터 신뢰와 존경을 받을 수 있도록 법관을 일정 경력의 변호사 자격자 중에서 선발하는 제도를 말한다. 우리나라의 경우 종래에는 경력법관제를 원칙으로 하였으나, 대법원은 2006년부터 단계적 법조일원화 계획에 따라 5년 이상의 법조경력자를 법관으로 일부 임용하여 왔고, 2011. 7. 18. 법원조직법 개정[법률 제10861호, 시행 2013. 1. 1.]으로 2013년부터는 법조일원화가 전면적으로 시행되었다.[44]

제1절 (법원의 권한, 법관의 임기와 보수)
합중국의 사법 권한은 하나의 연방 대법원과 연방 의회가 수시로 제정·설치할 수 있는 연방 하급 법원들에 속한다. 연방 대법원과 하급 법원의 판사들은 자기 직무를 충실히 수행하는 동안에는 그 직위를 유지하고, 그 직무에 대해 정기적인 보수를 받으며, 그 보수는 재임 중에는 감액되지 않는다.

43 https://judges.scourt.go.kr/appjudge/intro/Unification.work 참고.

44 부칙 제2조(판사 임용을 위한 재직연수에 관한 경과조치) 제42조 제2항의 개정규정에도 불구하고 2013년 1월 1일부터 2017년 12월 31일까지 판사를 임용하는 경우에는 3년 이상 제42조 제1항 각 호의 직에 있던 사람 중에서, 2018년 1월 1일부터 2021년 12월 31일까지 판사를 임용하는 경우에는 5년 이상 제42조 제1항 각 호의 직에 있던 사람 중에서, 2022년 1월 1일부터 2025년 12월 31일까지 판사를 임용하는 경우에는 7년 이상 제42조 제1항 각 호의 직에 있던 사람 중에서 임용할 수 있다.

개정전 제42조	개정후 제42조
제42조 (임용자격) ① 대법원장과 대법관은 15년이상 다음 각호의 직에 있던 40세이상의 자중에서 임용한다. 1. 판사·검사·변호사 2. 변호사의 자격이 있는 자로서 국가기관, 지방자치단체, 국·공영기업체, 정부투자기관기타 법인에서 법률에 관한 사무에 종사한 자 3. 변호사의 자격이 있는 자로서 공인된 대학의 법률학 조교수이상의 직에 있던 자 ② 판사는 다음 각호의 1에 해당하는자중에서 임용한다. 1. 사법시험에 합격하여 사법연수원의 소정과정을 마친 자 2. 변호사의 자격이 있는 자 ③ 제1항 각호에 규정한 2이상의 직에 재직한 자에 대하여는 그 연수를 통산한다. [전문개정 1994.7.27]	제42조(임용자격) ① 대법원장과 대법관은 20년이상 다음 각호의 직(職)에 있던 45세이상의 사람 중에서 임용한다. <개정 2011.7.18> 1. 판사·검사·변호사 2. 변호사의 자격이 있는 사람으로서 국가기관, 지방자치단체, 「공공기관의 운영에 관한 법률」 제4조에 따른 공공기관, 그 밖의 법인에서 법률에 관한 사무에 종사한 사람 3. 변호사의 자격이 있는 사람으로서 공인된 대학의 법률학 조교수 이상으로 재직한 사람 ② 판사는 10년이상 제1항 각호의 직에 있던 사람 중에서 임용한다. <개정 2011.7.18> ③ 제1항 각호에 규정된 둘 이상의 직에 재직한 사람에 대해서는 그 연수를 합산한다. [전문개정 1994.7.27]

법관임용을 위한 최소 법조경력

임용년도	법관임용자격
2013~2017년	법조경력 3년 이상
2018~2021년	법조경력 5년 이상
2022~2025년	법조경력 7년 이상
2026년 이후	법조경력 10년 이상

(4) 법원 판결의 통일성과 독립성

사법부 운용에 있어 가장 중요한 요소 중의 하나가 재판의 독립이다. 즉, 각 사건을 담당하는 법원(재판부)은 외부 기관은 물론이고 사법부 내 상급자 등으로부터도 일체의 간섭을 받지 않고 독립하여 재판을 해야 하며, 우리 헌법 제103조에서도 이러한 취지를 "법관은 헌법과 법률에 의하여 그 양심에 따라 독립하여 심판한다."로 규정해 두고 있다. 대법원의 최종적인 판단이 있었다 하더라도 성문법 국가인 우리나라의 경우 해당 사건에 관하여서만 하급심(下級審)을 기속(羈束)할 뿐(법원조직법 제8조[45]), 다른 사건에 대한 기속력은 없기 때문에 다른 사건을 다루는 하급심 법원은 기존의 대법원 판결과 다른 판단을 할 수 있고 이러한 다른 판결들을 통해 기존 대법원 판례가 변경되기도 한다.

이와 같이 재판의 독립이 중요한 이념임에는 의문이 없으나, 재판의 독립만을 강조하다보면 재판을 받는 국민의 입장에서는 혼란이 초래될 수도 있다. 예를 들어, 동일한 쟁점이 문제된 사건들에 대해 각 하급심 법원마다 달리 판단을 하게 되면 어느 재판부에서 재판을 받는지에 따라 결론이 달라지고 결국 대법원의 최종 판단이 있을 때까지 당사자들은 불안정한 상황에 놓일 수밖에 없다. 이럴 경우 최고법원인 대법원이 내부지침이나 권고의견 등을 통해 통일적인 법 해석 기준을 제시하고 하급심 법원이 이에 따르게 하면 그러한 혼란을 최소화할 수 있을 것인데, 대법원에 상고된 사건에 대한 최종 판단의 형식이 아닌 그와 같은 우회적인 방법으로 의견을 제시하면 재판의 독립을 침해하였다고 하여 큰 논란을 일으키게 된다. 재판의 독립을 침해하지 않으면서도 재판을 받는 국민들의 예측가능성과 신뢰를 보호할 수 있는 좋은 방법이 없을지 고민이 필요해 보인다.

---

45 제8조(상급심 재판의 기속력) 상급법원 재판에서의 판단은 해당 사건에 관하여 하급심(下級審)을 기속(羈束)한다.

(5) 합의부 재판의 실제와 대등 재판부의 현실

재판부 구성을 단독과 합의부로 구분하여 중요 사건을 합의부에 맡기는 것은 그만큼 합의부 사건에 대해서는 다양한 의견을 종합적으로 고려하여 판단할 수 있도록 하여 단독재판에서 발생할 수 있는 단점을 보완하기 위함이다. 그러기 위해서는 무엇보다도 합의부를 구성하는 법관들이 서로 대등한 입장에서 사건을 검토하고 의견을 조율할 수 있어야 하는데, 경력이 많은 재판장과 경력이 많지 않은 배석판사들로 구성된 기존의 합의부에서는 이와 같은 대등한 지위에서의 합의가 사실상 용이하지 않았다. 이로 인해 합의부가 합의부답게 운영되지 못한다는 지적이 있어 왔는데, 최근에는 이를 보완하기 위해 경력이 거의 같은 판사들로 합의부를 구성하는 대등 재판부를 일부 운용하고 있다.

대등 재판부가 기존의 형식적인 합의부 운영에 대한 보완책이 될 수는 있겠지만, 문제는 서로의 의견이 일치하지 않아 합의에 이르지 못하는 경우에 발생할 수 있다. 의견이 2:1로 나누어지는 경우 소수의견을 제시한 법관이 다수의견을 도저히 수긍할 수 없다거나 또는 합의부 구성원 각자의 의견이 다 달라서 다수의견이 없는 경우 등이 발생할 수 있는데, 대법원 판결과 달리 하급심 판결에서는 소수의견을 밝힐 수 없기 때문에 결국은 본인의 소신과 다른 의견에 따르게 되는 상황이 생길 수 있다. 이 경우 다수의견을 따르면 된다고 쉽게 결론 내릴 수도 있겠지만, 도저히 수긍할 수 없는 경우에도 자신의 판단과 다른 판결문에 자신의 이름을 기재하도록 하는 것이 올바른 것인지, 그렇다고 하여 하급심 법원에 소수의견을 기재하도록 하여 하급심 판결문의 무게감을 떨어뜨리는 것이 타당할지, 이러한 문제를 해결할 다른 합의부 구성이나 운영방안이 있을지, 고민이 필요해 보인다.

나. 검찰

법조삼륜의 한 축을 담당하고 있는 검찰은 그 동안 우리나라 사회에서 많은 주목을 받아 왔고, 특히 과도한 권한을 가진 기관으로서 개혁의 대상으로 인식되어 온 측면이 있다. 검찰과 관련하여서는 가장 먼저 경찰과 검찰의 역할이 무엇인지 고민해 볼 필요가 있다. 즉, 두 기관 모두 범죄자를 찾아서 죄에 합당한 처벌을 받도록 하는 수사기관이라는 점에서 공통되는데 왜 두 기관이 모두 존재해야 하느냐의 문제이다. 기본적으로 경찰은 수사를 담당하고 검찰은 기소 및 공소유지를 담당하는 것인데, 우리나라의 경우 검찰이 수사의 책임자로서의 권한까지 행사해 왔기 때문에 과도한 권한이 문제되었던 것이다. 이와 관련하여 그 동안 많은 논의들이 있었고 그 결과 2020. 2. 4. 검경수사권 조정에 관한 형사소송법 개정이 있었는데,[46] 2018년 6월 21일 법무부장관과 행정안전부장관이 발표한 「검·경 수사권 조정 합의문」의 취지에 따라 검찰과 경찰로 하여금 국민의 안전과 인권 수호를 위하여 서로 협력하게 하고, 수사권이 국민을 위해 민주적이고 효율적으로 행사되도록 하려는 취지의 개정이었다.[47]

---

46 이 법은 공포 후 6개월이 경과한 날부터 1년 내에 시행하되, 그 기간 내에 대통령령으로 정하는 시점부터 시행한다. 다만, 제312조 제1항의 개정규정(검사 작성 피의자신문조서의 증거능력)은 공포 후 4년 내에 시행하되, 그 기간 내에 대통령령으로 정하는 시점부터 시행한다.

47 ◇ 주요내용

가. 검사와 사법경찰관은 수사, 공소제기 및 공소유지에 관하여 서로 협력하도록 함(제195조 신설).

나. 경무관, 총경, 경정, 경감, 경위가 하는 모든 수사에 관하여 검사의 지휘를 받도록 하는 규정 등을 삭제하고, 경무관, 총경 등은 범죄의 혐의가 있다고 사료하는 때에 범인, 범인사실과 증거를 수사하도록 함(제196조).

다. 검사는 송치사건의 공소제기 여부 결정 또는 공소의 유지에 관하여 필요한 경우 등에 해당하면 사법경찰관에게 보완수사를 요구할 수 있고, 사법경찰관은 정당한 이유가 없는 한 지체 없이 이를 이행하도록 함(제197조의2 신설).

라. 검사는 사법경찰관리의 수사과정에서 법령위반, 인권침해 또는 현저한 수사권 남용이 의심되는 사실의 신고가 있거나 그러한 사실을 인식하게 된 경우에는 사법경찰관에게 사건기록 등본의 송부를 요구할 수 있고, 송부를 받은 검사는 필요한 경우 사법경찰관에게 시정조치를 요구할 수 있으며, 검사는 시정조치 요구가 정당한 이유 없이 이행되지 않은 경우에 사법경찰관에게 사건을 송치할 것을 요구할 수 있도록 함(제197조의3 신설).

마. 검사는 사법경찰관과 동일한 범죄사실을 수사하게 된 때에는 사법경찰관에게 사건을 송치할 것을 요구할 수 있고, 요구를 받은 사법경찰관은 지체 없이 검사에게 사건을 송치하도록 하되, 검사가 영장을 청구하기 전에 동일한 범죄사실에 관하여 사법경찰관이 영장을 신청한 경우에는 해당 영장에 기재된 범죄사실을 계속 수사할 수 있도록 함(제197조의4 신설).

바. 검사가 사법경찰관이 신청한 영장을 정당한 이유 없이 판사에게 청구하지 아니한 경우 사법경찰관은 관할 고등검찰청에 영장 청구 여부에 대한 심의를 신청할 수 있고, 이를 심의하기 위하여 각 고등검찰청에 외부 위원으로 구성된 영장심의위원회를 둠(제221조의5 신설).

사. 사법경찰관은 범죄를 수사한 때에는 범죄의 혐의가 인정되면 검사에게 사건을 송치하고, 그 밖의 경우에는

또한 판사 및 검사 등 고위공직자에 대한 수사를 전담하는 기구로서 공위공직자범죄수사처의 설치와 운영에 관한 내용을 담은 「고위공직자범죄수사처 설치 및 운영에 관한 법률(약칭: 공수처법)」이 2020. 1. 14. 법률 제16863호[시행 2020. 7. 15.]로 제정되었는데 그 이후 공수처장 선정을 두고 많은 정치적 갈등이 빚어졌듯이, 향후 제도취지에 맞는 운용의 묘(妙)를 잘 살릴 필요가 있을 것이다. 한편, 검찰제도의 또 다른 문제로 지적되었던 것이 검사는 검찰사무에 관하여 상사의 명령에 복종한다는 소위 '검사동일체의 원칙'인데, 검찰청법 제정(1949. 12. 20. 법률 제81호, 시행 1949. 12. 20.)시부터 존재(제11조 → 폐지전 제7조[48])하였다가, 2004. 1. 20. 법률 제7078호(시행 2004. 1. 20.) 개정[49]을 통해 이의제기권으로 변경되었다.[50]

그 이유를 명시한 서면과 함께 관계 서류와 증거물을 검사에게 송부하도록 함(제245조의5 신설).
아. 사법경찰관은 사건을 검사에게 송치하지 아니한 경우에는 서면으로 고소인·고발인·피해자 또는 그 법정대리인에게 사건을 검사에게 송치하지 아니하는 취지와 그 이유를 통지하도록 함(제245조의6 신설).
자. 사법경찰관으로부터 사건을 검사에게 송치하지 아니하는 취지와 그 이유를 통지받은 사람은 해당 사법경찰관의 소속 관서의 장에게 이의를 신청할 수 있고, 사법경찰관은 이의신청이 있는 때에는 지체 없이 검사에게 사건을 송치하도록 함(제245조의7 신설).
차. 검사는 사법경찰관이 사건을 송치하지 아니한 것이 위법 또는 부당한 때에는 그 이유를 문서로 명시하여 사법경찰관에게 재수사를 요청할 수 있도록 하고, 사법경찰관은 요청이 있으면 사건을 재수사하도록 함(제245조의8 신설).
카. 특별사법경찰관은 모든 수사에 관하여 검사의 지휘를 받음(제245조의10 신설).
타. 검사가 작성한 피의자신문조서는 공판준비 또는 공판기일에 그 피의자였던 피고인 또는 변호인이 그 내용을 인정할 때에 한하여 증거로 할 수 있음(제312조).

48 제7조 (검사동일체의 원칙) ① 검사는 검찰사무에 관하여 상사의 명령에 복종한다.
② 검찰총장, 각급검찰청의 검사장과 지청장은 소속검사로 하여금 그 권한에 속하는 직무의 일부를 처리하게 할 수 있다.
③ 검찰총장과 각급검찰청의 검사장 및 지청장은 소속검사의 직무를 자신이 처리하거나 다른 검사로 하여금 처리하게 할 수 있다.

49 ◇개정이유
검사의 직무상 독립성 및 중립성 보장을 제고하기 위하여 검찰총장을 제외한 모든 검사의 직급을 검사로 일원화하는 한편, 이로 인하여 초래될 수 있는 검찰조직의 노령화나 일부 검사들의 무사안일 등을 방지하기 위하여 검사적격심사제도를 도입하고, 검사동일체(檢事同一體)의 원칙을 삭제하는 대신에 소속 상급자의 지휘·감독에 대한 검사의 이의제기권을 명문화하며, 검찰인사가 보다 공정하고 투명하게 이루어지도록 하기 위하여 검찰인사위원회를 자문기구에서 심의기구로 변경하는 등 현행제도의 운영과정에서 나타난 일부 미비점을 개선·보완하려는 것임.

50 제7조(검찰사무에 관한 지휘·감독) ① 검사는 검찰사무에 관하여 소속 상급자의 지휘·감독에 따른다.
② 검사는 구체적 사건과 관련된 제1항의 지휘·감독의 적법성 또는 정당성에 대하여 이견이 있을 때에는 이의

이와 같이 우리나라 검찰은 과거에 많은 권한을 행사하였다는 이유로 꾸준히 통제의 대상으로 인식되고 실제 그에 따라 여러 가지 제도적 장치들이 만들어져 왔는데, 검찰이 국민의 기본적 인권을 보호하고 형사사법 절차의 적법성 통제기관으로서 많은 역할을 한 것도 부인할 수 없기 때문에, 그러한 공(功)과 과(過)를 잘 파악하여 국민을 위한 검찰이 될 수 있도록 앞으로도 많은 관심과 제도적 뒷받침을 해 나가야 할 것이다.

다. 변호사

(1) 변호사제도의 목적

변호사법[51]은 변호사는 기본적 인권을 옹호하고 사회정의를 실현함을 사명으로 하고, 그 사명에 따라 성실히 직무를 수행하며 사회질서의 유지와 법률제도의 개선에 노력하여야 한다(제1조)고 규정하여 변호사의 사명이 인권옹호와 사회정의 실현에 있음을 분명히 하고, 변호사는 공공성을 지닌 법률전문직으로서 독립하여 자유롭게 그 직무를 행한다(제2조)고 규정하여 그 직무의 공공성 및 독립성을 강조하고 있으며, 당사자 기타 이해관계인의 위임 또는 공공기관의 촉탁 등에 의하여 소송에 관한 행위 및 행정처분의 청구에 관한 대리행위와 일반 법률사무를 행한다(제3조)고 규정하여 변호사의 직무범위가 법률사무 전반에 미치도록 하고 있다. 또한 그 자격을 엄격히 제한하고(제4조, 제5조), 직무수행에 있어서도 회칙준수, 비밀유지, 품위유지 등의 각종 의무를 부과함은 물론 겸직제한, 일정한 경우 수임제한 등의 통제를 가하고 이를 위반하는 경우에는 제명 등의 징계로 그 직무수행으로부터 배제시킴으로써 공정하게 그 직무를 수행할 것을 요구하고 있다.

를 제기할 수 있다.

51 [시행 2020. 6. 9.] [법률 제17366호, 2020. 6. 9., 타법개정]

이와 같이 입법자가 변호사제도를 도입하여 법률사무전반을 변호사에게 독점시키고 그 직무수행을 엄격히 통제하고 있는 것은, 일반적으로 법률사건은 당사자 및 이해관계인의 생명, 신체, 명예 및 재산 등의 권리, 의무에 대한 사건으로서 그 사무처리에 있어서 고도의 법률지식과 공정성, 신뢰성이 요구되기 때문에 이러한 전문적인 법률지식과 엄격한 직업윤리를 갖춘 변호사에게 법률사무를 맡김으로써 법률사무에 대한 전문성, 공정성 및 신뢰성을 확보하여 일반 국민의 기본권을 보호하고 사회정의를 실현하려는데 있는 것이다. 변호사법은 이러한 변호사제도를 보호·유지하기 위하여, 다시 말하면 변호사가 아닌 자가 법률사무에 관여함으로써 발생하는 국민의 법률생활상의 이익 및 사법 기능에 대한 폐해를 방지하기 위하여, 변호사 아닌 자가 법률사무를 취급하는 행위를 원칙적으로 금지하는 일반적 규정인 제90조 제2호(현행 변호사법 제109조 제1호)를 두고 있다.[52]

(2) 법학전문대학원 제도의 도입

종래 우리나라는 사회적 신분이나 학벌 등을 불문하고 누구나가 응시할 수 있는 사법시험을 통해 법조인이 될 수 있었고, 이러한 사법시험 제도는 소위 사회적 신분 상승의 사다리로 인식되어 왔다. 사법시험 제도가 그 동안 우리나라 법조인 배출의 산실로서 많은 역할을 해 온 것은 분명하나, 수 많은 사람들이 사법시험에 몰리고 이로 인해 다수의 고시낭인들이 발생하여 사회적 손실로 인식되기도 하였다. 또한 정규 법학교육을 받지 않은 상황에서 시험성적만으로 법조인을 양성하는 것이 올바른 것인지에 대한 지적도 있었다.[53] 그러한 문제점들을

52 헌법재판소 2004. 1. 29. 선고 2002헌바36,55(병합) 전원재판부(타인의 권리를 양수하거나 양수를 가장하여 소송·조정 또는 화해 기타의 방법으로 그 권리를 실행함을 업으로 한 자를 형사처벌하는 규정인 구 변호사법 제91조 제1호 중 "업으로" 부분이 죄형법정주의에서 파생된 명확성의 원칙에 위배되지 않는다고 판단한 사안).

53 사법시험법 폐지 경위에 대해 헌법재판소 2016. 9. 29. 2012헌마1002 등(병합)에서는 "기존 사법시험을 통한 법조인 양성제도에 대하여는 ① 법학교육과 사법제도의 연계 부족으로 인한 법학교육의 부실화, ② 복잡한 법적 분쟁을 전문적·효율적으로 예방하고 해결할 능력을 갖춘 법조인 양성의 한계, ③ 과도한 경쟁과 낮은 합격률

개선하기 위해 많은 논의들이 진척되어 왔고 결국 지난 2007. 7. 27.「법학전문대학원 설치·운영에 관한 법률」이 제정되어 '부칙 ②(학생의 최초의 입학 시기에 관한 적용례) 이 법에 따라 설치되는 법학전문대학원은 2009년 3월 1일부터 학생의 입학을 허가할 수 있다.'에 따라 2009년부터 국내 25개 대학에서 법학전문대학원을 운영하고 있다. 법학전문대학원 체제에서는 학부를 졸업한 후 법학전문대학원에 입학하여 3년의 과정을 거치면 변호사시험을 치를 수 있고,「변호사시험법」[54] 부칙[55]에 따라 2017년 사법시험은 완전히 폐지되었으며 또한 고시낭인의 발생을 막기 위한 취지에서 동법 제7조[56]에서는 법학전문대학원의 석사학위를 취득한 달의 말일부터 5년 내에 5회만 응시할 수 있도록 하였다.

이러한 새로운 제도 시행과 관련하여서는 첫째, 변호사시험법 부칙에서 사법시험 제도를 폐지하도록 한 것이 사법시험에 응시하고자 하는 사람의 직업선

에 따라 이른바 고시낭인이 속출하는 국가 인력 낭비, ④특정 소수 대학에 편중된 합격자 배출, ⑤법원 및 검찰 실무교육에 치우친 사법연수원 교육제도 등 많은 문제점이 오랫동안 지적되어 왔다. 그런데 우리나라의 경제성장률이 낮아지고 실업률이 높아지면서 점점 더 많은 인재들이 법조인과 의료인과 같은 전문직으로 몰리면서 사법시험제도가 안고 있던 문제점은 계속 확대되었다. 이 문제를 해결하기 위해 1994년 12월 국무총리 소속으로 설치된 세계화추진위원회에서 사법시험제도를 폐지하고 미국식 로스쿨 제도를 도입하는 방안을 논의하고 공론화한 이래, 법조인력 양성의 기본 틀을 '시험을 통한 선발'에서 '교육을 통한 양성'으로 전환하는 논의가 지속되어 왔다. 10년에 걸친 논의 끝에 2004년 12월 대법원과 행정부가 공동으로 설치한 사법개혁위원회에서 법조인력 양성의 기본 틀을 사법시험에서 법학전문대학원으로 전환한다는 사법개혁안이 채택되었다. 이에 따라 2007. 7. 27. 법학전문대학원 설치·운영에 관한 법률이 제정되었고, 2009. 5. 28. 변호사시험법이 제정되면서 사법시험법은 2017. 12. 31. 폐지되게 되었다."고 밝히고 있다.

54 [시행 2009. 8. 29.] [법률 제9747호, 2009. 5. 28., 제정], [시행 2020. 12. 8.] [법률 제17569호, 2020. 12. 8., 일부개정]

55 2009. 5. 28.[시행 2009. 8. 29.] 제정 법률 부칙
제2조(다른 법률의 폐지) 사법시험법은 폐지한다.
제4조(사법시험과의 병행실시) ① 이 법에 따른 시험과 별도로 「사법시험법」에 따른 사법시험을 2017년까지 실시한다. 다만, 2017년에는 2016년에 실시한 제1차시험에 합격한 사람 중 2016년에 제3차시험까지 합격하지 못한 사람을 대상으로 제2차시험 또는 제3차시험을 실시한다.

56 제7조(응시기간 및 응시횟수의 제한) ① 시험(제8조제1항의 법조윤리시험은 제외한다)은 「법학전문대학원 설치·운영에 관한 법률」 제18조제1항에 따른 법학전문대학원의 석사학위를 취득한 달의 말일부터 5년 내에 5회만 응시할 수 있다. 다만, 제5조제2항에 따라 시험에 응시한 석사학위취득 예정자의 경우 그 예정기간 내 시행된 시험일부터 5년 내에 5회만 응시할 수 있다. <개정 2011. 7. 25.>
② 「법학전문대학원 설치·운영에 관한 법률」 제18조제1항에 따른 법학전문대학원의 석사학위를 취득한 후 또는 이 법 제5조제2항에 따라 석사학위 취득 예정자로서 시험에 응시한 후 「병역법」 또는 「군인사법」에 따른 병역의무를 이행하는 경우 그 이행기간은 제1항의 기간에 포함하지 아니한다. <개정 2018. 12. 18.>

택의 자유를 침해하는 것인지의 문제, 둘째, 변호사시험법에서 응시기간 및 응시횟수를 제한하는 것이 직업선택의 자유를 침해하는 것인지의 문제가 각각 제기되었다.

먼저 전자와 관련하여 헌법재판소는 목적의 정당성 및 수단의 적절성, 침해의 최소성, 법익의 균형성이 인정된다는 취지로 과잉금지원칙을 위반하여 직업선택의 자유를 침해하지 않는다고 판단하였고,[57] 이후 선고된 헌법재판소 2017. 12. 28. 2016헌마1152 등 결정에서도 같은 취지를 재확인하였다.[58] 그리고 후자와 관련하여서도 헌법재판소는 변호사시험의 응시기간과 응시횟수를 법학전문대학원의 석사학위를 취득한 달의 말일 또는 취득예정기간 내 시행된 시험일부터 5년 내에 5회로 제한한 변호사시험법 제7조 제1항은 변호사시험에 5회 모두 불합격한 청구인들의 직업선택의 자유를 침해하지 않는다고 판단하였다.[59]

(3) '국제변호사' 명칭의 문제

우리 주변에서는 '국제변호사'라는 명칭이 사용되는 경우를 종종 볼 수 있는데, 법이란 한 국가의 규범적 약속으로서 국가마다 법이 다를 수밖에 없고 특정 국가의 법을 취급하기 위해서는 해당 국가에서의 법조인 자격을 취득해야 한다. 따라서 마치 모든 나라의 법을 다 취급할 수 있는 공인자격증으로 들리는 '국제변호사'라는 것은 있을 수 없는데, 일상생활에서는 특히 미국변호사를 국제변호사로 지칭하는 경우가 있다.

하지만 국제변호사와 미국변호사는 엄연히 다른 것으로서 국제변호사라는 명칭은 진실을 호도하는 것으로 오해될 수 있기 때문에 사용해서는 안되는 용어

---

57 헌법재판소 2016. 9. 29. 2012헌마1002 등(병합). 재판관 조용호의 반대의견과 재판관 이진성, 김창종, 안창호의 반대의견이 있다.

58 2012헌마1002 등(병합)과 같은 취지로서 다수의견과 반대의견도 기존 선례와 동일하게 유지되었다.

59 헌법재판소 2016. 9. 29. 선고 2016헌마47, 361, 443, 584, 588(병합) 전원재판부. 그 이후에도 동일 쟁점이 문제된 2018. 3. 29. 2017헌마387등 결정, 2020. 9. 24. 2018헌마739등 결정, 2020. 11. 26. 2018헌마733 등 결정에서 동일하게 판단하였다.

이며, 우리 변호사법에서도 변호사는 국제변호사를 표방하거나 그 밖에 법적 근거가 없는 자격이나 명칭을 표방하는 내용의 광고를 하여서는 아니되고(제23조[60] 제2항 제2호), 이에 위반한 경우 1년 이하의 징역 또는 1천만원 이하의 벌금에 처하도록 하고 있으므로(제113조 제3호)[61] 유의할 필요가 있다.

(4) 법관 및 검사평가 제도

우리나라 변호사회에서는 법관 및 검사평가를 실시하고 있는데, 법관 평가의 경우 2008년 12월 24일 서울지방변호사회를 시작으로 하여 현재 전국 지방변호사회에서 실시하고 있고(평가결과는 대법원에 보내 인사평가에 참고할 수 있도록 함), 검사 평가는 대한변호사협회가 2015년 10월 21일부터 시행하고 있다(평가결과는 대검과 법무부에 보내 인사평가에 참고할 수 있도록 함).

지금은 이러한 법관 및 검사 평가 제도가 정착되어 가고 있지만 제도 도입 초기만 하더라도 재판이나 수사를 받는 입장인 변호사가 재판이나 수사의 주체인 법관 및 검사를 평가하는 것이 정당한지에 대한 논란이 적지 않았다. 비록 재판과 수사의 독립성은 존중되고 보장되어야 하겠지만, 그렇다는 이유로 주권자

---

60 제23조(광고) ① 변호사·법무법인·법무법인(유한) 또는 법무조합(이하 이 조에서 "변호사등"이라 한다)은 자기 또는 그 구성원의 학력, 경력, 주요 취급 업무, 업무 실적, 그 밖에 그 업무의 홍보에 필요한 사항을 신문·잡지·방송·컴퓨터통신 등의 매체를 이용하여 광고할 수 있다.
② 변호사등은 다음 각 호의 어느 하나에 해당하는 광고를 하여서는 아니 된다.
1. 변호사의 업무에 관하여 거짓된 내용을 표시하는 광고
2. 국제변호사를 표방하거나 그 밖에 법적 근거가 없는 자격이나 명칭을 표방하는 내용의 광고
3. 객관적 사실을 과장하거나 사실의 일부를 누락하는 등 소비자를 오도(誤導)하거나 소비자에게 오해를 불러일으킬 우려가 있는 내용의 광고
4. 소비자에게 업무수행 결과에 대하여 부당한 기대를 가지도록 하는 내용의 광고
5. 다른 변호사등을 비방하거나 자신의 입장에서 비교하는 내용의 광고
6. 부정한 방법을 제시하는 등 변호사의 품위를 훼손할 우려가 있는 광고
7. 그 밖에 광고의 방법 또는 내용이 변호사의 공공성이나 공정한 수임(受任) 질서를 해치거나 소비자에게 피해를 줄 우려가 있는 것으로서 대한변호사협회가 정하는 광고
③ 변호사등의 광고에 관한 심사를 위하여 대한변호사협회와 각 지방변호사회에 광고심사위원회를 둔다.
④ 광고심사위원회의 운영과 그 밖에 광고에 관하여 필요한 사항은 대한변호사협회가 정한다.
[전문개정 2008. 3. 28.]

61 "서울회, '국제 변호사' 명칭 사용 단속한다", 대한변협신문 제441호, 2013. 4. 1., 6면 참고.

인 국민의 권리를 대변해 주는 변호사로부터의 평가 대상에서 제외되어야 할 이유는 없다. 사실 그 동안 우리나라의 법원과 검찰은 재판이나 수사의 대상인 국민의 권리를 제대로 보호해 주지 못하고 오히려 법정에서 막말을 하거나 강압수사를 하는 등 인권침해와 부실수사의 문제를 종종 발생시켰고 이로 인해 제도 개선의 지적들도 계속 제기되어 왔다. 그런 관점에서 변호사회의 법관 및 검사 평가 제도는 충분히 긍정적으로 평가할 수 있고, 오히려 평가 결과와 관련하여 우수 법관 및 검사는 명단을 공표하면서 하위 법관 및 검사는 명단을 공개하지 않은 채 법원과 검찰에만 전달하여 참고할 수 있도록 하는 것에 대한 찬반논란도 제기되고 있다.

(5) 변호사강제주의

우리나라는 미국과 달리 재판 절차를 진행함에 있어 반드시 변호사를 선임해야 하는 변호사강제주의를 채택하지 않고 있다. 이로 인해 재판 당사자의 권리가 제대로 보호받지 못하는 문제가 발생하여 변호사 단체 등 일부에서는 변호사강제주의의 도입을 요구하고 있으나, 법조인들의 밥그릇 챙기기라는 비판도 적지 않아 아직까지 현실화되지 못하고 있고 다만 다음과 같은 일부 영역에서는 변호사선임이 강제되고 있다.

(가) 헌법재판소법[62]

제25조(대표자·대리인) ① 각종 심판절차에서 정부가 당사자(참가인을 포함한다. 이하 같다)인 경우에는 법무부장관이 이를 대표한다.

② 각종 심판절차에서 당사자인 국가기관 또는 지방자치단체는 변호사 또는 변호사의 자격이 있는 소속 직원을 대리인으로 선임하여 심판을 수행하게 할

62 [시행 2020. 12. 10.] [법률 제17469호, 2020. 6. 9., 일부개정]

수 있다.

③ 각종 심판절차에서 당사자인 사인(私人)은 변호사를 대리인으로 선임하지 아니하면 심판청구를 하거나 심판 수행을 하지 못한다. 다만, 그가 변호사의 자격이 있는 경우에는 그러하지 아니하다. [전문개정 2011. 4. 5.][63]

(나) 형사소송법

제282조(필요적 변호) 제33조[64] 제1항 각 호의 어느 하나에 해당하는 사건 및

---

63 헌법재판소법 제70조(국선대리인) ① 헌법소원심판을 청구하려는 자가 변호사를 대리인으로 선임할 자력(資力)이 없는 경우에는 헌법재판소에 국선대리인을 선임하여 줄 것을 신청할 수 있다. 이 경우 제69조에 따른 청구기간은 국선대리인의 선임신청이 있는 날을 기준으로 정한다.
② 제1항에도 불구하고 헌법재판소가 공익상 필요하다고 인정할 때에는 국선대리인을 선임할 수 있다.
③ 헌법재판소는 제1항의 신청이 있는 경우 또는 제2항의 경우에는 헌법재판소규칙으로 정하는 바에 따라 변호사 중에서 국선대리인을 선정한다. 다만, 그 심판청구가 명백히 부적법하거나 이유 없는 경우 또는 권리의 남용이라고 인정되는 경우에는 국선대리인을 선정하지 아니할 수 있다.
④ 헌법재판소가 국선대리인을 선정하지 아니한다는 결정을 한 때에는 지체 없이 그 사실을 신청인에게 통지하여야 한다. 이 경우 신청인이 선임신청을 한 날부터 그 통지를 받은 날까지의 기간은 제69조의 청구기간에 산입하지 아니한다.
⑤ 제3항에 따라 선정된 국선대리인은 선정된 날부터 60일 이내에 제71조에 규정된 사항을 적은 심판청구서를 헌법재판소에 제출하여야 한다.
⑥ 제3항에 따라 선정한 국선대리인에게는 헌법재판소규칙으로 정하는 바에 따라 국고에서 그 보수를 지급한다. [전문개정 2011. 4. 5.]
헌법소원심판 청구를 위한 국선대리인 선임신청시 국선대리인 선임 기준은 다음과 같다(헌법재판소 홈페이지 참고).
1. 월평균 수입이 300만 원 미만인 사람
2. 국민기초생활보장법에 따른 수급자 및 차상위계층
3. 국가유공자 등 예우 및 지원에 관한 법률에 의한 국가유공자와 그 유족 또는 가족
4. 한부모가족지원법에 따른 지원대상자
5. 기초연금법에 따른 기초연금 수급자
6. 장애인연금법에 따른 수급자
7. 북한이탈주민의 보호 및 정착지원에 관한 법률에 따른 보호대상자
8. 위 각호에는 해당하지 아니하나, 청구인의 시각·청각·언어·정신 등 신체적·정신적 장애 여부 또는 청구인이나 그 가족의 경제능력 등 제반사정에 비추어 보아 변호사를 대리인으로 선임하는 것을 기대하기 어려운 경우

64 제33조(국선변호인) ① 다음 각 호의 어느 하나에 해당하는 경우에 변호인이 없는 때에는 법원은 직권으로 변호인을 선정하여야 한다.
1. 피고인이 구속된 때
2. 피고인이 미성년자인 때
3. 피고인이 70세 이상인 때
4. 피고인이 농아자인 때

같은 조 제2항·제3항의 규정에 따라 변호인이 선정된 사건에 관하여는 변호인 없이 개정하지 못한다. 단, 판결만을 선고할 경우에는 예외로 한다.

第283조(국선변호인) 제282조 본문의 경우 변호인이 출석하지 아니한 때에는 법원은 직권으로 변호인을 선정하여야 한다.

(다) 개인정보보호법[65]

第53조(소송대리인의 선임) 단체소송의 원고는 변호사를 소송대리인으로 선임하여야 한다.

(라) 소비자기본법[66]

第72조(소송대리인의 선임) 단체소송의 원고는 변호사를 소송대리인으로 선임하여야 한다.

(마) 증권관련 집단소송법[67]

第5조(소송대리인의 선임) ① 증권관련집단소송의 원고와 피고는 변호사를

---

5. 피고인이 심신장애의 의심이 있는 때
6. 피고인이 사형, 무기 또는 단기 3년 이상의 징역이나 금고에 해당하는 사건으로 기소된 때

② 법원은 피고인이 빈곤 그 밖의 사유로 변호인을 선임할 수 없는 경우에 피고인의 청구가 있는 때에는 변호인을 선정하여야 한다.

③ 법원은 피고인의 연령·지능 및 교육 정도 등을 참작하여 권리보호를 위하여 필요하다고 인정하는 때에는 피고인의 명시적 의사에 반하지 아니하는 범위 안에서 변호인을 선정하여야 한다.

[전문개정 2006. 7. 19.]

65 [시행 2011. 9. 30.] [법률 제10465호, 2011. 3. 29., 제정], [시행 2020. 8. 5.] [법률 제16930호, 2020. 2. 4., 일부개정]

66 [시행 2019. 7. 1.] [법률 제16178호, 2018. 12. 31., 일부개정]. 1980. 1. 4. '소비자보호법'으로 제정되었다가 2006. 9. 27. 개정에서 종래 소비자보호 위주의 소비자정책에서 탈피하여 중장기 소비자정책의 수립, 소비자안전·교육의 강화 등으로 소비자권익을 증진함으로써 소비자의 주권을 강화하면서 법명을 '소비자기본법'으로 변경하였다.

67 [시행 2005. 1. 1.] [법률 제7074호, 2004. 1. 20., 제정], [시행 2013. 8. 29.] [법률 제11845호, 2013. 5. 28., 타법개정]

소송대리인으로 선임(選任)하여야 한다.

② 증권관련집단소송의 대상이 된 증권을 소유하거나, 그 증권과 관련된 직접적인 금전적 이해관계가 있는 등의 사유로 이 법에 따른 소송절차에서 소송대리인의 업무를 수행하기에 부적절하다고 판단될 정도로 총원과 이해관계가 충돌되는 자는 증권관련집단소송의 원고측 소송대리인이 될 수 없다.

❖ 생각해 볼 문제

- 법조삼륜 중 본인은 어느 직역을 더 선호하며 그 이유는 무엇인가?
- 법조인은 자신의 개인적 판단과 일반 국민 다수의 생각이 불일치 할 때 어느 의견에 따라 법을 해석·적용하여야 하는가?

2 법의 형식과 실질

가. 개념의 중요성

법을 이해하고 정확하게 해석·적용하기 위해서는 개념에 대한 정확한 이해가 중요하다. 즉, 일상 생활에서는 아무런 문제 없이 넘어 갈 수 있는 사소한 표현의 잘못이나 오류 등도 법 적용에 있어서는 큰 차이를 나타낼 수 있기 때문에, 법 규정이나 개념을 명확하게 숙지하는 것이 필요하다.

(1) 사기도박 행위에 대한 적용 죄명

도박죄와 사기죄에 대한 아래의 우리 형법 규정을 확인한 다음, 사기도박의 경우 사기죄가 성립할지 도박죄가 성립할지 아니면 사기죄와 도박죄가 모두 성립할지 생각해 보자.

제246조(도박, 상습도박) ① 도박을 한 사람은 1천만원 이하의 벌금에 처한다. 다만, 일시오락 정도에 불과한 경우에는 예외로 한다.
② 상습으로 제1항의 죄를 범한 사람은 3년 이하의 징역 또는 2천만원 이하의 벌금에 처한다. [전문개정 2013. 4. 5.][68]

제347조(사기) ① 사람을 기망하여 재물의 교부를 받거나 재산상의 이익을 취득한 자는 10년 이하의 징역 또는 2천만원 이하의 벌금에 처한다. <개정 1995. 12. 29.>
② 전항의 방법으로 제삼자로 하여금 재물의 교부를 받게 하거나 재산상의 이익을 취득하게 한 때에도 전항의 형과 같다.

사기도박의 경우 사람을 기망하여 재물의 교부를 받는 것에 해당하여 사기죄가 성립함에는 의문이 없는데 도박죄에도 해당하는지에 대해서는 도박의 정의를 먼저 확인해 보아야 한다. 형법에서 '도박이란 재물을 걸고 우연에 의하여 재물의 득실을 결정하는 것'으로 정의되는데, 사기도박의 경우 우연성이 결여되어 있기 때문에 결국 도박죄에서 말하는 도박에 해당하지 않게 되고 따라서 사기도박의 경우 도박죄가 아닌 사기죄만 성립하게 된다. 우리 대법원도 같은 취지에서 "도박이라 함은 2인 이상의 자가 상호간에 재물을 도(賭)하여 우연한 승패에 의하여 그 재물의 득실을 결정하는 것이므로, 이른바 사기도박에 있어서와 같이 도박당사자의 일방이 사기의 수단으로써 승패의 수를 지배하는 경우에는 도박에 있어서의 우연성이 결여되어 사기죄만 성립하고 도박죄는 성립하지 아니한다."고 판시하였다.[69]

---

68 개정전에는 제1항의 죄에 대해 500만원 이하의 벌금이었다가, 2013년 개정에서 1000만원 이하로 상향되었다.

69 대법원 2011. 1. 13. 선고 2010도9330 판결(피고인 등은 사기도박에 필요한 준비를 갖추고 그러한 의도로 피해자들에게 도박에 참가하도록 권유한 때 또는 늦어도 그 정을 알지 못하는 피해자들이 도박에 참가한 때에는 이미 사기죄의 실행에 착수하였다고 할 것이므로, 피고인 등이 그 후에 사기도박을 숨기기 위하여 얼마간 정상

사기도박이 사기죄에 해당하는지 아니면 도박죄에 해당하는지의 문제는 사기도박을 한 사람에 대한 처벌 규정을 정하는 것 이외에도 사기도박에 의해 금전적 피해를 입은 사람도 처벌할 수 있는지를 결정하는 문제가 되기도 한다. 즉, 사기도박이 도박죄에도 해당하게 되면 피해를 입은 사람도 같이 도박을 하였기 때문에 도박죄로 처벌되는데 반해, 사기죄만 성립한다면 피해를 입은 사람은 범죄를 같이 저지른 것이 아니라 범죄의 피해자에 해당하여 처벌받지 않게 된다. 이와 같이 개념을 어떻게 정의하고 법을 적용하는지는 매우 중요한 문제이다.

(2) 남성에서 여성으로 성전환한 사람을 법률상 여성으로 볼 수 있는지

피해자의 성별에 따른 개정전 형법상 강간죄 적용 문제와 이에 대한 우리 대법원의 판단 변화에 대해서는 앞에서 결론만 간략히 소개하였는데, 이하에서는 각 판결의 세부적인 판시 근거를 확인해 보고 법 규정에서의 개념에 대한 판단 방법을 이해해 보기로 한다.

(가) 개정전 형법 규정

제297조(강간) 폭행 또는 협박으로 부녀를 강간한 자는 3년 이상의 유기징역에 처한다.

① 대법원 1996. 6. 11. 선고 96도791 판결

1. 원심(서울고등법원 1996. 2. 23. 선고 95노2876 판결)은 이 사건 주위적 공소사실, 즉 "피고인들이 공소외 인과 합동하여, 1995. 4. 24. 00 : 30경 서울 용산구 한남동 산 10의 136 하이얏트호텔 부근에서 호객행위를 하던 피해자 A(36세)를 승용차에 납치하여 서울 중구 장충동 2가 산 5에 있는 한국자유총

적인 도박을 하였다고 하더라도 이는 사기죄의 실행행위에 포함되는 것이라고 할 것이어서 피고인에 대하여는 피해자들에 대한 사기죄만이 성립하고 도박죄는 따로 성립하지 아니한다고 할 것이다).

연맹 건물 부근의 골목길로 끌고 간 후 폭행과 협박을 가하여 피해자의 반항을 억압한 다음 차 안에서 피고인 1, 위 공소외인, 피고인 2 순서로 성기를 위 피해자의 음부에 삽입하여 여성으로 성전환 수술을 받은 위 피해자를 각 강간하고 이로 인하여 위 피해자로 하여금 전치 1주를 요하는 안면부타박상 등을 입게 하였다"는 성폭력범죄의처벌및피해자보호등에관한법률 제9조, 제6조 제1항, 형법 제297조 위반의 점에 대하여 위 피해자 A는 형법 제297조의 객체가 되는 부녀라고 할 수 없다는 이유에서 이를 무죄라고 판단한 제1심판결을 그대로 유지하였다.

2. 형법 제297조는 '폭행 또는 협박으로 부녀를 강간한 자'라고 하여 객체를 부녀에 한정하고 있다. 위 규정에서 부녀라 함은 성년이든 미성년이든, 기혼이든 미혼이든 불문하며 곧 여자를 가리키는 것이라 할 것이다.

무릇 사람에 있어서 남자, 여자라는 성(性)의 분화는 정자와 난자가 수정된 후 태아의 형성 초기에 성염색체의 구성(정상적인 경우 남성은 xy, 여성은 xx)에 의하여 이루어지고, 발생과정이 진행됨에 따라 각 성염색체의 구성에 맞추어 내부생식기인 고환 또는 난소 등의 해당 성선(性腺)이 형성되고, 이어서 호르몬의 분비와 함께 음경 또는 질, 음순 등의 외부성기가 발달하며, 출생 후에는 타고난 성선과 외부성기 및 교육 등에 의하여 심리적, 정신적인 성이 형성되는 것이다. 그러므로 형법 제297조에서 말하는 부녀, 즉 여자에 해당하는지의 여부도 위 발생학적인 성인 성염색체의 구성을 기본적인 요소로 하여 성선, 외부성기를 비롯한 신체의 외관은 물론이고 심리적, 정신적인 성, 그리고 사회생활에서 수행하는 주관적, 개인적인 성역할(성전환의 경우에는 그 전후를 포함하여) 및 이에 대한 일반인의 평가나 태도 등 모든 요소를 종합적으로 고려하여 사회통념에 따라 결정하여야 할 것이다.

그런데, 원심판결 이유와 기록에 의하면, 위 피해자은 1958. 8. 3.생이고 남성으로서의 성기구조를 갖춘 남자로 태어나 남자 중학교까지 졸업하였으나 어릴 때부터 여자옷을 즐겨 입거나 고무줄 놀이와 같이 여자가 주로 하는 놀이를 즐겨하는 등 여성으로서의 생활을 동경하고 여성으로서의 성에 귀속감을 느낀 나머지 1989년경부터 수 년간 여장남자로서의 행세를 하여 오다가 1991년과 1992년 일본에 있는 병원에서 자신의 음경과 고환을 제거하고 그 곳에 질을 만들어 넣는 방법으로 여성으로의 성전환 수술을 받음으로써 여성으로서의 질 구조를 갖추고 있고 유방이 발달하는 등 외관상으로는 여성적인 신체구조를 갖추게 되어 보통의 여자와 같이 남자와 성생활을 할 수 있으며 성적쾌감까지 느끼고 있으나 여성의 내부성기인 난소와 자궁이 없기 때문에 임신 및 출산은 불가능한 상태라는 것이다. 그리고 위 피해자는 본래 남성으로서, 달리 여성의 성염색체 구조를 갖추고 있다거나, 성염색체는 남자이면서 생식선의 분화가 비정상적으로 되어 고환과 난소를 겸비한 진성반음양, 또는 고환이나 난소의 발육이 불완전한 가성반음양이라고는 인정되지 아니한다.

그렇다면 위 피해자이 비록 어릴 때부터 정신적으로 여성에의 성귀속감을 느껴 왔고 위의 성전환 수술로 인하여 남성으로서의 내·외부성기의 특징을 더 이상 보이지 않게 되었으며 남성으로서의 성격도 대부분 상실하여 외견상 여성으로서의 체형을 갖추고 성격도 여성화되어 개인적으로 여성으로서의 생활을 영위해 가고 있다 할지라도, 기본적인 요소인 성염색체의 구성이나 본래의 내·외부성기의 구조, 정상적인 남자로서 생활한 기간, 성전환 수술을 한 경위, 시기 및 수술 후에도 여성으로서의 생식능력은 없는 점, 그리고 이에 대한 사회 일반인의 평가와 태도 등 여러 요소를 종합적으로 고려하여 보면 위 피해자을 사회통념상 여자로 볼 수는 없다 할 것이다.

원심판결은 그 이유 설시에서 강간죄의 보호법익 등에 관하여 선뜻 납득할 수 없는 근거들을 내세우는 등 흠이 없지 아니하나, 위와 같은 취지에서 판단한 결론은 정당한 것으로 수긍이 가고 거기에 상고이유로 내세운 바와 같은 부녀의 개념이나 강간죄의 법리를 오해한 위법이 있다 할 수 없다.

3. 그러므로 검사의 피고인들에 대한 상고는 모두 이유 없으므로 이를 모두 기각하기로 하여 관여 법관의 일치된 의견으로 주문과 같이 판결한다.[70]
대법관 이임수 (재판장) 김석수 정귀호 (주심) 이돈희

② 대법원 2009. 9. 10. 선고 2009도3580 판결
강간죄의 객체는 부녀로서 여자를 가리키는 것이므로(대법원 1996. 6. 11. 선고 96도791 판결 참조), 강간죄의 성립을 인정하기 위하여는 피해자를 법률상 여자로 인정할 수 있어야 한다.
종래에는 사람의 성을 성염색체와 이에 따른 생식기·성기 등 생물학적인 요소에 따라 결정하여 왔으나 근래에 와서는 생물학적인 요소뿐 아니라 개인이 스스로 인식하는 남성 또는 여성으로의 귀속감 및 개인이 남성 또는 여성으로서 적합하다고 사회적으로 승인된 행동·태도·성격적 특징 등의 성역할을 수행하는 측면, 즉 정신적·사회적 요소들 역시 사람의 성을 결정하는 요소 중의 하나로 인정받게 되었으므로, 성의 결정에 있어 생물학적 요소와 정신적·사회적 요소를 종합적으로 고려하여야 한다(대법원 2006. 6. 22.자 2004스42 전원합의체 결정,[71] 1996. 6. 11. 선고 96도791 판결 참조).
위와 같이 사람의 성을 결정하는 데에 여러 가지 요소가 존재한다는 것은 위 각 요소들이 일치하지 않는 경우가 발생할 수 있다는 의미이고, 특히 생물학적 측면의 성은 출생시 곧바로 확인될 수 있지만 정신적·사회적 측면에서의 성이 생물학적 측면의 성과 일치하는지 여부는 출생 당시에는 쉽사리 알 수 없다가

70 이 판결은 강간죄가 아닌 강제추행죄(정확하게는 강제추행치상의 죄)를 인정한 것인데, 이에 대해서는 강간죄의 불능미수로 보아야 한다는 견해가 있다(김일수, “미수의 불법귀속에 관한 연구”, 고려법학 제40호, 고려대학교 법학연구원, 2003. 6., 35면).

71 호적상 여성으로 등재되어 있으나, 성장기부터 여성에 대한 불일치감과 남성으로의 귀속감을 나타내면서 성인이 된 후에는 오랜 기간 동안 남성으로서 살다가 성전환수술을 받아 남성의 외부 성기와 신체 외관을 갖춘 사람이 호적정정 및 개명 신청을 한 사안에서, 사회통념상 남성으로 평가될 수 있는 성전환자에 해당함이 명백하므로 호적정정 및 개명을 허가할 여지가 충분히 있다고 보아, 성전환자에 대한 호적정정을 허용할 근거가 없다는 등의 이유로 이를 불허한 원심결정을 파기한 사례.

출생 후 성장하면서 비로소 개인이 인식하는 성귀속감과 수행하는 성역할이 생물학적인 성과는 전혀 다른 것으로 확인되기도 한다. 성전환증을 가진 사람의 경우에도, 남성 또는 여성 중 어느 한쪽의 성염색체를 보유하고 있고 그 염색체와 일치하는 생식기와 성기가 형성·발달되어 출생하지만 출생 당시에는 아직 그 사람의 정신적·사회적인 의미에서의 성을 인지할 수 없으므로, 사회통념상 그 출생 당시에는 생물학적인 신체적 성징에 따라 법률적인 성이 평가될 것이다. 그러나 출생 후의 성장에 따라 일관되게 출생 당시의 생물학적인 성에 대한 불일치감 및 위화감·혐오감을 갖고 반대의 성에 귀속감을 느끼면서 반대의 성으로서의 역할을 수행하며 성기를 포함한 신체 외관 역시 반대의 성으로서 형성하기를 강력히 원하여, 정신과적으로 성전환증의 진단을 받고 상당기간 정신과적 치료나 호르몬치료 등을 실시하여도 여전히 위 증세가 치유되지 않고 반대의 성에 대한 정신적·사회적 적응이 이루어짐에 따라 일반적인 의학적 기준에 의하여 성전환수술을 받고 반대 성으로서의 외부 성기를 비롯한 신체를 갖추고, 나아가 전환된 신체에 따른 성을 가진 사람으로서 만족감을 느끼며 공고한 성정체성의 인식 아래 그 성에 맞춘 의복, 두발 등의 외관을 하고 성관계 등 개인적인 영역 및 직업 등 사회적인 영역에서 모두 전환된 성으로서의 역할을 수행함으로써 주위 사람들로부터도 그 성으로서 인식되고 있으며, 전환된 성을 그 사람의 성이라고 보더라도 다른 사람들과의 신분관계에 중대한 변동을 초래하거나 사회에 부정적인 영향을 주지 아니하여 사회적으로 허용된다고 볼 수 있다면, 이러한 여러 사정을 종합적으로 고려하여 사람의 성에 대한 평가 기준에 비추어 사회통념상 신체적으로 전환된 성을 갖추고 있다고 인정될 수 있는 경우가 있다 할 것이며, 이와 같은 성전환자는 출생시와는 달리 전환된 성이 법률적으로도 그 성전환자의 성이라고 평가받을 수 있을 것이다(대법원 2006. 6. 22.자 2004스42 전원합의체 결정 참조).

원심(부산고등법원 2009. 4. 22. 선고 2009노204 판결)이 유지한 제1심판결

(부산지방법원 2009. 2. 18. 선고 2009고합669 판결)의 이유에 의하면, 남성으로 태어난 피해자는 성장기부터 남성에 대한 불일치감과 여성으로서의 귀속감을 나타내면서 따돌림을 당하였고, 사춘기에 이르러 여성으로서의 분명한 성정체성이 형성되기 시작하면서 이를 감당하지 못하여 집을 떠나게 된 사실, 피해자는 24세이던 1974년경 성전환수술을 결심하고 정신과 병원에서 정밀진단과 심리치료, 관찰을 거쳐 성전환증이라는 확진을 받은 다음, 성형외과에서 남성의 성기와 음낭을 제거하고 여성의 질 등 외부성기를 형성하는 수술을 받고 이후 상당기간 호르몬 요법의 시술을 받았으며, 2차로 일본 오사카현 이마사토에 있는 한 성형외과병원에서 가슴형성수술을 받은 바 있고, 3차로는 1998. 2. 부산에 있는 (명칭 생략) 성형외과에서, 2000년경에 이르러 태국의 한 병원에서 각 가슴보강수술과 질확장술을 받은 사실, 피해자는 남성 또는 여성으로서 자녀를 출산한 경험이 없고 생식기능 또한 존재하지 아니하나, 성전환수술 후 여성으로서의 성생활에 전혀 지장이 없으며, 특히 피해자의 사정을 이해하는 남성과 과거 10여 년간 동거하며 지속적으로 성관계를 영위함에 아무런 문제가 없었고, 성적 만족도 또한 이상이 없는 사실, 피해자는 여성으로서의 신체와 외관을 갖추고 있을 뿐만 아니라 여성으로서의 성적 정체성도 확고하고 자신이 여성임에 만족하고 있으며, 피해자의 가족들과도 가출 후 10년이 지나면서부터 소식을 주고받으며 관계가 유지되어 왔고, 현재 살아 있는 가족들이 피해자의 처지와 사정을 잘 이해하여 관계가 개선된 사실, 피해자는 성전환수술 후 30여 년간 여성 무용수로서 국내와 국외를 오가며 활동하여 왔는데, 피해자가 국내에 거주할 때는 주로 부산시 소재 일정 지역에 30년 가까이 주거를 정하여 살면서 주민들과는 여성으로서 오랜 세월 동안 친분을 유지하여 온 사실을 각 알 수 있는바, 위와 같은 사정을 종합하여 보면, 피해자는 성장기부터 남성에 대한 불일치감과 여성으로의 귀속감을 나타내었고, 성인이 된 후 의사의 진단 아래 성전환수술을 받아 여성의 외부 성기와 신체 외관을

갖추었고, 수술 이후 30여 년간 여성으로 살아오면서 현재도 여성으로서의 성 정체성이 확고하여 남성으로 재전환할 가능성이 현저히 낮고, 개인생활이나 사회생활에서도 여성으로 인식되어, 결국 사회통념상 여성으로 평가되는 성전환자에 해당한다고 봄이 상당하고, 이 사건 피고인도 피해자를 여성으로 인식하여 강간범행을 저질렀다.

따라서, 위와 같은 제반사정을 고려하여 성전환자인 이 사건 피해자를 법률상 여성으로 보고 강간죄의 객체가 된다고 한 제1심판결을 유지한 원심의 판단은 적법하고, 거기에 강간죄의 객체인 부녀의 해석에 관한 법리오해의 위법이 없다.

그러므로 상고를 기각하기로 하여 관여 대법관의 일치된 의견으로 주문과 같이 판결한다.

대법관 박시환 (재판장) 안대희 신영철 (주심)

(나) 2012년 개정 형법

제297조(강간) 폭행 또는 협박으로 사람을 강간한 자는 3년 이상의 유기징역에 처한다.

제297조의2(유사강간) 폭행 또는 협박으로 사람에 대하여 구강, 항문 등 신체(성기는 제외한다)의 내부에 성기를 넣거나 성기, 항문에 손가락 등 신체(성기는 제외한다)의 일부 또는 도구를 넣는 행위를 한 사람은 2년 이상의 유기징역에 처한다.[72]

72 개정전 형법에서는 성기 삽입의 경우에만 강간죄로 처벌할 수 있다고 보아 유사강간 행위는 강제추행죄로만 처벌되는 문제가 있어 위 규정을 신설한 것이다.

나. 실질의 중요성

법의 해석·적용에 있어 법 규정이나 개념 등 형식도 중요하지만 처벌 형량을 정함에 있어서는 죄명보다 행위의 위법성에 맞는 처벌 수위를 정하는 것이 필요하다. 예를 들어 폭력을 행사하여 사람을 사망에 이르게 한 경우 죄명은 살인죄 또는 폭행치사죄가 될 수 있는데, 행위의 위법성은 동일함에도 적용 죄명이 무엇인지에 따라 최종적인 선고형량이 달라지는 것은 부당하다. 이 경우 어느 죄가 성립하는지는 법적인 판단에 있어 기본적으로 고려해야 할 사항이지만, 최종 법정형을 정함에 있어서는 그러한 형식적인 죄명이 아니라 죄질의 정도에 맞는 형량을 정해야 하는 것이다. 예를 들어 세월호 사건에서 선장에게 적용할 죄명이 업무상 과실치사인지 미필적 고의에 의한 살인인지 논란이 되었는데 최종 형을 정함에 있어 그 적용 죄명에 따라 형량이 달라지면 정당한 법집행이라고 보기 어렵다.[73]

이러한 이유에서 실무적으로 '기록에 술을 탄다.'라는 표현이 있다. 예컨대 가게에서 담배를 한갑 훔쳐 나오다가 뒤에서 주인이 어깨를 잡자 깜짝 놀라 주인을 뿌리치며 달아났는데 주인이 뒤로 넘어져 상해를 입었다면 형법상 강도상해죄가 적용되어 무기 또는 7년 이상의 징역에 처할 수 있다(형법 제337조[74]). 이 경우 법원은 재량으로 그 형을 감경할 수 있는데(형법 제53조[75]) 그 경우에도 형량의 하한은 3년 6개월이 되어 집행유예(형법 제62조[76] 참고)를 선고하지 못하고 실형을 선고해야 하는 문제가 생기고 이러한 결과는 누가 보더라도 과중한

---

73 물론 피고인에게 고의가 있는지 여부에 따라 적용죄명이 달라지고 이에 따른 형량도 달라질 수 있으나, 행위의 위법성은 동일함에도 적용죄명이 무엇인지에 따라 형량이 달라지는 것은 부당하다는 것이다.

74 제337조(강도상해, 치상) 강도가 사람을 상해하거나 상해에 이르게 한때에는 무기 또는 7년 이상의 징역에 처한다.

75 제53조(정상참작감경) 범죄의 정상(情狀)에 참작할 만한 사유가 있는 경우에는 그 형을 감경할 수 있다.

76 제62조(집행유예의 요건) ① 3년 이하의 징역이나 금고 또는 500만원 이하의 벌금의 형을 선고할 경우에 제51조의 사항을 참작하여 그 정상에 참작할 만한 사유가 있는 때에는 1년 이상 5년 이하의 기간 형의 집행을 유예할 수 있다. 다만, 금고 이상의 형을 선고한 판결이 확정된 때부터 그 집행을 종료하거나 면제된 후 3년까지의 기간에 범한 죄에 대하여 형을 선고하는 경우에는 그러하지 아니하다. <개정 2005. 7. 29., 2016. 1. 6.>
② 형을 병과할 경우에는 그 형의 일부에 대하여 집행을 유예할 수 있다.

처벌로서 부당하다고 볼 수 있다. 이에 법원은 피고인이 실제로는 술을 마시지 않았음에도 술에 취한 상태에서의 범행으로 간주하여 심신장애를 이유로 한 또 한번의 감경(형법 제10조[77] 제2항)을 하여 징역 1년 8월에 집행유예 3년 등을 선고하여 실형을 피할 수 있게 해 준다. 비록 자의적인 법 해석 및 집행이라고 비판할 수도 있지만, 일반인의 법감정에 맞는 정당한 법 집행의 일환으로 평가할 수 있으며, 바로 그러한 방향으로의 법 해석·집행이 올바른 법의 운용이라고 보여진다.

---

77 제10조(심신장애인) ① 심신장애로 인하여 사물을 변별할 능력이 없거나 의사를 결정할 능력이 없는 자의 행위는 벌하지 아니한다.
② 심신장애로 인하여 전항의 능력이 미약한 자의 행위는 형을 감경할 수 있다. <개정 2018. 12. 18.>
③ 위험의 발생을 예견하고 자의로 심신장애를 야기한 자의 행위에는 전2항의 규정을 적용하지 아니한다.
[제목개정 2014. 12. 30.]

제3강

법조인의 덕목과 민·형사법의 구분

1 법조인에게 필요한 덕목은 무엇인가

가. 국가배상법 위헌 사건

1948년 8월 15일 우리 헌법 제정 이후 대법원에서 선고된 판결들은 무수히 많고 그 판결 하나 하나가 중요한 법리 해석의 기준이 되어 왔다. 사안에 따라 아주 간단히 몇줄의 문장만으로 선고된 판결들도 있는 반면 법조인들이 이해하기에도 쉽지 않은 어렵고 난해한 문장으로 작성된 판결들도 많다. 어찌보면 문장이 길고 어려울수록, 설시하고 있는 법리가 난해하고 복잡할수록 좋은 판결이 아닌가 하고 생각할 수도 있는데, 70년 사법 역사상 가장 중요한 판결이라고 소개[78] 되는 국가배상법 위헌 사건의 대법원 판결을 보면서 법조인에게 필요한 덕목이 무엇인지를 새로운 시각에서 생각해 볼 수 있을 것이다.

(1) 1962년 및 1969년 헌법

불법행위로 인해 타인에게 손해를 가한 사람은 피해자에게 손해배상책임을 부담하고(민법 제750조), 가해자가 공무원인 경우에는 사용자인 국가 또는 지방자치단체가 손해배상책임을 부담한다. 이 사건이 문제된 당시의 헌법(1962년 및 1969년 헌법)[79] 제26조에서도 이러한 규정을 명시해 두고 있었는데, 문제는 1967년 개정 국가배상법 제2조 제1항 단서가 군인, 군무원 등에 대해서는 합리적인 이유 없이 손해배상을 받지 못한다는 예외 규정을 두었던 것이다. 이와 같은 국가배상법 제2조 제1항 단서 규정이 헌법 제26조나 평등권에 관한 헌법 제9조 등에 위반되는 것으로 위헌인지가 이 사건의 쟁점이었다.[80]

---

78 양삼승, 「권력, 정의, 판사」, 까치, 2017, 63면 이하 참고.

79 이 사건은 1968년 4월에 발생하여 1971년에 대법원 판결이 선고된 것으로서 1962년 헌법과 1969년 헌법에 걸쳐있으며, 다만 문제된 헌법 제26조는 개정됨이 없이 동일하였다.

80 현행 헌법에서는 법률의 위헌여부를 헌법재판소에서 판단하지만 당시의 헌법에서는 대법원이 위헌여부의 심사 권한을 가지고 있었다(1962년 헌법 제102조 제1항).
제102조 ① 법률이 헌법에 위반되는 여부가 재판의 전제가 된 때에는 대법원은 이를 최종적으로 심사할 권한

(가) 헌법 제26조

공무원의 직무상 불법행위로 손해를 받은 국민은 국가 또는 공공단체에 배상을 청구할 수 있다. 그러나, 공무원 자신의 책임은 면제되지 아니한다.

(나) 국가배상법(1967. 3. 3. 법률 제1899호로 제정되어 1981. 12. 17. 법률 제3464호로 개정된 것) 제2조(배상책임)

① (본문생략). 다만, 군인·군무원·경찰공무원 또는 향토예비군대원이 전투·훈련·기타 직무집행과 관련하거나 국방 또는 치안유지의 목적상 사용하는 시설 및 자동차·함선·항공기·기타 운반기구 안에서 전사·순직 또는 공상을 입은 경우에 본인 또는 그 유족이 다른 법령의 규정에 의하여 재해보상금·유족연금·상이연금 등의 보상을 지급받을 수 있을 때에는 이 법 및 민법의 규정에 의한 손해배상을 청구할 수 없다.

(2) 대법원 1971. 6. 22. 선고 70다1010 전원합의체 판결

이 사건의 하급심은 국가배상법 제2조 제1항 단서의 규정이 헌법 제9조에 위반된다고 판단하였는데, 대법원도 같은 취지에서 "국가배상법(1967. 3. 3. 법률 제1899호) 제2조 제1항 단행의 규정은 구 헌법(1962. 12. 26. 개정헌법) 제26조, 제8조[81], 제9조[82], 제32조[83] 제2항에 위반한다. 이 결론에는 대법원판사 16명

을 가진다.

② 명령·규칙·처분이 헌법이나 법률에 위반되는 여부가 재판의 전제가 된 때에는 대법원은 이를 최종적으로 심사할 권한을 가진다.

81 제8조 모든 국민은 인간으로서의 존엄과 가치를 가지며, 이를 위하여 국가는 국민의 기본적 인권을 최대한으로 보장할 의무를 진다.

82 제9조 ① 모든 국민은 법 앞에 평등하다. 누구든지 성별·종교 또는 사회적 신분에 의하여 정치적·경제적·사회적·문화적 생활의 모든 영역에 있어서 차별을 받지 아니한다.

② 사회적 특수계급의 제도는 인정되지 아니하며, 어떠한 형태로도 이를 창설할 수 없다.

③ 훈장등의 영전은 이를 받은 자에게만 효력이 있고, 어떠한 특권도 이에 따르지 아니한다.

83 제32조 ① 국민의 자유와 권리는 헌법에 열거되지 아니한 이유로 경시되지 아니한다.

② 국민의 모든 자유와 권리는 질서유지 또는 공공복리를 위하여 필요한 경우에 한하여 법률로써 제한할 수 있

중 대법원판사 민복기, 양회경, 이영섭, 주재황, 유재방 등 5명을 제외한 법관 전원의 일치된 의견이다."라고 판시하였다.

이러한 대법원 판결에 따라 국가배상법 제2조 제1항 단서는 효력을 상실하게 되었는데, 이 판결이 선고되고 1년이 조금 지난 1972. 12. 27. 유신헌법이 만들어지면서 이러한 위헌성 문제를 해소하기 위해 기존의 국가배상법 제2조 제1항 단서와 동일한 내용을 헌법에 추가하였고, 이러한 헌법 규정은 현행 헌법에도 그대로 남아 있다. 그리고 해당 규정을 헌법에 명기함과 동시에 국가배상법 제2조 제1항 단서도 다시 입법하였는데, 헌법에 근거 규정이 있기 때문에 더 이상 위헌이라고 보기는 어려운 상황이 된 것이다.

(3) 1972년 헌법 (현행헌법 제29조[84]) 및 국가배상법 제2조 제1항

헌법 제26조 (국가·공공단체의 배상책임) ① 공무원의 직무상 불법행위로 손해를 받은 국민은 법률이 정하는 바에 의하여 국가 또는 공공단체에 배상을 청구할 수 있다. 그러나 공무원 자신의 책임은 면제되지 아니한다.
② 군인·군속·경찰공무원 기타 법률로 정한 자가 전투·훈련등 직무집행과 관련하여 받은 손해에 대하여는 법률이 정한 보상 이외에 국가나 공공단체에 공무원의 직무상 불법행위로 인한 배상은 청구할 수 없다.

국가배상법[85] 제2조(배상책임) ① 국가나 지방자치단체는 공무원 또는 공무를 위탁받은 사인(이하 "공무원"이라 한다)이 직무를 집행하면서 고의 또는 과실로 법령을 위반하여 타인에게 손해를 입히거나, 「자동차손해배상 보장법」에

으며, 제한하는 경우에도 자유와 권리의 본질적인 내용을 침해할 수 없다.

84 제29조 ① 공무원의 직무상 불법행위로 손해를 받은 국민은 법률이 정하는 바에 의하여 국가 또는 공공단체에 정당한 배상을 청구할 수 있다. 이 경우 공무원 자신의 책임은 면제되지 아니한다.
② 군인·군무원·경찰공무원 기타 법률이 정하는 자가 전투·훈련등 직무집행과 관련하여 받은 손해에 대하여는 법률이 정하는 보상외에 국가 또는 공공단체에 공무원의 직무상 불법행위로 인한 배상은 청구할 수 없다.

85 [시행 1951. 9. 8.] [법률 제231호, 1951. 9. 8., 제정], [시행 2017. 10. 31.] [법률 제14964호, 2017. 10. 31., 일부개정]

따라 손해배상의 책임이 있을 때에는 이 법에 따라 그 손해를 배상하여야 한다. 다만, 군인·군무원·경찰공무원 또는 예비군대원이 전투·훈련 등 직무 집행과 관련하여 전사(戰死)·순직(殉職)하거나 공상(公傷)을 입은 경우에 본인이나 그 유족이 다른 법령에 따라 재해보상금·유족연금·상이연금 등의 보상을 지급받을 수 있을 때에는 이 법 및 「민법」에 따른 손해배상을 청구할 수 없다. <개정 2009. 10. 21., 2016. 5. 29.>

(4) 헌법재판소 1995. 12. 28. 선고 95헌바3 전원재판부

앞서 본 바와 같이 법 규정이 위헌이라고 하여 효력이 상실되자 그와 동일한 내용을 헌법에 규정하여 형식적인 위헌성 문제가 해소되자, 결국 동 규정의 위헌성을 주장하기 위해서는 그 근거가 된 동일 헌법 규정 자체가 헌법의 다른 규정에 위반되는 것으로 위헌이라는 판단을 받아야 했고, 이와 같이 헌법 규정 자체에 대한 위헌 여부 판단이 가능한지를 다룬 것이 이 사건이었는데 위헌 여부는 결국 헌법에 위반되는지 여부를 판단하는 것이어서 헌법 규정 자체를 위헌심사의 대상으로 보기에는 법리적으로도 무리가 있고, 헌법재판소도 같은 취지에서 아래와 같이 결정하였다.

"헌법(憲法) 제111조 제1항 제1호 및 헌법재판소법(憲法裁判所法) 제41조 제1항은 위헌법률심판의 대상에 관하여, 헌법(憲法) 제111조 제1항 제5호 및 헌법재판소법(憲法裁判所法) 제68조 제2항, 제41조 제1항은 헌법소원심판의 대상에 관하여 그것이 법률임을 명문으로 규정하고 있으며, 여기서 위헌심사의 대상이 되는 법률이 국회의 의결을 거친 이른바 형식적 의미의 법률을 의미하는 것에 아무런 의문이 있을 수 없으므로, 헌법의 개별규정 자체는 헌법소원에 의한 위헌심사의 대상이 아니다.

헌법은 전문과 각 개별조항이 서로 밀접한 관련을 맺으면서 하나의 통일된 가치 체계를 이루고 있는 것으로서, 헌법의 제규정 가운데는 헌법의 근본가치를 보다 추상적으로 선언한 것도 있고, 이를 보다 구체적으로 표현한 것도 있으므로 이념적·논리적으로는 규범상호간의 우열을 인정할 수 있는 것이 사실이다. 그러나, 이때 인정되는 규범상호간의 우열은 추상적 가치규범의 구체화에 따른 것으로 헌법의 통일적 해석에 있어서는 유용할 것이지만, 그것이 헌법의 어느 특정규정이 다른 규정의 효력을 전면적으로 부인할 수 있을 정도의 개별적 헌법규정상호간에 효력상의 차등을 의미하는 것이라고는 볼 수 없다.

국가배상법(國家賠償法) 제2조 제1항 단서는 헌법(憲法) 제29조 제1항에 의하여 보장되는 국가배상 청구권을 헌법 내재적으로 제한하는 헌법(憲法) 제29조 제2항에 직접 근거하고, 실질적으로 그 내용을 같이하는 것이므로 헌법에 위반되지 아니한다."

나. 시각장애인에 대한 안마사자격 부여 문제와 법률 판단

이 사건의 진행 경과를 통해 법조인에게 필요한 또 다른 중요 덕목이 무엇인지를 엿볼 수 있다. 시각장애인의 생계 보호를 위해 안마사 자격을 시각장애인에게만 허용하는 규정을 입법하였는데 이러한 규정이 시각장애인이 아닌 사람의 직업선택의 자유를 침해한다고 하여 위헌이라고 판단하였다. 그런데 이러한 위헌 결정 이후 생계에 위협을 느낀 시각장애인들이 극단적인 선택을 하는 등 비판여론이 일어나자 국회는 다시 유사한 규정을 입법하였고, 이로 인해 당시 동일한 취지의 규정에 대한 위헌여부가 다시 다투어졌다. 그런데 기존에 동일 사안에서 위헌이라고 판단하였기 때문에 실질적인 내용에 차이가 없는 새로운 법 규정도 위헌이라고 판단하는게 당연해 보이지만, 헌법재판소는 이와 달리 판단을 하였다. 아래의 사건 진행 경과를 살펴보면서 과연 무엇이 정의인지, 법의 해석은 어떻게 해야 하며 법조인은 그러한 법을 다루는 사람들로서 어떠한 덕목을 갖추어야 하는지 생각해 볼 수 있다.

(1) 헌법재판소 2003. 6. 26. 선고 2002헌가16 전원재판부 【구 의료법 제67조 등 위헌제청】

【심판대상 조문】

제67조(벌칙)……(이상 생략) 제61조 제1항의 규정에 의한 안마사의 자격인정을 받지 아니하고 영리를 목적으로 안마행위를 한 자는 3년 이하의 징역 또는 1천만원 이하의 벌금에 처한다. (단서 생략)

제61조(안마사) ① 안마사가 되고자 하는 자는 시·도지사의 자격인정을 받아야 한다.

④ 안마사의 자격인정, 그 업무한계 및 안마시술소의 시설기준 등에 관하여 필요한 사항은 보건복지부령으로 정한다.

【판시사항】

(가) 의료법 제61조 제1항의 규정에 의한 안마사의 자격인정을 받지 아니하고 영리를 목적으로 안마행위를 한 자를 형사처벌하는 의료법 제67조가 처벌법규위임의 한계를 일탈하고, 죄형법정주의의 명확성 원칙에 위반되는지 여부(소극)

(나) 시각장애인에 한해 안마사의 자격을 인정하는 근거를 직접 법률에 규정하지 않은 의료법 제61조 제1항 및 제4항이 의회유보원칙 및 포괄위임입법금지원칙을 위반한 것인지 여부(소극)

【결정요지】

(가) 대법원판례나 일반인의 상식적 이해에 의해 안마의 개념을 쉽사리 이해할 수 있으므로, 구 의료법(2000. 1. 12. 법률 제6157호로 개정된 후 2002. 3. 30. 법률 제6686호로 개정되기 전의 것) 제67조가 비록 그 개념에 관한 정의를 하지

않고 있다 하여도 그 개념이 모호하거나 불명확하여 헌법상의 죄형법정주의가 요구하는 법률의 명확성원칙에 어긋난다고 할 수 없다.

(나) 구 의료법 제61조 제1항 및 제4항에 대한 판단

(1) 재판관 한대현, 재판관 하경철, 재판관 김효종, 재판관 송인준의 합헌의견

안마사 자격인정 제도는 안마사업에 종사할 수 있는 국민들의 직업선택의 자유를 일반적으로 금지한 후 그와 같이 금지된 직업선택의 자유를 법령이 정하는 바에 의해 일정한 경우에 한해 회복시켜 주는 이른바 강학상의 허가에 해당하는 것이므로 본래 그 허가기준을 반드시 법률로 상세히 정해야 하는 것은 아니다. 그리고 의료법의 목적과 일반적으로 자격인정제를 두는 취지에 비추어 볼 때, 안마사 자격인정의 기준은 적정한 안마행위를 통하여 국민의 건강을 보호하고 증진시킬 수 있는 자, 즉 안마에 관한 소정의 교육을 받은 자나 특히 안마행위를 하기에 적합한 전문적 기술이나 신체적 조건을 갖춘 자 등에게만 자격을 인정하리라는 것을 일반인이 충분히 예견할 수 있다고 보인다.

또한 입법자는 일단 법률에서 안마사업은 누구나 종사할 수 있는 업종이 아니라 행정청에 의해 자격인정을 받아야만 종사할 수 있는 직역이라고 규정하고 그 자격인정 요건을 정할 수 있는 권한을 행정부에 위임하는 것으로서 의회유보원칙을 준수했다고 할 수 있는 것이다. 그리고 입법자로부터 그러한 위임을 받은 행정부는 시행규칙을 제정하여 안마사 자격인정을 받을 수 있는 대상자를 특정할 권한도 위임받은 것이라고 보아야 한다. 이에 따라 행정부의 장애인 복지 시책 일환으로 안마사의 자격을 시각장애인에 한해 부여하는 것도 행정부의 정책적 판단에 달린 일이라고 해야 한다.

나아가 안마사제도의 시행 역사에서 알 수 있는 바와 같이 일반인들의 의식에도 안마사는 원칙적으로 시각장애인에게 허용되는 업종이라는 법의식이 형성되어 왔다고 할 수 있으며, 시각장애인들도 안마사업은 원칙적으로 자신들에게 허가되는 업종이라고 여겨 그에 관한 정부정책에 대해 신뢰를 형성해 왔다고 할 수 있다.

그렇다면 시각장애인 아닌 자에 대해 안마사의 자격을 인정하지 않는 이른바 비맹제외라는 기준이 비록 법 제61조 제4항의 문언에 표시되어 있지 않았다고 하더라도 그러한 정부정책에 대한 시각장애인들의 신뢰를 보호할 필요가 있다는 점 등에서 볼 때, 안마사에관한규칙 제3조가 비맹제외기준을 설정한 것은 법 제61조 제4항에 내포된 의미를 확인하는 것이고 이는 국민들이 능히 예상할 수 있는 내용이라고 하겠다.

그리고 설령 위 안마사에관한규칙 제3조가 위헌의 의심이 있다고 하더라도 시행규칙의 위헌성을 이유로 하여 그 상위규범인 법률을 위헌이라고 할 수는 없다.

(2) 재판관 윤영철, 재판관 김영일, 재판관 권성, 재판관 김경일, 재판관 주선회의 위헌의견

안마사에관한규칙 제3조 제1항이 시각장애인 아닌 사람은 안마사자격을 원천적으로 받을 수 없도록 하고 있는 것은 국민들의 직업선택의 자유를 제한하는 것으로 이는 기본권의 제한과 관련된 중요하고도 본질적인 사항이어서 마땅히 법률로 정하는 것이 원칙이고 하위법규에 그 입법을 위임할 수 없는 문제이다. 그러므로 이는 의회유보원칙을 위반한 것이다.

또한 이 조항은 하위법규에 입법을 위임하면서 아무런 기준과 범위를 설정하지 아니하여, 비맹제외기준 같은 것을 시사하는 규정은 이를 발견하기 어렵다. 그러므로 이는 포괄위임을 금지한 헌법 제75조에 위반된다.

【주 문】

구 의료법(2000. 1. 12. 법률 제6157호로 개정된 후 2002. 3. 30. 법률 제6686호로 개정되기 전의 것) 제67조 중 "제61조 제1항의 규정에 의한 안마사의 자격인정을 받지 아니하고 영리를 목적으로 안마행위를 한 자" 부분과 제61조 제1항 및 제4항은 모두 헌법에 위반되지 아니한다.

(2) 헌법재판소 2006. 5. 25. 선고 2003헌마715,2006헌마368(병합) 전원재판부 【안마사에관한규칙제3조제1항제1호등위헌확인】

【심판대상 조문】

안마사에관한규칙 제3조(안마사의 자격) ① 안마사의 자격인정을 받을 수 있는 자는 다음 각 호의 1에 해당하는 자로 한다.

1. 초·중등교육법 제2조 제5호의 규정에 의한 특수학교 중 고등학교에 준한 교육을 하는 학교에서 제2조의 규정에 의한 물리적 시술에 관한 교육과정을 마친 앞을 보지 못하는 사람
2. 중학교 과정 이상의 교육을 받고 보건복지부장관이 지정하는 안마수련기관에서 2년 이상의 안마수련과정을 마친 앞을 보지 못하는 사람

【판시사항】

(가) 시각장애인에 한하여 안마사 자격인정을 받을 수 있도록 하는, 이른바 비맹제외기준(비맹제외기준)을 설정하고 있는 안마사에관한규칙(2000. 6. 16. 보건복지부령 제153호로 개정된 것) 제3조 제1항 제1호와 제2호 중 각 "앞을 보지 못하는" 부분(이하 '이 사건 규칙조항'이라 한다)이 법률유보원칙이나 과잉금지원

칙에 위배하여 일반인의 직업선택의 자유를 침해하는지 여부(적극)
(나) 이 사건 규칙조항에 대해 위헌선언을 하면서 위헌주문에 대한 이유에 있어 재판관들의 의견이 상이한 사례

【결정요지】

(가) 이 사건 규칙조항[86]은 안마사의 자격인정을 받을 수 있는 자를 일정한 범위의 "앞을 보지 못하는" 사람으로 한정하는, 이른바 비맹제외기준을 설정함으로써 시각장애인이 아닌 일반인으로 하여금 안마사 자격을 받을 수 없도록 규정하고 있다. 이는 시각장애인이 아닌 일반인이 안마사 직업을 선택할 수 있는 자유를 원천적으로 제한하는 것으로서, 아래에서 보는 바와 같이 기본권 제한에 관한 법률유보원칙이나 과잉금지원칙에 위배하여 일반인의 직업선택의 자유를 침해하고 있으므로 헌법에 위반된다.[87]

(나) (1) 재판관 윤영철, 재판관 권 성의 의견

이 사건 규칙조항은 보건복지부장관이 규칙제정권을 행사함에 있어서 위임의 기준과 범위가 불분명하거나 지나치게 포괄적인 의료법 제61조 제4항을 빌미로 시각장애인이 아닌 자들이 안마사업에 종사하지 못하게 규정을 둠으로써 일반인의 직업선택의 자유를 제한하고 있다. 즉 국민의 기본권 제한에 관한 법령

---

86 이 사건 규칙조항은 안마사 자격인정제도를 규정한 의료법 제61조 제4항을 근거로 하여 앞을 보지 못하는 사람에 한하여 안마사 자격인정을 받을 수 있도록 한정하고, 시각장애인이 아닌 사람에 대하여는 안마사 자격인정을 받을 수 없도록 규정함으로써 그 적용을 받는 국민들의 기본권을 직접적으로 제한하고 있다. 즉 시각장애인이 아닌 청구인들은 이 사건 규칙조항으로 인해 안마사 자격을 받을 수 없게 되고 또 안마사업에 종사할 수 없게 되는 이상 그 기본권을 직접 침해당하고 있으므로 자기관련성, 직접성이 인정된다.

87 위헌결정의 이유에 대하여는 위헌의견을 낸 재판관 7인 사이에서도 다음과 같이 견해가 나뉘었는데, 그 의견분포를 보면 ① 기본권 제한에 관한 사항을 법률에 규정하지 않고 하위법규인 '안마사에 관한 규칙'으로 정한 것이 법률유보원칙에 위배되는지 여부에 대하여 재판관 2인이, ② 시각장애인에 대하여만 안마사자격을 인정하는 것이 과잉금지원칙에 위반하여 비시각장애인의 직업선택의 자유를 침해하는 것인지 여부에 대하여 재판관 2인이, ③ 위 ① ② 모두에 대하여 재판관 3인이 각각 위헌의견을 제시하였다(헌법재판소 2008. 10. 30. 선고 2006헌마1098,1116,1117(병합) 전원재판부 결정 참고).

의 체계위반, 즉 위임입법의 한계일탈 상황은 위임조항인 모법에서 뿐만 아니라 이 사건 규칙조항에서도 마찬가지로 발생하고 있다.

(2) 재판관 전효숙, 재판관 이공현, 재판관 조대현의 의견

안마사 자격인정에 있어서 비맹제외기준은 기본권의 제한과 관련된 중요하고도 본질적인 사항임에도 불구하고, 이 사건 규칙조항은 모법으로부터 구체적으로 범위를 정하여 위임받지 아니한 사항을 기본권 제한사유로 설정하고 있으므로, 위임입법의 한계를 명백히 일탈한 것으로서 법률유보원칙에 위배된다.

또한 비맹제외기준은 시각장애인을 보호하고 이들의 생계를 보장하기 위한 것으로서 입법목적이 정당하다고 하더라도, 특정 직역에 대한 일반인의 진입 자체를 원천적으로 봉쇄하고 있어 합리적이고 적절한 수단이라 할 수 없고, 시각장애인 중에서도 일부에 불과한 등록안마사를 위하여 나머지 신체장애인 나아가 일반 국민의 직업선택의 자유를 지나치게 침해함으로써 기본권침해의 최소성원칙에도 어긋나며, 이를 통해 달성하려는 시각장애인의 생계보장 등 공익에 비하여 비시각장애인들이 받게 되는 기본권침해의 강도가 지나치게 커서 법익의 균형성을 상실하고 있다.

(3) 재판관 주선회의 의견

이 사건 규칙조항은 모법으로부터 구체적으로 기준과 범위를 정하여 위임받은 사항을 규율하고 있는지 여부를 살필 것 없이, 그 규정 자체만을 살펴보더라도 시각장애인에 대한 생계보장이라는 입법목적을 달성하기 위해 안마사라는 특정한 직역에 종사하려는 일반인의 진입자체를 봉쇄하는 것으로서 과잉금지원칙에 위배하여 직업선택의 자유를 본질적인 내용까지 침해하고 있다.

(4) 재판관 송인준의 의견

이 사건 규칙조항은 모법에서 정하고 있는 위임의 기준과 범위 내에서 기본권 제한사유를 정한 것이니 만큼 법률유보원칙에 위배되지 않는다.

그러나 이 사건 규칙조항은 기본권 제한의 정도면에서 과잉규제에 해당되어 헌법에 위반된다. 즉 시각장애인에 대한 생계보장 등의 입법목적을 감안하더라도 과잉금지원칙에 위배하여 일반인의 직업선택의 자유를 본질적인 내용까지 침해한다.

다만 신체장애자 보호에 대한 헌법적 요청 등에 기하여 일반인에 비하여 열악한 처지에 있는 시각장애인의 생계를 보호하기 위한, 이 사건 규칙조항과 같은 수준의 우선적 처우는 헌법상 평등원칙에 위배되지 않는다.

재판관 김효종의 반대의견

헌법재판소 2003. 6. 26. 2002헌가16 결정의 합헌의견에서 밝힌 바와 같이, 의료법 제61조 제4항이 법률유보원칙이나 포괄위임입법금지원칙에 위배되지 않음은 물론, 이 사건 규칙조항도 위 법률조항이 구체적으로 범위를 정하여 위임한 사항을 규율하고 있으므로 법률유보원칙에 위배되지 않는다.

비맹제외기준은 헌법 제34조 제5항의 신체장애자에 대한 국가의 보호, 장애인복지시책 등에 바탕을 두고서 일반인에 비해 취업상 극히 불리한 처지에 놓이게 되는 시각장애인을 보호하고 그들의 생계를 보장하기 위한 것으로서 입법목적의 정당성이 인정되고, 시각장애인의 신체적 조건 및 전문적 기술 등을 고려하여 이들에게만 안마사 자격을 허용하는 것은 필요하고도 적합한 수단에 해당한다. 일반인은 안마사 자격인정 대상에서 배제되더라도 다른 직업을 선택하여 생계를 유지할 수 있을 뿐만 아니라 만약 안마 등의 직종에서 일하기를 원할 경우 일련의 수련과정과 시험을 거쳐 물리치료사 자격을 취득하고 그 분야에서 종사할 수 있어 피해의 최소성에 반하지 않으며, 무엇보다도 일반인의 직업선택의 자유를 보호하는 것과는 비교할 수 없을 만큼 시각장애인의 인간다운 생활을 보장해 주어야 하는 공익이 월등히 우선한다고 할 것이므로 시각장애인의 생계보장 등 공익을 위하여 비시각장애인의 직업선택의 자유를 어느 정도 제한하는 것은 법익의 균형성에 반하지 않는다.

또한 위와 같은 여러 사정을 고려할 때, 시각장애인에 대한 우선적 처우로 말미암아 일반인에게 가해지는 역차별적 취급에는 합리적인 이유가 있으므로, 이 사건 규칙조항은 시각장애인이 아닌 일반인의 평등권을 침해한다고 볼 수 없다.

【주 문】

안마사에관한규칙(2000. 6. 16. 보건복지부령 제153호로 개정된 것) 제3조 제1항 제1호와 제2호 중 각 "앞을 보지 못하는" 부분은 헌법에 위반된다.

(3) 위헌 결정의 후폭풍[88]

2006년 5월 25일 안마사에 대한 자격인정을 '앞을 보지 못하는' 사람으로 국한하는 내용의 보건복지부령이 위헌이라는 헌법재판소의 결정이 있었다.

시각장애인들이 이 사건 결정으로 인하여 받은 정신적 충격은 이루 말로 표현할 수 없을 정도이다. 이 사건 위헌 결정이 있은 후 자살한 시각장애인이 2명에 이르고, 마포대교 난간에서의 고공시위는 25일간 이어졌으며, 그 과정에서 10명이 한강으로 몸을 던졌다. 전국이 월드컵 열풍으로 몸살을 앓고 있는 가운데 시각장애인들의 목숨을 건 시위는 계속되었다. 결국 여야 3당이 안마사 자격을 시각장애인에 한하는 내용의 의료법 개정을 합의하고 보건복지부 장관이 시위 장소를 방문하여 조속한 대체 입법 및 불법 안마시술업소에 대한 강력한 단속

88 참여연대 시각장애인 안마사 판결에 대한 법률상 쟁점 - 2006. 7. 11. http://www.peoplepower21.org/Welfare/659205

을 약속하면서 고공시위는 중단되었지만, 아직까지도 국회 앞에서의 단식농성은 계속되고 있다.

다른 결정에서도 그렇지만, 이번 사건에서도 헌법재판소는 자신이 내린 결정이 어떠한 사회적 파장을 몰고 올 것인지에 대해서는 충분히 숙고하지 못한 것으로 보인다. 이 사건의 청구인 중에 전국스포츠마사지업소 연합회 회장 및 서울지부 회장이 포함된 것만 보아도 알 수 있듯이 안마 유사 업종에 종사하는 사람들은 최근 몇 년간 지속해서 시각장애인에 한하여 안마사 자격인정을 주는 이 사건 규칙 조항이 유사 안마업에 종사하고자 하는 일반인들의 자유를 침해한다는 주장을 반복해왔다. 이 사건 위헌결정을 끌어내는 데 핵심적인 역할을 한 일부 재판관의 위헌 의견을 보면, 시장경제 만능주의에 입각하여 이러한 유사 안마업 종사자들의 주장을 비판없이 수용한 것으로 보이는 부분이 자주 눈에 띈다.

(4) 의료법 2006년 9월 법개정

[시행 2006. 9. 27.] [법률 제8007호, 2006. 9. 27., 일부개정]

◇ 개정이유 및 주요내용

헌법재판소는 2006. 5. 25. 안마사의 자격에 대하여 규정하고 있던 「안마사에관한규칙」 제3조 제1항 제1호 및 제2호 중 각각 '앞을 보지 못하는'이라는 부분이 헌법에 위반된다고 결정하였으나, 비시각장애인의 직업선택권보다는 신체장애자 등에 대한 국가의 보호의무를 규정하고 있는 헌법 제34조 제5항의 정신을 좀 더 고려하여 안마사의 자격을 「장애인복지법」에 따른 시각장애인 중에서 일정한 교육과정 등을 마친 자로 하여 이를 법률에 직접 규정하려는 것임.

(개정전) 제61조(안마사) ① 안마사가 되고자 하는 자는 시·도지사의 자격인정을 받아야 한다.

(개정후) 제61조(안마사) ① 안마사는 「장애인복지법」에 따른 시각장애인 중 다음 각 호의 어느 하나에 해당하는 자로서 시·도지사의 자격인정을 받아야 한다.

1. 「초·중등교육법」 제2조 제5호의 규정에 따른 특수학교 중 고등학교에 준한 교육을 하는 학교에서 제4항의 규정에 의한 안마사의 업무한계에 따라 물리적 시술에 관한 교육과정을 마친 자
2. 중학교 과정 이상의 교육을 받고 보건복지부장관이 지정하는 안마수련기관에서 2년 이상의 안마수련과정을 마친 자

(5) 개정법의 위헌성

- 헌법재판소 2008. 10. 30. 선고 2006헌마1098,1116,1117(병합) 전원재판부 의료법제61조 제1항 중 「장애인복지법」에 따른 시각장애인중 부분위헌확인

【판시사항】

(가) 시각장애인에 대하여만 안마사 자격인정을 받을 수 있도록 하는 이른바 비맹제외기준을 설정하고 있는 구 의료법(2006. 9. 27. 법률 제8007호로 개정되고 2007. 4. 11. 법률 제8366호로 전부 개정되기 전의 것) 제61조 제1항 중 "「장애인복지법」에 따른 시각장애인 중" 부분 및 의료법(2007. 4. 11. 법률 제8366호로 전부 개정된 것) 제82조 제1항 중 "「장애인복지법」에 따른 시각장애인 중" 부분(이하 위 두 조항을 합쳐 '이 사건 법률조항'이라 한다)에서 문제되는 기본권 및 이에 대한 위헌심사방법

(나) 이 사건 법률조항이 헌법 제37조 제2항의 기본권제한입법의 한계를 벗어나서 비시각장애인의 직업선택의 자유와 평등권을 침해하는지 여부(소극)

(다) 이 사건 법률조항이 종전에 헌법재판소가 선고한 위헌결정의 기속력에 저촉되는 것인지 여부(소극)

【결정요지】

(가) 이 사건 법률조항은 신체장애자 보호에 대한 헌법 제34조 제5항의 헌법적 요청 등에 바탕을 두고 시각장애인의 생계를 보장하기 위한 것으로, 이러한 헌법적 요청과 일반국민의 직업선택의 자유 등 기본권이 충돌하는 상황이 문제될 수 있는바, 위 법률조항이 헌법 제37조 제2항에 의한 기본권제한입법의 한계를 벗어났는지 여부를 심사함에 있어서, 구체적인 최소침해성 및 법익균형성 심사과정에서 이러한 헌법적 요청뿐만 아니라, 일반국민의 기본권 제약 정도, 시각장애인을 둘러싼 기본권의 특성과 복지정책의 현황, 시각장애인을 위한 직업으로서의 안마사제도와 그와 다른 대안의 가능성 등을 종합하여 형량할 필요가 있을 것이다. 한편 이 사건 법률조항과 같이 시각장애인에 대한 우대처우로 인하여 비시각장애인의 직업선택의 자유 등 기본권이 제한받는 경우 직업선택의 자유에 대한 과잉제한 여부와 평등권 침해 여부가 동시에 문제되는데, 그러한 경우에는 직업선택의 자유 침해 여부와 평등권 침해 여부를 따로 분리하여 심사할 것이 아니라 하나로 묶어 판단함이 상당하다.

(나) 이 사건 법률조항은 시각장애인에게 삶의 보람을 얻게 하고 인간다운 생활을 할 권리를 실현시키려는 데에 그 목적이 있으므로 입법목적이 정당하고, 다른 직종에 비해 공간이동과 기동성을 거의 요구하지 않을 뿐더러 촉각이 발달한 시각장애인이 영위하기에 용이한 안마업의 특성 등에 비추어 시각장애인에게 안마업을 독점시킴으로써 그들의 생계를 지원하고 직업활동에 참여할 수 있는 기회를 제공하는 이 사건 법률조항의 경우 이러한 입법목적을 달성하는 데 적절한 수단임을 인정할 수 있다. 나아가 시각장애인에 대한 복지정책이 미흡한 현실에서 안마사가 시각장애인이 선택할 수 있는 거의 유일한 직업이라는 점, 안마사 직역을 비시각장애인에게 허용할 경우 시각장애인의 생계를 보장하기 위한 다른 대안이 충분하지 않다는 점, 시각장애인은 역사적으로 교육, 고용 등 일상생

활에서 차별을 받아온 소수자로서 실질적인 평등을 구현하기 위해서 이들을 우대하는 조치를 취할 필요가 있는 점 등에 비추어 최소침해성원칙에 반하지 아니하고, 이 사건 법률조항으로 인해 얻게 되는 시각장애인의 생존권 등 공익과 그로 인해 잃게 되는 일반국민의 직업선택의 자유 등 사익을 비교해 보더라도, 공익과 사익 사이에 법익 불균형이 발생한다고 단정할 수도 없다.
따라서 이 사건 법률조항이 헌법 제37조 제2항에서 정한 기본권제한입법의 한계를 벗어나서 비시각장애인의 직업선택의 자유를 침해하거나 평등권을 침해한다고 볼 수는 없다.[89]

(다) 헌법재판소법 제47조 제1항 및 제75조 제1항에 규정된 법률의 위헌결정 및 헌법소원 인용결정의 기속력과 관련하여, 입법자인 국회에게 기속력이 미치는지 여부, 나아가 결정주문뿐 아니라 결정이유에까지 기속력을 인정할지 여부는 헌법재판소의 헌법재판권 내지 사법권의 범위와 한계, 국회의 입법권의 범위와 한계 등을 고려하여 신중하게 접근할 필요가 있다. 설령 결정이유에까지 기속력을 인정한다고 하더라도, 결정주문을 뒷받침하는 결정이유에 대하여 적어도 위헌결정의 정족수인 재판관 6인 이상의 찬성이 있어야 할 것이고(헌법 제113조 제1항 및 헌법재판소법 제23조 제2항 참조), 이에 미달할 경우에는 결정이유에 대하여 기속력을 인정할 여지가 없는데, 헌법재판소가 2006. 5. 25. '안마사에 관한 규칙'(2000. 6. 16. 보건복지부령 제153호로 개정된 것) 제3조 제1항 제1호와 제2호 중 각 "앞을 보지 못하는" 부분에 대하여 위헌으로 결정한 2003헌마715등 사건의 경우 그 결정이유에서 비맹제외기준이 과잉금지원칙에 위반한다는 점과 관련하여서는 재판관 5인만이 찬성하였을 뿐이므로 위 과잉금지원칙 위반의 점에 대하여 기속력이 인정될 여지가 없다.

89 이후 헌재 2010. 7. 29. 2008헌마664등, 헌재 2013. 6. 27. 2011헌가39등, 헌재 2017. 12. 28. 2017헌가15에서 계속 합헌 결정을 하였다.

재판관 이강국, 재판관 이공현, 재판관 조대현의 반대의견

시각장애인의 생계를 보장하고 직업활동 참여의 기회를 제공하는 것은 중요한 공익적 목적임을 충분히 인정할 수 있으나, 이 사건 법률조항에 의한 시각장애인에 대한 안마사자격의 독점적 유보가 제거된다 하더라도 안마사 자격자들의 영업활동이 불가능해지는 것이 아니며, 단지 비시각장애인 안마사들과 경쟁하는 입장에 처하게 되는 것이라는 점 등에 비추어 직업선택의 자유의 제한을 정당화할 명백하고 확실한 위험이 있다고 보기 어렵고, 그리고 중증 시각장애인의 약 17%인 6~7,000명만이 안마사로 등록하여 활동하는 점 등에 비추어 이 사건 법률조항의 생계보장효과가 의심스러울 뿐 아니라 단지 안마업의 독점기회를 제공하는 것이 자아실현과 개성신장의 도구로서의 직업을 선택할 기회를 제공한다고 볼 수도 없으므로 이 사건 법률조항이 실질적으로 입법목적 달성에 충분히 기여하고 있음을 인정하기도 어렵다. 또한 이 사건 법률조항에 의한 시각장애인의 안마사 직역 독점 외에 시각장애인의 생계보장 및 직업활동 참여기회 제공을 달성할 다른 수단이 없는 것도 아니라는 점 등에 비추어 위 법률조항에 의한 시각장애인의 안마사 직역 독점은 입법목적 달성을 위한 불가피한 수단이라고 보기 어려우며 기본권의 최소침해성 원칙에 위반되고, 나아가 위 법률조항으로 달성하려는 시각장애인의 생계보장 등 공익이 비시각장애인들이 받게 되는 직업선택의 자유의 박탈보다 우월하다고 보기도 어렵다.

따라서 이 사건 법률조항은 과잉금지원칙에 위배하여 직업의 자유의 본질적 내용을 침해하는 것으로 헌법에 위반된다.

【주 문】

이 사건 심판청구를 모두 기각한다.

2 민사법과 형사법

가. 법의 이념에 기초한 해석 기준

민사법과 형사법은 피해회복과 범죄행위에 대한 처벌이라는 서로 다른 법 이념에 기초하고 있다. 이에 따라 각 영역에서의 법리 및 해석 기준 등은 차이가 있는데, 예컨대 태아를 언제부터 사람으로 볼 것인지와 관련하여 분만진통설, 일부노출설, 전부노출설, 독립호흡설 등의 견해가 있고, 이중 민사법에서는 전부노출설이,[90] 형사법에서는 분만진통설이 일반적인 견해이다.[91] 민사법에 비해 형사법에서는 그 범위를 보다 넓게 보아 구체적 타당성을 기하고자 하는 것이다. 즉, 태아가 모체로부터 완전히 분리되었을 때부터 사람으로 보는 것이 일응 타당해 보이지만, 산모가 분만을 위한 진통을 개시한 이후부터 형사법적으로는 하나의 생명체로 보아 출산에 있어 생명보호 의무를 다하도록 하고, 만약 분만진통 이후 태아가 사산된 경우에는 형법상 영아살해죄로 처벌하도록 하고 있다(형법 제251조[92]).

---

90 대법원 1976. 9. 14. 선고 76다1365 판결(태아가 특정한 권리에 있어서 이미 태어난 것으로 본다는 것은 살아서 출생한 때에 출생시기가 문제의 사건의 시기까지 소급하여 그 때에 태아가 출생한 것과 같이 법률상 보아 준다고 해석하여야 상당하므로 그가 모체와 같이 사망하여 출생의 기회를 못가진 이상 배상청구권을 논할 여지 없다).

91 사람의 생명과 신체의 안전을 보호법익으로 하고 있는 형법의 해석으로는 규칙적인 진통을 동반하면서 분만이 개시된 때(소위 진통설 또는 분만개시설)가 사람의 시기라고 봄이 타당하다(대법원 1998. 10. 9. 선고 98도949 판결, 대법원 1982. 10. 12. 선고 81도2621 판결). 그리고 제왕절개 수술의 경우 '의학적으로 제왕절개 수술이 가능하였고 규범적으로 수술이 필요하였던 시기'는 판단하는 사람 및 상황에 따라 다를 수 있어, 분만개시 시점 즉, 사람의 시기도 불명확하게 되므로 이 시점을 분만의 시기로 볼 수는 없다(대법원 2007. 6. 29. 선고 2005도3832 판결: 현행 형법이 사람에 대한 상해 및 과실치사상의 죄에 관한 규정과는 별도로 태아를 독립된 행위객체로 하는 낙태죄, 부동의 낙태죄, 낙태치상 및 낙태치사의 죄 등에 관한 규정을 두어 포태한 부녀의 자기낙태행위 및 제3자의 부동의 낙태행위, 낙태로 인하여 위 부녀에게 상해 또는 사망에 이르게 한 행위 등에 대하여 처벌하도록 한 점, 과실낙태행위 및 낙태미수행위에 대하여 따로 처벌규정을 두지 아니한 점 등에 비추어 보면, 우리 형법은 태아를 임산부 신체의 일부로 보거나, 낙태행위가 임산부의 태아양육, 출산 기능의 침해라는 측면에서 낙태죄와는 별개로 임산부에 대한 상해죄를 구성하는 것으로 보지는 않는다고 해석된다. 따라서 태아를 사망에 이르게 하는 행위가 임산부 신체의 일부를 훼손하는 것이라거나 태아의 사망으로 인하여 그 태아를 양육, 출산하는 임산부의 생리적 기능이 침해되어 임산부에 대한 상해가 된다고 볼 수는 없다).

92 제251조(영아살해) 직계존속이 치욕을 은폐하기 위하거나 양육할 수 없음을 예상하거나 특히 참작할 만한 동기로 인하여 분만중 또는 분만직후의 영아를 살해한 때에는 10년 이하의 징역에 처한다.

따라서 분쟁이 발생하였을 경우 이에 대한 판단이나 해석기준은 먼저 해당 사안이 어느 영역에서 문제되는 것인지(민사영역, 형사영역, 행정영역, 가사영역 등)를 고려하여 해당 영역의 취지에 맞게 판단해 나갈 필요가 있다.

나. 고의와 과실

재산권 보호를 중심으로 하는 민사영역에서는 손해배상책임의 근거로 가해자의 귀책사유는 고의 또는 과실로 족하고(민법 제750조[93]), 고의에 의한 행위인지 과실에 의한 행위인지는 손해배상책임 인정과 범위에 있어 거의 차이가 없기 때문에[94] 실질적으로는 과실에 의한 위법행위 여부를 중심으로 판단하게 된다. 이와 달리 가해자에 대한 처벌과 인신제한을 중심으로 하는 형사법에서는 범죄가 성립하기 위한 요건으로 가해자의 고의가 있어야 하고, 과실에 의한 행위는 특별히 과실범 처벌규정을 둔 경우에 한하여 처벌할 수 있다.[95] 예를 들어 실수(과실)로 타인의 물건을 훼손시킨 경우 민사적인 손해배상책임을 부담하지만, 형법상 재물손괴죄[96]로는 처벌할 수 없다. 또한 타인에게 금전을 대여해 주었는데 상대방이 이를 변제하지 않는 경우, 민사적으로는 당연히 금전의 반환청구를 할 수 있지만, 형법상 사기죄[97]로 처벌하기 위해서는 상대방이 금전 대여 당시에

---

93 민법 제750조(불법행위의 내용) 고의 또는 과실로 인한 위법행위로 타인에게 손해를 가한 자는 그 손해를 배상할 책임이 있다.

94 다만 민법 제765조에서는 "본장의 규정에 의한 배상의무자는 그 손해가 고의 또는 중대한 과실에 의한 것이 아니고 그 배상으로 인하여 배상자의 생계에 중대한 영향을 미치게 될 경우에는 법원에 그 배상액의 경감을 청구할 수 있다. 법원은 이러한 청구가 있는 때에는 채권자 및 채무자의 경제상태와 손해의 원인 등을 참작하여 배상액을 경감할 수 있다."고 하여 고의와 과실의 구분실익이 있는 경우도 있다.

95 형법 제14조(과실) 정상적으로 기울여야 할 주의(注意)를 게을리하여 죄의 성립요소인 사실을 인식하지 못한 행위는 법률에 특별한 규정이 있는 경우에만 처벌한다. [전문개정 2020. 12. 8.]

96 제366조(재물손괴등) 타인의 재물, 문서 또는 전자기록등 특수매체기록을 손괴 또는 은닉 기타 방법으로 기 효용을 해한 자는 3년이하의 징역 또는 700만원 이하의 벌금에 처한다. <개정 1995. 12. 29.>

97 제347조(사기) ① 사람을 기망하여 재물의 교부를 받거나 재산상의 이익을 취득한 자는 10년 이하의 징역 또는 2천만원 이하의 벌금에 처한다. <개정 1995. 12. 29.>
② 전항의 방법으로 제삼자로 하여금 재물의 교부를 받게 하거나 재산상의 이익을 취득하게 한 때에도 전항의 형과 같다.

변제할 의사나 능력이 없음에도 이를 속이고 금전을 차용하였다는 고의를 입증해야 한다. 이러한 이유로 금전대차 관계에서 형사상 사기죄가 성립하는 경우는 많지 않고, 사기죄로 고소를 하더라도 형사기소를 하거나 형사처벌을 하지 못하고 민사적인 문제로 종결되는 경우가 많다.

다. 자유심증주의와 증거재판주의

민사법과 형사법의 차이는 두 영역의 절차법에서도 나타나는데, 민사소송은 다툼이 있는 두 당사자(당사자가 세명 이상 있을 수도 있지만[98] 편의상 두 당사자를 전제로 함) 사이의 분쟁해결을 목적으로 하는 것이지 실체적인 진실 발견을 목적으로 하지 않는다(상대적 진실주의). 따라서 두 당사자 사이에 다툼이 없는 사실(자백한 사실이나 자백한 것으로 간주되는 사실)에 대해서는 비록 그 사실이 진실에 어긋난다고 하더라도 진실이 아닌 다툼 없는 사실 그대로를 인정해야 하고, 또한 판단의 근거가 되는 증거의 범위도 넓게 인정하고 있다. 이와 달리 형사소송은 실체진실을 발견하여 그에 합당한 처벌을 내리는 것을 목적으로 하며(실체진실주의) 사람의 인신구속에 대한 판단이기 때문에 판단의 근거가 되는 증거능력을 엄격히 제한하며, 자백이 있다 하더라도 그 이외의 다른 증거가 없으면 유죄로 판단하지 못하도록 하고 있다.

---

98 민사소송법 제79조(독립당사자참가) ① 소송목적의 전부나 일부가 자기의 권리라고 주장하거나, 소송결과에 따라 권리가 침해된다고 주장하는 제3자는 당사자의 양 쪽 또는 한 쪽을 상대방으로 하여 당사자로서 소송에 참가할 수 있다.
② 제1항의 경우에는 제67조 및 제72조의 규정을 준용한다.

민사소송법	제202조(자유심증주의) 법원은 변론 전체의 취지와 증거조사의 결과를 참작하여 자유로운 심증으로 사회정의와 형평의 이념에 입각하여 논리와 경험의 법칙에 따라 사실주장이 진실한지 아닌지를 판단한다. 제288조(불요증사실) 법원에서 당사자가 자백한 사실과 현저한 사실은 증명을 필요로 하지 아니한다. 다만, 진실에 어긋나는 자백은 그것이 착오로 말미암은 것임을 증명한 때에는 취소할 수 있다.
형사소송법	제307조(증거재판주의) ① 사실의 인정은 증거에 의하여야 한다. ② 범죄사실의 인정은 합리적인 의심이 없는 정도의 증명에 이르러야 한다. 제308조(자유심증주의) 증거의 증명력은 법관의 자유판단에 의한다. 제310조(불이익한 자백의 증거능력) 피고인의 자백이 그 피고인에게 불이익한 유일의 증거인 때에는 이를 유죄의 증거로 하지 못한다.

라. 입증책임의 정도

민사법과 형사법에서는 입증책임의 정도도 다르다. 즉, 민사법에서는 증거의 우월(preponderance of evidence) 정도만 인정되면 입증이 된 것으로 보아 판단하게 되는데 반해, 형사법에서는 합리적인 의심을 초월한 증명(proof beyond a reasonable doubt)을 요구하고 있다. 재산관계를 중심으로 규율하는 민사법에 비해 인신구속이 전제된 형사법에서는 입증정도를 엄격하게 요구하는 것인데, 따라서 같은 사안인데도 형사책임은 부정되고 민사책임은 인정되는 경우가 있을 수 있다.[99] 한편, 민사법과 형사법의 입증책임 정도의 중간영역에 속하는 것으로서 명백하고 확실한 증명(clear and convincing proof)도 있는데, 징벌적 손해배상책임의 경우 적용되는 입증책임의 기준으로 설명되기도 한다.

다만 그 용어 자체에서 알 수 있듯이 구체적으로 몇 %정도가 입증되어야 하

99 이와 관련하여 유명한 사건이 미국의 O.J 심슨 사건이다.

는지를 수치로 계량화하기는 어렵고, 민사법에서는 '일응~인 것 같다.' 정도의 입증이, 형사법에서는 '거의~인 것 같다.' 정도의 확신이 들도록 입증이 되어야 하는 것으로 이해해 볼 수 있을 것이다.

3 법 제정 및 발효

앞에서 국회 입법에 관한 헌법 규정을 살펴보았는데, 여기서는 좀더 구체적인 입법 관련 법 규정들을 확인해 보기로 한다. 우리나라의 법 교육은 이미 만들어진 법 규정에 대한 해석론을 중심으로 하고 있어서 입법 과정이나 경과 등에 대해서는 잘 숙지 못하는 경우가 많다. 세부적인 입법 과정은 추후 실제 사안을 다루면서 익히면 되겠지만, 이에 관한 기본적인 법 규정은 알아둘 필요가 있을 것이다.

가. 법률안제출 및 의결

우리 헌법 제52조에서는 "국회의원과 정부는 법률안을 제출할 수 있다."는 원칙적인 규정만을 두고 있으며, 세부적인 입법 관련 규정은 「국회법」[100]에서 규정하고 있다.

(1) 의안의 발의 또는 제출

의원은 10명 이상의 찬성으로 의안을 발의할 수 있고(제79조 제1항), 의안을 발의하는 의원은 그 안을 갖추고 이유를 붙여 찬성자와 연서하여 이를 의장에게 제출하여야 한다(제79조 제2항). 의원이 법률안을 발의할 때에는 발의의원과 찬성의원을 구분하되, 법률안 제명의 부제(副題)로 발의의원의 성명을 기재한

---

100 [시행 1948. 10. 2.] [법률 제5호, 1948. 10. 2., 제정], [시행 2021. 6. 23.] [법률 제17756호, 2020. 12. 22., 일부개정]

다. 다만, 발의의원이 2명 이상인 경우에는 대표발의의원 1명을 명시(明示)하여야 한다(제79조 제3항). 의원이 발의한 법률안 중 국회에서 의결된 제정법률안 또는 전부개정법률안을 공표하거나 홍보하는 경우에는 해당 법률안의 부제를 함께 표기할 수 있다(제79조 제4항).

(2) 상임위원회 회부

의장은 의안이 발의되거나 제출되었을 때에는 이를 인쇄하거나 전산망에 입력하는 방법으로 의원에게 배부하고 본회의에 보고하며, 소관 상임위원회(국회법 제37조 참고)에 회부하여 그 심사가 끝난 후 본회의에 부의한다. 다만, 폐회 또는 휴회 등으로 본회의에 보고할 수 없을 때에는 보고를 생략하고 회부할 수 있나(제81조 제1항). 의장은 안건이 어느 상임위원회의 소관에 속하는지 명백하지 아니할 때에는 국회운영위원회와 협의하여 상임위원회에 회부하되, 협의가 이루어지지 아니할 때에는 의장이 소관 상임위원회를 결정한다(제81조 제2항).

의장은 발의되거나 제출된 의안과 직접적인 이해관계가 있는 위원이 소관 상임위원회 재적위원 과반수를 차지하여 그 의안을 공정하게 심사할 수 없다고 인정하는 경우에는 제1항에도 불구하고 국회운영위원회와 협의하여 그 의안을 다른 위원회에 회부하여 심사하게 할 수 있고(제81조 제3항), 제1항에 따라 의안을 의원에게 배부할 때에는 이를 전산망에 입력하여 의원이 이용할 수 있도록 하여야 한다(제81조 제4항).

(3) 체계·자구의 심사

위원회에서 법률안의 심사를 마치거나 입안을 하였을 때에는 법제사법위원회에 회부하여 체계와 자구에 대한 심사를 거쳐야 한다. 이 경우 법제사법위원회 위원장은 간사와 협의하여 심사에서 제안자의 취지 설명과 토론을 생략할 수 있다(제86조 제1항). 의장은 제1항의 심사에 대하여 제85조[101] 제1항 각 호의 어느 하나에 해당하는 경우에는 심사기간을 지정할 수 있으며, 법제사법위원회가 이유 없이 그 기간 내에 심사를 마치지 아니하였을 때에는 바로 본회의에 부의할 수 있다. 이 경우 제85조 제1항 제1호 또는 제2호에 해당하는 경우에는 의장이 각 교섭단체 대표의원과 협의하여 해당 호와 관련된 안건에 대하여만 심사기간을 지정할 수 있다(제86조 제2항).

법제사법위원회가 제1항에 따라 회부된 법률안에 대하여 이유 없이 회부된 날부터 120일 이내에 심사를 마치지 아니하였을 때에는 심사대상 법률안의 소관 위원회 위원장은 간사와 협의하여 이의가 없는 경우에는 의장에게 그 법률안의 본회의 부의를 서면으로 요구한다. 다만, 이의가 있는 경우에는 그 법률안에 대한 본회의 부의 요구 여부를 무기명투표로 표결하되, 해당 위원회 재적위원 5분의 3 이상의 찬성으로 의결한다(제86조 제3항). 의장은 제3항에 따른 본회의 부의 요구가 있을 때에는 해당 법률안을 각 교섭단체 대표의원과 합의하여 바로 본회의에 부의한다. 다만, 제3항에 따른 본회의 부의 요구가 있었던 날부터 30일 이내에 합의가 이루어지지 아니하였을 때에는 그 기간이 지난 후 처음으로 개의되는 본회의에서 해당 법률안에 대한 본회의 부의 여부를 무기명투표로 표결한다(제86조 제4항).

(4) 본회의 상정

본회의는 위원회가 법률안에 대한 심사를 마치고 의장에게 그 보고서를 제출한 후 1일이 지나지 아니하였을 때에는 그 법률안을 의사일정으로 상정할 수

---

101 제85조(심사기간) ① 의장은 다음 각 호의 어느 하나에 해당하는 경우에는 위원회에 회부하는 안건 또는 회부된 안건에 대하여 심사기간을 지정할 수 있다. 이 경우 제1호 또는 제2호에 해당할 때에는 의장이 각 교섭단체 대표의원과 협의하여 해당 호와 관련된 안건에 대해서만 심사기간을 지정할 수 있다. [전문개정 2018. 4. 17.]

1. 천재지변의 경우
2. 전시·사변 또는 이에 준하는 국가비상사태의 경우
3. 의장이 각 교섭단체 대표의원과 합의하는 경우

② 제1항의 경우 위원회가 이유 없이 지정된 심사기간 내에 심사를 마치지 아니하였을 때에는 의장은 중간보고를 들은 후 다른 위원회에 회부하거나 바로 본회의에 부의할 수 있다.

없다. 다만, 의장이 특별한 사유로 각 교섭단체 대표의원과의 협의를 거쳐 이를 정한 경우에는 그러하지 아니하다(제93조의2).

(5) 의결정족수

의사는 헌법[102]이나 이 법에 특별한 규정이 없으면 재적의원 과반수의 출석과 출석의원 과반수의 찬성으로 의결한다(제109조).

(6) 의안의 이송

국회에서 의결된 의안은 의장이 정부에 이송하고(제98조 제1항), 정부는 대통령이 법률안을 공포한 경우에는 이를 지체 없이 국회에 통지하여야 한다(제98조 제2항). 만약 헌법 제53조 제6항에 따라 대통령이 확정된 법률을 공포하지 아니하였을 때에는 의장은 그 공포기일이 경과한 날부터 5일 이내에 공포하고, 대통령에게 통지하여야 한다(제98조 제3항).

나. 법률 공포 및 발효

법률 공포 및 발효에 대해서는 앞에서 살펴 본바와 같이 헌법 제53조[103]에 규정된 바와 같다.

---

102 헌법 제49조 국회는 헌법 또는 법률에 특별한 규정이 없는 한 재적의원 과반수의 출석과 출석의원 과반수의 찬성으로 의결한다. 가부동수인 때에는 부결된 것으로 본다.

103 헌법 제53조 ① 국회에서 의결된 법률안은 정부에 이송되어 15일 이내에 대통령이 공포한다.
② 법률안에 이의가 있을 때에는 대통령은 제1항의 기간내에 이의서를 붙여 국회로 환부하고, 그 재의를 요구할 수 있다. 국회의 폐회중에도 또한 같다.
③ 대통령은 법률안의 일부에 대하여 또는 법률안을 수정하여 재의를 요구할 수 없다.
④ 재의의 요구가 있을 때에는 국회는 재의에 붙이고, 재적의원과반수의 출석과 출석의원 3분의 2 이상의 찬성으로 전과 같은 의결을 하면 그 법률안은 법률로서 확정된다.
⑤ 대통령이 제1항의 기간내에 공포나 재의의 요구를 하지 아니한 때에도 그 법률안은 법률로서 확정된다.
⑥ 대통령은 제4항과 제5항의 규정에 의하여 확정된 법률을 지체없이 공포하여야 한다. 제5항에 의하여 법률이 확정된 후 또는 제4항에 의한 확정법률이 정부에 이송된 후 5일 이내에 대통령이 공포하지 아니할 때에는 국회의장이 이를 공포한다.
⑦ 법률은 특별한 규정이 없는 한 공포한 날로부터 20일을 경과함으로써 효력을 발생한다.

제4강

법 공부의 기초

I

시험제도를 통해 바라본 법 공부의 방향

1 법학입문과 시험과목

「법학입문」이라는 주제는 법학을 처음 접하는 초보자들에게 법에 대한 기본적인 지식을 전달하고 법학에 대한 흥미와 관심을 유발하는데 목적을 둔다고 할 수 있다. 이와 관련한 저서들도 적지 않은데, 다만 법학에 대한 기본적인 지식이라는 것이 워낙 광범위하고 모호하여 자칫 스쳐 지나는 학습으로 끝나 버릴 가능성도 충분히 있다. 이에 이하에서는 우리나라 정규 법조인 배출의 기준이 되는 시험과목을 중심으로 기초적인 법학 공부의 방향을 살펴보고자 한다. 법학입문에서 시험과목 중심으로 공부를 해 나가는 것이 이상하다고 생각될 수도 있겠지만, 학습의 방향이 시험과목 중심이라는 것이지 실제 학습 내용을 시험에 맞춰 공부한다는 것은 결코 아니고, 또한 그 동안 우리나라의 법조인 배출을 위한 시험과목이 오랜 기간 유지되어 왔다는 것은 그러한 과목을 중심으로 법학을 접하는 것이 법에 대한 이해와 체계적 지식 습득에 충분히 효과적이라는 것을 반증하는 것으로 볼 수 있을 것이다. 따라서 앞에서 학습한 법학의 기초를 토대로 이하에서는 주요 7과목의 기본적인 내용을 살펴보고자 한다. 참고로 주요 7과목은 기본 3법과 후 4법으로 분류하여, 헌법, 민법, 형법을 기본 3법으로, 민사소송법, 형사소송법, 행정법, 상법을 후 4법이라 한다.

가. 사법시험제도[104]

우리나라의 법조인양성제도 변화 과정을 간략히 살펴보면 (1) 1947년~1949년까지 조선변호사시험령에 따라 변호사시험을 실시하여 법조인을 선발하는 '조선변호사시험' 제도가 있었고, (2) 1950년~1963년까지는 1950. 1. 24. 대통령령인 「사법관시보의임명수습및고시규정」에 따른 '고등고시 사법과'가 1963년까지 16회에 걸쳐 실시되었으며, (3) 1963. 5. 9. 사법시험령이 공포되면서 1964년~2017년까지 '사법시험' 제도가 실시되었다가, 2017. 12. 31. 「사법시험법」 폐지를 규정한 「변호사시험법」 부칙에 따라 2017년 시행 제59회 사법시험을 마지막으로 사법시험이 폐지되었다.[105]

사법시험의 경우 1차 선택형 시험, 2차 서술형 시험, 3차 면접시험을 거치게 되는데, 3차 면접시험에서 탈락하는 경우는 일반적이지 않기 때문에 2차시험을 합격하게 되면 사실상 사법시험에 합격한 것으로 볼 수 있다. 1차시험은 보통 대학의 겨울방학이 끝나기 전인 2월말경 실시하고 2차시험은 여름방학이 시작하는 6월말경 실시하는데, 마지막으로 실시된 사법시험 1차시험(2016년 제58회 시험)과 2차시험(2017년 제59회 시험)을 중심으로 세부내용을 살펴보면,[106] 2016년 제58회 사법시험 1차시험은 2016. 2. 27.(토)에 실시되었고 시험시간 및 시험과목은 아래와 같다.

104 비록 지금은 폐지된 제도이지만 그 동안 우리나라 법조인 배출의 산실이었고, 지금의 변호사시험과도 거의 차이가 없다는 것을 확인하기 위해 세부내용을 살펴보고자 한다.

105 https://www.moj.go.kr/moj/452/subview.do

106 법무부 홈페이지 사법시험공지사항 참고.

구 분	시 간	시 험 과 목
시험실 개방	08:00	
입 실	09:25까지	
제1교시	10:00~11:40 (100분)	헌법 선택과목 : 국제법, 노동법, 국제거래법, 조세법, 지적재산권법, 경제법, 형사정책, 법철학 중 1과목
중 식	11:40~12:50(70분), 12:50까지 응시자 입실	
제2교시	13:20~14:30 (70분)	형법
휴 식	14:30~15:05(35분), 15:05까지 응시자 입실	
제3교시	15:30~16:40 (70분)	민법

한편, 종래에는 그 이외에 외국어과목이 있었으나 2004년 사법시험부터 토익, 토플 등 외부 영어시험 점수도 대체하였고 이로 인해 2004년에는 사법시험 응시자가 급감했다는 뉴스보도가 나오기도 했었다.[107]

- 영어대체 시험 기준 점수

토플(TOFEL)			토익(TOEIC)	텝스(TEPS)
PBT	CBT	IBT		
530점 이상	197점 이상	71점 이상	700점 이상	625점 이상

※ 다만, 청각장애 2·3급 응시자의 경우에는 듣기 부분을 제외한 점수가 토익 350점 이상, 텝스 375점 이상, 토플 PBT 352점 이상, 토플 CBT 131점 이상이어야 함.

그리고 2017년 제59회 사법시험 2차시험은 2017. 6. 21.(수)~6. 24.(토)까지 4일간 실시되었고, 시험시간 및 시험과목은 아래와 같다.

107 MBN, 영어시험 대체로 사시 응시자 급감, 2004. 2. 9.자 기사 참고.
https://news.naver.com/main/read.nhn?mode=LPOD&mid=tvh&oid=057&aid=0000002669

<table>
<tr><th rowspan="2">시험일자</th><th colspan="2">시험시간 및 시험과목</th><th rowspan="2">입실시간</th></tr>
<tr><th>오 전
(10:00~12:00)</th><th>오 후
(14:00~16:00)</th></tr>
<tr><td>6월 21일(수)</td><td>헌 법</td><td>행정법</td><td rowspan="4">- 오전시험 : 09:25까지
- 오후시험 : 13:25까지
※ 시험실 개방 : 08:00</td></tr>
<tr><td>6월 22일(목)</td><td>상 법</td><td>민사소송법</td></tr>
<tr><td>6월 23일(금)</td><td>형 법</td><td>형사소송법</td></tr>
<tr><td>6월 24일(토)</td><td>민 법</td><td>민 법
(※ 시험시간 :
14:00~15:00)</td></tr>
</table>

※ 6. 24.(토) 민법은 오전(제1·2문)·오후(제3문)로 구분하여 실시

한편, 최종적으로 시험이 실시된 2017년을 기준으로 그 이전 10년간 사법시험 합격자 및 합격점수 현황은 아래와 같다.[108]

<table>
<tr><th rowspan="2">연도</th><th colspan="3">제1차시험</th><th colspan="3">제2차시험</th><th colspan="2">제3차시험</th></tr>
<tr><th>응시자</th><th>합격자</th><th>합격점</th><th>응시자</th><th>합격자</th><th>합격점</th><th>응시자</th><th>합격자</th></tr>
<tr><td>2017</td><td></td><td></td><td></td><td>186</td><td>55</td><td>413.21</td><td>55</td><td>55</td></tr>
<tr><td>2016</td><td>3,794</td><td>222</td><td>279.44</td><td>508</td><td>109</td><td>379.40</td><td>109</td><td>109</td></tr>
<tr><td>2015</td><td>3,930</td><td>347</td><td>282.91</td><td>712</td><td>152</td><td>386.04</td><td>153</td><td>153</td></tr>
<tr><td>2014</td><td>4,696</td><td>471</td><td>266.69</td><td>1,002</td><td>203</td><td>381.01</td><td>205</td><td>204</td></tr>
<tr><td>2013</td><td>6,862</td><td>665</td><td>289.62</td><td>1,456</td><td>305</td><td>379.17</td><td>308</td><td>306</td></tr>
<tr><td>2012</td><td>10,306</td><td>1,001</td><td>273.36</td><td>2,164</td><td>502</td><td>369.84</td><td>509</td><td>506</td></tr>
<tr><td>2011</td><td>14,449</td><td>1,447</td><td>273.89</td><td>3,313</td><td>706</td><td>385.80</td><td>714</td><td>707</td></tr>
<tr><td>2010</td><td>17,028</td><td>1,963</td><td>262.00</td><td>4,104</td><td>800</td><td>340.22</td><td>822</td><td>814</td></tr>
<tr><td>2009</td><td>17,972</td><td>2,584</td><td>262.52</td><td>4,399</td><td>1,009</td><td>358.70</td><td>1,019</td><td>997</td></tr>
<tr><td>2008</td><td>17,829</td><td>2,511</td><td>252.02</td><td>4,877</td><td>1,005</td><td>353.74</td><td>1,015</td><td>1,005</td></tr>
</table>

108 법무부 홈페이지 통계자료 참고.

나. 변호사시험제도

2009년 법학전문대학원 체재가 도입되고 사법시험이 폐지된 현재 우리나라에서 법조인이 되기 위해서는 법학전문대학원의 3년 과정을 마치고 변호사시험을 통과하여야 한다. 비록 사법시험제도가 폐지되고 변호사시험 제도가 시행되고 있지만, 법조인 배출방법이 선발에서 교육 중심으로 바뀌었을 뿐 법조인이 되기 위해 필요로 하는 법학 공부의 영역이나 범위 등에 있어서는 큰 차이가 없다. 즉, 필수 7과목과 선택 1과목이 있으며, 다만 사법시험과 달리 1차시험과 2차시험의 구분 없이 한번에 시험을 실시하며, 후 4법도 선택형 시험을 치르고, 선택형과 사례형 이외에 기록형 시험이 추가되었다는 점에 차이가 있다.[109]

- 변호사시험 일정(총 1660점 만점)

<table>
<tr><th rowspan="3">시험 일자</th><th colspan="5">시험시간 및 시험과목</th><th rowspan="3">입실시간</th></tr>
<tr><th rowspan="2">시험 과목</th><th colspan="2">오 전</th><th colspan="2">오 후</th></tr>
<tr><th>시간</th><th>문형(배점)</th><th>시간</th><th>문형(배점)</th></tr>
<tr><td rowspan="2">1일차</td><td rowspan="2">공 법</td><td rowspan="2">10:00
-11:10</td><td rowspan="2">선택형
(100점)</td><td>13:30
-15:30</td><td>사례형
(200점)</td><td rowspan="9">- 오전시험:
09:25

- 오후시험:
시험 시작
35분 전

※시험실개방
08:00</td></tr>
<tr><td>17:00
-19:00</td><td>기록형
(100점)</td></tr>
<tr><td rowspan="2">2일차</td><td rowspan="2">형사법</td><td rowspan="2">10:00
-11:10</td><td rowspan="2">선택형
(100점)</td><td>13:30
-15:30</td><td>사례형
(200점)</td></tr>
<tr><td>17:00
-19:00</td><td>기록형
(100점)</td></tr>
<tr><td>3일차</td><td colspan="5">휴 식 일</td></tr>
<tr><td>4일차</td><td>민사법</td><td>10:00
-12:00</td><td>선택형
(175점)</td><td>14:30
-17:30</td><td>기록형
(175점)</td></tr>
<tr><td>5일차</td><td>민사법·
전문적 법률
분야에 관한
과목(택1)</td><td>10:00
-13:30</td><td>민사법
사례형
(350점)</td><td>16:00
-18:00</td><td>전문적 법률
분야에 관한
과목(택1)
사례형(160점)</td></tr>
</table>

109 이와 같이 기존의 사법시험제도에 비해 변호사시험의 합격이 상대적으로 더 용이하지만, 공부해야 할 분량에 있어서는 오히려 변호사시험이 더 부담되는 측면이 있다. 이로 인해 최근 변호사시험의 선택형 필기시험 과목을 기존 사법시험과 마찬가지로 헌법, 민법, 형법의 3개 분야로 축소하려는 개정 논의가 진행되고 있다.

법학전문대학원은 고등법원 소재지 관할 지역을 기준으로 전국을 5개 권역(서울권, 대전권, 대구권, 부산권, 광주권)으로 나누어 25개 학교에 각각 150명부터 40명까지 총 2,000명의 정원이 배정된다. 그리고 합격률은 입학정원 대비 75%(1500명)를 원칙으로 하였는데, 매 회차별 불합격생들이 누적됨에 따라 제1회 변호사시험 이후 합격률은 꾸준히 감소하였다.

	총 응시인원	합격인원	합격률(%)	합격점수	합격점(%)
2012년(1회)	1,665	1,451	87.15	720.46	43.40
2013년(2회)	2,046	1,538	75.17	762.03	45.91
2014년(3회)	2,292	1,550	67.63	793.70	47.81
2015년(4회)	2,561	1,565	61.10	838.50	50.51
2016년(5회)	2,864	1,581	55.20	862.37	51.95
2017년(6회)	3,110	1,600	51.45	889.91	53.60
2018년(7회)	3,240	1,559	49.4	881.9	53.13
2019년(8회)	3,330	1,691	50.78	905.55	54.55
2020년(9회)	3316	1768	53.31	900.29	54.23

2 법학입문의 접근 방향

앞서 본 바와 같이 우리나라는 기존의 사법시험제도에서 뿐만 아니라 현재의 변호사시험제도에서도 7개 과목의 법률지식 평가를 가장 핵심요소로 보고 있다. 비록 선택과목이 추가되어 있지만 그 중요성은 크지 않아서 사실상 7개 과목이 전부라고 해도 과언이 아니다. 이로 인해 선택과목 수업이나 학습이 법학전문대학원에서 제대로 이뤄지지 못하는 점이 문제로 지적되기도 하는데, 필수 7과목에 대한 학습 부담이 경감되지 않는 한 당분간 그러한 문제가 해소되기는 어려울 것으로 생각된다. 한편 헌법, 민법, 형법, 민사소송법, 형사소송법, 행정법, 상법 등 7과목이 핵심이라고 해서 그 법률만 공부하면 된다거나 시험범위가 그 법률에 한정되는 것은 아니고, 각 법률과 관련된 다른 법률들(예를 들어 헌법과 관련해서는 헌법재판소법, 국회법, 정부조직법 등, 민법과 관련해서는 부동산실권리자 명의등기에 관한 법률, 주택임대차보호법, 이자제한법 등)도 모두 포함되기 때문에 실질적으로는 매우 광범위한 법률들에 대한 학습이 필요하다. 하지만 그러한 인접 법률들에 대한 학습도 기본 7과목에 대한 기초지식을 전제로 해 나가는 것이어서 결국은 7개 법률에 대한 기초지식을 습득한다면 우리나라 법학에 대한 입문 정도의 실력을 가질 수 있다고 생각된다.

Ⅱ 주요 법률 과목

기존의 사법시험제도에서는 7개의 주요 법률과목을 기본 3법과 후 4법으로 구분하는 것이 일반적이었는데, 변호사시험제도에서는 앞서 본 시험일정에서와 같이 공법, 형사법, 민사법으로 구분하는 것이 통상적이다. 그리고 각 영역별 점수 배점에서 알 수 있듯이 민사법(700점)이 공법(400점)과 형사법(400점)을 합한 것만큼 배점이 높고 또 공부 분량이나 중요도에 있어서도 매우 큰 부분을 차지한다. 따라서 전체적인 영역에 대한 공부를 골고루 해 나가는 것도 중요한 반면, 그 중에서도 민사법 영역에 대한 좀 더 깊이 있는 학습을 한다면 법학 전반에 대한 이해나 학습에도 많은 도움이 될 것이다.

1 민사법

민사법은 민법, 민사소송법, 상법 등 3과목으로 구성되어 있으며, 그 중에서 민법이 우리나라의 최대 법률이고 법학에서 가장 중요한 과목이다. 즉, 헌법이 국가 최고법으로서 그 규범력에 있어서는 최상위의 법이지만 정작 실생활에 널리 적용되면서 모든 법학의 기초 법리를 다루는 것은 민법이라고 할 수 있다. 형사법과 공법에 비해 민사법의 중요성이나 학습 분량이 많은데 그러한 민사법 중에서도 민법이 상당 부분을 차지한다. 따라서 처음 법학을 공부하는 경우 다른 법률들 보다는 민법에 대한 학습과 기초 지식 습득을 해 나갈 필요가 있다. 다음으로 민사소송법은 민사절차법으로서 그 분량면에서는 민법보다 적다고 할 수 있지만, 실생활에서 쉽게 접하는 민법과 달리 민사소송법은 실제 소송절차에 대한 규정을 담고 있어서 소송을 수행해 보지 않고서는 이해하기 어려운 내용들이 많다. 그래서 필수 7과목 중 가장 어려운 과목의 하나로 평가되기도 하는데, 따라서 민사소송법의 경우 가급적 절차를 이해해 가면서 학습을 해 나갈 필요가 있다. 마지막으로 상법은 그 중요성에 비해 덜 비중 있게 다뤄지는 측면이 있는데, 오늘날 사회생활의 대부분이 회사의 형태로 이뤄지고 있다는 점을 생각해 보면 조금 의아할 수도 있다. 아마도 민법이나 민사소송법에 대한 공부 분량이나 부담이 크다보니 상대적으로 덜 강조되는게 아닌가 생각되는데, 그러한 점에서 상법의 경우 본인의 필요 정도에 따라 학습의 분량이나 정도를 조정해 나가는 것도 좋은 방법이 될 것이다.

2 형사법

형사법은 형법과 형사소송법으로 구성되어 있는데, 처음 법을 접하는 사람들 중 상당수는 형사법이 재미있을 것으로 생각하고 또 민사법에 비해 공부의 비중이 크지 않다고 생각하는 경향이 있다. 먼저 우리가 일상생활에서 뉴스 등을 통해 접하거나 영화나 드라마에서 보는 형사관련 재판사례들처럼 흥미진진하고 재미있는 내용들 중심이 아니라, 어디까지나 관련 법리를 숙지하고 이해하는 것이어서 흥미위주로 접근하면 쉽게 지쳐버릴 여지가 있다. 따라서 실제 사례들을 재미있게 다루는 단계가 아닌 그 이전 단계에서의 기초법리 습득이라는 관점에서 형사법을 들여다 볼 필요가 있고, 앞에서 살펴본 사례들(사기도박의 경우 죄책이나 성전환자에 대한 강간죄 성립여부 등)에서 알 수 있듯이 개념과 법리를 꼼꼼하게 살펴보면서 무엇이 문제이고 어떠한 기준과 법리에 따라 판단해 나가는 것인지를 학습할 필요가 있다. 실체법인 형법의 경우 총칙과 각칙으로 구성되어 있고 우리가 뉴스 등을 통해 접하는 죄명은 각칙에서 규정하고 있어 상대적으로 이해하거나 학습하는데 어려움이 덜하나, 총칙의 경우 추상적이고 모호하며 어려운 법리 내용도 많이 포함되어 있어서 가급적 필요한 내용 중심으로 선별하여 학습하는 것도 한 방법이 될 수 있다. 그리고 형사소송법은 민사소송법과 같은 난관이 있고 특히 민사법과 달리 형사법의 경우 엄격한 증거법칙 등 절차적 정당성 확보가 더욱 중요시되고 있기 때문에 그러한 특징을 고려해 가면서 학습하는 것이 필요하다.

3 공법

공법은 헌법과 행정법으로 구성되어 있는데, 헌법은 국가 최고규범으로서 조문 자체는 10개의 장에 130개 조문이 전부이지만 헌법의 특성상 조문의 내용들이 법 조문에 비해 더 추상적이어서 해석기준을 찾기가 쉽지 않고 이로 인해 많은 헌법재판소 결정문을 숙지해야 하는 어려움이 있다. 또한 헌법과 관련되지 않은 법률은 없기 때문에 헌법 부속법령이 매우 많아서 헌법의 학습 부담도 적지 않다. 다만 기초적인 입문지식을 습득한다는 점에서는 헌법의 구성 및 주요 내용, 그리고 핵심 법리 정도만 습득하고 그 이외의 세부적인 학습은 차후에 보완하는 것이 바람직할 것으로 생각된다. 한편, 행정법은 7개의 주요과목 중 유일하게 그 명칭에 해당하는 법률이 없는 영역으로서, 행정심판법, 행정소송법, 행정절차법 등을 통칭해서 사용하는 표현이다. 따라서 행정법에 포함되는 법률의 영역이 어디까지인지 명확하지 않아서 시중에 나와 있는 행정법 교과서에 소개되는 법률 중심으로 공부해 나가는 것이 필요하다.

4 전문법률과목

마지막으로 전문법률과목 중 1과목을 선택하도록 하고 있는데, 기존 사법시험에서의 선택과목과 큰 차이는 없고 변호사시험법 시행령 제7조에서는 아래와 같이 과목과 그 범위를 정해두고 있다.

변호사시험법 시행령 제7조 [별표 2] <개정 2018. 1. 16.>

출제 범위를 정하여 실시하는 시험과목과 그 출제 범위(제7조 제2항 관련)

과목	출제범위
국제법	국제경제법을 포함한다.
국제거래법	「국제사법」과 「국제물품매매계약에 관한 유엔협약」으로 한다.
노동법	사회보장법 중 「산업재해보상보험법」을 포함한다.
조세법	「국세기본법」, 「소득세법」, 「법인세법」 및 「부가가치세법」으로 한다.
지적재산권법	「특허법」, 「실용신안법」, 「디자인보호법」, 「상표법」 및 「저작권법」으로 한다.
경제법	「소비자기본법」, 「전자상거래 등에서의 소비자 보호에 관한 법률」, 「독점규제 및 공정거래에 관한 법률」, 「약관의 규제에 관한 법률」, 「할부거래에 관한 법률」 및 「방문판매 등에 관한 법률」로 한다.
환경법	「환경정책기본법」, 「환경영향평가법」, 「대기환경보전법」, 「물환경보전법」, 「폐기물관리법」, 「토양환경보전법」, 「자연환경보전법」, 「소음·진동관리법」 및 「환경분쟁조정법」으로 한다.

다양한 학부 전공과 경험을 가진 사람들이 3년의 교육과정을 거쳐 다양한 분야의 전문법조인으로 배출된다는 법학전문대학원의 취지를 고려해 보면 전문법률과목이야말로 실제 법조인으로서 활동하는데 중요한 영역이라 할 수 있지만, 전문법률과목의 특성상 기본 필수 과목들을 충분히 숙지한 다음 세부 전공영역으로서 학습해 나가야 하는데 현재 우리나라 변호사시험제도의 현실에서는 필수 7

과목에 대한 공부 부담이 너무 커서 전문법률과목은 충실히 교육되지 못하고 실제 변호사시험에서도 중요하게 다뤄지지 않는 측면이 있다. 법학입문의 관점에서도 전문법률과목에 대한 접근에 앞서 기본 과목들에 대한 기초 지식 습득에 중심을 두고, 그러한 기본 과목에 대한 기초 지식 습득이 된 다음 관심있는 전문법률과목을 살펴보는 게 체계적인 법학 지식 함양에 바람직할 것으로 생각된다.

제5강

헌법의 이해

I

헌법 일반

1 헌법의 의의

헌법은 한 국가의 토대를 규범으로 정한 국가조직법으로서 국가의 구성과 조직에 관한 법이라고도 한다. 이러한 헌법의 특성상 헌법에는 국민의 기본권과 통치구조가 반드시 포함되게 된다. 즉, 한 국가를 조직하기 위해서는 그러한 국가 내에서 주권자인 국민이 어떠한 권리를 가지는지, 그리고 그 국가는 어떠한 형태로 구성되는지가 규정되어야 하는 것이다. 국가조직법으로서 헌법은 당연히 그 국가 내에서 최고의 법 규범으로 효력이 인정되며, 이와 관련하여 우리 헌법재판소는 "우리 헌법의 전문과 본문의 전체에 담겨있는 최고 이념은 국민주권주의와 자유민주주에 입각한 입헌민주헌법의 본질적 기본원리에 기초하고 있다. 기타 헌법상의 제원칙도 여기에서 연유되는 것이므로 이는 헌법전을 비롯한 모든 법령해석의 기준이 되고, 입법형성권 행사의 한계와 정책결정의 방향을 제시하며 나아가 모든 국가기관과 국민이 존중하고 지켜가야 하는 최고의 가치규범이다."라고 하였다.[110]

110 헌법재판소 1989. 9. 8. 선고 88헌가6 전원재판부.

2 헌법의 구성

가. 국민의 기본권

헌법의 내용 속에는 그 국가의 주권자인 국민에게 주어지는 기본권이 무엇인지 규정해 두는 것이 일반적이다. 우리나라 헌법은 제2장에서 '국민의 권리와 의무'라는 제목하에 여러 가지 기본권을 규정해 두고 있으며, 제37조 제1항에서는 "국민의 자유와 권리는 헌법에 열거되지 아니한 이유로 경시되지 아니한다."고 하여 명문의 규정이 없다 하더라도 국민의 자유와 권리는 최대한 보장되어야 함을 분명히 하고 있다. 그리고 국민의 기본권은 예외적으로 법률에 의해 제한될 수 있는데, 국민의 기본권이 법률로써 제한 가능하다고 하더라도 그 본질적인 내용을 침해할 수 없음은 물론, 과잉금지의 원칙에도 위배되어서는 안된다(37조 제2항). 과잉금지의 원칙이라 함은 국가작용의 한계를 명시한 것으로서 목적의 정당성·방법의 적정성·피해의 최소성·법익의 균형성을 의미하며 그 어느 하나에라도 저촉이 되면 위헌이 된다는 헌법상의 원칙을 말한다.[111]

❖ 사형제 존치론 vs 폐지론

우리나라는 사형제를 법률로 유지하고 있지만, 1998년 이후 집행을 하지 않고 있다. 2015년을 기준으로 보면, 한 해 동안 제1심에서 사형을 판결한 건수는 하나도 없다. 대법원에서 2015년 8월에 사형을 확정한 판결이 하나 있는데, 이는 대법원으로서는 2년 7개월 만의 일이라고 한다. 2016년 들어 대법원은 이른바 윤일병 사건에 대해 사형 확정 판결을 내렸는데, 4인의 대법관이 반대의견을 냈다.[112] 참고로 우리나라 헌법 제110조[113] 제4항에서는 '사형'을 규정하고 있어, 사형폐지를 위해서는 헌법 개정이 필요하기도 하다.

---

111 헌법재판소 1992. 2. 25. 선고 89헌가104 결정, 1989. 12. 22. 선고 88헌가13 결정.
112 한인섭, 100년의 헌법, 푸른역사, 2019, 264면.
113 제110조 ① 군사재판을 관할하기 위하여 특별법원으로서 군사법원을 둘 수 있다.

나. 통치구조

헌법에는 국민의 기본권과 함께 그 나라의 통치구조를 규정하는데, 예를 들어 대통령제로 할 것인지 의원내각제로 할 것인지, 국회의 구성을 양원제로 할지 단원제로 할지, 법원의 구성과 헌법재판소의 구성을 어떻게 할 것인지 등 국가 운영을 위해 필요한 기본적인 통치구조를 헌법에서 규정하게 된다. 우리나라는 2공화국 헌법에서 의원내각제를 채택했었는데 현행 헌법을 포함한 그 이외의 헌법에서는 대통령제를 따르고 있고, 국회는 단원제를, 그리고 법률에 대한 해석권한과 법률의 위헌여부 등에 대한 판단권한은 사법부와 헌법재판소에 각각 부여하고 있다.

---

② 군사법원의 상고심은 대법원에서 관할한다.
③ 군사법원의 조직·권한 및 재판관의 자격은 법률로 정한다.
④ 비상계엄하의 군사재판은 군인·군무원의 범죄나 군사에 관한 간첩죄의 경우와 초병·초소·유독음식물공급·포로에 관한 죄중 법률이 정한 경우에 한하여 단심으로 할 수 있다. 다만, 사형을 선고한 경우에는 그러하지 아니하다.

II

헌법 개정(개헌)의 역사[114]

대한민국헌법은 우리나라의 최고 기본법으로 현재까지 9차례 개정이 이루어졌다. 헌법 개정의 역사는 우리나라 현대사의 변화 그 자체를 보여주는 것이라 해도 과언이 아닌데, 이러한 개헌의 역사에 대해서는 많은 자료들이 있기 때문에 이하에서는 간략히 주요 내용 위주로만 살펴보기로 한다.[115]

1 제1공화국

1948년 5월 10일 총선거로 구성된 국회(제헌국회)가 헌법기초에 착수하여 동년 7월 17일 공포된 제헌헌법은 대통령과 부통령을 국회에서 간접 선거로 선출하도록 하고,[116] 그 임기는 4년이며 1차 중임할 수 있도록 하였다.[117]

가. 1차 개헌(1952년 발췌개헌) - 대통령 직선제 도입

이승만 대통령이 국회에서 당선될 가능성이 없다고 판단하여 대통령 직선

---

114 https://terms.naver.com/entry.nhn?docId=74894&cid=43667&categoryId=43667 참고.

115 9차례의 헌법 개정 과정에서 공화국의 형태가 바뀐 것인지, 그래서 '~공화국' 등으로 분류하는 것이 적절한지에 대해서는 반론도 있고 확실히 의문의 여지가 있지만, 이하에서는 이해의 편의를 위해 기존에 많이 활용되던 분류 기준을 참고하여 살펴본다.

116 제53조 대통령과 부통령은 국회에서 무기명투표로써 각각 선거한다.
전항의 선거는 재적의원 3분지 2이상의 출석과 출석의원 3분지 2이상의 찬성투표로써 당선을 결정한다. 단, 3분지 2이상의 득표자가 없는 때에는 2차투표를 행한다. 2차투표에도 3분지 2이상의 득표자가 없는 때에는 최고득표자 2인에 대하여 결선투표를 행하여 다수득표자를 당선자로 한다.
대통령과 부통령은 국무총리 또는 국회의원을 겸하지 못한다.

117 제55조 대통령과 부통령의 임기는 4년으로 한다. 단, 재선에 의하여 1차중임할 수 있다.
부통령은 대통령재임중 재임한다.

제를 핵심으로 하는 개헌을 추진하였다. 대통령 직선제를 골자로 하는 정부안과 의원내각제를 주내용으로 하는 국회 발의안이 충돌하자 정부와 국회는 양 개정안에서 발췌한 발췌개헌안을 만들어 공고절차 없이 기립표결로 통과시켰고, 이렇게 야당의 개헌안과 정부의 안을 절충한데서 '발췌개헌'이라고 한다.

나. 2차 개헌(1954년 사사오입) - 이승만 대통령 3선을 위한 개헌

대통령의 중임을 1차로 제한한 규정을 초대 대통령에 한하여 철폐하는 것을 골자로 하는 개헌으로서, 1954. 11. 27. 당시 국회에서 재적 203명 중 135표를 얻어서 개헌선(재적 2/3인 135.333)에 0.333인이 미달되어 부결되었고 당시 사회자였던 부의장 최순주(崔淳周)는 부결을 선포하였다. 하지만 2일 후 '4사5입' 이론을 내세워 개헌선을 135표로 수정하여 개헌을 선포하였는데, 의결정족수 산정의 위법, 특정인에게만 중임제한을 철폐하는 것으로서 평등권 위반, 이미 부결된 안건을 특별한 사정이나 근거도 없이 번복하여 다시 가결을 선포한 절차상의 위법 등 여러 가지 문제가 있는 개헌으로 받아들여지고 있다.

2 제2공화국

가. 3차 개헌(1960년 6월) - 4.19 혁명 후 내각책임제로 전환

이승만 정권의 3.15부정 선거는 대대적인 국민의 저항을 받아 4.19로 이어지게 되고 자유당 정권은 무너졌다. 이승만 대통령은 하야하였고, 그 후 의원내각제 정부 형태로 3차 개헌을 하게 되었다. 개헌에 따라 의원내각제가 도입되었고, 장기집권에 따른 독재를 방지하기 위해 국민의 자유와 권리를 최대한으로 보장하고 공무원의 신분 및 정치적 중립성을 보장하도록 하였다.

나. 4차 개헌(1960년 11월) - 반민주행위자처벌에 관한 부칙조항 삽입

3.15부정선거 관련 반민주 행위자 처벌을 위한 소급적용을 위해 헌법부칙만 개정하였다. 즉, 부칙에 "이 헌법시행당시의 국회는 단기 4293년 3월 15일에 실시된 대통령, 부통령선거에 관련하여 부정행위를 한 자와 그 부정행위에 항의하는 국민에 대하여 살상 기타의 부정행위를 한 자를 처벌 또는 단기 4293년 4월 26일 이전에 특정지위에 있음을 이용하여 현저한 반민주행위를 한 자의 공민권을 제한하기 위한 특별법을 제정할 수 있으며 단기 4293년 4월 26일 이전에 지위 또는 권력을 이용하여 부정한 방법으로 재산을 축적한 자에 대한 행정상 또는 형사상의 처리를 하기 위하여 특별법을 제정할 수 있다. 전항의 형사사건을 처리하기 위하여 특별재판소와 특별검찰부를 둘 수 있다. 전2항의 규정에 의한 특별법은 이를 제정한 후 다시 개정하지 못한다."는 규정을 신설하였다.

3 제3공화국

가. 5차 개헌(1962년 12월) - 5.16 발생 후 대통령제로 전환

1961년 박정희 소장이 주도하는 5.16 쿠데타로 헌정이 중단되고 군정이 실시되었다. 이후 민정 이양을 위한 헌법 개정이 이루어져 대통령제로 복귀하고 대통령의 재임을 2기로 국한하는 5차 헌법 개정안이 국민 투표로 확정되어 제3공화국이 출범하게 되었다. 5차 개헌은 처음으로 국민투표를 거친 헌법 개정이었다.

나. 6차 개헌(1969년 3선개헌) - 대통령 3선을 위한 개헌

기존 헌법이 제정·실시된 이래 당시에 이르기까지의 헌정을 통하여 경험한 법률상의 미비점을 보완하는 동시에 국내외정세에 비추어 시급한 정국의 안정·국방태세 확립 및 지속적인 경제성장등의 제요청에 부응하기 위한다는 명목하에, ① 국회의원정수의 상한을 200명에서 250명으로 확대하고, ② 국회의원이 겸직할 수 없는 직을 법률로 정하도록 하며, ③ 대통령에 대한 탄핵소추는 50인 이상의 발의와 재적 3분의 2이상의 찬성을 얻도록 그 요건을 엄격히 하고(제61조 제2항 단서 신설),[118] ④ 대통령의 계속재임은 3기까지 할 수 있도록 하였다.[119] 이중에서 핵심은 대통령의 재임을 3기까지 가능하도록 한 3선 조항이며, 그래서 당시의 개헌을 '3선개헌'이라고 한다.

4 제4공화국

- 7次 개헌(1972년 유신헌법) : 유신체제 전환을 위한 개헌

1972년 10월 17일 비상초치로 헌정이 중단되었고 비상국무회의에 의해 만들어진 개정안이 11월 국민투표를 통과하였다. 유신헌법의 특징은 기본권의 약화와 대통령의 1인 장기집권체제의 제도적 확립이다. 대통령은 통일주체국민회의에 의해 간접선거로 선출되며, 임기는 6년으로 중임이나 연임제한에 관한 조항을 두지 않아 1인 장기집권이 가능하게 되었다. 국가법령정보센터에서 확인할 수 있는 당시 헌법 개정의 이유와 주요 내용은 아래와 같다.

조국의 평화통일이라는 역사적 사명을 완수하기 위하여 민주주의의 한국적 토착화를 기하고 국력을 조직화하여 능률을 극대화할 수 있도록 통치기구와 관계제도를 개혁하는 한편 정치·경제·사회·문화등 모든 영역에서 안정을 유지하고 번영의 기반을 확고히 하며, 국민의 기본권을 우리나라의 실정에 알맞게 최대한으로 보장하는 외에 민족의 활로를 개척함으로써 국제사회에서 우리나라의

---

118 제61조 ① 대통령·국무총리·국무위원·행정각부의 장·법관·중앙선거관리위원회위원·감사위원 기타 법률에 정한 공무원이 그 직무집행에 있어서 헌법이나 법률을 위배한 때에는 국회는 탄핵의 소추를 의결할 수 있다.
② 전항의 탄핵소추는 국회의원 30인이상의 발의가 있어야 하며, 그 의결은 재적의원 과반수의 찬성이 있어야 한다. 다만, 대통령에 대한 탄핵소추는 국회의원 50인이상의 발의와 재적의원 3분의 2이상의 찬성이 있어야 한다. <개정 1969. 10. 21.>
③ 탄핵소추의 의결을 받은 자는 탄핵결정이 있을 때까지 그 권한행사가 정지된다.

119 제69조 제3항 "대통령은 1차에 한하여 중임할 수 있다" 를 "대통령의 계속 재임은 3기에 한한다" 로 한다.

영광을 드높이고 영구적 세계평화에 이바지하고자 개헌하려는 것임.

① 조국의 평화적 통일을 추진하기 위한 온 국민의 총의에 의한 국민적 조직체로서 통일주체국민회의를 신설하여 이것을 국민의 주권적 수임기관으로 함.

② 통일주체국민회의는 국민의 직접선거에 의하여 선출된 대의원으로 구성하고 대의원은 6년의 임기를 가지며, 정당에 가입할 수 없고 국회의원과 법률이 정하는 공직을 가질 수 없도록 함.

③ 통일주체국민회의는 통일정책을 심의결정하고, 대통령을 선출하며, 대통령이 추천한 국회의원정수 3분의 1에 해당하는 수의 국회의원을 선거하고, 국회에서 의결된 헌법개정안을 최종적으로 확정하는 권한을 가지도록 함.

④ 능률의 극대화와 강력한 국력조직을 목적으로 대통령에게 입법·사법·행정의 조정적 기능을 위한 중립적 권한외에 국정의 중요한 사항을 좌우하는 국가적 권력을 부여하는 국가권력구조를 채택함.

⑤ 대통령은 통일주체국민회의에서 선출되고, 6년의 임기를 가지며 연임에 제한을 두지 아니함.

⑥ 종전에 실시되어 오던 국회의 국정감사권을 삭제하고, 국회회기를 단축하여 정기국회의 회기를 90일, 임시회의 회기를 30일로 하고 정기회·임시회를 합하여 150일을 초과할 수 없게 함.

⑦ 대통령이나 국회의원의 입후보요건으로 소속정당의 추천을 필수조건으로 한다는 종래의 헌법규정을 폐기하여 정당국가적 경향을 지양함.

⑧ 위헌법률심사권을 법원에 부여하였던 제3공화국 헌법상의 제도를 폐지하고, 제1공화국에서 채택하였던 헌법위원회제도를 부활시켜 위헌법률심사권과 아울러 탄핵 및 정당의 해산에 관한 심판권도 부여함.

⑨ 지방의회는 조국통일이 이루어질 때까지 구성하지 않음을 명시함.

⑩ 대통령에게 헌법개정안제출권을 인정하고 이것은 국회의 의결을 거치지 않고 바로 국민투표에 부쳐 결정되도록 함.

5 제5공화국

- 8차 개헌(1980년) : 신군부 집권에 따른 전두환 정권으로의 전환

1979년 10.26 사태로 유신체제가 막을 내리고 최규하 대통령이 취임하자 12.12 사태로 전두환, 노태우 신군부가 정권을 장악하였으며, 신군부는 국회를 해산하고 국가보위입법회의라는 기구를 만들어 헌법을 개정하여 국민투표로 확정하였다. 이 헌법은 전면 개헌으로서 대통령을 간선으로 뽑고(제39조[120]) 대통령의 임기를 7년 단임으로 하였다(제45조[121]).

6 제6공화국

- 9차 개헌(1987년 현행헌법) : 대통령 직선제

1987년 범국민적 저항운동으로 6월 항쟁이 일어나자 당시 노태우 민정당 대표위원이 이른바 '6.29선언'으로 직선제 개헌을 약속하였고 그 결과 최초로 여야 합의를 통해 개헌을 하게 되었다. 1987년 10월 27일 국민투표에 의하여 개정된 현행 헌법은 대통령을 직선제로 하고 5년 단임으로 하였다. 현행 헌법은 전문(前文)을 비롯하여 총강(總綱), 국민의 권리와 의무, 국회, 정부, 법원, 헌법재판소, 선거관리, 지방자치, 경제, 헌법개정 등 10장으로 나뉜 본문(本文) 총 130조 및 부칙(附則) 6조로 구성되어 있다.

---

120 제39조 ① 대통령은 대통령선거인단에서 무기명투표로 선거한다.
② 대통령에 입후보하려는 자는 정당의 추천 또는 법률이 정하는 수의 대통령선거인의 추천을 받아야 한다.
③ 대통령선거인단에서 재적대통령선거인 과반수의 찬성을 얻은 자를 대통령당선자로 한다.
④ 제3항의 득표자가 없을 때에는 2차투표를 하고, 2차투표에도 제3항의 득표자가 없을 때에는 최고득표자가 1인이면 최고득표자와 차점자에 대하여, 최고득표자가 2인이상이면 최고득표자에 대하여 결선투표를 함으로써 다수득표자를 대통령당선자로 한다.
⑤ 대통령의 선거에 관한 사항은 법률로 정한다.

121 제45조 대통령의 임기는 7년으로 하며, 중임할 수 없다.

Ⅲ

현행 헌법의 구성 및 헌법재판

1 헌법 전문 및 조문

가. 헌법 전문

유구한 역사와 전통에 빛나는 우리 대한국민은 3·1운동으로 건립된 대한민국임시정부의 법통과 불의에 항거한 4·19민주이념을 계승하고, 조국의 민주개혁과 평화적 통일의 사명에 입각하여 정의·인도와 동포애로써 민족의 단결을 공고히 하고, 모든 사회적 폐습과 불의를 타파하며, 자율과 조화를 바탕으로 자유민주적 기본질서를 더욱 확고히 하여 정치·경제·사회·문화의 모든 영역에 있어서 각인의 기회를 균등히 하고, 능력을 최고도로 발휘하게 하며, 자유와 권리에 따르는 책임과 의무를 완수하게 하여, 안으로는 국민생활의 균등한 향상을 기하고 밖으로는 항구적인 세계평화와 인류공영에 이바지함으로써 우리들과 우리들의 자손의 안전과 자유와 행복을 영원히 확보할 것을 다짐하면서 1948년 7월 12일에 제정되고 8차에 걸쳐 개정된 헌법을 이제 국회의 의결을 거쳐 국민투표에 의하여 개정한다.

나. 헌법 조문

제1장 총강(제1조~제9조), 제2장 국민의 권리[122]와 의무[123](제10조~제39조), 제

---

122 ① 인간의 존엄과 가치 및 행복추구권(제10조), ② 평등권(제11조), ③ 자유권적 기본권[신체의 자유(제12조, 제13조), 거주·이전의 자유(제14조), 직업선택의 자유(제15조), 주거의 자유(제16조), 사생활의 비밀과 자유(제17조), 통신의 자유(제18조), 양심의 자유(제19조), 종교의 자유(제20조), 학문과 예술의 자유(제22조), 재산권의 보장(제23조)], ④ 정치적 기본권[언론·출판 및 집회·결사의 자유(제21조), 선거권(제24조), 공무담임권(제25조)], ⑤ 청구권적 기본권[청원권(제26조), 재판청구권(제27조), 형사보상청구권(제28조), 국가배상청구권(제29조), 범죄피해자구조청구권(제30조)], ⑤ 사회적 기본권[교육을 받을 권리(제31조), 근로의 권리(제32조), 근

3장 국회(제40조~제65조), 제4장 정부(제66조~제100조), 제5장 법원(제101조~제110조), 제6장 헌법재판소(제111조~제113조), 제7장 선거관리(제114조~제116조), 제8장 지방자치(제117조, 제118조), 제9장 경제(제119조~제127조), 제10장 헌법개정(제128조~제130조)로 구성되어 있으며, 이중 제4장은 제1절 대통령(제66조~제85조), 제2절 행정부(제86조~제100조)로 구성되어 있고, 제2절은 다시 제1관 국무총리와 국무위원(제86조, 제87조), 제2관 국무회의(제88조~제93조), 제3관 행정각부(제94조~제96조), 제4관 감사원(제97조~제100조)으로 구성되어 있다.

다. 헌법의 이해

헌법은 우리나라 최고의 근본규범으로서 세부적인 내용 학습에 앞서 헌법 규정 자체를 충실히 숙지할 필요가 있다. 사실 우리나라 국민들 중에서 헌법을 전체적으로 통독해 본 사람은 많지 않고 법조인이나 법을 전공하는 사람들 중에서도 개별 헌법 규정들은 많이 찾아보지만 전체 헌법을 일관해서 보거나 학습할 기회는 의외로 많지 않다. 그렇기 때문에 법을 많이 아는 사람들 중에서도 우리나라 헌법이 몇 개의 장과 몇 개의 조문으로 구성되어 있는지, 장 이하의 세부목차로 절-관을 두고 있는 항목은 무엇인지 등에 대해 쉽게 답을 못하는 경우를 종종 볼 수 있다. 법학입문의 관점에서 헌법을 생각해 보면 각 규정들에 대한 수많은 헌법재판소 결정 또는 대법원 판결을 학습하기보다 전체적인 헌법의 구성과 구체적인 조문의 내용, 그리고 국민의 권리와 의무의 유형과 내용, 통치구조 관련 주요 조문들을 숙지하는 것이 바람직하다고 할 수 있다. 그러한 관점에서의 헌법 조문 학습을 전제로 이하에서는 입문의 차원에서 살펴볼 만한 관련 주제들을 간략히 살펴보기로 한다.

로3권(제33조), 인간다운 생활을 할 권리(제34조), 환경권(제35조), 혼인과 가족생활의 보장(제36조)], ⑥ 국민의 자유와 권리 존중·제한(제37조).

123 교육의 의무(제31조 제2항), 근로의 의무(제32조 제2항), 납세의 의무(제38조), 국방의 의무(제39조), 환경보전의 의무(제35조 제1항 후단).

2 헌법 전문의 법적 성격

가. 헌법재판소 1989. 9. 8. 선고 88헌가6 전원재판부

우리 헌법의 전문과 본문의 전체에 담겨있는 최고 이념은 국민주권주의와 자유민주주에 입각한 입헌민주헌법의 본질적 기본원리에 기초하고 있다. 기타 헌법상의 제원칙도 여기에서 연유되는 것이므로 이는 헌법전을 비롯한 모든 법령해석의 기준이 되고, 입법형성권 행사의 한계와 정책결정의 방향을 제시하며 나아가 모든 국가기관과 국민이 존중하고 지켜가야 하는 최고의 가치규범이다.

나. 헌법재판소 2001. 3. 21. 선고 99헌마139·142·156·160(병합) 전원재판부

'헌법전문에 기재된 3.1정신'은 우리나라 헌법의 연혁적·이념적 기초로서 헌법이나 법률해석에서의 해석기준으로 작용한다고 할 수 있지만, 그에 기하여 곧바로 국민의 개별적 기본권성을 도출해낼 수는 없다고 할 것이므로, 헌법소원의 대상인 '헌법상 보장된 기본권'에 해당하지 아니한다.

3 저항권

헌법에 명문으로 규정되어 있지 않지만, 국가권력에 의해 국민의 기본권에 대한 중대한 침해가 발생하는 경우 주권자인 국민들이 스스로를 지키기 위해 실력행사를 할 수 있어야 한다는 저항권 논의가 있다. 이론적으로 생각해 보면 당연히 그러한 권리가 인정되어야 할 것 같은데, 다만 구체적으로 어떤 요건하에서 어떠한 방법으로 이를 행사할 수 있는지는 명확하지 않다. 이와 관련한 헌법재판소와 대법원의 판단은 아래와 같다.

가. 헌법재판소

(1) 헌법재판소 1997. 9. 25. 선고 97헌가4 전원재판부

저항권은 국가권력에 의하여 헌법의 기본원리에 대한 중대한 침해가 행하여지고 그 침해가 헌법의 존재 자체를 부인하는 것으로서 다른 합법적인 구제수단으로는 목적을 달성할 수 없을 때에 국민이 자기의 권리·자유를 지키기 위하여 실력으로 저항하는 권리이다.[124]

(2) 헌법재판소 2014. 12. 19. 선고 2013헌다1 전원재판부(통합진보당해산)

저항권은 공권력의 행사자가 민주적 기본질서를 침해하거나 파괴하려는 경우 이를 회복하기 위하여 국민이 공권력에 대하여 폭력·비폭력, 적극적·소극적으로 저항할 수 있다는 국민의 권리이자 헌법수호제도를 의미한다. 하지만 저항권은 공권력의 행사에 대한 '실력적' 저항이어서 그 본질상 질서교란의 위험이 수반되므로, 저항권의 행사에는 개별 헌법조항에 대한 단순한 위반이 아닌 민주적 기본질서라는 전체적 질서에 대한 중대한 침해가 있거나 이를 파괴하려는 시도가 있어야 하고, 이미 유효한 구제수단이 남아 있지 않아야 한다는 보충성의 요건이 적용된다. 또한 그 행사는 민주적 기본질서의 유지, 회복이라는 소극적인 목적에 그쳐야 하고 정치적, 사회적, 경제적 체제를 개혁하기 위한 수단으로 이용될 수 없다.[125]

---

124 국회의 노동법 날치기 통과와 관련하여 국회법 소정의 협의 없는 개의시간의 변경과 회의일시를 통지하지 아니한 입법과정의 하자는 저항권 행사의 대상이 되지 아니한다고 판단하였다.

125 피청구인 주도세력은 진보적 민주주의 실현방안으로 선거에 의한 집권과 저항권에 의한 집권을 설정하면서, 선거에 의한 집권을 하는 경우에도 필요한 때에는 비합법적·반합법적인 방법으로 폭력을 수단으로 활용할 수 있고, 우리 사회가 대중투쟁과 전민항쟁에 의하여 저항권적 상황이 전개될 경우에는 무력행사 등 폭력을 행사하여 기존의 우리 자유민주주의 체제를 전복하고 헌법제정에 의한 새로운 진보적 민주주의 체제를 구축하여 집권할 수 있다고 한다. 피청구인은 진보적 민주주의를 실현하기 위해서는 대중투쟁, 전민항쟁, 저항권 등 폭력을 행사하여 자유민주주의 체제를 전복할 수 있다고 하는바, 이는 모든 폭력적·자의적 지배를 배제하고, 다수를 존중하면서도 소수를 배려하는 민주적 의사결정을 기본원리로 하는 우리의 민주적 기본질서에 정면으로 저촉된다.

나. 대법원

(1) 대법원 1975. 4. 8. 선고 74도3323 전원합의체 판결 (인혁당 재건 및 민청학련 사건)[126]

「저항권」에 의한 행위이므로 위법성이 없다는데 귀론되는 것이므로 이 점에 대하여 판단한다. 살피건대 어떤 행위가 범죄의 구성요건에 해당하는 경우에는 형법이 규정한 위법성조각사유에 해당하지 아니하는 한 위법성이 있는 것으로 보아야 하는 것인바 논지가 주장하는 위법성이 없다는 것이 구체적으로 형법소정의 어떠한 위법성조각사유에 해당하는지 분명하지 않는바 그 주장자체로 보아서는 초법규적인 위법성조각사유를 주장하는 것으로 이해할 수밖에 없다.

그러나 논시가 수장하는 위법성조각사유는 실정법 질서내에서만 허용되는 것으로 여기서 일탈하는 행위는 위법성의 조각사유가 될 수 없으며 또 피고인들의 이에 해당하는 행위들이 형법 제20조의 어느 것에도 해당한다고 보여지지 아니하며 소위 「저항권」에 의한 행위이므로 위법성이 조각된다고 하는 주장은 그 「저항권」 자체의 개념이 막연할 뿐 아니라 논지에 있어서도 구체적인 설시가 없어 주장의 진의를 파악하기 어려우나 이 점에 관한 극히 일부 소수의 이론이 주장하

---

126 대법원 2010. 12. 16. 선고 2010도5986 전원합의체 판결(구 대한민국헌법(1980. 10. 27. 헌법 제9호로 전부 개정되기 전의 것, 이하 '유신헌법'이라 한다) 제53조에 근거하여 발령된 대통령 긴급조치(이하 '긴급조치'라 한다) 제1호는 그 발동 요건을 갖추지 못한 채 목적상 한계를 벗어나 국민의 자유와 권리를 지나치게 제한함으로써 헌법상 보장된 국민의 기본권을 침해한 것이므로, 긴급조치 제1호가 해제 내지 실효되기 이전부터 유신헌법에 위배되어 위헌이고, 나아가 긴급조치 제1호에 의하여 침해된 각 기본권의 보장 규정을 두고 있는 현행 헌법에 비추어 보더라도 위헌이다. 결국 이 사건 재판의 전제가 된 긴급조치 제1호 제1항, 제3항, 제5항을 포함하여 긴급조치 제1호는 헌법에 위배되어 무효이다. 이와 달리 유신헌법 제53조에 근거를 둔 긴급조치 제1호가 합헌이라는 취지로 판시한 대법원 1975. 1. 28. 선고 74도3492 판결, 대법원 1975. 1. 28. 선고 74도3498 판결, 대법원 1975. 4. 8. 선고 74도3323 판결과 그 밖에 이 판결의 견해와 다른 대법원판결들은 모두 폐기한다. 위헌·무효인 대통령 긴급조치(이하 '긴급조치'라 한다) 제1호 제5항, 제1항, 제3항을 적용하여 공소가 제기된 이 사건 공소사실 중 각 긴급조치 위반의 점은 형사소송법 제325조 전단의 '피고사건이 범죄로 되지 아니한 때'에 해당하므로 모두 무죄를 선고하였어야 함에도, 같은 법 제326조 제4호를 적용하여 면소를 선고한 원심판결 중 유언비어 날조·유포로 인한 긴급조치 위반 부분에 면소 및 무죄판결에 대한 법리와 긴급조치 제1호의 위헌 여부 판단에 대한 법리를 오해한 위법이 있다는 이유로, 원심판결 및 제1심판결 중 이 부분을 파기하고 직접 무죄를 선고한 사례) 참고.

는 개념을 살핀다면 그것은 실존하는 실정법적 질서를 무시한 초실정법적인 자연법 질서내에서의 권리주장이며 이러한 전제하에서의 권리로써 실존적 법질서를 무시한 행위를 정당화하려는 것으로 해석되는 바, 실존하는 헌법적 질서를 전제로 한 실정법의 범주내에서 국가의 법적 질서의 유지를 그 사명으로 하는 사법기능을 담당하는 재판권행사에 대하여는 실존하는 헌법적 질서를 무시하고 초법규적인 권리개념으로써 현행 실정법에 위배된 행위의 정당화를 주장하는 것은 그 자체만으로서도 이를 받아 들일 수 없는 것이고(참조 1975. 1. 28. 선고 74도3498 판결) 이와 같은 취지로서 심판한 원심과 제1심판결은 논지가 지적하는 바와 같은 잘못이 없다.

(2) 대법원 1980. 5. 20. 선고 80도306 전원합의체판결 (김재규 내란목적살인 등)

[다수의견] 현대 입헌 자유민주주의 국가의 헌법이론상 자연법에서 우러나온 자연권으로서의 소위 저항권이 헌법 기타 실정법에 규정되어 있든 없든 간에 엄존하는 권리로 인정되어야 한다는 논지가 시인된다 하더라도 그 저항권이 실정법에 근거를 두지 못하고 오직 자연법에만 근거하고 있는 한 법관은 이를 재판규범으로 원용할 수 없다고 할 것인바, 헌법 및 법률에 저항권에 관하여 아무런 규정없는 우리나라의 현 단계에서는 저항권이론을 재판의 근거규범으로 채용, 적용할 수 없다.

[소수의견[127]] 형식적으로 보면 합법적으로 성립된 실정법이지만 실질적으로는

127 대법원 판사 민문기(내란의 죄 부정: 본건 사안인 내란의 죄가 본질적으로 정치색채가 짙은 범죄이고 현실로 체제변동도 곁들여 있어 시국관을 말하지 않을 수 없다. 이 사건 범행(79.10.26.)으로 희생되어 궐위된 대통령의 뒤를 이는 권한대행 AO에 의하여 확인선언(79.11.10.)된 바대로 새헌법을 만드는 것이 전국민적 합의라고 함은 획기적 역사의 사실, 부인할 수 없는 정망성을 지닌 중대한 국민의 정치결단, 국민의 법적 확신으로 뒷받침된 불문율, 시국을 지배하는 구속력이 있는 것이다. 그런데 이 합의는 유신체제와 상충됨에 그 본색을 이루니 그 체제를 넘어서지 않고서는 불가능한 일이 분명하므로 따라서 전국민적 합의가 있다는 그 자체가 실질적으로 유신체제의 폐지를 의미하는 것(오늘의 정치발전이 그 증거이다)이 되며 이 합의는 고 B대통령의 운명과 동시에 이뤄졌다고 아니볼 수 없는 까닭에 유신체제는 고 박대통령과 운명을 같이한 체제라고 할 법적논리에 이른다. 이해를 돕기 위하여 설례로 설명하거니와 만일 민주주의 질서를 군주체제로 변혁하려는 일로 해서 내

국민의 인권을 유린하고 민주적 기본질서를 문란케 하는 내용의 실정법상의 의무이행이나 이에 대한 복종을 거부하는 등을 내용으로 하는 저항권은 헌법에 명문화되어 있지 않았더라도 일종의 자연법상의 권리로서 이를 인정하는 것이 타당하다 할 것이고 이러한 저항권이 인정된다면 재판규범으로서의 기능을 배제할 근거가 없다고 할 것이다.

란의 죄로 문의되다가 군주체제로 국헌을 바꾼다는 전국민적 합의가 이뤄졌을 때 그대로 내란의 죄로는 처벌할 수 없으리니 그 합의가 민주체제의 폐기를 의미하는 이상 합의후에 있어서 내란죄는 민주주의 하자는 것이지 군주체제 하자는 것이 결코 될 수 없기 때문에 합의 후에 있어서 군주주의 하자는 이유로 하는 내란죄는 그 성립을 부정하는 것은 아니지만 유죄로 단죄할 수는 없다 할 것이다. 그 이유는 이 경우 국헌과 같다고 볼 체제가 달라서 각기 존립의 기초가 다르기 때문에 보호법익이 달라진 까닭이다. 본건은 이 예의 경우와 꼭 같아 같은 법리가 적용된다 하겠다. 원판결 판단이 피고인 전원에 대하여 형법 제87조 1, 2호, 제89조, 제88조를 적용한 점과 그 이유로 설시한 취지로 미루어 그 전원을 국헌문란의 목적범으로 본 바가 분명하고 원심이 수괴로 인정한 피고인 A의 진술기재에 의하여 그 범행목적이 그 표현대로 유신체제의 핵인 박대통령을 제거하여 그 체제를 종식시키고 민주제제를 돌리는데 있다는 취지로 기록상 인정못할바 아니므로 원설시와 부합한다. 원판결의 인정판단에 그대로 따르면 원심은 피고인들이 유신체제를 강압변혁하려는 목적으로 설시처럼 대통령을 비롯한 사람들을 살해했다는 것이요, 소송절차의 경과로 보아 개헌하는 전국민적 합의가 있는 후에 있어서 재판한 사정이 분명하다. 그러므로 이 사안은 행위시와 재판시의 체제가 위 설시이유에 따라 서로 다름이 숨길수 없으니 이와 같이 범행시의 기반이 재판시의 그것과 달라졌다는 정치상황이 바로 초법규적으로 처벌할 수 없는 사유가 된다고 할 법리에 이르므로 본건 범행을 다른 죄로 봄은 별론으로 하고 내란의 죄로는 처벌할 수 없다 하겠다. 따라서 원판결 판단은 결론에 영향을 준 법률위반(유신체제하에서라면 옳다 하겠다)을 남겼다고 하겠고 이를 지지한 다수의견 역시 같다고 하겠다.), 양병호(국헌문란 목적 살인 부정), 임항준(내란죄 부정, 저항권 긍정 : 우리나라에 있어서의 정치의 기본질서인 인간존엄을 중심가치로 하는 민주주의 질서에 대하여 중대한 침해가 국가기관에 의하여 행하여져서 민주적 헌법의 존재 자체가 객관적으로 보아 부정되어 가고 있다고 국민 대다수에 의하여 판단되는 경우에 그 당시의 실정법상의 수단으로는 이를 광정할 수 있는 방법이 없는 경우에는 국민으로서 이를 수수방관하거나 이를 조장할 수는 없다 할 것이므로 이러한 경우에는 인권과 민주적 헌법의 기본 질서의 옹호를 위하여 최후의 수단으로서 형식적으로 보면 합법적으로 성립된 실정법이지만 실질적으로는 국민의 인권을 유린하고 민주적 기본 질서를 문란케 하는 내용의 실정법상의 의무이행이나 이에 대한 복종을 거부하는 등을 내용으로 하는 저항권은 헌법에 명문화 되어 있지 않았더라도 일종의 자연법상의 권리로서 이를 인정하는 것이 타당하다 할 것이고 이러한 저항권이 인정된다면 재판규범으로서의 기능을 배제할 근거가 없다고 할 것이다. 위와 같은 저항권의 존재를 부정할 수 없는 근거로는 4.19 의거의 이념을 계승하여 ..... 새로운 민주공화국을 건설한다고 선언하여 4.19 사태가 당시의 실정법에 비추어 보면 완전한 범법행위로 위법행위임에도 불구하고 이를 우리나라의 기본법인 헌법의 전문에서 의거라고 규정짓고 그 의거의 정신을 계승한다고 선언하고 있어 위 헌법 전문을 법률적으로 평가하면 우리나라 헌법은 4.19의 거사를 파괴 되어가는 민주질서를 유지 또는 옹호하려는 국민의 저항권 행사로 보았다고 해석할 수밖에 없는데 우리나라 헌법이 인정한 것으로 보여지는 저항권을 사법적 판단에서는 이를 부정할 수가 있을는지 의문이고 또 저항권이 인정되는 이상 재판규범으로는 적용될 수 없다고 판단하여 그 실효성을 상실시킬 합리적 이유가 있다고 볼 수도 없다. 다수의견은 저항권이 실정법에 근거를 두지 못하고 있어서 이를 재판규범으로 적용할 수 없다는 취지로 실시하고 있으나 자연법상의 권리는 일률적으로 재판규범으로 기능될 수 없다는 법리도 있을 수 없거니와 위에 적시한 우리나라 헌법의 전문은 저항권의 실정법상의 근거로 볼 수도 있다고 할 것이다.), 김윤행(내란죄 부정), 정태원(일부 가담자들에 대한 내란죄 부정), 서윤홍(일부 가담자들에 대한 내란죄 부정).

4 헌법재판소와 헌법재판

가. 헌법 규정

헌법에 대한 이해를 위해서는 이를 주로 다루는 헌법재판소에 대해 알아둘 필요가 있다. 우리 헌법은 제5장에서 법원을 규정하고 제6장에서 헌법재판소를 규정하며, 제5장은 제101조부터 제110조까지 총 10개의 조문을 두고 있는데 반해 제6장은 제111조부터 제113조까지 3개의 조문만 규정해 두고 있어, 법원에 비해 그 중요성이 상대적으로 낮은 것으로 볼 여지도 있다. 하지만 국가 최고규범인 헌법에 대한 해석권한을 가지면서 국민의 대표기관인 국회가 만든 법률의 효력을 판단하는 기관인 점에서 그 중요성은 결코 낮다고 할 수 없다.[128] 먼저 헌법재판소에 관한 헌법 규정을 살펴보고, 헌법재판소의 심판 사건의 주요 내용을 보기로 한다.

(1) 제111조(권한과 구성등) ① 헌법재판소는 다음 사항을 관장한다.
1. 법원의 제청에 의한 법률의 위헌여부 심판
2. 탄핵의 심판
3. 정당의 해산 심판
4. 국가기관 상호간, 국가기관과 지방자치단체간 및 지방자치단체 상호간의 권한쟁의에 관한 심판
5. 법률이 정하는 헌법소원에 관한 심판

② 헌법재판소는 법관의 자격을 가진 9인의 재판관으로 구성하며, 재판관은 대통령이 임명한다.

---

128 예를 들어 대법관의 인원수에 대해서는 헌법에 규정이 없고(제104조, 제105조 참고) 법원조직법 제4조에서 규정하고 있는데 반해, 헌법재판관의 인원은 헌법 제111조에서 규정하고 있다. 헌법재판관의 수는 헌법에서 규정할 문제인데 반해, 대법관의 수는 법률에서 정하면 되는 것으로 본 것이다.

③ 제2항의 재판관중 3인은 국회에서 선출하는 자를, 3인은 대법원장이 지명하는 자를 임명한다.
④ 헌법재판소의 장은 국회의 동의를 얻어 재판관중에서 대통령이 임명한다.

(2) 제112조(재판관의 임기와 정치관여금지·신분보장) ① 헌법재판소 재판관의 임기는 6년으로 하며, 법률이 정하는 바에 의하여 연임할 수 있다.
② 헌법재판소 재판관은 정당에 가입하거나 정치에 관여할 수 없다.
③ 헌법재판소 재판관은 탄핵 또는 금고 이상의 형의 선고에 의하지 아니하고는 파면되지 아니한다.

(3) 제113조(결정정족수·조직과 운영) ① 헌법재판소에서 법률의 위헌결정, 탄핵의 결정, 정당해산의 결정 또는 헌법소원에 관한 인용결정을 할 때에는 재판관 6인 이상의 찬성이 있어야 한다.
② 헌법재판소는 법률에 저촉되지 아니하는 범위안에서 심판에 관한 절차, 내부규율과 사무처리에 관한 규칙을 제정할 수 있다.
③ 헌법재판소의 조직과 운영 기타 필요한 사항은 법률로 정한다.

나. 헌법재판소의 심판 사건[129]

(1) 위헌법률심판

(가) 위헌법률심판의 의의

위헌법률심판이란 법률이 헌법에 합치하는가의 여부를 심판하여 위반된다고 판단되는 경우에 그 효력을 상실케 하는 제도이다. 입법부의 자의적 입법에 대한 헌법보장기능으로서 헌법재판의 핵심이다.

---

129 헌법재판소(https://www.ccourt.go.kr/cckhome/kor/cjustice/unconstituionalityLawJudge.do)

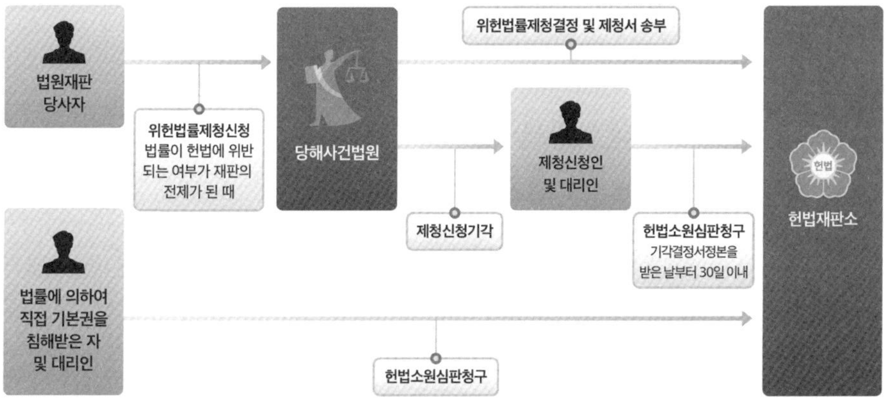

(나) 제청사유

법률이 헌법에 위반되는지 여부가 재판의 전제가 된 때에는 당해 사건을 담당하는 법원은 직권[130] 또는 당사자의 신청에 의한 결정으로 헌법재판소에 위헌법률심판을 제청한다.

심판대상이 되는 법률은 국회가 제정한 형식적 의미의 법률 외에도 법률과 동일한 효력을 가지는 대통령긴급명령, 조약과 일반적으로 승인된 국제법규를 포함한다고 해석된다.

(다) 제청절차

위헌법률심판의 제청은 각급 법원이 독립적으로 할 수 있으나 대법원을 거쳐야 한다. 당사자의 위헌심판제청 신청은 사건 및 당사자, 위헌이라고 해석되는 법률 또는 법률의 조항, 위헌이라고 해석되는 이유, 기타 필요한 사항을 기재한

130 예를 들어 헌법재판소 1997. 9. 25. 선고 97헌가4 전원재판부 사건은 신청인이 피신청인을 상대로 1997.1.13. 창원지방법원에 피신청인의 위법한 쟁의행위(전면파업)로 인한 손해배상청구권 및 업무방해금지청구권을 피보전권리로 하여 "피신청인은 1996.11.7.자 노동쟁의발생 결의에 의한 쟁의행위를 하여서는 아니되고 그 소속 조합원 또는 제3자로 하여금 신청인의 종업원이 근로에 종사하는 것을 방해하는 등 신청인 회사의 정상적인 업무를 방해하여서는 아니된다"라는 쟁의행위금지가처분신청을 하자, 동 법원이 1997.1.15. 직권에 의한 결정으로 위헌여부심판을 제청한 것이다.

신청서를 법원에 제출하여야 한다.

법원의 제청결정이나 제청신청 기각결정에 대하여는 어느 당사자도 항고할 수 없다. 법원이 심판제청을 함에는 제청법원의 표시, 사건 및 당사자의 표시, 위헌이라고 해석되는 법률 또는 법률의 조항, 위헌이라고 해석되는 이유, 기타 필요한 사항을 기재한 제청결정서를 헌법재판소에 제출하여야 한다.

(라) 재판의 정지 등

법원이 위헌법률심판을 헌법재판소에 제청한 때에는 당해 소송사건의 재판은 헌법재판소의 종국결정이 있을 때까지 정지된다. 다만, 법원이 긴급하다고 인정하는 경우에는 종국재판 외의 소송절차를 진행할 수 있다.

(마) 의견서의 제출

당해 소송사건의 당사자 및 법무부장관은 헌법재판소에 법률의 위헌여부에 관한 의견서를 제출할 수 있다. 재판장의 명에 의하여 또는 재판장의 허가를 받아 필요한 진술도 할 수 있다.

(바) 위헌결정과 효력

위헌심판제청이 이유 있을 때에는 헌법재판소는 심판의 대상이 된 법률 또는 법률조항이 위헌임을 선언하는 결정을 선고한다. 다만, 법률조항의 위헌결정으로 인하여 당해 법률 전부를 시행할 수 없다고 인정될 때에는 그 전부에 대하여 위헌결정을 할 수 있다. 법률의 내용에 따라서는 단순 위헌 결정 외에 헌법불합치, 한정위헌, 한정합헌 등의 결정도 할 수 있다.

헌법재판소는 결정일부터 14일 이내에 결정서 정본을 제청법원에 송달하여야 한다. 위헌으로 결정된 법률 또는 법률조항은 그 결정이 있는 날부터 효력을 상실한다.[131] 다만, 형벌에 관한 법률 또는 법률조항은 소급하여 그 효력을 상실하되 해당 법률 또는 법률의 조항에 대하여 종전에 합헌으로 결정한 사건이 있는 경우에는 그 결정이 있는 날의 다음날로 소급하여 효력을 상실한다.

위헌으로 결정된 법률 또는 법률의 조항에 의하여 유죄의 확정판결을 받은 자는 재심을 청구할 수 있다. 헌법재판소의 법률에 대한 위헌결정은 법원 기타 국가기관 및 지방자치단체를 기속한다.

(2) 탄핵심판

(가) 탄핵심판의 의의

탄핵제도는 형벌 또는 징계절차로는 처벌하기 곤란한 정부 고위직 또는 특수직 공무원의 위법행위에 대한 민주적 파면제도이다.[132]

일반적으로 탄핵소추는 국회가 하고 탄핵심판은 양원제 국가에서는 상원이 하며, 기타 국가에서는 탄핵심판소를 별도로 가지는 경우가 있으나 우리나라는

---

131 헌법재판소 1993. 5. 13. 선고 92헌가10,91헌바7,92헌바24,50(헌법재판소에 의하여 위헌으로 선고된 법률 또는 법률의 조항이 제정 당시로 소급하여 효력을 상실하는가 아니면 장래에 향하여 효력을 상실하는가의 문제는 특단의 사정이 없는 한 헌법적합성의 문제라기 보다는 입법자가 법적 안정성과 개인의 권리구제 등 제반이익을 비교형량하여 가면서 결정할 입법정책의 문제인 것으로 보인다. 우리의 입법자는 헌법재판소법 제47조 제2항 본문의 규정을 통하여 형벌법규를 제외하고는 법적 안정성을 더 높이 평가하는 방안을 선택하였는바, 이에 의하여 구체적 타당성이나 평등의 원칙이 완벽하게 실현되지 않는다고 하더라도 헌법상 법치주의 원칙의 파생인 법적 안정성 내지 신뢰보호의 원칙에 의하여 정당화된다 할 것이고, 특단의 사정이 없는 한 이로써 헌법이 침해되는 것은 아니라 할 것이다. 그렇지만 효력이 다양할 수밖에 없는 위헌결정의 특수성 때문에 예외적으로 부분적인 소급효의 인정을 부인해서는 안 될 것이다.
첫째, 구체적 규범통제의 실효성의 보장의 견지에서 법원의 제청·헌법소원 청구 등을 통하여 헌법재판소에 법률의 위헌결정을 위한 계기를 부여한 당해 사건(당해 사건), 위헌결정이 있기 전에 이와 동종의 위헌여부에 관하여 헌법재판소에 위헌제청을 하였거나 법원에 위헌제청신청을 한 경우의 당해 사건(동종 사건), 그리고 따로 위헌제청신청을 아니하였지만 당해 법률 또는 법률의 조항이 재판의 전제가 되어 법원에 계속 중인 사건(병행사건)에 대하여는 소급효를 인정하여야 할 것이다.
둘째, 당사자의 권리구제를 위한 구체적 타당성의 요청이 현저한 반면에 소급효를 인정하여도 법적 안정성을 침해할 우려가 없고 나아가 구법에 의하여 형성된 기득권자의 이득이 해쳐질 사안이 아닌 경우로서 소급효의 부인이 오히려 정의와 평등 등 헌법적 이념에 심히 배치되는 때에도 소급효를 인정할 수 있다(일반 사건). 어떤 사안이 후자와 같은 테두리에 들어가는가에 관하여는 본래적으로 규범통제를 담당하는 헌법재판소가 위헌선언을 하면서 직접 그 결정주문에서 밝혀야 할 것이나, 직접 밝힌 바 없으면 그와 같은 경우에 해당하는가의 여부는 일반법원이 구체적 사건에서 해당 법률의 연혁·성질·보호법익 등을 검토하고 제반이익을 형량해서 합리적·합목적적으로 정하여 대처할 수밖에 없을 것으로 본다).

132 헌법재판소 2004. 5. 14. 선고 2004헌나1 전원재판부(대통령 노무현), 헌법재판소 2017. 3. 10. 선고 2016헌나1 전원재판부(대통령 박근혜).

헌법재판소에 탄핵심판권을 부여하였다.

(나) 소추의결과 소추절차

대통령, 국무총리, 국무위원, 행정각부의 장, 헌법재판소 재판관, 법관, 중앙선거관리위원회 위원, 감사원장, 감사위원 기타 법률이 규정하는 공무원이 직무를 수행함에 있어서 헌법이나 법률을 위반하면 국회는 탄핵의 소추를 의결할 수 있다.

탄핵소추의 의결이 있는 때에는 국회의장은 지체없이 소추의결서 정본을 소추위원인 국회법제사법위원장에게 송달하고, 소추위원은 그 정본을 헌법재판소에 제출하여 심판을 청구한다. 탄핵소추의 의결을 받은 자는 헌법재판소의 심판이 있을 때까지 그 권한행사가 정지된다.

(다) 심판절차

탄핵심판은 변론을 열어 심리한다. 당사자가 변론기일에 출석하지 아니한 때에는 다시 기일을 정해야 하고, 다시 정한 기일에도 당사자가 출석하지 않으면 당사자의 출석없이 심리할 수 있다.

(라) 결정의 내용과 효력

탄핵심판청구가 이유 있는 때에는 헌법재판소는 당해 공직에서 파면하는 결정을 선고한다. 그러나 탄핵결정이 민사상 또는 형사상의 책임을 면해주는 것은 아니다. 탄핵결정으로 파면된 자는 결정선고일부터 5년간 공무원이 될 수 없다.

(3) 정당해산심판

(가) 정당해산심판의 의의

정당은 국민의 정치적 의사형성에 커다란 영향을 주기 때문에 그 목적·조직과 활동이 민주적이어야 하며, 헌법의 기본질서를 파괴하는 위헌정당은 해산되어야 한다. 정당해산심판권한을 헌법재판소에 부여한 것은 헌법재판소가 헌법

보장기능을 수행한다는 의미가 있는 한편, 정부의 자의적 판단으로부터 정당을 보호한다는 의미도 있다.

(나) 심판청구

정당의 목적이나 활동이 민주적 기본질서에 위배될 때에는 정부는 국무회의의 심의를 거쳐 헌법재판소에 정당해산심판을 청구할 수 있다.[133] 정당해산심판청구에는 해산을 요구하는 정당의 표시와 청구의 이유를 기재한 청구서를 헌법재판소에 제출하여야 한다. 헌법재판소가 정당해산심판의 청구를 받은 때에는 그 사실을 국회와 중앙선거관리위원회에 통지하고 그 청구서의 등본을 피청구인에게 송달하여야 한다.

(다) 결정의 효력

정당해산심판청구가 이유있는 때에는 헌법재판소는 정당의 해산을 명하는 결정을 선고한다. 정당의 해산을 명하는 결정이 선고된 때에는 그 정당은 해산된다. 헌법재판소의 정당해산결정은 단순한 확인적 효력이 아니라 형성적 효력을 갖는다.

정당의 해산심판에 관한 결정을 선고한 때에는 어느 경우에나 그 결정서 정본을 당사자에게, 그 등본을 국회와 중앙선거관리위원회에 각 송달하여야 한다. 정당의 해산을 명하는 헌법재판소의 결정은 중앙선거관리위원회가 정당법에 따라 집행한다. 중앙선거관리위원회는 그 정당의 등록을 말소하고 지체없이 그 뜻을 공고하여야 한다. 해산된 정당의 재산은 국고에 귀속하며, 그 정당의 강령 또는 기본정책과 동일 또는 유사한 대체정당을 새로 만들지 못함은 물론, 다른 어느 정당도 해산된 정당과 같은 명칭을 사용하지 못한다.

133 헌법재판소 2014. 12. 19. 선고 2013헌다1 전원재판부(통합진보당 해산 심판).

(4) 권한쟁의심판

(가) 권한쟁의심판의 의의

헌법과 법률에 따라 일정한 권한과 의무를 가지고 있는 국가기관 상호간에 그 권한과 의무의 내용에 대하여 다툼이 생기는 경우에는 국가기능이 마비될 염려가 있을 뿐만 아니라 국가권력 상호간의 견제와 균형이 파괴될 위험성이 있으며, 이는 결과적으로 국민의 기본권 보장에도 중대한 위협이 될 수 있으므로 원활한 조정기능을 갖는 제도적 장치가 필요하다. 우리 헌법은 헌법재판소에 기관간의 권한쟁의심판권을 부여하여 헌법보장적 기능의 일부로서 국가기관 및 지방자치단체 상호간의 권한의 존부 또는 범위에 관한 다툼을 해결토록 하고 있다.

(나) 권한쟁의심판의 종류

- 국가기관 상호간의 권한쟁의심판
  - 국회, 정부, 법원 및 중앙선거관리위원회 상호간의 권한쟁의
- 국가기관과 지방자치단체간의 권한쟁의심판
  - 정부와 특별시·광역시 또는 도간의 권한쟁의
  - 정부와 시·군 또는 지방자치단체인 구(이하 "자치구"라 한다)간의 권한쟁의
- 지방자치단체 상호간의 권한쟁의심판
  - 특별시·광역시 또는 도 상호간의 권한쟁의
  - 시·군 또는 자치구 상호간의 권한쟁의
  - 특별시·광역시 또는 도와 시·군 또는 자치구간의 권한쟁의

(다) 청구요건 및 절차

권한의 존부 또는 범위에 관하여 다툼이 있는 피청구인의 처분 또는 부작위가 헌법 또는 법률에 의하여 부여받은 청구인의 권한을 침해하였거나 침해할 현

저한 위험이 있는 때에 한하여 청구할 수 있다. 권한쟁의심판의 청구서에는 청구인, 피청구인, 심판대상이 되는 피청구기관의 처분 또는 부작위, 청구의 이유, 기타 필요한 사항을 기재하여야 한다. 심판청구는 사유가 있음을 안 날로부터 60일 이내에, 사유가 발생한 날로부터 180일 이내에 하여야 한다.

(라) 결정의 내용과 효력

결정의 내용은 심판대상인 관계기관의 권한의 존부 또는 범위에 관한 것이며, 결정선고시 권한침해의 원인이 된 피청구인의 처분을 취소하거나 그 무효를 확인할 수 있고, 헌법재판소가 부작위에 대한 심판청구를 인용하는 결정을 한 때에는 피청구인은 결정취지에 따른 처분을 하여야 한다. 헌법재판소의 권한쟁의심판의 결정은 모든 국가기관과 지방자치단체를 기속한다. 그러나 국가기관 또는 지방자치단체의 처분을 취소하는 결정은 그 처분의 상대방에 대하여 이미 생긴 효력에는 영향을 미치지 아니한다. 처분의 취소로 인한 법적 혼란을 방지하려는 취지이다.

- 예 : 국회의장이 야당의원들에게 본회의 개의일시를 국회법에 규정된 대로 적법하게 통지하지 않음으로써 그들이 본회의에 출석할 기회를 잃게 되었고, 그 결과 법률안의 심의 표결과정에 참여하지 못하게 되었다면 이로써 야당의원들의 헌법에 의하여 부여된 법률안 심의 표결의 권한이 침해된 것이다(헌법재판소 1997. 7. 16. 선고 96헌라2 전원재판부 국회의원과 국회의장간의 권한쟁의).[134]

134 피청구인(국회의장)이 1996. 12. 26. 06 : 00경 제182회 임시회 제1차 본회의를 개의하고 국가안전기획부법중개정법률안, 노동조합및노동관계조정법안, 근로기준법중개정법률안, 노동위원회법중개정법률안, 노사협의회법중개정법률안을 상정하여 가결선포한 것은 청구인들(국회의원)의 법률안 심의·표결의 권한을 침해한 것이다.

(5) 헌법소원심판

(가) 헌법소원심판의 의의

헌법소원이란 공권력에 의하여 헌법상 보장된 국민의 기본권이 침해된 경우에 헌법재판소에 제소하여 그 침해된 기본권의 구제를 청구하는 제도이다. 자연인은 물론 법인도 헌법소원을 청구할 수 있다.

헌법재판소의 다른 심판사항은 국회·정부·법원 또는 지방자치단체 등이 그 청구 주체가 됨에 비하여 헌법소원은 국민이 직접 심판청구의 주체가 되고 기본권 침해에 대한 직접적인 구제를 목적으로 하므로, 우리 헌법이 마련한 기본권 보장의 제도적 장치 중 핵심적인 것이다. 이 제도의 도입으로 우리나라의 민주주의는 한 걸음 더 나아갔다고 할 수 있으며, 헌법재판의 활성화에도 크게 기여하고 있다.

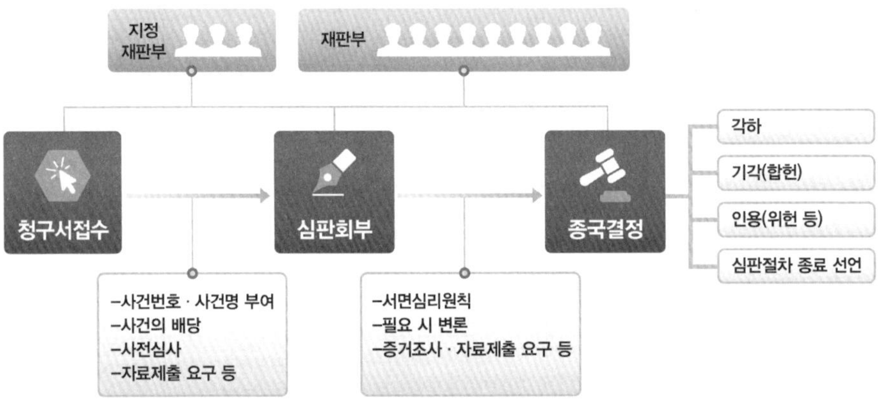

(나) 헌법소원의 종류와 청구사유

① 헌법재판소법 제68조 제1항에 의한 헌법소원

공권력의 행사 또는 불행사로 인하여 헌법상 보장된 기본권을 침해받은 자는 법원의 재판을 제외하고는[135] 헌법재판소에 헌법소원심판을 청구할 수 있다.

다만, 다른 법률에 구제절차가 있는 경우에는 그 절차를 모두 거친 후가 아니면 청구할 수 없다. 국회의 입법권도 공권력 중의 하나이므로, 법률 그 자체가 직접적으로 기본권을 침해하고 있는 경우나 국회가 당연히 입법하여야 할 사항을 입법하지 않음으로써 기본권을 침해하고 있는 경우도 헌법소원의 대상이 된다.[136]

② 헌법재판소법 제68조 제2항에 의한 헌법소원

법률이 헌법에 위반되는지 여부가 소송사건에서 재판의 전제가 되어 당사자가 법원에 그 법률의 위헌심판제청을 신청하였으나 그 신청이 기각된 때에는 헌법재판소에 헌법소원심판을 청구할 수 있다.[137] 이 경우 그 당사자는 당해 사건의 소송 절차에서 동일한 사유를 이유로 다시 위헌여부 심판의 제청을 신청할 수 없다.

(다) 청구기간

헌법재판소법 제68조 제1항에 의한 헌법소원심판은 그 사유가 있음을 안 날부터 90일 이내에, 그 사유가 있은 날부터 1년 이내에 청구하여야 한다. 다른 법률에 의한 구제절차를 거친 경우에는 그 최종결정의 통지를 받은 날부터 30일 이내에 청구하여야 한다. 한편, 헌법재판소법 제68조 제2항에 의한 헌법소원심판은 위헌법률심판의 제청신청이 기각된 날부터 30일 이내에 하여야 한다.

---

135 헌법재판소 2016. 4. 28. 선고 2016헌마33 전원재판부(제68조 제1항 본문 중 "법원의 재판을 제외하고는" 부분은 헌법재판소가 위헌으로 결정한 법령을 적용함으로써 국민의 기본권을 침해한 재판이 포함되는 것으로 해석하는 한 헌법에 위반된다).

136 헌법재판소 1993. 5. 13. 선고 91헌마190 전원재판부(법령 자체에 대한 헌법소원심판청구의 경우에도 법령 자체에 의한 직접적인 기본권침해 여부가 문제되었을 경우 그 법령의 효력을 직접 다투는 것을 소송물로 하여 일반 법원에 구제를 구할 수 있는 절차는 존재하지 아니하므로 이 경우에는 다른 구제절차를 거칠 것 없이 바로 헌법소원심판을 청구할 수 있다).

137 예를 들어 헌법재판소 2004. 8. 26. 선고 2004헌바14 전원재판부(청구인은 재심사건 소송계속 중 구 새마을금고법(1997. 12. 17. 법률 제5462호로 개정되고, 2001. 7. 24. 법률 제6493호로 개정되기 전의 것) 제66조 제2항 제6호는 헌법 제12조의 죄형법정주의, 포괄위임입법금지 원칙에 위반된다고 주장하면서 위헌제청신청을 하였으나 기각되자 2004. 2. 5. 이 사건 헌법소원심판을 청구하였다).

(라) 청구절차

헌법재판소법 제68조 제1항에 의한 헌법소원심판을 청구함에는 청구인, 침해된 권리, 침해의 원인이 되는 공권력의 행사 또는 불행사, 청구의 이유, 기타 필요한 사항을 기재한 청구서를 헌법재판소에 제출하여야 하고, 헌법재판소법 제68조 제2항에 의한 헌법소원심판을 청구함에는 청구인 등, 전제가 되는 소송사건 및 당사자, 위헌이라고 해석되는 법률 또는 법률의 조항, 위헌이라고 해석되는 이유, 기타 필요한 사항을 기재한 청구서를 헌법재판소에 제출하여야 한다.

헌법소원 심판청구서에는 대리인의 선임을 증명하는 서류 또는 국선대리인 선임 신청서를 첨부하여야 한다.

(마) 사전심사

헌법소원심판의 청구가 있으면 지정재판부가 사전심사를 한다. 사전심사 결과 그 심판청구가 다른 법률에 의한 구제절차가 있음에도 불구하고 그 절차를 모두 거치지 아니하였거나, 법원의 재판에 대하여 청구된 경우(헌법재판소가 위헌으로 결정한 법령을 적용한 재판은 제외), 청구기간이 경과된 후 청구된 경우, 변호사를 대리인으로 선임하지 아니하거나 국선대리인의 선임결정을 받지 아니한 경우, 기타 청구가 부적법하고 그 흠결을 보정할 수 없다고 인정되는 경우에는 구성 재판관 전원일치의 결정으로 심판청구를 각하한다.

지정재판부가 전원일치의 결정으로 심판청구를 각하하지 아니하는 경우에는 결정으로 그 사건을 재판부에 회부하는 결정을 하여야 한다. 그러나 심판청구일부터 30일이 경과할 때까지 각하결정이 없는 때에는 전원재판부에 회부하는 결정이 있는 것으로 본다.

(바) 의견서의 제출

헌법소원심판에 대하여 이해관계가 있는 국가기관 또는 공공단체와 법무부장관은 헌법재판소에 그 심판에 관한 의견서를 제출할 수 있다. 또한 헌법재판소법 제68조 제2항에 의한 헌법소원심판의 경우에는 사건이 재판부에 심판 회부된 후에 당해 소송사건의 당사자와 법무부장관은 이해관계인으로서 헌법재판소에 그 심판에 관한 의견서를 제출할 수 있다.

(사) 심판의 내용

헌법소원심판의 종국결정에는

심판청구가 부적법한 경우에 하는 각하결정,

심판청구가 이유없는 경우에 하는 기각결정,

심판청구가 이유있는 경우에 하는 인용결정의 3가지가 있다.

헌법재판소법 제68조 제1항에 의한 헌법소원심판에 있어서 심판청구가 이유있는 때에는 헌법재판소는 침해된 기본권과 침해의 원인이 된 공권력의 행사 또는 불행사를 특정하고, 그 공권력의 행사를 취소하거나 그 불행사가 위헌임을 확인하는 결정을 선고한다. 이 경우에 헌법재판소는 그 공권력의 행사 또는 불행사가 위헌인 법률 또는 법률조항에 기인한 것이라고 인정될 때에는 당해 법률 또는 법률조항이 위헌임을 선언할 수 있다.

헌법재판소법 제68조 제2항에 의한 헌법소원에 있어서 심판청구가 이유있는 때에는 헌법재판소는 심판의 대상이 된 법률 또는 법률조항이 위헌임을 선언하는 결정을 선고한다. 다만, 법률조항의 위헌결정으로 인하여 당해 법률 전부를 시행할 수 없다고 인정하는 때에는 그 법률 전부에 대하여 위헌결정을 할 수 있다.

(아) 심판의 효력

헌법재판소법 제68조 제1항에 의한 헌법소원심판에 있어서 헌법재판소의 인용결정은 모든 국가기관과 지방자치단체를 기속한다. 특히 공권력 의 불행사에 대하여 헌법재판소가 헌법소원을 인용하는 결정을 한 때에는 피청구인은 그 결정의 취지에 따라 새로운 처분을 하여야 한다.

헌법재판소법 제68조 제2항에 의한 헌법소원심판에 있어서 헌법재판소의 인용결정은 법원을 포함한 모든 국가기관과 지방자치단체를 기속한다.

위헌으로 결정된 법률 또는 법률조항은 그 결정이 있는 날부터 효력을 상실한다. 다만, 형벌에 관한 법률 또는 법률조항은 소급하여 그 효력을 상실하되 해당 법률 또는 법률의 조항에 대하여 종전에 합헌으로 결정한 사건이 있는 경우에는 그 결정이 있는 날의 다음날로 소급하여 효력을 상실한다. 헌법재판소법 제68조 제2항에 의한 헌법소원이 인용된 경우에 그 헌법소원과 관련된 소송사건이 이미 확정된 때에는 당사자는 민사·형사·행정 등 사건의 종류를 불문하고 재심을 청구할 수 있다.

또한 형벌법규에 대한 위헌결정은 소급효가 있으므로 그 헌법소원과 관련이 없는 형사사건일지라도 위헌으로 결정된 법률 또는 법률조항에 근거한 유죄의 확정판결에 대하여는 재심을 청구할 수 있다.

5 국가 균형발전 - 행정수도/공공기관의 지방이전

가. 논의의 배경[138]

2002년 9월 30일 새천년민주당의 노무현 대통령후보는 선거공약으로 "수도권 집중 억제와 낙후된 지역 경제를 해결하기 위해 청와대와 정부 부처를 충청권으로 옮기겠다."는 행정수도 이전 계획을 발표하였다. 그 후 2002년 12월 19일 실시된 제16대 대통령선거에서 노무현 후보가 당선되었고, 임기가 시작되자 '신행정수도 건설추진기획단 등의 구성 및 운영에 관한 규정(2003.4.17, 대통령령 제17967호)'이 제정되고 이에 근거하여 청와대 산하에 신행정수도건설추진

138 https://terms.naver.com/entry.nhn?docId=1395264&cid=42137&categoryId=42137 참고.

기획단이, 건설교통부 산하에 신행정수도건설추진지원단이 각각 발족되어, 이들이 신행정수도 건설에 관한 정책 입안, 후보 지역 조사 등의 업무를 수행하였다.

2003년 10월 정부는 '신행정수도의 건설을 위한 특별조치법안'을 제안하였고, 2003년 12월 29일 국회 본회의는 이 법안을 투표 의원 194인 중 찬성 167인으로 통과시켰다(반대 13인, 기권 14인). 2004년 국회의원 총선거를 불과 수개월 앞둔 시점이어서 야당인 한나라당도 충청권의 유권자를 의식하여 찬성할 수밖에 없었다. 이 법률은 2004년 1월 16일 법률 제7062호로 공포되었고 3개월 후부터 시행되었다. 2004년 5월 21일 신행정수도건설추진위원회가 발족되었으며, 2004년 7월 21일 이 위원회는 제5차 회의에서 주요 국가기관 중 중앙행정기관 18부 4처 3청(73개 기관)을 신행정수도로 이전하고, 국회 등 헌법기관은 자체적인 이전 요청이 있을 때 국회의 동의를 구하기로 심의·의결하였다. 또한 2004년 8월 11일 제6차 회의에서 '연기-공주 지역'(충청남도 연기군 남면, 금남면, 동면, 공주시 장기면 일원 약 2,160만 평)을 신행정수도 입지로 확정하였다.

그러자 서울특별시 소속 공무원과 서울특별시의회의 의원들을 중심으로 같은 해 7월 12일(2004헌마554)과 7월 15일(2004헌마566)에 각각 헌법재판소에 헌법소원심판을 청구하기에 이르렀다. 이때까지만 해도 이것이 위헌이 될 것이라고 생각한 사람은 별로 없었으나, 결국 위헌 결정이 내려짐으로써 엄청난 파장을 불러왔다. 헌법재판소의 논리는, 성문헌법을 채택하고 있는 우리나라에도 불문헌법으로서의 관습헌법이 존재할 수 있고, 수도에 대한 규정은 헌법에서 규정해야 할 사항인데 너무 당연하여 규정이 없을 뿐이며, 따라서 수도 이전은 헌법적으로 정해야 하는데 법률로 정했으므로 위헌이라는 것이다.

나. 헌법재판소 2004. 10. 21. 선고 2004헌마554·566(병합) 전원재판부 : 신행정수도의건설을위한특별조치법[139]위헌확인

(가) 일반적으로 한 나라의 수도는 국가권력의 핵심적 사항을 수행하는 국가기관

들이 집중 소재하여 정치·행정의 중추적 기능을 실현하고 대외적으로 그 국가를 상징하는 곳을 의미한다. 헌법기관들 중에서 국민의 대표기관으로서 국민의 정치적 의사를 결정하는 국회와 행정을 통할하며 국가를 대표하는 대통령의 소재지가 어디인가 하는 것은 수도를 결정하는데 있어서 특히 결정적인 요소가 된다. 대통령은 국가원수로서 국가를 상징하고 정부의 수반으로서 국가운용의 최고 통치권

---

139 신행정수도의건설을위한특별조치법 [시행 2004. 4. 17.] [법률 제7062호, 2004. 1. 16., 제정]
【제정·개정이유】
◇ 제정이유
우리나라는 국가의 중추기능이 수도권에 과도하게 집중되어 수도권에서는 주택난·교통난·환경오염 등 각종 부작용이 발생하고 있는 반면, 지방은 개발이 상대적으로 늦어져 국토를 균형있게 이용하지 못하고 수도권과 지방이 모두 경쟁력을 잃어가고 있는 상황인바, 이러한 제반 문제점을 극복하고 국토의 구조를 일극집중형(一極集中型)에서 다극분산형(多極分散型)으로 바꾸어 나가는 한편, 세계화와 지방화가 동시에 진행되는 시대적 조류에 부응하기 위한 특단의 대책이 절실한 점을 감안하여, 국가 정치·행정의 중추기능을 가지는 신행정수도를 충청권에 새로이 건설함으로써 궁극적으로 전국 어디서나 골고루 잘 사는 나라를 건설하여 국민의 삶의 질을 향상시키고 국가경쟁력을 극대화하는데 이바지하려는 것임.
◇ 주요내용
가. 신행정수도건설추진위원회(이하 "위원회"라 한다)는 국가의 균형발전전략 및 주요 헌법기관과 중앙행정기관 등의 이전계획 등을 토대로 신행정수도건설기본계획을 수립하여 대통령의 승인을 얻도록 함(법 제7조).
나. 신행정수도건설을 위한 예정지역과 주변지역은 충청권의 지역중에서 지정하되, 위원회가 대통령의 승인을 얻어 지정하도록 함(법 제8조 및 제12조).
다. 예정지역과 주변지역을 지정하기 위한 조사를 진행하는 과정에서 발생할 수 있는 난개발과 부동산투기를 방지하기 위하여 개발행위허가·건축허가 제한 및 토지거래허가구역 등 지정의 요청권한을 위원회에 부여하고, 예정지역과 주변지역안에서의 건축행위 등에 관하여는 관할 광역시장·시장 또는 군수의 허가를 받도록 함(법 제10조·제11조 및 제16조).
라. 위원회는 예정지역·주변지역과 그 인접지역간 광역시설의 체계적 정비 및 환경보전 등을 위하여 신행정수도광역도시계획을 수립하도록 함(법 제17조).
마. 예정지역을 개발하는 신행정수도건설사업은 정부투자기관중 위원회가 지정하는 자가 수행하도록 함(법 제18조).
바. 위원회는 신행정수도건설기본계획 및 신행정수도광역도시계획에 부합하도록 개발계획을 수립하도록 함(법 제19조).
사. 예정지역의 지정시점을 공익사업을위한토지등의취득및보상에관한법률의 규정에 의한 사업인정시점으로 보아 토지의 수용 등이 이루어지도록 함(법 제23조).
아. 신행정수도건설업무를 효율적으로 추진하기 위하여 국무총리와 민간인을 공동위원장으로 하는 신행정수도건설추진위원회를 대통령소속으로 설치하되, 위원은 관계부처장관과 민간인 등 30인 이내로 구성하도록 함(법 제27조 및 제29조).
자. 위원회의 사무를 효율적으로 처리하기 위하여 위원회에 신행정수도건설추진단을 두되, 단장은 정무직공무원 중 대통령이 지정하는 자로 함(법 제34조).
차. 신행정수도건설에 필요한 사업을 재정적으로 지원하기 위하여 건설교통부장관이 관리·운용하는 신행정수도건설특별회계를 설치함(법 제39조).

자이며 의회는 주권자인 국민이 선출한 대표들로 구성된 대의기관으로서 오늘날의 간접민주주의 통치구조 하에서 주권자의 의사를 대변하고 중요한 국가의사를 결정하는 중추적 역할을 담당하므로 이들 두 개의 국가기관은 국가권력의 중심에 있고 국가의 존재와 특성을 외부적으로 표현하는 중심이 되기 때문이다.

(나) 이 사건 법률은 신행정수도를 "국가 정치·행정의 중추기능을 가지는 수도로 새로 건설되는 지역으로서 …… 법률로 정하여지는 지역"이라고 하고(제2조 제1호), 신행정수도의 예정지역을 "주요 헌법기관과 중앙행정기관 등의 이전을 위하여 …… 지정·고시하는 지역"이라고 규정하여(같은 조 제2호), 결국 신행정수도는 주요 헌법기관과 중앙 행정기관들이 소재하여 국가의 정치·행정의 중추기능을 가지는 수도가 되어야 함을 명확히 하고 있다. 따라서 이 사건 법률은 비록 이전되는 주요 국가기관의 범위를 개별적으로 확정하고 있지는 아니하지만, 그 이전의 범위는 신행정수도가 국가의 정치·행정의 중추기능을 담당하기에 충분한 정도가 되어야 함을 요구하고 있다. 그렇다면 이 사건 법률은 국가의 정치·행정의 중추적 기능을 수행하는 국가기관의 소재지로서 헌법상의 수도개념에 포함되는 국가의 수도를 이전하는 내용을 가지는 것이며, 이 사건 법률에 의한 신행정수도의 이전은 곧 우리나라의 수도의 이전을 의미한다.

(다) 우리나라는 성문헌법을 가진 나라로서 기본적으로 우리 헌법전이 헌법의 법원이 된다. 그러나 성문헌법이라고 하여도 그 속에 모든 헌법사항을 빠짐없이 완전히 규율하는 것은 불가능하고 또한 헌법은 국가의 기본법으로서 간결성과 함축성을 추구하기 때문에 형식적 헌법전에는 기재되지 아니한 사항이라도 이를 불문헌법 내지 **관습헌법**으로 인정할 소지가 있다. 특히 헌법제정 당시 자명하거나 전제된 사항 및 보편적 헌법원리와 같은 것은 반드시 명문의 규정을 두지 아니하는 경우도 있다. 그렇다고 해서 헌법사항에 관하여 형성되는 관행 내지 관

례가 전부 **관습헌법**이 되는 것은 아니고 강제력이 있는 헌법규범으로서 인정되려면 엄격한 요건들이 충족되어야만 하며, 이러한 요건이 충족된 관습만이 **관습헌법**으로서 성문의 헌법과 동일한 법적 효력을 가진다.

(라) 헌법 제1조 제2항은 '대한민국의 주권은 국민에게 있고, 모든 권력은 국민으로부터 나온다.'고 규정한다. 이와 같이 국민이 대한민국의 주권자이며, 국민은 최고의 헌법제정권력이기 때문에 성문헌법의 제·개정에 참여할 뿐만 아니라 헌법전에 포함되지 아니한 헌법사항을 필요에 따라 관습의 형태로 직접 형성할 수 있다. 그렇다면 관습헌법도 성문헌법과 마찬가지로 주권자인 국민의 헌법적 결단의 의사의 표현이며 성문헌법과 동등한 효력을 가진다고 보아야 한다. 국민주권주의는 성문이든 관습이든 실정법 전체의 정립에의 국민의 참여를 요구한다고 할 것이며, 국민에 의하여 정립된 관습헌법은 입법권자를 구속하며 헌법으로서의 효력을 가진다.

(마) 관습헌법이 성립하기 위하여서는 관습이 성립하는 사항이 단지 법률로 정할 사항이 아니라 반드시 헌법에 의하여 규율되어 법률에 대하여 효력상 우위를 가져야 할 만큼 헌법적으로 중요한 기본적 사항이 되어야 한다. 일반적으로 실질적인 헌법사항이라고 함은 널리 국가의 조직에 관한 사항이나 국가기관의 권한구성에 관한 사항 혹은 개인의 국가권력에 대한 지위를 포함하여 말하는 것이지만, 관습헌법은 이와 같은 일반적인 헌법사항에 해당하는 내용 중에서도 특히 국가의 기본적이고 핵심적인 사항으로서 법률에 의하여 규율하는 것이 적합하지 아니한 사항을 대상으로 한다. 일반적인 헌법사항 중 과연 어디까지가 이러한 기본적이고 핵심적인 헌법사항에 해당하는지 여부는 일반추상적인 기준을 설정하여 재단할 수는 없고, 개별적 문제사항에서 헌법적 원칙성과 중요성 및 헌법원리를 통하여 평가하는 구체적 판단에 의하여 확정하여야 한다.

(바) 관습헌법이 성립하기 위하여서는 관습법의 성립에서 요구되는 일반적 성립 요건이 충족되어야 한다. 첫째, 기본적 헌법사항에 관하여 어떠한 관행 내지 관례가 존재하고, 둘째, 그 관행은 국민이 그 존재를 인식하고 사라지지 않을 관행이라고 인정할 만큼 충분한 기간 동안 반복 내지 계속되어야 하며(반복·계속성), 셋째, 관행은 지속성을 가져야 하는 것으로서 그 중간에 반대되는 관행이 이루어져서는 아니 되고(항상성), 넷째, 관행은 여러 가지 해석이 가능할 정도로 모호한 것이 아닌 명확한 내용을 가진 것이어야 한다(명료성). 또한 다섯째, 이러한 관행이 헌법관습으로서 국민들의 승인 내지 확신 또는 폭넓은 컨센서스를 얻어 국민이 강제력을 가진다고 믿고 있어야 한다(국민적 합의).

(사) 헌법기관의 소재지, 특히 국가를 대표하는 대통령과 민주주의적 통치원리에 핵심적 역할을 하는 의회의 소재지를 정하는 문제는 국가의 정체성을 표현하는 실질적 헌법사항의 하나이다. 여기서 국가의 정체성이란 국가의 정서적 통일의 원천으로서 그 국민의 역사와 경험, 문화와 정치 및 경제, 그 권력구조나 정신적 상징 등이 종합적으로 표출됨으로써 형성되는 국가적 특성이라 할 수 있다. 수도를 설정하는 것 이외에도 국명을 정하는 것, 우리말을 국어로 하고 우리글을 한글로 하는 것, 영토를 획정하고 국가주권의 소재를 밝히는 것 등이 국가의 정체성에 관한 기본적 헌법사항이 된다고 할 것이다. 수도를 설정하거나 이전하는 것은 국회와 대통령 등 최고 헌법기관들의 위치를 설정하여 국가조직의 근간을 장소적으로 배치하는 것으로서, 국가생활에 관한 국민의 근본적 결단임과 동시에 국가를 구성하는 기반이 되는 핵심적 헌법사항에 속한다.

(아) 우리 헌법전상으로는 '수도가 서울'이라는 명문의 조항이 존재하지 아니한다. 그러나 현재의 서울 지역이 수도인 것은 그 명칭상으로도 자명한 것으로서, 대한민국의 성립 이전부터 국민들이 이미 역사적, 전통적 사실로 의식적 혹은 무

의식적으로 인식하고 있었으며, 대한민국의 건국에 즈음하여서도 국가의 기본구성에 관한 당연한 전제사실 내지 자명한 사실로서 아무런 의문도 제기될 수 없는 것이었다. 따라서 제헌헌법등 우리 헌법제정의 시초부터 '서울에 수도(서울)를 둔다.'는 등의 동어반복적인 당연한 사실을 확인하는 헌법조항을 설치하는 것은 무의미하고 불필요한 것이었다. 서울이 바로 수도인 것은 국가생활의 오랜 전통과 관습에서 확고하게 형성된 자명한 사실 또는 전제된 사실로서 모든 국민이 우리나라의 국가구성에 관한 강제력 있는 법규범으로 인식하고 있는 것이다.

(자) 서울이 우리나라의 수도인 것은 조선시대 이래 600여 년 간 우리나라의 국가생활에 관한 당연한 규범적 사실이 되어 왔으므로 우리나라의 국가생활에 있어서 전통적으로 형성되어있는 계속적 관행이라고 평가할 수 있고(계속성), 이러한 관행은 변함없이 오랜 기간 실효적으로 지속되어 중간에 깨어진 일이 없으며(항상성), 서울이 수도라는 사실은 우리나라의 국민이라면 개인적 견해 차이를 보일 수 없는 명확한 내용을 가진 것이며(명료성), 나아가 이러한 관행은 오랜 세월간 굳어져 와서 국민들의 승인과 폭넓은 컨센서스를 이미 얻어(국민적 합의) 국민이 실효성과 강제력을 가진다고 믿고 있는 국가생활의 기본사항이라고 할 것이다. 따라서 서울이 수도라는 점은 우리의 제정헌법이 있기 전부터 전통적으로 존재하여온 헌법적 관습이며 우리 헌법조항에서 명문으로 밝힌 것은 아니지만 자명하고 헌법에 전제된 규범으로서, 관습헌법으로 성립된 불문헌법에 해당한다.

(차) 관습헌법의 제 요건을 갖추고 있는 '서울이 수도인 사실'은 단순한 사실명제가 아니고 헌법적 효력을 가지는 불문의 헌법규범으로 승화된 것이며, 사실명제로부터 당위명제를 도출해 낸 것이 아니라 그 규범력에 대한 다툼이 없이 이어져 오면서 그 규범성이 사실명제의 뒤에 잠재되어 왔을 뿐이다.

(카) 어느 법규범이 관습헌법으로 인정된다면 그 개정가능성을 가지게 된다. 관습헌법도 헌법의 일부로서 성문헌법의 경우와 동일한 효력을 가지기 때문에 그 법규범은 최소한 헌법 제130조에 의거한 헌법개정의 방법에 의하여만 개정될 수 있다. 따라서 재적의원 3분의 2 이상의 찬성에 의한 국회의 의결을 얻은 다음(헌법 제130조 제1항) 국민투표에 붙여 국회의원 선거권자 과반수의 투표와 투표자 과반수의 찬성을 얻어야 한다(헌법 제130조 제3항). 다만 이 경우 관습헌법규범은 헌법전에 그에 상반하는 법규범을 첨가함에 의하여 폐지하게 되는 점에서, 헌법전으로부터 관계되는 헌법조항을 삭제함으로써 폐지되는 성문헌법규범과는 구분된다. 한편 이러한 형식적인 헌법개정 외에도, 관습헌법은 그것을 지탱하고 있는 국민적 합의성을 상실함에 의하여 법적 효력을 상실할 수 있다. 관습헌법은 주권자인 국민에 의하여 유효한 헌법규범으로 인정되는 동안에만 존속하는 것이며, 관습법의 존속요건의 하나인 국민적 합의성이 소멸되면 관습헌법으로서의 법적 효력도 상실하게 된다. 관습헌법의 요건들은 그 성립의 요건일 뿐만 아니라 효력 유지의 요건이다.

(타) 우리나라와 같은 성문의 경성헌법 체제에서 인정되는 관습헌법사항은 하위규범형식인 법률에 의하여 개정될 수 없다. 영국과 같이 불문의 연성헌법 체제에서는 법률에 대하여 우위를 가지는 헌법전이라는 규범형식이 존재하지 아니하므로 헌법사항의 개정은 일반적으로 법률개정의 방법에 의할 수밖에 없을 것이다. 그러나 우리 헌법의 경우 헌법 제10장 제128조 내지 제130조는 일반법률의 개정절차와는 다른 엄격한 헌법개정절차를 정하고 있으며, 동 헌법개정절차의 대상을 단지 '헌법'이라고만 하고 있다. 따라서 관습헌법도 헌법에 해당하는 이상 여기서 말하는 헌법개정의 대상인 헌법에 포함된다고 보아야 한다. 이와 같이 헌법의 개정절차와 법률의 개정절차를 준별하고 헌법의 개정절차를 엄격히 한 우리 헌법의 체제 내에서 만약 관습헌법을 법률에 의하여 개정할 수 있다고 한다

면 이는 관습헌법을 더 이상 '헌법'으로 인정한 것이 아니고 단지 관습 '법률'로 인정하는 것이며, 결국 관습헌법의 존재를 부정하는 것이 된다. 이러한 결과는 성문헌법체제하에서도 관습헌법을 인정하는 대전제와 논리적으로 모순된 것이므로 우리 헌법체제상 수용될 수 없다.

(파) 우리나라의 수도가 서울이라는 점에 대한 관습헌법을 폐지하기 위해서는 헌법이 정한 절차에 따른 헌법개정이 이루어져야 한다. 이 경우 성문의 조항과 다른 것은 성문의 수도조항이 존재한다면 이를 삭제하는 내용의 개정이 필요하겠지만 관습헌법은 이에 반하는 내용의 새로운 수도설정조항을 헌법에 넣는 것만으로 그 폐지가 이루어지는 점에 있다. 다만 헌법규범으로 정립된 관습이라고 하더라도 세월의 흐름과 헌법적 상황의 변화에 따라 이에 대한 침범이 발생하고 나아가 그 위반이 일반화되어 그 법적 효력에 대한 국민적 합의가 상실되기에 이른 경우에는 관습헌법은 자연히 사멸하게 된다. 이와 같은 사멸을 인정하기 위하여서는 국민에 대한 종합적 의사의 확인으로서 국민투표등 모두가 신뢰할 수 있는 방법이 고려될 여지도 있을 것이다. 그러나 이 사건의 경우에 이러한 사멸의 사정은 확인되지 않는다. 따라서 우리나라의 수도가 서울인 것은 우리 헌법상 관습헌법으로 정립된 사항이며 여기에는 아무런 사정의 변화도 없다고 할 것이므로 이를 폐지하기 위해서는 반드시 헌법개정의 절차에 의하여야 한다.

(하) 서울이 우리나라의 수도인 점은 불문의 관습헌법이므로 헌법개정절차에 의하여 새로운 수도 설정의 헌법조항을 신설함으로써 실효되지 아니하는 한 헌법으로서의 효력을 가진다. 따라서 헌법개정의 절차를 거치지 아니한 채 수도를 충청권의 일부지역으로 이전하는 것을 내용으로 한 이 사건 법률을 제정하는 것은 헌법개정사항을 헌법보다 하위의 일반 법률에 의하여 개정하는 것이 된다. 한편 헌법 제130조에 의하면 헌법의 개정은 반드시 국민투표를 거쳐야만 하므로 국

민은 헌법개정에 관하여 찬반투표를 통하여 그 의견을 표명할 권리를 가진다. 그런데 이 사건 법률은 헌법개정사항인 수도의 이전을 헌법개정의 절차를 밟지 아니하고 단지 단순법률의 형태로 실현시킨 것으로서 결국 헌법 제130조에 따라 헌법개정에 있어서 국민이 가지는 참정권적 기본권인 국민투표권의 행사를 배제한 것이므로 동 권리를 침해하여 헌법에 위반된다.

재판관 전효숙의 반대의견[140]

다수의견의 논지는 우리 헌법의 해석상 받아들일 수 없다.

(1) 역사적으로 수도의 소재지는 국가 정체성에 관한 중요한 사항이었으나, 자유민주주의와 입헌주의를 주된 가치로 하는 우리 헌법은, 국가권력의 통제와 합리화를 통하여 국민의 자유와 권리를 최대한 실현하려는 것이 그 목적이며, 수도의 소재지가 어디냐는 그 목적을 위한 '도구'에 불과하다. 그러므로 헌법상 수도의 위치가 반드시 헌법제정권자나 헌법개정권자가 직접 결정해야 할 사항이라 할 수 없다.

(2) 서울이 수도라는 사실이 오랫동안 우리 민족에게 자명하게 인식되어 온 관행에 속한다 하더라도, 우리 국민이 그것을 강제력 있는 법규범으로 확신하고 있었다고 인정하기 어렵다. 수도이전 문제는 이 사건 심판청구 무렵에야 우리 사회의 주된 쟁점이 되었고, 여야 국회의원들은 수도이전 사안이 국민의 헌법적 확신을 지니는 헌법사항이라든가, 헌법개정절차를 통하여야 하므로 입법권의 대상이 될 수 없다든가 하는 점에 관한 인식을 전혀 드러내지 않았다. 결국 '서울이 수도'라는 관행적 '사실'에서 관습헌법이라는 '당위규범'이 인정될 수 없다.

(3) 성문헌법을 지닌 법체제에서 관습헌법을 성문헌법과 '동일한' 혹은 '특정 성문헌법 조항을 무력화 시킬 수 있는' 효력을 가진 것으로 볼 수 없다. 성문

140 재판관 김영일의 별개의견도 있었으나 그 부분은 생략한다.

의 헌법전은 헌법제정권자인 국민들이 직접 '명시적' 의사표시로써 제정한 최고 법규범으로서 모든 국가권력을 기속하는 강한 힘을 보유하는 것이며, 그 내용의 개정은 엄격한 절차를 거치도록 하고 있는데, 그러한 성문헌법의 강한 힘은 국민주권의 명시적 의사가 특정한 헌법제정절차를 거쳐서 수렴되었다는 점에서 가능한 것이다. 관습만으로는 헌법을 특징화하는 그러한 우세한 힘을 보유할 수 없다. 관습헌법은 성문헌법으로부터 동떨어져 성립하거나 존속할 수 없고 항상 성문헌법의 여러 원리와 조화를 이룸으로써만 성립하고 존속하는 '보완적 효력'만을 지닌다. 이러한 법리는 관습헌법의 내용이 '중요한 헌법사항'이라 하더라도 동일하다.

(4) 관습헌법이란 실질적 의미의 헌법사항이 관습으로 규율되고 있다는 것을 뜻할 뿐이며, 관습헌법이라고 해서 성문헌법과 똑같은 효력이 인정된다고 볼 근거가 없다. 또한 헌법의 개정은 '형식적 의미'의 헌법, 즉 성문헌법과 관련된 개념이므로, 관습헌법의 변경은 헌법의 개정에 속하지 않으며 헌법이 마련한 대의민주주의 절차인 법률의 제정, 개정을 통하여 다루어질 수 있다.

(5) '서울이 수도'라는 관습헌법의 변경은 헌법개정에 의해야 한다면, 이는 관습헌법에 대하여 헌법이 부여한 국회의 입법권보다 우월적인 힘을 인정하는 것이 된다. 수도이전과 같은 헌법관습의 변경의 경우에도, 별도로 이를 제한하는 헌법규정이 없으므로, 국회의 입법으로 가능하다. 이 사건 법률은 국회의원들의 압도적 다수로 통과되었는데, 그러한 입법이 국민의 민의를 제대로 반영하지 못하였다는, 혹은 민의를 배신하였다는 정치적 비난을 받을 수 있는 것은 별도로 하고, 헌법적 측면에서 그것이 '국회의원들의 권한이 아니다'고 단정할 수 없는 것이다.

(6) 이러한 이유에서 이 사건 법률이 헌법 제130조 제2항의 국민투표권을 침해할 가능성은 없다.

다. 신행정수도 후속대책을 위한 연기·공주지역 행정중심복합도시 건설을 위한 특별법(행복도시법)

(1) 사건의 개요

헌법재판소가 2004. 10. 21. 신행정수도건설을위한특별조치법 전부에 대하여 위헌결정을 선고하자(이하 이 사건을 '신행정수도사건'이라 한다), 정부는 그 후속대책을 마련하기 위해 '신행정수도후속대책위원회'를 구성하였고 국회 역시 '신행정수도 후속대책 및 지역균형발전 특별위원회'를 구성하여 후속대책을 논의하였다. 그 결과 기존 신행정수도의 부지로 선정되었던 연기·공주지역에 행정특별시, 행정중심도시 또는 교육과학연구도시를 건설하는 3개의 안이 유력한 대안으로 제시되었다.

위 국회특별위원회에서 이들 안에 대하여 논의하던 중인 2005. 2. 5. 열린우리당 의원들을 주축으로 한 국회의원 151명은 '신행정수도 후속대책을 위한 연기·공주지역 행정도시건설 특별법안'을 발의하였고, 이후 이 법안은 위 국회특별위원회에서 결정한 내용에 따라 국회건설교통위원회에서 그 명칭을 '신행정수도 후속대책을 위한 연기·공주지역 행정중심복합도시 건설을 위한 특별법'으로 변경하고 이전대상에서 제외되는 중앙부처를 규정하는 등의 내용으로 수정·의결되었다. 같은 해 3. 2. 국회본회의는 이와 같이 수정된 위 법안을 재석의원 총 177명 중 찬성 158인(반대 15인, 기권 4인)으로 통과시켰고, 같은 달 18. 공포되어 부칙규정에 따라 그로부터 2월 후부터 시행되었다.[141]

---

141 신행정수도 후속대책을 위한 연기·공주지역 행정중심복합도시 건설을 위한 특별법
[시행 2005. 5. 19.] [법률 제7391호, 2005. 3. 18., 제정]
【제정·개정이유】
[제정]
◇ 제정이유
국토의 균형발전과 수도권 과밀해소를 위하여 제정된 「신행정수도의 건설을 위한 특별조치법」이 헌법재판소에서 위헌결정됨에 따라, 헌법재판소의 결정내용을 반영하면서 분권과 균형발전, 수도권 과밀해소의 취지와 효과를 살릴 수 있는 대안으로 충청남도 연기·공주지역에 행정중심복합도시를 건설하여 수도권에 집중된 중앙행정기관을 이전함으로써, 전국 어디서나 골고루 잘 사는 나라를 건설하여 국민의 삶의 질을 향상시키고 국가

이에 서울시 정무부시장, 서울시의회 의원, 경기도 의회 의원, 과천시 의회 의원, 공공기관 종사자 또는 충남 공주시와 연기군에 거주하는 주민들을 포함한 전국 각지에 거주하는 일반 국민들인 청구인들은 위 법률이 우리나라의 수도는 서울이라는 불문의 관습헌법에 위반되며 청구인들의 국민투표권, 납세자의 권리, 청문권 등 기본권을 침해한다는 이유로 같은 해 6. 15. 이 사건 헌법소원심판을 청구하였다.

(2) 헌법재판소 2005. 11. 24. 선고 2005헌마579,763(병합) 전원재판부 (신행정수도후속대책을위한연기·공주지역행정중심복합도시건설을위한특별법위헌확인)

(가) 행정중심복합도시로 이전하는 기관은 국무총리를 비롯한 총 49개 기관이며 이들을 수평적인 권한배분면에서 보면 이전기관들의 직무범위가 대부분 경

경쟁력을 극대화하는데 이바지하려는 것임.
◇ 주요내용
가. 행정중심복합도시 예정지역의 지정(법 제11조 및 제14조)
건설교통부장관은 대통령의 승인을 얻어 충청남도 연기군 및 공주시의 지역 중에서 행정중심복합도시의 예정지역을 지정하도록 하고, 지정된 예정지역 안에서는 토지의 형질변경, 건축물의 건축 등의 행위를 제한함.
나. 중앙행정기관 등의 이전계획 및 건설 기본계획 수립(법 제16조 및 제19조)
(1) 행정자치부장관은 이전대상 중앙행정기관, 이전방법 및 시기 등이 포함된 행정중심복합도시로의 이전계획을 수립하되, 통일부·외교통상부·법무부·국방부·행정자치부·여성부가족부를 제외하도록 함.
(2) 건설교통부장관은 인구배치 및 토지이용의 기본구상 등이 포함된 행정중심복합도시건설에 관한 기본계획을 수립하도록 함.
다. 행정중심복합도시건설 추진기구 설치(법 제29조, 제30조, 제38조 및 제39조)
(1) 예정지역의 지정에 관한 사항 및 이전계획에 관한 사항 등 행정중심복합도시 건설의 효율적 추진을 위한 중요정책을 심의하기 위하여 대통령 소속하에 행정중심복합도시건설추진위원회를 두도록 함.
(2) 예정지역 안에서의 행위허가, 개발계획의 수립 등 행정중심복합도시건설 업무를 효율적으로 추진하기 위하여 건설교통부장관 소속하에 행정중심복합도시건설청을 두도록 함.
라. 행정중심복합도시건설특별회계의 설치(법 제44조 및 제45조)
행정중심복합도시 건설에 관한 사업을 재정적으로 지원하기 위하여 행정중심복합도시건설특별회계를 설치하되, 그 세입은 이전계획에 따라 행정중심복합도시로 이전하는 중앙행정기관 등의 청사·부대시설 및 그 부지의 매각대금·사용료와 일반회계 및 다른 특별회계로부터의 전입금 등으로 함.
마. 국가예산지출의 상한(법 제51조)
행정중심복합도시건설과 관련하여 정부청사 등 공공건축물의 건축과 행정중심복합도시 광역교통시설의 건설을 위하여 국가예산에서 지출하는 금액은 2003년도 불변가격 기준으로 8조 5천억원을 초과할 수 없도록 함.

제, 복지, 문화 분야에 한정되어 있고 경제의 주요부문인 금융정책을 결정하는 기관들은 제외되어 있다. 수직적인 면에서 보아도 여전히 정부의 주요정책은 국무회의의 심의를 거쳐 대통령이 최종적으로 결정하며, 국무총리는 헌법상 대통령의 보좌기관으로서 그 명을 받아 행정각부를 통할하고 각부의 장은 정해진 정책을 구체적으로 실현할 뿐이다. 특히 정보통신기술이 발달한 현대사회에서는 서로 장소적으로 떨어진 곳에 위치하더라도 대통령과 행정각부간의 원활한 의사소통수단이 확보되기만 하면 대통령이 의사결정을 통한 통제력을 확보하는 것은 어렵지 않다. 따라서 행정중심복합도시에 소재하는 기관들이 국가정책에 대한 통제력을 의미하는 정치·행정의 중추기능을 담당하는 것으로 볼 수 없다.

또한 행정중심복합도시는 대내적으로 국가의 중요정책이 최종적으로 결정되는 곳이 아니며 각국 외교사절들이 소재하여 주요 국제관계가 형성되는 장소도 아니다. 특히 국가상징으로서의 기능은 오랜 세월에 걸쳐 역사와 문화적인 요소가 결합되어 형성되는 것으로 짧은 기간에 인위적으로 만들어낼 수 있는 것이 아니다. 따라서 행정중심복합도시가 건설된다고 하더라도 이러한 요소가 충족되지 않은 상황에서 국가상징으로서의 기능을 수행할 것이라고 예상하기 어렵다.

이와 같이 이 사건 법률에 의하여 건설되는 행정중심복합도시는 수도로서의 지위를 획득하는 것으로 평가할 수는 없고, 이 사건 법률에 의하여 수도가 행정중심복합도시로 이전한다거나 수도가 서울과 행정중심복합도시로 분할되는 것으로 볼 수 없다.

(나) 이 사건 법률에 의하면 행정중심복합도시가 건설된다고 하더라도 국회와 대통령은 여전히 서울에 소재한다. 국회는 국민의 대의기관으로서 입법기능을 담당하며 모든 국가작용은 헌법상의 법치국가원칙에 따라 법률에 기속되며, 대통령은 행정권이 속한 정부의 수반으로서 정부를 조직하고 통할하는 행정에 관

한 최고책임자로서 행정과 법집행에 관한 최종적인 결정을 하고 정부의 구성원에 대하여 최고의 지휘·감독권을 행사한다. 따라서 서울은 여전히 정치·행정의 중추기능을 수행하는 곳이라 할 수 있다. 또한 대외관계의 형성과 발전은 서울에서 이루어지고 여전히 서울은 국내 제1의 거대도시로서 경제·문화의 중심지의 지위를 유지할 것이며 대법원과 헌법재판소 등 사법기능의 핵심 역시 이곳에서 이루어진다. 따라서 서울은 국가의 상징기능을 여전히 수행할 수 있다.

이와 같이 서울은 이 사건 법률에 의한 행정중심복합도시의 건설에도 불구하고 계속하여 정치·행정의 중추기능과 국가의 상징기능을 수행하는 장소로 인정할 수 있으므로 이 사건 법률에 의하여 수도로서의 기능이 해체된다고 볼 수 없다.

(다) 이 사건 법률은 행정중심복합도시의 건설과 중앙행정기관의 이전 및 그 절차를 규정한 것으로서 이로 인하여 대통령을 중심으로 국무총리와 국무위원 그리고 각부 장관 등으로 구성되는 행정부의 기본적인 구조에 어떠한 변화가 발생하지 않는다. 또한 국무총리의 권한과 위상은 기본적으로 지리적인 소재지와는 직접적으로 관련이 있다고 할 수 없다. 나아가 청구인들은 대통령과 국무총리가 서울이라는 하나의 도시에 소재하고 있어야 한다는 관습헌법의 존재를 주장하나 이러한 관습헌법의 존재를 인정할 수 없다.

(라) 헌법 제72조는 국민투표에 부쳐질 중요정책인지 여부를 대통령이 재량에 의하여 결정하도록 명문으로 규정하고 있고 헌법재판소 역시 위 규정은 대통령에게 국민투표의 실시 여부, 시기, 구체적 부의사항, 설문내용 등을 결정할 수 있는 임의적인 국민투표발의권을 독점적으로 부여하였다고 하여 이를 확인하고 있다. 따라서 특정의 국가정책에 대하여 다수의 국민들이 국민투표를 원하고 있음에도 불구하고 대통령이 이러한 희망과는 달리 국민투표에 회부하지 아니한

다고 하여도 이를 헌법에 위반된다고 할 수 없고 국민에게 특정의 국가정책에 관하여 국민투표에 회부할 것을 요구할 권리가 인정된다고 할 수도 없다.

재판관 전효숙, 재판관 이공현, 재판관 조대현의 별개의견

우리는 이 사건 법률에 의해 행정중심복합도시가 수도로서의 지위를 획득하거나 서울의 수도로서의 기능이 해체되지 아니한다는 점을 수긍하지만 그에 앞서 서울이 수도라는 관습헌법이 존재한다고 인정할 수 없고, 설령 이를 인정하더라도 관습헌법을 변경하려면 반드시 성문헌법의 개정절차를 거쳐야 한다고 보지 아니한다. 그 이유에 관하여는 헌법재판소가 2004. 10. 21. 선고한 2004헌마554 신행정수도사건의 결정문 중 반대의견에 설시된 논거를 원용한다.

재판관 권 성, 재판관 김효종의 위헌의견

(가) 행정각부처 중 73%가 행정도시에 소재하고 그 분야도 국방과 외교 등을 제외한 거의 전 분야에 걸치며, 경제분야의 행정을 관장하는 모든 부처 및 정부의 경제활동을 전반적으로 기획하고 관리하는 기획예산처를 행정도시에 위치시키고 있고, 국무총리가 행정도시에 위치하게 됨에 따라 국정통할기능 중 매우 중요한 부분이 행정도시에서 수행되며, 정부의 정책을 심의하는 국무회의의 기능이 상당부분 국무총리의 주재로 사실상 행정도시에서 수행되게 되고, 예산규모의 면에서 볼 때 국가행정예산의 대략 70%가 행정도시권에서 집행의 지휘를 받는다. 또한 행정도시에서 수행되는 행정기능은 최고수준의 고차원의 행정에 해당하므로 따라서 행정도시에서 수행될 행정기능은 행정의 중추기능에 해당한다고 말하지 아니할 수 없다. 나아가 행정도시에서 수행되는 정치적 기능도 그 소관 행정분야에 관한 한 상당한 정도로 중추적 기능의 일익을 담당한다. 따라서 이 사건 법률에 의한 중앙행정기관 등의 이전은 우리나라의 수도를 서울과 행정도시의 두 곳으로 분할하는 수도분할의 의미를 갖는다.

위와 같이 이 사건 법률에 의한 행정도시의 건설과 운영이 수도의 분할에 해당함이 분명하므로 이 사건 법률은 헌법개정의 절차에 따라 국민투표에 의하여 국민이 결단할 사항인 수도의 분할 문제, 그리고 관습헌법이 규정하고 있는 기존의 단일수도를 분할하여 복수의 수도로 변경하는 헌법개정문제를 법률만으로 처리하여 버림으로써 헌법개정을 위한 국민투표에 참여할 국민의 정치적 기본권을 침해한 것이다.

(나) 이 사건 법률은 정부가 종전에 추진해 오던 신행정수도건설사업을 계속적으로 추진하기 위하여 의원입법의 형식으로 마련한 것이다. 이 사건 법률은 이전범위를 축소한 것 외에는 신행정수도법과 그 체제나 내용에 있어서 대부분 동일하고, 건설되는 도시의 규모도 크게 다르지 아니하다. 앞서 본 바와 같이 행정도시가 정치·행정의 대부분 또는 상당부분의 중추기능을 수행하여 수도로서의 지위를 가지는 이상 이 사건 법률이 비록 이전대상기관을 일부 축소하였다 하더라도 그것이 위헌성을 배제시킬 만큼 본질적인 것은 아니며 오히려 위헌성을 호도하는 형식적 분식에 그친다. 그러므로 이 사건 법률은 신행정수도법과 실질적으로 동일하여 그것이 가지고 있던 위헌성을 그대로 대유한다.

【주 문】

청구인들의 심판청구를 모두 각하한다.

6 알아두기

가. 미국의 셧다운과 우리나라의 상황

(1) 미국의 셧다운(Shutdown)[142]

예산안 처리 무산으로 인한 미국 연방정부의 일시 업무 정지를 뜻하는 용어다. 상·하원에서 기간 내 예산안 처리가 무산되거나, 상·하원에서 예산안이 처리되더라도 대통령이 거부권을 행사하면 발생한다. 연방정부뿐 아니라 주(state) 정부에서도 발생할 수 있다. 예산안 처리가 무산되면 공공기관들은 예산을 배정받지 못하며, 연방공무원에게는 강제 무급 휴가 조치가 내려진다. 미국 법률에서는 예산안이 의회를 통과하지 못하면 국방, 치안, 소방, 교정, 항공, 전기, 수도 등 필수 서비스를 제외한 모든 공공프로그램을 중단하도록 규정하고 있으며, 이에 따라 정부 발주 공사, 여권, 비자 발급, 공공기관 업무 등이 일시에 중단된다.

1976년 이후로 모두 스무 차례의 셧다운이 있었으며, 빌 클린턴 행정부 시절 복지 예산이 대폭 삭담된 예산안을 민주당 소속 클린턴 대통령이 거부하면서 1995년 말 셧다운이 21일간 지속되었다. 오바마 행정부 시기에는 버락 오바마 대통령의 오바마케어(의료보험 개혁법) 관련 예산 삭감을 두고 공화당과 민주당이 대립하다가 예산안이 합의에 이르지 못하자 2013년 10월 1일부터 16일까지 셧다운이 발생하였다. 트럼프 정부에서는 2019년 2월까지 총 세 차례의 셧다운이 있었다. 첫 번째 셧다운은 2018년 1월 20일에 발생하여 사흘간 지속되었으며, 미국 상원에서 양당 간 불법 체류 청년 추방 문제에 대한 의견이 좁혀지지 않아 예산안 처리가 무산되면서 셧다운에 돌입하였다. 두 번째 셧다운은 2018년 2월 9일에 발생하였다. 민주당과 공화당은 2018~2019 회계연도에 세출 한도를 총 3,000억 달러 인상하는 장기 예산안에 합의하였으나, 공화당 소속의 랜드 폴

142 https://terms.naver.com/entry.nhn?docId=5138094&cid=40942&categoryId=40507 참고.

(Rand Paul) 상원의원이 재정수지 적자 확대를 반대하는 연설로 표결을 방해하여 두 번째 셧다운이 발생하였고 이 셧다운은 반나절만에 종료되었다. 세 번째는 2018년 12월로 멕시코에 국경 장벽 건설 예산안을 두고 대통령과 야당인 민주당이 대치하면서 발생하였다. 이 셧다운 사태는 2019년 1월 트럼프 대통령이 연방정부 셧다운을 일시적으로 해제하는 정부 시한부 정상화 법안에 동의하면서 해제되었으며, 이로써 최장 기간인 35일을 기록하였다.

(2) 우리나라

법정 기일 안에 예산안이 확정되지 않으면 전년도 예산을 준해서 지출할 수 있는 '준예산제도(헌법 제54조[143] 제3항)'가 있어 셧다운과 같은 문제는 발생하지 않는다.[144]

나. 국경일에 관한 법률

동법은 헌법 공포 이후 1949. 10. 1. 법률 제53호[시행 1949. 10. 1.]로 제정[145]되었는데, 제정 당시 3·1절(3월 1일), 제헌절(7월 17일), 광복절(8월 15일), 개천절(10월 3일) 등 4개의 국경일을 지정하였다가, 2005. 12. 29. 개정 법률 제

---

143 제54조(예산안 심의·확정, 의결기간 도과시의 조치) ① 국회는 국가의 예산안을 심의·확정한다.
② 정부는 회계연도마다 예산안을 편성하여 회계연도 개시 90일전까지 국회에 제출하고, 국회는 회계연도 개시 30일전까지 이를 의결하여야 한다.
③ 새로운 회계연도가 개시될 때까지 예산안이 의결되지 못한 때에는 정부는 국회에서 예산안이 의결될 때까지 다음의 목적을 위한 경비는 전년도 예산에 준하여 집행할 수 있다.
1. 헌법이나 법률에 의하여 설치된 기관 또는 시설의 유지·운영
2. 법률상 지출의무의 이행
3. 이미 예산으로 승인된 사업의 계속

144 준예산제도는 일본의 메이지 헌법 제71조를 그대로 답습한 것으로서 의회의 견제를 전혀 받지 않겠다는 행정부(대통령)의 독재적인 조항이라는 비판견해로 조지형, 「헌법에 비친 역사」, 푸른역사, 2009, 153면 참고. 참고로 동 견해는 "국회는 정부의 동의없이 정부가 제출한 지출예산 각항의 금액을 증가하거나 새 비목을 설치할 수 없다."는 헌법 제57조도 입법부의 예산권 통제 조항으로 문제가 있다고 한다.

145 국가의 경사스러운 날을 국경일로 정하여 기념하려는 것임.
① 국경일은 3·1절, 헌법기념일, 독립기념일, 개천절로 함.
② 국경일에는 각관공서, 학교, 회사, 단체 등은 적합한 식을 거행하도록 함.

7771호[시행 2005. 12. 29.][146]에서 한글날(10월 9일)이 추가되어 현재에 이르고 있다(이후 2014. 12. 30. 문구 수정 등 개정). 동법은 제1조[147] 및 제2조 두 개의 조문으로 되어 있고, 제2조에서 5개의 국경일을 지정하고 있다.[148]

다. 선거권

헌법 제24조에서는 국민의 기본권으로서 선거권을 규정하고 있고,[149] 공직선거법 제15조에서 구체적인 선거연령을 규정하고 있다. 1994. 3. 16. 제정 당시부터 만 20세로 규정하고 있었다가, 2005. 8. 4. 개정법에서 만 19세로 낮췄고(시행 2005. 8. 4.), 2020. 1. 14. 개정법에서 다시 만 18세로 변경하여(2020. 4. 15. 국회의원선거일로부터 적용) 2020. 4. 15. 치러진 제21대 국회의원선거에서 처음으로 고등학교 3학년생들이 투표를 하였다(코로나19 사태로 매우 신중하게 선거를 치른 점도 특이했다).

---

146 우리 민족사에 가장 빛나는 문화유산인 한글을 계승·발전시키기 위하여 현재 대통령령에 국가 기념일로 규정되어 있는 한글날을 이 법에 의한 국경일로 승격 규정함으로써 한글의 독창성과 중요성을 드높이고 민족적 자긍심을 고취하려는 것임(관련하여 제명을 "국경일에관한법률"에서 "국경일에 관한 법률"로 함).

147 제1조(국경일의 지정) 국가의 경사로운 날을 기념하기 위하여 국경일(國慶日)을 정한다.

148 제2조(국경일의 종류) 국경일은 다음 각 호와 같다.
1. 3·1절: 3월 1일
2. 제헌절: 7월 17일
3. 광복절: 8월 15일
4. 개천절: 10월 3일
5. 한글날: 10월 9일 [전문개정 2014. 12. 30.]

149 제24조[선거권] 모든 국민은 법률이 정하는 바에 의하여 선거권을 가진다.

제6강

민법의 이해

민법은 우리나라 법률 중에서 가장 많은 조문을 담고 있으며 법을 이해하는데 가장 기초적이면서도 필수적인 법리를 규정하고 있다. 헌법이 가장 중요한 최고 규범임에는 분명하나, 중요한 기초 법리 습득을 위해서는 헌법보다 오히려 민법에 대한 학습이 더 필수적이라 할 수 있고, 실제 우리나라 법학 교육에서도 민법이 차지하는 비중은 매우 높으며, 이는 앞서 본 사법시험제도나 변호사시험제도의 시험일정에서도 확인할 수 있다.

계약자유의 원칙, 소유권절대의 원칙, 과실책임의 원칙이라는 3대 시민법 원리를 토대로 생성·발전되어 온 근대 민법은 각국의 고유한 상황과 특징을 반영하여 나름의 특수성을 가지면서 구체화되고 있다. 우리나라 민법의 경우 워낙 양이 방대하고 관련 법리들이 많기 때문에 기초적인 법학지식을 습득하는데도 상당한 부담이 될 수 있다. 그렇기 때문에 여기서는 세부적인 법리보다는 전체적인 구성과 해당 영역에서 다루는 주요 내용들이 무엇인지를 이해하는데 중점을 두기로 하고, 그와 같이 전체적인 체계를 확립한 다음 세부적인 주제와 법리는 추후에 공부해 나가는 것으로 한다.

I 민법의 구성

1 서론

우리 민법은 총 5개의 편, 그리고 마지막 1118조까지로 구성되어 있다. 즉, 제1편 총칙(제1조~제184조), 제2편 물권(제185조~제372조), 제3편 채권(제373조~제766조), 제4편 친족(제767조~제996조), 제5편 상속(제997조~제1118조)으로 구성되어 있고, 이중 제2편의 물권과 제3편의 채권을 합쳐서 '재산법'이라고 하고, 제4편 친족과 제5편 상속을 합쳐서 '가족법'이라고 한다. 이와 같이 우리나라에 재산법이나 가족법이라는 법이 따로 존재하는 것은 아니고, 민법의 일부 내용을 편의상 그와 같이 부르는 것이다. 재산법과 가족법의 조문 개수에는 큰 차이가 없지만, 학습하는데 있어서는 재산법 분야가 가족법 분야보다 훨씬 중요하고 내용도 방대하다. 이는 가족법 영역이 대부분 강행규정으로서 법 규정 이외에 다른 약정이나 규범을 인정할 수 없어 조문 자체만으로 상당 부분이 해결되는데 반해, 재산법 영역은 가족법에 비해 강행규정으로서의 성격이 약해서 법 규정 이외에 다른 특약이나 법리가 무수히 많이 인정되는 특징에서 기인하는 것이다. 그래서 민법 교재 중 가족법에 대한 내용은 아예 포함시키지 않고 재산법까지만 포함하고 있는 경우도 있고, 학교 교육이나 학생들의 학습에 있어서도 가족법 영역은 뒤에 미루는 경우가 적지 않다.

한편, 제3편 채권은 제1장 총칙(제373조~제526조), 제2장 계약(제527조~제733조), 제3장 사무관리(제734조~제740조), 제4장 부당이득(제741조~제749조), 제5장 불법행위(제750조~제766조) 등 총 5개의 장으로 구성되어 있는데, 제1장은 계약 전반에 공통되는 총칙규정을 두고 있고, 제2장부터 제5장까지는 채권의 발생을 중심으로 규정하고 있다. 제2장은 제목에서 알 수 있듯이 당사자들의 약정에 의한 채권발생(약정채권)을 규정하고, 제3장부터 제5장까지는 당사자들의 약정과 무관하게 법률의 규정에 의한 채권발생(법정채권)을 규정하며, 제1장은 그와 같이 발생한 채권의 공통되는 성질을 규정하고 있는 것이다. 이러한 채권법 규정은 내용이 방대하여 보통 제1장을 채권총칙(채권총론)으로, 제2장부터 제5장까지를 채권각칙(채권각론)으로 구분한다. 이로 인해 우리 민법 조문 구성과는 달리 강학상으로는 민법 총칙(제1편), 물권법(제2편), 채권총칙(제3편 제1장), 채권각칙(제3편 제2장부터 제5장), 가족법(제4편, 제5편)으로 분류하는 것이 일반적이다.

2 세부적인 구성

가. 제1편 총칙

제1편 총칙은 제목에서 알 수 있듯이 그 이후에 나오는 물권, 채권, 친족, 상속 등에 공통적으로 적용되는 사항들을 규율하는 것으로서, 예를 들어 물권 영역, 채권 영역, 친족 영역, 상속 영역 등에서 유효한 법률행위를 하기 위해서는 일정한 능력을 갖추어야 하는데 해당 영역마다 공통되는 능력 요건을 규정하는 번거로움을 피하기 위해 총칙에서 공통된 사항으로서 능력(권리능력, 의사능력, 행위능력)을 규정하고, 뒤의 각론에서는 공통 내용을 제외한 특유 내용들을 중심으로 규정하는 것이다.[150]

이러한 총칙규정의 특성상 그 내용이 추상적일 수밖에 없고, 추상성을 보완하기 위한 구체적인 예를 많이 제시하게 되는데 그러한 예시들은 당연히 그 이후

---

150 이러한 법전의 편제를 판덴텍 방식(Pandekten System)이라고 한다. 김준호, 「민법강의(제27판)」, 법문사, 2021, 17면

에 나오는 물권, 채권, 친족, 상속에 관한 것들이다. 따라서 총칙을 제대로 이해하기 위해서는 뒤에 나오는 물권, 채권, 친족, 상속 영역을 잘 알고 있어야 하고, 이로 인해 경우에 따라서는 민법 학습에서 총칙을 가장 나중에 다루기도 한다.

나. 제2편 물권 및 제3편 채권

재산법의 경우 물권과 채권으로 나눠지는데 입법례에 따라서는 채권이 물권보다 먼저 나오기도 한다. 이는 매매 거래로 인한 소유권이전을 생각해 볼 때, 매수인의 입장에서 보면 매매계약이 성립한 다음 소유권이전이 이루어지기 때문에 채권이 물권보다 먼저 나오는게 맞는 반면, 매도인의 입장에서 보면 소유권을 먼저 가지고 있다가 계약에 따라 양도하는 것이어서 물권이 채권보다 먼저 나오는게 맞을 수 있다. 우리 민법은 물권(제2편)이 채권(제3편)보다 먼저 규정되어 있지만, 민법 교재 중에서는 이와 달리 채권을 먼저 설명하는 경우들도 적지 않은데 결국 어느 방향을 선호하느냐의 문제로 이해해 볼 수 있을 것이다.

한편, 가족법에 비해 재산법은 강행규정으로서의 성격이 약하지만, 재산법 중 물권법은 채권법에 비해 강행규정으로서의 성격이 강하다. 즉, 물권은 누구에게나 주장할 수 있는 대세권(절대권)으로서 대인권(상대권)인 채권과 달리 그 성질로 인해 물권의 종류나 내용을 임의적으로 만들어내지 못하는데, 물권법의 첫 조문(제185조)에서 "물권은 법률 또는 관습법에 의하는 외에는 임의로 창설하지 못한다."고 하여 물권법정주의를 천명하고 있다. 이러한 특징으로 인해 채권법에 비해 물권법 학습이 상대적으로 용이하다고 이해되기도 하는데, 법 규정 이외에 다른 내용 학습의 필요성이 적기 때문이다. 이와 달리 채권법의 경우 조문도 많고 앞서 본 바와 같이 채권총칙과 채권각칙으로 나누기도 하며, 원칙적으로 임의규정의 성질을 가지고 있어 채권법에 규정되어 있지 않는 계약도 적지 않기 때문에 폭 넓게 학습할 필요성이 있다. 그리고 채권법 중에서도 채권각칙은 개별적인 채권발생원인을 다루기 때문에 상대적으로 학습이 용이한 반면, 채권총칙은 총칙의 특성상 상대적으로 추상적이며 일반적인 내용이 많기 때문에 좀 더 신경을 써서 학습할 필요가 있다.

다. 제4편 친족 및 제5편 상속

가족법은 친족과 상속으로 구성되는데 재산법에 비해 분량적인 측면에서 부담이 적다. 친족은 가족 구성에 대한 내용들을 담고 있어 가장 가족법적인 영역이라고 할 수 있는데, 그 특성상 법 규정 이외에 다른 약정의 효력이 인정될 여지가 별로 없다. 한편 상속의 경우 피상속인의 사망에 따른 상속문제를 다루고 있는데, 친족 영역에 비해 가족법으로서의 성격은 약하고 오히려 재산법으로서의 성격이 상당히 내포되어 있으며, 그러한 이유에서 상속편은 가족법이 아닌 재산법이라고 주장하는 학자들도 있다. 상속의 문제를 상속재산의 귀속의 관점에서 본다면 충분히 그러한 주장도 타당하다고 볼 수 있고, 반면 일반적인 재산법과 달리 가족을 중심으로 한 상속재산 분배의 문제로 본다면 가족법의 하나로 볼 수도 있을 것이다. 친족과 상속 중 어느 영역이 더 중요하다고 단정할 수는 없지만, 과거에 비해 상속 분야의 중요성이 상대적으로 더 중요해 지고 있는데, 가족 구성에 대한 인식과 사회 환경의 변화에 따라 친족의 개념이 약해지고 있기 때문으로 생각된다.

II 민법 총칙

제1장 통칙(제1조, 제2조), 제2장 인(제3조~제30조),[151] 제3장 법인(제31조~제97조),[152] 제4장 물건(제98조~제102조), 제5장 법률행위(제103조~제154조),[153] 제6장 기간(제155조~제161조), 제7장 소멸시효(제162조~제184조)로 구성되어 있다.

1 제1장 통칙

민법 제1편 제1장 통칙은 제1조[154]와 제2조[155]의 2개 조문으로 구성되어 있다. 제1조는 법원(法源: 법의 연원)으로서 민사에 관한 적용 규범으로 '법률 - 관습법 - 조리'를 규정하고 있다. 관습법이란 사회 구성원들 사이의 반복된 관행이 일반 국민들의 법적 확신에 의해 규범력을 가지게 된 것을 말하는데, 예를 들어 혼인신고를 하지 않고 부부 공동생활을 영위할 때 '사실혼'으로 인정해 주는 것이 이에 해당한다.[156] 그리고 조리란 사물의 도리나 일반원칙으로 이해할 수 있

151 제1절 능력(제3조~제17조), 제2절 주소(제18조~제21조), 제3절 부재와 실종(제22조~제30조).

152 제1절 총칙(제31조~제39조), 제2절 설립(제40조~제56조), 제3절 기관(제57조~제76조), 제4절 해산(제77조~제96조), 제5절 벌칙(제97조).

153 제1절 총 칙(제103조~제106조), 제2절 의사표시(제107조~제113조), 제3절 대리(제114조~제136조), 제4절 무효와 취소(제137조~제146조), 제5절 조건과 기한(제147조~제154조).

154 제1조(법원) 민사에 관하여 법률에 규정이 없으면 관습법에 의하고 관습법이 없으면 조리에 의한다.

155 제2조(신의성실) ① 권리의 행사와 의무의 이행은 신의에 좇아 성실히 하여야 한다.
② 권리는 남용하지 못한다.

156 대법원 2001. 4. 13. 선고 2000다52943 판결(사실혼이란 당사자 사이에 주관적으로 혼인의 의사가 있고, 객관적으로도 사회관념상 가족질서적인 면에서 부부공동생활을 인정할 만한 혼인생활의 실체가 있는 경우라야 하고, 법률상 혼인을 한 부부가 별거하고 있는 상태에서 그 다른 한 쪽이 제3자와 혼인의 의사로 실질적인 부부생활을 하고 있다고 하더라도, 특별한 사정이 없는 한, 이를 사실혼으로 인정하여 법률혼에 준하는 보호를 할 수는 없다.) 참고.

는데, 우리 대법원은 이와 관련하여 "종중이란 공동선조의 분묘수호와 제사 및 종원 상호간의 친목 등을 목적으로 하여 구성되는 자연발생적인 종족집단이므로, 종중의 이러한 목적과 본질에 비추어 볼 때 공동선조와 성과 본을 같이 하는 후손은 성별의 구별 없이 성년이 되면 당연히 그 구성원이 된다고 보는 것이 조리에 합당하다."고 판시한 바 있다.[157]

한편 제2조는 신의성실의 원칙에 관한 제1항과 권리남용금지에 관한 제2항으로 구성되어 있다. 신의성실의 원칙과 관련하여서는 그 파생원칙으로서 모순행위금지의 원칙(선행행위와 모순되는 행위의 금지), 실효의 원칙(권리를 장기간 행사하지 않으면 권리가 실효된다는 원칙), 사정변경의 원칙(사정변경에 따라 계약 내용 등을 변경할 수 있다는 원칙)이 있고, 구체적인 사례들에서 그러한 파생원칙이 적용될 수 있는지가 중요하다. 그리고 권리남용금지의 원칙은 명칭 자체에서 알 수 있듯이 자신의 권리라 하더라도 이를 남용해서 행사할 수 없다는 것인데, 이 또한 규정이 추상적이어서 구체적인 사안별로 판례 법리에 기초하여 판단할 필요가 있다.[158]

2 제2장 인

법학에서 '인(人)'이라고 하면 법인과 자연인을 포함하는 광의의 의미로 이해함이 일반적인데, 민법 제1편 제3장에서 법인에 대해 규정하고 있기 때문에 제2장의 '인'은 '자연인'을 말한다(협의의 의미). 제2장은 3개의 절로 구성되어 있

---

157 대법원 2005. 7. 21. 선고 2002다1178 전원합의체 판결.

158 권리남용이라고 본 사례로는 대법원 1998. 6. 12. 선고 96다52670 판결(외국에 이민을 가 있어 주택에 입주하지 않으면 안될 급박한 사정이 없는 딸이 고령과 지병으로 고통을 겪고 있는 상태에서 달리 마땅한 거처도 없는 아버지와 그를 부양하면서 동거하고 있는 남동생을 상대로 자기 소유 주택의 명도 및 퇴거를 청구하는 행위가 인륜에 반하는 행위로서 권리남용에 해당한다고 본 사례) 참고.

는데, 제1절은 '능력'이라는 제목하에 권리능력(제3조)과 행위능력(제4조~제14조의3), 그리고 제한능력자의 상대방 보호(제15조~제17조)를 규정하고 있다. 행위능력제도는 제한능력자를 보호하기 위한 제반 규정들을 담고 있는데, 특히 지난 2011. 3. 7. 개정[159]을 통해서 성년 연령을 19세로 낮추면서 기존의 무능력자 제도를 제한능력자 제도로 개편하여 지금에 이르고 있다.[160] 제2절 주소에서는

---

159 [시행 2013. 7. 1.] [법률 제10429호, 2011. 3. 7., 일부개정]

160 기존의 금치산·한정치산 제도를 현재 정신적 제약이 있는 사람은 물론 미래에 정신적 능력이 약해질 상황에 대비하여 후견제도를 이용하려는 사람이 재산 행위뿐만 아니라 치료, 요양 등 복리에 관한 폭넓은 도움을 받을 수 있는 성년후견제로 확대·개편하고, 금치산·한정치산 선고의 청구권자에 후견감독인과 지방자치단체의 장을 추가하여 후견을 내실화하며, 성년후견 등을 요구하는 노인, 장애인 등에 대한 보호를 강화하고, 피성년후견인 등과 거래하는 상대방을 보호하기 위하여 성년후견 등에 관하여 등기로 공시하도록 하는 한편,

청소년의 조숙화에 따라 성년연령을 낮추는 세계적 추세와 「공직선거법」 등의 법령 및 사회·경제적 현실을 반영하여 성년에 이르는 연령을 만 20세에서 만 19세로 낮추려는 것임.

◇ 주요내용

가. 성년 연령의 하향(안 제4조)

청소년의 조숙화에 따라 성년연령을 낮추는 세계적 추세와 「공직선거법」 등의 법령 및 사회·경제적 현실을 반영하여 성년에 이르는 연령을 만 20세에서 만 19세로 낮춤.

나. 성년후견·한정후견·특정후견제도의 도입(안 제9조 및 제12조, 안 제14조의2 신설)

획일적으로 행위능력을 제한하는 문제점을 내포하고 있는 기존의 금치산·한정치산제도 대신 더욱 능동적이고 적극적인 사회복지시스템인 성년후견·한정후견·특정후견제도를 도입하고 기존 금치산·한정치산 선고의 청구권자에 '후견감독인'과 '지방자치단체의 장'을 추가하여 후견을 내실화하고 성년후견 등을 필요로 하는 노인, 장애인 등에 대한 보호를 강화함.

다. 제한능력자 능력의 확대(안 제10조 및 제13조)

성년후견을 받는 사람의 법률행위 중 일용품의 구입 등 일상생활에 필요한 행위이거나 후견개시의 심판에서 달리 정한 것은 취소할 수 없도록 하고, 한정후견을 받는 사람의 법률행위는 가정법원에서 한정후견인의 동의사항으로 결정한 것이 아닌 이상 확정적으로 유효한 법률행위로 인정되며, 특정후견을 받는 사람의 법률행위는 어떠한 법적 제약이 따르지 않도록 함.

라. 후견을 받는 사람의 복리, 치료행위, 주거의 자유 등에 관한 신상보호 규정의 도입(안 제947조, 안 제947조의2 신설)

피후견인의 복리에 대한 후견인의 폭넓은 조력이 가능하도록 하되, 피후견인의 신상에 관한 결정권은 본인에게 있다는 원칙과 후견인의 임무 수행에 있어서 피후견인의 의사 존중 의무를 명시하는 등 피후견인의 복리를 실질적으로 보장할 수 있도록 함.

마. 복수(複數)·법인(法人) 후견 도입 및 동의권·대리권의 범위에 대한 개별적 결정(안 제930조 및 제938조, 안 제959조의4 및 제959조의11 신설)

후견인의 법정순위를 폐지하고, 가정법원이 피후견인의 의사 등을 고려하여 후견인과 그 대리권·동의권의 범위 등을 개별적으로 결정하도록 하며, 복수(複數)·법인(法人) 후견인도 선임할 수 있도록 함.

바. 후견감독인제도의 도입(안 제940조의2부터 제940조의7까지, 제959조의5 및 제959조의10 신설)

친족회를 폐지하고 그 대신 가정법원이 사안에 따라 후견감독인을 개별적으로 선임할 수 있도록 함으로써 후견인의 임무 해태, 권한 남용에 대한 실질적인 견제가 가능하도록 함.

사. 후견계약 제도의 도입(안 제959조의14부터 제959조의20까지 신설)

주소, 거소, 가주소에 대해 규정하고 있는데 그 자체보다는 제3절에서 다루는 부재와 실종의 기준이 되는 점에서 의미가 있다고 할 수 있다. 제3절은 부재와 실종이라는 2가지 테마를 중심으로 하는데, 종래의 주소나 거소를 떠난 자(부재자)가 돌아오지 않고 있는 경우 먼저 그 사람이 돌아올 것을 예상하여 부재자의 재산을 관리하도록 하고(부재자재산관리: 제22조~제26조), 그 사람이 돌아오지 않는 기간이 길어서 생환할 가능성이 희박하다고 판단되는 경우 일정한 절차를 거쳐 사망으로 간주하여 그 사람의 재산을 가족들이 상속받고 또 남은 배우자가 재혼할 수 있도록 하는 내용(실종선고: 제27조~제29조)을 담고 있다. 실종선고는 영화나 드라마 등에서도 흔히 볼 수 있는데, 보통실종의 경우 5년, 특별실종(전지에 임한 자, 침몰한 선박 중에 있던 자, 추락한 항공기 중에 있던 자 기타 사망의 원인이 될 위난을 당한 자)의 경우 1년간 생사가 불분명한 경우(제27조) 법원의 실종선고에 의해 사망간주의 효과가 발생한다(제28조). 한편, 제30조에서는 2인 이상이 동일한 위난으로 사망하였는데 사망시기의 판단이 곤란한 경우 동시에 사망한 것으로 추정하는 규정을 두고 있다.[161]

후견을 받으려는 사람이 사무를 처리할 능력이 부족한 상황에 있거나 부족하게 될 상황에 대비하여 재산관리 및 신상보호에 관한 사무의 전부 또는 일부를 자신이 원하는 후견인에게 위탁하는 내용의 계약을 체결할 수 있도록 하는 한편, 후견계약은 공정증서에 의하여 체결하도록 하고, 그 효력발생 시기를 가정법원의 임의후견감독인 선임 시로 하는 등 피후견인의 권익을 보호할 수 있는 제도적 장치를 마련함.

아. 제3자 보호를 위하여 성년후견을 등기를 통하여 공시(안 제959조의 15, 제959조의 19, 및 제959조의 20 신설)

거래의 안전을 보호하고 피성년후견인과 거래하는 상대방인 제3자를 보호하기 위하여 후견계약 등을 등기하여 공시하도록 함.

161 상속인과 피상속인이 동일한 위난으로 사망한 경우 그 사망의 선후에 따라 상속관계가 달라지기 때문에 사망의 선후를 확정하는 것은 매우 중대한 문제이다. 이와 관련하여 민법 제30조에서는 그 사망선후를 알 수 없는 경우 동시에 사망한 것으로 추정하여 두 당사자 사이에는 상속이 발생하지 않도록 하고 있는 것이다.

3 제3장 법인

제3장은 5개의 절로 구성되어 있는데, 제목에서 알 수 있듯이 일반규정으로서의 총칙이 있고 그 다음은 사람의 출생에 대응되는 설립, 능력에 대응되는 기관, 사망에 대응되는 해산, 그리고 예외적인 벌칙 규정으로 구성되어 있다. 법인에 대한 규정은 법인 자체의 특징을 고려하면서 살펴볼 필요가 있는데, 기본적으로 법인은 자연인과 함께 독립된 법인격의 주체로 간주되기 때문에 제3자의 행위에 대한 책임귀속과 구분할 필요가 있다. 예를 들어 민법 제35조 제1항은 "법인은 이사 기타 대표자가 그 직무에 관하여 개인에게 가한 손해를 배상할 책임이 있다"고 규정하고 있고, 민법 제756조 제1항은 "타인을 사용하여 어느 사무에 종사하게 한 자는 피용자가 그 사무집행에 관하여 제3자에게 가한 손해를 배상할 책임이 있다"고 규정하고 있는데, 따라서 법인에 있어서 그 대표자가 직무에 관하여 불법행위를 한 경우에는 민법 제35조 제1항에 의하여, 법인의 피용자가 사무집행에 관하여 불법행위를 한 경우에는 민법 제756조 제1항에 의하여 각각 손해배상책임을 부담한다.[162]

다만 조문의 수를 보면 제2장에 비해 조문이 많지만 우리 민법상 법인은 '비영리'를 전제로 하고 있고(제32조[163]), 영리법인에 대해서는 상사회사 규정에 따르도록 하고 있어서(제39조[164]) 법인에 대한 중요 규정은 상법상 회사 규정이 적용된다. 즉, 우리 민법상 법인은 그 중요성이 높지 않기 때문에 법 조문을 중심으로 전체적인 구성을 이해하고 법인의 능력(특히 제35조[165])이나 정관변경 등 주

162 대법원 2009. 11. 26. 선고 2009다57033 판결.

163 제32조(비영리법인의 설립과 허가) 학술, 종교, 자선, 기예, 사교 기타 영리아닌 사업을 목적으로 하는 사단 또는 재단은 주무관청의 허가를 얻어 이를 법인으로 할 수 있다.

164 제39조(영리법인) ① 영리를 목적으로 하는 사단은 상사회사설립의 조건에 좇아 이를 법인으로 할 수 있다.
② 전항의 사단법인에는 모두 상사회사에 관한 규정을 준용한다.

165 제35조(법인의 불법행위능력) ① 법인은 이사 기타 대표자가 그 직무에 관하여 타인에게 가한 손해를 배상할 책임이 있다. 이사 기타 대표자는 이로 인하여 자기의 손해배상책임을 면하지 못한다.
② 법인의 목적범위외의 행위로 인하여 타인에게 손해를 가한 때에는 그 사항의 의결에 찬성하거나 그 의결을

요 쟁점 중심으로 살펴보는 것이 좋고, 학습에 부담이 있다면 이 영역은 나중에 살펴보는 것도 한 방법이 될 수 있다.

4 제4장 물건

제2장 및 제3장이 권리의 주체에 해당한다면 제4장은 권리의 객체에 대한 규정이다. 권리의 객체라고 하면 물권의 객체와 채권의 객체가 있을 수 있는데, 민법 제1편 제4장은 그 중에서 물권의 객체인 물건에 대해 규정하고 있다. 채권의 객체라고 하면 채무자의 행위로서 특별히 규정할 것이 없는데 반해, 물권의 객체인 물건에 대해서는 물건의 정의(제98조)부터 부동산과 동산(제99조), 주물과 종물(제100조), 천연과실과 법정과실(제101조), 과실수취권(제102조) 등 여러 가지 규정들을 두고 있다. 우리 민법상 물건은 유체물 및 전기 기타 관리할 수 있는 자연력으로 정의되어(제98조), 유체물인지 무체물인지 여부가 아닌 관리가능여부가 기준임을 유의할 필요가 있고, 부동산과 동산에 대한 법리가 서로 상이하기 때문에 제99조에서 규정하고 있는 부동산(토지 및 그 정착물)과 동산(부동산 이외의 물건)의 구분을 잘 알아 둘 필요가 있다.

5 제5장 법률행위

제5장은 5개의 절로 구성되어 있는데 민법 총칙에서 가장 중요한 부분이라고 할 수 있다. 먼저 제1절 총칙은 반사회질서 법률행위(제103조), 불공정한 법률

집행한 사원, 이사 및 기타 대표자가 연대하여 배상하여야 한다.

행위(제104조), 임의규정(제105조), 사실인 관습(제106조)에 대해 규정하고 있고, 이중 제103조가 가장 유명하고 자주 인용되는 규정이다. 제103조는 제105조나 제106조와 달리 '법령 중'이라는 제한이 없는데, 성문법 국가에서의 입법상 한계를 보완하기 위해 명문 규정이 없더라도 공서양속에 반하는 법률행위의 효력을 부인하고 있다. 민법 제103조에 의하여 무효로 되는 반사회질서 행위는 법률행위의 목적인 권리의무의 내용이 선량한 풍속 기타 사회질서에 위반되는 경우뿐만 아니라, 그 내용 자체는 반사회질서적인 것이 아니라고 하여도 법률적으로 이를 강제하거나 법률행위에 반사회질서적인 조건 또는 금전적인 대가가 결부됨으로써 반사회질서적 성질을 띠게 되는 경우 및 표시되거나 상대방에게 알려진 법률행위의 동기가 반사회질서적인 경우를 포함한다.[166] 이와 관련하여 주목할 만한 판결이 2015년에 선고되었는데 형사사건에서의 성공보수약정은 민법 제103조에 위반되어 무효라고 판결하였다.[167]

166 대법원 2000. 2. 11. 선고 99다56833 판결(행정기관에 진정서를 제출하여 상대방을 궁지에 빠뜨린 다음 이를 취하하는 조건으로 거액의 급부를 제공받기로 약정한 경우, 민법 제103조 소정의 반사회질서의 법률행위에 해당한다고 본 사례).

167 대법원 2015. 7. 23. 선고 2015다200111 전원합의체 판결(형사사건에 관하여 체결된 성공보수약정이 가져오는 이상과 같은 여러 가지 사회적 폐단과 부작용 등을 고려하면, 비록 구속영장청구 기각, 보석 석방, 집행유예나 무죄 판결 등과 같이 의뢰인에게 유리한 결과를 얻어내기 위한 변호사의 변론활동이나 직무수행 그 자체는 정당하다 하더라도, 형사사건에서의 성공보수약정은 수사·재판의 결과를 금전적인 대가와 결부시킴으로써, 기본적 인권의 옹호와 사회정의의 실현을 그 사명으로 하는 변호사 직무의 공공성을 저해하고, 의뢰인과 일반 국민의 사법제도에 대한 신뢰를 현저히 떨어뜨릴 위험이 있으므로, 선량한 풍속 기타 사회질서에 위반되는 것으로 평가할 수 있다. 다만 선량한 풍속 기타 사회질서는 부단히 변천하는 가치관념으로서 어느 법률행위가 이에 위반되어 민법 제103조에 의하여 무효인지 여부는 그 법률행위가 이루어진 때를 기준으로 판단하여야 하고, 또한 그 법률행위가 유효로 인정될 경우의 부작용, 거래자유의 보장 및 규제의 필요성, 사회적 비난의 정도, 당사자 사이의 이익균형 등 제반 사정을 종합적으로 고려하여 사회통념에 따라 합리적으로 판단하여야 한다. 그런데 그동안 대법원은 수임한 사건의 종류나 그 특성에 관한 구별 없이 성공보수약정이 원칙적으로 유효하다는 입장을 취해 왔고, 대한변호사협회도 1983년에 제정한 '변호사보수기준에 관한 규칙'에서 형사사건의 수임료를 착수금과 성공보수금으로 나누어 규정하였으며, 위 규칙이 폐지된 후에 권고양식으로 만들어 제공한 형사사건의 수임약정서에도 성과보수에 관한 규정을 마련하여 놓고 있었다. 이에 따라 변호사나 의뢰인은 형사사건에서의 성공보수약정이 안고 있는 문제점 내지 그 문제점이 약정의 효력에 미칠 수 있는 영향을 제대로 인식하지 못한 것이 현실이고, 그 결과 당사자 사이에 당연히 지급되어야 할 정상적인 보수까지도 성공보수의 방식으로 약정하는 경우가 많았던 것으로 보인다. 이러한 사정들을 종합하여 보면, 종래 이루어진 보수약정의 경우에는 보수약정이 성공보수라는 명목으로 되어 있다는 이유만으로 민법 제103조에 의하여 무효라고 단정하기는 어렵다. 그러나 대법원이 이 판결을 통하여 형사사건에 관한 성공보수약정이 선량한 풍속 기

다음으로 제2절의 의사표시는 의사와 표시의 불일치(제107조~제109조), 하자있는 의사표시(제110조), 의사표시의 효력발생 등(제111조~제113조)으로 구성되어 있고, 의사와 표시의 불일치에 관한 법리가 가장 중요하다고 할 수 있다. 한편, 제3절 대리는 민법 전체 중에서도 가장 중요한 영역인데, 대리인을 통한 법률행위에 대해 규정하고 있다. 세부적으로는 대리의 3면관계(제114조~제119조, 제124조, 제127조, 제128조), 복대리(제120조~제123조), 무권대리(제125조, 제126조, 제129조~제136조)로 구성되어 있으며, 이중에서 핵심인 무권대리는 다시 본인에게 귀책사유가 있는 표현대리(제125조, 제126조, 제129조)와 본인에게 귀책사유가 없는 협의의 무권대리(제130조~제136조)로 나눠지며, 조문은 많지 않지만 수많은 판례 법리들이 있기 때문에 기본적인 법리 중심으로 살펴보는게 필요하다. 다음으로 제4절은 무효와 취소의 차이를 중심으로 규정을 검토해 보고(무효는 처음부터 효력이 없는 것인데 반해, 취소는 취소했을 때 비로소 그 효력이 상실되는 것임), 제5절의 조건과 기한도 법률행위의 부관으로서 장래 도래 여부가 확실한지를 기준으로 하여 조건과 기한의 특징 및 차이점을 중심으로 살펴봐야 할 영역이다.

6 제6장 기간

기간을 어떻게 계산할 것인지를 규정하고 있는데, 법의 영역에서는 정확한 날짜나 시간을 계산해 내는 것이 매우 중요한 부분이기 때문에 동 규정들을 잘 이해할 필요가 있다. 기간 계산과 관련하여서는 자연적 계산법과 역법적 계산법이 있고, 각각에 있어 기산점과 만료점을 어떻게 계산하는지, 초일불산입의 원칙

타 사회질서에 위반되는 것으로 평가할 수 있음을 명확히 밝혔음에도 불구하고 향후에도 성공보수약정이 체결된다면 이는 민법 제103조에 의하여 무효로 보아야 한다).

과 그 예외는 무엇인지 등을 숙지할 필요가 있고, 또한 기간 계산에 관한 제6장의 규정은 달리 특별한 규정이 없으면 민사법 영역뿐만 아니라 공법영역에도 통칙적으로 적용되기 때문에 기본중의 기본이라고 할 수 있다.

7 제7장 소멸시효

시효란 일정한 사실상태가 오랫동안 계속된 경우에 그 상태가 진실한 권리관계에 합치하는가를 묻지 않고서 그 사실상태를 관리관계로 인정하는 제도로서,[168] 소멸시효와 취득시효가 있다. 소멸시효는 권리자가 일정한 기간 동안 권리를 행사하지 않는 상태가 계속된 경우에 그의 권리를 소멸시키는 제도이고, 취득시효는 권리가 없는 자가 일정한 기간 동안 권리자로서 행동한 경우 그 사람이 권리를 취득하는 제도이다. 이러한 시효제도의 존재의의는 '사회질서의 안정', '입증곤란의 구제', '권리행사의 태만에 대한 제재'로 설명되고 있으며, 판례[169]는 "시효제도의 존재이유는 영속된 사실상태를 존중하고 권리 위에 잠자는 자를 보호하지 않는다는 데에 있고 특히 소멸시효에 있어서는 후자의 의미가 강하다"고 판시하고 있다. 이중 민법 총칙 제7장에서는 소멸시효에 대해 규정하고 있고, 취득시효는 제2편(물권) 제3장(소유권) 제2절(소유권의 취득)에서 규정하고 있다.

---

168 박선아, "일본 전범기업을 상대로 한 민사소송의 의의와 과제", 법조 제684호, 법조협회, 2013. 9., 277면.

169 대법원 1992. 3. 31. 선고 91다32053 판결(시효제도의 존재이유는 영속된 사실상태를 존중하고 권리 위에 잠자는 자를 보호하지 않는다는 데에 있고 특히 소멸시효에 있어서는 후자의 의미가 강하므로, 권리자가 재판상 그 권리를 주장하여 권리 위에 잠자는 것이 아님을 표명한 때에는 시효중단사유가 되는바, 이러한 시효중단사유로서의 재판상의 청구에는 그 권리 자체의 이행청구나 확인청구를 하는 경우만이 아니라, 그 권리가 발생한 기본적 법률관계에 관한 확인청구를 하는 경우에도 그 법률관계의 확인청구가 이로부터 발생한 권리의 실현수단이 될 수 있어 권리 위에 잠자는 것이 아님을 표명한 것으로 볼 수 있을 때에는 그 기본적 법률관계에 관한 확인청구도 이에 포함된다고 보는 것이 타당하다).

III

물권법

제1장 총칙(제185조~제191조), 제2장 점유권(제192조~제210조), 제3장 소유권(제211조~제278조),[170] 제4장 지상권(제279조~제290조), 제5장 지역권(제291조~제302조), 제6장 전세권(제303조~제319조), 제7장 유치권(제320조~제328조), 제8장 질권(제329조~제355조),[171] 제9장 저당권(제356조~제372조)으로 구성되어 있다. 총칙을 제외한 나머지 8개의 물권은 점유권과 본권으로, 본권은 다시 완전물권인 소유권과 제한물권으로, 제한물권은 다시 용익물권(지상권, 지역권, 전세권)과 담보물권(유치권, 질권, 저당권)으로 구분된다.

1 제1장 총칙

제2편 제1장은 물권법의 총칙을 규정하고 있는데, 첫 번째 조문인 제185조는 물권법정주의를 밝히고 있다. 따라서 채권법 영역과 달리 물권법에서는 법 규정 이외에 다른 법리를 학습할 필요성이 상대적으로 덜 하며, 그에 반해 물권법에 대한 규정과 관련 쟁점들을 보다 확실하게 숙지할 필요성이 있다. 한편 물권은 부동산 물권과 동산 물권으로 나눠지며 이에 따라 부동산 물권변동(제186조, 제187조), 동산물권변동(제188조~제190조), 공통된 소멸사유로서의 혼동(제191조)을 규정하고 있다. 비록 물권 총칙의 규정은 몇 개 되지 않지만, 특히 부동산

170 제1절 소유권의 한계(제211조~제244조), 제2절 소유권의 취득(제245조~제261조), 제3절 공동소유(제262조~제278조).

171 제1절 동산질권(제329조~제344조), 제2절 권리질권(제345조~제355조).

물권변동과 관련하여서는 등기가 필수요소로서 이에 관한 많은 쟁점들이 있기 때문에 학습 분량은 적지 않고, 등기라는 것이 일상 생활에서 경험하기 어렵기 때문에 관념적인 이해의 노력도 필요하다.

2 제2장 점유권

점유권은 그 이후에 나오는 소유권부터 저당권까지의 본권과 달리, 점유를 정당화시키는 권원이 있는지를 불문하고 사실상의 점유 상태 자체를 보호하는 것이어서 이러한 특징을 고려하여 학습할 필요가 있다. 한편 법리적으로는 점유권 자체가 본권에 비해 중요하다고 보기는 어렵고, 다만 소유권 영역에서 취득시효와 관련하여 중요한 기준이 되는 점유의 태양(제197조[172]), 점유의 승계(제199조[173]) 등에 관한 판례 법리를 잘 숙지해 두는 것이 중요하다. 또한 권리의 침해가 있는 경우 권리자는 본권(소유권 등)에 기한 구제(반환청구 등)와 점유권에 기한 구제를 주장할 수 있고, 점유권에 기인한 소와 본권에 기인한 소는 서로 영향을 미치지 아니하므로(제208조[174]), 본권과의 관계에서 점유권의 특징과 그 활용을 이해할 필요가 있다.

---

172 제197조(점유의 태양) ① 점유자는 소유의 의사로 선의, 평온 및 공연하게 점유한 것으로 추정한다.
② 선의의 점유자라도 본권에 관한 소에 패소한 때에는 그 소가 제기된 때로부터 악의의 점유자로 본다.

173 제199조(점유의 승계의 주장과 그 효과) ① 점유자의 승계인은 자기의 점유만을 주장하거나 자기의 점유와 전점유자의 점유를 아울러 주장할 수 있다.
② 전점유자의 점유를 아울러 주장하는 경우에는 그 하자도 계승한다.

174 제208조(점유의 소와 본권의 소와의 관계) ① 점유권에 기인한 소와 본권에 기인한 소는 서로 영향을 미치지 아니한다.
② 점유권에 기인한 소는 본권에 관한 이유로 재판하지 못한다.

3 제3장 소유권

물권법에서 가장 중요하고 핵심이 되는 권리가 소유권이며, 우리 물권법에서도 가장 많은 분량을 차지하고 있다. 소유권은 소유물에 대한 사용, 수익, 처분 권능을 그 내용으로 하는데(제211조[175]), 사용·수익을 사용가치라 하고 처분을 교환가치라고 하며, 사용가치와 교환가치를 모두 가지고 있는 완전물권이 소유권이다. 소유권에 관한 제3장은 3개의 절로 구성되어 있는데, 제1절인 소유권의 한계는 상대적으로 중요성이 덜하고, 제2장이 가장 중요하며 다음으로 제3장이 중요하다고 할 수 있다. 제2절에서는 8개의 소유권 원시취득 사유가 규정되어 있는데, 취득시효(제245조~제248조), 선의취득(제249조~제251조), 무주물선점·유실물습득·매장물발견(제252조~제255조), 부합·혼화·가공 등 첨부(제256조~제261조)이다. 이중에서도 제245조[176]의 부동산 취득시효가 가장 핵심이고 중요하기 때문에 다양한 판례 법리들을 숙지할 필요가 있고, 그 이외의 나머지 규정들은 어떠한 내용들인지 조문 중심으로 간략히 이해하는 정도로 하고 추후 문제가 되면 해당 부분을 좀더 세부적으로 들여다보면 족할 것이다. 그리고 제3절은 공동소유형태로 공유(제262조~제270조), 합유(제271조~제274조), 총유(제275조~제277조), 준공동소유(제278조)를 규정하고 있는데, 공유-합유-총유의 차이점과 특징을 중심으로 비교하여 살펴보는 것이 필요하다. 한편, 소유권과 관련하여서는 부동산에 대한 실권리자가 그 등기명의를 제3자에게 이전시켜 두는 명의신탁에 대해 규율하는 「부동산 실권리자명의 등기에 관한 법률」을 살펴볼 필요가 있는데, 동 법률에서 가장 중요한 제4조는 특히 명확히 숙지해 둘 필요가 있다.

---

175 제211조(소유권의 내용) 소유자는 법률의 범위내에서 그 소유물을 사용, 수익, 처분할 권리가 있다.

176 제245조(점유로 인한 부동산소유권의 취득기간) ① 20년간 소유의 의사로 평온, 공연하게 부동산을 점유하는 자는 등기함으로써 그 소유권을 취득한다.
② 부동산의 소유자로 등기한 자가 10년간 소유의 의사로 평온, 공연하게 선의이며 과실없이 그 부동산을 점유한 때에는 소유권을 취득한다.

❖ 부동산 실권리자명의 등기에 관한 법률(부동산실명법)[177]

제4조(명의신탁약정의 효력) ① 명의신탁약정은 무효로 한다.

② 명의신탁약정에 따른 등기로 이루어진 부동산에 관한 물권변동은 무효로 한다. 다만, 부동산에 관한 물권을 취득하기 위한 계약에서 명의수탁자가 어느 한쪽 당사자가 되고 상대방 당사자는 명의신탁약정이 있다는 사실을 알지 못한 경우에는 그러하지 아니하다.

③ 제1항 및 제2항의 무효는 제3자에게 대항하지 못한다.[178]

4 용익물권

지상권(제4장), 지역권(제5장), 전세권(제6장)을 용익물권이라고 하는데, 소유권의 지배 권능 중 사용가치(사용·수익)만을 지배하는 제한적인 물권이다. 지상권은 타인의 토지에 건물 기타 공작물이나 수목을 소유하기 위하여 그 토지를 사용하는 권리이고(제279조), 지역권은 일정한 목적을 위하여 타인의 토지를 자기토지의 편익에 이용하는 권리이며(제291조), 전세권은 전세금을 지급하고 타인의 부동산을 점유하여 그 부동산의 용도에 좇아 사용·수익하며, 그 부동산 전부에 대하여 후순위권리자 기타 채권자보다 전세금의 우선변제를 받을 권리이

---

177 부동산에 관한 소유권 기타 물권을 실체적 권리관계에 부합하도록 실권리자 명의로 등기하게 함으로써 부동산 등기제도를 악용한 투기·탈세·탈법행위등 반사회적 행위를 방지하고 부동산거래의 정상화와 부동산가격의 안정을 도모하여 국민경제의 건전한 발전에 이바지하기 위해 1995. 3. 30. 제정(법률 제4944호, 시행 1995. 7. 1.).

178 제8조(종중, 배우자 및 종교단체에 대한 특례) 다음 각 호의 어느 하나에 해당하는 경우로서 조세 포탈, 강제집행의 면탈(免脫) 또는 법령상 제한의 회피를 목적으로 하지 아니하는 경우에는 제4조부터 제7조까지 및 제12조제1항부터 제3항까지를 적용하지 아니한다. <개정 2013. 7. 12.>

1. 종중(宗中)이 보유한 부동산에 관한 물권을 종중(종중과 그 대표자를 같이 표시하여 등기한 경우를 포함한다) 외의 자의 명의로 등기한 경우
2. 배우자 명의로 부동산에 관한 물권을 등기한 경우
3. 종교단체의 명의로 그 산하 조직이 보유한 부동산에 관한 물권을 등기한 경우

다(제304조 제1항). 지상권과 관련하여서는 민법 규정 이외에 분묘기지권,[179] 관습법상 법정지상권[180]이 중요하게 다뤄지고, 지역권은 상대적으로 중요성이 덜하며, 전세권은 용익물권 중 가장 중요하여 건물전세권과 토지전세권의 차이(제312조[181]), 용익물권으로서의 성질과 담보물권으로서의 성질의 이해,[182] 부동산 임대차와의 차이 등을 중심으로 그 내용을 잘 파악할 필요가 있다.

---

179 대법원 2017. 1. 19. 선고 2013다17292 전원합의체 판결(타인 소유의 토지에 분묘를 설치한 경우에 20년간 평온, 공연하게 분묘의 기지를 점유하면 지상권과 유사한 관습상의 물권인 분묘기지권을 시효로 취득한다는 점은 오랜 세월 동안 지속되어 온 관습 또는 관행으로서 법적 규범으로 승인되어 왔고, 이러한 법적 규범이 장사법(법률 제6158호) 시행일인 2001. 1. 13. 이전에 설치된 분묘에 관하여 현재까지 유지되고 있다고 보아야 한다.) 참고.

180 대법원 1988. 9. 27. 선고 87다카279 판결(토지 또는 건물이 동일한 소유자에게 속하였다가 건물 또는 토지가 매매 기타의 원인으로 인하여 양자의 소유자가 다르게 된 때에 그 건물을 철거하기로 하는 합의가 있었다는 등 특별한 사정이 없는 한 건물소유자는 토지소유자에 대하여 그 건물을 위한 관습상의 지상권을 취득하게 되고 이 지상권은 법률행위로 인한 물권의 취득이 아니고 관습법에 의한 부동산에 관한 물권의 취득이므로 등기를 필요로 하지 아니하고 지상권취득의 효력이 발생하는 것이며 이 관습상의 법정지상권은 물권으로서의 효력에 의하여 이를 취득할 당시의 토지소유자나 이로부터 소유권을 전득한 제3자에게 대하여도 등기없이 위 지상권을 주장할 수 있다 할 것이고 위와 같이 법정지상권을 취득한 건물소유자가 법정지상권의 설정등기를 경료함이 없이 건물을 양도하는 경우에는 특별한 사정이 없는 한 건물과 함께 지상권도 양도하기로 하는 채권적 계약이 있었다고 할 것이므로 법정지상권자는 지상권설정등기를 한 후에 건물양수인에게 이의 양도등기절차를 이행하여 줄 의무가 있는 것이고 따라서 건물양수인은 건물양도인을 순차대위하여 토지소유자에 대하여 건물소유자였던 최초의 법정지상권자에의 법정지상권설정등기절차이행을 청구할 수 있는 것이고 아울러 종전의 건물소유자들에 대하여도 차례로 지상권이전등기절차이행을 구할 수 있다 할 것이며 위의 어느 경우나 건물을 철거하기로 하는 합의가 있었다는 등의 특별한 사정의 존재에 관한 주장입증은 그러한 사정의 존재를 주장하는 쪽에 있다 할 것이다. 그리고 법정지상권을 가진 건물소유자로부터 건물을 양수하면서 지상권까지 양도받기로 한 사람에 대하여 대지소유자가 소유권에 기하여 건물철거 및 대지의 인도를 구하는 것은 지상권의 부담을 용인하고 그 설정등기절차를 이행할 의무있는 자가 그 권리자를 상대로 한 청구라 할 것이어서 신의성실의 원칙상 허용될 수 없다.) 참고.

181 제312조(전세권의 존속기간) ① 전세권의 존속기간은 10년을 넘지 못한다. 당사자의 약정기간이 10년을 넘는 때에는 이를 10년으로 단축한다.
② 건물에 대한 전세권의 존속기간을 1년 미만으로 정한 때에는 이를 1년으로 한다. <신설 1984. 4. 10.>
③ 전세권의 설정은 이를 갱신할 수 있다. 그 기간은 갱신한 날로부터 10년을 넘지 못한다.
④ 건물의 전세권설정자가 전세권의 존속기간 만료전 6월부터 1월까지 사이에 전세권자에 대하여 갱신거절의 통지 또는 조건을 변경하지 아니하면 갱신하지 아니한다는 뜻의 통지를 하지 아니한 경우에는 그 기간이 만료된 때에 전전세권과 동일한 조건으로 다시 전세권을 설정한 것으로 본다. 이 경우 전세권의 존속기간은 그 정함이 없는 것으로 본다. <신설 1984. 4. 10.>

182 대법원 2005. 3. 25. 선고 2003다35659 판결(전세권설정등기를 마친 민법상의 전세권은 그 성질상 용익물권적 성격과 담보물권적 성격을 겸비한 것으로서, 전세권의 존속기간이 만료되면 전세권의 용익물권적 권능은 전세권설정등기의 말소 없이도 당연히 소멸하고 단지 전세금반환채권을 담보하는 담보물권적 권능의 범위 내에서 전세금의 반환시까지 그 전세권설정등기의 효력이 존속하고 있다 할 것) 참고.

5 담보물권

유치권(제7장), 질권(제8장), 저당권(제9장)을 담보물권이라고 하는데, 소유권의 지배 권능 중 교환가치(처분)만을 지배하는 제한적인 물권이다. 유치권은 법정담보물권으로서 약정담보물권인 질권 및 저당권과 달리 당사자들의 의사합치와 상관없이 인정되는 것으로서, 타인의 물건 또는 유가증권을 점유한 자가 그 물건이나 유가증권에 관하여 생긴 채권이 변제기에 있는 경우에는 변제를 받을 때까지 그 물건 또는 유가증권을 유치할 권리이다(제320조 제1항). 질권은 동산을 담보로 제공하고 금전을 차용하는 것이 일반적인데(제329조[183]), 우리 민법은 그러한 동산질권 이외에 권리질권도 인정하고 있다(제345조,[184] 제346조[185]). 그리고 저당권은 채무자 또는 제삼자가 점유를 이전하지 아니하고 채무의 담보로 제공한 부동산에 대하여 다른 채권자보다 자기채권의 우선변제를 받을 권리를 말하는데(제356조), 우리 주변에서 익숙하게 접하는 담보물권이다. 한편, 이러한 우리 민법상 담보물권과 함께 비전형담보로서 「가등기담보 등에 관한 법률」[186]과 양도담보에 대한 법리도 중요하게 다뤄진다. 가등기담보의 경우 가등기의 목적이 소유권이전을 위한 것이 아니라 채권담보 목적으로 이뤄진다는 특징을 고려하여 청산의무에 대해 규정하고 있으며,[187] 양도담보는 채권담

183 제329조(동산질권의 내용) 동산질권자는 채권의 담보로 채무자 또는 제삼자가 제공한 동산을 점유하고 그 동산에 대하여 다른 채권자보다 자기채권의 우선변제를 받을 권리가 있다.

184 제345조(권리질권의 목적) 질권은 재산권을 그 목적으로 할 수 있다. 그러나 부동산의 사용, 수익을 목적으로 하는 권리는 그러하지 아니하다.

185 제346조(권리질권의 설정방법) 권리질권의 설정은 법률에 다른 규정이 없으면 그 권리의 양도에 관한 방법에 의하여야 한다.

186 [시행 1984. 1. 1.] [법률 제3681호, 1983. 12. 30., 제정], [시행 2017. 3. 28.] [법률 제14474호, 2016. 12. 27., 타법개정]

187 대법원 2019. 6. 13. 선고 2018다300661 판결(가등기담보 등에 관한 법률(이하 '가등기담보법'이라고 한다) 제3조는 채권자가 담보계약에 의한 담보권을 실행하여 그 담보목적 부동산의 소유권을 취득하기 위해서는 그 채권의 변제기 후에 같은 법 제4조의 청산금의 평가액을 채무자 등에게 통지하여야 하고, 이 통지에는 통지 당시 부동산의 평가액과 민법 제360조에 규정된 채권액을 밝혀야 하며, 그 통지를 받은 날부터 2월의 청산기간이 지나야 한다고 규정하고 있다. 가등기담보법 제4조는 채권자는 위 통지 당시 부동산의 가액에서 피담보

보의 목적으로 소유권 자체를 채권자에게 이전하되 채권담보의 목적범위 내에서만 소유권을 행사할 수 있도록 하는 담보계약이다.[188]

채권의 가액을 공제한 청산금을 지급하여야 하고, 부동산에 관하여 이미 소유권이전등기를 마친 경우에는 청산기간이 지난 후 청산금을 채무자 등에게 지급한 때에 부동산의 소유권을 취득하고, 담보가등기를 마친 경우에는 청산기간이 지나야 그 가등기에 따른 본등기를 청구할 수 있으며, 이에 반하는 특약으로서 채무자 등에게 불리한 것은 효력이 없다고 규정하고 있다. 위 규정들은 강행법규에 해당하여 이를 위반하여 담보가등기에 기한 본등기가 이루어진 경우 본등기는 무효라고 할 것이고, 설령 그와 같은 본등기가 가등기권리자와 채무자 사이에 이루어진 특약에 의하여 이루어졌다고 할지라도 만일 특약이 채무자에게 불리한 것으로서 무효라고 한다면 본등기는 여전히 무효일 뿐, 이른바 약한 의미의 양도담보로서 담보의 목적 내에서는 유효하다고 할 것이 아니다. 다만 가등기권리자가 가등기담보법 제3조, 제4조에 정한 절차에 따라 청산금의 평가액을 채무자 등에게 통지한 후 채무자에게 정당한 청산금을 지급하거나 지급할 청산금이 없는 경우에는 채무자가 통지를 받은 날부터 2월의 청산기간이 지나면 위와 같이 무효인 본등기는 실체적 법률관계에 부합하는 유효한 등기로 될 수 있을 뿐이다.) 참고.

188 대법원 1995. 7. 25. 선고 94다46428 판결(건물 소유를 목적으로 한 대지 임차권을 가지고 있는 자가 위 대지상의 자기소유 건물에 대하여 제3자에 대한 채권담보의 목적으로 제3자 명의의 소유권이전등기를 경료하여 준 이른바 양도담보의 경우에는, 채권담보를 위하여 신탁적으로 양도담보권자에게 건물의 소유권이 이전될 뿐 확정적, 종국적으로 이전되는 것은 아니고 또한 특별한 사정이 없는 한 양도담보권자가 건물의 사용수익권을 갖게 되는 것도 아니므로, 이러한 경우 위 건물의 부지에 관하여 민법 제629조 소정의 해지의 원인인 임차권의 양도 또는 전대가 이루어지지 않았다고 해석함이 상당하다.) 참고.

Ⅳ 채권법

제1장 총칙(제373조~제526조), 제2장 계약(제527조~제733조), 제3장 사무관리(제734조~제740조), 제4장 부당이득(제741조~제749조), 제5장 불법행위(제750조~제766조)로 구성되어 있다. 제2장은 약정채권발생, 제3장부터 제5장은 법정채권발생에 대한 규정이며, 제1장은 총칙으로서 공통된 내용을 규율한다.

1 제1장 총칙

총칙은 제1절 채권의 목적(제373조~제386조), 제2절 채권의 효력(제387조~제407조), 제3절 수인의 채권자 및 채무자(제408조~제448조), 제4절 채권의 양도(제449조~제452조), 제5절 채무의 인수(제453조~제459조), 제6절 채권의 소멸(제460조~제507조), 제7절 지시채권(제508조~제522조), 제8절 무기명채권(제523조~제526조)으로 구성되어 있다. 채권총칙의 특성상 채권법에서 아주 중요한 영역을 차지고 있고, 채권법 관련 중요법리가 대부분 포함되어 있다. 다만 제7절 및 제8절에서 규정하고 있는 증권적 채권의 경우 상법의 한 영역으로 다루어지는 어음법 및 수표법이 별도로 규정되어 있기 때문에 채권법에서는 그다지 중요한 부분이 아니고, 그래서 보통은 제4절의 채권의 양도 파트에서 함께 설명되는 정도로 다루어진다.

가. 채권의 목적

금전으로 가액을 산정할 수 없는 것이라도 채권의 목적으로 할 수 있다(제

373조)는 일반 규정을 토대로, 특정물채권(제374조), 종류채권(제375조), 금전채권(제376조~제378조), 이자채권(제379조), 선택채권(제380조~제386조)에 대한 채무이행의 방법 등을 다루고 있다. 예를 들어 채권의 목적을 종류로만 지정한 종류채권의 경우 법률행위의 성질이나 당사자의 의사에 의하여 품질을 정할 수 없는 때에는 채무자는 중등품질의 물건으로 이행하여야 하고(제374조 제1항), 채무자가 이행에 필요한 행위를 완료하거나 채권자의 동의를 얻어 이행할 물건을 지정한 때에는 그때로부터 그 물건을 채권의 목적물로 한다(제374조 제2항). 또한 채권액이 다른 나라 통화로 지정된 때에는 채무자는 지급할 때에 있어서의 이행지의 환금시가에 의하여 우리나라 통화로 변제할 수 있는데(제378조), 채권자가 위와 같은 외화채권을 대용급부의 권리를 행사하여 우리나라 통화로 환산하여 청구하는 경우 법원이 채무자에게 그 이행을 명함에 있어서는 채무자가 현실로 이행할 때에 가장 가까운 사실심 변론종결 당시의 외국환 시세를 우리나라 통화로 환산하는 기준시로 한다.[189]

나. 채권의 효력

채무불이행 사유로서 이행지체의 기준(제387조, 제388조), 채무불이행에 대한 구제수단으로서 강제이행(제389조)과 손해배상(제390조~제399조), 채무자가 채무 이행을 하고자 하였지만 채권자가 이행을 받을 수 없거나 받지 아니한 때 채권자에게 일정한 책임을 인정하는 채권자지체(제400조~제403조), 책임재산 보전과 관련하여 채무자의 소극적인 권리 불행사가 있을 때 채권자가 채무자의 제3채무자에 대한 권리를 대신 행사하는 채권자대위권(제404조, 제405조)과 채무자가 적극적으로 책임재산을 부당하게 처분하는 경우 채권자가 그러한 채무자의 행위를 취소하고 그 재산을 다시 채무자에게로 복귀시키는 채권자취소

---

189 대법원 1991. 3. 12. 선고 90다2147 전원합의체판결.

권(제406조, 제407조)으로 규정되어 있다. 채권의 효력에 관한 규정들은 모두 중요하지만, 그 중에서도 책임재산 보전과 관련된 채권자대위권과 채권자취소권은 이론적으로나 실무적으로 매우 중요하기 때문에 최소한의 개념은 숙지할 필요가 있다.

다. 수인의 채권자 및 채무자

(1) 일반

다수당사자 채권관계를 규정하고 있는데 제1관 총칙(제408조), 제2관 불가분채권과 불가분채무(제409조~제412조), 제3관 연대채무(제413조~제427조), 제4관 보증채무(제428조~제448조)로 구성되어 있고, 총칙에서는 다수당사자 채권관계에 대한 원칙 규정으로서 “채권자나 채무자가 수인인 경우에 특별한 의사표시가 없으면 각 채권자 또는 각 채무자는 균등한 비율로 권리가 있고 의무를 부담한다.”는 분할채권관계를 규정하고 있다.[190]

다수당사자 채권관계는 채권자가 다수인 경우와 채무자가 다수인 경우로 나눠볼 수 있는데, 주로 후자(채무자가 다수인 경우)를 중심으로 대외적 효력, 1인에게 생긴 사유의 효력, 대내적 효력을 다룬다. 대외적 효력은 채권자가 다수의 채무자에게 어떻게 권리를 행사할 수 있는지의 문제이고, 1인에게 생긴 사유의 효력은 채권자가 채무자 1인에 대해 채무면제를 해 준 경우 등 채무자 1인에게 생긴 사유가 다른 채무자에게도 효력이 있는지의 문제이며,[191] 대내적 효력은 채권자에게 변제를 한 채무자가 다른 채무자들에게 구상권을 행사할 수 있는지의 문제이다.

---

190 대법원 1979. 1. 30. 선고 78다2088 판결(토지공유자는 특별한 사정이 없는 한 그 지분에 대응하는 비율의 범위내에서만 그 차임상당의 부당이득금반환의 청구권을 행사할 수 있다.) 및 대법원 1985. 4. 23. 선고 84다카2159 판결(금전소비대차에 있어 수인의 채무자가 각기 일정한 돈을 빌리는 경우에 특별한 의사표시가 없으면 이 채무는 분할채무라 할 것) 참고.

191 채무자 1인에게 생긴 사유가 다른 채무자에게도 효력이 있는 경우를 절대적 효력이라 하고, 다른 채무자에게 효력이 없는 경우는 상대적 효력이라고 한다.

먼저 총칙에서 규정하고 있는 분할채권관계는 채권담보기능을 하지 못하기 때문에 가급적 그 적용을 제한하려는 해석론이 있고,[192] 채권의 목적이 그 성질 또는 당사자의 의사표시에 의하여 불가분인 불가분채권 및 불가분채무[193]의 경우 채권담보기능이 어느 정도 강화되어 있으나 그다지 중요하게 다뤄지지 않는다. 이와 달리 연대채무와 보증채무는 조문도 많고 실무적으로도 자주 접하는 채무형태여서 잘 이해해 둘 필요가 있다.

(2) 연대채무

수인의 채무자가 채무전부를 각자 이행할 의무가 있고 채무자 1인의 이행으로 다른 채무자도 그 의무를 면하게 되는 경우를 연대채무라고 하는데(제413조), 대외적 효력(제414조), 1인에 생긴 사유의 효력(제415조~제423조), 부담부분의 균등(제424조), 대내적 효력으로서의 구상권(제425조~제427조)으로 구성되어 있다. 기본적으로 각 채무의 독립성과 채무자 상호간의 주관적 공동관계를 전제로 한 연대채무의 의의를 이해한 다음, 1인에 생긴 사유의 효력 중 절대적 효력이 미치는 사유(제416조~제422조[194])와 대내적 구상관계(제425조~제427조)를 숙지해 두는게 중요하다. 한편, 우리 민법에는 규정되어 있지 않지만 해석론과 판례에 의해 인정되는 부진정연대채무가 있는데 중요한 개념이기 때문에 잘 알아둘 필요가 있다. 부진정연대채무는 기본적으로 연대채무와 개념이 유사하지만 수인의 채무자 사이에 주관적 공동관계가 없다는 점에서 차이가 있고,[195] 이로

---

192 김준호, 「민법강의(제27판)」, 법문사, 2021, 747면.

193 대법원 1998. 12. 8. 선고 98다43137 판결(건물의 공유자가 공동으로 건물을 임대하고 보증금을 수령한 경우, 특별한 사정이 없는 한 그 임대는 각자 공유지분을 임대한 것이 아니고 임대목적물을 다수의 당사자로서 공동으로 임대한 것이고 그 보증금 반환채무는 성질상 불가분채무에 해당된다고 보아야 할 것이다).

194 그 이외에 변제, 대물변제, 공탁도 급부만족을 가져오는 사유로서 절대적 효력이 인정된다.

195 대법원 2009. 3. 26. 선고 2006다47677 판결(부진정연대채무 관계는 서로 별개의 원인으로 발생한 독립된 채무라 하더라도 동일한 경제적 목적을 가지고 있고 서로 중첩되는 부분에 관하여 일방의 채무가 변제 등으로 소멸할 경우 타방의 채무도 소멸하는 관계에 있으면 성립할 수 있고, 반드시 양 채무의 발생원인, 채무의 액수 등이 서로 동일할 것을 요한다고 할 수는 없다.) 및 대법원 2006. 1. 27. 선고 2005다19378 판결(원고의 경비용역계약상 채무불이행으로 인한 손해배상채무와 피고들의 절도라는 불법행위로 인한 손해배상채무는 서로

인해 절대적 효력이 미치는 사유가 변제, 대물변제, 공탁, 상계[196] 등 4가지로 제한되고 또한 주관적 공동관계를 전제로 한 부담부분과 구상관계가 원칙적으로 인정되지 않는다는 특징이 있다.[197]

(3) 보증채무

보증채무는 우리가 일상생활에서 쉽게 접할 수 있는 채무의 유형인데, 주채무자가 이행하지 않는 채무를 보증인이 이행할 의무가 있다(제428조 제1항). 보증채무는 연대채무와 달리 채무의 독립성이 아니라 주채무자가 이행하지 아니한 경우 보증인이 이행할 의무를 부담하는 것으로 부종성과 보충성이 인정된다. 부종성은 보증채무가 주채무에 종속된다는 것으로서 주채무의 성립을 전제로 한다는 성립상의 부종성,[198] 주채무보다 가중될 수 없다는 내용상의 부종성(제430조,[199] 제433조,[200] 제434조,[201] 제435조,[202] 제440조[203]), 주채무가 이전되

별개의 원인으로 발생한 독립된 채무이나 동일한 경제적 목적을 가진 채무로서 서로 중첩되는 부분에 관하여는 일방의 채무가 변제 등으로 소멸하면 타방의 채무도 소멸하는 이른바 부진정연대의 관계에 있다.) 참고.

196 대법원 2010. 9. 16. 선고 2008다97218 전원합의체 판결(부진정연대채무자 중 1인이 자신의 채권자에 대한 반대채권으로 상계를 한 경우에도 채권은 변제, 대물변제, 또는 공탁이 행하여진 경우와 동일하게 현실적으로 만족을 얻어 그 목적을 달성하는 것이므로, 그 상계로 인한 채무소멸의 효력은 소멸한 채무 전액에 관하여 다른 부진정연대채무자에 대하여도 미친다고 보아야 한다. 이는 부진정연대채무자 중 1인이 채권자와 상계계약을 체결한 경우에도 마찬가지이다. 나아가 이러한 법리는 채권자가 상계 내지 상계계약이 이루어질 당시 다른 부진정연대채무자의 존재를 알았는지 여부에 의하여 좌우되지 아니한다. 이와 달리 부진정연대채무자 중 1인이 자신의 채권자에 대한 반대채권으로 상계하더라도 그 상계의 효력이 다른 부진정연대채무자에 대하여 미치지 아니한다는 취지의 대법원 1989. 3. 28. 선고 88다카4994 판결, 대법원 1996. 12. 10. 선고 95다24364 판결, 대법원 2008. 3. 27. 선고 2005다75002 판결의 견해는 이와 저촉되는 한도에서 변경하기로 한다). 이에 대해서는 기존 판례와 마찬가지로 상계는 상대적 효력만 인정된다는 대법관 2인의 반대의견이 있다.

197 대법원 2006. 1. 27. 선고 2005다19378 판결(이른바 부진정연대채무의 관계에 있는 복수의 책임주체 내부관계에 있어서는 형평의 원칙상 일정한 부담 부분이 있을 수 있으며, 그 부담 부분은 각자의 고의 및 과실의 정도에 따라 정하여지는 것으로서 부진정연대채무자 중 1인이 자기의 부담 부분 이상을 변제하여 공동의 면책을 얻게 하였을 때에는 다른 부진정연대채무자에게 그 부담 부분의 비율에 따라 구상권을 행사할 수 있다.) 참고.

198 대법원 2004. 12. 24. 선고 2004다20265 판결(보증채무는 주채무와 동일한 내용의 급부를 목적으로 함이 원칙이지만 주채무와는 별개 독립의 채무이고, 한편 보증채무자가 주채무를 소멸시키는 행위는 주채무의 존재를 전제로 하므로, 보증인의 출연행위 당시에는 주채무가 유효하게 존속하고 있었다 하더라도 그 후 주계약이 해제되어 소급적으로 소멸하는 경우에는 보증인은 변제를 수령한 채권자를 상대로 이미 이행한 급부를 부당이득으로 반환청구할 수 있다).

199 제430조(목적, 형태상의 부종성) 보증인의 부담이 주채무의 목적이나 형태보다 중한 때에는 주채무의 한도로

면 보증채무도 이전된다는 이전상의 부종성(수반성)[204]을 말한다. 한편, 보충성은 주채무에 대한 보증채무의 보충적 성질을 말하는 것으로서, 채권자가 보증인에게 채무이행을 청구하는 경우 보증인은 주채무자에게 먼저 청구하고 그 재산을 집행한 다음 자신에게 이행을 청구할 것을 주장할 수 있다(제437조,[205] 제438조[206]). 그리고 보증인의 유형으로 주채무자의 부탁으로 보증인이 된 경우(수탁보증인: 제441조~제443조), 주채무자의 부탁없이 보증인이 된 경우(제444조 제1항), 주채무자의 의사에 반하여 보증인이 된 경우(제444조 제2항)[207]가 있으며, 그 각 유형별로 구상권 행사에 차이가 있기 때문에 이를 구분하여 살펴볼 필요가 있다.

한편, 2015. 2. 3. 개정법에서는 기존의 법 규정이 보증인 보호에 미흡하다는 지적에 따라 보증의 방식(제428조의2), 근보증(제428조의3) 및 채권자의 정보제공의무와 통지의무 등(제436조의2)을 신설하였다. 보증의 방식과 관련하여 보증은 그 의사가 보증인의 기명날인 또는 서명이 있는 서면으로 표시되어야 효력이 발생하고 이 경우 보증의 의사가 전자적 형태로 표시된 경우에는 효력이 없으

감축한다.

200 제433조(보증인과 주채무자항변권) ① 보증인은 주채무자의 항변으로 채권자에게 대항할 수 있다.
② 주채무자의 항변포기는 보증인에게 효력이 없다.

201 제434조(보증인과 주채무자상계권) 보증인은 주채무자의 채권에 의한 상계로 채권자에게 대항할 수 있다.

202 제435조(보증인과 주채무자의 취소권 등) 주채무자가 채권자에 대하여 취소권 또는 해제권이나 해지권이 있는 동안은 보증인은 채권자에 대하여 채무의 이행을 거절할 수 있다.

203 제440조(시효중단의 보증인에 대한 효력) 주채무자에 대한 시효의 중단은 보증인에 대하여 그 효력이 있다.

204 대법원 2002. 9. 10. 선고 2002다21509 판결(주채권과 보증인에 대한 채권의 귀속주체를 달리하는 것은, 주채무자의 항변권으로 채권자에게 대항할 수 있는 보증인의 권리가 침해되는 등 보증채무의 부종성에 반하고, 주채권을 가지지 않는 자에게 보증채권만을 인정할 실익도 없기 때문에 주채권과 분리하여 보증채권만을 양도하기로 하는 약정은 그 효력이 없다).

205 제437조(보증인의 최고, 검색의 항변) 채권자가 보증인에게 채무의 이행을 청구한 때에는 보증인은 주채무자의 변제자력이 있는 사실 및 그 집행이 용이할 것을 증명하여 먼저 주채무자에게 청구할 것과 그 재산에 대하여 집행할 것을 항변할 수 있다. 그러나 보증인이 주채무자와 연대하여 채무를 부담한 때에는 그러하지 아니하다.

206 제438조(최고, 검색의 해태의 효과) 전조의 규정에 의한 보증인의 항변에 불구하고 채권자의 해태로 인하여 채무자로부터 전부나 일부의 변제를 받지 못한 경우에는 채권자가 해태하지 아니하였으면 변제받았을 한도에서 보증인은 그 의무를 면한다.

207 보증채무는 주채무에 대한 종속성이 있지만 보증채무의 성립에 있어서는 주채무와 독립성이 인정되기 때문에 주채무자의 동의나 승낙 없이도 보증채무가 성립할 수 있다.

며(제428조의2 제1항), 보증채무를 보증인에게 불리하게 변경하는 경우에도 같다(제428조의2 제2항). 다만 보증인이 보증채무를 이행한 경우에는 그 한도에서 방식의 하자를 이유로 보증의 무효를 주장할 수 없다(제428조의2 제3항). 근보증의 경우 채무의 최고액을 보증의 방식에 따른 서면으로 특정하지 않으면 그 효력이 없도록 하였다(제428조의3).[208] 그리고 보증계약을 체결·갱신할 때와 주채무자에게 일정한 사유가 발생한 때 및 보증인의 청구가 있는 경우 채권자는 관련 정보를 채무자에게 알려야 하고, 이를 위반하여 보증인에게 손해를 입힌 경우에는 보증채무를 감면할 수 있도록 하였다(제436조의2[209]).

나아가, 우리나라 특유의 인정주의에 따라 특별한 대가를 받지 아니하고 경제적 부담에 대한 합리적 고려 없이 호의로 이루어지는 보증이 만연하고 채무자의 파산이 연쇄적으로 보증인에게 이어져 경제적·정신적 피해와 함께 가정파탄 등에 이르는 등 보증의 폐해가 심각하여 보증채무의 범위를 특정하고, 보증인에게 정신적 고통을 주는 불법적 채권추심행위를 금지하며, 금융기관과 보증계약을 체결할 때에는 채무자의 신용에 대한 정보를 보증인이 제공받도록 함으로써 합리적인 금전거래를 확립하기 위한 취지에서 2008. 3. 21.「보증인 보호를 위한 특별법(보증인보호법)」이 제정되었는데(시행 2008. 9. 22.), 동법은 보증에 관하

---

208 제428조의3(근보증) ① 보증은 불확정한 다수의 채무에 대해서도 할 수 있다. 이 경우 보증하는 채무의 최고액을 서면으로 특정하여야 한다.
② 제1항의 경우 채무의 최고액을 제428조의2제1항에 따른 서면으로 특정하지 아니한 보증계약은 효력이 없다.

209 제436조의2(채권자의 정보제공의무와 통지의무 등) ① 채권자는 보증계약을 체결할 때 보증계약의 체결 여부 또는 그 내용에 영향을 미칠 수 있는 주채무자의 채무 관련 신용정보를 보유하고 있거나 알고 있는 경우에는 보증인에게 그 정보를 알려야 한다. 보증계약을 갱신할 때에도 또한 같다.
② 채권자는 보증계약을 체결한 후에 다음 각 호의 어느 하나에 해당하는 사유가 있는 경우에는 지체 없이 보증인에게 그 사실을 알려야 한다.
1. 주채무자가 원본, 이자, 위약금, 손해배상 또는 그 밖에 주채무에 종속한 채무를 3개월 이상 이행하지 아니하는 경우
2. 주채무자가 이행기에 이행할 수 없음을 미리 안 경우
3. 주채무자의 채무 관련 신용정보에 중대한 변화가 생겼음을 알게 된 경우
③ 채권자는 보증인의 청구가 있으면 주채무의 내용 및 그 이행 여부를 알려야 한다.
④ 채권자가 제1항부터 제3항까지의 규정에 따른 의무를 위반하여 보증인에게 손해를 입힌 경우에는 법원은 그 내용과 정도 등을 고려하여 보증채무를 감경하거나 면제할 수 있다.

여 「민법」에 대한 특례를 규정함으로써 아무런 대가 없이 호의(好意)로 이루어지는 보증으로 인한 보증인의 경제적·정신적 피해를 방지하고, 금전채무에 대한 합리적인 보증계약 관행을 확립함으로써 신용사회 정착에 이바지함을 목적으로 한다(제1조). 이와 같이 보증인보호법은 금전채무에 대하여 아무런 대가 없이 호의(好意)로 이루어지는 보증에 대한 특례로서 그 적용범위가 제한적이긴 하지만,[210][211] 보증채무 최고액을 서면으로 특정하도록 하고(제4조)[212] 주채무자에 대한 사항을 보증인에게 통지하도록 하며(제5조) 근보증의 최고액은 서면으로 특정하도록 하였다(제6조). 그리고 보증기간의 약정이 없는 경우 그 기간은 3년으로 하고(제7조) 금융기관 보증계약에 대한 특칙을 마련하였다(제8조).[213] 이러한 동법의 규정은 편면적 강행규정으로서 이에 위반한 약정으로서 보증에게 불리한 것은 효력이 없다(제11조).

---

210 제2조(정의) 이 법에서 사용하는 용어의 뜻은 다음과 같다. <개정 2010. 5. 17., 2011. 3. 31., 2011. 5. 19., 2016. 1. 6., 2016. 5. 29., 2020. 2. 11.>
1. "보증인"이란 「민법」 제429조 제1항에 따른 보증채무(이하 "보증채무"라 한다)를 부담하는 자로서 다음 각 목에서 정하는 경우를 제외한 자를 말한다.
가. 「신용보증기금법」 제2조 제1호에 따른 기업(이하 "기업"이라 한다)이 영위하는 사업과 관련된 타인의 채무에 대하여 보증채무를 부담하는 경우
나. 기업의 대표자, 이사, 무한책임사원, 「국세기본법」 제39조 제2항에 따른 과점주주(寡占株主) 또는 기업의 경영을 사실상 지배하는 자가 그 기업의 채무에 대하여 보증채무를 부담하는 경우
다. 기업의 대표자, 이사, 무한책임사원, 「국세기본법」 제39조 제2항에 따른 과점주주 또는 기업의 경영을 사실상 지배하는 자의 배우자, 직계 존속·비속 등 특수한 관계에 있는 자가 기업과 경제적 이익을 공유하거나 기업의 경영에 직접·간접적으로 영향을 미치면서 그 기업의 채무에 대하여 보증채무를 부담하는 경우
라. 채무자와 동업 관계에 있는 자가 동업과 관련한 동업자의 채무를 부담하는 경우
마. 나목부터 라목까지의 어느 하나에 해당하는 경우로서 기업의 채무에 대하여 그 기업의 채무를 인수한 다른 기업을 위하여 보증채무를 부담하는 경우
바. 기업 또는 개인의 신용을 보증하기 위하여 법률에 따라 설치된 기금 또는 그 관리기관이 보증채무를 부담하는 경우
2. "보증계약"이란 그 형식이나 명칭에 관계없이 채무자가 채권자에 대한 금전채무를 이행하지 아니하는 경우에 보증인이 그 채무를 이행하기로 하는 채권자와 보증인 사이의 계약을 말한다.

211 2015. 2. 3. 개정 민법에서 보증채무에 관한 규정들을 신설한 이유도 보증인보호법의 적용범위가 제한적이어서 보증인 보호에 미흡하다는 것이 그 이유 중 하나였다.

212 보증의 방식에 관한 규정(제3조)은 2015. 2. 3. 민법에 신설됨과 동시에 동법에서 삭제하였다.

213 불법적 채권추심행위의 금지(제9조) 및 그 위반에 대한 벌칙규정(제10조)은 2009. 2. 6. 「채권의 공정한 추심에 관한 법률(채권추심법)」이 제정(시행 2009. 8. 7.)됨과 함께 삭제하였다.

라. 채권의 양도

채권은 재산권으로 원칙적으로 양도할 수 있는데(제449조[214]), 특정인을 채권자로 하는 지명채권(指名債權)은 증권적 채권과 달리 공시방법이 없기 때문에 이중양도의 경우 우열관계가 문제되고 민법은 이에 대해 지명채권양도의 대항요건(제450조), 승낙·통지의 효과(제451조), 양도통지와 금반언(제452조)을 규정하고 있다. 비록 조문은 몇개 되지 않지만 실무적으로 많이 문제가 되고 관련 법리들도 적지 않기 때문에 잘 이해해 둘 필요가 있다. 특히 지명채권양도의 대항요건에 관한 제450조가 중요한데, 지명채권의 양도는 양도인이 채무자에게 통지하거나 채무자가 승낙하지 아니하면 채무자 기타 제삼자에게 대항하지 못하고(제450조 제1항), 그러한 통지나 승낙은 확정일자있는 증서에 의하지 아니하면 채무자 이외의 제삼자에게 대항하지 못한다(제450조 제2항). 그리고 채권이 이중으로 양도된 경우의 양수인 상호간의 우열은 통지 또는 승낙에 붙여진 확정일자의 선후에 의하여 결정할 것이 아니라, 채권양도에 대한 채무자의 인식, 즉 확정일자 있는 양도통지가 채무자에게 도달한 일시 또는 확정일자 있는 승낙의 일시의 선후에 의하여 결정한다는 대법원 판례[215]를 기억해 둘 필요가 있다.

한편, 권리가 증권에 화체(化體)된 증권적 채권은 지시채권(제7절)과 무기명채권(제8절)이 있는데, 어음·수표와 같은 지시채권은 배서 및 교부의 방식으로 양도하고(제508조), 도서상품권 등 무기명채권은 교부의 방식으로 양도한다(제523조). 이러한 증권적 채권은 거래의 안전을 위한 유통성 확보가 중요하기 때문에 경과실이 없는 한 선의취득이 인정되고(제514조, 제524조) 경과실 없이 소지인에게 변제한 경우 그 효력이 인정되는 특징이 있다(제518조, 제524조).

---

214 제449조(채권의 양도성) ① 채권은 양도할 수 있다. 그러나 채권의 성질이 양도를 허용하지 아니하는 때에는 그러하지 아니하다.
② 채권은 당사자가 반대의 의사를 표시한 경우에는 양도하지 못한다. 그러나 그 의사표시로써 선의의 제삼자에게 대항하지 못한다.

215 대법원 1994. 4. 26. 선고 93다24223 전원합의체 판결(이러한 법리는 채권양수인과 동일 채권에 대하여 가압류명령을 집행한 자 사이의 우열을 결정하는 경우에 있어서도 마찬가지이므로, 확정일자 있는 채권양도 통지와 가압류결정 정본의 제3채무자(채권양도의 경우는 채무자)에 대한 도달의 선후에 의하여 그 우열을 결정하여야 한다).

마. 채무의 인수

채무의 인수는 채권자, 채무자, 인수인 3인의 합의에 의한 경우, 채권자와 인수인 사이의 계약에 의한 경우(제453조), 채무자와 인수인 사이의 계약에 의한 경우(제454조~제457조)가 있다. 채무인수의 경우 원칙적으로 기존의 채무자가 다른 채무자(인수인)로 변경되는 것이어서 채권자에게 중대한 이해관계가 있고, 따라서 채권자가 채무인수 계약의 당사자가 아닌 3번째 유형의 경우 채권자의 승낙을 얻도록 하고 있다(제454조, 제455조). 그리고 채무인수의 경우 인수인은 전채무자의 항변할 수 있는 사유로 채권자에게 대항할 수 있고(제458조), 전채무자의 채무에 대한 보증이나 제삼자가 제공한 담보는 보증인이나 제삼자가 채무인수에 동의한 경우가 아닌 한 채무인수로 인하여 소멸한다(제459조). 그리고 이러한 민법상 채무인수 이외에 인수인이 채무자와 병존적으로 채무를 부담하는 병존적 채무인수,[216] 채무자와의 계약으로 채권자에 대한 채무자의 채무를 인수인이 이행하기로 하는 이행인수,[217] 계약당사자의 지위 자체를 승계하는 계약인수,[218] 채권자와 채무자 사이의 계약에 인수인이 참여하는 계약가입[219] 등이 있다.

---

216 대법원 2002. 9. 24. 선고 2002다36228 판결(채무인수가 면책적인가 중첩적인가 하는 것은 채무인수계약에 나타난 당사자 의사의 해석에 관한 문제이고, 채무인수에 있어서 면책적 인수인지, 중첩적 인수인지가 분명하지 아니한 때에는 이를 중첩적으로 인수한 것으로 볼 것이다).

217 대법원 2007. 9. 21. 선고 2006다69479,69486 판결(부동산의 매수인이 매매목적물에 관한 채무를 인수하는 한편 그 채무액을 매매대금에서 공제하기로 약정한 경우, 그 인수는 특별한 사정이 없는 한 매도인을 면책시키는 채무인수가 아니라 이행인수로 보아야 한다).

218 대법원 2011. 6. 23. 선고 2007다63089,63096 전원합의체 판결(계약당사자 중 일방이 상대방 및 제3자와 3면 계약을 체결하거나 상대방의 승낙을 얻어 계약상 당사자로서의 지위를 포괄적으로 제3자에게 이전하는 경우 이를 양수한 제3자는 양도인의 계약상 지위를 승계함으로써 종래 계약에서 이미 발생한 채권·채무도 모두 이전받게 된다).

219 대법원 1982. 10. 26. 선고 82다카508 판결(이른바 계약상의 지위의 양도·양수, 계약인수 또는 계약가입 등은 민법상 명문의 규정이 없다고 하더라도 그같은 계약이 인정되어야 할 것임은 계약자유, 사법자치의 원칙에 비추어 당연한 귀결).

바. 채권의 소멸

제1관 변제(제460조~제486조), 제2관 공탁(제487조~제491조), 제3관 상계(제492조~제499조), 제4관 경개(제500조~제505조), 제5관 면제(제506조), 제6관 혼동(제507조)로 구성되어 있는데, 제1관(변제)에서 규정하고 있는 대물변제(제466조[220])는 변제와 구분되는 별도의 채권소멸사유로 이해되어서 일반적으로 채권의 소멸사유는 7개라고 한다. 이중 급부만족에 의한 채권소멸사유는 변제, 대물변제, 공탁, 상계 등 4개이고,[221] 그 이외의 채권소멸사유가 경개, 면제, 혼동 등 3개이다.

7개의 채권소멸 사유 중 상대적으로 그 중요성이 크다고 할 수 있는 변제와 상계에 대해 살펴보면 먼저 변제는 변제제공의 방법 및 효과(제460조, 제461조), 변제의 목적물·장소 등 변제 일반(제462조~제475조), 변제충당(제476조~제479조), 변제자대위(제480조~제486조)로 구성되며 이중 변제자가 채권자를 대위하여 채권 및 그 담보에 관한 권리를 행사하는 변제자대위가 중요하다(특히 제482조[222]). 그리고 상계와 관련한 내용들을 잘 이해할 필요가 있는데, 먼저 소멸시효가 완성된 채권이 그 완성전에 상계할 수 있었던 것이면 그 채권자는 상계할 수 있다(제495조).[223] 그리고 상계금지 사유로 3가지를 규정하고 있는데, 채

---

220 제466조(대물변제) 채무자가 채권자의 승낙을 얻어 본래의 채무이행에 갈음하여 다른 급여를 한 때에는 변제와 같은 효력이 있다.

221 연대채무와 부진정연대채무에서 위 4가지 사유가 공통적으로 절대적 효력이 인정되는 것도 급부 만족을 가져오는 사유이기 때문이다.

222 제482조(변제자대위의 효과, 대위자간의 관계) ① 전2조의 규정에 의하여 채권자를 대위한 자는 자기의 권리에 의하여 구상할 수 있는 범위에서 채권 및 그 담보에 관한 권리를 행사할 수 있다.
② 전항의 권리행사는 다음 각호의 규정에 의하여야 한다.
1. 보증인은 미리 전세권이나 저당권의 등기에 그 대위를 부기하지 아니하면 전세물이나 저당물에 권리를 취득한 제삼자에 대하여 채권자를 대위하지 못한다.
2. 제삼취득자는 보증인에 대하여 채권자를 대위하지 못한다.
3. 제삼취득자 중의 1인은 각 부동산의 가액에 비례하여 다른 제삼취득자에 대하여 채권자를 대위한다.
4. 자기의 재산을 타인의 채무의 담보로 제공한 자가 수인인 경우에는 전호의 규정을 준용한다.
5. 자기의 재산을 타인의 채무의 담보로 제공한 자와 보증인간에는 그 인원수에 비례하여 채권자를 대위한다. 그러나 자기의 재산을 타인의 채무의 담보로 제공한 자가 수인인 때에는 보증인의 부담부분을 제외하고 그 잔액에 대하여 각 재산의 가액에 비례하여 대위한다. 이 경우에 그 재산이 부동산인 때에는 제1호의 규정을 준용한다.

무가 고의의 불법행위로 인한 것인 때에는 그 채무자는 상계로 채권자에게 대항하지 못하고(제496조), 채권이 압류하지 못할 것인 때에는 그 채무자는 상계로 채권자에게 대항하지 못하며(제497조), 지급을 금지하는 명령을 받은 제삼채무자는 그 후에 취득한 채권에 의한 상계로 그 명령을 신청한 채권자에게 대항하지 못한다(제498조). 특히 제498조와 관련하여 대법원이 "채권압류명령 또는 채권가압류명령을 받은 제3채무자가 압류채무자에 대한 반대채권을 가지고 있는 경우에 상계로써 압류채권자에게 대항하기 위하여는, 압류의 효력 발생 당시에 대립하는 양 채권이 상계적상에 있거나, 그 당시 반대채권(자동채권)의 변제기가 도래하지 아니한 경우에는 그것이 피압류채권(수동채권)의 변제기와 동시에 또는 그보다 먼저 도래하여야 한다."고 판시하고 있음을 유의할 필요가 있다.[224]

---

223 대법원 2016. 11. 25. 선고 2016다211309 판결(민법 제495조는 "소멸시효가 완성된 채권이 그 완성 전에 상계할 수 있었던 것이면 그 채권자는 상계할 수 있다."라고 규정하고 있다. 이는 당사자 쌍방의 채권이 상계적상에 있었던 경우에 당사자들은 채권·채무관계가 이미 정산되어 소멸하였다고 생각하는 것이 일반적이라는 점을 고려하여 당사자들의 신뢰를 보호하기 위한 것이다. 다만 이는 '자동채권의 소멸시효 완성 전에 양 채권이 상계적상에 이르렀을 것'을 요건으로 하는데, 임대인의 임대차보증금 반환채무는 임대차계약이 종료된 때에 비로소 이행기에 도달하므로, 임대차 존속 중 차임채권의 소멸시효가 완성된 경우에는 소멸시효 완성 전에 임대인이 임대차보증금 반환채무에 관한 기한의 이익을 실제로 포기하였다는 등의 특별한 사정이 없는 한 양 채권이 상계할 수 있는 상태에 있었다고 할 수 없다. 그러므로 그 이후에 임대인이 이미 소멸시효가 완성된 차임채권을 자동채권으로 삼아 임대차보증금 반환채무와 상계하는 것은 민법 제495조에 의하더라도 인정될 수 없지만, 임대차 존속 중 차임이 연체되고 있음에도 임대차보증금에서 연체차임을 충당하지 않고 있었던 임대인의 신뢰와 차임연체 상태에서 임대차관계를 지속해 온 임차인의 묵시적 의사를 감안하면 연체차임은 민법 제495조의 유추적용에 의하여 임대차보증금에서 공제할 수는 있다).

224 대법원 2012. 2. 16. 선고 2011다45521 전원합의체 판결(대법관 김능환, 대법관 안대희, 대법관 이인복의 반대의견 - 지급을 금지하는 명령을 받을 당시에 반대채권과 피압류채권 모두의 이행기가 도래한 때에는 제3채무자가 당연히 반대채권으로써 상계할 수 있고, 반대채권과 피압류채권 모두 또는 그 중 어느 하나의 이행기가 아직 도래하지 아니하여 상계적상에 놓이지 아니하였더라도 그 이후 제3채무자가 피압류채권을 채무자에게 지급하지 아니하고 있는 동안에 반대채권과 피압류채권 모두의 이행기가 도래한 때에도 제3채무자는 반대채권으로써 상계할 수 있고, 이로써 지급을 금지하는 명령을 신청한 채권자에게 대항할 수 있다).

2 제2장 계약

제1절 총칙(제527조~제553조), 제2절 증여(제554조~제562조), 제3절 매매(제563조~제595조), 제4절 교환(제596조~제597조), 제5절 소비대차(제598조~제608조), 제6절 사용대차(제609조~제617조), 제7절 임대차(제618조~제654조), 제8절 고용(제655조~제663조), 제9절 도급(제664조~제674조), 제9절의2 여행계약(제674조의2~제674조의9),[225] 제10절 현상광고(제675조~제679조), 제11절 위임(제680조~제692조), 제12절 임치(제693조~제702조), 제13절 조합(제703조~제724조), 제14절 종신정기금(제725조~제730조), 제15절 화해(제731조~제733조)로 구성되어 있다. 이중 제2절부터 제15절까지는 약정채권의 발생사유를 주로 규정하고, 제1절은 그러한 약정채권에 공통되는 사항을 규정한다. 이에 따라 계약을 계약총칙(제1절)과 계약각칙(제2절~제15절)으로 구분하기도 한다.

가. 계약총칙

제1관 계약의 성립(제527조~제535조), 제2관 계약의 효력(제536조~제542조), 제3관 계약의 해지, 해제(제543조~제553조)로 구성되어 있다. 계약의 성립은 청약과 승낙을 중심으로 계약의 성립에 대한 기본적인 내용(제527조~제534조)과 계약체결 과정에서 귀책사유가 있는 경우 그 책임에 관한 규정(제535조[226])이 있다. 계약의 효력에서는 쌍무계약에 있어 이행상의 견련성에 관한 동시이행의 항변권(제536조[227]), 존속상의 견련성에 관한 위험부담(제537조, 제

---

225 생활 속에 대중화·보편화되어 계속적으로 증가하는 추세인 여행과 관련하여 여러 가지 법적 문제가 발생하고 있으나 기존에 이를 직접 규율하는 법령이 없어 여행자 보호에 취약한 부분이 있으므로 이를 보완하기 위하여 여행계약의 의의, 해제·해지, 담보책임에 관한 사항을 정하는 등 여행계약에 관한 기본적인 사항을 규정하기 위해 2015년 개정법에서 신설되었다.

226 제535조(계약체결상의 과실) ① 목적이 불능한 계약을 체결할 때에 그 불능을 알았거나 알 수 있었을 자는 상대방이 그 계약의 유효를 믿었음으로 인하여 받은 손해를 배상하여야 한다. 그러나 그 배상액은 계약이 유효함으로 인하여 생길 이익액을 넘지 못한다.
② 전항의 규정은 상대방이 그 불능을 알았거나 알 수 있었을 경우에는 적용하지 아니한다.

538조), 제3자를 위한 계약(제539조~제542조)이 있는데, 실무적으로나 이론적으로 동시이행의 항변권이 매우 중요하다.[228] 한편, 쌍무계약의 당사자 일방의 채무가 당사자 쌍방의 책임없는 사유로 이행할 수 없게 된 때에 상대방의 이행을 청구할 수 있는지의 위험부담 문제와 관련하여 우리 민법은 그 이행의 청구를 하지 못하는 채무자위험부담주의를 원칙으로 하고(제537조) 채권자에게 귀책사유가 있거나 채권자의 수령지체 중에 그러한 사유가 발생한 경우에는 예외적으로 채권자위험부담주의를 인정한다(제538조). 그리고 제3자를 위한 계약은 채권자와 채무자의 약정에 의해 제3자가 대금청구 등 계약상 권리를 가질 수 있도록 하는 계약으로서 제3자의 권리가 생긴 후(제539조, 제540조)에는 당사자는 이를 변경 또는 소멸시키지 못하고(제541조), 채무자는 계약에 기한 항변으로 제3자에게 대항할 수 있도록 하고 있다(제542조).

계약의 해지, 해제(제543조~제553조)는 이행지체(제544조, 제545조)와 이행불능(제546조)에 따른 해제권 발생요건과 행사방법(제547조), 해제의 효과(제548조, 제549조, 제551조), 해지의 효과(제550조, 제551조), 해제권의 소멸(제552조, 제553조)을 규정한다. 해제권의 발생요건과 해제의 효과가 중요한데, 당사자 일방이 그 채무를 이행하지 아니하는 때에는 상대방은 상당한 기간을 정하여 그 이행을 최고하고 그 기간내에 이행하지 아니한 때에는 계약을 해제할 수 있다. 그러나 채무자가 미리 이행하지 아니할 의사를 표시한 경우에는 최고를 요하지 아니한다(제544조). 그리고 해제의 효과로서 원상회복의무(제548조[229])와 동시이

227 제536조(동시이행의 항변권) ① 쌍무계약의 당사자 일방은 상대방이 그 채무이행을 제공할 때 까지 자기의 채무이행을 거절할 수 있다. 그러나 상대방의 채무가 변제기에 있지 아니하는 때에는 그러하지 아니하다.
② 당사자 일방이 상대방에게 먼저 이행하여야 할 경우에 상대방의 이행이 곤란할 현저한 사유가 있는 때에는 전항 본문과 같다.

228 대법원 1991. 9. 10. 선고 91다6368 판결(부동산의 매매계약이 체결된 경우에는 매도인의 소유권이전등기의무, 인도의무와 매수인의 잔대금 지급의무는 동시이행의 관계에 있는 것이 원칙이고, 이 경우 매도인은 특별한 사정이 없는 한 제한이나 부담이 없는 소유권이전등기의무를 지는 것이므로 매매목적 부동산에 지상권이 설정되어 있고 가압류등기가 되어 있는 경우에는 비록 매매가액에 비하여 소액인 금원의 변제로써 언제든지 말소할 수 있는 것이라 할지라도 매도인은 이와 같은 등기를 말소하여 완전한 소유권이전등기를 해 주어야 한다).

행의 관계(제549조[230]), 손해배상책임(제551조[231])이 인정된다. 민법 제548조 제1항 단서에서 말하는 제3자는 일반적으로 해제된 계약으로부터 생긴 법률효과를 기초로 하여 해제 전에 새로운 이해관계를 가졌을 뿐만 아니라 등기·인도 등으로 권리를 취득한 사람을 말하는 것인바, 매수인과 매매예약을 체결한 후 그에 기한 소유권이전청구권 보전을 위한 가등기를 마친 사람도 위 조항 단서에서 말하는 제3자에 포함되고,[232] 법정해제의 경우 당사자 일방이 그 수령한 금전을 반환함에 있어 그 받은 때로부터 법정이자를 부가함을 요하는 것은 민법 제548조 제2항이 규정하는 바로서, 이는 원상회복의 범위에 속하는 것이며 일종의 부당이득반환의 성질을 가지는 것이고 반환의무의 이행지체로 인한 것이 아니므로, 부동산 매매계약이 해제된 경우 매도인의 매매대금 반환의무와 매수인의 소유권이전등기 말소등기절차 이행의무가 동시이행의 관계에 있는지 여부와는 관계없이 매도인이 반환하여야 할 매매대금에 대하여는 그 받은 날로부터 민법이 정한 법정이율인 연 5푼의 비율에 의한 법정이자를 부가하여 지급하여야 한다.[233]

나. 계약각칙

제2절부터 제15절까지 총 15개의 약정채권(발생사유)을 규정하고 있는데, 계약자유의 원칙상 그 이외의 계약도 얼마든지 있을 수 있다(의료계약, 리스계약 등).[234] 이에 민법에서 규정하고 있는 15개의 계약을 전형계약(有名契約)이라 하고 그 이외의 계약을 비전형계약(無名契約)이라고도 한다. 한편, 전형계약에 관한 민법규정은 원칙적으로 임의규정이기 때문에 당사자들 상호간에 달리 약정

---

229 제548조(해제의 효과, 원상회복의무) ① 당사자 일방이 계약을 해제한 때에는 각 당사자는 그 상대방에 대하여 원상회복의 의무가 있다. 그러나 제삼자의 권리를 해하지 못한다.
② 전항의 경우에 반환할 금전에는 그 받은 날로부터 이자를 가하여야 한다.

230 제549조(원상회복의무와 동시이행) 제536조의 규정은 전조의 경우에 준용한다.

231 제551조(해지, 해제와 손해배상) 계약의 해지 또는 해제는 손해배상의 청구에 영향을 미치지 아니한다.

232 대법원 2014. 12. 11. 선고 2013다14569 판결.

233 대법원 1996. 4. 12. 선고 95다28892 판결.

234 대법원 1982. 10. 26. 선고 82다카508 판결 참고.

할 수도 있고, 민법은 그러한 약정이 없는 경우 보충적으로 적용되는 것이다.

우리 민법상 15개의 전형계약은 아래와 같이 분류해 볼 수 있다.[235]

<table>
<tr><td rowspan="6">재산을 대상으로 하는 계약</td><td rowspan="3">재산권의 이전</td><td>무상</td><td>무상으로 재산권 이전</td><td>증여</td></tr>
<tr><td rowspan="2">유상</td><td>반대급부 - 금전</td><td>매매</td></tr>
<tr><td>반대급부 - 금전 이외의 재산권</td><td>교환</td></tr>
<tr><td rowspan="3">물건의 이용</td><td>동종물 반환</td><td>소비 후 동종물 반환</td><td>소비대차</td></tr>
<tr><td rowspan="2">그 물건 자체의 반환</td><td>무상</td><td>사용대차</td></tr>
<tr><td>유상</td><td>임대차</td></tr>
<tr><td rowspan="6">노무를 대상으로 하는 계약</td><td>채권자의 지휘·감독</td><td colspan="2">사용자에 대한 노무 제공</td><td>고용</td></tr>
<tr><td rowspan="5">채무자의 독자성</td><td colspan="2">일의 완성과 보수 지급</td><td>도급</td></tr>
<tr><td colspan="2">여행 관련 용역 제공</td><td>여행계약</td></tr>
<tr><td colspan="2">광고에서 정한 행위의 완료</td><td>현상광고</td></tr>
<tr><td colspan="2">위임인이 지정한 위임사무의 처리</td><td>위임</td></tr>
<tr><td colspan="2">물건의 보관</td><td>임치</td></tr>
<tr><td rowspan="3">그 밖의 계약</td><td colspan="3">공동사업의 경영</td><td>조합</td></tr>
<tr><td colspan="3">종신까지 금전 기타의 물건 지급</td><td>종신정기금</td></tr>
<tr><td colspan="3">상호 양보하여 분쟁을 종료</td><td>화해</td></tr>
</table>

계약각칙에서는 매매와 임대차가 가장 중요하고, 그 이외에 증여, 도급, 조합, 화해 등이 중요하다고 할 수 있으며, 나머지 계약들은 개념을 이해하는 정도로 보면 될 것이다. 증여에서는 특유한 해제 규정(제555조,[236] 제556조,[237] 제557

235 김준호, 「민법강의(제27판)」, 법문사, 2021, 927면 참고.

236 제555조(서면에 의하지 아니한 증여와 해제) 증여의 의사가 서면으로 표시되지 아니한 경우에는 각 당사자는 이를 해제할 수 있다.

237 제556조(수증자의 행위와 증여의 해제) ① 수증자가 증여자에 대하여 다음 각호의 사유가 있는 때에는 증여자는 그 증여를 해제할 수 있다.
1. 증여자 또는 그 배우자나 직계혈족에 대한 범죄행위가 있는 때
2. 증여자에 대하여 부양의무있는 경우에 이를 이행하지 아니하는 때
② 전항의 해제권은 해제원인있음을 안 날로부터 6월을 경과하거나 증여자가 수증자에 대하여 용서의 의사를

조,[238] 第558조[239]), 도급에서는 완성물의 소유권 귀속[240]과 담보책임(제667조~제672조), 조합에서는 법인과의 차이에 따른 대내외적 관계의 특수성, 화해에서는 착오취소의 법리(제733조[241])를 중심으로 내용을 이해할 필요가 있다. 참고로 화해의 범위와 관련하여 대법원은 "불법행위로 인한 손해배상에 관하여 가해자와 피해자 사이에 피해자가 일정한 금액을 지급받고 그 나머지 청구를 포기하기로 합의가 이루어진 때에는 그 후 그 이상의 손해가 발생하였다 하여 다시 그 배상을 청구할 수 없는 것이지만, 그 합의가 손해의 범위를 정확히 확인하기 어려운 상황에서 이루어진 것이고, 후발손해가 합의 당시의 사정으로 보아 예상이 불가능한 것으로서, 당사자가 후발손해를 예상하였더라면 사회통념상 그 합의금액으로는 화해하지 않았을 것이라고 보는 것이 상당할 만큼 그 손해가 중대한 것일 때에는 당사자의 의사가 이러한 손해에 대해서까지 그 배상청구권을 포기한 것이라고 볼 수 없으므로 다시 그 배상을 청구할 수 있다."고 판시하고 있음을 유의할 필요가 있다.[242] 이하에서는 계약각칙에서 가장 중요한 부분을 차지하고 있

표시한 때에는 소멸한다.

238 제557조(증여자의 재산상태변경과 증여의 해제) 증여계약후에 증여자의 재산상태가 현저히 변경되고 그 이행으로 인하여 생계에 중대한 영향을 미칠 경우에는 증여자는 증여를 해제할 수 있다.

239 제558조(해제와 이행완료부분) 전3조의 규정에 의한 계약의 해제는 이미 이행한 부분에 대하여는 영향을 미치지 아니한다.

240 대법원 1996. 9. 20. 선고 96다24804 판결(일반적으로 자기의 노력과 재료를 들여 건물을 건축한 사람은 그 건물의 소유권을 원시취득하고, 다만 도급계약에 있어서는 수급인이 자기의 노력과 재료를 들여 건물을 완성하더라도 도급인과 수급인 사이에 도급인 명의로 건축허가를 받아 소유권보존등기를 하기로 하는 등 완성된 건물의 소유권을 도급인에게 귀속시키기로 합의한 것으로 보여질 경우에는 그 건물의 소유권은 도급인에게 원시적으로 귀속된다).

241 제733조(화해의 효력과 착오) 화해계약은 착오를 이유로 하여 취소하지 못한다. 그러나 화해당사자의 자격 또는 화해의 목적인 분쟁 이외의 사항에 착오가 있는 때에는 그러하지 아니하다.

242 대법원 2001. 9. 14. 선고 99다42797 판결(교통사고로 심한 뇌손상을 입고 식물인간 상태가 된 피해자(사고당시 20세 4월)가 가해자를 상대로 제기한 손해배상청구소송에서 그 후유증상이 호전가능성이 없는 지속적 식물인간 상태로서 여명이 사고시로부터 약 5년으로 단축되었다는 감정결과가 나와 피해자가 위 여명기간 이후로는 생존할 수 없음을 전제로 하여 판결선고가 이루어지고 그 판결이 확정된 직후 피해자가 가해자측으로부터 그 확정판결의 인용금액 중 일부를 감액한 금액을 지급받고 사고로 인한 일체의 청구권을 포기하기로 합의하였는데, 그 이후 피해자가 위 감정결과와는 달리 점차 의식을 회복하면서 위 여명기간이 지난 후에도 생존하게 되자 추가손해의 지급을 구하는 소송을 제기하여 감정을 시행한 결과, 피해자는 의식을 회복하고 식물인간상태에서 벗어나 제한적이나마 자력에 의한 거동을 할 수 있는 등 증상이 상당히 호전된 채 고정되어 종전에

는 매매와 임대차에 대해서만 추가적으로 살펴보기로 한다.

(1) 매매

제1관 총칙(제563조~제567조), 제2관 매매의 효력(제568조~제589조), 제3관 환매(제590조~제595조)로 구성되어 있는데, 먼저 총칙에서는 매매의 의의(제563조), 매매의 일방예약(제564조), 해약금(제565조), 매매계약의 비용의 부담(제566조), 유상계약에의 준용(제567조)을 규정하고 있다. 이중 해약금 해제에 관한 제565조가 가장 중요한데, 매매의 당사자 일방이 계약당시에 금전 기타 물건을 계약금, 보증금 등의 명목으로 상대방에게 교부한 때에는 당사자간에 다른 약정이 없는 한 당사자의 일방이 이행에 착수할 때까지 교부자는 이를 포기하고 수령자는 그 배액을 상환하여 매매계약을 해제할 수 있다. 따라서 매매계약을 체결하면서 계약금이 수수된 경우에는 동 규정에 따른 일방적 해제가 가능함을 유의할 필요가 있고, 다만 본 규정은 강행규정이 아니어서 그 적용을 배제할 수 있다는 점,[243] 계약금 이외에 중도금이 지급된 경우 이행의 착수로 보아 더 이상 해약금 해제가 불가능하며 중도금 지급시기의 약정이 있더라고 원칙적으로 그 기한전에 중도금을 지급할 수 있다는 점[244] 등을 유의할 필요가 있다.

매매의 효력에서는 매도인의 담보책임에 대한 규정이 핵심인데, 권리의 하자에 대한 담보책임(제570조~제577조), 경매에 있어서의 담보책임(제578조), 채권매매에 있어서의 담보책임(제579조), 물건의 하자에 대한 담보책임(제580조~

예측된 위 여명기간 이후로도 약 38년이나 더 생존할 수 있고 정신적 장해로 인한 개호가 필요한 상태임이 밝혀진 경우, 전소의 일실수입 청구에서 제외하였던 종전 예측의 여명기간 이후 가동연한까지의 생계비에 상당하는 일실수입 손해와 추가적으로 필요하게 된 개호비 손해가 위 합의에 이르기까지 예상할 수 없었던 중대한 손해로서 위 합의의 효력이 미치지 않으며, 그 손배배상청구권의 소멸시효는 피해자가 점차 의식을 회복하는 등 피해자의 증상이 호전되기 시작한 시점부터 진행한다고 본 사례).

243 대법원 2009. 4. 23. 선고 2008다50615 판결(민법 제565조의 해약권은 당사자 간에 다른 약정이 없는 경우에 한하여 인정되는 것이고, 만일 당사자가 위 조항의 해약권을 배제하기로 하는 약정을 하였다면 더 이상 그 해제권을 행사할 수 없다).

244 대법원 2006. 2. 10. 선고 2004다11599 판결(이행기의 약정이 있는 경우라 하더라도 당사자가 채무의 이행기 전에는 착수하지 아니하기로 하는 특약을 하는 등 특별한 사정이 없는 한 이행기 전에 이행에 착수할 수 있다).

제582조) 등 4가지 유형별로 매수인에 대한 매도인의 담보책임(대금감액, 계약해제, 손해배상)을 규정하고 있다. 그리고 환매는 매도인이 매매계약과 동시에 환매할 권리를 보류하고 그 영수한 대금 및 매수인이 부담한 매매비용을 반환하여 그 목적물을 다시 매수하는 것을 말하는데(제590조), 환매기간이 부동산은 5년, 동산은 3년을 넘지 못하도록 규정하고 있다(제591조).

(2) 임대차

임대차는 매매를 제외하고 전형계약 중 가장 일반적인 계약 유형이라 할 수 있고, 우리 실생활에서도 자주 접할 수 있는 형태의 약정이다. 특히 실생활에서는 타인의 소유 주택에 거주하는 경우 보통 전세라는 표현을 쓰고 있지만, 민법상 전세권은 등기를 해야 효력이 발생하는 물권이기 때문에(제186조) 등기 없이 주택의 인도와 전입신고만 하고 거주하는 일반적인 경우는 민법상 임대차에 해당한다.

전세권은 물권으로서 원칙적으로 전세기간 동안 전세권자가 자유롭게 양도 또는 임대할 수 있고(제306조), 전세보증금에 대해 다른 채권자들보다 우선변제를 받을 수 있는데 반해(제303조 제1항), 임차권은 채권에 불과하여 임대인의 동의 없이 양도나 전대할 수 없고(제629조)[245] 임차보증금의 우선변제권도 인정되지 않는다. 이러한 임차권의 특징으로 인해 타인의 주택에 등기 없이 거주하는 임차인이 보호받지 못하는 문제가 생기게 되어, 1981년 제정된 것이 「주택임대차보호법」[246]이다.

---

245 다만, 대법원은 "민법상 임차인은 임대인의 동의 없이 임차물을 전대하지 못하고 임차인이 이에 위반한 때에는 임대인은 계약을 해지할 수 있으나(민법 제629조), 이는 임대차계약이 원래 당사자의 개인적 신뢰를 기초로 하는 계속적 법률관계임을 고려하여 임대인의 인적 신뢰나 경제적 이익을 보호하여 이를 해치지 않게 하고자 함에 있고, 임차인이 임대인의 동의 없이 제3자에게 임차물을 사용·수익시키는 것은 임대인에게 임대차관계를 계속시키기 어려운 배신적 행위가 될 수 있는 것이기 때문에 임대인에게 일방적으로 임대차관계를 종료시킬 수 있도록 하고자 함에 있다. 따라서 임차인이 비록 임대인으로부터 별도의 승낙을 얻지 아니하고 제3자에게 임차물을 사용·수익하도록 한 경우에 있어서도, 임차인의 당해 행위가 임대인에 대한 배신적 행위라고 할 수 없는 특별한 사정이 인정되는 경우에는, 임대인은 자신의 동의 없이 전대차가 이루어졌다는 것만을 이유로 임대차계약을 해지할 수 없으며, 전차인은 그 전대차나 그에 따른 사용·수익을 임대인에게 주장할 수 있다."고 한다(대법원 2007. 11. 29. 선고 2005다64255 판결).

주택임대차보호법에서는 임대차는 그 등기(登記)가 없는 경우에도 임차인(賃借人)이 주택의 인도(引渡)와 주민등록을 마친 때에는 그 다음 날부터 제삼자에 대하여 효력이 생기고 이 경우 전입신고를 한 때에 주민등록이 된 것으로 본다(제3조[247] 제1항). 그리고 제3조 제1항·제2항 또는 제3항의 대항요건(對抗要件)과 임대차계약증서(제3조 제2항 및 제3항의 경우에는 법인과 임대인 사이의 임대차계약증서를 말한다)상의 확정일자(確定日字)를 갖춘 임차인은 「민사집행법」에 따른 경매 또는 「국세징수법」에 따른 공매(公賣)를 할 때에 임차주택(대지를 포함한다)의 환가대금(換價代金)에서 후순위권리자(後順位權利者)나 그 밖의 채권자보다 우선하여 보증금을 변제(辨濟)받을 권리가 있다(제3조의2 제2항). 한편, 2020년 6월 개정에서는 계약갱신에 관한 통지 기간을 '임대차기간이 끝나기 6개월 전부터 1개월 전까지'에서 '임대차기간이 끝나기 6개월 전부터 2개월 전까지'로 변경하여 계약갱신 거절에 따른 사후 준비 기간을 연장하였고(제6조[248] 제1항), 같은 해 7월 개정에서는 임차인의 계약갱신요구권을 보장하여

246 [시행 2020. 12. 10.] [법률 제17363호, 2020. 6. 9., 일부개정]

247 제3조(대항력 등) ① 임대차는 그 등기(登記)가 없는 경우에도 임차인(賃借人)이 주택의 인도(引渡)와 주민등록을 마친 때에는 그 다음 날부터 제삼자에 대하여 효력이 생긴다. 이 경우 전입신고를 한 때에 주민등록이 된 것으로 본다.
② 주택도시기금을 재원으로 하여 저소득층 무주택자에게 주거생활 안정을 목적으로 전세임대주택을 지원하는 법인이 주택을 임차한 후 지방자치단체의 장 또는 그 법인이 선정한 입주자가 그 주택을 인도받고 주민등록을 마쳤을 때에는 제1항을 준용한다. 이 경우 대항력이 인정되는 법인은 대통령령으로 정한다. <개정 2015. 1. 6.>
③ 「중소기업기본법」 제2조에 따른 중소기업에 해당하는 법인이 소속 직원의 주거용으로 주택을 임차한 후 그 법인이 선정한 직원이 해당 주택을 인도받고 주민등록을 마쳤을 때에는 제1항을 준용한다. 임대차가 끝나기 전에 그 직원이 변경된 경우에는 그 법인이 선정한 새로운 직원이 주택을 인도받고 주민등록을 마친 다음 날부터 제삼자에 대하여 효력이 생긴다. <신설 2013. 8. 13.>
④ 임차주택의 양수인(讓受人)(그 밖에 임대할 권리를 승계한 자를 포함한다)은 임대인(賃貸人)의 지위를 승계한 것으로 본다. <개정 2013. 8. 13.>
⑤ 이 법에 따라 임대차의 목적이 된 주택이 매매나 경매의 목적물이 된 경우에는 「민법」 제575조 제1항·제3항 및 같은 법 제578조를 준용한다. <개정 2013. 8. 13.>
⑥ 제5항의 경우에는 동시이행의 항변권(抗辯權)에 관한 「민법」 제536조를 준용한다. <개정 2013. 8. 13.> [전문개정 2008. 3. 21.]

248 제6조(계약의 갱신) ① 임대인이 임대차기간이 끝나기 6개월 전부터 2개월 전까지의 기간에 임차인에게 갱신거절(更新拒絶)의 통지를 하지 아니하거나 계약조건을 변경하지 아니하면 갱신하지 아니한다는 뜻의 통지를 하지 아니한 경우에는 그 기간이 끝난 때에 전 임대차와 동일한 조건으로 다시 임대차한 것으로 본다. 임차인이

기존 2년에서 4년으로 임대차 보장기간을 연장하고(제6조의3[249] 신설), 계약갱신 시 차임이나 보증금의 증액청구는 약정한 차임이나 보증금의 20분의 1의 금액을 초과하지 못하도록 제한하였다(제7조[250] 제2항 신설).

임대차기간이 끝나기 2개월 전까지 통지하지 아니한 경우에도 또한 같다. <개정 2020. 6. 9.>
② 제1항의 경우 임대차의 존속기간은 2년으로 본다. <개정 2009. 5. 8.>
③ 2기(期)의 차임액(借賃額)에 달하도록 연체하거나 그 밖에 임차인으로서의 의무를 현저히 위반한 임차인에 대하여는 제1항을 적용하지 아니한다.

249 제6조의3(계약갱신 요구 등) ① 제6조에도 불구하고 임대인은 임차인이 제6조제1항 전단의 기간 이내에 계약갱신을 요구할 경우 정당한 사유 없이 거절하지 못한다. 다만, 다음 각 호의 어느 하나에 해당하는 경우에는 그러하지 아니하다.
1. 임차인이 2기의 차임액에 해당하는 금액에 이르도록 차임을 연체한 사실이 있는 경우
2. 임차인이 거짓이나 그 밖의 부정한 방법으로 임차한 경우
3. 서로 합의하여 임대인이 임차인에게 상당한 보상을 제공한 경우
4. 임차인이 임대인의 동의 없이 목적 주택의 전부 또는 일부를 전대(轉貸)한 경우
5. 임차인이 임차한 주택의 전부 또는 일부를 고의나 중대한 과실로 파손한 경우
6. 임차한 주택의 전부 또는 일부가 멸실되어 임대차의 목적을 달성하지 못할 경우
7. 임대인이 다음 각 목의 어느 하나에 해당하는 사유로 목적 주택의 전부 또는 대부분을 철거하거나 재건축하기 위하여 목적 주택의 점유를 회복할 필요가 있는 경우
가. 임대차계약 체결 당시 공사시기 및 소요기간 등을 포함한 철거 또는 재건축 계획을 임차인에게 구체적으로 고지하고 그 계획에 따르는 경우
나. 건물이 노후·훼손 또는 일부 멸실되는 등 안전사고의 우려가 있는 경우
다. 다른 법령에 따라 철거 또는 재건축이 이루어지는 경우
8. 임대인(임대인의 직계존속·직계비속을 포함한다)이 목적 주택에 실제 거주하려는 경우
9. 그 밖에 임차인이 임차인으로서의 의무를 현저히 위반하거나 임대차를 계속하기 어려운 중대한 사유가 있는 경우
② 임차인은 제1항에 따른 계약갱신요구권을 1회에 한하여 행사할 수 있다. 이 경우 갱신되는 임대차의 존속기간은 2년으로 본다.
③ 갱신되는 임대차는 전 임대차와 동일한 조건으로 다시 계약된 것으로 본다. 다만, 차임과 보증금은 제7조의 범위에서 증감할 수 있다.
④ 제1항에 따라 갱신되는 임대차의 해지에 관하여는 제6조의2를 준용한다.
⑤ 임대인이 제1항 제8호의 사유로 갱신을 거절하였음에도 불구하고 갱신요구가 거절되지 아니하였더라면 갱신되었을 기간이 만료되기 전에 정당한 사유 없이 제3자에게 목적 주택을 임대한 경우 임대인은 갱신거절로 인하여 임차인이 입은 손해를 배상하여야 한다.
⑥ 제5항에 따른 손해배상액은 거절 당시 당사자 간에 손해배상액의 예정에 관한 합의가 이루어지지 않는 한 다음 각 호의 금액 중 큰 금액으로 한다.
1. 갱신거절 당시 월차임(차임 외에 보증금이 있는 경우에는 그 보증금을 제7조의2 각 호 중 낮은 비율에 따라 월 단위의 차임으로 전환한 금액을 포함한다. 이하 "환산월차임"이라 한다)의 3개월분에 해당하는 금액
2. 임대인이 제3자에게 임대하여 얻은 환산월차임과 갱신거절 당시 환산월차임 간 차액의 2년분에 해당하는 금액
3. 제1항 제8호의 사유로 인한 갱신거절로 인하여 임차인이 입은 손해액
[본조신설 2020. 7. 31.]

250 제7조(차임 등의 증감청구권) ① 당사자는 약정한 차임이나 보증금이 임차주택에 관한 조세, 공과금, 그 밖의 부담의 증감이나 경제사정의 변동으로 인하여 적절하지 아니하게 된 때에는 장래에 대하여 그 증감을 청구할

그 이외에 2001. 12. 29. 제정(시행 2002. 11. 1.)된 「상가건물임대차보호법」[251] 이 있는데, 주택임대차보호법과 마찬가지로 대항력(제3조 제1항[252]) 및 우선변제권(제5조 제2항[253])에 대한 규정을 두고 있으며, 다만 주택임대차보호법과 달리 최단존속기간은 1년이고 갱신청구에 의해 10년까지 기간이 보장되며(제10조[254]), 권

수 있다. 이 경우 증액청구는 임대차계약 또는 약정한 차임이나 보증금의 증액이 있은 후 1년 이내에는 하지 못한다. <개정 2020. 7. 31.>

② 제1항에 따른 증액청구는 약정한 차임이나 보증금의 20분의 1의 금액을 초과하지 못한다. 다만, 특별시·광역시·특별자치시·도 및 특별자치도는 관할 구역 내의 지역별 임대차 시장 여건 등을 고려하여 본문의 범위에서 증액청구의 상한을 조례로 달리 정할 수 있다. <신설 2020. 7. 31.>

251 [시행 2020. 11. 1.] [법률 제17471호, 2020. 7. 31., 일부개정]

252 임대차는 그 등기가 없는 경우에도 임차인이 건물의 인도와 「부가가치세법」 제8조, 「소득세법」 제168조 또는 「법인세법」 제111조에 따른 사업자등록을 신청하면 그 다음 날부터 제3자에 대하여 효력이 생긴다.

253 제3조 제1항의 대항요건을 갖추고 관할 세무서장으로부터 임대차계약서상의 확정일자를 받은 임차인은 「민사집행법」에 따른 경매 또는 「국세징수법」에 따른 공매 시 임차건물(임대인 소유의 대지를 포함한다)의 환가대금에서 후순위권리자나 그 밖의 채권자보다 우선하여 보증금을 변제받을 권리가 있다.

254 제10조(계약갱신 요구 등) ① 임대인은 임차인이 임대차기간이 만료되기 6개월 전부터 1개월 전까지 사이에 계약갱신을 요구할 경우 정당한 사유 없이 거절하지 못한다. 다만, 다음 각 호의 어느 하나의 경우에는 그러하지 아니하다. <개정 2013. 8. 13.>

1. 임차인이 3기의 차임액에 해당하는 금액에 이르도록 차임을 연체한 사실이 있는 경우
2. 임차인이 거짓이나 그 밖의 부정한 방법으로 임차한 경우
3. 서로 합의하여 임대인이 임차인에게 상당한 보상을 제공한 경우
4. 임차인이 임대인의 동의 없이 목적 건물의 전부 또는 일부를 전대(轉貸)한 경우
5. 임차인이 임차한 건물의 전부 또는 일부를 고의나 중대한 과실로 파손한 경우
6. 임차한 건물의 전부 또는 일부가 멸실되어 임대차의 목적을 달성하지 못할 경우
7. 임대인이 다음 각 목의 어느 하나에 해당하는 사유로 목적 건물의 전부 또는 대부분을 철거하거나 재건축하기 위하여 목적 건물의 점유를 회복할 필요가 있는 경우

가. 임대차계약 체결 당시 공사시기 및 소요기간 등을 포함한 철거 또는 재건축 계획을 임차인에게 구체적으로 고지하고 그 계획에 따르는 경우

나. 건물이 노후·훼손 또는 일부 멸실되는 등 안전사고의 우려가 있는 경우

다. 다른 법령에 따라 철거 또는 재건축이 이루어지는 경우

8. 그 밖에 임차인이 임차인으로서의 의무를 현저히 위반하거나 임대차를 계속하기 어려운 중대한 사유가 있는 경우

② 임차인의 계약갱신요구권은 최초의 임대차기간을 포함한 전체 임대차기간이 10년을 초과하지 아니하는 범위에서만 행사할 수 있다. <개정 2018. 10. 16.>

③ 갱신되는 임대차는 전 임대차와 동일한 조건으로 다시 계약된 것으로 본다. 다만, 차임과 보증금은 제11조에 따른 범위에서 증감할 수 있다.

④ 임대인이 제1항의 기간 이내에 임차인에게 갱신 거절의 통지 또는 조건 변경의 통지를 하지 아니한 경우에는 그 기간이 만료된 때에 전 임대차와 동일한 조건으로 다시 임대차한 것으로 본다. 이 경우에 임대차의 존속기간은 1년으로 본다. <개정 2009. 5. 8.>

⑤ 제4항의 경우 임차인은 언제든지 임대인에게 계약해지의 통고를 할 수 있고, 임대인이 통고를 받은 날부터

리금 회수기회 보호에 대한 규정(제10조의4[255])이 있다는 점에 특징이 있다.

3 제3장 사무관리

사무관리는 우리 일상생활에서 쉽게 접하기 어려운 영역인데, 의무없이 타인의 사무를 관리해 주었을 때 발생하는 법정채권관계를 규정하는 것이다. 예를 들어 甲이 가족들과 함께 여행을 떠나 집을 비운 사이 폭우가 쏟아져 甲의 집이 침수될 우려가 생기자 옆집에 살던 乙이 침수 방지를 위한 공사를 하였을 때 생기는 관계 등인데, 이 경우 乙은 어떠한 주의의무를 가지고 사무관리를 해야 하

3개월이 지나면 효력이 발생한다. [전문개정 2009. 1. 30.]

255 제10조의4(권리금 회수기회 보호 등) ① 임대인은 임대차기간이 끝나기 6개월 전부터 임대차 종료 시까지 다음 각 호의 어느 하나에 해당하는 행위를 함으로써 권리금 계약에 따라 임차인이 주선한 신규임차인이 되려는 자로부터 권리금을 지급받는 것을 방해하여서는 아니 된다. 다만, 제10조제1항 각 호의 어느 하나에 해당하는 사유가 있는 경우에는 그러하지 아니하다. <개정 2018. 10. 16.>
1. 임차인이 주선한 신규임차인이 되려는 자에게 권리금을 요구하거나 임차인이 주선한 신규임차인이 되려는 자로부터 권리금을 수수하는 행위
2. 임차인이 주선한 신규임차인이 되려는 자로 하여금 임차인에게 권리금을 지급하지 못하게 하는 행위
3. 임차인이 주선한 신규임차인이 되려는 자에게 상가건물에 관한 조세, 공과금, 주변 상가건물의 차임 및 보증금, 그 밖의 부담에 따른 금액에 비추어 현저히 고액의 차임과 보증금을 요구하는 행위
4. 그 밖에 정당한 사유 없이 임대인이 임차인이 주선한 신규임차인이 되려는 자와 임대차계약의 체결을 거절하는 행위
② 다음 각 호의 어느 하나에 해당하는 경우에는 제1항제4호의 정당한 사유가 있는 것으로 본다.
1. 임차인이 주선한 신규임차인이 되려는 자가 보증금 또는 차임을 지급할 자력이 없는 경우
2. 임차인이 주선한 신규임차인이 되려는 자가 임차인으로서의 의무를 위반할 우려가 있거나 그 밖에 임대차를 유지하기 어려운 상당한 사유가 있는 경우
3. 임대차 목적물인 상가건물을 1년 6개월 이상 영리목적으로 사용하지 아니한 경우
4. 임대인이 선택한 신규임차인이 임차인과 권리금 계약을 체결하고 그 권리금을 지급한 경우
③ 임대인이 제1항을 위반하여 임차인에게 손해를 발생하게 한 때에는 그 손해를 배상할 책임이 있다. 이 경우 그 손해배상액은 신규임차인이 임차인에게 지급하기로 한 권리금과 임대차 종료 당시의 권리금 중 낮은 금액을 넘지 못한다.
④ 제3항에 따라 임대인에게 손해배상을 청구할 권리는 임대차가 종료한 날부터 3년 이내에 행사하지 아니하면 시효의 완성으로 소멸한다.
⑤ 임차인은 임대인에게 임차인이 주선한 신규임차인이 되려는 자의 보증금 및 차임을 지급할 자력 또는 그 밖에 임차인으로서의 의무를 이행할 의사 및 능력에 관하여 자신이 알고 있는 정보를 제공하여야 한다. [본조신설 2015. 5. 13.]

는지(제734조~제738조), 이 과정에서 乙이 입은 피해나 손해에 대해 甲에게 청구할 수 있는지(제739조, 제740조)의 내용을 담고 있다. 이와 관련하여 원고가 경영하는 레스토랑 부근의 레스토랑 주방장으로 일하던 피고가 원고 경영의 레스토랑에 들렀다가 마침 손님이 들어와서 식사가 되느냐고 묻자 으레 식사를 주문할 것으로 알고 주방에 들어가 기름용기 등이 올려져 있는 가스레인지에 불을 켜 놓았다가 손님이 식사를 주문하지 아니하고 음료수만을 주문하여 위 가스레인지의 불이 불필요하게 되었음에도 위 가스레인지의 불을 끄지 아니하고 줄여만 놓은 채 위 레스토랑을 나가는 바람에 위 가스레인지 위의 기름용기가 과열되어 기름이 용기 밖으로 넘치면서 화재가 발생한 사건에서, 피고가 원고를 대신하여 손님이 주문할 음식의 조리를 위한 준비로 위 가스레인지를 점화하여 원고의 사무를 개시한 이상 위 가스레인지의 사용이 필요없게 된 경우 스스로 위 가스레인지의 불을 끄거나 위 레스토랑의 종업원으로 하여금 그 불을 끄도록 조치하는 등 원고에게 가장 이익되는 방법으로 이를 관리하여야 함에도 이를 위반하였으므로 피고는 사무관리자로서 이로 인하여 발생한 이 사건 손해에 대하여 본인인 원고가 입은 손해를 배상할 책임이 있다고 판시한 사례가 있다.[256]

4 제4장 부당이득

법률상 원인없이 타인의 재산 또는 노무로 인하여 이익을 얻고 이로 인하여 타인에게 손해를 가한 자가 그 이익을 반환해야 한다는 부당이득의 법리(제741조)는 사무관리에 비해 친숙하게 느끼는 영역이지만 실무적으로 흔히 발생하는 사안은 아니다. 우리 민법에서는 부당이득의 의의(제741조), 부당이득반환의 예

256 대법원 1995. 9. 29. 선고 94다13008 판결.

외 규정(제742조~제746조), 부당이득의 효과(제747조~제749조)를 규정하고 있는데, 부당이득반환의 예외 규정(제742조~제746조)이 중요하다. 즉, 채무없음을 알고 이를 변제한 때에는 그 반환을 청구하지 못하고(제742조), 변제기에 있지 아니한 채무를 변제한 때에는 그 반환을 청구하지 못하며 다만 채무자가 착오로 인하여 변제한 때에는 채권자는 이로 인하여 얻은 이익을 반환하여야 한다(제743조). 또한 채무없는 자가 착오로 인하여 변제한 경우에 그 변제가 도의관념에 적합한 때에는 그 반환을 청구하지 못하고(제744조), 채무자 아닌 자가 착오로 인하여 타인의 채무를 변제한 경우에 채권자가 선의로 증서를 훼멸하거나 담보를 포기하거나 시효로 인하여 그 채권을 잃은 때에는 변제자는 그 반환을 청구하지 못하며, 이 경우 변제자는 채무자에 대하여 구상권을 행사할 수 있다(제745조). 한편, 제746조는 '불법원인급여'라는 제목 하에 "불법의 원인으로 인하여 재산을 급여하거나 노무를 제공한 때에는 그 이익의 반환을 청구하지 못한다.[257] 그러나 그 불법원인이 수익자에게만 있는 때에는 그러하지 아니하다.[258]"고 규정하고 있는데, 민법 제103조 및 제104조와 관련하여 중요하게 다뤄지는 규정이다.

---

257 대법원 1979. 11. 13. 선고 79다483 전원합의체 판결(민법 제746조는 단지 부당이득제도만을 제한하는 것이 아니라 동법 제103조와 함께 사법의 기본이념으로서, 결국 사회적 타당성이 없는 행위를 한 사람은 스스로 불법한 행위를 주장하여 복구를 그 형식 여하에 불구하고 소구할 수 없다는 이상을 표현한 것이므로, 급여를 한 사람은 그 원인행위가 법률상 무효라 하여 상대방에게 부당이득반환청구를 할 수 없음은 물론 급여한 물건의 소유권은 여전히 자기에게 있다고 하여 소유권에 기한 반환청구도 할 수 없고 따라서 급여한 물건의 소유권은 급여를 받은 상대방에게 귀속된다).

258 대법원 2007. 2. 15. 선고 2004다50426 전원합의체 판결(선량한 풍속 기타 사회질서에 위반하여 무효인 부분의 이자 약정을 원인으로 차주가 대주에게 임의로 이자를 지급하는 것은 통상 불법의 원인으로 인한 재산 급여라고 볼 수 있을 것이나, 불법원인급여에 있어서도 그 불법원인이 수익자에게만 있는 경우이거나 수익자의 불법성이 급여자의 그것보다 현저히 커서 급여자의 반환청구를 허용하지 않는 것이 오히려 공평과 신의칙에 반하게 되는 경우에는 급여자의 반환청구가 허용되므로, 대주가 사회통념상 허용되는 한도를 초과하는 이율의 이자를 약정하여 지급받은 것은 그의 우월한 지위를 이용하여 부당한 이득을 얻고 차주에게는 과도한 반대급부 또는 기타의 부당한 부담을 지우는 것으로서 그 불법의 원인이 수익자인 대주에게만 있거나 또는 적어도 대주의 불법성이 차주의 불법성에 비하여 현저히 크다고 할 것이어서 차주는 그 이자의 반환을 청구할 수 있다).

5 제5장 불법행위

고의 또는 과실로 인한 위법행위로 타인에게 손해를 가한 자는 그 손해를 배상할 책임이 있다(제750조)는 불법행위 법리는 가장 유명하고 잘 알려져 있다. 아마 실무적으로 법적인 다툼이 발생한 사안에서 민법 제750조가 관련되지 않은 사안은 없다고 해도 과언이 아닐 것이다. 먼저 민법상 불법행위책임이 성립하기 위한 일반적인 요건(제750조)과 재산 이외의 손해에 대한 배상(제751조, 제752조), 책임능력(제753조, 제754조), 위법성조각사유로서의 정당방위와 긴급피난(제761조)을 이해한 다음, 다양한 민법상 특수불법행위(제755조~제761조)를 잘 숙지할 필요가 있다. 특히 제756조[259]의 사용자 배상책임과 제760조[260]의 공동불법행위자의 책임이 중요하게 다뤄진다. 한편, 민법상 특수불법행위 이외에 특별법상 특수불법행위로서 자동차운행자의 책임(자동차손배배상보장법), 환경오염책임, 의료과실책임, 제조물책임이 있는데, 각각의 특수한 상황에 맞는 법리가 있기 때문에 민법에 대한 이해가 전제된 다음 살펴보는 것이 타당할 것으로 생각된다.

재산법의 마지막 조문인 제766조는 손해배상청구권의 소멸시효에 대한 규정인데, 불법행위로 인한 손해배상의 청구권은 피해자나 그 법정대리인이 그 손해 및 가해자를 안 날로부터 3년간 이를 행사하지 아니하면 시효로 인하여 소멸하고(제1항), 불법행위를 한 날로부터 10년을 경과한 때에도 같다(제2항). 미성

---

259 제756조(사용자의 배상책임) ① 타인을 사용하여 어느 사무에 종사하게 한 자는 피용자가 그 사무집행에 관하여 제삼자에게 가한 손해를 배상할 책임이 있다. 그러나 사용자가 피용자의 선임 및 그 사무감독에 상당한 주의를 한 때 또는 상당한 주의를 하여도 손해가 있을 경우에는 그러하지 아니하다.
② 사용자에 갈음하여 그 사무를 감독하는 자도 전항의 책임이 있다. <개정 2014. 12. 30.>
③ 전2항의 경우에 사용자 또는 감독자는 피용자에 대하여 구상권을 행사할 수 있다.

260 제760조(공동불법행위자의 책임) ① 수인이 공동의 불법행위로 타인에게 손해를 가한 때에는 연대하여 그 손해를 배상할 책임이 있다.
② 공동 아닌 수인의 행위중 어느 자의 행위가 그 손해를 가한 것인지를 알 수 없는 때에도 전항과 같다.
③ 교사자나 방조자는 공동행위자로 본다.

년자가 성폭력, 성추행, 성희롱, 그 밖의 성적(性的) 침해를 당한 경우에 이로 인한 손해배상청구권의 소멸시효는 그가 성년이 될 때까지는 진행되지 아니한다(제3항). 제3항은 미성년자를 대상으로 하는 성폭력범죄 등은 주변인들이 가해자인 경우가 많아 대리인을 통한 권한 행사가 어려운 상황이라는 점을 고려해 미성년자인 피해자가 성년이 될 때까지 손해배상청구권의 소멸시효를 유예해야 한다는 의견이 제기되고 있다는 점을 감안하여 2020. 10. 20. 개정법에서 신설한 것으로서, 동 규정은 동법 시행(2020. 10. 20.) 전에 행하여진 성적 침해로 발생하여 동법 시행 당시 소멸시효가 완성되지 아니한 손해배상청구권에도 적용한다(부칙 제2조).

V 가족법

친족(제4편)과 상속(제5편)으로 구성된 가족법은 재산법에 비해 강행규정으로서의 성질이 강해서 법리에 대한 이해에 앞서 조문을 충실히 숙지하는 것이 중요한다.

1 친족

제1장 총칙(제767조~제777조), 제2장 가족의 범위와 자의 성과 본(제778조~제799조), 제3장 혼인(제800조~제843조), 제4장 부모와 자(제844조~제927조의2), 제5장 후견(제928조~제959조의20), 제6장 친족회(제960조~제973조 : 2011. 3. 7. 삭제), 제7장 부양(제974조~제979조), 제8장 호주승계(제980조~제996조: 2005. 3. 31. 삭제)로 구성되어 있다. 즉, 제8장까지로 되어 있지만 2011. 3. 7. 개정법에서 종전의 무능력자 제도를 제한능력자 제도로 전환하면서 후견제도를 개정하고 기존의 친족회에 관한 제6장은 삭제하였고, 종전 민법의 친족편에 규정되어 있는 호주를 중심으로 가(家)를 구성하는 호주제도는 양성평등이라는 헌법이념과 시대변화에 부합하지 아니하여[261] 2005. 3. 31. 개정법에서 제8장

261 헌법재판소 2005. 2. 3. 선고 2001헌가9,10,11,12,13,14,15,2004헌가5(병합) 전원재판부.
(1) 호주제는 '호주를 정점으로 가(家)라는 관념적 집합체를 구성하고, 이러한 가를 직계비속남자를 통하여 승계시키는 제도', 달리 말하면 남계혈통을 중심으로 가족집단을 구성하고 이를 대대로 영속시키는데 필요한 여러 법적 장치로서, 단순히 집안의 대표자를 정하여 이를 호주라는 명칭으로 부르고 호주를 기준으로 호적을 편제하는 제도는 아니다.
(2) 호주제는 성역할에 관한 고정관념에 기초한 차별로서, 호주승계 순위, 혼인 시 신분관계 형성, 자녀의 신분관계 형성에 있어서 정당한 이유없이 남녀를 차별하는 제도이고, 이로 인하여 많은 가족들이 현실적 가족생활과 가족의 복리에 맞는 법률적 가족관계를 형성하지 못하여 여러모로 불편과 고통을 겪고 있다. 숭조사상, 경로

을 삭제하여 실제로는 6개의 장으로 구성되어 있다. 제3장 이후부터는 아래에서 살펴보기로 하고, 제1장과 제2장에 대해서만 간략히 보면 제1장에서는 배우자, 혈족 및 인척을 친족으로 정의하고(제767조), 혈족과 인척[262]에 대한 기본적인 개념을 규정하며, 친족관계로 인한 법률상 효력이 미치는 친족의 범위를 원칙적으로 8촌 이내의 혈족, 4촌 이내의 인척, 배우자로 규정한다(제777조). 그리고 제2장에서는 가족의 범위를 ⅰ) 배우자, 직계혈족 및 형제자매, ⅱ) 생계를 같이 하는 직계혈족의 배우자, 배우자의 직계혈족 및 배우자의 형제자매로 하고(제779조), 자녀의 성과 본은 부의 성과 본을 따르는 것을 원칙으로 하되 모의 성과 본을 따를 수 있는 경우를 규정하고 있다(제781조[263]).

효친, 가족화합과 같은 전통사상이나 미풍양속은 문화와 윤리의 측면에서 얼마든지 계승, 발전시킬 수 있으므로 이를 근거로 호주제의 명백한 남녀차별성을 정당화하기 어렵다.

(3) 호주제는 당사자의 의사나 복리와 무관하게 남계혈통 중심의 가의 유지와 계승이라는 관념에 뿌리박은 특정한 가족관계의 형태를 일방적으로 규정·강요함으로써 개인을 가족 내에서 존엄한 인격체로 존중하는 것이 아니라 가의 유지와 계승을 위한 도구적 존재로 취급하고 있는데, 이는 혼인·가족생활을 어떻게 꾸려나갈 것인지에 관한 개인과 가족의 자율적 결정권을 존중하라는 헌법 제36조 제1항에 부합하지 않는다.

(4) 오늘날 가족관계는 한 사람의 가장(호주)과 그에 복속하는 가속(家屬)으로 분리되는 권위주의적인 관계가 아니라, 가족원 모두가 인격을 가진 개인으로서 성별을 떠나 평등하게 존중되는 민주적인 관계로 변화하고 있고, 사회의 분화에 따라 가족의 형태도 모와 자녀로 구성되는 가족, 재혼부부와 그들의 전혼소생자녀로 구성되는 가족 등으로 매우 다변화되었으며, 여성의 경제력 향상, 이혼율 증가 등으로 여성이 가구주로서 가장의 역할을 맡는 비율이 점증하고 있다. 호주제가 설사 부계혈통주의에 입각한 전래의 가족제도와 일정한 연관성을 지닌다고 가정하더라도, 이와 같이 그 존립의 기반이 붕괴되어 더 이상 변화된 사회환경 및 가족관계와 조화되기 어렵고 오히려 현실적 가족공동체를 질곡하기도 하는 호주제를 존치할 이유를 찾아보기 어렵다.

262 제769조(인척의 계원) 혈족의 배우자, 배우자의 혈족, 배우자의 혈족의 배우자를 인척으로 한다.

263 제781조(자의 성과 본) ① 자는 부의 성과 본을 따른다. 다만, 부모가 혼인신고시 모의 성과 본을 따르기로 협의한 경우에는 모의 성과 본을 따른다.
② 부가 외국인인 경우에는 자는 모의 성과 본을 따를 수 있다.
③ 부를 알 수 없는 자는 모의 성과 본을 따른다.
④ 부모를 알 수 없는 자는 법원의 허가를 받아 성과 본을 창설한다. 다만, 성과 본을 창설한 후 부 또는 모를 알게 된 때에는 부 또는 모의 성과 본을 따를 수 있다.
⑤ 혼인외의 출생자가 인지된 경우 자는 부모의 협의에 따라 종전의 성과 본을 계속 사용할 수 있다. 다만, 부모가 협의할 수 없거나 협의가 이루어지지 아니한 경우에는 자는 법원의 허가를 받아 종전의 성과 본을 계속 사용할 수 있다.
⑥ 자의 복리를 위하여 자의 성과 본을 변경할 필요가 있을 때에는 부, 모 또는 자의 청구에 의하여 법원의 허가를 받아 이를 변경할 수 있다. 다만, 자가 미성년자이고 법정대리인이 청구할 수 없는 경우에는 제777조의 규정에 따른 친족 또는 검사가 청구할 수 있다.
[전문개정 2005. 3. 31.]

가. 혼인

제1절 약혼(제800조~제806조), 제2절 혼인의 성립(제807조~제814조), 제3절 혼인의 무효와 취소(제815조~제825조), 제4절 혼인의 효력(제826조~제833조), 제5절 이혼(제834조~제843조)로 구성되어 있다.

우리 민법상 약혼연령은 혼인연령과 같이 만 18세이고(제801조, 제807조), 약혼의 경우 해제사유가 있는데 반해(제804조) 혼인은 무효사유(제815조)와 취소사유가 있다(제816조). 혼인의 무효사유는 1) 당사자간에 혼인의 합의가 없는 때, 2) 혼인이 제809조[264] 제1항의 규정을 위반한 때, 3) 당사자간에 직계인척관계(直系姻戚關係)가 있거나 있었던 때, 4) 당사자간에 양부모계의 직계혈족관계가 있었던 때 등 4가지이고, 혼인의 취소사유는 1) 혼인연령의 미달, 2) 미성년자 또는 피성년후견인이 부모나 성년후견인의 동의 없이 혼인한 경우, 3) 제809조 제2항 및 제3항에 해당하는 근친혼, 4), 중혼에 해당하는 경우, 5) 혼인당시 당사자 일방에 부부생활을 계속할 수 없는 악질 기타 중대사유 있음을 알지 못한 때, 6) 사기 또는 강박으로 인하여 혼인의 의사표시를 한 때 등 6가지이다.

혼인이 성립하면[265] 부부간 동거·부양·협조의무가 생기고(제826조), 일상의 가사에 대한 대리권이 인정된다(제827조). 재산관계에 대해서는 우리 민법이 부부별산제를 취하고 있어 부부는 그 특유재산[266]을 각자 관리, 사용, 수익하며(제831조) 다만 부부의 누구에게 속한 것인지 분명하지 아니한 재산은 부부의 공

---

264 제809조(근친혼 등의 금지) ① 8촌 이내의 혈족(친양자의 입양 전의 혈족을 포함한다) 사이에서는 혼인하지 못한다.
② 6촌 이내의 혈족의 배우자, 배우자의 6촌 이내의 혈족, 배우자의 4촌 이내의 혈족의 배우자인 인척이거나 이러한 인척이었던 자 사이에서는 혼인하지 못한다.
③ 6촌 이내의 양부모계(養父母系)의 혈족이었던 자와 4촌 이내의 양부모계의 인척이었던 자 사이에서는 혼인하지 못한다. [전문개정 2005. 3. 31.]

265 제812조(혼인의 성립) ① 혼인은 「가족관계의 등록 등에 관한 법률」에 정한 바에 의하여 신고함으로써 그 효력이 생긴다. <개정 2007. 5. 17.>
② 전항의 신고는 당사자 쌍방과 성년자인 증인 2인의 연서한 서면으로 하여야 한다.

266 부부의 일방이 혼인전부터 가진 고유재산과 혼인중 자기의 명의로 취득한 재산은 그 특유재산으로 한다(제830조 제1항).

유로 추정하고(제830조 제2항), 부부의 공동생활에 필요한 비용은 당사자간에 특별한 약정이 없으면 부부가 공동으로 부담한다(제833조).

이혼은 협의상 이혼(제5절 제1관: 제834조~제839조의3)과 재판상 이혼(제5절 제2관: 제840조~제843조)이 있고, 재판상 이혼사유는 1) 배우자에 부정한 행위가 있었을 때, 2) 배우자가 악의로 다른 일방을 유기한 때, 3) 배우자 또는 그 직계존속으로부터 심히 부당한 대우를 받았을 때, 4) 자기의 직계존속이 배우자로부터 심히 부당한 대우를 받았을 때, 5) 배우자의 생사가 3년 이상 분명하지 아니한 때, 6) 기타 혼인을 계속하기 어려운 중대한 사유가 있을 때 등 6가지가 있다(제840조). 이혼을 하는 경우 양육책임(제837조: 양육자의 결정, 양육비용의 부담, 면접교섭권의 행사 여부 및 그 방법), 면접교섭권(제837조의2), 재산분할(제839조의2[267])에 대해 결정한다(제843조).

❖ 유책배우자의 이혼청구[268]

[다수의견] (가) 이혼에 관하여 파탄주의를 채택하고 있는 여러 나라의 이혼법제는 우리나라와 달리 재판상 이혼만을 인정하고 있을 뿐 협의상 이혼을 인정하지 아니하고 있다. 우리나라에서는 유책배우자라 하더라도 상대방 배우자와 협의를 통하여 이혼을 할 수 있는 길이 열려 있다. 이는 유책배우자라도 진솔한 마음과 충분한 보상으로 상대방을 설득함으로써 이혼할 수 있는 방도가 있음을 뜻하므로, 유책배우자의 행복추구권을 위하여 재판상 이혼원인에 있어서까지 파탄주의를 도입하여야 할 필연적인 이유가 있는 것은 아니다.

우리나라에는 파탄주의의 한계나 기준, 그리고 이혼 후 상대방에 대한 부양적 책임 등에 관해 아무런 법률 조항을 두고 있지 아니하다. 따라서 유책배우자의 상대방을 보호

267 제839조의2(재산분할청구권) ① 협의상 이혼한 자의 일방은 다른 일방에 대하여 재산분할을 청구할 수 있다. ② 제1항의 재산분할에 관하여 협의가 되지 아니하거나 협의할 수 없는 때에는 가정법원은 당사자의 청구에 의하여 당사자 쌍방의 협력으로 이룩한 재산의 액수 기타 사정을 참작하여 분할의 액수와 방법을 정한다. ③ 제1항의 재산분할청구권은 이혼한 날부터 2년을 경과한 때에는 소멸한다.

268 대법원 2015. 9. 15. 선고 2013므568 전원합의체 판결.

할 입법적인 조치가 마련되어 있지 아니한 현 단계에서 파탄주의를 취하여 유책배우자의 이혼청구를 널리 인정하는 경우 유책배우자의 행복을 위해 상대방이 일방적으로 희생되는 결과가 될 위험이 크다.

유책배우자의 이혼청구를 허용하지 아니하고 있는 데에는 중혼관계에 처하게 된 법률상 배우자의 축출이혼을 방지하려는 의도도 있는데, 여러 나라에서 간통죄를 폐지하는 대신 중혼에 대한 처벌규정을 두고 있는 것에 비추어 보면 이에 대한 아무런 대책 없이 파탄주의를 도입한다면 법률이 금지하는 중혼을 결과적으로 인정하게 될 위험이 있다.

가족과 혼인생활에 관한 우리 사회의 가치관이 크게 변화하였고 여성의 사회 진출이 대폭 증가하였더라도 우리 사회가 취업, 임금, 자녀양육 등 사회경제의 모든 영역에서 양성평등이 실현되었다고 보기에는 아직 미흡한 것이 현실이다. 그리고 우리나라에서 이혼율이 급증하고 이혼에 대한 국민의 인식이 크게 변화한 것이 사실이더라도 이는 역설적으로 혼인과 가정생활에 대한 보호의 필요성이 그만큼 커졌다는 방증이고, 유책배우자의 이혼청구로 인하여 극심한 정신적 고통을 받거나 생계유지가 곤란한 경우가 엄연히 존재하는 현실을 외면해서도 아니 될 것이다.

(나) 이상의 논의를 종합하여 볼 때, 민법 제840조 제6호 이혼사유에 관하여 유책배우자의 이혼청구를 원칙적으로 허용하지 아니하는 종래의 대법원판례를 변경하는 것이 옳다는 주장은 아직은 받아들이기 어렵다.

유책배우자의 이혼청구를 허용하지 아니하는 것은 혼인제도가 요구하는 도덕성에 배치되고 신의성실의 원칙에 반하는 결과를 방지하려는 데 있으므로, 혼인제도가 추구하는 이상과 신의성실의 원칙에 비추어 보더라도 책임이 반드시 이혼청구를 배척해야 할 정도로 남아 있지 아니한 경우에는 그러한 배우자의 이혼청구는 혼인과 가족제도를 형해화할 우려가 없고 사회의 도덕관·윤리관에도 반하지 아니하므로 허용될 수 있다.

그리하여 상대방 배우자도 혼인을 계속할 의사가 없어 일방의 의사에 따른 이혼 내지 축출이혼의 염려가 없는 경우는 물론, 나아가 이혼을 청구하는 배우자의 유책성을 상쇄할 정도로 상대방 배우자 및 자녀에 대한 보호와 배려가 이루어진 경우, 세월의 경과에 따라 혼인파탄 당시 현저하였던 유책배우자의 유책성과 상대방 배우자가 받은 정신적 고통이 점차 약화되어 쌍방의 책임의 경중을 엄밀히 따지는 것이 더 이상 무의미할 정도가 된 경우 등과 같이 혼인생활의 파탄에 대한 유책성이 이혼청구를 배척해야 할 정도로 남아 있지 아니한 특별한 사정이 있는 경우에는 예외적으로 유책배우자의 이혼청구를 허용할 수 있다.

유책배우자의 이혼청구를 예외적으로 허용할 수 있는지 판단할 때에는, 유책배우자 책임의 태양·정도, 상대방 배우자의 혼인계속의사 및 유책배우자에 대한 감정, 당사자의 연령, 혼인생활의 기간과 혼인 후의 구체적인 생활관계, 별거기간, 부부간의 별거 후에 형성된 생활관계, 혼인생활의 파탄 후 여러 사정의 변경 여부, 이혼이 인정될 경우의 상대방 배우자의 정신적·사회적·경제적 상태와 생활보장의 정도, 미성년 자녀의 양육·교육·복지의 상황, 그 밖의 혼인관계의 여러 사정을 두루 고려하여야 한다.

[대법관 민일영, 대법관 김용덕, 대법관 고영한, 대법관 김창석, 대법관 김신, 대법관 김소영의 반대의견] (가) 이혼에 대한 사회 일반의 인식, 사회·경제적 환경의 변화와 아울러 이혼 법제 및 실무의 변화 등을 함께 종합하여 볼 때, 유책배우자의 이혼청구라는 이유만으로 민법 제840조 제6호 이혼사유에 의한 재판상 이혼청구를 제한하여야 할 필요는 상당히 감소하였다.

상대방 배우자의 혼인계속의사는 부부공동생활관계가 파탄되고 객관적으로 회복할 수 없을 정도에 이르렀는지 등을 판단할 때에 참작하여야 하는 중요한 요소라 할 수 있다. 그렇지만 그러한 의사를 참작하였음에도 부부공동생활관계가 객관적으로 회복할 수 없을 정도로 파탄되었다고 인정되는 경우에, 다시 상대방 배우자의 주관적인 의사만을 가지고 형식에 불과한 혼인관계를 해소하는 이혼청구가 불허되어야 한다고 단정하는 것은 불합리하며, 협의가 이루어지지 아니할 때의 혼인해소 절차를 규정한 재판상 이혼제도의 취지에도 부합하지 아니한다.

간통죄는 과거의 간통행위 자체에 대한 형사적인 제재인 반면 혼인파탄에 따른 이혼은 혼인의 실체가 소멸함에 따른 장래의 혼인 법률관계의 해소로서 제도의 목적과 법적 효과가 다르므로, 간통을 한 유책배우자에 대한 형사적 제재가 없어졌다고 하더라도, 민사상의 불법행위에 해당하는 간통행위로 인한 손해배상책임을 강화하는 것은 별론으로 하고, 혼인의 실체가 소멸한 법률관계를 달리 처우하여야 할 필요는 없다.

(나) 위와 같은 여러 사정들을 종합하여 보면, 혼인관계가 파탄되었음에도 유책배우자가 이혼을 청구하고 상대방이 이를 거부한다는 사정만으로 일률적으로 이혼청구를 배척하는 것은 더 이상 이혼을 둘러싼 갈등 해소에 적절하고 합리적인 해결 방안이라고 보기 어렵다.

부부공동생활관계가 회복할 수 없을 정도로 파탄된 경우에는 원칙적으로 제6호 이혼사유에 해당하지만, 이혼으로 인하여 파탄에 책임 없는 상대방 배우자가 정신적·사회적·경제적으로 심히 가혹한 상태에 놓이는 경우, 부모의 이혼이 자녀의 양육·교육·복지를 심각하게 해치는 경우, 혼인기간 중에 고의로 장기간 부양의무 및 양육의무를 저버린 경우, 이혼에 대비하여 책임재산을 은닉하는 등 재산분할, 위자료의 이행을 의도적으로 회피하여 상대방 배우자를 곤궁에 빠뜨리는 경우 등과 같이, 유책배우자의 이혼청구를 인용한다면 상대방 배우자나 자녀의 이익을 심각하게 해치는 결과를 가져와 정의·공평의 관념에 현저히 반하는 객관적인 사정이 있는 경우에는 헌법이 보장하는 혼인과 가족제도를 형해화할 우려가 있으므로, 그와 같은 객관적인 사정이 부존재하는 경우에 한하여 제6호 이혼사유가 있다고 해석하는 것이 혼인을 제도적으로 보장한 헌법 정신에 부합한다.

그리고 혼인파탄에 책임이 없는 배우자에 대하여 재판상 이혼을 허용할 경우에도, 혼인관계 파탄으로 입은 정신적 고통에 대한 위자료의 액수를 정할 때에 주된 책임이 있는 배우자의 유책성을 충분히 반영함으로써 혼인 해소에 대한 책임을 지우고 상대방 배우자에게 실질적인 손해 배상이 이루어질 수 있도록 하며, 재산분할의 비율·액수를 정할 때에도 혼인 중에 이룩한 재산관계의 청산뿐 아니라 부양적 요소를 충분히 반영하여 상대방 배우자가 이혼 후에도 혼인 중에 못지않은 생활을 보장받을 수 있도록 함으로써, 이혼청구 배우자의 귀책사유와 상대방 배우자를 위한 보호 및 배려 사이에 균형과 조화를 도모하여야 한다.

❖ 이혼시 친권과 양육권의 결정

- 대법원 2012. 4. 13. 선고 2011므4719 판결(상고 기각)

[1] 부모가 이혼하는 경우 부모 중에서 미성년인 자의 친권을 가지는 사람 및 양육자를 정할 때에 고려하여야 할 요소

[2] 이혼 후 부모와 자녀의 관계에서 친권과 양육권이 항상 동일인에게 귀속되어야 하는지 여부(소극) 및 일정한 조건을 충족하는 경우 이혼 후 자(자)에 대한 양육권이 부모 중 어느 일방에, 친권이 다른 일방에 또는 부모에 공동으로 귀속되는 것으로 정할 수 있는지 여부(적극)

【판결요지】

[1] 자의 양육을 포함한 친권은 부모의 권리이자 의무로서 미성년인 자의 복지에 직접적인 영향을 미친다. 그러므로 부모가 이혼하는 경우에 부모 중에서 미성년인 자의 친권을 가지는 사람 및 양육자를 정함에 있어서는, 미성년인 자의 성별과 연령, 그에 대한 부모의 애정과 양육의사의 유무는 물론, 양육에 필요한 경제적 능력의 유무, 부 또는 모와 미성년인 자 사이의 친밀도, 미성년인 자의 의사 등의 모든 요소를 종합적으로 고려하여 미성년인 자의 성장과 복지에 가장 도움이 되고 적합한 방향으로 판단하여야 한다.

[2] 민법 제837조, 제909조 제4항, 가사소송법 제2조 제1항 제2호 나목의 3) 및 5) 등이 부부의 이혼 후 그 자의 친권자와 그 양육에 관한 사항을 각기 다른 조항에서 규정하고 있는 점 등에 비추어 보면, 이혼 후 부모와 자녀의 관계에 있어서 친권과 양육권이 항상 같은 사람에게 돌아가야 하는 것은 아니며, 이혼 후 자에 대한 양육권이 부모 중 어느 일방에, 친권이 다른 일방에 또는 부모에 공동으로 귀속되는 것으로 정하는 것은, 비록 신중한 판단이 필요하다고 하더라도, 일정한 기준을 충족하는 한 허용된다고 할 것이다.[269]

---

269 위와 같은 법리에 비추어 기록을 살펴보면, 원심(수원지방법원 2011. 11. 29. 선고 2011르677 판결)이 이 사건 이혼에 있어서 사건본인에 대한 친권이 원고와 피고에 공동으로 귀속하는 것으로, 양육권이 원고에게 귀속하는 것으로 정한 것은 원고가 주장하는 사정들을 고려하더라도 수긍할 수 있고, 거기에 상고이유의 주장과 같이 이혼에 있어서 자에 대한 친권 또는 양육권의 귀속에 관한 법리를 오해하여 판결에 영향을 미친 위법이 있다고 할 수 없다. 기록을 살펴보면, 원심이 이 사건 이혼에 있어서 피고의 사건본인과의 면접교섭에 관하여 원고가 대구에서 원고와 거주하고 있는 사건본인을 현재 서울에 있는 피고 어머니의 주거지로 데려다 주고 피고가 면접교섭을 마친 후 사건본인을 그 주거지로 데려다 주도록 정한 것은 수긍할 수 있고, 거기에 상고이유의 주장과 같이 면접교섭의 방법에 관한 법리를 오해하는 등의 위법이 있다고 할 수 없다.

수원지방법원 2011. 11. 29. 선고 2011르677 판결

【주 문】

1. 제1심 판결 중 위자료 부분을 제외한 나머지 부분을 다음과 같이 변경한다.
가. 원고와 피고는 이혼한다.
나. 피고는 원고에게 재산분할로 15,093,058원 및 이에 대한 이 사건 판결 확정일 다음 날부터 다 갚는 날까지 연 5%의 비율에 의한 금원을 지급하라.[270]
다. 사건본인의 친권자로 원고와 피고를 공동으로 지정하고, 사건본인의 양육자로 원고를 지정한다.
라. 피고는 원고에게 사건본인의 과거 양육비로 3,500,000원을 지급하고, 사건본인의 장래 양육비로 2011. 11. 30.부터 사건본인이 성년에 이르기 전날까지 월 700,000원을 매월 말일에 지급하라.
마. 피고는 다음과 같이 사건본인을 면접교섭할 수 있고, 원고는 면접교섭이 원만하게 이루어지도록 협조하여야 한다.
(1) 시기 및 장소 : 월 2회(매월 둘째 주 및 넷째 주 각 토요일부터 일요일까지), 대구
(2) 사건본인의 인도 방법
(가) 토요일에는 원고가 출근하기 전에 피고 모친의 주거지로 사건본인을 데려다 준다.
(나) 면접교섭을 마친 후 일요일에는 16:00 내지 17:00경에 피고가 사건본인의 주거지로 사건본인을 데려다 준다.
(3) 만약 피고가 면접교섭을 못하게 되는 경우에는 원고에게 그 주 목요일 저녁까지 전화 또는 문자로 면접교섭을 못하게 된 사정을 알려야 하고, 당사자들이 협의하여 월 1회에 한하여 면접교섭 시기를 변경할 수 있다.
2. 소송총비용은 각자 부담한다.

나. 부모와 자

제1절 친생자(제844조~제865조), 제2절 양자(제866조~제908조의8), 제3절 친권(제909조~제927조)으로 구성되고 있다. 제1절 친생자와 관련하여 아내가 혼인 중에 임신한 자녀는 남편의 자녀로 추정하고(제844조 제1항), 혼인이 성립한 날부터 200일 후에 출생한 자녀와 혼인관계가 종료된 날부터 300일 이내에 출생한 자녀는 혼인 중에 임신한 것으로 추정한다(제844조 제2항, 제3항). 그리고 이러한 친생관계를 부인하고자 하는 경우에는 부(夫) 또는 처(妻)가 다른 일방 또는 자(子)를 상대로 하여 그 사유가 있음을 안 날부터 2년내에 친생부인(親生否認)의 소(訴)를 제기하여야 하고(제847조 제1항), 상대방이 될 자가 모두 사망한 때에는 그 사망을 안 날부터 2년내에 검사를 상대로 하여 친생부인의 소를 제기할 수 있다(제847조 제2항).

제2절 양자는 제1관 입양의 요건과 효력(제866조~제882조의2), 제2관 입양의 무효와 취소(제883조~제897조), 제3관 파양(제898조~제908조), 제4관 친양자(제908조의2~제908조의8)로 구성되고, 제3관 파양은 제1항 협의상 파양(제898조~제904조)과 제2항 재판상 파양(제905조~제908조)으로 구분된다. 성년이 된 사람은 입양(入養)을 할 수 있고(제866조), 미성년자를 입양하려는 사람은 가정법원의 허가를 얻어야 한다(제867조). 양자가 될 사람이 13세 이상의 미성년자인 경우에는 법정대리인의 동의를 받아 입양을 승낙하고(제869조 제1항), 양자가 될 사람이 13세 미만인 경우에는 법정대리인이 그를 갈음하여 입양을 승낙한다(제869조 제2항). 다만 법정대리인이 정당한 이유 없이 동의 또는 승낙을

270 원고와 피고의 혼인기간 동안 주로 피고가 직장생활을 하여 얻은 수입으로 가정 생계가 유지되었던 점, 원고가 주부로서 생활하다가 매장관리직원을 하여 번 돈으로 가계에 보탬이 된 점, 원고와 피고의 공동 주거 마련에 있어서 피고의 기여가 큰 점, 원고가 사건본인을 혼자 양육하고 있음에도 피고가 양육비를 지급하지 아니하였고, 원고가 이 사건에서 제1심 판결 선고일 이후 양육비만을 구하고 있는 점, 원고와 피고가 동거를 시작한 때부터 원고가 가출한 시점까지 원고와 피고가 함께 산 기간은 4년에 이르는 점, 피고가 원고와의 혼인기간 중 발생한 전세자금 대출금 채무 및 마이너스통장 대출금 채무를 변제한 점 등 이 사건 변론에 드러난 여러 가지 사정을 종합적으로 고려하면, 이 사건 재산분할의 비율은 원고는 27%, 피고는 73%로 각 정함이 상당하다.

거부하거나 법정대리인의 소재를 알 수 없는 등의 사유로 동의 또는 승낙을 받을 수 없는 경우에는 그러한 동의나 승낙 없이 가정법원이 입양의 허가를 할 수 있다(제869조 제3항). 입양에 대해서는 무효사유(제883조)와 취소사유(제884조)가 있고, 1) 양부모가 양자를 학대 또는 유기하거나 그 밖에 양자의 복리를 현저히 해친 경우, 2) 양부모가 양자로부터 심히 부당한 대우를 받은 경우, 3) 양부모나 양자의 생사가 3년 이상 분명하지 아니한 경우, 4) 그 밖에 양친자관계를 계속하기 어려운 중대한 사유가 있는 경우 재판상 파양사유가 된다(제905조).

한편 2005. 3. 31. 개정법에서는 입양제도의 현실을 반영하고 양자의 복리를 증진시키기 위하여 양친과 양자에게 친족관계를 인정하면서 양친의 성과 본을 따르게 하는 친양자제도를 도입하였는데, 친양자 입양에 해당하면[271] 친양자는 부부의 혼인 중 출생자로 본다(제908조의3).

다음으로 제3절 친권은 제1관 총칙(제909조~제912조), 제2관 친권의 효력(제913조~제923조), 제3관 친권의 상실, 일시 정지 및 일부 제한(제924조~제

---

271 제908조의2(친양자 입양의 요건 등) ① 친양자(親養子)를 입양하려는 사람은 다음 각 호의 요건을 갖추어 가정법원에 친양자 입양을 청구하여야 한다.
1. 3년 이상 혼인 중인 부부로서 공동으로 입양할 것. 다만, 1년 이상 혼인 중인 부부의 한쪽이 그 배우자의 친생자를 친양자로 하는 경우에는 그러하지 아니하다.
2. 친양자가 될 사람이 미성년자일 것
3. 친양자가 될 사람의 친생부모가 친양자 입양에 동의할 것. 다만, 부모가 친권상실의 선고를 받거나 소재를 알 수 없거나 그 밖의 사유로 동의할 수 없는 경우에는 그러하지 아니하다.
4. 친양자가 될 사람이 13세 이상인 경우에는 법정대리인의 동의를 받아 입양을 승낙할 것
5. 친양자가 될 사람이 13세 미만인 경우에는 법정대리인이 그를 갈음하여 입양을 승낙할 것
② 가정법원은 다음 각 호의 어느 하나에 해당하는 경우에는 제1항제3호·제4호에 따른 동의 또는 같은 항 제5호에 따른 승낙이 없어도 제1항의 청구를 인용할 수 있다. 이 경우 가정법원은 동의권자 또는 승낙권자를 심문하여야 한다.
1. 법정대리인이 정당한 이유 없이 동의 또는 승낙을 거부하는 경우. 다만, 법정대리인이 친권자인 경우에는 제2호 또는 제3호의 사유가 있어야 한다.
2. 친생부모가 자신에게 책임이 있는 사유로 3년 이상 자녀에 대한 부양의무를 이행하지 아니하고 면접교섭을 하지 아니한 경우
3. 친생부모가 자녀를 학대 또는 유기하거나 그 밖에 자녀의 복리를 현저히 해친 경우
③ 가정법원은 친양자가 될 사람의 복리를 위하여 그 양육상황, 친양자 입양의 동기, 양부모의 양육능력, 그 밖의 사정을 고려하여 친양자 입양이 적당하지 아니하다고 인정하는 경우에는 제1항의 청구를 기각할 수 있다.
[전문개정 2012. 2. 10.]

927조의2)으로 구성되고, 총칙에서는 친권의 행사에 대한 일반 규정을, 친권의 효력에서는 친권자의 권리의무로서 보호·교양의 권리의무(제913조), 거소지정권(제914조), 징계권(제915조), 자의 재산에 대한 관리(제916조, 제918조), 친권자의 대리권(제920조)과 주의의무(제922조) 등에 대해 규정한다. 그리고 친권의 상실, 일시 정지 및 일부 제한에서는 친권의 상실, 일시 정지 및 일부 제한의 요건 및 절차, 효과, 실권 회복 등에 대해 규정한다.[272]

다. 후견과 부양

후견과 부양은 일상 생활에서 자주 접하는 영역이 아니어서 전체적인 구성과 대략적인 내용 중심으로 간단히 보면 될 것으로 생각되는데, 제5장 후견은 제1절 미성년후견과 성년후견(제928조~제959조), 제2절 한정후견과 특정후견(제959조의2~제959조의13), 제3절 후견계약(제959조의14~제959조의20)으로 구성되고, 제1절은 다시 제1관 후견인(제928조~제940조), 제2관 후견감독인(제940조의2~제940조의7), 제3관 후견인의 임무(제941조~제956조), 제4관 후견의 종료(제957조~제959조)로 구성되는데, 제한능력자의 유형에 따른 후견 관련 규정들을 두고 있다.

그리고 제7장 부양에서는 부양의무(제974조[273]), 부양의무와 생활능력(제

---

272 대법원 1993. 3. 4.자 93스3 결정(친권은 미성년인 자의 양육과 감호 및 재산관리를 적절히 함으로써 그의 복리를 확보하도록 하기 위한 부모의 권리이자 의무의 성격을 갖는 것으로서, 민법 제924조에 의한 친권상실선고사유의 해당 여부를 판단함에 있어서도 친권의 목적이 자녀의 복리보호에 있다는 점이 판단의 기초가 되어야 하고, 설사 친권자에게 간통 등의 비행이 있어 자녀들의 정서나 교육 등에 악영향을 줄 여지가 있다 하더라도 친권의 대상인 자녀의 나이나 건강상태를 비롯하여 관계인들이 처해 있는 여러 구체적 사정을 고려하여 비행을 저지른 친권자를 대신하여 다른 사람으로 하여금 친권을 행사하거나 후견을 하게 하는 것이 자녀의 복리를 위하여 보다 낫다고 인정되는 경우가 아니라면 섣불리 친권상실을 인정하여서는 안 된다. - 자녀들의 양육과 보호에 관한 의무를 소홀히 하지 아니한 모의 간통행위로 말미암아 부가 사망하는 결과가 초래된 사실만으로써는 모에 대한 친권상실선고사유에 해당한다고 볼 수 없다고 하여 이와 달리 판단한 원심을 파기 한 사례).

273 제974조(부양의무) 다음 각호의 친족은 서로 부양의 의무가 있다.
1. 직계혈족 및 그 배우자간
2. (호주와 가족간)삭제 <1990. 1. 13.>
3. 기타 친족간(生計를 같이 하는 境遇에 限한다.)

975조[274]), 부양의 순위(제976조), 부양의 정도, 방법(제977조),[275] 부양관계의 변경 또는 취소(제978조), 부양청구권처분의 금지(제979조: 부양을 받을 권리를 이를 처분하지 못한다.)를 규정하고 있다.

2 상속

제1장 상속(제997조~제1059조), 제2장 유언(제1060조~제1111조), 제3장 유류분(제1112조~제1118조)으로 구성되어 있다. 상속은 실생활에서 항상 접하는 문제이기 때문에 이에 대한 기본적인 법리는 숙지해 두는 것이 좋겠다.

가. 상속

(1) 총칙 및 상속인

제1절 총칙(제997조~제999조), 제2절 상속인(제1000조~제1004조), 제3절 상속의 효력(제1005조~제1018조), 제4절 상속의 승인 및 포기(제1019조~제1044조), 제5절 재산의 분리(제1045조~제1052조), 제6절 상속인의 부존재(제1053조~제1059조)로 구성되어 있다. 총칙과 관련하여 상속은 피상속인의 사망으로 개시되고(제997조), 상속권이 참칭상속권자로 인하여 침해된 때에는 상속권자 또는 그 법정대리인은 그 침해를 안 날부터 3년, 상속권의 침해행위가 있은 날부터 10년 내에 상속회복의 소를 제기할 수 있다(제999조). 제2장에서는 상속

---

274 제975조(부양의무와 생활능력) 부양의 의무는 부양을 받을 자가 자기의 자력 또는 근로에 의하여 생활을 유지할 수 없는 경우에 한하여 이를 이행할 책임이 있다.

275 대법원 1986. 6. 10. 선고 86므46 판결(부양의 정도나 방법은 당사자간에 협정이 없는 한 부양을 받을 자의 생활정도와 부양의무자의 자력 기타 제반사정을 참작하여 정하게 되어 있는바 부양을 받을 자의 연령, 재능 ,신분, 지위등에 따른 교육을 받는데 필요한 비용도 포함된다고 보아야 할 것이므로 미성년자인 청구인에게 그가 성년에 이를 때까지 교육비를 포함한 부양비 지급을 인정한 원심의 판단은 정당하며 이점에 대한 논지는 이유가 없다).

의 순위(제1000조,[276] 제1003조[277])와 상속인이 될 직계비속 또는 형제자매가 상속개시전에 사망하거나 결격자가 된 경우에 그 직계비속이 있는 때에는 그 직계비속이 사망하거나 결격된 자의 순위에 갈음하여 상속인이 되는 대습상속(제1001조)을 이해할 필요가 있다. 그리고 1) 고의로 직계존속, 피상속인, 그 배우자 또는 상속의 선순위나 동순위에 있는 자를 살해하거나 살해하려한 자, 2) 고의로 직계존속, 피상속인과 그 배우자에게 상해를 가하여 사망에 이르게 한 자, 3) 사기 또는 강박으로 피상속인의 상속에 관한 유언 또는 유언의 철회를 방해한 자, 4) 사기 또는 강박으로 피상속인의 상속에 관한 유언을 하게 한 자, 5) 피상속인의 상속에 관한 유언서를 위조·변조·파기 또는 은닉한 자[278]는 상속결격자가 된다(제1004조).

(2) 상속의 효력

제3장 상속의 효력은 제1관 일반적 효력(제1005조~제1008조의3), 제2관 상속분(제1009조~제1011조), 제3관 상속재산의 분할(제1012조~제1018조)로 구

---

276 제1000조(상속의 순위) ① 상속에 있어서는 다음 순위로 상속인이 된다. <개정 1990. 1. 13.>
1. 피상속인의 직계비속
2. 피상속인의 직계존속
3. 피상속인의 형제자매
4. 피상속인의 4촌 이내의 방계혈족
② 전항의 경우에 동순위의 상속인이 수인인 때에는 최근친을 선순위로 하고 동친등의 상속인이 수인인 때에는 공동상속인이 된다.
③ 태아는 상속순위에 관하여는 이미 출생한 것으로 본다. <개정 1990. 1. 13.>

277 제1003조(배우자의 상속순위) ① 피상속인의 배우자는 제1000조제1항제1호와 제2호의 규정에 의한 상속인이 있는 경우에는 그 상속인과 동순위로 공동상속인이 되고 그 상속인이 없는 때에는 단독상속인이 된다. <개정 1990. 1. 13.>
② 제1001조의 경우에 상속개시전에 사망 또는 결격된 자의 배우자는 동조의 규정에 의한 상속인과 동순위로 공동상속인이 되고 그 상속인이 없는 때에는 단독상속인이 된다. <개정 1990. 1. 13.>

278 대법원 1998. 6. 12. 선고 97다38510 판결(상속인의 결격사유의 하나로 규정하고 있는 민법 제1004조 제5호 소정의 '상속에 관한 유언서를 은닉한 자'라 함은 유언서의 소재를 불명하게 하여 그 발견을 방해하는 일체의 행위를 한 자를 의미하는 것이므로, 단지 공동상속인들 사이에 그 내용이 널리 알려진 유언서에 관하여 피상속인이 사망한지 6개월이 경과한 시점에서 비로소 그 존재를 주장하였다고 하여 이를 두고 유언서의 은닉에 해당한다고 볼 수 없다).

성되는데, 일반적 효력에서는 상속인의 포괄적 권리의무의 승계(제1005조), 공동상속의 경우 상속재산의 공유(제1006조)와 상속분에 따른 권리의무의 승계(제1007조)라는 일반적인 내용 이외에 공동상속인 중에 피상속인으로부터 재산의 증여 또는 유증을 받은 자가 있는 경우에 그 수증재산이 자기의 상속분에 달하지 못한 때에는 그 부족한 부분의 한도에서 상속분이 인정되는 특별수익자의 상속분(제1008조), 공동상속인 중에 상당한 기간 동거·간호 그 밖의 방법으로 피상속인을 특별히 부양하거나 피상속인의 재산의 유지 또는 증가에 특별히 기여한 자가 있을 때에 인정해 주는 기여분(제1008조의2[279])을 알아 둘 필요가 있다. 그 이외에 제1008조의3에서는 분묘에 속한 1정보 이내의 금양임야(禁養林野)[280]와 600평 이내의 묘토(墓土)[281]인 농지, 족보(族譜)와 제구(祭具)의 소유권은 제사를 주재하는 자[282]가 이를 승계한다는 분묘 등의 승계 규정을 두고 있다

279 제1008조의2(기여분) ① 공동상속인 중에 상당한 기간 동거·간호 그 밖의 방법으로 피상속인을 특별히 부양하거나 피상속인의 재산의 유지 또는 증가에 특별히 기여한 자가 있을 때에는 상속개시 당시의 피상속인의 재산가액에서 공동상속인의 협의로 정한 그 자의 기여분을 공제한 것을 상속재산으로 보고 제1009조 및 제1010조에 의하여 산정한 상속분에 기여분을 가산한 액으로써 그 자의 상속분으로 한다. <개정 2005. 3. 31.>
② 제1항의 협의가 되지 아니하거나 협의할 수 없는 때에는 가정법원은 제1항에 규정된 기여자의 청구에 의하여 기여의 시기·방법 및 정도와 상속재산의 액 기타의 사정을 참작하여 기여분을 정한다.
③ 기여분은 상속이 개시된 때의 피상속인의 재산가액에서 유증의 가액을 공제한 액을 넘지 못한다.
④ 제2항의 규정에 의한 청구는 제1013조제2항의 규정에 의한 청구가 있을 경우 또는 제1014조에 규정하는 경우에 할 수 있다.
[본조신설 1990. 1. 13.]

280 분묘 또는 그 예정지 주위의 벌목이 금지되는 임야를 말하며, 1정보(町步)는 3,000평이다.

281 제사비용 등 각종 비용에 충당하는데 사용되는 농지로서 위토(位土)라고도 한다.

282 대법원 2008. 11. 20. 선고 2007다27670 전원합의체 판결.
[1] [다수의견] 제사주재자는 우선적으로 망인의 공동상속인들 사이의 협의에 의해 정하되, 협의가 이루어지지 않는 경우에는 제사주재자의 지위를 유지할 수 없는 특별한 사정이 있지 않은 한 망인의 장남(장남이 이미 사망한 경우에는 장남의 아들, 즉 장손자)이 제사주재자가 되고, 공동상속인들 중 아들이 없는 경우에는 망인의 장녀가 제사주재자가 된다.
[대법관 박시환, 대법관 전수안의 반대의견] 제사주재자는 우선 공동상속인들의 협의에 의해 정하되, 협의가 이루어지지 않는 경우에는 다수결에 의해 정하는 것이 타당하다.
[대법관 김영란, 대법관 김지형의 반대의견] 민법 제1008조의3에 정한 제사주재자라 함은 조리에 비추어 제사용 재산을 승계받아 제사를 주재하기에 가장 적합한 공동상속인을 의미하는데, 공동상속인 중 누가 제사주재자로 가장 적합한 것인가를 판단함에 있어서 공동상속인들 사이에 협의가 이루어지지 아니하여 제사주재자의 지위에 관한 분쟁이 발생한 경우에는 민법 제1008조의3의 문언적 해석과 그 입법 취지에 충실하면서도 인격의 존엄과 남녀의 평등을 기본으로 하고 가정평화와 친족상조의 미풍양속을 유지·향상한다고 하는 가사에

(제1008조의3).

제2관 상속분과 관련하여서는 동순위 상속인이 균분하고 다만 배우자의 경우 상속분은 5할을 가산한다(제1009조)는 점을 알아 둘 필요가 있다. 그리고 제3관 상속재산의 분할과 관련하여서는 피상속인은 유언으로 상속재산의 분할방법을 정하거나 이를 정할 것을 제삼자에게 위탁할 수 있고 상속개시의 날로부터 5년을 초과하지 아니하는 기간내의 그 분할을 금지할 수 있으며(제1012조), 그 이외에는 공동상속인이 언제든지 협의에 의하여 상속재산을 분할할 수 있고 분할의 방법에 대해 협의가 성립되지 않으면 법원에 그 분할을 청구할 수 있다(제1013).

관한 소송의 이념 및 다양한 관련 요소를 종합적으로 고려하여 개별 사건에서 당사자들의 주장의 당부를 심리·판단하여 결정하여야 한다.

[2] [다수의견] (가) 사람의 유체·유골은 매장·관리·제사·공양의 대상이 될 수 있는 유체물로서, 분묘에 안치되어 있는 선조의 유체·유골은 민법 제1008조의3 소정의 제사용 재산인 분묘와 함께 그 제사주재자에게 승계되고, 피상속인 자신의 유체·유골 역시 위 제사용 재산에 준하여 그 제사주재자에게 승계된다.

(나) 피상속인이 생전행위 또는 유언으로 자신의 유체·유골을 처분하거나 매장장소를 지정한 경우에, 선량한 풍속 기타 사회질서에 반하지 않는 이상 그 의사는 존중되어야 하고 이는 제사주재자로서도 마찬가지이지만, 피상속인의 의사를 존중해야 하는 의무는 도의적인 것에 그치고, 제사주재자가 무조건 이에 구속되어야 하는 법률적 의무까지 부담한다고 볼 수는 없다.

[대법관 박시환, 대법관 전수안의 반대의견] 피상속인의 유체·유골은 제사용 재산인 분묘와 함께 제사주재자가 이를 승계한다고 본 다수의견에는 찬성한다. 그러나 제사주재자가 피상속인의 유체·유골에 대한 관리·처분권을 가지고 있다고 하여 정당한 사유 없이 피상속인의 의사에 반하여 유체·유골을 처분하거나 매장장소를 변경하는 것까지 허용된다고 볼 수는 없다.

[대법관 안대희, 대법관 양창수의 반대의견] (가) 장례의 방식이 다양화하여 분묘 없는 장례가 빈번하게 되고 또한 매장 또는 분묘개설을 강행할 근거가 없는 이상, 유체의 귀속은 분묘의 귀속과 분리하여 처리되어야 한다.

(나) 망인이 자신의 장례 기타 유체를 그 본래적 성질에 좇아 처리하는 것에 관하여 생전에 종국적인 의사를 명확하게 표명한 경우에는, 그 의사는 법적으로도 존중되어야 하며 일정한 법적 효력을 가진다고 함이 타당하다. 나아가 망인의 의사대로 이미 장례나 분묘개설 기타 유체의 처리가 행하여진 경우에는, 다른 특별한 사정이 없는 한 유체의 소유자라고 하더라도 그 소유권에 기하여 그 분묘를 파헤쳐 유체를 자신에게 인도할 것을 청구할 수 없다.

[3] 어떤 경우에 제사주재자의 지위를 유지할 수 없는 특별한 사정이 있다고 볼 것인지에 관하여는, 제사제도가 관습에 바탕을 둔 것이므로 관습을 고려하되, 여기에서의 관습은 과거의 관습이 아니라 사회의 변화에 따라 새롭게 형성되어 계속되고 있는 현재의 관습을 말하므로 우리 사회를 지배하는 기본적 이념이나 사회질서의 변화와 그에 따라 새롭게 형성되는 관습을 고려해야 할 것인바, 중대한 질병, 심한 낭비와 방탕한 생활, 장기간의 외국 거주, 생계가 곤란할 정도의 심각한 경제적 궁핍, 평소 부모를 학대하거나 심한 모욕 또는 위해를 가하는 행위, 선조의 분묘에 대한 수호·관리를 하지 않거나 제사를 거부하는 행위, 합리적인 이유 없이 부모의 유지(유지) 내지 유훈(유훈)에 현저히 반하는 행위 등으로 인하여 정상적으로 제사를 주재할 의사나 능력이 없다고 인정되는 경우가 이에 해당하는 것으로 봄이 상당하다.

(3) 상속의 승인 및 포기 등

피상속인의 사망으로 상속이 개시되면 상속인은 상속개시 있음을 안 날로부터 3월내에 단순승인이나 한정승인 또는 포기를 할 수 있다(제1019조 제1항). 단순승인은 상속인으로서 피상속인의 권리의무를 포괄적으로 승계하는 것이고(제1025조[283]), 한정승인은 상속으로 인하여 취득할 재산의 한도에서 피상속인의 채무와 유증을 변제할 것을 조건으로 상속을 승인하는 것이며(제1028조), 상속의 포기는 말 그대로 상속을 받지 않겠다는 것이다.[284] 이와 같이 상속인은 상속과 관련하여 3가지 중 한 가지를 선택할 수 있는데, 이에 제4절도 제1관 총칙(제1019조~제1024조), 제2관 단순승인(제1025조~제1027조), 제3관 한정승인(제1028조~제1040조), 제4관 포기(제1041조~제1044조)에 대해 규정하고, 그 이외에 상속재산과 상속인의 고유재산의 분리에 관한 제5절 재산의 분리(제1045조~제1052조)와 상속인의 존재여부가 불명확한 경우 상속재산관리에 대해 규정한 제6절 상속인의 부존재(제1053조~제1059조)로 구성되어 있다.

1) 상속인이 상속재산에 대한 처분행위를 한 때, 2) 상속인이 제1019조 제1항의 기간내에 한정승인 또는 포기를 하지 아니한 때, 3) 상속인이 한정승인 또는 포기를 한 후에 상속재산을 은닉하거나 부정소비하거나 고의로 재산목록에 기입하지 아니한 때에는 단순승인으로 간주되며(제1026조), 다만 상속인은 상속채무가 상속재산을 초과하는 사실을 중대한 과실없이 3월내에 알지 못하고 단순승인(제1026조 제1호 및 제2호의 규정에 의하여 단순승인한 것으로 보는 경우를 포함한다)을 한 경우에는 그 사실을 안 날부터 3월내에 한정승인을 할 수 있다(제1019조 제3항). 한정승인이나 상속포기는 가정법원에 신고로 이루어지므

283 제1025조(단순승인의 효과) 상속인이 단순승인을 한 때에는 제한없이 피상속인의 권리의무를 승계한다.

284 대법원 1995. 11. 14. 선고 95다27554 판결(상속의 포기는 상속인이 법원에 대하여 하는 단독의 의사표시로서 포괄적·무조건적으로 하여야 하므로, 상속포기는 재산목록을 첨부하거나 특정할 필요가 없다고 할 것이고, 상속포기서에 상속재산의 목록을 첨부했다 하더라도 그 목록에 기재된 부동산 및 누락된 부동산의 수효 등과 제반 사정에 비추어 상속재산을 참고 자료로 예시한 것에 불과하다고 보여지는 이상, 포기 당시 첨부된 재산 목록에 포함되어 있지 않은 재산의 경우에도 상속포기의 효력은 미친다).

로(제1030조,[285] 제1041조[286]), 그 기간과 절차를 숙지하여 의도치 않게 단순승인으로 간주되는 경우가 없도록 해야 할 것이다.

그리고 상속재산은 상속인에게 귀속되지만 상속인이 없거나 상속인들이 모두 상속포기를 한 경우에는 특별연고자에게 분여할 수 있고(제1057조의2), 마지막으로는 국고에 귀속한다(제1058조,[287] 제1059조[288]).

나. 유언

제1절 총칙(제1060조~제1064조), 제2절 유언의 방식(제1065조~제1072조), 제3절 유언의 효력(제1073조~제1090조), 제4절 유언의 집행(제1091조~제1107조), 제5절 유언의 철회(제1108조~제1111조)로 구성되어 있는데, 유언의 방식이 가장 중요하다. 즉, 유언은 엄격한 요식행위로서 민법에서 정한 방식에 의하지 아니하면 효력이 인정되지 아니한다(제1060조). 이와 같이 민법 제1065조 내지 제1070조가 유언의 방식을 엄격하게 규정한 것은 유언자의 진의를 명확히 하고 그로 인한 법적 분쟁과 혼란을 예방하기 위한 것이므로, 법정된 요건과 방식에 어긋난 유언은 그것이 유언자의 진정한 의사에 합치하더라도 무효이다.[289] 유언자는 언제든지 유언 또는 생전행위로써 유언의 전부나 일부를 철회할 수 있고, 유언자는 그 유언을 철회할 권리를 포기하지 못한다(제1108조).

---

285 제1030조(한정승인의 방식) ① 상속인이 한정승인을 함에는 제1019조 제1항 또는 제3항의 기간 내에 상속재산의 목록을 첨부하여 법원에 한정승인의 신고를 하여야 한다. <개정 2005. 3. 31.>
② 제1019조 제3항의 규정에 의하여 한정승인을 한 경우 상속재산 중 이미 처분한 재산이 있는 때에는 그 목록과 가액을 함께 제출하여야 한다. <신설 2005. 3. 31.>

286 제1041조(포기의 방식) 상속인이 상속을 포기할 때에는 제1019조제1항의 기간내에 가정법원에 포기의 신고를 하여야 한다.

287 제1058조(상속재산의 국가귀속) ① 제1057조의2의 규정에 의하여 분여(分與)되지 아니한 때에는 상속재산은 국가에 귀속한다. <개정 2005. 3. 31.>
② 제1055조 제2항의 규정은 제1항의 경우에 준용한다. <개정 2005. 3. 31.>

288 제1059조(국가귀속재산에 대한 변제청구의 금지) 전조 제1항의 경우에는 상속재산으로 변제를 받지 못한 상속채권자나 유증을 받은 자가 있는 때에도 국가에 대하여 그 변제를 청구하지 못한다.

289 대법원 2007. 10. 25. 선고 2007다51550,51567 판결.

유언의 방식은 자필증서, 녹음, 공정증서, 비밀증서와 구수증서의 5종으로 하고(제1065조), 5가지의 유언 방식에 대한 아래와 같이 각각 그 요건을 규정하고 있다.

(1) 자필증서에 의한 유언

제1066조(자필증서에 의한 유언) ① 자필증서에 의한 유언은 유언자가 그 전문과 연월일, 주소, 성명을 자서하고 날인하여야 한다.
② 전항의 증서에 문자의 삽입, 삭제 또는 변경을 함에는 유언자가 이를 자서하고 날인하여야 한다.

자필증서에 의한 유언은 민법 제1066조 제1항의 규정에 따라 유언자가 그 전문과 연월일, 주소, 성명을 모두 자서하고 날인하여야만 효력이 있다고 할 것이므로 유언자가 주소를 자서하지 않았다면 이는 법정된 요건과 방식에 어긋난 유언으로서 그 효력을 부정하지 않을 수 없고, 유언자의 특정에 아무런 지장이 없다고 하여 달리 볼 것도 아니다.[290] 또한 연·월만 기재하고 일의 기재가 없는 자필유언증서는 그 작성일을 특정할 수 없으므로 효력이 없다.[291]

(2) 녹음에 의한 유언

제1067조(녹음에 의한 유언) 녹음에 의한 유언은 유언자가 유언의 취지, 그 성명과 연월일을 구술하고 이에 참여한 증인이 유언의 정확함과 그 성명을 구술하여야 한다.

(3) 공정증서에 의한 유언

제1068조(공정증서에 의한 유언) 공정증서에 의한 유언은 유언자가 증인 2인이

---

290 대법원 2014. 10. 6. 선고 2012다29564 판결.
291 대법원 2009. 5. 14. 선고 2009다9768 판결.

참여한 공증인의 면전에서 유언의 취지를 구수하고 공증인이 이를 필기낭독하여 유언자와 증인이 그 정확함을 승인한 후 각자 서명 또는 기명날인하여야 한다.

유언장에 대하여 공증사무실에서 인증을 받았으나 그 유언장이 증인 2명의 참여가 없고 자서된 것도 아니라면 공정증서에 의한 유언이나 자필증서에 의한 유언으로서의 방식이 결여되어 있으므로 유언으로서의 효력을 발생할 수 없다.[292] 다만 민법 제1068조 소정의 '공정증서에 의한 유언'에서 '유언취지의 구수'라고 함은 말로써 유언의 내용을 상대방에게 전달하는 것을 뜻하는 것이므로 이를 엄격하게 제한하여 해석하여야 하지만, 공증인이 유언자의 의사에 따라 유언의 취지를 작성하고 그 서면에 따라 유언자에게 질문을 하여 유언자의 진의를 확인한 다음 유언자에게 필기된 서면을 낭독하여 주었고, 유언자가 유언의 취지를 정확히 이해할 의사식별능력이 있고 유언의 내용이나 유언경위로 보아 유언 자체가 유언자의 진정한 의사에 기한 것으로 인정할 수 있는 경우에는, 위와 같은 '유언취지의 구수' 요건을 갖추었다고 보아야 한다.[293]

(4) 비밀증서에 의한 유언

제1069조(비밀증서에 의한 유언) ① 비밀증서에 의한 유언은 유언자가 필자의 성명을 기입한 증서를 엄봉날인하고 이를 2인 이상의 증인의 면전에 제출하여 자기의 유언서임을 표시한 후 그 봉서표면에 제출연월일을 기재하고 유언자와 증인이 각자 서명 또는 기명날인하여야 한다.
② 전항의 방식에 의한 유언봉서는 그 표면에 기재된 날로부터 5일내에 공증인 또는 법원서기에게 제출하여 그 봉인상에 확정일자인을 받아야 한다.

---

292 대법원 1994. 12. 22. 선고 94다13695 판결.

293 대법원 2007. 10. 25. 선고 2007다51550,51567 판결(공증 변호사가 미리 작성하여 온 공정증서에 따라, 의식이 명료하고 언어소통에 지장이 없는 유언자에게 질문하여 유증의사를 확인하고 그 증서의 내용을 읽어주어 이의 여부도 확인한 다음 자필서명을 받은 경우, 위 공정증서에 의한 유언은 민법 제1068조에서 정한 요건을 모두 갖추었다고 한 사례).

(5) 구수증서에 의한 유언

제1070조(구수증서에 의한 유언) ① 구수증서에 의한 유언은 질병 기타 급박한 사유로 인하여 전 4조의 방식에 의할 수 없는 경우에 유언자가 2인 이상의 증인의 참여로 그 1인에게 유언의 취지를 구수하고 그 구수를 받은 자가 이를 필기낭독하여 유언자의 증인이 그 정확함을 승인한 후 각자 서명 또는 기명날인하여야 한다.

② 전항의 방식에 의한 유언은 그 증인 또는 이해관계인이 급박한 사유의 종료한 날로부터 7일내에 법원에 그 검인을 신청하여야 한다.

③ 제1063조 제2항의 규정은 구수증서에 의한 유언에 적용하지 아니한다.

구수증서에 의한 유언은 다른 방식의 유언이 가능한 경우에는 허용되지 않으며,[294] 구수증서에 의한 유언은 민법상 유언의 보통방식의 하나로 규정되어 있으나 그 실질에 있어서는 다른 방식의 유언과는 다르므로 유언요건을 완화하여 해석한다.[295] 따라서 7일내에 법원에 그 김인을 받지 않은 경우는 무효이고[296] 유언 당시에 자신의 의사를 제대로 말로 표현할 수 없는 유언자가 유언취지의 확인을 구하는 변호사의 질문에 대하여 고개를 끄덕이거나 "음", "어"라고 말한 것만으로는 민법 제1070조가 정한 유언의 취지를 구수한 것으로 볼 수 없지만,[297] 4인

---

294 대법원 1999. 9. 3. 선고 98다17800 판결(민법 제1070조 제1항이 구수증서에 의한 유언은 질병 기타 급박한 사유로 인하여 민법 제1066조 내지 제1069조 소정의 자필증서, 녹음, 공정증서 및 비밀증서의 방식에 의하여 할 수 없는 경우에 허용되는 것으로 규정하고 있는 이상, 유언자가 질병 기타 급박한 사유에 있는지 여부를 판단함에 있어서는 유언자의 진의를 존중하기 위하여 유언자의 주관적 입장을 고려할 필요가 있을지 모르지만 자필증서, 녹음, 공정증서 및 비밀증서의 방식에 의한 유언이 객관적으로 가능한 경우까지 구수증서에 의한 유언을 허용하여야 하는 것은 아니다).

295 대법원 1977. 11. 8. 선고 76므15 판결.

296 대법원 1992. 7. 14. 선고 91다39719 판결(갑이 입원하고 있던 병원에서 그가 대표이사로 재직하던 회사의 부사장과 비서인 을을 참석하게 하여 을로 하여금 계쟁토지를 병의 단독 소유로 한다는 등의 유언을 받아쓰게 하여 유언서를 작성한 후 갑이 사망하자 을은 그 사망 직후 같은 회사 직원으로 하여금 위 유언서를 정서하게 하였고 정서된 유언서는 합동법률사무소에서 갑의 처의 촉탁에 의하여 그 사본이 원본과 상위 없다는 내용의 인증을 받은 경우 갑의 유언은 민법 제1070조 제1항에 정한 구수증서에 의한 유언인데 같은 조 제2항에 따라 유언의 증인 또는 이해관계인이 급박한 사정이 종료한 날로부터 7일 이내에 법원의 검인을 받았다고 인정할 증거가 없어 갑의 유언은 그 효력이 없다고 한 사례).

297 대법원 2006. 3. 9. 선고 2005다57899 판결.

의 증인중 A의 기명날인 앞에는 대필자라는 표시만 있고 “증인”의 표시가 없으며 나머지 3인의 기명날인 앞에 “증인”의 표시는 없으나 실제에 있어서 증인들이고, 그 중 1인인 A가 대필자가 된 것은 민법 제1070조의 방식에 맞는 것이라고 판시하고 아울러 증인들의 증언에 의하여 필기자인 A가 낭독하여 유언자와 증인이 그 정확성을 승인한 사실이 인정되는 경우 유언서 자체에 그런 사유를 기재하지 않았다고 하더라도 유언이 방식에 위배된 것으로 보지 않는다.[298]

다. 유류분

유류분(遺留分)은 법정상속인의 상속분 중 보호되는 일정 비율을 말하며, 1977년 개정법에서 신설되었다. 이에 따라 피상속인의 증여나 유증에도 불구하고 피상속인의 직계비속 및 배우자는 그 법정상속분의 2분의 1, 피상속인의 직계존속 및 형제자매는 그 법정상속분의 3분의 1의 범위에서 유류분권을 가지며(제1112조), 유류분권리자는 피상속인의 증여 및 유증으로 인하여 그 유류분에 부족이 생긴 때에는 부족한 한도에서 그 재산의 반환을 청구할 수 있다(제1115조).[299] 반환의 청구권은 유류분권리자가 상속의 개시와 반환하여야 할 증여 또는 유증을 한 사실을 안 때로부터 1년내에 하지 아니하면 시효에 의하여 소멸하고, 상속이 개시한 때로부터 10년을 경과한 때도 같다(제1117조).

298 대법원 1977. 11. 8. 선고 76므15 판결.

299 대법원 2014. 2. 13. 선고 2013다65963 판결(우리 민법은 유류분제도를 인정하여 제1112조부터 제1118조까지 이에 관하여 규정하면서도 유류분의 반환방법에 관하여 별도의 규정을 두고 있지 않으나, 증여 또는 유증대상 재산 그 자체를 반환하는 것이 통상적인 반환방법이라고 할 것이므로, 유류분 권리자가 원물반환의 방법에 의하여 유류분반환을 청구하고 그와 같은 원물반환이 가능하다면 달리 특별한 사정이 없는 이상 법원은 유류분권리자가 청구하는 방법에 따라 원물반환을 명하여야 한다).

제7강

형법의 이해

I 형법의 구성

우리나라 형법은 제1편 총칙(제1조~제86조), 제2편 각칙(제87조~제372조)으로 구성되어 있는데, 총칙에서는 범죄의 성립요건에 관한 범죄론과 형벌의 종류 및 양정 등에 대한 형벌론을 중심으로 규정하고, 각칙에서는 제1장 내란의 죄부터 제42장 손괴의 죄까지 개별적인 범죄들의 성립요건 등에 대해 규정하고 있다. 조문의 수와 양을 보면 각칙에 비해 총칙의 내용이 별로 없다고 볼 수 있지만, 실제 형법총칙 학습에서는 형사법의 기본 이념과 범죄성립에 관한 추상적인 이론, 범죄론 및 형벌론에 관한 다양한 논의들이 있기 때문에 학습해야 할 분량이 만만치 않고, 특히 추상적인 이론들이 많기 때문에 학문적으로 접근하려면 많은 노력이 투입되어야 하는 영역이다. 이에 비해 형법각칙의 경우 비록 다양한 범죄들에 대해 규정하고 있지만 총칙과 비교해 볼 때 어려운 법리적 논쟁이 많지 않아 상대적으로 무난하게 접근할 수 있다. 따라서 법학에 대한 기초를 익힌다는 관점에서 본다면 형법총칙의 경우 어려운 법리들에 대한 학습보다는 형법 총칙에서 규정하고 있는 주요 내용들을 조문 중심으로 살펴보고, 형법각칙의 경우 많은 범죄유형 중에서 특히 중요하게 다뤄지는 범죄유형들이 있기 때문에 그러한 부분들을 중심으로 살펴보는게 효율적이다.

Ⅱ 형법의 기본 이념

개인의 기본권 보장을 위한 현대 형법의 기본 원칙으로 죄형법정주의, 형벌불소급의 원칙, 일사부재리의 원칙, 연좌제 금지가 있다(헌법 제13조[300]). 연좌제 금지에 대한 규정은 1980년 헌법에서 처음 명문화되었고(제12조 제3항), 1981년 3월 정부가 공식적으로 연좌제 폐지를 발표하였다. 이하에서는 형법의 가장 중요한 기본원리이며 핵심이라고 할 수 있는 죄형법정주의에 대해 살펴보기로 한다.

1 죄형법정주의

죄형법정주의는 형법상 처벌의 대상이 되는 범죄의 목록과 그에 상응하는 형벌의 종류와 정도가 해당행위가 있기 이전에 법률로서 확정되어 있을 것을 요청한다.[301]

헌법은 제12조 제1항 후단에서 "법률과 적법한 절차에 의하지 아니하고는 처벌·보안처분 또는 강제노역을 받지 아니한다"라고 규정하고, 제13조 제1항 전단에서 "모든 국민은 행위시의 법률에 의하여 범죄를 구성하지 아니하는 행위로 소추되지 아니하며"라고 하여 죄형법정주의원칙을 천명하고 있다. 죄형법정주

300 제13조 ① 모든 국민은 행위시의 법률에 의하여 범죄를 구성하지 아니하는 행위로 소추되지 아니하며, 동일한 범죄에 대하여 거듭 처벌받지 아니한다.
② 모든 국민은 소급입법에 의하여 참정권의 제한을 받거나 재산권을 박탈당하지 아니한다.
③ 모든 국민은 자기의 행위가 아닌 친족의 행위로 인하여 불이익한 처우를 받지 아니한다.

301 홍영기, "법이념관점에서 죄형법정주의", 한국형법학의 새로운 지평: 심온 김일수교수 화갑기념논문집, 박영사, 2006, 591면.

의의 원칙은 법률이 처벌하고자 하는 행위가 무엇이며 그에 대한 형벌이 어떠한 것인지를 누구나 예견할 수 있고, 그에 따라 자신의 행위를 결정할 수 있게끔 구성요건을 명확하게 규정할 것을 요구한다. 형벌법규의 내용이 애매모호하거나 추상적이어서 불명확하면 무엇이 금지된 행위인지를 국민이 알 수 없어 법을 지키기가 어려울 뿐만 아니라, 범죄의 성립 여부가 법관의 자의적인 해석에 맡겨져서 죄형법정주의에 의하여 국민의 자유와 권리를 보장하려는 법치주의의 이념은 실현될 수 없기 때문이다.[302]

이러한 죄형법정주의원칙은, 누구나 법률이 처벌하고자 하는 행위가 무엇이며 그에 대한 형벌이 어떠한 것인지를 예견할 수 있고 그에 따라 자신의 행위를 결정지을 수 있도록 구성요건이 명확할 것을 요구하는 '명확성의 원칙'과 범죄와 형벌에 대한 규정이 없음에도 해석을 통하여 유사한 성질을 가지는 사항에 대하여 범죄와 형벌을 인정하는 것을 금지하는 '유추해석금지의 원칙'이 도출된다.

일반적으로 형벌법규 이외의 법규범에서는 법문의 의미가 명확하지 않거나 특정한 상황에 들어맞는 규율을 하고 있는 것인지 모호할 경우에는, 입법목적이나 입법자의 의도를 합리적으로 추론하여 문언의 의미를 보충하여 확정하는 체계적, 합목적적 해석을 할 수도 있고, 유사한 규범이나 유사한 사례로부터 확대해석을 하거나 유추해석을 하여 법의 흠결을 보충할 수도 있으며, 나아가 법률의 문언 그대로 구체적 사건에 적용할 경우에는 오히려 부당한 결론에 도달하게 되고 입법자가 그러한 결과를 의도하였을 리가 없다고 판단되는 경우에는 문언을 일정부분 수정하여 해석하는 경우도 있을 수 있다. 그러나 형벌조항을 해석함에 있어서는 앞서 본 바와 같은 헌법상 규정된 죄형법정주의원칙 때문에 입법목적이나 입법자의 의도를 감안하는 확대해석이나 유추해석은 일체 금지되고 형벌조항의 문언의 의미를 엄격하게 해석해야 하는 것이다.[303]

302 헌법재판소 2010. 12. 28. 선고 2008헌바157, 2009헌바88(병합) 전원재판부.
303 헌법재판소 2012. 12. 27. 선고 2011헌바117 전원재판부.

2 파생 이념

가. 법률주의(관습형법금지의 원칙)

법률주의란 범죄와 형벌은 성문의 법률로 규정되어야 한다는 원칙으로서, 여기서의 법률은 형식적 의의의 법률을 의미하기 때문에 명령·규칙 등에서 규정하거나 관습법으로 규율하는 것은 죄형법정주의에 위반된다.

이와 관련하여 구 의료법(1987.11.28. 법률 제3948호로 개정되기 전의 것) 제68조는 "같은법 제17조의 규정에 위반한 자는 1년 이하의 징역 또는 1,000,000원 이하의 벌금에 처한다"고 규정하고 있고 위 제17조 제1항은 "의료인의 의료행위에 따라 신체로부터 적출되거나 절단된 사태아, 장기 기타의 물체(이하 '적출물'이라 한다)는 의료인, 의료기관, 또는 서울특별시장, 직할시장, 도지사가 지정한 자가 아니면 이를 처리할 수 없다"라고 규정하는 한편 그 제2항에서 "제1항의 규정에 의한 적출물의 처리에 관하여 필요한 사항은 보건사회부령으로 정한다"고 규정하고 있었는데, 이에 대해 대법원은 "위 의료법 제17조 제2항은 적출물처리업자에게 어떠한 규범적인 작위 또는 부작위 의무를 부과하거나 금지함이 없이 다만 적출물의 처리에 관하여 필요한 사항만을 보사부령에 위임하고 있을 뿐이어서 위 의료법 제68조가 제17조의 제1항과 제2항을 구별하지 아니하고 '의료법 제17조의 규정에 위반한 자'라고 규정하였다고 하여도 적출물처리업자가 위 제17조 제2항의 규정 자체를 위반할 여지가 없게 되고 피고인의 소위가 위 제17조 제2항의 위임을 받은 보건사회부령인 적출물 등 처리규정을 위반하였다 하더라도 1981. 12. 31. 법률 제3504호로 개정되기 전의 구 의료법 제17조의 규정과 같이 '적출물처리업자는 위 적출물 등을 보건사회부령으로 정하는 바에 의하여 처리하여야 한다'는 등의 어떠한 규범적 작위 또는 부작위의무를 명하는 규정이 있지 아니하는 한 이를 처벌할 수 없다고 하여야 할 것이다. 결국 위 의료법 제68조에 규정된 의료법 제17조 위반이란 제17조 제1항을 위반하는 경우만을 가리키는 것으로 풀이되므로 적법하게 적출업자로 지정을 받은 피고인이 적출물을 지정된 장소에 처리하지 아니하였다 하여 제17조 제2항 위반의 범죄를 구성하지는 아니한다"고 하였다.[304]

나. 소급효금지의 원칙

(1) 의의

소급효금지의 원칙은 범죄의 성립과 형벌은 행위시의 법률에 의하며, 행위시 이후의 법률에 따라 그 이전에 발생한 행위를 처벌할 수 없다는 원칙을 말한다. 이러한 형사법규의 불소급원칙은 법치국가의 기본이념으로서 우리헌법 제13조에서도 명시적으로 규정하고 있고, 대법원도 이러한 취지에서 "헌법 제13조 제1항 전단과 형법 제1조 제1항은 형벌법규의 소급효금지 원칙을 밝히고 있고, 2007. 1. 19. 제8247호로 법률이 개정되면서 시행된 게임산업진흥에 관한 법률 제44조 제1항 제2호, 제32조 제1항 제7호와 2007. 5. 16. 제20058호로 대통령령이 개정되면서 신설된 법 시행령 제18조의3과 그 부칙 제1조에 의하면, 법 시행령 제18조의3의 시행일 이후 위 시행령 조항 각 호에 규정된 게임머니의 환전, 환전 알선, 재매입 영업행위가 처벌되는 것이므로, 그 시행일 이전에 위 시행령 조항 각 호에 규정된 게임머니를 환전, 환전 알선, 재매입한 영업행위를 처벌하는 것은 형벌법규의 소급효금지 원칙에 위배된다."고 판시한 바 있다.[305] 다만 이러한 소급효금지의 원칙은 행위자에게 불리한 사후법의 적용금지에 대한 것이고, 행위시 이후의 법률 규정이 행위자에게 유리한 경우에는 소급효를 인정할 수 있다.[306]

---

304 대법원 1989. 8. 8. 선고 88도1161 판결.

305 대법원 2009. 4. 23. 선고 2008도11017 판결.

306 대법원 2006. 6. 9. 선고 2006도1955 판결(위헌결정으로 인하여 형벌에 관한 법률 또는 법률조항이 소급하여 그 효력을 상실한 경우에는 당해 법조를 적용하여 기소한 사건은 범죄로 되지 아니한 때에 해당한다.) 참고.

(2) 5·18민주화운동등에관한특별법(약칭: 5·18민주화운동법)

형사법규의 불소급원칙과 관련하여서는 '5·18 특별법'의 위헌성 여부가 다퉈진 사건이 시사하는 바가 크다. 1995년 제정된 특별법[307]은 아래와 같이 규정하고 있었고 당시 국민들은 해당 당사자들의 처벌을 원하는 목소리가 높았는데 이러한 처벌이 형사법규의 불소급원칙에 위반되어 위헌이 아닌지가 문제되었다.

> **제1조 (목적)** 이 법은 1979년 12월 12일과 1980년 5월 18일을 전후하여 발생한 헌정질서파괴범죄행위에 대한 공소시효 정지등에 관한 사항등을 규정함으로써 국가기강을 바로잡고 민주화를 정착시키며 민족정기를 함양함을 목적으로 한다.
>
> **제2조 (공소시효의 정지)** ① 1979년 12월 12일과 1980년 5월 18일을 전후하여 발생한 헌정질서파괴범죄의공소시효등에관한특례법 제2조의 헌정질서파괴범죄행위에 대하여 국가의 소추권행사에 장애사유가 존재한 기간은 공소시효의 진행이 정지된 것으로 본다.
> ② 제1항에서 "국가의 소추권행사에 장애사유가 존재한 기간"이라 함은 당해 범죄행위의 종료일부터 1993년 2월 24일까지의 기간을 말한다.
>
> **제3조 (재정신청에 관한 특례)** ① 제2조의 죄에 대하여 고소 또는 고발을 한 자가 검사 또는 검찰관으로부터 공소를 제기하지 아니한다는 통지를 받은 때에는 그 검사소속의 고등검찰청이나 그 검찰관소속의 고등검찰부에 대응하는 고등법원 또는 고등군사법원에 그 당부에 관한 재정을 신청할 수 있다. 이 법 시행전에 제2조의 죄에 대하여 공소를 제기하지 아니하는 결정이 된 사건의

---

307 [시행 1995. 12. 21.] [법률 제5029호, 1995. 12. 21., 제정]

경우에도 또한 같다.
② 제1항의 재정신청에 관하여는 형사소송법 또는 군사법원법의 해당규정을 적용한다.

제4조 (특별재심) ① 5·18민주화운동과 관련된 행위 또는 제2조의 범행을 저지하거나 반대한 행위로 유죄의 확정판결을 선고받은 자는 형사소송법 제420조 및 군사법원법 제469조의 규정에 불구하고 재심을 청구할 수 있다.
② 재심의 청구는 원판결의 법원이 관할한다. 다만, 군형법의 적용을 받지 아니한 자에 대한 원판결의 법원이 군법회의 또는 군사법원일 때에는 그 심급에 따라 주소지의 법원이 관할한다.
③ 재심의 관할법원은 직권으로 제2조의 죄를 범한 자가 그 죄로 유죄의 선고를 받아 그 형이 확정된 사실을 조사하여야 한다.
④ 제1항의 재심청구인이 사면을 받았거나 형이 실효된 경우에 재심관할법원은 형사소송법 제326조 내지 제328조 및 군사법원법 제381조 내지 제383조의 규정에 불구하고 종국적 실체판결을 하여야 한다.
⑤ 제1항의 재심에 관한 절차는 동재심의 성격에 저촉하지 아니하는 한 형사소송법과 군사법원법의 해당 조항을 적용한다.

제5조 (기념사업) 정부는 5·18민주화운동정신을 계승하는 기념사업을 추진하여야 한다.

제6조 (배상의제) 광주민주화운동관련자보상등에관한법률의 규정에 의한 보상은 배상으로 본다.

제7조 (상훈치탈) 정부는 5·18민주화운동과 관련하여 상훈을 받은 자에 대하

여 심사한 결과 오로지 광주민주화운동을 진압한 것이 공로로 인정되어 받은 상훈은 상훈법 제8조의 규정에 의하여 서훈을 취소하고, 훈장등을 치탈한다.

부 칙 <법률 제5029호, 1995. 12. 21.>

① (시행일) 이 법은 공포한 날부터 시행한다.
② (경과조치) 제3조 제1항 후단의 규정에 의한 재정신청은 이 법 시행일부터 30일이내에 하여야 한다.

헌법재판소 1996. 2. 16. 선고 96헌가2,96헌바7,96헌바13 전원재판부

【주 문】

5·18민주화운동등에관한특별법(1995년 12월 21일 법률 제5029호) 제2조는 헌법에 위반되지 아니한다.

【결정요지】

(가) 5·18민주화운동등에관한특별법(특별법)(이하 "특별법"이라 한다) 제2조가 개별사건법률로서 위헌인지 여부(소극)

개별사건법률은 원칙적으로 평등원칙에 위배되는 자의적 규정이라는 강한 의심을 불러 일으키는 것이지만, 개별법률금지의 원칙이 법률제정에 있어서 입법자가 평등원칙을 준수할 것을 요구하는 것이기 때문에 특정규범이 개별사건법률에 해당한다 하여 곧바로 위헌을 뜻하는 것은 아니며, 이러한 차별적 규율이 합리적인 이유로 정당화될 수 있는 경우에는 합헌적일 수 있다. 이른바 12·12 및 5·18 사건의 경우 그 이전에 있었던 다른 헌정질서파괴범과 비교해 보면, 공소시효의 완성 여부에 관한 논의가 아직 진행중이고, 집권과정에서의 불법적 요소나 올바른 헌정사의 정립을 위한 과거청산의 요청에 미루어 볼 때 비록 특별법이 개별사건법률이라고 하더라도 입법을 정당화할 수 있는 공익이 인정될 수 있으므로 위 법률조항은 헌법에 위반되지 않는다.

(나) 특별법 제2조가 소급입법에 해당하는지 여부

재판관 김용준, 재판관 정경식, 재판관 고중석, 재판관 신창언의 의견

공소시효제도는 헌법이 마련하고 있는 제도가 아니라 법률이 규정하고 있는 제도이므로, 그 제도의 구체적인 적용은 사실의 인정과 법률의 해석에 관련된 문제로서 기본적으로 법원의 전속적인 권한에 속하는 사항이며, 헌법재판소가 관여할 사항이 아니다. 따라서 헌법재판소로서는 위 법률조항이 확인적 법률인지의 여부에 관하여는 법원의 판단에 맡기고, 만일 법원이 이 점에 관하여 소극적 견해를 취할 경우 제기될 수 있는 헌법적 문제에 대하여 판단하면 된다.

재판관 김진우, 재판관 이재화, 재판관 조승형의 의견

(1) 특별법 제2조는 법 및 법집행의 왜곡에 따르는 소추의 장애사유가 존재하여 헌정질서파괴 행위자들에 대한 검찰의 소추권행사가 불가능하였으므로 당연히 공소시효의 진행이 정지된 것으로 보아야 한다는 법리를 확인하여 입법한 데 불과하므로 소급입법에 해당하지 않는다.

(2) 공소시효는 소추기관이 유효하게 공소권을 행사할 수 있었음에도 불구하고 이를 행사하지 아니한 채 그 기간이 경과되었을 것을 요건으로 하여 완성하며, 소추기관이 유효하게 공소권을 행사하는 데 법적·제도적 장애가 없을 때에만 진행할 수 있다.

(3) 형사법의 집행을 담당하는 국가의 소추기관이 법제도상 군사반란 내지 내란행위자들에 의해 장악되거나 억압당함으로써 이들의 의사나 이익에 반하는 소추권행사가 더 이상 가능하지 않게 되는 등 반란행위나 내란행위를 처벌하여야 할 법률의 기능이 마비되어, 적어도 위 행위자들에 관한 한 법치국가적 원칙

이 완전히 무시되고 법률의 집행이 왜곡되는 법질서상의 중대한 장애사유가 있는 경우에는, 비록 헌법이나 법률에 명문의 규정은 없다 하여도 단순한 사실상의 장애를 넘어 법규범 내지 법치국가적 제도 자체에 장애가 있다고 보아야 하고, 이러한 장애로 군사반란행위자와 내란행위자가 불처벌로 남아있을 수밖에 없는 상태로 있는 기간 동안에는 공소시효가 정지된다고 보아야 하며, 또 이것이 공소시효제도의 본질에도 부합하는 해석으로 성공한 내란도 처벌되어야 한다는 당위성에 합치되고 정의의 관념과 형평의 원칙에도 합치한다.

재판관 김문희, 재판관 황도연의 의견

공소시효는 법률로써 명문규정을 둔 경우에 한하여 정지되는 것이고, 헌법 제84조[308]의 규정도 공소시효의 정지에 관한 명문규정으로 볼 수 없으므로, 위 법률조항에서 공소시효가 정지되는 것으로 규정한 전기간, 모든 피의자에 대하여 이 법률조항으로 말미암아 비로소 공소시효의 진행이 정지되는 것으로 보아야 한다. 따라서 이 법률조항은 소급적 효력을 가진 형성적 법률이다.

(다) 위 법률조항이 형벌불소급의 원칙에 위반되는지 여부(소극)

형벌불소급의 원칙은 "행위의 가벌성" 즉 형사소추가 "언제부터 어떠한 조건하에서" 가능한가의 문제에 관한 것이고, "얼마동안" 가능한가의 문제에 관한 것은 아니므로, 과거에 이미 행한 범죄에 대하여 공소시효를 정지시키는 법률이라 하더라도 그 사유만으로 헌법 제12조 제1항 및 제13조 제1항에 규정한 죄형법정주의의 파생원칙인 형벌불소급의 원칙에 언제나 위배되는 것으로 단정할 수는 없다.

308 제84조 대통령은 내란 또는 외환의 죄를 범한 경우를 제외하고는 재직중 형사상의 소추를 받지 아니한다.

(라) 위 법률조항이 부진정소급효를 갖는 경우 법적 안정성과 신뢰보호의 원칙을 포함하는 법치주의 정신에 위반되는지 여부(소극)

공소시효가 아직 완성되지 않은 경우 위 법률조항은 단지 진행중인 공소시효를 연장하는 법률로서 이른바 부진정소급효를 갖게 되나, 공소시효제도에 근거한 개인의 신뢰와 공시시효의 연장을 통하여 달성하려는 공익을 비교형량하여 공익이 개인의 신뢰보호이익에 우선하는 경우에는 소급효를 갖는 법률도 헌법상 정당화될 수 있다.

위 법률조항의 경우에는 왜곡된 한국 반세기 헌정사의 흐름을 바로 잡아야 하는 시대적 당위성과 아울러 집권과정에서의 헌정질서파괴범죄를 범한 자들을 응징하여 정의를 회복하여야 한다는 중대한 공익이 있는 반면, 공소시효는 행위자의 의사와 관계없이 정지될 수도 있는 것이어서 아직 공소시효가 완성되지 않은 이상 예상된 시기에 이르러 반드시 시효가 완성되리라는 것에 대한 보장이 없는 불확실한 기대일 뿐이므로 공소시효에 대하여 보호될 수 있는 신뢰보호이익은 상대적으로 미약하여 위 법률조항은 헌법에 위반되지 아니한다.

(마) 위 법률조항이 진정소급효를 갖는 경우 법적 안정성과 신뢰보호의 원칙을 포함하는 법치주의 정신에 위반되거나 평등의 원칙에 위반되는지 여부

재판관 김진우, 재판관 이재화, 재판관 조승형, 재판관 정경식의 합헌의견

(1) 진정소급입법이라 하더라도 기존의 법을 변경하여야 할 공익적 필요는 심히 중대한 반면에 그 법적 지위에 대한 개인의 신뢰를 보호하여야 할 필요가 상대적으로 적어 개인의 신뢰이익을 관철하는 것이 객관적으로 정당화될 수 없는 경우에는 예외적으로 허용될 수 있다.

(2) 진정소급입법이 허용되는 예외적인 경우로는 일반적으로, 국민이 소급입법을 예상할 수 있었거나, 법적 상태가 불확실하고 혼란스러웠거나 하여 보호

할 만한 신뢰의 이익이 적은 경우와 소급입법에 의한 당사자의 손실이 없거나 아주 경미한 경우, 그리고 신뢰보호의 요청에 우선하는 심히 중대한 공익상의 사유가 소급입법을 정당화하는 경우를 들 수 있다.

(3) 이 사건 반란행위 및 내란행위자들은 우리 헌법질서의 근간을 이루고 있는 자유민주적 기본질서를 파괴하였고, 그로 인하여 우리의 민주주의가 장기간 후퇴한 것은 말할 것도 없고, 많은 국민의 생명과 신체가 침해되었으며, 전국민의 자유가 장기간 억압되는 등 국민에게 끼친 고통과 해악이 너무도 심대하여 공소시효의 완성으로 인한 이익은 단순한 법률적 차원의 이익이고, 헌법상 보장된 기본권적 법익에 속하지 않는 반면, 집권과정에서 헌정질서파괴범죄를 범한 자들을 응징하여 정의를 회복하여 왜곡된 우리 헌정사의 흐름을 바로 잡아야 할 뿐만 아니라, 앞으로는 우리 헌정사에 다시는 그와 같은 불행한 사태가 반복되지 않도록 자유민주적 기본질서의 확립을 위한 헌정사적 이정표를 마련하여야 할 공익적 필요는 매우 중대한 반면, 이 사건 반란행위자들 및 내란행위자들의 군사반란죄나 내란죄의 공소시효완성으로 인한 법적 지위에 대한 신뢰이익이 보호받을 가치가 별로 크지 않다는 점에서, 이 법률조항은 위 행위자들의 신뢰이익이나 법적 안정성을 물리치고도 남을 만큼 월등히 중대한 공익을 추구하고 있다고 평가할 수 있어, 이 법률조항이 위 행위자들의 공소시효완성에 따르는 법적 지위를 소급적으로 박탈하고, 그들에 대한 형사소추를 가능하게 하는 결과를 초래하여 그 합헌성 인정에 있어서 엄격한 심사기준이 적용되어야 한다고 하더라도, 이 법률조항은 헌법적으로 정당화된다고 할 것이다.

(4) 위 법률조항은 헌정질서파괴범죄자들에 대하여 국가가 실효적으로 소추권을 행사할 수 있는 기간을 다른 일반국민들에 대한 시효기간과 동일하게 맞춤으로써, 그 범죄행위로 인하여 초래되었던 불평등을 제거하겠다는 것에 불과하여, 위 범죄행위자들을 자의적으로 차별하는 것이 아닐 뿐만 아니라, 오히려 실질적 정의와 공평의 이념에 부합시키는 조치라고 할 수 있다.

재판관 김용준, 재판관 김문희, 재판관 황도연, 재판관 고중석, 재판관 신창언의 한정위헌의견

형사실체법의 영역에서 형벌은 바로 신체의 자유와 직결되기 때문에 적어도 범죄구성요건과 형벌에 관한 한, 어떠한 공익상의 이유도, 국가적인 이익도 개인의 신뢰보호의 요청과 법적 안정성에 우선할 수 없고, 공소시효가 이미 완성되어 소추할 수 없는 상태에 이른 뒤에 뒤늦게 소추가 가능하도록 하는 새로운 법률을 제정하는 것은 결과적으로 형벌에 미치는 사실적 영향에서는 형벌을 사후적으로 가능하게 하는 새로운 범죄구성요건의 제정과 실질에 있어서는 마찬가지이므로, 공소시효가 이미 완성된 경우에 그 뒤 다시 소추할 수 있도록 법률로써 규정하는 것은 헌법 제12조 제1항 후단의 적법절차의 원칙과 제13조 제1항의 형벌불소급의 원칙 정신에 비추어 헌법적으로 받아들일 수 없는 위헌적인 것이다.

(바) 결 론

이러한 이유로 이 법률조항은 특별법 시행당시, 공소시효가 아직 완성되지 않았다고 보는 경우에는 재판관 전원이 헌법에 위반되지 아니한다는 의견이고, 공소시효가 이미 완성된 것으로 보는 경우에는 재판관 김진우, 재판관 이재화, 재판관 조승형, 재판관 정경식 등 4명이 헌법에 위반되지 아니하는 의견이고, 재판관 김용준, 재판관 김문희, 재판관 황도연, 재판관 고중석, 재판관 신창언 등 5명이 한정위헌의견이나 이 경우에도 헌법재판소법 제23조 제2항 제1호에 정한 위헌결정(헌법소원의 경우도 같음)의 정족수에 이르지 못하여 합헌으로 선고할 수밖에 없으므로 이에 주문과 같이 결정한다.

다. 명확성의 원칙

(1) 일반[309]

① 죄형법정주의와 명확성원칙

헌법 제12조 및 제13조를 통하여 보장되고 있는 죄형법정주의의 원칙은 범죄와 형벌이 법률로 정하여져야 함을 의미하며, 이러한 죄형법정주의에서 파생되는 명확성의 원칙은 법률이 처벌하고자 하는 행위가 무엇이며 그에 대한 형벌이 어떠한 것인지를 누구나 예견할 수 있고, 그에 따라 자신의 행위를 결정할 수 있도록 구성요건을 명확하게 규정하는 것을 의미한다. 그러나 처벌법규의 구성요건이 명확하여야 한다고 하여 모든 구성요건을 단순한 서술적 개념으로 규정하여야 하는 것은 아니고, 다소 광범위하여 법관의 보충적인 해석을 필요로 하는 개념을 사용하였다고 하더라도 통상의 해석방법에 의하여 건전한 상식과 통상적인 법감정을 가진 사람이면 당해 처벌법규의 보호법익과 금지된 행위 및 처벌의 종류와 정도를 알 수 있도록 규정하였다면 헌법이 요구하는 처벌법규의 명확성에 배치되는 것이 아니다. 그렇지 않으면 처벌법규의 구성요건이 지나치게 구체적이고 정형적이 되어 부단히 변화하는 다양한 생활관계를 제대로 규율할 수 없게 될 것이기 때문이다.

② 명확성 판단의 기준

어떠한 법규범이 명확한지 여부를 판단하는 기준은 명확성원칙의 근거와 관련하여 찾을 수 있다. 명확성원칙은 법규범의 의미내용이 불확실하면 법적 안정성과 예측가능성을 확보할 수 없고 법집행 당국의 자의적인 법해석과 집행을 가능하게 한다는 것을 그 근거로 하므로, 당해 법규범이 수범자에게 법규의 의미내용을 알 수 있도록 공정한 고지를 하여 예측가능성을 주고 있는지 여부 및 당해 법규범이 법을 해석·집행하는 기관에게 충분한 의미내용을 규율하여 자의적인 법해석이

---

309 헌법재판소 2005. 6. 30. 선고 2002헌바83 전원재판부.

나 법집행이 배제되는지 여부, 다시 말하면 예측가능성 및 자의적 법집행 배제가 확보되는지 여부에 따라 명확성원칙에 위반되는지 여부를 판단할 수 있다. 법규범이 불확정개념을 사용하는 경우라도 법률해석을 통하여 행정청과 법원의 자의적인 적용을 배제하는 합리적이고 객관적인 기준을 얻는 것이 가능한 경우, 즉 자의를 허용하지 않는 통상의 합리적 해석방법에 의하더라도 그 의미내용을 알 수 있는 경우는 명확성원칙에 반하지 아니한다.

법규범의 의미내용은 법규범의 문언뿐만 아니라 입법목적이나 입법취지, 입법연혁, 그리고 법규범의 체계적 구조 등을 종합적으로 고려하는 해석방법에 의하여 구체화하게 된다. 그러므로 해당 법률조항들이 명확성원칙에 위반되는지 여부는 위와 같은 해석방법에 의하여 해당 법률조항들의 의미내용을 합리적으로 파악할 수 있는 해석기준(이하 이를 '합리적 해석기준'이라고 한다)을 얻을 수 있는지 여부에 달려 있다.

(2) 대법원의 판단 기준

형벌법규는 문언에 따라 엄격하게 해석·적용하여야 하고 피고인에게 불리한 방향으로 지나치게 확장해석하거나 유추해석하여서는 아니 되나, 형벌법규의 해석에 있어서도 법률문언의 통상적인 의미를 벗어나지 않는 한 그 법률의 입법취지와 목적, 입법연혁 등을 고려한 목적론적 해석이 배제되는 것은 아니고,[310] 처벌법규의 입법목적이나 그 전체적 내용, 구조 등을 살펴보아 사물의 변별능력을 제대로 갖춘 일반인의 이해와 판단으로서 그의 구성요건 요소에 해당하는 행위유형을 정형화하거나 한정할 합리적 해석기준을 찾을 수 있다면 죄형법정주의가 요구하는 형벌법규의 명확성의 원칙에 반하는 것이 아니다.[311]

---

310 대법원 2007. 6. 14. 선고 2007도2162 판결, 대법원 2003. 1. 10. 선고 2002도2363 판결, 대법원 2002. 2. 21. 선고 2001도2819 전원합의체 판결 등.

311 대법원 2000. 11. 16. 선고 98도3665 전원합의체 판결 등.

(3) 대법원 1998. 6. 18. 선고 97도2231 전원합의체 판결

【판시사항】

외국환관리규정 제6-15조의4 제2호 (나)목에 규정된 '도박 기타 범죄 등 선량한 풍속 및 사회질서에 반하는 행위'라는 요건이 죄형법정주의의 원칙에 위배되고 모법의 위임 범위를 벗어난 것으로서 무효의 규정인지 여부(적극)

【판결요지】

외국환관리규정(재정경제원고시 제1996-13호) 제6-15조의4 제2호 (나)목 소정의 '도박 기타 범죄 등 선량한 풍속 및 사회질서에 반하는 행위'라는 요건은, 이를 한정할 합리적인 기준이 없다면, 형벌법규의 구성요건 요소로서는 지나치게 광범위하고 불명확하다고 할 것인데, 외국환관리에 관한 법령의 입법 목적이나 그 전체적 내용, 구조 등을 살펴보아도 사물의 변별능력을 제대로 갖춘 일반인의 이해와 판단으로서도 그 구성요건 요소에 해당하는 행위유형을 정형화하거나 한정할 합리적 해석기준을 찾기 어려우므로, 죄형법정주의가 요구하는 형벌법규의 명확성의 원칙에 반한다. 그리고 이와 같이 지나치게 광범위하고 불명확한 사유인 '범죄, 도박 등 선량한 풍속 및 사회질서에 반하는 행위와 관련한 지급 등'을 허가사유로 규정한 것은 모법인 외국환관리법 제17조 제1항에서 규정한 지급 등의 규제요건 및 위 법률조항의 위임에 따라 외국환관리법시행령 제26조 제1항에서 규정한 허가규제기준을 넘어서는 것으로서, 모법의 위임 범위를 벗어난 것이라고 보지 않을 수 없으므로, 외국환관리규정 제6-15조의4 제2호 (나)목의 규정은 죄형법정주의에 위배된 것일 뿐만 아니라 위임입법의 한계도 벗어난 것으로서 무효이다.

(4) 헌법재판소 2016. 11. 24. 선고 2016헌가3 전원재판부[312]

경범죄처벌법(2012. 3. 21. 법률 제11401호로 전부개정된 것)

312 재판관 박한철(재판장) 이정미 김이수 이진성 김창종 안창호 강일원 서기석 조용호

제3조(경범죄의 종류) ① 다음 각 호의 어느 하나에 해당하는 사람은 10만 원 이하의 벌금, 구류 또는 과료(과료)의 형으로 처벌한다.

33. (과다노출) 여러 사람의 눈에 뜨이는 곳에서 공공연하게 알몸을 지나치게 내놓거나 가려야 할 곳을 내놓아 다른 사람에게 부끄러운 느낌이나 불쾌감을 준 사람[313]

심판대상조항은 알몸을 '지나치게 내놓는' 것이 무엇인지 그 판단 기준을 제시하지 않아 무엇이 지나친 알몸노출행위인지 판단하기 쉽지 않고, '가려야 할 곳'의 의미도 알기 어렵다. 심판대상조항 중 '부끄러운 느낌이나 불쾌감'은 사람마다 달리 평가될 수밖에 없고, 노출되었을 때 부끄러운 느낌이나 불쾌감을 주는 신체부위도 사람마다 달라 '부끄러운 느낌이나 불쾌감'을 통하여 '지나치게'와 '가려야 할 곳' 의미를 확정하기도 곤란하다.

심판대상조항은 '선량한 성도덕과 성풍속'을 보호하기 위한 규정인데, 이러한 성도덕과 성풍속이 무엇인지 대단히 불분명하므로, 심판대상조항의 의미를 그 입법목적을 고려하여 밝히는 것에도 한계가 있다.

대법원은 '신체노출행위가 단순히 다른 사람에게 부끄러운 느낌이나 불쾌감을 주는 정도에 불과한 경우 심판대상조항에 해당한다.'라고 판시하나, 이를 통해서도 '가려야 할 곳', '지나치게'의 의미를 구체화 할 수 없다.[314] 심판대상조

---

313 ○○경찰서장은 2015. 8. 16. 당해 사건 피고인 김○태(이하 '피고인'이라 한다)에게 '피고인은 2015. 8. 16. 17:17경 양산시 ○○읍에 있는 아파트 앞 공원에서 일광욕을 하기 위해 상의를 탈의하는 방법으로 과다노출행위를 하였다.'는 범죄사실로 경범죄처벌법 제3조 제1항 제33호를 적용하여 통고처분을 하였다.
피고인은 위 통고처분에 따른 범칙금을 납부하지 않았고, 이에 양산경찰서장은 울산지방법원에 피고인의 위 범죄사실에 대한 즉결심판을 청구하였다(2015조123). 위 법원은 2015. 9. 14. 피고인에게 경범죄처벌법 제3조 제1항 제33호를 적용하여 벌금 50,000원을 선고하였다. 이에 피고인이 2015. 9. 18. 위 법원에 정식재판을 청구하여 현재 재판 계속 중이다(2015고정1560). 제청법원은 경범죄처벌법 제3조 제1항 제33호가 죄형법정주의의 명확성원칙에 위배된다고 의심할 상당한 이유가 있다는 이유로 2016. 1. 26. 직권으로 위 조항에 대하여 위헌법률심판제청을 하였다.

314 대법원은 '신체의 노출행위가 있었다고 하더라도 그 일시와 장소, 노출 부위, 노출 방법·정도, 노출 동기·경위 등 구체적 사정에 비추어 그것이 일반 보통인의 성욕을 자극하여 성적 흥분을 유발하고 정상적인 성적 수치심을 해하는 것이 아니라 단순히 다른 사람에게 부끄러운 느낌이나 불쾌감을 주는 정도에 불과하다고 인정되는

항의 불명확성을 해소하기 위해 노출이 허용되지 않는 신체부위를 예시적으로 열거하거나 구체적으로 특정하여 분명하게 규정하는 것이 입법기술상 불가능하거나 현저히 곤란하지도 않다. 예컨대 이른바 '바바리맨'의 성기노출행위를 규제할 필요가 있다면 노출이 금지되는 신체부위를 '성기'로 명확히 특정하면 될 것이다.

따라서 심판대상조항은 죄형법정주의의 명확성원칙에 위배된다.

재판관 김창종, 재판관 안창호의 반대의견

심판대상조항의 '지나치게 내놓는'은 '사회통념상 보통사람이 용인할 수 없는 수준으로 성도덕이나 성풍속을 해하는 신체노출행위'로 해석할 수 있다. 여러 사람이 모일 수 있는 공원에서 성기를 노출하는 행위, 외투로 몸을 감싸고 기다리다가 사람들이 지나갈 때 외투를 벗고 알몸을 드러내는 행위 등이 여기에 해당할 것이고, 모유수유를 위한 유방 노출과 같이 용인 가능한 잠깐 동안의 부득이한 노출은 이에 해당하지 않을 것이다.

'가려야 할 곳'은 심판대상조항의 입법취지 및 개정연혁, 심판대상조항 내용상 이를 옷으로 가리는 부분으로 볼 수 있고, 심판대상조항 구조에 비추어 이를 드러낼 경우 '알몸'에 준해 건전한 성도덕이나 성풍속을 어지럽힐 가능성이 있는 부위로 보아야 하는 점 등을 종합하여, 이를 '사회통념상 보통사람이 옷으로 가리는 부위로서, 남녀의 성기, 엉덩이, 여성의 유방과 같은 부분'으로 구체화 할 수 있다.

지나친 신체노출행위로 '부끄러운 느낌이나 불쾌감'을 주는 행위인지 여부

경우 그와 같은 행위는 심판대상조항에 해당할지언정 형법 제245조의 음란행위에 해당한다고 할 수 없다.'라고 판시하고 있다(대법원 2004. 3. 12. 선고 2003도6514 판결 참조). 그러나 이는 심판대상조항 가운데 '부끄러운 느낌이나 불쾌감'이 형법상 공연음란죄에서의 '음란'에 이르지 않는 정도라는 점을 밝힌 것일 뿐이다. 이러한 해석에 의하더라도 어느 부분을 노출해야 '가려야 할 곳'을 내놓는 것인지, 어느 정도의 노출행위가 '지나친' 노출행위인지 등 구체적 내용을 파악하기는 어렵다.

는 보통사람을 기준으로 판단하여야 하므로 사람마다 달리 평가될 수 없다. 남녀의 성기노출행위와 같이 용인할 수 없는 수준의 신체노출행위는 다른 사람에게 부끄러운 느낌이나 불쾌감을 주는 행위가 될 가능성이 크고, 부끄러운 느낌이나 불쾌감을 주는 행위가 무엇인지도 구체적이고 종합적으로 판단할 수 있으므로, 성도덕이나 성풍속상 용인할 수 없는 정도로 부끄러운 느낌이나 불쾌감을 유발하는 신체노출행위가 무엇인지도 충분히 알 수 있다. '성기'와 같이 노출이 금지되는 신체부위를 특정하여 열거하는 것은 '건전한 성도덕 내지 성풍속' 보호라는 입법목적을 달성하기에 적절하지 않고, 지나친 노출행위는 행위태양이 다양하고 이에 해당하는지도 사회와 문화에 따라 변동하는 것이므로, 구체적 타당성이나 시의성을 반영한 법집행을 위해 다소 개방적 입법형식을 취할 필요성도 있다.

이상과 같이, 심판대상조항의 문언, 입법목적, 입법연혁 등을 종합해 볼 때 심판대상조항이 금지하는 지나친 노출행위를 '불특정 또는 다수인이 쉽게 볼 수 있는 장소에서 알몸 또는 남녀의 성기, 엉덩이, 여성의 유방 등과 같이 그 시대의 사회통념상 성도덕 또는 성풍속을 해할 수 있는 신체부위를 보통사람이 용인할 수 없는 수준으로 드러내어 다른 사람에게 부끄러운 느낌이나 불쾌감을 불러일으키는 행위'로 충분히 이해할 수 있다.

따라서 심판대상조항은 죄형법정주의의 명확성원칙에 위배되지 않는다.

【주 문】

경범죄처벌법(2012. 3. 21. 법률 제11401호로 전부개정된 것) 제3조 제1항 제33호는 헌법에 위반된다.

2017. 10. 24. 개정법

33. (과다노출) 공개된 장소에서 공공연하게 성기·엉덩이 등 신체의 주요한 부위를 노출하여 다른 사람에게 부끄러운 느낌이나 불쾌감을 준 사람

라. 유추해석금지의 원칙

피고인에게 불리한 유추해석(법률에 규정이 없는 사항에 대하여 그것과 유사한 성질을 가지는 사항에 관한 법률을 적용하는 것)은 허용되지 않는다는 원칙이다. 즉, 형벌법규는 문언에 따라 엄격하게 해석·적용하여야 하고 피고인에게 불리하게 확장해석하거나 유추해석할 수 없으나,[315] 문언의 통상적인 의미를 벗어나지 않는 한 그 법률의 입법 취지와 목적, 입법의 연혁 등을 고려한 목적론적 해석이 배제되는 것은 아니다.[316]

(1) 대법원 1995. 4. 7. 선고 95도94 판결

성폭력범죄의처벌및피해자보호등에관한법률 제6조 제1항은 흉기 기타 위험한 물건을 휴대하거나 2인 이상이 합동하여 형법 제297조(강간)의 죄를 범한 자는 무기 또는 5년 이상의 징역에 처한다고 규정하고 있고, 법 제12조는 제6조의 미수범은 처벌한다고 규정하고 있으며, 법 제9조 제1항은 "제6조의 죄를 범한 자가 사람을 상해하거나 상해에 이르게 한 때에는 무기 또는 7년 이상의 징역에 처한다"고 규정하고 있는바, 형벌법규는 그 규정내용이 명확하여야 할 뿐만 아니라 그 해석에 있어서도 엄격함을 요하고 유추해석은 허용되지 않는 것이므로 법 제9조 제1항의 죄의 주체는 "제6조의 죄를 범한 자"로 한정되고 법 제6조 제1항의 미수범까지 여기에 포함되는 것으로 풀이할 수는 없다고 할 것이다.[317]

---

315 대법원 2009. 8. 20. 선고 2009도4590 판결(게임산업진흥에 관한 법률은 제2조 제6호의2 나목에서 일반게임제공업을 "제21조의 규정에 따라 등급분류된 게임물 중 청소년이용불가 게임물과 전체이용가 게임물을 설치하여 공중의 이용에 제공하는 영업"으로 정의한 다음, 제26조 제1항에서 일반게임제공업을 영위하고자 하는 자로 하여금 관할 관청의 허가를 받도록 하면서, 이에 위반하여 허가를 받지 아니하고 영업을 한 자를 제45조 제2호에 의하여 처벌하고 있다. 이와 같은 위 법률조항의 문언 및 체계와 아울러 형벌법규의 해석은 엄격하여야 하고 명문규정의 의미를 피고인에게 불리한 방향으로 확장해석하거나 유추해석하는 것은 허용되지 않는 점에 비추어 보면, 등급분류를 받지 아니한 게임물을 공중의 이용에 제공하는 것은 위 법률 제2조 제6호의2 나목에 규정된 일반게임제공업에 해당하지 않으므로, 그러한 영업을 관할 관청의 허가 없이 하였다고 하더라도 이를 위 법률 제45조 제2호, 제26조 제1항에 의하여 처벌할 수는 없다).

316 대법원 2010. 6. 24. 선고 2010도3358 판결, 대법원 2002. 2. 21. 선고 2001도2819 전원합의체 판결.

317 그럼에도 불구하고 원심은 피고인의 판시 소위에 대하여 법 제9조 제1항을 적용하여 처단하였으니 원심판결에

(2) 대법원 1994. 12. 20.자 94모32 전원합의체 결정

제164조(현주건조물등에의 방화) ① 불을 놓아 사람이 주거로 사용하거나 사람이 현존하는 건조물, 기차, 전차, 자동차, 선박, 항공기 또는 광갱을 소훼한 자는 무기 또는 3년 이상의 징역에 처한다.

② 제1항의 죄를 범하여 사람을 상해에 이르게 한 때에는 무기 또는 5년 이상의 징역에 처한다. 사망에 이르게 한 때에는 사형, 무기 또는 7년이상의 징역에 처한다.[전문개정 1995. 12. 29.]

제165조(공용건조물 등에의 방화) 불을 놓아 공용 또는 공익에 공하는 건조물, 기차, 전차, 자동차, 선박, 항공기 또는 광갱을 소훼한 자는 무기 또는 3년 이상의 징역에 처한다.

제166조(일반건조물 등에의 방화) ① 불을 놓아 전2조에 기재한 이외의 건조물, 기차, 전차, 자동차, 선박, 항공기 또는 광갱을 소훼한 자는 2년 이상의 유기징역에 처한다.

② 자기소유에 속하는 제1항의 물건을 소훼하여 공공의 위험을 발생하게 한 자는 7년 이하의 징역 또는 1천만원 이하의 벌금에 처한다. <개정 1995. 12. 29.>

제167조(일반물건에의 방화) ① 불을 놓아 전3조에 기재한 이외의 물건을 소훼하여 공공의 위험을 발생하게 한 자는 1년 이상 10년 이하의 징역에 처한다.

② 제1항의 물건이 자기의 소유에 속한 때에는 3년 이하의 징역 또는 700만원 이하의 벌금에 처한다. <개정 1995. 12. 29.>

는 법 제9조 제1항의 해석적용을 그르친 위법이 있다 할 것이고 이와 같은 위법은 판결에 영향을 미친 것임이 명백하므로 이 점을 지적하는 논지는 이유가 있다.

第170조(실화) ① 과실로 인하여 제164조 또는 제165조에 기재한 물건 또는 타인의 소유에 속하는 제166조에 기재한 물건을 소훼한 자는 1천500만원 이하의 벌금에 처한다. <개정 1995. 12. 29.>
② 과실로 인하여 자기의 소유에 속하는 제166조 또는 제167조에 기재한 물건을 소훼하여 공공의 위험을 발생하게 한 자도 전항의 형과 같다.

<사건의 경과>

기록에 의하면, 검사는 피고인이 1993.3.23. 16:00경 대전 대덕구 B에 있는 피해자 C 등 소유의 사과나무 밭에서 바람이 세게 불어 그냥 담뱃불을 붙이기가 어렵자 마른 풀을 모아 놓고 성냥불을 켜 담배불을 붙인 뒤, 그 불이 완전히 소화되었는지 여부를 확인하지 아니한 채 자리를 이탈한 과실로, 남은 불씨가 주변에 있는 마른 풀과 잔디에 옮겨 붙고, 계속하여 피해자들 소유의 사과나무에 옮겨 붙어 사과나무 217주 등 시가 671만원 상당을 소훼하였다는 것을 공소사실로, 형법 제170조 제2항, 제167조를 적용법조로 하여 공소를 제기하였는바, 이에 대하여 제1심 법원은 형법 제170조 제2항은 타인의 소유에 속하는 제167조에 기재한 물건(일반물건)을 소훼한 경우에는 적용될 수 없고, 형법상 그러한 물건을 과실로 소훼한 경우에 처벌하도록 하고 있는 규정이 없으므로 결국 공소장에 기재된 사실이 진실하다고 하더라도 범죄가 될 만한 사실이 포함되어 있지 아니한 때에 해당한다는 이유로 공소기각의 결정을 하였고, 위 결정에 대하여 검사가 즉시항고하자, 원심법원은 형법 제170조 제2항의 '자기의 소유에 속하는 제166조 또는 제167조에 기재한 물건'을 '자기의 소유에 속하는 제166조에 기재한 물건 또는 자기나 타인의 소유에 속하는 제167조에 개재한 물건'으로 해석하는 것은 죄형법정주의의 원칙, 특히 유추해석금지 또는 확장해석금지의 원칙에 반한다는 이유로 즉시항고를 기각하여 제1심결정을 유지하고 있다.

<대법원의 판단>

[다수의견] 형법 제170조 제2항에서 말하는 '자기의 소유에 속하는 제166조 또는 제167조에 기재한 물건'이라 함은 '자기의 소유에 속하는 제166조에 기재한 물건 또는 자기의 소유에 속하든, 타인의 소유에 속하든 불문하고 제167조에 기재한 물건'을 의미하는 것이라고 해석하여야 하며, 제170조 제1항과 제2항의 관계로 보아서도 제166조에 기재한 물건(일반건조물 등) 중 타인의 소유에 속하는 것에 관하여는 제1항에서 규정하고 있기 때문에 제2항에서는 그중 자기의 소유에 속하는 것에 관하여 규정하고, 제167조에 기재한 물건에 관하여는 소유의 귀속을 불문하고 그 대상으로 삼아 규정하고 있는 것이라고 봄이 관련조문을 전체적, 종합적으로 해석하는 방법일 것이고, 이렇게 해석한다고 하더라도 그것이 법규정의 가능한 의미를 벗어나 법형성이나 법창조행위에 이른 것이라고는 할 수 없어 죄형법정주의의 원칙상 금지되는 유추해석이나 확장해석에 해당한다고 볼 수는 없을 것이다.

[반대의견(4인)] 형법 제170조 제2항은 명백히 '자기의 소유에 속하는 제166조 또는 제167조에 기재한 물건'이라고 되어 있을 뿐 '자기의 소유에 속하는 제166조에 기재한 물건 또는 제167조에 기재한 물건'이라고는 되어 있지 아니하므로, 우리말의 보통의 표현방법으로는 '자기의 소유에 속하는'이라는 말은 '제166조 또는 제167조에 기재한 물건'을 한꺼번에 수식하는 것으로 볼 수밖에 없고, 같은 규정이 '자기의 소유에 속하는 제166조에 기재한 물건 또는 아무런 제한이 따르지 않는 단순한 제167조에 기재한 물건'을 뜻하는 것으로 볼 수는 없다.

(3) 헌법재판소 2012. 12. 27. 선고 2011헌바117 전원재판부

형벌법규는 헌법상 규정된 죄형법정주의원칙상 입법목적이나 입법자의 의도를 감안한 유추해석이 일체 금지되고, 법률조항의 문언의 의미를 엄격하게 해석하여야 하는바, 유추해석을 통하여 형벌법규의 적용범위를 확대하는 것은 '법

관에 의한 범죄구성요건의 창설'에 해당하여 죄형법정주의원칙에 위배된다.

형벌법규에 있어 독자적인 공무원 개념을 사용하기 위해서는 법률에 명시하는 것이 일반적 입법례인데, 우리의 경우에는 구 형법의 공무원 개념규정을 형법 제정 당시 두지 않았고, 국가공무원법·지방공무원법에 의한 공무원이 아니라고 하더라도 국가나 지방자치단체의 사무에 관여하거나 공공성이 높은 직무를 담당하여 청렴성과 직무의 불가매수성이 요구되는 경우에, 개별 법률에 '공무원 의제' 조항을 두어 공무원과 마찬가지로 뇌물죄로 처벌하거나, 특별규정을 두어 처벌하고 있다. 그런데 국가공무원법·지방공무원법에 따른 공무원이 아님에도 법령에 기하여 공무에 종사한다는 이유로 공무원 의제규정이 없는 사인을 이 사건 법률조항의 '공무원'에 포함된다고 해석하는 것은 처벌의 필요성만을 지나치게 강조하여 범죄와 형벌에 대한 규정이 없음에도 구성요건을 확대한 것으로서 죄형법정주의와 조화될 수 없다.

따라서 이 사건 법률조항의 '공무원'에 국가공무원법·지방공무원법에 따른 공무원이 아니고 공무원으로 간주되는 사람도 아닌 제주자치도 위촉위원이 포함된다고 해석하는 것은 법률해석의 한계를 넘은 것으로서 죄형법정주의에 위배된다.

마. 적정성의 원칙

적적성의 원칙이란 범죄와 형벌을 규정하는 법률의 내용은 기본적 인권 보장에 부합하는 적절한 것이어야 한다는 원칙으로서, 헌법 제37조 제2항의 과잉금지의 원칙을 근거로 한다.

(1) 형벌법규적용의 필요성

선량한 성도덕과 일부일처주의·혼인제도의 유지 및 가족생활의 보장을 위하여서나 부부간의 성적성실의무의 수호를 위하여, 그리고 간통으로 인하여 야기되는 사회적 해악의 사전예방을 위하여, 간통행위를 규제하고 처벌하는 것은 성적자기결정권의 본질적 내용을 침해하여 인간으로서의 존엄과 가치 및 행복추구권을 부당하게 침해하거나 헌법 제36조 제1항의 규정에 반하는 것이 아니다.[318]

(2) 죄형의 균형

본 법률조항(특정범죄가중처벌등에관한법률 제5조의3 제2항 제1호: 사고운전자가 피해자를 사고장소로부터 옮겨 유기하고 도주한 경우 피해자가 사망하면 사형, 무기 또는 10년 이상의 징역에 처함)에서 과실로 사람을 치상하게 한 자가 구호행위를 하지 아니하고 도주하거나 고의로 유기함으로써 치사의 결과에 이르게 한 경우에 살인죄와 비교하여 그 법정형을 더 무겁게 한 것은 형벌체계상의 정당성과 균형을 상실한 것으로서 헌법 제10조의 인간으로서의 존엄과 가치를 보장한 국가의 의무와 헌법 제11조의 평등의 원칙 및 헌법 제37조 제2항의 과잉입법금지의 원칙에 반한다.[319] 이와 달리 특정 성폭력범죄자에 대한 위치추적

---

318 헌법재판소 1990. 9. 10. 선고 89헌마82 전원재판부. 다만 간통죄의 위헌성 여부에 대해서는 1990. 9. 10. 89헌마82 결정에서 심판대상조항이 헌법에 위반되지 않는다고 결정하였는데, 반대의견으로 재판관 한병채, 이시윤의 헌법불합치 의견과 재판관 김양균의 위헌의견이 있었고, 1993. 3. 11. 90헌가70 결정에서는 위 89헌마82 결정이 그대로 유지되었다. 그 뒤 2001. 10. 25. 2000헌바60 결정에서는 재판관 권성의 위헌의견이 있었으나, 법정의견은 위 89헌마82 결정의 판시를 그대로 유지하면서 간통죄 폐지 여부에 대하여 입법자가 진지하게 접근할 필요가 있다는 점을 지적하였다. 이어 2008. 10. 30. 2007헌가17등 결정에서는 재판관 김종대, 이동흡, 목영준, 송두환이 위헌의견, 재판관 김희옥이 헌법불합치의견으로 헌법에 위반된다는 의견이 다수였으나, 위헌정족수 6인에는 이르지 못하였다. 그러다가 헌법재판소 2015. 2. 26. 선고 2009헌바17,205,2010헌바194,2011헌바4,2012헌바57,255,411,2013헌바139,161,267,276,342,365,2014헌바53,464,2011헌가31,2014헌가4(병합) 전원재판부에서 위헌이라고 결정하였다(2명은 합헌의견).

319 헌법재판소 1992. 4. 28. 선고 90헌바24 전원재판부.
현행 특가법 제5조의3(도주차량 운전자의 가중처벌) ①「도로교통법」 제2조에 규정된 자동차·원동기장치자전거의 교통으로 인하여「형법」 제268조의 죄를 범한 해당 차량의 운전자(이하 "사고운전자"라 한다)가 피해자를 구호(救護)하는 등「도로교통법」 제54조제1항에 따른 조치를 하지 아니하고 도주한 경우에는 다음 각 호의 구분에 따라 가중처벌한다.
1. 피해자를 사망에 이르게 하고 도주하거나, 도주 후에 피해자가 사망한 경우에는 무기 또는 5년 이상의 징역에 처한다.
2. 피해자를 상해에 이르게 한 경우에는 1년 이상의 유기징역 또는 500만원 이상 3천만원 이하의 벌금에 처한다.

전자장치 부착에 관한 법률에 의한 전자감시제도는, … 그 목적 달성을 위한 합리적 범위 내에서 전자감시제도를 탄력적으로 운영하도록 하면서 그에 따른 피부착자의 기본권 침해를 최소화하기 위한 방안을 마련하고 있는 이상, 오로지 형기를 마친 성폭력범죄자의 감시를 위한 방편으로만 이용함으로써 피부착자의 기본권을 과도하게 제한하는 과잉입법에 해당한다고 볼 수 없다.[320]

---

② 사고운전자가 피해자를 사고 장소로부터 옮겨 유기하고 도주한 경우에는 다음 각 호의 구분에 따라 가중처벌한다.
1. 피해자를 사망에 이르게 하고 도주하거나, 도주 후에 피해자가 사망한 경우에는 사형, 무기 또는 5년 이상의 징역에 처한다.
2. 피해자를 상해에 이르게 한 경우에는 3년 이상의 유기징역에 처한다. [전문개정 2010. 3. 31.]

320 대법원 2009. 9. 10. 선고 2009도6061,2009전도13 판결.

III

형법 총칙

1 형법 총칙의 구성

형법 총칙은 제1장 형법의 적용범위(제1조~제8조), 제2장 죄(罪)(제9조~제40조), 제3장 형(刑)(제41조~제82조), 제4장 기간(제83조~제86조) 등 총 4개의 장으로 구성되어 있다. 제1장 형법의 적용범위는 시간적 적용범위로서 행위시법기준(제1조), 장소적 적용범위로서 속지주의(제2조, 제4조), 속인주의(제3조), 보호주의(제5조, 제6조) 및 외국에서 집행된 형의 산입(제7조)과 총칙의 적용범위(제8조)로 구성되어 있다. 그리고 제4장 기간은 민법의 기간 계산 방법을 따르되, 형기의 기산(제84조), 형의 집행과 시효기간의 초일(제85조), 석방일(제86조)에 대해 별도의 규정을 두고 있다. 이러한 제1장 및 제4장을 제외한 제2장 및 제3장이 형법 총칙의 주요 내용이라 할 수 있는데, 제2장은 범죄론, 제3장은 형벌론에 관한 것이다.

2 범죄론

형법 총칙 제2장(죄)은 제1절 죄의 성립과 형의 감면(제9조~제24조), 제2절 미수범(제25조~제29조), 제3절 공범(제30조~제34조), 제4절 누범(제35조, 제36조), 제5절 경합범(제37조~제40조)으로 구성되어 있다. 이러한 형법 총칙의 범죄론에서 가장 기본이 되는 것은 범죄의 성립요건을 이해하는 것이고, 이를 토대로 미수범, 공범, 누범, 경합범 등을 숙지하는 것이 필요하다.

가. 범죄의 성립요건

범죄의 성립요건은 (1) 구성요건해당성, (2) 위법성, (3) 책임 등 3가지로 이해되고 있다. 구성요건이란 형벌을 과하는 근거가 되는 행위유형을 추상적으로 기술한 것을 말하는데, 범죄가 성립하기 위해서는 그러한 행위를 범죄로 규정하는 법이 있어야 한다는 뜻이다. 따라서 범죄의 성립을 확인하기 위해서는 문제된 행위를 처벌할 수 있는 법 규정을 확인해 보아야 하고, 비록 정당하지 않은 행위라 하더라도 이를 규제하는 법 규정이 없다면 애초에 범죄가 성립할 수 없게 된다. 다음으로 그러한 구성요건 해당행위가 위법해야 하는데, 위법성은 적극적으로 인정되어야 하는 요건이 아니라 위법성조각사유가 없으면 위법성이 인정되는 소극적인 개념징표이다. 마지막으로 구성요건에 해당하고 위법성조각사유가 없는 행위라 하더라도, 행위자에게 형벌을 과할 수 있기 위해 책임능력이 인정되어야 한다. 즉, 책임능력이 없는 사람의 행위에 대해서는 형벌을 과할 수 없다. 이하에서는 위법성조각사유와 책임에 대해서 살펴보기로 한다.

(1) 위법성조각사유

우리 형법 총칙에서는 위법성조각사유로 정당행위(제20조), 정당방위(제21조), 긴급피난(제22조), 자구행위(제23조), 피해자의 승낙(제24조)을 규정하고 있다.

① 정당행위

제20조(정당행위)는 “법령에 의한 행위 또는 업무로 인한 행위 기타 사회상규에 위배되지 아니하는 행위는 벌하지 아니한다.”고 규정하고 있는데, 어떠한 행위가 사회상규에 위배되지 아니하는 정당한 행위로서 위법성이 조각되는 것

인지는 구체적인 사정 아래서 합목적적, 합리적으로 고찰하여 개별적으로 판단하여야 할 것이고, 이와 같은 정당행위를 인정하려면, 첫째 그 행위의 동기나 목적의 정당성, 둘째 행위의 수단이나 방법의 상당성, 셋째 보호이익과 침해이익과의 법익균형성, 넷째 긴급성, 다섯째 그 행위 외에 다른 수단이나 방법이 없다는 보충성 등의 요건을 갖추어야 한다.[321] 이와 관련하여 갑 주식회사가 피고인에게 공립유치원의 놀이시설 제작 및 설치공사를 하도급주었는데, 피고인이 유치원 행정실장 등에게 공사대금의 직접 지급을 요구하였으나 거절당하자 놀이시설의 일부인 보호대를 칼로 뜯어내고 일부 놀이시설은 철거하는 방법으로 공무소에서 사용하는 물건을 손상하였다는 내용으로 기소된 사안에서, 피고인에게 공사대금 직불청구권이 있고 놀이시설의 정당한 유치권자로서 공사대금 채권을 확보할 필요가 있었다고 하더라도, 위와 같은 피고인의 행위가 수단과 방법의 상당성이 인정된다거나 공사대금 확보를 위한 유치권을 행사하는 데에 긴급하고 불가피한 수단이었다고 볼 수 없는데도, 공용물건손상의 공소사실에 대하여 무죄를 선고한 원심판결에 정당행위에 관한 법리오해의 잘못이 있다고 판시한 바 있다.[322]

② 정당방위

제21조[323]의 정당방위는 우리 주변에서 가장 익숙하게 들어 볼 수 있는 위법성조각사유인데, 현재의 부당한 침해로부터 자기 또는 타인의 법익(法益)을 방위하기 위하여 한 행위는 상당한 이유가 있는 경우에는 벌하지 아니한다는 것

---

321 대법원 2007. 5. 11. 선고 2006도4328 판결.

322 대법원 2017. 5. 30. 선고 2017도2758 판결.

323 제21조(정당방위) ① 현재의 부당한 침해로부터 자기 또는 타인의 법익(法益)을 방위하기 위하여 한 행위는 상당한 이유가 있는 경우에는 벌하지 아니한다.
② 방위행위가 그 정도를 초과한 경우에는 정황(情況)에 따라 그 형을 감경하거나 면제할 수 있다.
③ 제2항의 경우에 야간이나 그 밖의 불안한 상태에서 공포를 느끼거나 경악(驚愕)하거나 흥분하거나 당황하였기 때문에 그 행위를 하였을 때에는 벌하지 아니한다.
[전문개정 2020. 12. 8.]

이다. 다만, 우리나라 실무에서는 정당방위를 잘 인정하지 않는다고 하여 문제가 있다는 비판도 많은데, 정당방위를 넓게 인정하게 되면 그로 인해 과도한 사적 폭력 등이 난무할 수도 있어서 어느 범위까지 인정할 것인지 결정하기가 쉽지 않다.

1) 대법원 1989. 8. 8. 선고 89도358 판결

甲과 乙이 공동으로 인적이 드문 심야에 혼자 귀가중인 丙여에게 뒤에서 느닷없이 달려들어 양팔을 붙잡고 어두운 골목길로 끌고들어가 담벽에 쓰러뜨린 후 甲이 음부를 만지며 반항하는 丙여의 옆구리를 무릎으로 차고 억지로 키스를 함으로 丙여가 정조와 신체를 지키려는 일념에서 엉겁결에 甲의 혀를 깨물어 설절단상을 입혔다면 丙여의 범행은 자기의 신체에 대한 현재의 부당한 침해에서 벗어나려고 한 행위로서 그 행위에 이르게 된 경위와 그 목적 및 수단, 행위자의 의사등 제반사정에 비추어 위법성이 결여된 행위이다.

2) 대법원 1992. 12. 22. 선고 92도2540 판결[324]

원심이 인용한 제1심판결이 든 증거에 의하면, 피고인 A는 피고인 D로부터 피해자와의 관계를 고백받고 같이 번민하다가 피해자를 살해하고 강도로 위장하기로 공모한 후, 피고인 A가 이 사건 범행 전날 서울 창동시장에서 범행에 사용할 식칼(증 제4호), 공업용 테이프(증 제7, 제10호), 장갑 등을 구입하여 가지고 범행장소인 충주에 내려가서 피고인 D와 전화통화로 범행시간을 정하고, 약속된 시간인 1992.1.17. 01:30경 피고인 D가 열어준 문을 통하여 피해자의 집안으로 들어간 다음, 이어서 피해자가 술에 취하여 잠들어 있는 방에 몰래 들어가

324 1992. 1. 17. 사건 발생, 1992. 1. 19. 두 사람 구속, 1992. 4. 4. 1심 선고 (A 징역7년, B 징역4년), 1992. 9. 14. 항소심 선고(A 징역5년, B 징역3년 집행유예5년), 1992. 10. 2. B 법원직권 석방, 1992. 12. 22. 상고심 선고(상고기각, 원심대로 확정), 1993. 2. 김영삼 대통령 취임시 A 1/2 감형, B 사면복권, 1995. 2. 17. A 석방.

피해자의 머리 맡에서 식칼을 한손에 들어 피해자를 겨누고 양 무릎으로 피해자의 양팔을 눌러 꼼짝 못하게 한 후 피해자를 깨워 피해자가 제대로 반항할 수 없는 상태에서 피고인 D를 더이상 괴롭히지 말고 놓아 주라는 취지의 몇마디 이야기를 하다가 들고 있던 식칼로 피해자의 심장을 1회 찔러 그 자리에서 살해하고, 강도살인을 당한 것처럼 위장하기 위하여 죽은 피해자의 양 발목을 공업용 테이프로 묶은 다음 현금을 찾아 태워 없애고 장농, 서랍 등을 뒤져 범행현장에 흩어 놓고 나서, 피고인 A는 강도에게 당한 것처럼 피고인 D의 브레지어 끈을 칼로 끊고 양 손목과 발목을 공업용 테이프로 묶은 다음 달아나고, 피고인 D는 양 손목과 발목이 공업용 테이프로 묶인 채 옆집에 가서 강도를 당하였다고 허위로 신고한 것이라는 원심의 사실인정을 수긍하기에 부족함이 없다 할 것이고, 사실관계가 위와 같은 이상 피고인들의 이 사건 범행이 우발적으로 이루어진 것이라고 볼 수도 없다.

원심이 인정한 바와 같이, 피고인 D가 약 12살 때부터 의붓아버지인 피해자의 강간행위에 의하여 정조를 유린당한 후 계속적으로 이 사건 범행무렵까지 피해자와의 성관계를 강요받아 왔고, 그 밖에 피해자로부터 행동의 자유를 간섭받아 왔으며, 또한 그러한 침해행위가 그 후에도 반복하여 계속될 염려가 있었다면, 피고인들의 이 사건 범행 당시 피고인 D의 신체나 자유등에 대한 현재의 부당한 침해상태가 있었다고 볼 여지가 없는 것은 아니나, 그렇다고 하여도 판시와 같은 경위로 이루어진 피고인들의 이 사건 살인행위가 형법 제21조 소정의 정당방위나 과잉방위에 해당한다고 하기는 어렵다.

정당방위가 성립하려면 침해행위에 의하여 침해되는 법익의 종류, 정도, 침해의 방법, 침해행위의 완급과 방위행위에 의하여 침해될 법익의 종류, 정도 등 일체의 구체적 사정들을 참작하여 방위행위가 사회적으로 상당한 것이었다고 인정할 수 있는 것이어야 할 것인데(당원 1966.3.15. 선고 66도63 판결; 1984.6.12. 선고 84도683 판결 각 참조), 피고인들이 사전에 판시와 같은 경위로 공모하여 범행을 준비하고, 술에 취하여 잠들어 있는 피해자의 양팔을 눌러 꼼짝 못하게 한 후 피해자를 깨워 피해자가 제대로 반항할 수 없는 상태에서 식칼로 피해자의 심장을 찔러 살해한다는 것은, 당시의 상황에 비추어도 사회통념상 상당성을 인정하기가 어렵다고 하지 않을 수 없고, 피고인들의 범행의 동기나 목적을 참작하여도 그러하므로, 원심이 피고인들의 판시 행위가 정당방위에 해당한다거나 야간 기타 불안스러운 상태하에서 공포, 경악, 흥분 또는 당황으로 인하여 그 정도를 초과한 경우에 해당한다는 피고인들의 주장을 배척한 조처도 정당하고, 거기에 소론과 같은 법리를 오해하거나 채증법칙을 어긴 위법이 있다고 할 수 없다.

정당방위의 성립요건으로서의 방어행위에는 순수한 수비적 방어뿐 아니라 적극적 반격을 포함하는 반격방어의 형태도 포함됨은 소론과 같다고 하겠으나, 그 방어행위는 자기 또는 타인의 법익침해를 방위하기 위한 행위로서 상당한 이유가 있어야 하는 것인데, 피고인들의 판시 행위가 위에서 본 바와 같이 그 상당성을 결여한 것인 이상 정당방위행위로 평가될 수는 없는 것이므로, 원심이 피고인들의 이 사건 범행이 현재의 부당한 침해를 방위할 의사로 행해졌다기 보다는 공격의 의사로 행하여졌다고 인정한 것이 적절하지 못하다고 하더라도, 정당방위행위가 되지 않는다는 결론에 있어서는 정당하여, 이 사건 판결의 결과에 영향이 없는 것이다.

③ 긴급피난

형법 제22조[325]에서는 자기 또는 타인의 법익에 대한 현재의 위난을 피하기 위한 행위는 상당한 이유가 있는 때에는 벌하지 아니한다고 규정하고 있는데,

---

325 제22조(긴급피난) ① 자기 또는 타인의 법익에 대한 현재의 위난을 피하기 위한 행위는 상당한 이유가 있는 때에는 벌하지 아니한다.
② 위난을 피하지 못할 책임이 있는 자에 대하여는 전항의 규정을 적용하지 아니한다.
③ 전조 제2항과 제3항의 규정은 본조에 준용한다.

정당방위가 위법한 행위에 대한 정당한 방어인데 반해 긴급피난은 위법하지 않은 행위에 대한 방어라는 점에서 차이가 있다. 우리 대법원은 임신의 지속이 모체의 건강을 해칠 우려가 현저할 뿐더러 기형아 내지 불구아를 출산할 가능성마저도 없지 않다는 판단하에 부득이 취하게 된 산부인과 의사의 낙태 수술행위는 정당행위 내지 긴급피난에 해당되어 위법성이 없는 경우에 해당된다고 판시하였다.[326]

④ 자구행위

형법 제23조[327]에서는 법률에서 정한 절차에 따라서는 청구권을 보전(保全)할 수 없는 경우에 그 청구권의 실행이 불가능해지거나 현저히 곤란해지는 상황을 피하기 위하여 한 행위는 상당한 이유가 있는 때에는 벌하지 아니한다고 규정하고 있는데, 예를 들어 자신의 채무자가 채무면탈을 위해 해외로 출국하려는 것을 목격한 채권자가 채무자를 붙잡거나, 숙박비를 지불하지 않고 도주하려는 손님을 주인이 붙잡아 돈을 받아내는 경우가 이에 해당할 수 있다.

1) 대법원 1985. 7. 9. 선고 85도707 판결

소유권의 귀속에 관한 분쟁이 있어 민사소송이 계속중인 건조물에 관하여 현실적으로 관리인이 있음에도 위 건조물의 자물쇠를 쇠톱으로 절단하고 침입한 소위는 법정절차에 의하여 그 권리를 보전하기가 곤란하고 그 권리의 실행불능이나 현저한 실행곤란을 피하기 위해 상당한 이유가 있는 행위라고 할 수 없다.

---

326 대법원 1976. 7. 13. 선고 75도1205 판결.

327 제23조(자구행위) ① 법률에서 정한 절차에 따라서는 청구권을 보전(保全)할 수 없는 경우에 그 청구권의 실행이 불가능해지거나 현저히 곤란해지는 상황을 피하기 위하여 한 행위는 상당한 이유가 있는 때에는 벌하지 아니한다.
② 제1항의 행위가 그 정도를 초과한 경우에는 정황에 따라 그 형을 감경하거나 면제할 수 있다.
[전문개정 2020. 12. 8.]

2) 대법원 2007. 3. 15. 선고 2006도9418 판결

이 사건 도로는 피고인 소유 토지상에 무단으로 확장 개설되어 그대로 방치할 경우 불특정 다수인이 통행할 우려가 있다는 사정만으로는 피고인이 법정절차에 의하여 자신의 청구권을 보전하는 것이 불가능한 경우에 해당한다고 볼 수 없을 뿐 아니라, 이미 불특정 다수인이 통행하고 있는 육상의 통로에 구덩이를 판 행위가 피고인의 청구권의 실행불능이나 현저한 실행곤란을 피하기 위한 상당한 이유가 있는 행위라고도 할 수 없으므로, 이 점에 관한 상고이유의 주장도 받아들일 수 없다.[328]

⑤ 피해자의 승낙

형법 제24조(피해자의 승낙)는 "처분할 수 있는 자의 승낙에 의하여 그 법익을 훼손한 행위는 법률에 특별한 규정이 없는 한 벌하지 아니한다."고 규정하고 있는데, 예를 들어 자신의 물건을 훔쳐가려는 사람에게 이를 허락한 경우 절도죄가 성립되지 않는다. 다만 위법성조각사유로서의 피해자의 승낙은 언제든지 자유롭게 철회할 수 있다고 할 것이고, 그 철회의 방법에는 아무런 제한이 없다.[329] 또한 법 규정에 명시하고 있듯이 처분할 수 있는 법익에 대한 승낙만 인정되기 때문에 예를 들어 피해자의 승낙을 얻어 살인을 한 경우 위법성이 조각되지 않고 형법 제252조[330]에 따라 처벌된다.

1) 대법원 1985. 11. 26. 선고 85도1487 판결

피고인이 동거중인 피해자의 지갑에서 현금을 꺼내가는 것을 피해자가 현

328 주민들이 농기계 등으로 그 주변의 농경지나 임야에 통행하기 위해 이용하는 자신 소유의 도로에 깊이 1m 정도의 구덩이를 판 행위가 일반교통방해죄에 해당하고 자구행위나 정당행위에 해당하지 않는다고 한 사례.

329 대법원 2011. 5. 13. 선고 2010도9962 판결.

330 제252조(촉탁, 승낙에 의한 살인 등) ① 사람의 촉탁이나 승낙을 받아 그를 살해한 자는 1년 이상 10년 이하의 징역에 처한다.
② 사람을 교사하거나 방조하여 자살하게 한 자도 제1항의 형에 처한다. [전문개정 2020. 12. 8.]

장에서 목격하고도 만류하지 아니하였다면 피해자가 이를 허용하는 묵시적 의사가 있었다고 봄이 상당하여 이는 절도죄를 구성하지 않는다.

2) 대법원 2011. 5. 13. 선고 2010도9962 판결

피고인이 피해자 甲의 상가건물에 대한 임대차계약 당시 甲의 모(母) 乙에게서 인테리어 공사 승낙을 받았는데, 이후 乙이 임대차보증금 잔금 미지급을 이유로 즉시 공사를 중단하고 퇴거할 것을 요구하자 도끼를 집어 던져 상가 유리창을 손괴한 사안에서, 乙이 위 의사표시로써 시설물 철거에 대한 동의를 철회하였다고 보아야 하는데도 피고인의 행위를 무죄로 판단한 원심판결에는 피해자 승낙의 철회에 관한 법리오해의 잘못이 있다고 한 사례

(2) 책임

범죄성립요건으로서 책임이란 행위자에 대한 비난가능성을 의미하는데, 적법한 규범에 따라 행위를 할 수 있었음에도 이에 위반하여 위법하게 행위하였다는 것에 가해지는 비난가능성이다. 따라서 이러한 비난가능성이 인정되지 않는 경우에는 책임능력이 없다고 보아 범죄가 성립되지 않는 것으로 본다.

우리 형법에서는 책임능력이 없는 경우로서 형사미성년자(제9조[331]) 및 심신장애인(제10조[332] 제1항)을 규정하고 있고, 책임능력이 제한되는 경우로 심신장애인(제10조 제2항), 청각 및 언어 장애인(제11조[333])을 규정하고 있다. 그리고 제12조(강요된 행위)는 "저항할 수 없는 폭력이나 자기 또는 친족의 생명, 신체

331 제9조(형사미성년자) 14세되지 아니한 자의 행위는 벌하지 아니한다.

332 제10조(심신장애인) ① 심신장애로 인하여 사물을 변별할 능력이 없거나 의사를 결정할 능력이 없는 자의 행위는 벌하지 아니한다.
② 심신장애로 인하여 전항의 능력이 미약한 자의 행위는 형을 감경할 수 있다. <개정 2018. 12. 18.>
③ 위험의 발생을 예견하고 자의로 심신장애를 야기한 자의 행위에는 전2항의 규정을 적용하지 아니한다. [제목개정 2014. 12. 30.]

333 제11조(청각 및 언어 장애인) 듣거나 말하는 데 모두 장애가 있는 사람의 행위에 대해서는 형을 감경한다.

에 대한 위해를 방어할 방법이 없는 협박에 의하여 강요된 행위는 벌하지 아니한다."고 규정하고 있는데, 이에 해당하는 경우 책임이 조각되어 범죄가 성립되지 않게 된다(아래 판례 참고). 한편, 소년법 제4조[334]에서는 10세 이상의 소년에 대한 보호처분이 가능하도록 하여, 형사미성년자 중 10세 이상의 소년은 동 규정을 적용받게 된다.

1) 대법원 1972. 5. 9. 선고 71도1178 판결

18세 소년이 취직할 수 있다는 감언에 속아 도일하여 조총련 간부들의 감시 내지 감금하에 강요에 못이겨 공산주의자가 되어 북한에 갈 것을 서약한 행위를 한 것이 강요된 행위라고 인정한 사례.

2) 대법원 1973. 9. 12. 선고 73도1684 판결

어로작업 중 북한지역임을 알고 자의로 들어간 이상 만일의 경우에는 그 기관원에게 체포될 것을 예기 못하였다고 믿을 만한 특별한 사정(예컨대 부근에 북한선박이나 병력이 전연 없고 안전하게 귀항할 수 있는 해상에서 단시간 내에 사람 혹은 난파선을 구조하거나, 어망 등을 회수하기 위하여 군사분계선을 넘어가는 행위)이 없는 한 북한집단의 구성원과 회합이 있을 것이라는 미필적 예측이라도 하였다고 할 것이다.

---

334 소년법 제4조(보호의 대상과 송치 및 통고) ① 다음 각 호의 어느 하나에 해당하는 소년은 소년부의 보호사건으로 심리한다. [전문개정 2007. 12. 21.]
1. 죄를 범한 소년
2. 형벌 법령에 저촉되는 행위를 한 10세 이상 14세 미만인 소년
3. 다음 각 목에 해당하는 사유가 있고 그의 성격이나 환경에 비추어 앞으로 형벌 법령에 저촉되는 행위를 할 우려가 있는 10세 이상인 소년
가. 집단적으로 몰려다니며 주위 사람들에게 불안감을 조성하는 성벽(性癖)이 있는 것
나. 정당한 이유 없이 가출하는 것
다. 술을 마시고 소란을 피우거나 유해환경에 접하는 성벽이 있는 것
② 제1항 제2호 및 제3호에 해당하는 소년이 있을 때에는 경찰서장은 직접 관할 소년부에 송치(送致)하여야 한다.
③ 제1항 각 호의 어느 하나에 해당하는 소년을 발견한 보호자 또는 학교·사회복리시설·보호관찰소(보호관찰지소를 포함한다. 이하 같다)의 장은 이를 관할 소년부에 통고할 수 있다.

나. 미수범

범죄의 실행단계를 보통 범행에 대한 모의단계, 실행의 착수단계, 그리고 결과의 발생 단계로 구분하여, 결과가 발생한 경우를 기수범이라 하고, 실행의 착수에 이르렀지만 결과가 발생하지 않은 경우를 미수범, 모의단계에 이르렀지만 실행의 착수에는 이르지 않은 경우를 예비·음모로 구분한다. 예를 들어 미수범의 성립기준이 되는 실행의 착수와 관련하여, 소매치기의 경우 피해자의 양복상의 주머니로부터 금품을 절취하려고 그 호주머니에 손을 뻗쳐 그 겉을 더듬은 때에는 절도의 범행은 예비단계를 지나 실행에 착수하였다고 보고,[335] 이와 달리 소를 흥정하고 있는 피해자의 뒤에 접근하여 그가 들고 있던 가방으로 돈이 들어있는 피해자의 하의 왼쪽 주머니를 스치면서 지나간 행위는 단지 피해자의 주의력을 흐트려 주머니속에 들은 금원을 절취하기 위한 예비단계의 행위에 불과한 것이고 이로써 실행의 착수에 이른 것이라고는 볼 수 없다.[336] 그리고 형법상 음모죄가 성립하는 경우의 음모란 2인 이상의 자 사이에 성립한 범죄실행의 합의를 말하는 것으로, 범죄실행의 합의가 있다고 하기 위하여는 단순히 범죄결심을 외부에 표시·전달하는 것만으로는 부족하고, 객관적으로 보아 특정한 범죄의 실행을 위한 준비행위라는 것이 명백히 인식되고, 그 합의에 실질적인 위험성이 인정될 때에 비로소 음모죄가 성립하며,[337] 형법 제255조, 제250조의 살인예비죄가 성립하기 위하여는 형법 제255조에서 명문으로 요구하는 살인죄를 범할 목적 외에도 살인의 준비에 관한 고의가 있어야 하며, 나아가 실행의 착수까지에는 이르지 아니하는 살인죄의 실현을 위한 준비행위가 있어야 한다. 여기서의 준비행위는 물적인 것에 한정되지 아니하며 특별한 정형이 있는 것도 아니지만, 단순히 범행의 의사 또는 계획만으로는 그것이 있다고 할 수 없고 객관적으로 보아서 살

---

335 대법원 1984. 12. 11. 선고 84도2524 판결.

336 대법원 1986. 11. 11. 선고 86도1109,86감도143 판결.

337 대법원 1999. 11. 12. 선고 99도3801 판결.

인죄의 실현에 실질적으로 기여할 수 있는 외적 행위를 필요로 한다.[338]

이와 관련하여 형법 총칙 제2장 제2절에서는 미수범을 장애미수(제25조[339]), 중지미수(제26조[340]), 불능미수(제27조[341])로 세분화하여 그 불법성의 정도에 따라 감경을 달리하고 있다. 미수범을 처벌할 죄는 각칙의 해당 죄에서 정하고(제29조), 범죄의 음모 또는 예비행위가 실행의 착수에 이르지 아니한 때에는 법률에 특별한 규정이 없는 한 벌하지 아니한다(제28조).

다. 공범

다수인이 범행에 가담하는 공범과 관련하여 우리 형법은 공동정범(제30조[342])과 종범으로서 다른 사람으로 하여금 범행의 결의를 가지도록 교사한 교사범(제31조[343]) 및 다른 사람의 범행 실행을 용이하게 도와준 방조범(제32조[344][345]), 신분관계로 인하여 성립될 범죄에 신분관계 없는 사람이 관여한 공범과

---

338 대법원 2009. 10. 29. 선고 2009도7150 판결(갑이 을을 살해하기 위하여 병, 정 등을 고용하면서 그들에게 대가의 지급을 약속한 경우, 갑에게는 살인죄를 범할 목적 및 살인의 준비에 관한 고의뿐만 아니라 살인죄의 실현을 위한 준비행위를 하였음을 인정할 수 있다는 이유로 살인예비죄의 성립을 인정한 사례).

339 제25조(미수범) ① 범죄의 실행에 착수하여 행위를 종료하지 못하였거나 결과가 발생하지 아니한 때에는 미수범으로 처벌한다.
② 미수범의 형은 기수범보다 감경할 수 있다.

340 제26조(중지범) 범인이 실행에 착수한 행위를 자의(自意)로 중지하거나 그 행위로 인한 결과의 발생을 자의로 방지한 경우에는 형을 감경하거나 면제한다. [전문개정 2020. 12. 8.]

341 제27조(불능범) 실행의 수단 또는 대상의 착오로 인하여 결과의 발생이 불가능하더라도 위험성이 있는 때에는 처벌한다. 단, 형을 감경 또는 면제할 수 있다.

342 제30조(공동정범) 2인 이상이 공동하여 죄를 범한 때에는 각자를 그 죄의 정범으로 처벌한다.

343 제31조(교사범) ① 타인을 교사하여 죄를 범하게 한 자는 죄를 실행한 자와 동일한 형으로 처벌한다.
② 교사를 받은 자가 범죄의 실행을 승낙하고 실행의 착수에 이르지 아니한 때에는 교사자와 피교사자를 음모 또는 예비에 준하여 처벌한다.
③ 교사를 받은 자가 범죄의 실행을 승낙하지 아니한 때에도 교사자에 대하여는 전항과 같다.

344 제32조(종범) ① 타인의 범죄를 방조한 자는 종범으로 처벌한다.
② 종범의 형은 정범의 형보다 감경한다.

345 대법원 2009. 4. 23. 선고 2009다1313 판결(수인이 공동하여 타인에게 손해를 가하는 민법 제760조의 공동불법행위에 있어서 행위자 상호간의 공모는 물론 공동의 인식을 필요로 하지 아니하고, 다만 객관적으로 그 공동행위가 관련 공동되어 있으면 족하고 그 관련 공동성 있는 행위에 의하여 손해가 발생함으로써 그에 대한 배상책임을 지는 공동불법행위가 성립한다. 공동불법행위에 있어 방조라 함은 불법행위를 용이하게 하는 직접·간접의 모든 행위를 가리키는 것으로서 형법과 달리 손해의 전보를 목적으로 하여 과실을 원칙적으로 고의와

신분(제33조[346]), 그 이외에 간접정범 및 특수한 교사·방조(제34조[347])에 대해 규정하고 있다. 이와 관련하여 자기범죄에 대한 교사·방조의 성립여부에 관한 몇 가지 판례를 살펴보면 아래와 같다.

(1) 자기의 형사사건에 대한 위증교사

피고인이 자기의 형사사건에 관하여 허위의 진술을 하는 행위는 피고인의 형사소송에 있어서의 방어권을 인정하는 취지에서 처벌의 대상이 되지 않으나, 법률에 의하여 선서한 증인이 타인의 형사사건에 관하여 위증을 하면 형법 제152조 제1항의 위증죄가 성립되므로 자기의 형사사건에 관하여 타인을 교사하여 위증죄를 범하게 하는 것은 이러한 방어권을 남용하는 것이라고 할 것이어서 교사범의 죄책을 부담케 함이 상당하다.[348]

(2) 자기의 형사사건에 대한 증거인멸교사

본법 제155조 제1항의 증거인멸죄는 국가형벌권의 행사를 저해하는 일체의 행위를 처벌의 대상으로 하고 있으나 범인 자신이 한 증거인멸의 행위는 피고인의 형사소송에 있어서의 방어권을 인정하는 취지와 상충하므로 처벌의 대상이 되지 아니한다. 그러나 타인이 타인의 형사사건에 관한 증거를 그 이익을 위하여

동일시하는 민법의 해석으로서는 과실에 의한 방조도 가능하다고 할 것이며, 이 경우의 과실의 내용은 불법행위에 도움을 주지 않아야 할 주의의무가 있음을 전제로 하여 이 의무에 위반하는 것을 말한다/아파트 최상층 분양에 있어 중요한 사항인 다락의 형상에 관하여 신의성실의 의무에 비추어 비난받을 정도로 허위·과장한 내용의 분양광고를 한 사안에서, 분양자(시행사) 뿐만 아니라 시공사도 공동불법행위로 인한 손해배상책임을 부담한다고 한 사례).

346 제33조(공범과 신분) 신분관계로 인하여 성립될 범죄에 가공한 행위는 신분관계가 없는 자에게도 전3조의 규정을 적용한다. 단, 신분관계로 인하여 형의 경중이 있는 경우에는 중한 형으로 벌하지 아니한다.

347 제34조(간접정범, 특수한 교사, 방조에 대한 형의 가중) ① 어느 행위로 인하여 처벌되지 아니하는 자 또는 과실범으로 처벌되는 자를 교사 또는 방조하여 범죄행위의 결과를 발생하게 한 자는 교사 또는 방조의 예에 의하여 처벌한다.
② 자기의 지휘, 감독을 받는 자를 교사 또는 방조하여 전항의 결과를 발생하게 한 자는 교사인 때에는 정범에 정한 형의 장기 또는 다액에 그 2분의 1까지 가중하고 방조인 때에는 정범의 형으로 처벌한다.

348 대법원 2004. 1. 27. 선고 2003도5114 판결.

인멸하는 행위를 하면 본법 제155조 제1항의 증거인멸죄가 성립되므로 자기의 형사사건에 관한 증거를 인멸하기 위하여 타인을 교사하여 죄를 범하게 한 자에 대하여도 교사범의 죄책을 부담케 함이 상당할 것이다.[349]

(3) 자신의 범인도피교사

범인이 자신을 위하여 타인으로 하여금 허위의 자백을 하게 하여 범인도피죄를 범하게 하는 행위는 방어권의 남용으로 범인도피교사죄에 해당한다.[350]

(4) 자기무고죄의 교사·방조

형법 제156조의 무고죄는 국가의 형사사법권 또는 징계권의 적정한 행사를 주된 보호법익으로 하는 죄이나, 스스로 본인을 무고하는 자기무고는 무고죄의 구성요건에 해당하지 아니하여 무고죄를 구성하지 않는다. 그러나 피무고자의 교사·방조 하에 제3자가 피무고자에 대한 허위의 사실을 신고한 경우 제3자의 행위는 무고죄의 구성요건에 해당하여 무고죄를 구성하므로, 제3자를 교사·방조한 피무고자에 대하여도 교사·방조범으로서의 죄책을 부담케 함이 상당하다.[351]

라. 누범 및 경합범

제2장 제4절(누범)에서는 금고(禁錮) 이상의 형을 선고받아 그 집행이 종료되거나 면제된 후 3년 내에 금고 이상에 해당하는 죄를 지은 사람은 누범(累犯)으로 처벌하며, 누범의 형은 그 죄에 대하여 정한 형의 장기(長期)의 2배까지 가중하도록 하고 있다(제35조). 그리고 제5절(경합범)에서는 판결이 확정되지 아니한 수개의 죄 또는 금고 이상의 형에 처한 판결이 확정된 죄와 그 판결확정전

---

349 대법원 1965. 12. 10. 선고 65도826 전원합의체 판결.

350 대법원 2000. 3. 24. 선고 2000도20 판결.

351 대법원 2008. 10. 23. 선고 2008도4852 판결.

에 범한 죄인 실체적 경합범(제37조~제39조)과 한 개의 행위가 여러 개의 죄에 해당하는 상상적 경합범(제40조)으로 나누어, 전자에 대해서는 기본적으로 가장 무거운 죄에 정한 형의 2분의 1까지 가중하도록 하고(제38조 제1항 제2호), 후자에 대해서는 가장 무거운 죄에 대하여 정한 형으로 처벌하도록 하고 있다. 한편, 동일 죄명에 해당하는 수 개의 행위를 단일하고 계속된 범의하에 일정기간 계속하여 행하고 그 피해법익도 동일한 경우에는 이들 각 행위를 모두 포괄하여 일죄로 본다(포괄일죄).[352]

마. 친고죄 및 반의사불벌죄의 이해

형법 각칙에서 규정하고 있는 개념이지만 총론적인 관점에서 이해해 둘 필요가 있는 것으로 친고죄와 반의사불벌죄가 있다.

법이 친고죄를 인정하는 이유는 두 가지 유형이 있다고 볼 수 있다. 그 하나는 범죄를 소추해서 그 사실을 일반에게 알리는 것이 도리어 피해자에게 불이익을 줄 우려가 있기 때문에 이와 같은 경우에는 피해자의 처벌희망의 의사표시가 있어야 비로소 소추해서 처벌할 수 있게 하는 것이고, 또 하나는 비교적 경미하고 주로 피해자 개인의 법익을 침해하는 범죄에 관하여 구태여 피해자의 의사나 감정을 무시하면서까지 처벌할 필요가 없기 때문에 이와 같은 경우에는 피해자로부터 아무런 말이 없으면 소추하지 아니하고 피해자가 처벌을 희망하여 올 경우에 그때에 논하게 하겠다는 것이다. 한편, 반의사불벌죄는 1953. 9. 18. 형법 개정시 구 형법에 없던 새로운 유형의 범죄를 창설한 것으로서, 위의 이유 중 첫째의 것은 없고, 친고죄 중 두번째 이유에 해당하는 유형의 경우 중 상대적으로 덜 경미하여 처벌의 필요성이 적지 않는데도 이를 친고죄로 하는 경우 피해자가 심리적 압박감이나 후환이 두려워 고소를 주저하여 법이 그 기능을 다하기 어려울

352 대법원 2006. 5. 11. 선고 2006도1252 판결.

것에 대비한 것이며, 이와 같은 경우에는 다른 일반의 범죄와 마찬가지로 수사, 소추, 처벌을 할 것이나 피해자가 명시적으로 처벌을 희망하지 아니할 의사를 밝힌 경우에 한하여는 구태여 소추해서 처벌하지 않겠다는 것이다.[353]

(1) 친고죄

친고죄(Antragsdelikt, 親告罪)는 범죄의 피해자나 법률이 정하는 자의 고소가 있어야 공소를 제기할 수 있는 범죄를 말하는데, 범인과 피해자 사이의 신분관계 유무를 불문하고 친고죄가 적용되는 절대적 친고죄와 범인과 피해자 사이에 신분관계가 있을 때 친고죄가 적용되는 상대적 친고죄가 있다. 전자에 해당하는 것으로 사자명예훼손죄(제308조[354]), 모욕죄(제311조), 비밀침해죄(제316조), 업무상비밀누설죄(제317조)가 있고, 후자에 해당하는 것으로 친족상도례(親族相盜例)에 의한 권리행사방해죄(제328조[355] 제2항)가 있다.

성범죄에 대한 친고죄 폐지 - 2012. 12. 18. 형법 등 개정(2013. 6. 19. 시행)

법무부와 여성가족부는 17일 친고죄 폐지 등을 내용으로 하는 성범죄 관련 6개 법률의 150여개 신설·개정 조항이 오는 19일부터 시행에 들어간다고 밝혔다. 해당 법률은 형법, 성폭력범죄의 처벌에 관한 특례법, 아동·청소년의 성보호에 관한 법률, 성폭력 방지 및 피해자보호 등에 관한 법률, 특정 범죄자에 대한

---

353 대법원 1994. 4. 26. 선고 93도1689 판결(그러므로 친고죄와 반의사불벌죄는 피해자의 의사가 소추조건이 된다는 점에 있어서는 같다고 할 것이나, 피해자의 의사를 조건으로 하는 이유나 방법에 있어서는 같다고 할 수 없고, 반의사불벌죄는 피해자에 대한 배상이나 당사자 사이의 개인적 차원에서 이루어지는 분쟁해결을 촉진하고 존중하려는 취지도 포함되어 있다고 볼 수 있어서, 이점에서는 친고죄와는 다른 의미가 있다고 할 것이다).

354 형사소송법 제227조(동전) 사자의 명예를 훼손한 범죄에 대하여는 그 친족 또는 자손은 고소할 수 있다.

355 제328조(친족간의 범행과 고소) ① 직계혈족, 배우자, 동거친족, 동거가족 또는 그 배우자간의 제323조의 죄는 그 형을 면제한다. <개정 2005. 3. 31.>
② 제1항 이외의 친족간에 제323조의 죄를 범한 때에는 고소가 있어야 공소를 제기할 수 있다. <개정 1995. 12. 29.>
③ 전 2항의 신분관계가 없는 공범에 대하여는 전 이항을 적용하지 아니한다.

보호관찰 및 전자장치 부착 등에 관한 법률, 성폭력 범죄자의 성충동 약물치료에 관한 법률 등이다. 성범죄자에 대한 강력한 처벌 및 사후관리와 피해자에 대한 보호가 이번 개정 법률의 핵심이다.[356]

(2) 반의사불벌죄

반의사불벌죄(反意思不罰罪)는 피해자의 고소 여부와 상관 없이 처벌할 수 있지만 피해자가 가해자의 처벌을 원하지 않는다는 의사를 표시하면 처벌할 수 없는 범죄(소위 '해제조건부범죄')를 말하며, 국교에 관한 죄(제110조), 폭행죄 및 존속폭행죄(제260조), 과실치상죄(제266조), 협박죄 및 존속협박죄(제283조), 명예훼손죄(제307조) 및 출판물 등에 의한 명예훼손죄(제309조)가 이에 해당한다.

(3) 특징

친고죄에 대하여는 범인을 알게 된 날로부터 6월을 경과하면 고소하지 못한다. 단, 고소할 수 없는 불가항력의 사유가 있는 때에는 그 사유가 없어진 날로부터 기산한다(형사소송법 제230조). 한편 고소는 제1심 판결선고 전까지 취소할 수 있고(형사소송법 제232조 제1항), 고소를 취소한 자는 다시 고소하지 못한다(형사소송법 제232조 제2항). 피해자의 명시한 의사에 반하여 죄를 논할 수 없는 사건에서 처벌을 원하는 의사표시를 철회한 경우에도 제1항과 제2항을 준용한다(형사소송법 제232조 제3항). 만약 공소 제기 후 고소 취소 또는 처벌불원의 의사표시가 있는 경우 법원은 실체 심리를 하지 않고 공소기각 판결을 하여 사건을 종결한다(형사소송법 제327조 제5호, 제6호).

---

356 https://www.lawtimes.co.kr/Legal-News/Legal-News-View?Serial=75937

바. 친족상도례(親族相盜例)

친족상도례란 친족간에 발생한 재산범죄에 대해 친족관계라는 특수사정을 고려하여 인정하는 특례규정을 말한다. 우리 형법에서는 재산범죄 중 권리행사방해죄에 대해 친족상도례를 규정하면서, 절도죄, 사기죄, 공갈죄, 횡령죄, 배임죄 및 장물죄에 대해 준용하고 있다. 그리고 특별법상의 재산범죄에 대해서도 동일하게 적용된다.[357]

(1) 제151조(범인은닉과 친족간의 특례) ① 벌금 이상의 형에 해당하는 죄를 범한 자를 은닉 또는 도피하게 한 자는 3년 이하의 징역 또는 500만원 이하의 벌금에 처한다. <개정 1995. 12. 29.>
② 친족 또는 동거의 가족이 본인을 위하여 전항의 죄를 범한 때에는 처벌하지 아니한다.

(2) 제155조(증거인멸 등과 친족간의 특례) ① 타인의 형사사건 또는 징계사건에 관한 증거를 인멸, 은닉, 위조 또는 변조하거나 위조 또는 변조한 증거를 사용한 자는 5년 이하의 징역 또는 700만원 이하의 벌금에 처한다. <개정 1995. 12. 29.>
② 타인의 형사사건 또는 징계사건에 관한 증인을 은닉 또는 도피하게 한 자도 제1항의 형과 같다. <개정 1995. 12. 29.>
③ 피고인, 피의자 또는 징계혐의자를 모해할 목적으로 전2항의 죄를 범한 자는 10년 이하의 징역에 처한다.

---

357 대법원 2013. 9. 13. 선고 2013도7754 판결(형법 제361조, 제328조의 규정에 의하면, 직계혈족, 배우자, 동거친족, 동거가족 또는 그 배우자 간의 횡령죄는 그 형을 면제하여야 하고 그 외의 친족 간에는 고소가 있어야 공소를 제기할 수 있는바, 형법상 횡령죄의 성질은 '특정경제범죄 가중처벌 등에 관한 법률'(이하 '특경법'이라고 한다) 제3조 제1항에 의해 가중 처벌되는 경우에도 그대로 유지되고, 특경법에 친족상도례에 관한 형법 제361조, 제328조의 적용을 배제한다는 명시적인 규정이 없으므로, 형법 제361조는 특경법 제3조 제1항 위반죄에도 그대로 적용된다).

④ 친족 또는 동거의 가족이 본인을 위하여 본조의 죄를 범한 때에는 처벌하지 아니한다.

(3) 第328조(친족간의 범행과 고소) ① 직계혈족, 배우자, 동거친족, 동거가족 또는 그 배우자간의 제323조[358]의 죄는 그 형을 면제한다. <개정 2005. 3. 31.>
② 제1항 이외의 친족간에 제323조의 죄를 범한 때에는 고소가 있어야 공소를 제기할 수 있다. <개정 1995. 12. 29.>
③ 전 2항의 신분관계가 없는 공범에 대하여는 전 이항을 적용하지 아니한다.

(4) 第344조(친족간의 범행) 제328조의 규정은 제329조 내지 제332조[359]의 죄 또는 미수범에 준용한다.

(5) 第354조(친족간의 범행, 동력) 제328조와 제346조[360]의 규정은 본장의 죄[361]에 준용한다.

(6) 第361조(친족간의 범행, 동력) 제328조와 제346조의 규정은 본장의 죄[362]에 준용한다.

(7) 第365조(친족간의 범행) ① 전3조의 죄[363]를 범한 자와 피해자간에 제328조 제1항, 제2항의 신분관계가 있는 때에는 동조의 규정을 준용한다.

---

358 제323조(권리행사방해) 타인의 점유 또는 권리의 목적이 된 자기의 물건 또는 전자기록등 특수매체기록을 취거, 은닉 또는 손괴하여 타인의 권리행사를 방해한 자는 5년 이하의 징역 또는 700만원 이하의 벌금에 처한다.

359 제329조(절도), 제330조(야간주거침입절도), 제331조(특수절도), 제331조의2(자동차등 불법사용), 제332조(상습범).

360 제346조(동력) 본장의 죄에 있어서 관리할 수 있는 동력은 재물로 간주한다.

361 제39장 사기와 공갈의 죄.

362 제40장 횡령과 배임의 죄.

363 제41장 장물에 관한 죄 - 제362조(장물의 취득, 알선 등), 제363조(상습범), 제364조(업무상과실, 중과실).

② 전3조의 죄를 범한 자와 본범간에 제328조 제1항의 신분관계가 있는 때에는 그 형을 감경 또는 면제한다. 단, 신분관계가 없는 공범에 대하여는 예외로 한다.

사. 생각해 볼 문제 - 부부 강간죄의 인정 여부

(1) 대법원 1970. 3. 10. 선고 70도29 판결

처가 다른 여자와 동거하고 있는 남편을 상대로 간통죄고소와 이혼소송을 제기하였으나 그 후 부부간에 다시 새 출발을 하기로 약정하고 간통죄고소를 취하하였다면, 그들 사이에 실질적인 부부관계가 없다고 단정할 수 없으므로 설사 남편이 강제로 처를 간음하였다 하여도 강간죄는 성립되지 아니한다.[364]

(2) 대법원 2013. 5. 16. 선고 2012도14788,2012전도252 전원합의체 판결

[다수의견] (가) 형법(2012. 12. 18. 법률 제11574호로 개정되기 전의 것, 이하 같다) 제297조는 부녀를 강간한 자를 처벌한다고 규정하고 있는데, 형법이 강간죄의 객체로 규정하고 있는 '부녀'란 성년이든 미성년이든, 기혼이든 미혼이든 불문하며 곧 여자를 가리킨다. 이와 같이 형법은 법률상 처를 강간죄의 객체에서 제외하는 명문의 규정을 두고 있지 않으므로, 문언 해석상으로도 법률상 처가 강간죄의 객체에 포함된다고 새기는 것에 아무런 제한이 없다. 한편 1953. 9. 18.

---

364 부부관계가 강간죄의 적용 대상이 아니라고 하더라도, 폭행 또는 협박에 의한 강제적인 부부관계가 용인될 수는 없다. 강제적인 부부관계에서 행사된 폭행 또는 협박에 대하여는 이를 형사처벌하여야 하며, 그 형사처벌을 통하여 부부관계를 강요당하는 배우자의 성적 자기결정권을 보호하여야 한다. 즉 강제적인 부부관계와 정상적인 부부관계의 차이는 바로 그 강제성에 있으며, 이는 폭행 또는 협박에 의하여 자기결정권이 침해되는 것에서 비롯되므로, 그 침해를 낳는 폭행 또는 협박을 처벌함으로써 자기결정권을 보호할 수 있다. 대법원은 강간죄에 대하여 고소가 없는 경우에 그 수단인 폭행만을 분리하여 공소제기할 수 없다고 보고 있으나 이는 강간죄가 피해자의 의사에 따르는 친고죄임을 고려하였기 때문이며(대법원 2002. 5. 16. 선고 2002도51 전원합의체 판결 참조), 고소가 있는 경우에는 강간의 범행이 인정되지 않더라도 그 수단인 폭행에 대하여 독립적인 처벌이 가능하다고 보고 있다(대법원 2010. 11. 11. 선고 2010도10512 판결 참조). 이에 비추어 보면, 위와 같이 강제적인 부부관계를 강간죄의 대상으로 보지 아니하는 이상 친고죄에 대한 고려는 할 필요가 없고, 강제적인 부부관계에서 행사된 폭행 또는 협박에 대하여는 처벌할 수 있다고 할 것이다(대법원 2013. 5. 16. 선고 2012도14788,2012전도252 전원합의체 판결의 반대의견).

법률 제293호로 제정된 형법은 강간죄를 규정한 제297조를 담고 있는 제2편 제32장의 제목을 '정조에 관한 죄'라고 정하고 있었는데, 1995. 12. 29. 법률 제5057호로 형법이 개정되면서 그 제목이 '강간과 추행의 죄'로 바뀌게 되었다. 이러한 형법의 개정은 강간죄의 보호법익이 현재 또는 장래의 배우자인 남성을 전제로 한 관념으로 인식될 수 있는 '여성의 정조' 또는 '성적 순결'이 아니라, 자유롭고 독립된 개인으로서 여성이 가지는 성적 자기결정권이라는 사회 일반의 보편적 인식과 법감정을 반영한 것으로 볼 수 있다. 부부 사이에 민법상의 동거의무가 인정된다고 하더라도 거기에 폭행, 협박에 의하여 강요된 성관계를 감내할 의무가 내포되어 있다고 할 수 없다.[365] 혼인이 개인의 성적 자기결정권에 대한 포기를 의미한다고 할 수 없고, 성적으로 억압된 삶을 인내하는 과정일 수도 없기 때문이다.

(나) 결론적으로 헌법이 보장하는 혼인과 가족생활의 내용, 가정에서의 성폭력에 대한 인식의 변화, 형법의 체계와 그 개정 경과, 강간죄의 보호법익과 부부의 동거의무의 내용 등에 비추어 보면, 형법 제297조가 정한 강간죄의 객체인 '부녀'에는 법률상 처가 포함되고, 혼인관계가 파탄된 경우뿐만 아니라 혼인관계가 실질적으로 유지되고 있는 경우에도 남편이 반항을 불가능하게 하거나 현저히 곤란하게 할 정도의 폭행이나 협박을 가하여 아내를 간음한 경우에는 강간죄가 성립한다고 보아야 한다. 다만 남편의 아내에 대한 폭행 또는 협박이 피해자의 반항을 불가능하게 하거나 현저히 곤란하게 할 정도에 이른 것인지 여부는, 부부 사이의 성생활에 대한 국가의 개입은 가정의 유지라는 관점에서 최대한 자제하여야 한다는 전제에서, 그 폭행 또는 협박의 내용과 정도가 아내의 성적 자기결

365 민법 제826조 제1항은 부부의 동거의무를 규정하고 있고, 여기에는 배우자와 성생활을 함께 할 의무가 포함된다. 부부의 일방이 정당한 이유 없이 서로 동거하여야 할 부부로서의 의무를 포기하고 다른 일방을 버린 경우에는 재판상 이혼사유인 악의의 유기에 해당할 수 있다(대법원 1986. 5. 27. 선고 86므26 판결, 대법원 1999. 2. 12. 선고 97므612 판결 등 참조). 그러나 부부 사이에 민법상의 동거의무가 인정된다고 하더라도 거기에 폭행, 협박에 의하여 강요된 성관계를 감내할 의무가 내포되어 있다고 할 수 없다. 혼인이 개인의 성적 자기결정권에 대한 포기를 의미한다고 할 수 없고, 성적으로 억압된 삶을 인내하는 과정일 수도 없기 때문이다.

정권을 본질적으로 침해하는 정도에 이른 것인지 여부, 남편이 유형력을 행사하게 된 경위, 혼인생활의 형태와 부부의 평소 성행, 성교 당시와 그 후의 상황 등 모든 사정을 종합하여 신중하게 판단하여야 한다.

[대법관 이상훈, 대법관 김용덕의 반대의견] (가) 강간죄에 대하여 규정한 형법 제297조가 개정 형법(2012. 12. 18. 법률 제11574호로 개정되어 2013. 6. 19. 시행 예정인 것, 이하 '개정 형법'이라 한다)에 의하여 개정되기 전에, 강제적인 부부관계에 대하여 행사된 폭행이나 협박을 처벌 대상으로 삼는 것을 넘어서서 강간죄의 성립을 부정하였던 종전의 판례를 변경하여 강간죄로 처벌하여야 한다는 다수의견에 대하여는 다음과 같은 이유로 찬성할 수 없다.
(나) '간음'의 사전적 의미는 '부부 아닌 남녀가 성적 관계를 맺음'이고, 강간은 '강제적인 간음'을 의미하므로 강간죄는 폭행 또는 협박으로 부부 아닌 남녀 사이에서 성관계를 맺는 것이라 할 것이다. 그리고 강간죄는 '부녀'를 대상으로 삼고 있으므로, 결국 강간죄는 그 문언상 '폭행 또는 협박으로 부인이 아닌 부녀에 대하여 성관계를 맺는 죄'라고 해석된다. 강간죄는 제정 당시부터 '배우자가 아닌 사람에 의한 성관계'를 강요당한다는 침해적인 요소를 고려하여 형량을 정하였는데, 특별한 구성요건의 변화 없이 형법 제32장의 제목 변경만으로 강간죄를 부부관계에까지 확대하는 것은 강간죄의 규정 취지와 달리 부부관계에 대하여 과도한 처벌이 이루어지게 되어 죄형균형의 원칙을 벗어나게 된다. 혼인생활과 가족관계의 특수성이 갖는 이익과 성적 자기결정권이 갖는 이익의 형량 등을 고려하여 강간죄에 의한 처벌 여부를 가려야 한다면, 차라리 일반적인 강간죄가 성립된다고 보지 않고 그 폭행 또는 협박에 상응한 처벌을 하는 것이 다양한 유형의 성적 자기결정권 침해에 대처할 수 있고 처의 혼인생활 및 권리 보호에 충실할 수 있다.[366]

366 그뿐 아니라 40여 년간 유지되어 온 종전 대법원판결을 변경하여 부부관계를 강간죄의 적용 대상으로 보아 형사처벌을 확대하는 것에는 신중을 기하여야 한다. 국민에게 법적 안정성과 예측가능성을 부여하기 위해서 헌법 제13조 제1항은 행위 시의 법률에 의하여 범죄를 구성하지 아니하는 행위로 소추되지 않도록 함으로써 죄형법정주

3 형벌론

형법 총칙 제3장(형)은 제1절 형의 종류와 경중(제41조~제50조), 제2절 형의 양정(제51조~제58조), 제3절 형의 선고유예(제59조~제61조), 제4절 형의 집행유예(제62조~제65조), 제5절 형의 집행(제66조~제71조), 제6절 가석방(제72조~제76조), 제7절 형의 시효(제77조~제80조), 제8절 형의 소멸(제81조, 제82조)로 구성되어 있다. 이하에서는 법학 입문의 관점에서 알아두면 좋을 내용들만 간략히 살펴보기로 한다.

가. 형의 종류

형법에서는 형의 종류를 1) 사형, 2) 징역,[367] 3) 금고,[368] 4) 자격상실, 5) 자격정지, 6) 벌금, 7) 구류, 8) 과료, 9) 몰수의 9가지로 규정하고 있는데(제41조), 생명형(사형), 자유형(징역, 금고, 구류), 재산형(벌금, 과료, 몰수), 명예형(자격상실, 자격정지)으로 구분해 볼 수 있다.

징역 또는 금고는 무기 또는 유기로 하고 유기는 1개월 이상 30년 이하로 하며, 다만 유기징역 또는 유기금고에 대하여 형을 가중하는 때에는 50년까지로

의 및 형법불소급의 원칙을 선언하고 있다. 그런데 장기간 유지되면서 강간죄의 구성요건 해석에 관하여 실질적인 규범력을 형성하였던 종전 대법원판결을 변경하면 그 변경 전에 이루어졌던 행위가 모두 처벌 대상에서 벗어날 수 없게 된다(대법원 1999. 7. 15. 선고 95도2870 전원합의체 판결 참조). 즉 다수의견과 같이 판례를 변경하여 부부관계를 강간죄의 적용 대상으로 확대하면 강간죄 관련 범죄의 공소시효 범위 내에서는 그 변경 전의 모든 강제적인 부부관계가 강간죄 등에 의한 처벌 대상이 되므로, 그 결과 부부관계의 특수성 및 혼인생활의 지속 등으로 인하여 이미 묻힌 사실관계까지 새롭게 들추어내어 형법적 규율 대상으로 삼게 되고 매우 무거운 형에 의한 처벌이 가능하게 된다. 이는 종전 대법원판결을 규범으로 삼아 행위를 하였던 사람들의 예측가능성에서 벗어나는 결과에 이르게 되고, 이미 오래 전에 이루어진 행위에 대하여 사회적 평가의 변경을 근거로 사후적으로 처벌하는 것과 마찬가지라고 할 수도 있으므로, 실질적으로 죄형법정주의나 형벌불소급의 원칙에 어긋나는 것은 아닌지 심각히 살펴보아야 할 것이다. 따라서 그와 같은 결과를 감내하면서까지 판례를 변경하려면 그 행위를 처벌하지 아니하면 국민의 권리 보호나 정의관념에 현저히 반하거나 오히려 해당 규정의 기본취지에 반하는 등의 불가피한 사정이 있어야 할 것이다(대법원 2013. 2. 21. 선고 2010도10500 전원합의체 판결 반대의견 참조).

367 교도소에 구치하여 정역(定役)에 복무하게 하는 것.

368 교도소에 구치하지만 정역을 부과하지 않는 것.

한다(제42조). 벌금은 5만원 이상으로 하고, 감경하는 경우에는 5만원 미만으로 할 수 있다(제45조).

구류는 1일 이상 30일 미만으로 하고(제46조), 과료는 2천원 이상 5만원 미만으로 한다(제47조). 벌금과 과료는 판결확정일로부터 30일내에 납입하여야 하고, 벌금을 선고할 때에는 동시에 그 금액을 완납할 때까지 노역장에 유치할 것을 명할 수 있다(제69조 제1항). 벌금을 납입하지 아니한 자는 1일 이상 3년 이하, 과료를 납입하지 아니한 자는 1일 이상 30일 미만의 기간 노역장에 유치하여 작업에 복무하게 한다(제69조 제2항). 한편, 벌금이나 과료를 선고할 때에는 이를 납입하지 아니하는 경우의 노역장 유치기간을 정하여 동시에 선고하여야 하고(제70조 제1항), 선고하는 벌금이 1억원 이상 5억원 미만인 경우에는 300일 이상, 5억원 이상 50억원 미만인 경우에는 500일 이상, 50억원 이상인 경우에는 1천일 이상의 노역장 유치기간을 정하여야 한다(제70조 제2항).

대전지방법원 2015. 9. 15 선고 2014고단345 판결

【주 문】

피고인을 벌금 5,000,000원에 처한다.
피고인이 위 벌금을 납입하지 아니하는 경우 금 100,000원을 1일로 환산한 기간 피고인을 노역장에 유치한다.
소송비용은 피고인이 부담한다.

【법령의 적용 】

1. 범죄사실에 대한 해당법조
저작권법 제136조 제1항 제1호(벌금형 선택)
1. 노역장유치
형법 제70조, 제69조 제2항
1. 소송비용부담
형사소송법 제186조[369] 제1항 본문

나. 형(刑)의 양정(量定)

형의 양정은 법정형 - 처단형 - 선고형의 순서에 의하는데, 먼저 해당 범죄에 적용되는 규정상의 법정형을 토대로 가중·감경을 하여 처단형을 정하고 그 처단형의 범위 내에서 최종적으로 선고형을 정하게 된다. 처단형을 정하기 위한 가중·감경의 순서는 1) 각칙 조문에 따른 가중, 2) 제34조[370] 제2항에 따른 가중, 3) 누범 가중,[371] 4) 법률상 감경,[372] 5) 경합범 가중,[373] 6) 정상참작감경[374] 순서

---

369 제186조(피고인의 소송비용부담) ① 형의 선고를 하는 때에는 피고인에게 소송비용의 전부 또는 일부를 부담하게 하여야 한다. 다만, 피고인의 경제적 사정으로 소송비용을 납부할 수 없는 때에는 그러하지 아니하다. <개정 1995. 12. 29.>
② 피고인에게 책임지울 사유로 발생된 비용은 형의 선고를 하지 아니하는 경우에도 피고인에게 부담하게 할 수 있다.

370 제34조(간접정범, 특수한 교사, 방조에 대한 형의 가중) ① 어느 행위로 인하여 처벌되지 아니하는 자 또는 과실범으로 처벌되는 자를 교사 또는 방조하여 범죄행위의 결과를 발생하게 한 자는 교사 또는 방조의 예에 의하여 처벌한다.
② 자기의 지휘, 감독을 받는 자를 교사 또는 방조하여 전항의 결과를 발생하게 한 자는 교사인 때에는 정범에 정한 형의 장기 또는 다액에 그 2분의 1까지 가중하고 방조인 때에는 정범의 형으로 처벌한다.

371 제35조(누범) ① 금고(禁錮) 이상의 형을 선고받아 그 집행이 종료되거나 면제된 후 3년 내에 금고 이상에 해당하는 죄를 지은 사람은 누범(累犯)으로 처벌한다.
② 누범의 형은 그 죄에 대하여 정한 형의 장기(長期)의 2배까지 가중한다.
[전문개정 2020. 12. 8.]

372 제55조(법률상의 감경) ① 법률상의 감경은 다음과 같다. <개정 2010. 4. 15.>
1. 사형을 감경할 때에는 무기 또는 20년 이상 50년 이하의 징역 또는 금고로 한다.
2. 무기징역 또는 무기금고를 감경할 때에는 10년 이상 50년 이하의 징역 또는 금고로 한다.
3. 유기징역 또는 유기금고를 감경할 때에는 그 형기의 2분의 1로 한다.
4. 자격상실을 감경할 때에는 7년 이상의 자격정지로 한다.
5. 자격정지를 감경할 때에는 그 형기의 2분의 1로 한다.
6. 벌금을 감경할 때에는 그 다액의 2분의 1로 한다.
7. 구류를 감경할 때에는 그 장기의 2분의 1로 한다.
8. 과료를 감경할 때에는 그 다액의 2분의 1로 한다.
② 법률상 감경할 사유가 수개있는 때에는 거듭 감경할 수 있다.

373 제38조(경합범과 처벌례) ① 경합범을 동시에 판결할 때에는 다음 각 호의 구분에 따라 처벌한다.
1. 가장 무거운 죄에 대하여 정한 형이 사형, 무기징역, 무기금고인 경우에는 가장 무거운 죄에 대하여 정한 형으로 처벌한다.
2. 각 죄에 대하여 정한 형이 사형, 무기징역, 무기금고 외의 같은 종류의 형인 경우에는 가장 무거운 죄에 대하여 정한 형의 장기 또는 다액(多額)에 그 2분의 1까지 가중하되 각 죄에 대하여 정한 형의 장기 또는 다액을 합산한 형기 또는 액수를 초과할 수 없다. 다만, 과료와 과료, 몰수와 몰수는 병과(倂科)할 수 있다.
3. 각 죄에 대하여 정한 형이 무기징역, 무기금고 외의 다른 종류의 형인 경우에는 병과한다.
② 제1항 각 호의 경우에 징역과 금고는 같은 종류의 형으로 보아 징역형으로 처벌한다.
[전문개정 2020. 12. 8.]

로 하고(제56조), 선고형을 정함에 있어 참작할 사유로 형법 제51조에서는 1) 범인의 연령, 성행, 지능과 환경, 2) 피해자에 대한 관계, 3) 범행의 동기, 수단과 결과, 4) 범행 후의 정황을 참작하도록 규정하고 있다.[375]

한편, 제52조(자수, 자복)에서는 죄를 지은 후 수사기관에 자수한 경우에는 형을 감경하거나 면제할 수 있고(제1항), 피해자의 의사에 반하여 처벌할 수 없는 범죄의 경우에는 피해자에게 죄를 자복(自服)하였을 때에도 형을 감경하거나 면제할 수 있다(제2항)는 규정을 두고 있다.

다. 형의 선고유예(宣告猶豫)

선고유예는 비교적 경미한 죄를 범한 범죄인에 대하여 일정기간 형의 선고 자체를 유예하고 그 유예기간을 별다른 문제 없이 경과한 경우 면소[376]된 것으로 간주하는 제도로서, 아래와 같은 4개의 조문을 두고 있다.

> **제59조(선고유예의 요건)** ① 1년 이하의 징역이나 금고, 자격정지 또는 벌금의 형을 선고할 경우에 제51조의 사항을 고려하여 뉘우치는 정상이 뚜렷할 때에는 그 형의 선고를 유예할 수 있다. 다만, 자격정지 이상의 형을 받은 전과가 있는 사람에 대해서는 예외로 한다.
> ② 형을 병과할 경우에도 형의 전부 또는 일부에 대하여 선고를 유예할 수 있다.

---

374 제53조(정상참작감경) 범죄의 정상(情狀)에 참작할 만한 사유가 있는 경우에는 그 형을 감경할 수 있다.

375 대법원 2002. 10. 25. 선고 2002도4298 판결(양형에서의 필요적 참작사유를 열거한 형법 제51조에는 범죄행위에 관련된 사유들과 더불어 범죄행위자인 피고인에 관련된 사유들이 더 많이 열거되어 있다는 점은 양형의 심리·판단 단계에서 주목되어야 할 부면이다).

376 형사소송법 제326조(면소의 판결) 다음 경우에는 판결로써 면소의 선고를 하여야 한다.
1. 확정판결이 있은 때
2. 사면이 있은 때
3. 공소의 시효가 완성되었을 때
4. 범죄 후의 법령개폐로 형이 폐지되었을 때

제59조의2(보호관찰) ① 형의 선고를 유예하는 경우에 재범방지를 위하여 지도 및 원호가 필요한 때에는 보호관찰을 받을 것을 명할 수 있다.
② 제1항의 규정에 의한 보호관찰의 기간은 1년으로 한다.
[본조신설 1995. 12. 29.]

제60조(선고유예의 효과) 형의 선고유예를 받은 날로부터 2년을 경과한 때에는 면소된 것으로 간주한다.

제61조(선고유예의 실효) ① 형의 선고유예를 받은 자가 유예기간 중 자격정지 이상의 형에 처한 판결이 확정되거나 자격정지 이상의 형에 처한 전과가 발견된 때에는 유예한 형을 선고한다. <개정 1995. 12. 29.>
② 제59조의2의 규정에 의하여 보호관찰을 명한 선고유예를 받은 자가 보호관찰기간중에 준수사항을 위반하고 그 정도가 무거운 때에는 유예한 형을 선고할 수 있다. <신설 1995. 12. 29.>

❖ A는 대전에서 '브레인OO'라는 상호의 미술 심리치료 및 교육을 목적으로 하는 학원을 운영하면서 2011. 6.경 B로부터 등록 서비스표의 존재와 그 침해 사실을 고지 받았음에도, 2011. 7. 5.경부터 2011. 10. 8.경까지 자신이 운용하는 학원 건물 외부 유리벽에 부착된 시트지 간판에 '브레인OO'라는 명칭의 상호 내지 서비스표를 계속 표시하여 전시하였다는 공소사실로 기소되어 벌금 70만원의 선고를 유예하는 판결을 선고받았다.[377]

377 정상조편, 「상표법주해 II」, 박영사, 2018, 283면 주21).

라. 형의 집행유예(執行猶豫)

집행유예는 유죄를 인정하되 일정한 기간 동안 형의 집행을 유예하고 그 유예기간을 문제 없이 경과한 경우 형 선고의 효력을 상실케 하는 제도이다.

제62조(집행유예의 요건) ① 3년 이하의 징역이나 금고 또는 500만원 이하의 벌금의 형을 선고할 경우에 제51조의 사항을 참작하여 그 정상에 참작할 만한 사유가 있는 때에는 1년 이상 5년 이하의 기간 형의 집행을 유예할 수 있다. 다만, 금고 이상의 형을 선고한 판결이 확정된 때부터 그 집행을 종료하거나 면제된 후 3년까지의 기간에 범한 죄에 대하여 형을 선고하는 경우에는 그러하지 아니하다. <개정 2005. 7. 29., 2016. 1. 6.>
② 형을 병과할 경우에는 그 형의 일부에 대하여 집행을 유예할 수 있다.

제62조의2(보호관찰, 사회봉사·수강명령) ① 형의 집행을 유예하는 경우에는 보호관찰을 받을 것을 명하거나 사회봉사 또는 수강을 명할 수 있다.
② 제1항의 규정에 의한 보호관찰의 기간은 집행을 유예한 기간으로 한다. 다만, 법원은 유예기간의 범위내에서 보호관찰기간을 정할 수 있다.
③ 사회봉사명령 또는 수강명령은 집행유예기간내에 이를 집행한다.
[본조신설 1995. 12. 29.]

제63조(집행유예의 실효) 집행유예의 선고를 받은 자가 유예기간 중 고의로 범한 죄로 금고 이상의 실형을 선고받아 그 판결이 확정된 때에는 집행유예의 선고는 효력을 잃는다. <개정 2005. 7. 29.>

제64조(집행유예의 취소) ① 집행유예의 선고를 받은 후 제62조 단행의 사유가 발각된 때에는 집행유예의 선고를 취소한다. <개정 1995. 12. 29.>

② 제62조의2의 규정에 의하여 보호관찰이나 사회봉사 또는 수강을 명한 집행유예를 받은 자가 준수사항이나 명령을 위반하고 그 정도가 무거운 때에는 집행유예의 선고를 취소할 수 있다. <신설 1995. 12. 29.>

第65조(집행유예의 효과) 집행유예의 선고를 받은 후 그 선고의 실효 또는 취소됨이 없이 유예기간을 경과한 때에는 형의 선고는 효력을 잃는다.

❖ 시사 법률 이야기 - 콘돔 안 쓴 성행위 형사처벌?

후천성면역결핍증예방법(약칭: 에이즈예방법)[378]

- 종전 규정(제정법)

第19조 (전파매개행위의 금지) 감염자는 다음 각호의 전파매개행위를 하여서는 아니된다.

1. 대통령령이 정하는 감염의 예방조치없이 행하는 성행위
2. 혈액 또는 체액을 통하여 타인에게 전파할 수 있는 행위

378 [시행 1988. 1. 28.] [법률 제3943호, 1987. 11. 28., 제정]
① 후천성면역결핍증에 감염된 자의 보호·관리와 동 질병의 전파방지를 위한 신속한 조치를 위하여 감염자를 진단한 의사 또는 의료기관등은 관할보건소장에게 이를 즉시 신고하도록 함.
② 후천성면역결핍증의 예방을 위하여 공중과 접촉이 많은 업소에 종사하는 자에 대하여는 후천성면역결핍증에 관한 수시 또는 정기검진을 받도록 하고, 영업자는 감염자나 검진을 받지 아니한 자를 그 영업소에 종사할 수 없도록 함.
③ 후천성면역결핍증의 전파를 방지하기 위하여 혈액원에서 채혈되는 혈액과 수입혈액제제에 대하여는 인간면역결핍바이러스의 감염 여부를 검사하도록 하고, 검사를 받지 아니하거나 검사결과 인간면역결핍바이러스에 감염된 것으로 나타난 혈액 및 수입혈액제제에 대하여는 이를 유통·판매하거나 사용할 수 없도록 함.
④ 후천성면역결핍증의 전파방지 및 감염자의 보호·치료를 위하여 감염자중 대통령령이 정하는 자에 대하여는 보호시설에서 보호 및 치료를 받도록 함.
⑤ 후천성면역결핍증의 감염자는 타인에 대한 감염의 예방조치없이 전파매개행위를 할 수 없도록 함.

시행령 제23조 (감염의 예방조치) 법 제19조 제1호에서 "대통령령이 정하는 감염의 예방조치"라 함은 콘돔의 사용으로 타인에게 전파를 방지하는 것을 말한다.

- '사적이고 은밀한 성행위시 콘돔 사용 여부에 대한 감독이 현실적으로 불가능해 전파방지 목적 달성의 효과적인 수단이라 할 수 없다'는 국가인권위원회의 지적이 2007년 나오면서 해당 조항은 2008년 삭제되어, 현행법과 같이 개정되었다.[379]

- 개정법 [시행 2008. 9. 22.] [법률 제8940호, 2008. 3. 21., 일부개정]

제19조(전파매개행위의 금지) 감염인은 혈액 또는 체액을 통하여 다른 사람에게 전파매개행위를 하여서는 아니 된다.

제25조(벌칙) 다음 각 호의 어느 하나에 해당하는 사람은 3년 이하의 징역에 처한다.

1. 제9조 제3항을 위반하여 혈액·수입 혈액제제·장기·조직·정액 또는 매개체를 유통·판매하거나 사용한 사람
2. 제19조를 위반하여 전파매개행위를 한 사람 [전문개정 2013. 4. 5.]

- 법 실무

법 규정의 개정이 있었지만 실무에서는 여전히 동법 제19조가 HIV[380] 감염

---

379 2018. 11. 28. 콘돔 안 쓴 성행위 형사처벌... "혐오와 낙인 탓" [토론회] HIV 바이러스 미검출인데도 적용... 후천성면역결핍증예방법 19조 폐지해야
http://www.ohmynews.com/NWS_Web/View/at_pg.aspx?CNTN_CD=A0002491818&CMPT_CD=P0010&utm_source=naver&utm_medium=newsearch&utm_campaign=naver_news

380 인체면역결핍바이러스(HIV : Human Immunodeficiency Virus).

인이 '콘돔 없는 성행위'를 했을 때 처벌하는 도구로 쓰인다. 3년 이하 징역형인데 현실에선 보통 '징역 6개월, 집행유예 2년'의 판결이 난다. 지난 2019. 6. 1. 서울시청 앞 광장에서 열린 제20회 서울퀴어축제에서는 동법 제19조 폐지 캠페인이 진행됐다.[381]

2010년 7월 에이즈(AIDS: Acquired Immune Deficiency Syndrome) 확진 판정을 받은 B씨는 상대에게 에이즈 감염 사실을 알리지 않고 피임도구도 사용하지 않은 채 성관계를 한 혐의로 기소됐다. B씨는 꾸준한 치료로 바이러스 미검출 상태였다. 하지만 재판부는 바이러스 농도가 미검출인 점은 인정하나 바이러스가 억제됐을 뿐이지 소멸된 것은 아니며 피임도구를 사용하지 않았다는 피해자의 진술을 받아들여, 지난 7월 19일 B씨에게 징역 6월 집행유예 1년을 선고했다. 상대가 B씨와의 성관계로 에이즈에 걸리지 않았음에도 말이다.[382]

---

381 한겨레21, No.1266, 2019. 6. 17., 30-31면 참고.

382 2018. 11. 28. 콘돔 안 쓴 성행위 형사처벌... "혐오와 낙인 탓" [토론회] HIV 바이러스 미검출인데도 적용... 후천성면역결핍증예방법 19조 폐지해야
http://www.ohmynews.com/NWS_Web/View/at_pg.aspx?CNTN_CD=A0002491818&CMPT_CD=P0010&utm_source=naver&utm_medium=newsearch&utm_campaign=naver_news

IV 형법 각칙

형법 각칙은 제1장 내란의 죄부터 제42장 손괴의 죄까지 다양한 유형의 범죄에 대해 규정하고 있는데, 이를 보통은 개인적 법익에 대한 죄, 사회적 법익에 대한 죄, 국가적 법익에 대한 죄로 구분하는 것이 일반적이다. 모든 범죄가 다 중요하긴 하지만 법 실무와 이론적인 관점에서는 개인적 법익에 대한 죄가 가장 중요하게 다뤄지고 있으며, 그 다음이 사회적 법익에 대한 죄와 국가적 법익에 대한 죄의 순서라 할 수 있다. 형법 각칙에 있는 개별 범죄 유형들에 대한 세부적인 학습은 어느 정도 기본적인 지식을 습득한 다음 살펴보는 것이 타당할 것으로 생각되어, 여기서는 3가지 분류에 속하는 범죄 유형을 나열하는 정도로만 보기로 한다.

1 개인적 법익에 대한 죄

개인적 법익에 대한 죄는 다시 생명과 신체에 대한 죄, 자유에 대한 죄, 명예와 신용에 대한 죄, 사생활의 평온에 대한 죄, 재산에 대한 죄로 나눠볼 수 있다.

가. 생명과 신체에 대한 죄

살인의 죄(제24장), 상해와 폭행의 죄(제25장), 과실치사상의 죄(제26장), 낙태의 죄(제27장), 유기와 학대의 죄(제28장)가 해당한다. 이중 낙태죄에 대해서는 지난 2019년 4월 헌법재판소의 위헌결정으로 2020. 12. 31.을 시한으로 그 효력이 상실되었다.

헌법재판소 2019. 4. 11. 선고 2017헌바127 전원재판부

【주 문】

형법(1995. 12. 29. 법률 제5057호로 개정된 것) 제269조[383] 제1항, 제270조[384] 제1항 중 '의사'에 관한 부분은 모두 헌법에 합치되지 아니한다. 위 조항들은 2020. 12. 31.을 시한으로 입법자가 개정할 때까지 계속 적용된다.

나. 자유에 대한 죄

체포와 감금의 죄(제29장), 협박의 죄(제30장), 약취(略取), 유인(誘引) 및 인신매매의 죄(제31장), 강간과 추행의 죄(제32장), 강요의 죄(제37장 중 제324조~제324조의6)가 해당한다. 강간죄와 관련하여 2012년 개정을 통해 강간죄의 객체를 부녀에서 사람으로 개정하였고, 유사강간에 관한 규정을 신설하였다.

다. 명예와 신용에 대한 죄

명예에 관한 죄(제33장)와 신용, 업무와 경매에 관한 죄(제34장)가 있는데, 명예에 관한 죄에는 명예훼손죄(제307조), 사자의 명예훼손죄(제308조), 출판물 등에 의한 명예훼손죄(제309조), 모욕죄(제311조)가 있고, 업무와 경매에 관한

---

383 제269조(낙태) ① 부녀가 약물 기타 방법으로 낙태한 때에는 1년 이하의 징역 또는 200만원 이하의 벌금에 처한다. <개정 1995. 12. 29.>
② 부녀의 촉탁 또는 승낙을 받어 낙태하게 한 자도 제1항의 형과 같다. <개정 1995. 12. 29.>
③ 제2항의 죄를 범하여 부녀를 상해에 이르게 한때에는 3년 이하의 징역에 처한다. 사망에 이르게 한때에는 7년 이하의 징역에 처한다. <개정 1995. 12. 29.>

384 제270조(의사 등의 낙태, 부동의낙태) ① 의사, 한의사, 조산사, 약제사 또는 약종상이 부녀의 촉탁 또는 승낙을 받어 낙태하게 한 때에는 2년 이하의 징역에 처한다. <개정 1995. 12. 29.>
② 부녀의 촉탁 또는 승낙없이 낙태하게 한 자는 3년 이하의 징역에 처한다
③ 제1항 또는 제2항의 죄를 범하여 부녀를 상해에 이르게 한때에는 5년 이하의 징역에 처한다. 사망에 이르게 한때에는 10년 이하의 징역에 처한다. <개정 1995. 12. 29.>
④ 전 3항의 경우에는 7년 이하의 자격정지를 병과한다.

죄에는 신용훼손죄(제313조), 업무방해죄(제314조), 경매·입찰방해죄(제315조)가 있다.

라. 사생활의 평온에 대한 죄

비밀침해죄(제35장)와 주거침입죄(제36장)가 있는데, 비밀침해죄에는 일반 비밀침해죄(제316조)와 업무상비밀누설죄(제317조)가 있고, 주거침입죄에는 일반 주거침입죄(제319조 제1항) 이외에 퇴거불응죄(제319조 제2항), 특수주거침입죄(제320조), 주거·신체 수색죄(제321조)가 있다.

마. 재산에 대한 죄

형법 각칙에서 가장 중요하게 다뤄지는 영역이라 할 수 있는데, 절도와 강도의 죄(제38장), 사기와 공갈의 죄(제39장), 횡령과 배임의 죄(제40장), 장물에 관한 죄(제41장), 손괴의 죄(제42장), 그리고 권리행사방해죄(제37장 중 제323조, 제325조~제328조)가 있다.

2 사회적 법익에 대한 죄

사회적 법익에 대한 죄는 공공의 안전과 평온에 대한 죄, 공공의 신용에 대한 죄, 공중의 건강에 대한 죄, 사회의 도덕에 대한 죄로 나눠볼 수 있다.

가. 공공의 안전과 평온에 대한 죄

공안을 해하는 죄(제5장), 폭발물에 관한 죄(제6장), 방화와 실화의 죄(제13장), 일수와 수리에 관한 죄(제14장). 교통방해의 죄(제15장)가 해당한다. 대법원은 "형법 제164조 전단의 현주건조물에의 방화죄는 공중의 생명, 신체, 재산 등에 대한 위험을 예방하기 위하여 공공의 안정을 그 제1차적인 보호법익으로 하고 제2차적으로는 개인의 재산권을 보호하는 것"이라고 한다.[385]

나. 공공의 신용에 대한 죄

통화에 관한 죄(제18장), 유가증권·우표와 인지에 관한 죄(제19장), 문서에 관한 죄(제20장), 인장에 관한 죄(제21장)가 해당한다.

다. 공중의 건강에 대한 죄

먹는 물에 관한 죄(제16장)와 아편에 관한 죄(제17장)가 있다.

라. 사회의 도덕에 대한 죄

신앙에 관한 죄(제12장), 성풍속에 관한 죄(제22장), 도박과 복표에 관한 죄(제23장)가 있다.

3 국가적 법익에 대한 죄

국가적 법익에 대한 죄는 국가의 존립과 권위에 대한 죄와 국가의 기능에 대한 죄로 나눠볼 수 있다.

가. 국가의 존립과 권위에 대한 죄

내란의 죄(제1장), 외환의 죄(제2장), 국기에 관한 죄(제3장), 국교에 관한 죄(제4장)가 해당한다.

---

385 대법원 1983. 1. 18. 선고 82도2341 판결.

나. 국가의 기능에 대한 죄

공무원의 직무에 관한 죄(제7장), 공무방해에 관한 죄(제8장), 도주와 범인은닉의 죄(제9장), 위증과 증거인멸의 죄(제10장), 무고의 죄(제11장)가 해당한다. 예를 들어 제7장에 속하는 형법 제127조는 공무원 또는 공무원이었던 자가 법령에 의한 직무상 비밀을 누설하는 것을 구성요건으로 하는데, 비밀 그 자체를 보호하는 것이 아니라 공무원의 비밀엄수의무의 침해에 의하여 위험하게 되는 이익, 즉 비밀 누설에 의하여 위협받는 국가의 기능을 보호하기 위한 것이다.[386] 한편, 위증죄와 관련하여 형사소송법상 증언거부사유가 있음에도 증언거부권을 고지받지 못하여 증언거부권을 행사하는 데 사실상 장애가 초래되었다고 볼 수 있는 경우 위증죄가 성립하지 않고,[387] 민사소송법 제295조에 의하여 선서를 거부할 수 있는 증인이 선서를 거부하지 아니하고 증언을 한 경우에 재판장이 선서거부권이 있음을 고지하지 아니하였다고 하여 위법이라고 할 수 없다.[388]

---

386 대법원 2018. 2. 13. 선고 2014도11441 판결(여기에서 '법령에 의한 직무상 비밀'이란 반드시 법령에서 비밀로 규정되었거나 비밀로 분류 명시된 사항에 한정되지 않고, 정치·군사·외교·경제·사회적 필요에 따라 비밀로 된 사항은 물론 정부나 공무소 또는 국민이 객관적, 일반적인 입장에서 외부에 알려지지 않는 것에 상당한 이익이 있는 사항도 포함하나, 실질적으로 그것을 비밀로서 보호할 가치가 있다고 인정할 수 있는 것이어야 한다. 검사가 수사의 대상, 방법 등에 관하여 사법경찰관리에게 지휘한 내용을 기재한 수사지휘서는 당시까지 진행된 수사의 내용뿐만 아니라 향후 수사의 진행방향까지 가늠할 수 있게 하는 수사기관의 내부문서이다. 수사기관이 특정 사건에 대하여 내사 또는 수사를 진행하고 있는 상태에서 수사지휘서의 내용이 외부에 알려질 경우 피내사자나 피의자 등이 증거자료를 인멸하거나 수사기관에서 파악하고 있는 내용에 맞추어 증거를 준비하는 등 수사기관의 증거 수집 등 범죄수사 기능에 장애가 생길 위험이 있다. 또한 수사지휘서의 내용이 누설된 경로에 따라서는 사건관계인과의 유착 의혹 등으로 수사의 공정성과 신뢰성이 훼손됨으로써 수사의 궁극적인 목적인 적정한 형벌권 실현에 지장이 생길 우려도 있다. 그러므로 수사지휘서의 기재 내용과 이에 관계된 수사상황은 해당 사건에 대한 종국적인 결정을 하기 전까지는 외부에 누설되어서는 안 될 수사기관 내부의 비밀에 해당한다).

387 대법원 2013. 5. 23. 선고 2013도3284 판결(형사소송법에 규정된 증언거부권 제도는 증인에게 증언의무의 이행을 거절할 수 있는 권리를 부여한 것이고, 증언거부권의 고지 제도는 증인에게 그러한 권리의 존재를 확인시켜 침묵할 것인지 아니면 진술할 것인지에 관하여 심사숙고할 기회를 충분히 부여함으로써 침묵할 수 있는 권리를 보장하기 위한 것임을 감안할 때, 재판장이 신문 전에 증인에게 증언거부권을 고지하지 않은 경우에도 당해 사건에서 증언 당시 증인이 처한 구체적인 상황, 증언거부사유의 내용, 증인이 증언거부사유 또는 증언거부권의 존재를 이미 알고 있었는지, 증언거부권을 고지 받았더라도 허위진술을 하였을 것이라고 볼 만한 정황이 있는지 등을 전체적·종합적으로 고려하여 증인이 침묵하지 아니하고 진술한 것이 자신의 진정한 의사에 의한 것인지를 기준으로 위증죄의 성립 여부를 판단하여야 한다. 그러므로 헌법 제12조 제2항에 정한 불이익 진술의 강요금지 원칙을 구체화한 자기부죄거부특권에 관한 것이거나 기타 증언거부사유가 있음에도 증인이 증언거부권을 고지받지 못함으로 인하여 그 증언거부권을 행사하는 데 사실상 장애가 초래되었다고 볼 수 있는 경우에는 위증죄의 성립을 부정하여야 할 것이다).

388 대법원 1971. 4. 30. 선고 71다452 판결.

V
특별형법

1 가정폭력 관련 특별형법

가. 가정폭력범죄의처벌등에관한특례법(가정폭력처벌법)

(1) 1997. 12. 13. 제정(법률 제5436호, 시행 1998. 7. 1.)

그동안 가정폭력이 그 문제의 심각성에도 불구하고 가정내의 문제로 치부되어 사회적으로 방치되어 왔으나 최근 가정폭력이 다른 사회적 폭력보다 지속적이고 상습적으로 행하여지고 있다는 우려가 제기되면서 가정폭력에 사회와 국가가 적극 개입하여 해결하여야 한다는 여론이 증가하고 있어, 가정폭력범죄행위자에 대한 보호처분제탁를 도입하고 가정폭력으로 입은 손해에 대한 민사처리특례를 규정하는 등 궁극적으로 건강한 가정을 육성하고 가정의 평화와 안정을 회복하려는 것임.

제1조 (목적) 이 법은 가정폭력범죄의 형사처벌절차에 관한 특례를 정하고 가정폭력범죄를 범한 자에 대하여 환경의 조정과 성행의 교정을 위한 보호처분을 행함으로써 가정폭력범죄로 파괴된 가정의 평화와 안정을 회복하고 건강한 가정을 육성함을 목적으로 한다.

(2) 2002. 12. 18. 개정(법률 제6783호, 시행 2003. 3. 19.)

법의 목적에 가정폭력범죄로 파괴된 가정의 평화와 안정을 회복하여 건강한 가정을 육성하는 것 외에 피해자와 가족구성원의 인권 보호를 추가함(법 제1조).

제1조 (목적) 이 법은 가정폭력범죄의 형사처벌절차에 관한 특례를 정하고 가정폭력범죄를 범한 자에 대하여 환경의 조정과 성행의 교정을 위한 보호처분을 행함으로써 가정폭력범죄로 파괴된 가정의 평화와 안정을 회복하고 건강한 가정을 가꾸며 피해자와 가족구성원의 인권을 보호함을 목적으로 한다. <개정 2002. 12. 18.>

(3) 현행법

제1조(목적) 이 법은 가정폭력범죄의 형사처벌 절차에 관한 특례를 정하고 가정폭력범죄를 범한 사람에 대하여 환경의 조정과 성행(性行)의 교정을 위한 보호처분을 함으로써 가정폭력범죄로 파괴된 가정의 평화와 안정을 회복하고 건강한 가정을 가꾸며 피해자와 가족구성원의 인권을 보호함을 목적으로 한다.

나. 가정폭력방지 및 피해자보호 등에 관한 법률(가정폭력방지법)

(1) 1997. 12. 31. 제정(법률 제5487호, 시행 1998. 7. 1.)

가정내의 폭력으로 인하여 가정이 파산되고 가정구성원이 신체적·정신적 피해를 당하고 있어 가정폭력을 예방하고 가정폭력으로 인한 피해자를 보호함으로서 건전한 가정을 육성하려는 것임.

제1조(목적) 이 법은 가정폭력을 예방하고 가정폭력의 피해자를 보호함으로써 건전한 가정을 육성함을 목적으로 한다.

(2) 2006. 4. 28. 개정(법률 제7952호, 시행 2006. 10. 29.)

현행법은 건전한 가정의 육성 및 가정의 보호와 유지를 그 기본으로 하고 있어 피해자의 관점에서 실질적인 지원은 미흡한 실정인 바, 피해자에 대한 보호와 지원을 이 법의 궁극적인 목적으로 명시함.

제1조(목적) 이 법은 가정폭력을 예방하고 가정폭력의 피해자를 보호·지원함을 목적으로 한다.

(3) 현행법

제1조(목적) 이 법은 가정폭력을 예방하고 가정폭력의 피해자를 보호·지원함을 목적으로 한다.

2 폭력행위 등 처벌에 관한 법률(폭력행위처벌법)

가. 1961. 6. 20. 제정(법률 제625호, 시행 1961. 6. 20.)

집단적 또는 상습적으로 폭력행위등을 자행하여 사회질서를 문란하게 하고 사회적 불안을 조성하는 자등을 처벌함으로써 사회적 질서를 바로잡고 불안을 해소하려는 것임.

나. 목적 및 구성

동법은 집단적 또는 상습적으로 폭력행위 등을 범하거나 흉기 또는 그 밖의 위험한 물건을 휴대하여 폭력행위 등을 범한 사람 등을 처벌함을 목적으로 하며(제1조), 제2조(폭행 등), 제3조(집단적 폭행 등), 제4조(단체 등의 구성·활동), 제5조(단체 등의 이용·지원), 제6조(미수범), 제7조(우범자)[389], 제8조(정당방위 등), 제9조(사법경찰관리의 직무유기), 제10조(사법경찰관리의 행정적 책임)로 구성되어 있다.

389 제7조(우범자) 정당한 이유 없이 이 법에 규정된 범죄에 공용(供用)될 우려가 있는 흉기나 그 밖의 위험한 물건을 휴대하거나 제공 또는 알선한 사람은 3년 이하의 징역 또는 300만원 이하의 벌금에 처한다. [전문개정 2014. 12. 30.]

3 특정경제범죄 가중처벌 등에 관한 법률(특정경제범죄법)

가. 1983. 12. 31. 제정(법률 제3693호, 시행 1984. 1. 1.)

경제범죄가 날로 대형화·조직화·지능화되고 경제·사회에 미치는 충격과 피해가 막심하여 그 근절대책이 절실한 실정임에도 현행처벌법규는 법정형이 지나치게 가볍거나 벌칙규정의 미비로 말미암아 적절히 대처하지 못하고 있으므로 건전한 국민경제윤리에 반하는 거액경제범죄 및 재산국외도피사범에 대한 법정형을 대폭 강화하여 가중처벌하고, 금융기관 임·직원의 금품수수등 비위를 엄벌함과 아울러 범법자들의 경제활동을 제한함으로써 경제질서의 확립을 도모하고 나아가 국민경제의 발전에 이바지하려는 것임.

나. 목적 및 구성

동법은 건전한 국민경제윤리에 반하는 특정경제범죄에 대한 가중처벌과 그 범죄행위자에 대한 취업제한 등을 규정함으로써 경제질서를 확립하고 나아가 국민경제 발전에 이바지함을 목적으로 하며(제1조), 정의(제2조), 특정재산범죄의 가중처벌(제3조[390]), 재산국외도피의 죄(제4조), 수재 등의 죄(제5조), 증재 등의 죄(제6조), 알선수재의 죄(제7조), 사금융 알선 등의 죄(제8조), 저축 관련 부당행위의 죄(제9조), 몰수·추징(제10조), 무인가 단기금융업의 가중처벌(제11조), 보고의무 등(제12조), 일정 기간의 취업제한 및 인가·허가 금지 등(제14조)로 구성되어 있다.

---

390 제3조(특정재산범죄의 가중처벌) ① 「형법」 제347조(사기), 제347조의2(컴퓨터등 사용사기), 제350조(공갈), 제350조의2(특수공갈), 제351조(제347조, 제347조의2, 제350조 및 제350조의2의 상습범만 해당한다), 제355조(횡령·배임) 또는 제356조(업무상의 횡령과 배임)의 죄를 범한 사람은 그 범죄행위로 인하여 취득하거나 제3자로 하여금 취득하게 한 재물 또는 재산상 이익의 가액(이하 이 조에서 "이득액"이라 한다)이 5억원 이상일 때에는 다음 각 호의 구분에 따라 가중처벌한다. <개정 2016. 1. 6., 2017. 12. 19.>

1. 이득액이 50억원 이상일 때: 무기 또는 5년 이상의 징역
2. 이득액이 5억원 이상 50억원 미만일 때: 3년 이상의 유기징역

② 제1항의 경우 이득액 이하에 상당하는 벌금을 병과(併科)할 수 있다. [전문개정 2012. 2. 10.]

4 피해자 국선변호사 제도

가. 아동·청소년의 성보호에 관한 법률(청소년성보호법)[391]

제30조(피해아동·청소년 등에 대한 변호사선임의 특례)[392] ① 아동·청소년대상 성범죄의 피해자 및 그 법정대리인은 형사절차상 입을 수 있는 피해를 방어하고 법률적 조력을 보장하기 위하여 변호사를 선임할 수 있다.

② 제1항에 따른 변호사에 관하여는 「성폭력범죄의 처벌 등에 관한 특례법」 제27조 제2항부터 제6항까지를 준용한다.

나. 아동학대범죄의 처벌 등에 관한 특례법(아동학대처벌법)[393]

제16조(피해아동에 대한 변호사 선임의 특례) 아동학대범죄사건의 피해아동에 대한 변호사 선임 등에 관하여는 「성폭력범죄의 처벌 등에 관한 특례법」 제27조를 준용한다. 이 경우 "성폭력범죄"는 "아동학대범죄"로, "형사절차"는 "형사 및 아동보호 절차"로, "피해자"는 "피해아동"으로 본다.

다. 성폭력범죄의 처벌 등에 관한 특례법(성폭력처벌법)[394]

---

391 청소년의 성 보호를 위해 2000. 2. 3. 법률 제6261호로 「청소년의 성 보호에 관한 법률」이 제정(시행 2000. 7. 1.)되었고 19세 미만의 남녀를 '청소년'으로 정의하여 보호규정을 두었다. 이후 2009. 6. 9. 법률 제9765호 전부개정 법률(시행 2010. 1. 1.)에서 「아동·청소년의 성보호에 관한 법률」로 제명을 변경하였다.

392 2011. 9. 15. 법률 제11047호 개정법률에서 신설된 규정이다(시행 2012. 3. 16.). 동 규정에 따라 법무부령인 「검사의 국선변호인 지정 등에 관한 규칙」이 2012. 3. 16. 제정되었으며, 동 규칙 제1조의3에서는 적용범위에 대해 "이 규칙은 「아동·청소년의 성보호에 관한 법률」 제30조 제2항 및 「아동학대범죄의 처벌 등에 관한 특례법」 제16조에서 준용하는 법 제27조 제6항에 따른 국선변호사에 대해서도 적용한다."고 규정하고 있다.

393 아동학대범죄에 대한 처벌을 강화하고 아동학대범죄가 발생한 경우 긴급한 조치 및 보호가 가능하도록 제도를 마련함으로써, 아동학대에 대한 강력한 대처와 예방을 통해 아동이 건강한 사회 구성원으로 성장하도록 하기 위한 취지에서 2014. 1. 28. 법률 제12341호로 제정되었다(시행 2014. 9. 29.). 동법에서 아동이라 함은 아동복지법 제3조 제1호에서 정의하는 아동(18세 미만인 사람)을 말하며(제2조 제1호), 제정법 당시부터 변호사 선임의 특례 규정이 포함되었다.

394 성폭력범죄에 대한 대처를 위해 1994. 1. 5. 법률 제4702호로 「성폭력범죄의 처벌 및 피해자보호 등에 관한 법률」이 제정되었다(시행 1994. 4. 1.). 동법은 성폭력범죄의 처벌 등에 관한 특례와 성폭력범죄의 피해자 보호 등에 관한 사항을 함께 규정하고 있어 각 사항에 대한 효율적 대처에 한계가 있다는 지적이 있었고, 이에

第27条(성폭력범죄 피해자에 대한 변호사 선임의 특례) ① 성폭력범죄의 피해자 및 그 법정대리인(이하 "피해자등"이라 한다)은 형사절차상 입을 수 있는 피해를 방어하고 법률적 조력을 보장하기 위하여 변호사를 선임할 수 있다.
② 제1항에 따른 변호사는 검사 또는 사법경찰관의 피해자등에 대한 조사에 참여하여 의견을 진술할 수 있다. 다만, 조사 도중에는 검사 또는 사법경찰관의 승인을 받아 의견을 진술할 수 있다.
③ 제1항에 따른 변호사는 피의자에 대한 구속 전 피의자심문, 증거보전절차, 공판준비기일 및 공판절차에 출석하여 의견을 진술할 수 있다. 이 경우 필요한 절차에 관한 구체적 사항은 대법원규칙으로 정한다.
④ 제1항에 따른 변호사는 증거보전 후 관계 서류나 증거물, 소송계속 중의 관계 서류나 증거물을 열람하거나 등사할 수 있다.
⑤ 제1항에 따른 변호사는 형사절차에서 피해자등의 대리가 허용될 수 있는 모든 소송행위에 대한 포괄적인 대리권을 가진다.
⑥ 검사는 피해자에게 변호사가 없는 경우 국선변호사를 선정하여 형사절차에서 피해자의 권익을 보호할 수 있다.

5 헌법재판소 결정

어떤 유형의 범죄에 대하여 특별히 형을 가중할 필요가 있는 경우라 하더라도, 그 가중의 정도가 통상의 형사처벌과 비교하여 현저히 형벌체계상의 정당성

2010. 4. 15. 법률 제10261호로 동법을 폐지하면서(시행 2011. 1. 1.) 동법의 내용 중 성폭력피해자 보호·지원에 관한 사항에 대해서는 「성폭력방지 및 피해자보호 등에 관한 법률」을 제정하였고(법률 제10261호, 시행 2011. 1. 1.), 성폭력범죄의 처벌에 관한 사항에 대해서는 동법을 2010. 4. 15. 법률 제10258호로 제정(시행 2010. 4. 5.)하였다. 그리고 2012. 12. 18. 법률 제11556호 개정법률에서 피해자 국선변호인 제도를 신설하였다(시행 2013. 6. 19.).

과 균형을 잃은 것이 명백한 경우에는 인간의 존엄성과 가치를 보장하는 헌법의 기본원리에 위배될 뿐 아니라 법의 내용에 있어서도 평등원칙에 반하는 위헌적 법률이 된다. 또 형사특별법은 그 입법목적에 따른 새로운 가중처벌사유가 추가될 때에만 그 가중처벌이 의미를 가지고, 동일한 목적을 위하여 하나의 범죄행위에 대한 형을 거듭 가중함으로써 형벌체계상 지나치게 가혹한 형을 규정하는 것은 형벌의 기능과 목적을 달성하는 데 필요한 정도를 현저히 벗어나 너무 무거운 형벌을 부과하여 책임원칙에 반한다(헌재 2014. 4. 24. 2011헌바2; 헌재 2014. 11. 27. 2014헌바224등 참조).[395]

395 헌법재판소 2015. 2. 26. 선고 2014헌가16,19,23(병합) 전원재판부. 형법상의 범죄와 똑같은 구성요건을 규정하면서 법정형만 상향 조정한 '특정범죄 가중처벌 등에 관한 법률'(2010. 3. 31. 법률 제10210호로 개정된 것) 제5조의4 제1항 중 형법 제329조에 관한 부분, 같은 법률 제5조의4 제1항 중 형법 제329조의 미수죄에 관한 부분, 같은 법률 제5조의4 제4항 중 형법 제363조 가운데 형법 제362조 제1항의 '취득'에 관한 부분(이하 위 조항들을 합하여 '심판대상조항'이라 한다)은 헌법에 위반된다.

제8강

민사소송법의 이해

I
민사소송의 기초

1 민사소송의 의의

민사소송은 기본적으로 3가지 단계를 거치게 되는데, 먼저 정식 소송을 진행하기에 앞서 상대방이 재산을 처분하지 못하도록 임시적인 제한 조치를 취하는 보전소송절차가 있고, 다음으로 우리가 일반적으로 소송이라 칭하는 본안소송절차가 있다. 그리고 본안소송절차에서 판결이 확정되었음에도 불구하고 채무자가 변제하지 않는 경우에는 확정판결에 근거하여 채무자의 재산을 처분하고 그 처분대가로부터 채권의 만족을 받는 강제집행절차를 진행하게 된다. 광의의 민사소송은 이러한 보전소송-본안소송-강제집행을 통칭하는 것이고, 협의의 민사소송은 그중 본안소송 절차만을 지칭한다. 이중 본안소송 절차인 협의의 민사소송에 대한 것을 민사소송법에서 규정하고 있고, 그 이외의 보전절차나 강제집행 절차에 대해서는 민사집행법에서 별도로 규정하고 있다.[396]

이하에서는 협의의 의미로서 민사소송을 중심으로 주요 내용을 살펴보기로 하되, 참고로 가압류 또는 가처분 절차를 말하는 보전소송은 본안판결이 확정되기 전에 임시적인 조치를 취하는 것으로서 권리자에게는 강력한 무기가 될 수 있지만, 상대방의 입장에서는 본안판결이 확정되지도 않은 상황에서 일정한 제재를 당하는 것이기 때문에 보전처분이 집행된 후 본안판결에서 반대의 결과가 나오면 보전소송을 제기한 당사자가 그에 따른 책임을 져야 한다는 점을 기억할 필요가 있겠

396 종전에는 민사소송법에서 강제집행절차에 대해 규정하였다가, 2002. 1. 26. 개정으로 강제집행에 관한 규정을 민사집행법으로 분리시켰다.

다. 즉, 가압류나 가처분 등 보전처분은 법원의 재판에 의하여 집행되는 것이기는 하나, 그 실체상 청구권이 있는지 여부는 본안소송에 맡기고 단지 소명에 의하여 채권자의 책임 아래 하는 것이므로, 그 집행 후에 집행채권자가 본안소송에서 패소 확정되었다면 그 보전처분의 집행으로 인하여 채무자가 입은 손해에 대하여는 특별한 반증이 없는 한 집행채권자에게 고의 또는 과실이 있다고 추정되고, 따라서 그 부당한 집행으로 인한 손해에 대하여 이를 배상할 책임이 있는 것이다.[397]

2 민사소송의 특징

법이란 법적 안정성과 구체적 타당성의 조화를 추구하는 것으로서, 모든 사건에 대해 동일하게 적용되어야 한다는 법적 안정성의 이념과 개별 사건별로 특수성을 고려하여 판단해야 한다는 구체적 타당성의 이념은 서로 상충되기도 한다. 둘다 중요한 이념이고 어느 영역이던지 두 이념의 조화를 추구해야 한다는 점, 그리고 어느 하나가 후퇴할 수밖에 없다면 결국 법적 안정성이 우선되어야 한다는 점[398] 등은 동일하다. 하지만 실체법의 경우 상대적으로 구체적 타당성의

397 대법원 2002. 9. 24. 선고 2000다46184 판결. 손해의 범위에 대해서는 대법원 2001. 11. 13. 선고 2001다26774 판결(부당한 처분금지가처분의 집행으로 그 가처분 목적물의 처분이 지연되어 소유자가 손해를 입었다면 가처분 신청인은 그 손해를 배상할 책임이 있다고 할 것이다. 그런데 가처분 집행 당시 부동산의 소유자가 그 부동산을 사용·수익하는 경우에는 그 부동산의 처분이 지체되었다고 하더라도 그 부동산의 환가가 지연됨으로 인한 손해는 그 부동산을 계속 사용·수익함으로 인한 이익과 상쇄되어 결과적으로 부동산의 처분이 지체됨에 따른 손해가 없다고 할 수 있을 것이고, 만일 그 부동산의 환가가 지연됨으로 인한 손해가 그 부동산을 계속 사용·수익하는 이익을 초과한다면 이는 특별손해라고 할 수도 있을 것이다. 그러나 이 사건의 경우 원고들은 분양할 목적으로 토지를 매입하여 연립주택 19세대분을 신축하였으므로 이 사건 처분금지가처분으로 인하여 그 중 8세대인 이 사건 부동산의 처분이 지연되었다면 특별한 사정이 없는 한 그 기간동안 이 사건 부동산을 사용·수익함으로써 처분지연의 손해를 상쇄할 만한 경제적 이익을 얻을 수 있었다고 보기는 어려우므로, 이 사건 가처분 집행과 원고들의 이 사건 부동산 처분 지연과 사이에 상당인과관계가 인정되는 이상 원고들이 그 가처분 집행으로 처분이 지연된 기간 동안 입은 손해 중 적어도 이 사건 부동산의 처분대금에 대한 법정이율에 따른 이자 상당의 금액은 통상손해에 속한다고 보아야 할 것) 참고.

398 곽윤직, 「민법총칙」, 박영사, 1995, 87면(구체적 타당성과 법적 안정성의 조화를 이룰 수 없는 경우에는 어느 쪽이 우선적으로 고려되어야 할까? 그것은 법적 안정성이다. 즉, 법은 그 성질상 획일적 성질을 가지는 것이며, 경

추구가 더 중시되는데 반해, 절차법에서는 법적 안정성이 상대적으로 더 중요시된다. 권리의무의 발생, 변경, 소멸에 대해 규율하는 실체법과 달리 절차법에서는 권리 보호를 위한 절차적인 규정으로서 모든 당사자들에게 공통적으로 적용할 필요성이 크기 때문이다. 따라서 민사소송법에서는 민법에 비해 법적 안정성이 중요하며, 이로 인해 소위 '편의소송 금지의 원칙'이 적용되고 법에서 정한 절차와 다른 방식으로의 절차 진행은 원칙적으로 인정되지 않는다. 또한 실체진실을 추구하고 이에 따른 판단을 하는 형사소송과 달리 민사소송은 어디까지나 양당사자 사이의 분쟁 해결을 목적으로 하는 것이어서(상대적 진실주의) 재판의 결과가 실체진실과 부합하는지는 중요하지 않고 또한 재판결과도 재판 당사자들을 기속할 뿐 제3자에 대해서는 효력을 미치지 않는게 원칙이다.

3 형사소송과의 관계

민사소송과 형사소송은 추구하는 이념도 다를뿐더러 관련 법리나 재판절차도 다르기 때문에 어느 한 재판에서의 결과가 다른 재판에 직접적으로 영향을 미치는 것은 아니다. 따라서 형사사건에서 무혐의 불기소처분되었다고 하더라도 민사재판에서 법원은 증거에 의한 자유심증으로 그에 반대되는 사실을 인정할 수 있다.[399] 다만, 원래 민사재판에 있어서는 형사재판의 사실인정에 구속을 받는 것이 아니라고 하더라도 동일한 사실관계에 관하여 이미 확정된 형사판결이 유죄로 인정한 사실은 유력한 증거자료가 되므로 민사재판에서 제출된 다른 증거들에 비추어 형사재판의 사실판단을 채용하기 어렵다고 인정되는 특별한 사정이 없는 한 이와 반대되는 사실을 인정할 수 없다.[400]

우에 따라서는 구체적 타당성은 법적 안정성 앞에 희생되어야 한다.) 참고.

399 대법원 1988. 4. 27. 선고 87다카623 판결.

4 소송을 갈음하는 분쟁해결제도(ADR)

민사소송법 제1조[401] 제1항에서는 민사소송의 4대 이념으로서 소송절차가 적정, 공평, 신속, 경제적으로 진행되도록 노력해야 함을 규정하고, 제2항에서는 신의성실의 원칙을 밝히고 있다. 이러한 이념 중 신속한 절차진행의 필요성은 '지연된 정의는 정의가 아니다.'라는 법언에서 알 수 있듯이 매우 중요한 가치임에도 불구하고 현실에서는 재판 시작 후 확정까지 상당한 시간이 소요되고 이로 인해 최종 판결이 나면 승자와 패자도 없는 상처뿐인 영광만 남는다는 말도 있다.[402] 정식 소송절차의 신속한 해결방안 마련은 앞으로도 쉽지 않은 문제인데, 이로 인해 근래부터 주목받게 된 것이 대체적 분쟁해결제도로서 화해, 조정, 중재이다.

먼저 화해는 양 당사자가 상호 양보하여 분쟁의 종결시키는 자율적인 분쟁해결제도인데, 재판절차 외에서 당사자들의 합의에 의해 분쟁을 종료시키는 재판외 화해(화해계약: 민법 제733조)와 재판절차에 의한 재판상 화해가 있고 후자에는 계속 중인 소송절차에서 양 당사자가 상호 양보하여 분쟁을 종료시키는 소송상 화해(민사소송법 제220조, 제461조)와 재판외에서 화해를 한 후 그에 대한 공적인 확인을 법원에서 받는 제소전 화해(제385조~제389조)가 있다. 재판상 화해는 재판외 화해와 달리 법원의 공적인 확인을 통한 분쟁해결절차이기 때문에 확정판결과 동일한 효력이 부여된다. 다음으로 전문조정위원의 조정에 따라 양 당사자의 합의를 이끌어 내고 이를 통해 분쟁을 해결하는 조정(민사조정법)과 당사자들이 선정한 중재인의 중재판정에 의해 사건을 해결하는 중재(중재법)가 있다.

---

400 대법원 1995. 1. 12. 선고 94다39215 판결.

401 제1조(민사소송의 이상과 신의성실의 원칙) ① 법원은 소송절차가 공정하고 신속하며 경제적으로 진행되도록 노력하여야 한다.
② 당사자와 소송관계인은 신의에 따라 성실하게 소송을 수행하여야 한다.

402 민사소송법 제199조는 "판결은 소가 제기된 날부터 5월 이내에 선고한다. 다만, 항소심 및 상고심에서는 기록을 받은 날부터 5월 이내에 선고한다."고 규정하고 있지만, 이는 훈시규정으로 이해되어 사실상 사문화된 규정이라 할 수 있다.

Ⅱ
민사소송법의 구성과 주요 내용

민사소송법은 총 7편, 제502조까지로 구성되어 있으며, 소송절차를 중심으로 이루어져 있지만 실제 소송절차와는 조금 차이가 있다. 따라서 민사소송법을 이해하기 위해서는 법 조문의 구성과 함께 실제 소송절차의 진행을 고려하여 그에 맞춰 살펴보는 것이 필요하며, 이하에서도 그러한 실제 절차 중심으로 주요 내용을 살펴보기로 한다.

제 1 편 총 칙			
	제1조	민사소송의 이상과 신의성실의 원칙	(§1)
제1장 법원	제1절	관할	(§2~§40)
	제2절	법관 등의 제척·기피·회피	(§41~§50)
제2장 당사자	제1절	당사자능력과 소송능력	(§51~§64)
	제2절	공동소송	(§65~§70)
	제3절	소송참가	(§71~§86)
	제4절	소송대리인	(§87~§97)
제3장 소송비용	제1절	소송비용의 부담	(§98~§116)
	제2절	소송비용의 담보	(§117~§127)
	제3절	소송구조	(§128~§133)
제4장 소송절차	제1절	변 론	(§134~§164)
	제2절	전문심리위원	(§164의2~§164의8)
	제3절	기일과 기간	(§165~§173)
	제4절	송 달	(§174~§197)
	제5절	재 판	(§198~§224)
	제6절	화해권고 결정	(§225~§232)
	제7절	소송절차의 중단과 중지	(§233~§247)

제2편 제1심의 소송절차			
제1장	소의 제기		(§248~§271)
제2장	변론과 그 준비		(§272~§287)
제3장 증 거	제1절	총 칙	(§288~§302)
	제2절	증인신문	(§303~§332)
	제3절	감 정	(§333~§342)
	제4절	서 증	(§343~§363)
	제5절	검 증	(§364~§366)
	제6절	당사자신문	(§367~§373)
	제7절	그 밖의 증거	(§374)
	제8절	증거보전	(§375~§384)
제4장	제소전화해의 절차		(§385~§389)
제3편 상소			
제1장	항 소		(§390~§421)
제2장	상 고		(§422~§438)
제3장	항 고		(§439~§450)
제4편 재 심 (§451~§461)			
제5편 독촉절차 (§462~§474)			
제6편 공시최고절차 (§475~§497)			
제7편 판결의 확정 및 집행정지 (§498~§502)			

1 관할

민사소송 절차를 진행하기 위해서는 먼저 어느 법원에 소를 제기할 것인지와 관련하여 관할을 확인해 보아야 한다.

가. 토지관할

어느 소재지 법원에 소를 제기해야 하는지를 말하는데, 모든 사건에 공통적으로 적용되는 보통재판적(제2조~제6조)과 해당 사안에 특유하게 적용되는 특별재판적(제7조~제24조)이 있다.[403] 가장 기본이 되는 것은 사람에 대한 보통재판적으로서 소(訴)는 피고의 보통재판적(普通裁判籍)이 있는 곳의 법원이 관할하고(제2조), 사람의 보통재판적은 그의 주소에 따라 정한다. 다만, 대한민국에 주소가 없거나 주소를 알 수 없는 경우에는 거소에 따라 정하고, 거소가 일정하지 아니하거나 거소도 알 수 없으면 마지막 주소에 따라 정한다(제3조).

한편, 특별재판적이 인정된다고 하여 보통재판적이 배제되는 것은 아니고 두 개의 재판적이 병존하게 되는데, 예컨대 불법행위로 인해 손해를 입은 피해자는 가해자를 상대로 가해자의 주소지 법원에 소를 제기할 수도 있고(보통재판적), 불법행위가 있었던 행위지의 법원에 소를 제기할 수도 있다(제18조[404] 특별재판적).

나. 사물관할(합의부 vs 단독)

제1심 법원은 합의부와 단독재판부가 있는데 사건의 경중을 중심으로 구분하고 있다. 즉, 민사 및 가사소송의 사물관할에 관한 규칙[405] 제2조(지방법원 및 그 지원 합의부의 심판범위)에서는 "지방법원 및 지방법원지원의 합의부는 소송목적의 값이 2억원을 초과하는 민사사건 및 민사소송등인지법 제2조 제4항의 규정에 해당하는 민사사건을 제1심으로 심판한다. 다만, 다음 각호의 1에 해당하는 사건을 제외한다."고 규정하고 있다.

---

403 제31조(전속관할에 따른 제외) 전속관할(專屬管轄)이 정하여진 소에는 제2조, 제7조 내지 제25조, 제29조 및 제30조의 규정을 적용하지 아니한다.

404 제18조(불법행위지의 특별재판적) ① 불법행위에 관한 소를 제기하는 경우에는 행위지의 법원에 제기할 수 있다. ② 선박 또는 항공기의 충돌이나 그 밖의 사고로 말미암은 손해배상에 관한 소를 제기하는 경우에는 사고선박 또는 항공기가 맨 처음 도착한 곳의 법원에 제기할 수 있다.

405 [시행 2017. 1. 1.] [대법원규칙 제2690호, 2016. 11. 1., 일부개정]

1. 수표금·약속어음금 청구사건

2. 은행·농업협동조합·수산업협동조합·축산업협동조합·산림조합·신용협동조합·신용보증기금·기술신용보증기금·지역신용보증재단·새마을금고·상호저축은행·종합금융회사·시설대여회사·보험회사·신탁회사·증권회사·신용카드회사·할부금융회사 또는 신기술사업금융회사가 원고인 대여금·구상금·보증금 청구사건

3. 자동차손해배상보장법에서 정한 자동차·원동기장치자전거·철도차량의 운행 및 근로자의 업무상재해로 인한 손해배상 청구사건과 이에 관한 채무부존재확인사건

4. 단독판사가 심판할 것으로 합의부가 결정한 사건

한편, 소액의 민사사건을 간이한 절차에 따라 신속히 처리하기 위하여 민사소송법에 대한 특례를 규정하고 있는 「소액사건심판법」[406] 제2조 제1항은 "이 법은 지방법원 및 지방법원지원의 관할사건중 대법원규칙으로 정하는 민사사건(이하 "少額事件"이라 한다)에 적용한다."고 규정하고, 「소액사건심판규칙」 제1조의2에서는 제소한 때의 소송목적의 값이 3,000만원을 초과하지 아니하는 금전 기타 대체물이나 유가증권의 일정한 수량의 지급을 목적으로 하는 사건을 소액사건으로 규정하고 있다.[407]

다. 합의관할과 변론관할

토지관할과 관련하여 당사자들은 전속관할이 아닌 한 합의로 관할법원을 정할 수 있는데(제29조[408]) 이를 합의관할이라고 한다. 계약을 체결하면서 분쟁

---

406 [시행 1973. 9. 1.] [법률 제2547호, 1973. 2. 24., 제정], [시행 2008. 1. 1.] [법률 제7427호, 2005. 3. 31., 타법개정].

407 1973년 소액사건심판법 제2조에서 그 대상을 '20만원 이하'로 하였고, 1975년 개정법에서 '30만원 이하'로 상향하였다가, 1980년 개정법에서 그 적용대상을 대법원규칙으로 위임하였다. 이에 따라 1980년 소액사건심판규칙에서 '50만원 이하'로 규정하였고, 이후 1981년 '100만원', 1983년 '200만원', 1987년 500만원, 1993년 '1,000만원', 1997년 '2,000만원', 그리고 2016년 개정규칙에서 현재와 같이 '3,000만원'으로 상향하였다.

이 발생하는 경우 특정 소재지 관할법원에 소를 제기하기로 약정이 이에 해당한다. 그리고 원고가 관할권 없는 법원에 소를 제기하였는데 피고가 관할위반을 문제삼지 않고 소송절차에서 변론한 경우 관할위반의 하자가 치유되는데 이를 변론관할이라고 한다(제30조[409]). 그 이외에 하나의 소로 여러 개의 청구를 하는 경우에는 제2조 내지 제24조의 규정에 따라 그 여러 개 가운데 하나의 청구에 대한 관할권이 있는 법원에 소를 제기할 수 있는데 이를 관련재판적이라고 한다(제25조[410]).

2 당사자

민사소송 절차를 진행하기 위해서는 관할 법원의 확정과 함께 당사자에 대한 확인이 필요한데, 당사자 확정과 당사자 자격을 검토해 보아야 한다.

가. 당사자 확정

계속 중인 소송에서 누가 당사자인지를 확정하는 것을 말하는데, 예를 들어 甲이 乙의 이름을 도용하여 당사자로서 소송을 진행하는 경우 실질적으로 소송절차를 진행한 甲을 당사자로 볼 것인지 아니면 당사자로 이름이 기재되어 있는 乙을 당사자로 볼 것인지의 문제이다. 이에 대해 우리 대법원은 "소장에 기재된 표시 및 청구의 내용과 원인사실 등 소장의 전취지를 합리적으로 해석하여 당사

---

408 第29조(합의관할) ① 당사자는 합의로 제1심 관할법원을 정할 수 있다.
② 제1항의 합의는 일정한 법률관계로 말미암은 소에 관하여 서면으로 하여야 한다.

409 第30조(변론관할) 피고가 제1심 법원에서 관할위반이라고 항변(抗辯)하지 아니하고 본안(本案)에 대하여 변론(辯論)하거나 변론준비기일(辯論準備期日)에서 진술하면 그 법원은 관할권을 가진다.

410 第25조(관련재판적) ① 하나의 소로 여러 개의 청구를 하는 경우에는 제2조 내지 제24조의 규정에 따라 그 여러 개 가운데 하나의 청구에 대한 관할권이 있는 법원에 소를 제기할 수 있다.
② 소송목적이 되는 권리나 의무가 여러 사람에게 공통되거나 사실상 또는 법률상 같은 원인으로 말미암아 그 여러 사람이 공동소송인(共同訴訟人)으로서 당사자가 되는 경우에는 제1항의 규정을 준용한다.

자를 확정하여야 하고, 이와 같이 확정된 당사자와 동일성이 인정되는 범위 내에서라면 올바른 당사자로 표시를 정정하는 것은 허용된다."고 판시하고 있다.[411]

나. 당사자 자격

당사자가 확정되면 당사자 자격이 있는지를 검토하게 되는데, 당사자능력, 당사자적격, 소송능력 및 변론능력의 4가지를 의미한다. 당사자능력은 민법상 권리능력에 대응되는 개념으로서 소송의 주체가 될 수 있는 일반적인 능력을 말하는데(제51조,[412] 제52조[413]), 예를 들어 법인이 아닌 사단 또는 재단이나 민법상 조합이 소송의 주체가 될 수 있는지 등의 문제이다.[414] 그리고 당사자적격은 특정의 소송사건에서 정당한 당사자로서 본안판결을 받기에 적합한 자격을 말하는 것으로 민법상 관리처분권에 대응되며 정당한 당사자라고도 하는데, 분쟁의 당사자들이 아닌 주체가 민사소송 절차를 진행할 수 있느냐의 문제이다.[415] 다음

---

411 대법원 2011. 7. 28. 선고 2010다97044 판결(① 소장 제출 당시 중앙회를 원고로 표시하였던 것은 전북지회가 당사자능력이 있는지 여부가 확실하지 않았기 때문이었던 점, ② 이 사건 소장에는 비록 원고가 중앙회인 것처럼 기재되어 있기는 하나, 원고의 표시 중 '소관'란에는 전북지회를 의미하는 '전라북도 장애인부모회'를 함께 기재함으로써 실질적인 소송당사자가 전북지회라는 뜻을 표시한 바 있는 점, ③ 소장 기재 청구원인에서도 피고들이 전북지회에 대한 불법행위를 함으로써 전북지회가 손해를 입었음을 주장하는 한편 전북지회의 자산임대료 보증금 등을 기초로 청구취지 기재 손해액을 산정하였던 점, ④ 소장에 첨부하여 제출한 증거들 중 고소장에는 '전북지회'가 고소인으로 기재되어 있는 점 등을 종합하여 보면, 이 사건의 원고는 소장의 일부 기재에도 불구하고 전북지회로 확정되었다고 봄이 상당하다).

412 제51조(당사자능력·소송능력 등에 대한 원칙) 당사자능력(當事者能力), 소송능력(訴訟能力), 소송무능력자(訴訟無能力者)의 법정대리와 소송행위에 필요한 권한의 수여는 이 법에 특별한 규정이 없으면 민법, 그 밖의 법률에 따른다.

413 제52조(법인이 아닌 사단 등의 당사자능력) 법인이 아닌 사단이나 재단은 대표자 또는 관리인이 있는 경우에는 그 사단이나 재단의 이름으로 당사자가 될 수 있다.

414 대법원 1991. 6. 25. 선고 88다카6358 판결(한국원호복지공단법(1984.8.2. 법률 제3742호로 한국보훈복지공단법으로 개정됨) 부칙 제8조 제2항에 의하여 설립된 원호대상자광주목공조합은 민법상의 조합의 실체를 가지고 있으므로 소송상 당사자능력이 없다).

415 대법원 1994. 12. 22. 선고 94다14803 판결(대학교에 재학하는 학생의 학부모에게 학교법인과 총장 개인을 상대로 학교법인의 이사장이 총장을 임명한 행위의 무효확인을 구하거나, 그 총장 개인을 상대로 교수 및 총장 자격이 없다는 확인을 구할 법률상의 이익이 있다고 할 수 없고, 또한 학부모가 그 학생을 대위하여 위와 같은 소송을 제기할 수 있는 권한이 있다고 할 수도 없으므로 그 학부모의 청구 중 총장임명무효확인의 소와 교수 및 총장자격부존재확인의 소는 확인의 이익이 없거나 원고 적격이 없는 자가 제기한 것으로서 부적법하다).

으로 소송능력은 민법상 행위능력에 대응되는 개념으로서 미성년자 등과 같이 제한능력자가 소송절차를 수행할 수 있는지의 문제이다(제51조). 마지막으로 변론능력은 소송법의 특유한 제도로서 소송절차에서 유효하게 변론할 수 있는지의 문제인데, 원칙적으로는 문제되지 않지만 예외적으로 변론능력이 부정되는 경우가 있다(제144조[416]).

3 소송상의 대리인

소송행위를 당사자가 직접 수행할 수도 있지만 대리인을 통한 소송절차 진행도 흔히 볼 수 있고, 소송행위는 대리가 허용되는 가장 전형적인 경우로 이해되고 있다. 소송법상의 대리제도는 실체법인 민법상 대리와 유사하면서도 절차법적 특징이 반영되어 고유한 규정을 담고 있다. 즉, 대리인의 자격에 제한이 없는 실체법과 달리 소송법에서는 원칙적으로 변호사가 아니면 소송대리인이 될 수 없는 변호사대리의 원칙을 따르면서(제87조,[417] 제88조[418]) 아래와 같이 대리

416 제144조(변론능력이 없는 사람에 대한 조치) ① 법원은 소송관계를 분명하게 하기 위하여 필요한 진술을 할 수 없는 당사자 또는 대리인의 진술을 금지하고, 변론을 계속할 새 기일을 정할 수 있다.
② 제1항의 규정에 따라 진술을 금지하는 경우에 필요하다고 인정하면 법원은 변호사를 선임하도록 명할 수 있다.
③ 제1항 또는 제2항의 규정에 따라 대리인에게 진술을 금지하거나 변호사를 선임하도록 명하였을 때에는 본인에게 그 취지를 통지하여야 한다.
④ 소 또는 상소를 제기한 사람이 제2항의 규정에 따른 명령을 받고도 제1항의 새 기일까지 변호사를 선임하지 아니한 때에는 법원은 결정으로 소 또는 상소를 각하할 수 있다.
⑤ 제4항의 결정에 대하여는 즉시항고를 할 수 있다.

417 제87조(소송대리인의 자격) 법률에 따라 재판상 행위를 할 수 있는 대리인 외에는 변호사가 아니면 소송대리인이 될 수 없다.

418 제88조(소송대리인의 자격의 예외) ① 단독판사가 심리·재판하는 사건 가운데 그 소송목적의 값이 일정한 금액 이하인 사건에서, 당사자와 밀접한 생활관계를 맺고 있고 일정한 범위안의 친족관계에 있는 사람 또는 당사자와 고용계약 등으로 그 사건에 관한 통상사무를 처리·보조하여 오는 등 일정한 관계에 있는 사람이 법원의 허가를 받은 때에는 제87조를 적용하지 아니한다.
② 제1항의 규정에 따라 법원의 허가를 받을 수 있는 사건의 범위, 대리인의 자격 등에 관한 구체적인 사항은 대법원규칙으로 정한다.
③ 법원은 언제든지 제1항의 허가를 취소할 수 있다.

권의 발생, 변경, 소멸, 표현대리 성립 여부 등에 있어서도 세부적인 차이를 보이고 있다.

가. 소송대리권의 발생

민법에서 대리권은 본인이 대리인에게 대리권을 수여하는 의사표시에 의해 발생하며, 형식적 요건을 필요로 하지 않는다. 이와 달리 절차적 안정성을 중요시하는 소송법에서는 소송대리인의 권한은 서면으로 증명하여야 한다(제89조[419] 제1항). 다만 소액사건심판법이 적용되는 소액사건의 경우 당사자의 배우자·직계혈족 또는 형제자매는 법원의 허가없이 소송대리인이 될 수 있으며(소액사건심판법 제8조 제1항), 그러한 소송대리인은 당사자와의 신분관계 및 수권관계를 서면으로 증명하여야 하지만 수권관계에 대하여는 당사자가 판사의 면전에서 구술로 소송대리인을 선임하고 법원사무관등이 조서에 이를 기재한 때에는 그러하지 아니하다(제8조 제2항).

나. 소송대리권의 범위

민법에서의 대리권 범위는 본인의 수권행위에 의해 결정되는데, 민사소송법에서는 소송대리권의 범위를 법정해 두고(제90조[420]) 변호사인 소송대리인에

419 제89조(소송대리권의 증명) ① 소송대리인의 권한은 서면으로 증명하여야 한다.
② 제1항의 서면이 사문서인 경우에는 법원은 공증인, 그 밖의 공증업무를 보는 사람(이하 "공증사무소"라 한다)의 인증을 받도록 소송대리인에게 명할 수 있다.
③ 당사자가 말로 소송대리인을 선임하고, 법원사무관등이 조서에 그 진술을 적어 놓은 경우에는 제1항 및 제2항의 규정을 적용하지 아니한다.

420 제90조(소송대리권의 범위) ① 소송대리인은 위임을 받은 사건에 대하여 반소(反訴)·참가·강제집행·가압류·가처분에 관한 소송행위 등 일체의 소송행위와 변제(辨濟)의 영수를 할 수 있다.
② 소송대리인은 다음 각호의 사항에 대하여는 특별한 권한을 따로 받아야 한다.
1. 반소의 제기
2. 소의 취하, 화해, 청구의 포기·인낙 또는 제80조의 규정에 따른 탈퇴
3. 상소의 제기 또는 취하
4. 대리인의 선임

대해서는 대리권을 제한하지 못하도록 하고 있다(제91조[421]). 한편, 소송대리권의 범위와 관련하여 제90조 제2항 제3호에서는 상소의 제기를 특별수권 사항으로 규정하고 있을 뿐이어서 상대방이 제기한 상소에 응소하는 경우에는 특별수권이 없어도 되는 것으로 해석될 수 있는데, 대법원은 이와 달리 "소송대리권의 범위는 특별한 사정이 없는 한 당해 심급에 한정되어, 소송대리인의 소송대리권의 범위는 수임한 소송사무가 종료하는 시기인 당해 심급의 판결을 송달받은 때까지"라고 하여 상소에 대한 응소의 경우에도 특별수권이 필요하다고 본다(소위 '심급대리의 원칙').[422]

한편 3심인 대법원에서 상고가 받아들여져 원심판결이 파기되고 항소심법원으로 환송된 경우 기존 항소심에서의 대리인의 대리권이 부활하는지에 대해 대법원은 "사건이 상고심에서 환송되어 다시 항소심에 계속하게 된 경우에는 상고전의 항소심에서의 소송대리인의 대리권은 그 사건이 항소심에 계속되면서 다시 부활하는 것이므로 환송받은 항소심에서 환송전의 항소심에서의 소송대리인에게 한 송달은 소송당사자에게 한 송달과 마찬가지의 효력이 있다."고 하고,[423] 다만 "소송대리권의 범위는 특별한 사정이 없는 한 당해 심급에 한정되므로, 상고심에서 항소심으로 파기환송된 사건이 다시 상고되었을 경우에는 항소심에서의 소송대리인은 그 소송대리권을 상실하게 되고, 이 때 환송 전의 상고심에서의 소송대리인의 대리권이 그 사건이 다시 상고심에 계속되면서 부활하게 되는 것은 아니라고 할 것이어서, 새로운 상고심은 변호사보수의소송비용산입에관한규칙의 적용에 있어서는 환송 전의 상고심과는 별개의 심급으로 보아야 한다."고

421 제91조(소송대리권의 제한) 소송대리권은 제한하지 못한다. 다만, 변호사가 아닌 소송대리인에 대하여는 그러하지 아니하다.

422 대법원 2000. 1. 31. 자 99마6205 결정.

423 대법원 1984. 6. 14. 선고 84다카744 판결(소송대리인이 판결정본의 송달을 받고도 당사자에게 그 사실을 알려 주지 아니하여 당사자가 그 판결정본의 송달사실을 모르고 있다가 상고제기기간이 경과된 후에 비로소 그 사실을 알게 되었다 하더라도 이를 가리켜 당사자가 책임질 수 없는 사유로 인하여 불변기간을 준수할 수 없었던 경우에 해당한다고는 볼 수 없다).

하며,[424] 또한 "재심의 소의 절차에 있어서의 변론은 재심 전 절차의 속행이기는 하나 재심의 소는 신소의 제기라는 형식을 취하고 재심 전의 소송과는 일응 분리되어 있는 것이며, 사전 또는 사후의 특별수권이 없는 이상 재심 전의 소송의 소송대리인이 당연히 재심소송의 소송대리인이 되는 것이 아니다."고 한다.[425]

다. 소송대리권의 소멸

대리권은 본인과 대리인 사이의 관계에서 비롯되는 것이어서 그중 한 당사자인 본인이 사망하면 대리권이 소멸하는게 원칙이고 민법 제127조[426] 제1호도 그와 같이 규정하고 있는데 반해, 절차법인 소송법에서는 절차의 안정이 중요하기 때문에 당사자인 본인이 사망하더라도 상속인을 위해 계속 절차 진행을 할 필요가 있다고 보아 대리권이 소멸하지 않는 것으로 규정하고 있다(민사소송법 제95조[427]). 또한 민법에서 대리인의 대리권은 법정대리 사유가 소멸하거나 수권행위를 철회하면 소멸하는데 반해(제128조[428]), 소송상 대리인의 대리권은 그 소멸 사실을 본인 또는 대리인이 상대방에게 통지하지 아니하면 소멸의 효력을 주장하지 못한다(제63조,[429] 제97조[430]).

---

424 대법원 1996. 4. 4. 자 96마148 결정.

425 대법원 1991. 3. 27. 자 90마970 결정.

426 제127조(대리권의 소멸사유) 대리권은 다음 각 호의 어느 하나에 해당하는 사유가 있으면 소멸된다.
1. 본인의 사망
2. 대리인의 사망, 성년후견의 개시 또는 파산

427 제95조(소송대리권이 소멸되지 아니하는 경우) 다음 각호 가운데 어느 하나에 해당하더라도 소송대리권은 소멸되지 아니한다.
1. 당사자의 사망 또는 소송능력의 상실
2. 당사자인 법인의 합병에 의한 소멸
3. 당사자인 수탁자(受託者)의 신탁임무의 종료
4. 법정대리인의 사망, 소송능력의 상실 또는 대리권의 소멸·변경

428 제128조(임의대리의 종료) 법률행위에 의하여 수여된 대리권은 전조의 경우외에 그 원인된 법률관계의 종료에 의하여 소멸한다. 법률관계의 종료전에 본인이 수권행위를 철회한 경우에도 같다.

429 제63조(법정대리권의 소멸통지) ① 소송절차가 진행되는 중에 법정대리권이 소멸한 경우에는 본인 또는 대리인이 상대방에게 소멸된 사실을 통지하지 아니하면 소멸의 효력을 주장하지 못한다. 다만, 법원에 법정대리권의 소멸사실이 알려진 뒤에는 그 법정대리인은 제56조제2항의 소송행위를 하지 못한다.
② 제53조의 규정에 따라 당사자를 바꾸는 경우에는 제1항의 규정을 준용한다.

라. 표현대리

민법에서는 무권대리인의 대리행위에 대해 본인에게 귀책사유가 있는 경우 유권대리와 같이 본인에게 그 효력이 귀속되는 표현대리가 인정되는데 반해(제125조, 제126조, 제129조), 절차의 안정을 중시하는 소송행위에 대해서는 표현대리가 인정되지 않는다.[431]

---

430 제97조(법정대리인에 관한 규정의 준용) 소송대리인에게는 제58조 제2항·제59조·제60조 및 제63조의 규정을 준용한다.

431 대법원 1994. 2. 22. 선고 93다42047 판결(공정증서가 채무명의로서 집행력을 가질 수 있도록 하는 집행인낙 표시는 공증인에 대한 소송행위로서 이러한 소송행위에는 민법상의 표현대리 규정이 적용 또는 준용될 수 없다).

Ⅲ 민사소송의 개시 - 소의 제기

1 소송요건

민사소송절차를 진행하기 위해서는 먼저 해당 사건이 본안판결을 받기에 적합한 형식적인 요건을 갖추어야 하는데 이를 소송요건이라고 한다. 앞에서 살펴본 법원의 관할, 당사자의 확정, 당사자의 자격(당사자능력·적격, 소송능력, 변론능력) 등이 이에 해당하는데 그 이외에 많은 소송요건들이 소송법의 곳곳에 산재되어 있어 통일적으로 파악하기가 용이하지는 않다. 이러한 소송요건을 갖추지 못한 경우에는 본안판결을 받기에 앞서 형식적 요건을 흠결하였다는 이유로 소 각하 판결을 하게 된다.

2 본안요건

소송요건이라는 형식적 요건을 구비한 경우에는 원고가 주장하는 분쟁의 실체에 대해 판단하는데 이를 본안요건이라고 한다. 본안판단 결과 원고의 주장이 이유 있다고 인정되면 청구인용 판결(원고승소 판결)을 하고, 원고의 주장이 이유 없다고 인정되면 청구기각 판결(원고패소 판결)을 한다.

3 소의 구성(법원, 당사자, 청구)

민사소송에 있어 소(訴)에는 법원, 당사자, 청구 등 3가지가 포함되어 있는데, 법원과 당사자는 형식적인 관점에서의 구성요소이고, '청구'가 본안에 관한 분쟁의 핵심사항에 관한 것이다. 따라서 소송요건을 구비하지 못한 경우에는 소(訴)에 하자가 있다고 보아 소를 각하하는데 반해 형식적 요건(소송요건)이 구비되면, '청구' 즉 본안에 대해 판단을 하고 그에 따라 청구기각 또는 청구인용의 결론을 내리는 것이다.

소의 제기는 소장이라는 서면의 제출을 통해서 하게 되는데(제248조[432]),[433] 소장에는 원고가 주장하는 사항들을 기재하는 것 이외에 인지와 송납료를 납부해야 한다. 인지는 소송절차 이용에 대한 수수료로 이해할 수 있는데, 「민사소송 등 인지법」[434] 제2조 및 제3조에서 아래와 같이 규정하고 있다.

> **제2조(소장)** ① 소장[반소장(反訴狀) 및 대법원에 제출하는 소장은 제외한다]에는 소송목적의 값[435]에 따라 다음 각 호의 금액에 해당하는 인지를 붙여야 한다.
> 1. 소송목적의 값이 1천만원 미만인 경우에는 그 값에 1만분의 50을 곱한 금액
> 2. 소송목적의 값이 1천만원 이상 1억원 미만인 경우에는 그 값에 1만분의 45를 곱한 금액에 5천원을 더한 금액
> 3. 소송목적의 값이 1억원 이상 10억원 미만인 경우에는 그 값에 1만분의 40을 곱한 금액에 5만5천원을 더한 금액
> 4. 소송목적의 값이 10억원 이상인 경우에는 그 값에 1만분의 35를 곱한 금액에 55만5천원을 더한 금액

---

432 제248조(소제기의 방식) 소는 법원에 소장을 제출함으로써 제기한다.

433 소액사건의 경우 구술에 의한 소의 제기가 허용된다.
제4조 (구술에 의한 소의 제기) ① 소는 구술로써 이를 제기할 수 있다.
② 구술로써 소를 제기하는 때에는 법원서기관·법원사무관·법원주사 또는 법원주사보(이하 "법원사무관등"이라 한다)의 면전에서 진술하여야 한다. <개정 2001. 1. 29.>
③ 제2항의 경우에 법원사무관등은 제소조서를 작성하고 이에 기명날인하여야 한다. <개정 2001. 1. 29.>

434 [시행 2015. 7. 1.] [법률 제12892호, 2014. 12. 30., 타법개정]

435 소송목적의 값, 즉 소가의 산정방법에 대해서는 「민사소송 등 인지규칙」에서 규정하고 있다.

② 제1항에 따라 계산한 인지액이 1천원 미만이면 그 인지액은 1천원으로 하고, 1천원 이상이면 100원 미만은 계산하지 아니한다.
③ 소송목적의 값은 「민사소송법」 제26조제1항 및 제27조에 따라 산정(算定)하되, 대법원규칙으로 소송목적의 값을 산정하는 기준을 정할 수 있다.
④ 재산권에 관한 소(訴)로서 그 소송목적의 값을 계산할 수 없는 것과 비(非)재산권을 목적으로 하는 소송의 소송목적의 값은 대법원규칙으로 정한다.
⑤ 1개의 소로서 비재산권을 목적으로 하는 소송과 그 소송의 원인이 된 사실로부터 발생하는 재산권에 관한 소송을 병합한 경우에는 액수가 많은 소송목적의 값에 따라 인지를 붙인다. [전문개정 2009. 5. 8.]

제3조(항소장, 상고장) 항소장(抗訴狀)에는 제2조에 따른 금액의 1.5배에 해당하는 인지를 붙이고, 상고장(上告狀, 대법원에 제출하는 소장을 포함한다)에는 제2조에 따른 금액의 2배에 해당하는 인지를 붙여야 한다. [전문개정 2009. 5. 8.]

송달료의 납부에 대해서는 「송달료규칙」[436] 및 「송달료규칙의 시행에 따른 업무처리요령」[437]에서 규정하고 있는데, 업무처리요령 별표 1에서는 대상사건별로 당사자 1인당 납부할 송달료의 납부기준 및 상대방을 규정해 두고 있다.

한편, 우리 민사소송법에서는 소송비용의 부담과 관련하여 패소자부담을 원칙으로 규정하고 있는바(제98조[438]) 소송비용에는 인지대, 송달료 이외에 변호사보수도 포함된다. 다만, 당사자가 지출한 변호사보수 전액이 소송비용으로 인정되는 것은 아니고 「변호사보수의 소송비용 산입에 관한 규칙」[439]에서 정하는 기준에 의하는데, 동 규칙 제3조[440]에 따른 별표에서 아래와 같이 세부적인 기준을 두고 있다.

436 [시행 2020. 11. 26.] [대법원규칙 제2921호, 2020. 11. 26., 일부개정]
437 개정 2017. 1. 31. [재판예규 제1640호, 시행 2017. 3. 1.]
438 제98조(소송비용부담의 원칙) 소송비용은 패소한 당사자가 부담한다.
439 [시행 2020. 12. 28.] [대법원규칙 제2936호, 2020. 12. 28., 일부개정]

■ 변호사보수의 소송비용 산입에 관한 규칙 [별표] <개정 2020. 12. 28.>

소송목적 또는 피보전권리의 값	소송비용에 산입되는 비율 또는 산입액
300만원까지 부분	30만원
300만원을 초과하여 2,000만원까지 부분 [30만원 + (소송목적의 값 - 300만원) x $\frac{10}{100}$]	10%
2,000만원을 초과하여 5,000만원까지 부분 [200만원 + (소송목적의 값 - 2,000만원) x $\frac{8}{100}$]	8%
5,000만원을 초과하여 1억원까지 부분 [440만원 + (소송목적의 값 - 5,000만원) x $\frac{6}{100}$]	6%
1억원을 초과하여 1억5천만원까지 부분 [740만원 + (소송목적의 값 - 1억원) x $\frac{4}{100}$]	4%
1억5천만원을 초과하여 2억원까지 부분 [940만원 + (소송목적의 값 - 1억5천만원) x $\frac{2}{100}$]	2%
2억원을 초과하여 5억원까지 부분 [1,040만원 + (소송목적의 값 - 2억원) x $\frac{1}{100}$]	1%
5억원을 초과하는 부분 [1,340만원+ (소송목적의 값 - 5억원) x $\frac{0.5}{100}$]	0.5%

440 제3조(산입할 보수의 기준) ① 소송비용에 산입되는 변호사의 보수는 당사자가 보수계약에 의하여 지급한 또는 지급할 보수액(다음부터 '지급보수액'이라 한다)의 범위 내에서 각 심급단위로 소송목적의 값에 따라 별표의 기준에 의하여 산정한다. <개정 2007. 11. 28., 2013. 11. 27., 2020. 12. 28.>
② 가압류, 가처분 명령의 신청, 그 명령에 대한 이의 또는 취소의 신청사건에 있어서 소송비용에 산입되는 변호사의 보수는 지급보수액의 범위 내에서, 각 심급단위로 피보전권리의 값에 따라 별표의 기준에 의하여 산정한 금액의 2분의 1로 한다. 다만, 가압류, 가처분 명령의 신청사건에 있어서는 변론 또는 심문을 거친 경우에 한한다. <신설 1990. 8. 21., 2003. 6. 9., 2020. 12. 28.>

4 소 제기의 효과

소송요건을 갖추어 소를 제기하게 되면 소 제기에 따른 소송법상 효과와 실체법상 효과가 인정된다. 먼저 소송법상 효과로서 소송계속이 인정되는데, 이로 인해 법원에 계속되어 있는 사건에 대하여 당사자는 다시 소를 제기하지 못한다는 중복소제기 금지의 원칙이 적용된다(제259조). 중복소제기 금지의 원칙과 관련하여 유의할 점은 전소와 후소의 판단기준 시점이 소장제출시가 아니라 소장부본이 피고에게 송달된 시점이라는 것이다.[441] 한편, 소 제기에 따른 실체법상 효과로는 시효중단 및 제척기간 준수의 효력이 인정되는데, 소송법상 효과와 달리 소장제출시를 기준으로 그 효력이 생긴다(제265조[442]).

5 변론(심리)

소가 제기되면 서면을 통해 양 당사자들의 주장이 오고 가기도 하지만, 구술심리주의의 원칙(제134조[443] 제1항)에 따라 변론을 통해 심리가 진행된다. 이와 관련하여 심판의 대상을 누가 정하는지의 문제, 분쟁 사항에 관한 판단자료의 수집·제출책임이 누구에게 있는지의 문제, 소송절차의 진행을 누가 주도할 것인지

441 대법원 1994. 11. 25. 선고 94다12517,94다12524 판결(전소와 후소의 판별기준은 소송계속의 발생시기 즉 소장이 피고에게 송달된 때의 선후에 의할 것이며, 비록 소제기에 앞서 가압류, 가처분 등의 보전절차가 선행되어 있다 하더라도 이를 기준으로 가릴 것은 아니다).

442 제265조(소제기에 따른 시효중단의 시기) 시효의 중단 또는 법률상 기간을 지킴에 필요한 재판상 청구는 소를 제기한 때 또는 제260조 제2항·제262조 제2항 또는 제264조 제2항의 규정에 따라 서면을 법원에 제출한 때에 그 효력이 생긴다.

443 제134조(변론의 필요성) ① 당사자는 소송에 대하여 법원에서 변론하여야 한다. 다만, 결정으로 완결할 사건에 대하여는 법원이 변론을 열 것인지 아닌지를 정한다.
② 제1항 단서의 규정에 따라 변론을 열지 아니할 경우에, 법원은 당사자와 이해관계인, 그 밖의 참고인을 심문할 수 있다.
③ 이 법에 특별한 규정이 있는 경우에는 제1항과 제2항의 규정을 적용하지 아니한다.

의 문제가 있는데, 우리 민사소송법은 소송의 실체형성에 대해서는 당사자주의인 처분권주의와 변론주의를 따르고, 소송의 절차진행에 대해서는 직권주의인 직권진행주의를 따르면서 각각 일정한 제한 규정을 두고 있다.

	당사자주의(당사자)	직권주의(법원)
심판의 대상 지배권	처분권주의(§203)	직권조사주의
판단자료 수집·제출책임	변론주의	직권탐지주의
소송절차의 진행주도권	당사자진행주의	직권진행주의
소송의 실체형성 - 당사자주의(법원의 견제 → 석명권:제136조[444] 제4항) 소송의 절차진행 - 직권주의(당사자의 견제 → 소송절차에 관한 이의권:제151조[445])		

가. 처분권주의

처분권주의는 절차의 개시, 심판의 대상 및 절차의 종결에 있어 당사자에게 주도권을 주어 그 처분에 맡기는 것을 말하는데(제203조[446]), 절차의 개시는 당사자만이 할 수 있고 심판대상도 원고가 특정하며, 절차의 종결에 있어서도 법원의 판결에 의한 종결이 아닌 소의 취하, 청구의 포기·인낙, 화해 등 당사자의 자율적인 처분에 의한 종결이 허용된다.

---

444 제136조(석명권(釋明權)·구문권(求問權) 등) ① 재판장은 소송관계를 분명하게 하기 위하여 당사자에게 사실상 또는 법률상 사항에 대하여 질문할 수 있고, 증명을 하도록 촉구할 수 있다.
② 합의부원은 재판장에게 알리고 제1항의 행위를 할 수 있다.
③ 당사자는 필요한 경우 재판장에게 상대방에 대하여 설명을 요구하여 줄 것을 요청할 수 있다.
④ 법원은 당사자가 간과하였음이 분명하다고 인정되는 법률상 사항에 관하여 당사자에게 의견을 진술할 기회를 주어야 한다.

445 제151조(소송절차에 관한 이의권) 당사자는 소송절차에 관한 규정에 어긋난 것임을 알거나, 알 수 있었을 경우에 바로 이의를 제기하지 아니하면 그 권리를 잃는다. 다만, 그 권리가 포기할 수 없는 것인 때에는 그러하지 아니하다.

446 제203조(처분권주의) 법원은 당사자가 신청하지 아니한 사항에 대하여는 판결하지 못한다.

나. 변론주의

주장하고자 하는 사실들에 대한 주장책임과 그러한 주장사실에 대한 입증자료의 제출책임을 당사자에게 맡기는 변론주의에 대해서는 민사소송법에 명문규정이 없으나, 우리 민사소송법이 변론주의를 따르고 있다는 점에 대해서는 이론(異論)이 없다. 이러한 변론주의는 (1) 사실의 주장책임, (2) 자백의 구속력(제288조,[447] 제150조[448]), (3) 증거신청주의를 그 내용으로 한다. 먼저 사실의 주장책임과 관련하여 변론주의 원칙상 당사자가 주장하지 않으면 법원은 판단할 수 없고,[449] 자백의 구속력이 인정되어 당사자의 주장사실을 상대방이 자백하면 비록 그것이 진실에 반한다 하더라도 법원으로서는 사실인정권이 배제되어 자백한 대로 사실확정을 해야 하며, 자백이 성립하지 않아 다툼이 있는 사실인정에 대한 증거도 당사자가 신청해야 하고 다만 예외적으로 직권으로 증거조사를 할 수 있을 뿐이다.[450]

6 증거

당사자들의 변론 과정에서 자백이 성립하면 그 사실관계에 대해서는 증거

447 제288조(불요증사실) 법원에서 당사자가 자백한 사실과 현저한 사실은 증명을 필요로 하지 아니한다. 다만, 진실에 어긋나는 자백은 그것이 착오로 말미암은 것임을 증명한 때에는 취소할 수 있다.

448 제150조(자백간주) ① 당사자가 변론에서 상대방이 주장하는 사실을 명백히 다투지 아니한 때에는 그 사실을 자백한 것으로 본다. 다만, 변론 전체의 취지로 보아 그 사실에 대하여 다툰 것으로 인정되는 경우에는 그러하지 아니하다.
② 상대방이 주장한 사실에 대하여 알지 못한다고 진술한 때에는 그 사실을 다툰 것으로 추정한다.
③ 당사자가 변론기일에 출석하지 아니하는 경우에는 제1항의 규정을 준용한다. 다만, 공시송달의 방법으로 기일통지서를 송달받은 당사자가 출석하지 아니한 경우에는 그러하지 아니하다.

449 대법원 1991. 7. 26. 선고 91다5631 판결(소멸시효에 있어서 그 시효기간이 만료되면 권리는 당연히 소멸하지만 그 시효의 이익을 받는 자가 소송에서 소멸시효의 주장을 하지 아니하면 그 의사에 반하여 재판할 수 없고, 그 시효이익을 받는 자는 시효기간 만료로 인하여 소멸하는 권리의 의무자를 말한다).

450 제292조(직권에 의한 증거조사) 법원은 당사자가 신청한 증거에 의하여 심증을 얻을 수 없거나, 그 밖에 필요하다고 인정한 때에는 직권으로 증거조사를 할 수 있다.

조사가 필요없지만, 다툼이 있게 되면 결국 증거조사를 통해 사실관계를 확인해 보아야 한다. 증거에 의한 입증을 필요로 하지 않는 사실로 우리 민사소송법은 자백한 사실과 현저한 사실을 규정하고 있으며(제288조), 그 이외의 사실에 대해서는 증거조사를 하는데 이 또한 변론주의 원칙상 당사자의 주도하에 진행하게 된다. 증거의 종류에 대해서는 증인(제303조), 감정(제333조), 서증(제343조), 검증(제364조), 당사자신문(제367조), 그 밖의 증거(제374조[451]), 증거보전(제375조)이 있다. 이중 증인, 감정(인), 당사자신문은 인증(人證)이고, 서증, 검증 및 그 밖의 증거는 물증(物證)이다.

가장 중요하고 보편적인 증거조사 방법으로서 증인에 대해서는 기본적인 내용을 숙지할 필요가 있는데, 증인은 과거에 경험한 사실을 법원에 진술하는 당사자와 법정대리인을 제외한 사람으로서, 출석의무(제311조,[452] 제312조[453]), 선서의무(제319조[454]), 진술의무가 있다. 선서의무와 관련하여서는 16세 미만인 사

---

451 제374조(그 밖의 증거) 도면·사진·녹음테이프·비디오테이프·컴퓨터용 자기디스크, 그 밖에 정보를 담기 위하여 만들어진 물건으로서 문서가 아닌 증거의 조사에 관한 사항은 제3절 내지 제5절(감정, 서증, 검증)의 규정에 준하여 대법원규칙으로 정한다.

452 제311조(증인이 출석하지 아니한 경우의 과태료 등) ① 증인이 정당한 사유 없이 출석하지 아니한 때에 법원은 결정으로 증인에게 이로 말미암은 소송비용을 부담하도록 명하고 500만원 이하의 과태료에 처한다.
② 법원은 증인이 제1항의 규정에 따른 과태료의 재판을 받고도 정당한 사유 없이 다시 출석하지 아니한 때에는 결정으로 증인을 7일 이내의 감치(監置)에 처한다.
③ 법원은 감치재판기일에 증인을 소환하여 제2항의 정당한 사유가 있는지 여부를 심리하여야 한다.
④ 감치에 처하는 재판은 그 재판을 한 법원의 재판장의 명령에 따라 법원공무원 또는 경찰공무원이 경찰서유치장·교도소 또는 구치소에 유치함으로써 집행한다. <개정 2006. 2. 21., 2020. 12. 22.>
⑤ 감치의 재판을 받은 증인이 제4항에 규정된 감치시설에 유치된 때에는 당해 감치시설의 장은 즉시 그 사실을 법원에 통보하여야 한다.
⑥ 법원은 제5항의 통보를 받은 때에는 바로 증인신문기일을 열어야 한다.
⑦ 감치의 재판을 받은 증인이 감치의 집행중에 증언을 한 때에는 법원은 바로 감치결정을 취소하고 그 증인을 석방하도록 명하여야 한다.
⑧ 제1항과 제2항의 결정에 대하여는 즉시항고를 할 수 있다. 다만, 제447조의 규정은 적용하지 아니한다.
⑨ 제2항 내지 제8항의 규정에 따른 재판절차 및 그 집행 그 밖에 필요한 사항은 대법원규칙으로 정한다.

453 제312조(출석하지 아니한 증인의 구인) ① 법원은 정당한 사유 없이 출석하지 아니한 증인을 구인(拘引)하도록 명할 수 있다.
② 제1항의 구인에는 형사소송법의 구인에 관한 규정을 준용한다.

454 제319조(선서의 의무) 재판장은 증인에게 신문에 앞서 선서를 하게 하여야 한다. 다만, 특별한 사유가 있는 때에는 신문한 뒤에 선서를 하게 할 수 있다.

람과 선서의 취지를 이해하지 못하는 사람은 선서무능력자로서 선서를 시키지 못하고(제322조), 그 이외에 선서가 면제(제323조[455])되거나 선서거부권(제324조[456])이 없이 선서를 거부하는 경우에는 증언거부에 대한 제재와 동일한 제재가 부가된다(제326조). 한편, 증인은 증언거부권이 있는 경우(제314조,[457] 제315조[458])가 아닌 한 진술의무가 있고, 증언의 거부에 정당한 이유가 없다고 한 재판이 확정된 뒤에 증인이 증언을 거부한 때에는 소송비용의 부담과 과태료 처분(제311조 제1항, 제8항 및 제9항의 규정)의 제재를 받을 수 있다(제318조). 증인신문의 방식은 주신문-반대신문-재주신문의 순서로 진행하는데(민사소송규칙 제89조[459]), 주신문은 증명할 사항과 이에 관련된 사항에 관하여 하고 원칙적으로 유도신문이 금지되며(민사소송규칙 제91조),[460] 반대신문은 주신문에 나타난

---

455 제323조(선서의 면제) 제314조에 해당하는 증인으로서 증언을 거부하지 아니한 사람을 신문할 때에는 선서를 시키지 아니할 수 있다.

456 제324조(선서거부권) 증인이 자기 또는 제314조 각호에 규정된 어느 한 사람과 현저한 이해관계가 있는 사항에 관하여 신문을 받을 때에는 선서를 거부할 수 있다.

457 제314조(증언거부권) 증인은 그 증언이 자기나 다음 각호 가운데 어느 하나에 해당하는 사람이 공소제기되거나 유죄판결을 받을 염려가 있는 사항 또는 자기나 그들에게 치욕이 될 사항에 관한 것인 때에는 이를 거부할 수 있다. <개정 2005. 3. 31.>
1. 증인의 친족 또는 이러한 관계에 있었던 사람
2. 증인의 후견인 또는 증인의 후견을 받는 사람

458 제315조(증언거부권) ① 증인은 다음 각호 가운데 어느 하나에 해당하면 증언을 거부할 수 있다.
1. 변호사·변리사·공증인·공인회계사·세무사·의료인·약사, 그 밖에 법령에 따라 비밀을 지킬 의무가 있는 직책 또는 종교의 직책에 있거나 이러한 직책에 있었던 사람이 직무상 비밀에 속하는 사항에 대하여 신문을 받을 때
2. 기술 또는 직업의 비밀에 속하는 사항에 대하여 신문을 받을 때
② 증인이 비밀을 지킬 의무가 면제된 경우에는 제1항의 규정을 적용하지 아니한다.

459 제89조(신문의 순서) ① 법 제327조 제1항의 규정에 따른 증인의 신문은 다음 각호의 순서를 따른다. 다만, 재판장은 주신문에 앞서 증인으로 하여금 그 사건과의 관계와 쟁점에 관하여 알고 있는 사실을 개략적으로 진술하게 할 수 있다.
1. 증인신문신청을 한 당사자의 신문(주신문)
2. 상대방의 신문(반대신문)
3. 증인신문신청을 한 당사자의 재신문(재주신문)
② 제1항의 순서에 따른 신문이 끝난 후에는 당사자는 재판장의 허가를 받은 때에만 다시 신문할 수 있다.
③ 재판장은 정리된 쟁점별로 제1항의 순서에 따라 신문하게 할 수 있다. <신설 2007. 11. 28.>

460 예외적으로 1) 증인과 당사자의 관계, 증인의 경력, 교우관계 등 실질적인 신문에 앞서 미리 밝혀둘 필요가 있는 준비적인 사항에 관한 신문의 경우, 2) 증인이 주신문을 하는 사람에 대하여 적의 또는 반감을 보이는 경우, 3) 증인이 종전의 진술과 상반되는 진술을 하는 때에 그 종전 진술에 관한 신문의 경우, 4) 그 밖에 유도신문이 필요한 특별한 사정이 있는 경우에는 유도신문이 허용된다.

사항과 이에 관련된 사항에 관하여 하고 유도신문이 허용된다(민사소송규칙 제92조). 재주신문은 반대신문에 나타난 사항과 이에 관련된 사항에 관하여 하고 주신문의 예를 따른다(민사소송규칙 제93조). 법원은 재주신문이 끝난 후 신문함이 원칙이지만 필요에 따라 언제든지 신문할 수도 있다(제327조).[461]

7 자유심증주의와 증명책임

가. 자유심증주의

증거에 대한 조사를 마치게 되면 법원은 변론 전체의 취지와 증거조사의 결과를 참작하여 자유로운 심증으로 사회정의와 형평의 이념에 입각하여 논리와 경험의 법칙에 따라 사실주장이 진실한지 아닌지를 판단하는데(제202조), 이를 자유심증주의라고 한다. 즉, 형식적인 증거법칙 등에 구속됨이 없이 법원이 자유로운 심증에 따라 판단하는 것이다. 다만 민사소송법 제202조가 선언하고 있는 자유심증주의는 형식적·법률적 증거규칙에 얽매일 필요가 없다는 것을 뜻할 뿐 법관의 자의적 판단을 허용하는 것은 아니므로, 사실의 인정은 적법한 증거조사 절차를 거친 증거능력 있는 증거에 의하여 정의와 형평의 이념에 입각하여 논리와 경험의 법칙에 따라 하여야 하고, 사실인정이 사실심의 재량에 속한다고 하더라도 그 한도를 벗어나서는 안 된다.[462]

---

461 제327조(증인신문의 방식) ① 증인신문은 증인을 신청한 당사자가 먼저 하고, 다음에 다른 당사자가 한다.
② 재판장은 제1항의 신문이 끝난 뒤에 신문할 수 있다.
③ 재판장은 제1항과 제2항의 규정에 불구하고 언제든지 신문할 수 있다.
④ 재판장이 알맞다고 인정하는 때에는 당사자의 의견을 들어 제1항과 제2항의 규정에 따른 신문의 순서를 바꿀 수 있다.
⑤ 당사자의 신문이 중복되거나 쟁점과 관계가 없는 때, 그 밖에 필요한 사정이 있는 때에 재판장은 당사자의 신문을 제한할 수 있다.
⑥ 합의부원은 재판장에게 알리고 신문할 수 있다.

462 대법원 2019. 10. 31. 선고 2017다204490, 204506 판결(갑이 을로부터 임차한 점포에 화재가 발생하였는

나. 증명책임

자기에게 유리한 사실에 대한 입증책임(법률요건분류설)은 그 사실을 주장한 사람에게 있는데 이를 증명책임(입증책임)이라고 하며, 이러한 증명책임의 원칙상 주장 사실을 입증하지 못하게 되면 그러한 사실이 없는 것으로 인정되어 주장한 사람에게 불리한 판단을 하게 된다. 따라서 증거조사를 마쳤음에도 불구하고 법원의 자유로운 심증에 따른 확신이 생기지 않는 경우에는 증명책임의 원칙에 따라 증명책임이 있는 사람에게 패소판결을 하며, 다만 민사소송에서 사실의 증명은 추호의 의혹도 있어서는 아니 되는 자연 과학적 증명은 아니지만 특별한 사정이 없다면 경험칙에 비추어 모든 증거를 종합 검토하여 어떤 사실이 있었다는 점을 시인할 수 있는 고도의 개연성을 증명하는 것이고, 그 판정은 통상인이라면 의심을 품지 않을 정도일 것을 필요로 한다.[463] [464]

데, 갑과 을이 각자 상대방이 지배·관리하는 영역에서 화재가 발생하였다고 주장하며 서로에 대하여 손해배상 등을 구한 사안에서, 발화지점 등 특정한 사항에 관하여 상반되는 소방서, 경찰청 수사과 과학수사계, 국립과학수사연구원의 감식 결과에 모순되는 점이나 불명확한 점 등을 해소하기 위하여 필요한 조치를 강구하거나 석명권을 적절히 행사하는 등의 방법으로 심리를 다하지 아니한 채 화재가 임대인인 갑과 임차인인 을이 지배·관리하는 영역 중 어느 영역에서도 발생하였다고 인정하기에 부족하다고 본 원심판단에 심리미진의 잘못이 있다고 한 사례).

463 대법원 1990. 6. 26. 선고 89다카7730 판결(민사소송에 있어서의 인과관계의 입증은 경험칙에 비추어 어떠한 사실이 어떠한 결과발생을 초래하였다고 시인할 수 있는 고도의 개연성을 증명하는 것이며 그 판정은 통상인이라면 의심을 품지 아니할 정도로 진실성의 확신을 가질 수 있는 것임이 필요하고 또 그것으로 족하다 할 것인바, 피해자가 교통사고로 7주 이상의 치료를 요하는 상하악골골절등의 상해를 입고 대학병원 치과에 입원하여 할로탄 등으로 전신마취를 한 가운데 안면골절부위 관혈적정복술을 받고, 그로부터 16일 후 전격성간기능부전증으로 인한 뇌부종 및 호흡중추마비로 사망하였다면, 적어도 할로탄 투여로 인하여 전격성간기능부전증이 발생하였고 전신마취 등 시술과정에서 의사 등의 중대한 과실이 있었다고 인정되지는 아니하는 경우라면, 의학이 고도로 발달된 오늘날에 있어서도 전신마취는 위험한 것으로서 전신마취로 인한 사망은 일반경험상 그 가능성이 있다고 할 것이므로 교통사고와 피해자의 사망 간에는 상당인과관계가 있다고 할 것이다).

464 대법원 2010. 10. 28. 선고 2008다6755 판결(화재가 담뱃불로 발생하였을 상당한 가능성이 있다고 의심되나 이러한 의심만으로는 갑 회사 직원들이 피운 담뱃불로 인한 것이라고 인정하기에 부족하고, 아울러 화재의 원인이 갑 회사 직원들의 과실에 있음을 증명할 책임은 원고에게 있다는 이유로, 화재가 갑 회사 직원들이 피운 담뱃불로 인한 것임을 전제로 하는 원고의 주장을 배척한 원심판단을 수긍한 사례).

IV 소송의 종료

1 당사자의 행위에 의한 소송의 종료

처분권주의 원칙상 소송의 종결에 있어서도 원칙적으로 당사자에게 처분의 자유를 맡기고 있는데, 소의 취하, 청구의 포기·인낙, 소송상 화해가 이에 해당한다.

가. 소의 취하

소의 취하는 원고가 제기한 소의 전부 또는 일부를 철회하는 법원에 대한 단독적 소송행행위를 말하는데, 청구의 포기·인낙이나 소송상 화해가 확정판결과 동일한 효력이 있는 것과 달리 소급적으로 소 제기의 효력이 상실된다는 특징이 있다. 소는 판결이 확정될 때까지 그 전부나 일부를 취하할 수 있고(제266조 제1항), 다만 소의 취하는 상대방이 본안에 관하여 준비서면을 제출하거나 변론준비기일에서 진술하거나 변론을 한 뒤에는 상대방의 동의를 받아야 효력을 가진다(제266조 제2항). 이와 같이 소를 제기한 원고가 언제든지 자유롭게 소 취하를 할 수 있는게 아니기 때문에 소 제기에 앞서 이를 명확히 숙지할 필요가 있다.[465] 한편, 소취하의 서면이 송달된 날부터 2주 이내에 상대방이 이의를 제기하지 아니한 경우에는 소취하에 동의한 것으로 본다(제266조 제6항).

소를 취하하게 되면 취하된 부분에 대하여는 소가 처음부터 계속되지 아니한 것으로 보는데(제267조 제1항), 다만 본안에 대한 종국판결이 있은 뒤에 소를

465 소 제기 후 패소 가능성이 높다고 판단될 때 소를 취하하면 될 것으로 생각할 수 있지만 제266조 제2항에 따른 제한이 있기 때문에 소 취하가 안되고 패소판결을 받아 소송비용을 부담해야 할 수 있는 것이다.

취하한 사람은 같은 소를 제기하지 못한다는 점을 유의할 필요가 있다(제267조 제2항: 재소금지의 원칙).

나. 청구의 포기·인낙

청구의 포기는 원고가 스스로 제기한 청구가 이유 없음을 자인하는 것으로서 원고 패소 판결에 대응되는 것이며, 청구의 인낙은 원고의 청구가 이유 있음을 피고가 자인하는 것으로서 원고 승소 판결에 대응된다. 이러한 청구의 포기·인낙을 변론조서·변론준비기일조서에 적은 때에는 그 조서는 확정판결과 같은 효력을 가진다(제220조).

다. 소송상 화해

소송상 화해는 계속 중인 소송절차에서 양 당사자가 상호양보하여 분쟁을 종결시키는 것으로서 화해의 내용을 변론조서·변론준비기일조서에 적은 때에는 그 조서는 확정판결과 같은 효력을 가진다(제220조). 즉, 재판상의 화해를 조서에 기재한 때에는 그 조서는 확정판결과 동일한 효력이 있고 당사자간에 기판력이 생기는 것이므로 확정판결의 당연무효 사유와 같은 사유가 없는 한 재심의 소에 의하여만 효력을 다툴 수 있다.[466]

---

466 대법원 2000. 3. 10. 선고 99다67703 판결, 대법원 2002.12.06. 선고 2002다44014 판결(제소전 화해조서는 확정판결과 동일한 효력이 있어 당사자 사이에 기판력이 생기는 것이므로, 거기에 확정판결의 당연무효 사유와 같은 사유가 없는 한 설령 그 내용이 강행법규에 위반된다 할지라도 그것은 단지 제소전 화해에 하자가 있음에 지나지 아니하여 준재심절차에 의하여 구제받는 것은 별문제로 하고 그 화해조서를 무효라고 주장할 수는 없다).

2 종국판결에 의한 종료

가. 소송판결(소 각하 판결)

소송요건을 갖추진 못한 경우 소 각하 판결을 하게 되는데 이를 소송판결이라고 하며, 부적법한 소로서 그 흠을 보정할 수 없는 경우에는 변론 없이 판결로 소를 각하할 수 있다(제219조).

나. 본안판결

소송요건을 갖춘 적법한 소에 대해 청구, 즉 본안에 대해 판결한 것으로서 원고 승소 판결 또는 원고 패소 판결이 있다(물론 일부승소 또는 일부패소 판결도 있다).

다. 판결의 효력

판결이 선고되면 그와 동시에 판결법원에 대한 관계에서 생기는 기속력, 판결의 확정에 의하여 당사자에 대한 관계에서 생기는 형식적 확정력, 법원 및 당사자에 대한 관계에서 생기는 실질적 확정력(기판력), 그리고 집행력, 형성력, 법률요건적 효력, 반사적 효력 등이 인정된다.

기속력은 일단 판결이 선고되면 판결을 한 법원 스스로도 이에 구속되어 판결을 철회하거나 변경할 수 없다는 것으로서 자기구속력이라고도 하며, 다만 예외적으로 판결의 경정(제211조[467])이 인정된다. 형식적 확정력은 판결이 확정되면 더 이상 다툴 수 없는 효력을 말하며 소위 취소불가능성이라고 한다.[468] 집행

467 제211조(판결의 경정) ① 판결에 잘못된 계산이나 기재, 그 밖에 이와 비슷한 잘못이 있음이 분명한 때에 법원은 직권으로 또는 당사자의 신청에 따라 경정결정(更正決定)을 할 수 있다.
② 경정결정은 판결의 원본과 정본에 덧붙여 적어야 한다. 다만, 정본에 덧붙여 적을 수 없을 때에는 결정의 정본을 작성하여 당사자에게 송달하여야 한다.
③ 경정결정에 대하여는 즉시항고를 할 수 있다. 다만, 판결에 대하여 적법한 항소가 있는 때에는 그러하지 아니하다.

력은 판결로 명한 이행의무를 강제집행절차에 의해 실현할 수 있는 효력을 말하고, 형성력은 형성판결의 확정에 따라 판결내용대로 새로운 법률관계가 형성되는 것을 말하며, 법률요건적 효력은 판결의 존재가 일정한 법률효과 발생의 근거가 되는 경우의 효력을 말한다(민법 제165조[469] 등). 그리고 반사적 효력은 타인간의 판결의 효력이 제3자에게 영향을 미치는 경우의 효력을 말한다(보증인이 주채무자의 승소판결을 원용하는 경우 등). 이러한 판결의 효력 중 가장 중요한 기판력에 대해서는 아래에서 별도로 살펴보기로 한다.

라. 기판력

(1) 의의

확정된 종국판결에 있어서 청구에 대한 판결내용은 당사자와 법원을 규율하는 새로운 규준(規準)으로서의 구속력을 가지며, 뒤에 동일사항이 문제되면 당사자는 그에 반하여 되풀이하여 다투는 소송이 허용되지 아니하며(不可爭), 어느 법원도 다시 재심사하여 그와 모순·저촉되는 판단을 해서는 안되는데(不可反), 이러한 확정판결의 판단에 부여되는 구속력을 기판력 또는 실질적 확정력이라 한다.[470]

---

468 대법원 2016. 1. 14. 선고 2015므3455 판결(항소의 취하가 있으면 소송은 처음부터 항소심에 계속되지 아니한 것으로 보게 되나(민사소송법 제393조 제2항, 제267조 제1항), 항소취하는 소의 취하나 항소권의 포기와 달리 제1심 종국판결이 유효하게 존재하므로, 항소기간 경과 후에 항소취하가 있는 경우에는 항소기간 만료 시로 소급하여 제1심판결이 확정되나, 항소기간 경과 전에 항소취하가 있는 경우에는 판결은 확정되지 아니하고 항소기간 내라면 항소인은 다시 항소의 제기가 가능하다).

469 제165조(판결 등에 의하여 확정된 채권의 소멸시효) ① 판결에 의하여 확정된 채권은 단기의 소멸시효에 해당한 것이라도 그 소멸시효는 10년으로 한다.
② 파산절차에 의하여 확정된 채권 및 재판상의 화해, 조정 기타 판결과 동일한 효력이 있는 것에 의하여 확정된 채권도 전항과 같다.
③ 전2항의 규정은 판결확정당시에 변제기가 도래하지 아니한 채권에 적용하지 아니한다.

470 이시윤, 「新민사소송법(제11판)」, 박영사, 2017, 627면.

(2) 시적 범위

일반적으로 판결이 확정되면 법원이나 당사자는 확정판결에 반하는 판단이나 주장을 할 수 없는 것이나, 이러한 확정판결의 효력은 그 표준시인 사실심 변론종결시를 기준으로 하여 발생하므로(제218조 제1항, 민사집행법 제44조[471] 제2항), 그 이후에 새로운 사유가 발생한 경우까지 전소의 확정판결의 기판력이 미치는 것은 아니며, 이와 같이 변론종결 이후에 발생한 새로운 사유는 원칙적으로 사실자료에 그치는 것으로, 법률의 변경, 판례의 변경 혹은 판결의 기초가 된 행정처분의 변경은 그에 포함되지 아니한다.[472]

(3) 객관적 범위

확정판결(確定判決)은 주문에 포함된 것에 한하여 기판력(旣判力)을 가지고(제216조 제1항), 다만 상계를 주장한 청구가 성립되는지 아닌지의 판단은 상계하자고 대항한 액수에 한하여 기판력을 가진다(제216조 제2항).

(4) 주관적 범위

확정판결은 당사자, 변론을 종결한 뒤의 승계인(변론 없이 한 판결의 경우에는 판결을 선고한 뒤의 승계인) 또는 그를 위하여 청구의 목적물을 소지한 사람에 대하여 효력이 미친다(제218조 제1항). 이 경우 당사자가 변론을 종결할 때(변론 없이 한 판결의 경우에는 판결을 선고할 때)까지 승계사실을 진술하지 아니한 때에는 변론을 종결한 뒤(변론 없이 한 판결의 경우에는 판결을 선고한 뒤)에 승계한 것으로 추정한다(제218조 제2항). 다른 사람을 위하여 원고나 피고가 된

---

471 제44조(청구에 관한 이의의 소) ① 채무자가 판결에 따라 확정된 청구에 관하여 이의하려면 제1심 판결법원에 청구에 관한 이의의 소를 제기하여야 한다.
② 제1항의 이의는 그 이유가 변론이 종결된 뒤(변론 없이 한 판결의 경우에는 판결이 선고된 뒤)에 생긴 것이어야 한다.
③ 이의이유가 여러 가지인 때에는 동시에 주장하여야 한다.

472 대법원 1998. 7. 10. 선고 98다7001 판결.

사람에 대한 확정판결은 그 다른 사람에 대하여도 효력이 미친다(제218조 제3항). 그리고 기판력의 주관적 범위에 관한 이러한 규정들은 가집행의 선고에도 준용한다(제218조 제4항).

마. 부수적 재판

법원의 종국 재판에 따른 부수적 재판으로서 소송비용의 재판과 가집행선고가 있다. 예를 들어 금전지급을 명하는 종국재판의 경우 '피고는 원고에게 1억 원을 지급하라.'는 본안 주문 이외에 '소송비용은 피고의 부담으로 한다. 제1항은 가집행할 수 있다.'는 주문도 함께 선고한다. 가집행선고의 경우 본안판결이 확정되기 전에 집행할 수 있는 효력이 있으며, 다만 상소심에서 판결이 번복되는 경우 그 집행에 따른 책임을 부담해야 하기 때문에 가집행선고에 따라 미확정판결 상태로 집행을 할 것인지는 신중한 판단을 요하는 것이다.[473]

473 대법원 2015. 2. 26. 선고 2012다79866 판결(가집행선고부 제1심판결에 기하여 금원을 지급하였다가 다시 상소심판결의 선고에 의해 가집행선고가 실효됨에 따라 금원의 수령자가 부담하게 되는 원상회복의무는 성질상 부당이득의 반환채무이지만, 이러한 원상회복의무는 가집행선고의 실효가 기왕에 소급하는 것이 아니기 때문에 본래부터 가집행이 없었던 것과 같은 원상으로 회복시키려는 공평의 관념에서 민사소송법이 인정한 법정채무이다).

V 상소

1 상소기간 및 방식

가. 상소기간

상소는 판결서가 송달된 날부터 2주 이내에 하여야 하고 다만, 판결서 송달 전에도 할 수 있으며 이는 불변기간이다(제396조, 제425조).

나. 상소의 방식

상소는 상소장을 상소심 법원이 아닌 원심법원에 제출하여야 한다(제397조, 제425조). 다만 소송비용 및 가집행에 관한 재판에 대하여는 독립하여 상소하지 못한다(제391조, 제425조).

2 불이익변경금지의 원칙

상소심에서는 처분권주의가 불이익변경금지의 원칙으로 적용되는데, 상소심에서는 상소한 당사자에게 불이익하게 판단을 변경하지 못한다. 다만, 상계에 관한 주장을 인정한 때에는 예외로 한다(제415조,[474] 제425조). 이와 같이 항소심은 당사자의 불복신청범위 내에서 제1심판결의 당부를 판단할 수 있을 뿐이므로 설령 제1심판결이 부당하다고 인정되는 경우라 하더라도 그 판결을 불복당사

474 제415조(항소를 받아들이는 범위) 제1심 판결은 그 불복의 한도안에서 바꿀 수 있다. 다만, 상계에 관한 주장을 인정한 때에는 그러하지 아니하다.

자의 불이익으로 변경하는 것은 당사자가 신청한 불복의 한도를 넘어 제1심판결의 당부를 판단하는 것이 되어 허용될 수 없고, 따라서 제1심판결이 원고가 청구한 채권의 발생을 인정한 후 피고가 한 상계항변을 받아들여 원고 청구의 전부 또는 일부를 기각하고 이에 대하여 원고만이 항소한 경우에 항소심이 제1심과는 다르게 원고가 청구한 채권의 발생이 인정되지 않는다는 이유로 원고의 청구를 기각하는 것은 항소심의 심판범위를 벗어나 항소인인 원고에게 불이익하게 제1심판결을 변경하는 것이어서 허용되지 않는다.[475]

3 항소심의 구조 및 항소의 취하

가. 항소심의 구조

항소심의 구조에 대해서는 1심 절차를 완전히 다시 시작하는 복심, 1심 절차의 효력을 그대로 인정하고 추가적인 절차 진행 없이 1심 판단의 타당성만 판단하는 사후심, 그리고 1심의 효력을 인정하면서 추가적인 절차 진행이 가능한 속심 등 3가지 형태가 있는데, 우리 민사소송법은 1심의 소송행위의 효력이 그대로 인정되면서(제409조,[476] 제410조[477]) 변론진행이 가능한(제407조[478]) 속심의 형태를 취하고 있다. 그렇다고 하여 2심에서의 절차 진행이 제한없이 인정되는 것은 아니어서, 1심에서 충분히 주장·입증할 수 있었음에도 2심에 와서 주장·입증하고자 하는 경우에는 적시제출주의(제146조[479]) 위반으로서 실기한 공격·방어방법(제149조[480])에 해당하여 받아들여지지 않을 수 있으므로 유의할 필요가 있다.[481]

---

475 대법원 2011. 10. 13. 선고 2011다51205 판결.

476 제409조(제1심 소송행위의 효력) 제1심의 소송행위는 항소심에서도 그 효력을 가진다.

477 제410조(제1심의 변론준비절차의 효력) 제1심의 변론준비절차는 항소심에서도 그 효력을 가진다.

478 제407조(변론의 범위) ① 변론은 당사자가 제1심 판결의 변경을 청구하는 한도안에서 한다.
② 당사자는 제1심 변론의 결과를 진술하여야 한다.

479 제146조(적시제출주의) 공격 또는 방어의 방법은 소송의 정도에 따라 적절한 시기에 제출하여야 한다.

그리고 항소심은 속심으로서 제1심에서의 당사자의 주장이 그대로 유지되므로, 항소심에서 항소이유로 특별히 지적하거나 그 후의 심리에서 다시 지적하지 않는다 하더라도 법원은 제1심에서의 주장을 받아들일 수 있음은 당연하고, 이를 들어 직접주의나 변론주의의 원칙에 어긋난다거나 불의타를 가한 것이라 할 수는 없다.[482]

나. 항소의 취하

소 취하와 달리 상소는 상소심의 종국판결이 있기 전까지만 취하할 수 있는데(제393조), 상소를 취하하면 원심이 확정되는 효력이 생기기 때문이다.

다. 부대항소

피항소인은 항소권이 소멸된 뒤에도 변론이 종결될 때까지 부대항소(附帶抗訴)를 할 수 있다(제403조). 부대항소는 항소가 취하되거나 부적법하여 각하된 때에는 그 효력을 잃는다. 다만, 항소기간 이내에 한 부대항소는 독립된 항소로 본다(제404조). 부대항소에는 항소에 관한 규정이 적용되고(제405조), 상고심에서도 부대상고가 가능하나 법률심의 특성상 소의 변경이나 반소가 허용되지 않기 때문에 전부승소한 자는 부대상고를 할 수 없다.

---

480 제149조(실기한 공격·방어방법의 각하) ① 당사자가 제146조의 규정을 어기어 고의 또는 중대한 과실로 공격 또는 방어방법을 뒤늦게 제출함으로써 소송의 완결을 지연시키게 하는 것으로 인정할 때에는 법원은 직권으로 또는 상대방의 신청에 따라 결정으로 이를 각하할 수 있다.
② 당사자가 제출한 공격 또는 방어방법의 취지가 분명하지 아니한 경우에, 당사자가 필요한 설명을 하지 아니하거나 설명할 기일에 출석하지 아니한 때에는 법원은 직권으로 또는 상대방의 신청에 따라 결정으로 이를 각하할 수 있다.

481 대법원 2014. 5. 29. 선고 2011두25876 판결(원고들이 토지면적 동의율 산정이 위법하다는 취지의 주장을 4차에 걸친 제1심 변론기일은 물론 제2심 1차 변론기일까지 하지 않다가 2차 변론기일(마지막 변론기일)에서 준비서면을 진술함으로써 비로소 그와 같은 주장을 한 것은, 적시제출주의를 규정한 민사소송법 제146조의 규정을 어기어 고의 또는 중대한 과실로 공격방법을 뒤늦게 제출함으로써 소송의 완결을 지연시키게 한 것에 해당하여 각하한 것은 정당하다는 취지) 참고.

482 대법원 1996. 4. 9. 선고 95다14572 판결.

4 상고심에서의 유의사항

가. 상고이유서 제출

사실심인 항소심과 달리 상고심은 법률심으로서 상고이유서 제출 기간의 제한이 있다는 점을 유의해야 한다. 즉, 상고법원의 법원사무관등은 원심법원의 법원사무관등으로부터 소송기록을 받은 때에는 바로 그 사유를 당사자에게 통지하는데(제426조), 상고장에 상고이유를 적지 아니한 때에 상고인은 제426조의 통지를 받은 날부터 20일 이내에 상고이유서를 제출하여야 한다(제427조). 만약 그 기간 내에 상고이유서를 제출하지 않으면 직권조사사항이 있는 예외적인 경우가 아닌 한 상고기각을 하게 된다(제429조). 따라서 상고를 제기하는 당사자 입장에서는 상고장을 접수하는 그 시점 또는 상고를 결정한 시점부터 상고이유서 작성을 준비할 필요가 있고, 실무에서는 실제 그와 같이 하고 있다.

나. 파기환송

항소심은 1심 판단이 잘못되었다고 판단하면 1심 판결을 취소하고[483] 스스로 자판하는 것이 원칙임에 반해(제415조, 제418조,[484] 제419조[485]), 상고심은 법률심으로서 사실확정을 할 수 없기 때문에 원심 판단이 잘못되었다고 판단하는 경우에는 원칙적으로 파기환송을 하고(제436조[486]), 예외적으로 파기자판을 한

---

483 제416조(제1심 판결의 취소) 항소법원은 제1심 판결을 정당하지 아니하다고 인정한 때에는 취소하여야 한다.

484 제418조(필수적 환송) 소가 부적법하다고 각하한 제1심 판결을 취소하는 경우에는 항소법원은 사건을 제1심 법원에 환송(還送)하여야 한다. 다만, 제1심에서 본안판결을 할 수 있을 정도로 심리가 된 경우, 또는 당사자의 동의가 있는 경우에는 항소법원은 스스로 본안판결을 할 수 있다.

485 제419조(관할위반으로 말미암은 이송) 관할위반을 이유로 제1심 판결을 취소한 때에는 항소법원은 판결로 사건을 관할법원에 이송하여야 한다.

486 제436조(파기환송, 이송) ① 상고법원은 상고에 정당한 이유가 있다고 인정할 때에는 원심판결을 파기하고 사건을 원심법원에 환송하거나, 동등한 다른 법원에 이송하여야 한다.
② 사건을 환송받거나 이송받은 법원은 다시 변론을 거쳐 재판하여야 한다. 이 경우에는 상고법원이 파기의 이유로 삼은 사실상 및 법률상 판단에 기속된다.
③ 원심판결에 관여한 판사는 제2항의 재판에 관여하지 못한다.

다(제437조[487]).

다. 상고심절차에 관한 특례법[488]

민사소송법에서는 법률상의 상고이유에 해당하는 때에 한하여 상고할 수 있도록 규정하고 있으나, 이러한 상고이유에 해당하지 아니하면서도 마치 이에 해당하는 것처럼 주장하는 무익한 상고 내지 남상고가 행하여짐에 따라 대법원의 업무처리에 큰 부담을 주고 있는 바, 이를 해소할 수 있도록 함으로써 대법원이 법률심으로서의 기능을 효율적으로 수행할 수 있도록 하기 위한 취지에서 제정되었다. 동법은 민사소송, 가사소송 및 행정소송(「특허법」 제9장과 이를 준용하는 규정에 따른 소송을 포함)의 상고사건(上告事件)에 적용되는데(제2조), 대법원은 원심법원으로부터 상고기록을 받은 날부터 4개월 이내에(제6조 제2항) 동법 제4조[489] 제1항 각호의 사유가 없다고 판단되는 사건을 더 나아가 심리함이 없이 판결로 상고기각을 하여 사건을 종결시킨다.

---

487 제437조(파기자판) 다음 각호 가운데 어느 하나에 해당하면 상고법원은 사건에 대하여 종국판결을 하여야 한다.
1. 확정된 사실에 대하여 법령적용이 어긋난다 하여 판결을 파기하는 경우에 사건이 그 사실을 바탕으로 재판하기 충분한 때
2. 사건이 법원의 권한에 속하지 아니한다 하여 판결을 파기하는 때

488 [시행 1994. 9. 1.] [법률 제4769호, 1994. 7. 27., 제정]

489 제4조 (심리의 불속행) ① 대법원은 상고이유에 관한 주장이 다음 각 호의 어느 하나의 사유를 포함하지 아니한다고 인정하면 더 나아가 심리(審理)를 하지 아니하고 판결로 상고를 기각(棄却)한다.
1. 원심판결(原審判決)이 헌법에 위반되거나, 헌법을 부당하게 해석한 경우
2. 원심판결이 명령·규칙 또는 처분의 법률위반 여부에 대하여 부당하게 판단한 경우
3. 원심판결이 법률·명령·규칙 또는 처분에 대하여 대법원 판례와 상반되게 해석한 경우
4. 법률·명령·규칙 또는 처분에 대한 해석에 관하여 대법원 판례가 없거나 대법원 판례를 변경할 필요가 있는 경우
5. 제1호부터 제4호까지의 규정 외에 중대한 법령위반에 관한 사항이 있는 경우
6. 「민사소송법」 제424조 제1항 제1호부터 제5호까지에 규정된 사유가 있는 경우
② 가압류 및 가처분에 관한 판결에 대하여는 상고이유에 관한 주장이 제1항 제1호부터 제3호까지에 규정된 사유를 포함하지 아니한다고 인정되는 경우 제1항의 예에 따른다.
③ 상고이유에 관한 주장이 제1항 각 호의 사유(가압류 및 가처분에 관한 판결의 경우에는 제1항 제1호부터 제3호까지에 규정된 사유)를 포함하는 경우에도 다음 각 호의 어느 하나에 해당할 때에는 제1항의 예에 따른다.
1. 그 주장 자체로 보아 이유가 없는 때
2. 원심판결과 관계가 없거나 원심판결에 영향을 미치지 아니하는 때

제9강

형사소송법의 이해

I

형사소송의 기초

1 실체진실주의

민사소송절차는 다툼이 있는 두 당사자 사이의 분쟁해결을 목적으로 하기 때문에 그 판단결과가 객관적인 실체진실에 부합하는지는 중요하지 않다. 이에 반해 형사소송절차는 피고인이 저지른 범죄의 실체를 파악하여 그에 합당한 형벌을 부과하는 것이 목적이기 때문에 실체진실을 찾는 것이 중요하다.

실체진실주의란 형사절차에서 형사사건의 객관적 진실을 밝혀내는 것을 추구하는 주의를 말한다. 형사소송은 피고인과 피해자 사이의 법적 분쟁을 해결하기 위한 개인적 관계를 초월하여, 국가형벌권의 범위와 한계를 확정하여 형벌권을 실현하는 절차이므로 법원이 사안의 진상을 정확히 파악하는 것이 전제가 되어야 한다. 그런데 일반적으로 실체적 진실주의는 범죄사실을 명백히 하여 죄 있는 자를 빠짐없이 벌하도록 하는 원리(적극적 실체진실주의)보다 죄 없는 자를 유죄로 하여서는 안 된다는 원리(소극적 실체진실주의)에 더 많은 비중을 두고 있다. 따라서 형사소송의 고유적 기본목적이 다소 또는 근본적으로 희생되더라도 국가의 형사사법작용이 가치 있는 사회적 의식으로서의 격조를 잃거나 인간의 기본적 인권을 침해하거나 자유시민으로서의 지위를 위협하는 것을 허용해서는 안 된다.[490] 이를 위해 형사소송법에는 자백배제법칙(제309조), 자백보강법칙(제310조), 전문법칙(제310조의2), 위법수집증거배제법칙(제308조의2) 등 증거능력을 제한하는 규정을 두고 있다.

---

490 최병호, 「범죄피해자 보호와 피해회복에 관한 연구」, 고려대학교, 2005, 42면.

2 엄격한 증거재판주의

민사소송에서는 법원의 심증형성의 근거로 변론 전체의 취지와 증거조사의 결과가 있다(민사소송법 제202조[491]). 증거조사의 결과란 말 그대로 객관적인 증거들을 조사한 결과를 말하는 것으로서 문제가 없는데, '변론 전체의 취지'란 증거조사의 결과를 제외한 모든 증거원인으로서 변론에서 나타난 일체의 적극·소극의 사항을 말하며 예를 들어 전후 일관성 없는 주장, 간단한 사실을 땀을 흘리거나 낯을 붉히면서 주장하는 태도 등이 이에 해당한다.[492] 이와 같이 주관적 판단의 여지가 많은 '변론 전체의 취지'가 민사소송에서는 증거원인이 될 수 있지만 형사소송은 엄격한 증거재판주의에 따라 그와 같은 주관적 판단 대상은 제외하고 오직 객관적인 증거에 의해서만 재판을 하여야 한다. 우리 형사소송법 제307조[493] 제1항도 이러한 취지를 규정해 두고 있으며, 동조 제2항에서는 그 증명의 정도에 대해서도 합리적인 의심이 없는 정도의 증명을 요구하고 있다.

---

491 제202조(자유심증주의) 법원은 변론 전체의 취지와 증거조사의 결과를 참작하여 자유로운 심증으로 사회정의와 형평의 이념에 입각하여 논리와 경험의 법칙에 따라 사실주장이 진실한지 아닌지를 판단한다.

492 이시윤, 「신민사소송법(제11판)」, 박영사, 2017, 531-532면 참고.

493 제307조(증거재판주의) ① 사실의 인정은 증거에 의하여야 한다.
② 범죄사실의 인정은 합리적인 의심이 없는 정도의 증명에 이르러야 한다.

❖ 형사재판에 있어 유죄 인정의 기준

형사재판에 있어 심증형성은 반드시 직접증거에 의하여 형성되어야만 하는 것은 아니고 간접증거에 의할 수도 있으며, 간접증거는 이를 개별적·고립적으로 평가하여서는 아니 되고 모든 관점에서 빠짐없이 상호 관련시켜 종합적으로 평가하고, 치밀하고 모순 없는 논증을 거쳐야 한다. 그리고 증거의 증명력은 법관의 자유판단에 맡겨져 있으나 그 판단은 논리와 경험칙에 합치하여야 하고, **형사재판에 있어서 유죄로 인정하기 위한 심증형성의 정도는 합리적인 의심을 할 여지가 없을 정도**여야 하나, 이는 모든 가능한 의심을 배제할 정도에 이를 것까지 요구하는 것은 아니며, 증명력이 있는 것으로 인정되는 증거를 합리적인 근거가 없는 의심을 일으켜 이를 배척하는 것은 자유심증주의의 한계를 벗어나는 것으로 허용되지 않고, 여기에서 말하는 합리적 의심이라 함은 모든 의문, 불신을 포함하는 것이 아니라 논리와 경험칙에 기하여 요증사실과 양립할 수 없는 사실의 개연성에 대한 합리성 있는 의문을 의미하는 것으로서, 피고인에게 유리한 정황을 사실인정과 관련하여 파악한 이성적 추론에 그 근거를 두어야 하는 것이므로 단순히 관념적인 의심이나 추상적인 가능성에 기초한 의심은 합리적 의심에 포함된다고 할 수 없다.[494]

❖ 강제추행 사건에서 진술의 신빙성 판단

피고인은 공소사실과 같이 손등에 입을 맞춘 사실이 없고, 그릇을 치우다가 실수로 가슴을 건드리게 된 것일 뿐이라는 취지로 부인하나, 공소사실을 뒷받침하는 피해자의 증언 내용이 상당히 구체적이고 증언을 하는 태도 및 어조, 뉘앙스 등을 종합하면 피해자의 진술은 충분히 신빙성 있다고 판단된다(부산지방법원 동부지원 2018. 10. 4. 선고 2018고단399 판결).

494 대법원 2011. 2. 24. 선고 2010도14262 판결, 대법원 2010. 12. 23. 선고 2010도8153 판결, 대법원 2004. 6. 25. 선고 2004도2221 판결 등.

3 형사소송법의 구성

형사소송법은 제1편 총칙(제1조~제194조의5), 제2편 제1심(제195조~제337조), 제3편 상소(제338조~제419조), 제4편 특별소송절차(제420조~제458조), 제5편 재판의 집행(제459조~제493조)으로 구성되어 있으며, 이에 대한 세부적인 구성은 아래와 같다.

가. 제1편 총칙(제1조~제194조의5)

제1장 법원의 관할(제1조~제16조의2), 제2장 법원직원의 제척, 기피, 회피(제17조~제25조), 제3장 소송행위의 대리와 보조(제26조~제29조), 제4장 변호(제30조~제36조), 제5장 재판(제37조~제46조), 제6장 서류(제47조~제59조의3), 제7장 송달(제60조~제65조), 제8장 기간(제66조, 제67조), 제9장 피고인의 소환, 구속(제68조~제105조), 제10장 압수와 수색(제106조~제138조), 제11장 검증(제139조~제145조), 제12장 증인신문(제146조~제168조), 제13장 감정(제169조~제179조의2), 제14장 통역과 번역(제180조~제183조), 제15장 증거보전(제184조, 제185조), 제16장 소송비용(제186조~제194조의5)으로 구성되어 있다.

나. 제2편 제1심(제195조~제337조)

제1장 수사(제195조~제245조의10), 제2장 공소(제246조~제265조), 제3장 공판(제266조~제337조)으로 구성되어 있고, 제3장은 다시 제1절 공판준비와 공판절차(제266조~제306조), 제2절 증거(제307조~제318조의3), 제3절 공판의 재판(제318조의4~제337조)으로 구성되어 있다.

다. 제3편 상소(제338조~제419조)

제1장 통칙(제338조~제356조), 제2장 항소(제357조~제370조), 제3장 상고

(제371조~제401조), 제4장 항고(제402조~제419조)로 구성되어 있다.

라. 제4편 특별소송절차(제420조~제458조)

제1장 재심(제420조~제440조), 제2장 비상상고(제441조~제447조), 제3장 약식절차(제448조~제458조)로 구성되어 있다.

마. 제5편 재판의 집행(제459조~제493조)

별도의 세부 목차 없이 사형의 집행(제463조), 자격형의 집행(제476조), 재산형 등의 집행(제477조) 등 세부적인 형 집행에 대해 규정하고 있다.

4 2020년 형사소송법 개정

형사소송법은 1954. 9. 23. 법률 제341호로 제정(시행 1954. 5. 30.)된 이후 많은 개정이 이루어져 왔는데, 최근인 2020. 2. 4. 검·경 수사권 조정을 토대로 한 개정[495]은 그중에서도 가장 주목할 만한 개정이라고 할 수 있다.

◇ 개정이유

2018년 6월 21일 법무부장관과 행정안전부장관이 발표한 「검·경 수사권 조정 합의문」의 취지에 따라 검찰과 경찰로 하여금 국민의 안전과 인권 수호를 위하여 서로 협력하게 하고, 수사권이 국민을 위해 민주적이고 효율적으로 행사되도록 하려는 것임.

---

495 [시행 미정] [법률 제16924호, 2020. 2. 4., 일부개정]

◇ 주요내용

가. 검사와 사법경찰관은 수사, 공소제기 및 공소유지에 관하여 서로 협력하도록 함(제195조 신설).

나. 경무관, 총경, 경정, 경감, 경위가 하는 모든 수사에 관하여 검사의 지휘를 받도록 하는 규정 등을 삭제하고, 경무관, 총경 등은 범죄의 혐의가 있다고 사료하는 때에 범인, 범인사실과 증거를 수사하도록 함(제196조).

다. 검사는 송치사건의 공소제기 여부 결정 또는 공소의 유지에 관하여 필요한 경우 등에 해당하면 사법경찰관에게 보완수사를 요구할 수 있고, 사법경찰관은 정당한 이유가 없는 한 지체 없이 이를 이행하도록 함(제197조의2 신설).

라. 검사는 사법경찰관리의 수사과정에서 법령위반, 인권침해 또는 현저한 수사권 남용이 의심되는 사실의 신고가 있거나 그러한 사실을 인식하게 된 경우에는 사법경찰관에게 사건기록 등본의 송부를 요구할 수 있고, 송부를 받은 검사는 필요한 경우 사법경찰관에게 시정조치를 요구할 수 있으며, 검사는 시정조치 요구가 정당한 이유 없이 이행되지 않은 경우에 사법경찰관에게 사건을 송치할 것을 요구할 수 있도록 함(제197조의3 신설).

마. 검사는 사법경찰관과 동일한 범죄사실을 수사하게 된 때에는 사법경찰관에게 사건을 송치할 것을 요구할 수 있고, 요구를 받은 사법경찰관은 지체 없이 검사에게 사건을 송치하도록 하되, 검사가 영장을 청구하기 전에 동일한 범죄사실에 관하여 사법경찰관이 영장을 신청한 경우에는 해당 영장에 기재된 범죄사실을 계속 수사할 수 있도록 함(제197조의4 신설).

바. 검사가 사법경찰관이 신청한 영장을 정당한 이유 없이 판사에게 청구하지 아니한 경우 사법경찰관은 관할 고등검찰청에 영장 청구 여부에 대한 심의를 신청할 수 있고, 이를 심의하기 위하여 각 고등검찰청에 외부 위원으로 구성된 영장심의위원회를 둠(제221조의5 신설).

사. 사법경찰관은 범죄를 수사한 때에는 범죄의 혐의가 인정되면 검사에게 사

건을 송치하고, 그 밖의 경우에는 그 이유를 명시한 서면과 함께 관계 서류와 증거물을 검사에게 송부하도록 함(제245조의5 신설).

아. 사법경찰관은 사건을 검사에게 송치하지 아니한 경우에는 서면으로 고소인·고발인·피해자 또는 그 법정대리인에게 사건을 검사에게 송치하지 아니하는 취지와 그 이유를 통지하도록 함(제245조의6 신설).

자. 사법경찰관으로부터 사건을 검사에게 송치하지 아니하는 취지와 그 이유를 통지받은 사람은 해당 사법경찰관의 소속 관서의 장에게 이의를 신청할 수 있고, 사법경찰관은 이의신청이 있는 때에는 지체 없이 검사에게 사건을 송치하도록 함(제245조의7 신설).

차. 검사는 사법경찰관이 사건을 송치하지 아니한 것이 위법 또는 부당한 때에는 그 이유를 문서로 명시하여 사법경찰관에게 재수사를 요청할 수 있도록 하고, 사법경찰관은 요청이 있으면 사건을 재수사하도록 함(제245조의8 신설).

카. 특별사법경찰관은 모든 수사에 관하여 검사의 지휘를 받음(제245조의10 신설).

타. 검사가 작성한 피의자신문조서는 공판준비 또는 공판기일에 그 피의자였던 피고인 또는 변호인이 그 내용을 인정할 때에 한하여 증거로 할 수 있음(제312조).

Ⅱ 형사소송의 이해

형사소송법은 형사에 관한 절차법으로 절차 진행 순서에 따라 법이 구성되어 있지만 민사소송법과 마찬가지로 실무상의 절차 진행 그대로 되어 있는 것은 아니다. 이로 인해 형사소송법의 학습 역시 법문을 기초로 하되, 그보다는 실제 사건 진행단계별로 살펴보는 것이 보다 적절한 방법이 될 수 있고 이하에서도 그러한 관점에서 절차별로 중요 내용들을 중심으로 살펴본다.

1 고소와 고발

수사기관에서의 수사는 범죄 사실을 직접 인지하거나 첩보, 내사, 진정 등을 통해 진행되기도 하지만, 일반적으로는 고소나 고발에 의해 진행된다. 따라서 고소와 고발에 대한 기초적인 형사소송법 규정을 숙지해 둘 필요가 있다. 고소란 범죄의 피해자 또는 그와 일정한 관계가 있는 고소권자가 수사기관에 대하여 범죄사실을 신고하여 범인의 처벌을 구하는 의사표시이고, 고발은 고소권자와 범인 이외의 사람이 수사기관에 대하여 범죄사실을 신고하여 그 소추를 구하는 의사표시이다.[496] 고소 또는 고발은 서면 또는 구술로써 검사 또는 사법경찰관에게 하여야 하고(제237조 제1항), 검사 또는 사법경찰관이 구술에 의한 고소 또는 고발을 받은 때에는 조서를 작성하여야 하며(제237조 제2항), 사법경찰관이 고소 또는 고발을 받은 때에는 신속히 조사하여 관계서류와 증거물을 검사에게 송부

496 이재상·조균석, 「형사소송법(제11판)」, 박영사, 2017, 210면, 221면.

하여야 한다(제238조). 제237조 및 제238조의 규정은 고소 또는 고발의 취소에 대해서도 동일하게 적용된다(제239조).

가. 고소

범죄로 인한 피해자는 고소할 수 있고(제223조), 다만 자기 또는 배우자의 직계존속은 고소하지 못한다(제224조). 한편 피해자 이외의 자에 의한 고소와 관련하여 피해자의 법정대리인은 독립하여 고소할 수 있고(제225조 제1항), 피해자가 사망한 때에는 그 배우자, 직계친족 또는 형제자매는 고소할 수 있다. 단, 피해자의 명시한 의사에 반하지 못한다(제225조 제2항). 피해자의 법정대리인이 피의자이거나 법정대리인의 친족이 피의자인 때에는 피해자의 친족은 독립하여 고소할 수 있고(제226조), 사자의 명예를 훼손한 범죄[497]에 대하여는 그 친족 또는 자손은 고소할 수 있다(제227조). 친고죄에 대하여 고소할 자가 없는 경우에 이해관계인의 신청이 있으면 검사는 10일 이내에 고소할 수 있는 자를 지정하여야 한다(제228조). 「형법」 제241조[498]의 경우에는 혼인이 해소되거나 이혼소송을 제기한 후가 아니면 고소할 수 없고(제229조 제1항), 이 경우 다시 혼인을 하거나 이혼소송을 취하한 때에는 고소는 취소된 것으로 간주한다(제229조 제2항).

고소기간과 관련하여 친고죄에 대하여는 범인을 알게 된 날로부터 6월을 경과하면 고소하지 못한다. 단, 고소할 수 없는 불가항력의 사유가 있는 때에는 그 사유가 없어진 날로부터 기산한다(제230조 제1항). 그리고 고소할 수 있는 자가 수인인 경우에는 1인의 기간의 해태는 타인의 고소에 영향이 없다(제231조).

고소는 제1심 판결선고 전까지 취소할 수 있고(제232조 제1항), 고소를 취소

497 형법 제308조(사자의 명예훼손) 공연히 허위의 사실을 적시하여 사자의 명예를 훼손한 자는 2년 이하의 징역이나 금고 또는 500만원 이하의 벌금에 처한다.

498 제241조 (간통) ① 배우자있는 자가 간통한 때에는 2년 이하의 징역에 처한다. 그와 상간한 자도 같다.
② 전항의 죄는 배우자의 고소가 있어야 논한다. 단 배우자가 간통을 종용 또는 유서한 때에는 고소할 수 없다.
[2016. 1. 6. 법률 제13719호에 의하여 2015. 2. 26. 헌법재판소에서 위헌 결정된 이 조를 삭제함.]

한 자는 다시 고소할 수 없으며(제232조 제2항), 피해자의 명시한 의사에 반하여 공소를 제기할 수 없는 사건에서 처벌을 원하는 의사표시를 철회한 경우에도 제1항과 제2항을 준용한다(제232조 제3항). 한편 고소의 불가분성에 따라 친고죄의 공범 중 그 1인 또는 수인에 대한 고소 또는 그 취소는 다른 공범자에 대하여도 효력이 있다(제233조).[499]

이러한 고소 또는 그 취소는 대리인으로 하여금 하게 할 수 있는데(제236조), 고소권의 포기에 대해서는 명문 규정이 없고 대법원은 피해자의 고소권은 공법상의 권리로서 포기할 수 없다고 한다.[500]

나. 고발

누구든지 범죄가 있다고 사료하는 때에는 고발할 수 있고(제234조 제1항), 공무원은 그 직무를 행함에 있어 범죄가 있다고 사료하는 때에는 고발하여야 한다(제234조 제2항). 고소와 마찬가지로 자기 또는 배우자의 직계존속은 고발할 수 없고(제235조), 고발과 그 취소의 절차 및 방식은 고소의 경우와 같다(제239조). 다만 대리인에 의한 고발이 인정되지 않고, 고발기간에 제한이 없으며, 고발을 취소한 후에도 다시 고발할 수 있다는 점에서 고소와 차이가 있다.

다. 고소 및 고발에 의한 사건의 처리

검사가 고소 또는 고발에 의하여 범죄를 수사할 때에는 고소 또는 고발을 수

---

499 대법원 1994. 4. 26. 선고 93도1689 판결(형사소송법이 고소와 고소취소에 관한 규정을 하면서 그 제232조 제1, 2항에서 고소취소의 시한과 재고소의 금지를 규정하고 그 제3항에서는 반의사불벌죄에 위 제1, 2항의 규정을 준용하는 규정을 두면서도, 그 제233조에서 고소와 고소취소의 불가분에 관한 규정을 함에 있어서는 반의사불벌죄에 이를 준용하는 규정을 두지 아니한 것은 처벌을 희망하지 아니하는 의사표시나 처벌을 희망하는 의사표시의 철회에 관하여는 친고죄와는 달리 그 공범자간에 불가분의 원칙을 적용하지 아니하고자 함에 있다고 볼 것이지, 입법의 불비로 볼 것은 아니다).

500 대법원 1967. 5. 23. 선고 67도471 판결(친고죄에 있어서의 피해자의 고소권은 공법상의 권리라고 할 것이므로 법이 특히 명문으로 인정하는 경우를 제외하고는 자유처분을 할 수 없고 따라서 일단 한 고소는 취소할 수 있으나 고소전에 고소권을 포기할 수 없다고 함이 상당할 것이다).

리한 날로부터 3월 이내에 수사를 완료하여 공소제기여부를 결정하여야 한다(제257조). 그리고 검사는 고소 또는 고발있는 사건에 관하여 공소를 제기하거나 제기하지 아니하는 처분, 공소의 취소 또는 제256조의 송치를 한 때에는 그 처분한 날로부터 7일 이내에 서면으로 고소인 또는 고발인에게 그 취지를 통지하여야 하고(제258조 제1항), 불기소 또는 제256조의 처분을 한 때에는 피의자에게 즉시 그 취지를 통지하여야 한다(제258조 제2항). 한편, 검사는 고소 또는 고발있는 사건에 관하여 공소를 제기하지 아니하는 처분을 한 경우에 고소인 또는 고발인의 청구가 있는 때에는 7일 이내에 고소인 또는 고발인에게 그 이유를 서면으로 설명하여야 한다(제259조).

라. 형사고소에 있어 유의사항

(1) 무고죄 해당 여부

형사고소와 관련하여 먼저 확인해 보아야 할 사항으로 만약 고소 후 무혐의 처분이나 무죄 판결이 선고된 경우 고소인이 잘못된 고소를 했다는 이유로 형법 제156조[501]의 무고죄로 처벌되지 않는지의 문제가 있다. 그런데 무고죄는 허위의 사실을 신고한 경우 적용되는 것이어서 사실관계 자체는 허위가 아닌데 다만 그에 대한 법리적 판단을 잘못하여 형사고소를 한 경우에는 무고죄가 적용되지 않는다.[502] 예를 들어 금전을 대여해 주었는데 채무자가 돈을 갚지 않아 채권자

501 제156조(무고) 타인으로 하여금 형사처분 또는 징계처분을 받게 할 목적으로 공무소 또는 공무원에 대하여 허위의 사실을 신고한 자는 10년 이하의 징역 또는 1천500만원 이하의 벌금에 처한다.

502 대법원 2017. 5. 30. 선고 2015도15398 판결(타인으로 하여금 형사처분 또는 징계처분을 받게 할 목적으로 공무소 또는 공무원에 대하여 허위의 사실을 신고하는 때에 무고죄가 성립한다(형법 제156조). 무고죄는 부수적으로 개인이 부당하게 처벌받거나 징계를 받지 않을 이익도 보호하나, 국가의 형사사법권 또는 징계권의 적정한 행사를 주된 보호법익으로 한다. 타인에게 형사처분을 받게 할 목적으로 '허위의 사실'을 신고한 행위가 무고죄를 구성하기 위해서는 신고된 사실 자체가 형사처분의 대상이 될 수 있어야 하므로, 가령 허위의 사실을 신고하였더라도 신고 당시 그 사실 자체가 형사범죄를 구성하지 않으면 무고죄는 성립하지 않는다. 그러나 허위로 신고한 사실이 무고행위 당시 형사처분의 대상이 될 수 있었던 경우에는 국가의 형사사법권의 적정한 행사를 그르치게 할 위험과 부당하게 처벌받지 않을 개인의 법적 안정성이 침해될 위험이 이미 발생하였으므로 무고죄는 기수에 이르고, 이후 그러한 사실이 형사범죄가 되지 않는 것으로 판례가 변경되었더라도 특별한 사

가 사기죄로 고소한 경우, 금전대여 자체는 사실이기 때문에 설령 사기죄가 성립되지 않는 것으로 판단되더라도 무고죄는 성립하지 않고, 이와 달리 금전을 대여한 사실이 없음에도 그러한 사실이 있는 것처럼 고소를 한 경우에는 무고죄로 처벌받을 수 있다. 따라서 형사고소를 하려는 경우에는 고소사실 자체가 허위인지 아닌지를 확인해 보아야 한다.

(2) 무혐의처분 또는 무죄판결시 손해배상책임 성립 여부

피고소인이 고소인이 고소한 피의사실로 수사의 대상이 되어 무혐의처분을 받았다고 하더라도 그 고소가 권리의 남용이라고 인정될 수 있는 정도의 고의 또는 중대한 과실에 의한 것이 아닌 이상 고소인의 행위가 불법행위라고 단정할 수 없다.[503] 마찬가지로 피고소인이 고소인이 고소한 피의사실로 기소되어 무죄의 확정판결을 받았다고 하더라도 그 고소가 권리의 남용이라고 인정될 수 있는 정도의 고의 또는 중대한 과실에 의한 것이 아닌 이상 고소인의 행위가 불법행위를 구성한다고 볼 수는 없다.[504]

(3) 비친고죄에 대한 고소의 성질

고소가 있어야 죄를 논할 수 있는 친고죄의 경우와는 달리 비친고죄에 있어서 고소는 단순한 수사의 단서로 됨에 지나지 않으므로 고소의 유무 또는 그 고소의 취소여부에 관계없이 그 죄를 논할 수 있으므로, 피해자가 비친고죄인 사기죄의 고소를 취소하였다든지 또는 고소취소 후에 다시 고소하였다는 등의 사정은 피고인에 대한 사기죄를 논함에 있어 아무런 장애가 되지 아니한다.[505]

정이 없는 한 이미 성립한 무고죄에는 영향을 미치지 않는다.) 참고.

503 대법원 2007. 4. 12. 선고 2006다46360 판결.

504 대법원 2006. 4. 28. 선고 2005다29481 판결, 대법원 1994. 1. 25. 선고 93다29556 판결.

505 대법원 1987. 11. 10. 선고 87도2020 판결.

2 수사단계

가. 경찰

2011년 개정전 형사소송법 제196조[506]에서는 사법경찰관은 검사의 지휘를 받아 수사를 하도록 규정하고 있었다가, 2011. 7. 18. 개정(시행 2012. 1. 1.)에서는 사법경찰관의 수사개시권을 명문으로 인정하였다.[507] 이후 2020. 2. 4. 개정을 통해 검사와 사법경찰관의 협력 관계에 관한 제195조[508]를 신설함과 동시에, 경무관, 총경, 경정, 경감, 경위가 하는 모든 수사에 관하여 검사의 지휘를 받도록 하는 규정 등을 삭제하고, 경무관, 총경 등은 범죄의 혐의가 있다고 사료하는 때에 범인, 범죄사실과 증거를 수사하도록 하였다(제197조[509]).

---

506 제196조 (사법경찰관리) ① 수사관, 경무관, 총경, 경감, 경위는 사법경찰관으로서 검사의 지휘를 받어 수사를 하여야 한다.
② 경사, 순경은 사법경찰리로서 검사 또는 사법경찰관의 지휘를 받어 수사의 보조를 하여야 한다.
③ 전2항에 규정한 자 이외에 법률로써 사법경찰관리를 정할 수 있다.

507 제196조(사법경찰관리) ① 수사관, 경무관, 총경, 경정, 경감, 경위는 사법경찰관으로서 모든 수사에 관하여 검사의 지휘를 받는다.
② 사법경찰관은 범죄의 혐의가 있다고 인식하는 때에는 범인, 범죄사실과 증거에 관하여 수사를 개시·진행하여야 한다.
③ 사법경찰관리는 검사의 지휘가 있는 때에는 이에 따라야 한다. 검사의 지휘에 관한 구체적 사항은 대통령령으로 정한다.
④ 사법경찰관은 범죄를 수사한 때에는 관계 서류와 증거물을 지체 없이 검사에게 송부하여야 한다.
⑤ 경사, 경장, 순경은 사법경찰리로서 수사의 보조를 하여야 한다.
⑥ 제1항 또는 제5항에 규정한 자 이외에 법률로써 사법경찰관리를 정할 수 있다.
[전문개정 2011. 7. 18.]

508 제195조(검사와 사법경찰관의 관계 등) ① 검사와 사법경찰관은 수사, 공소제기 및 공소유지에 관하여 서로 협력하여야 한다.
② 제1항에 따른 수사를 위하여 준수하여야 하는 일반적 수사준칙에 관한 사항은 대통령령으로 정한다.

509 제197조(사법경찰관리) ① 경무관, 총경, 경정, 경감, 경위는 사법경찰관으로서 범죄의 혐의가 있다고 사료하는 때에는 범인, 범죄사실과 증거를 수사한다. <개정 2020. 2. 4.>
② 경사, 경상, 순경은 사법경찰리로서 수사의 보조를 하여야 한다. <개정 2020. 2. 4.>
③~⑥ 삭제 <2020. 2. 4.>
[제196조에서 이동, 종전 제197조는 삭제 <2020. 2. 4.>]

나. 검찰

2020. 2. 4. 개정법 하에서도 검사는 범죄의 혐의가 있다고 사료하는 때에는 범인, 범죄사실과 증거를 수사할 수 있다(제196조). 검사와 사법경찰관의 지위가 협력관계로 명시됨에 따라 수사 진행에 있어 혼란이 초래될 수도 있는데, 검사는 일정한 사유가 있는 경우 사법경찰관에게 보완수사를 요구할 수 있고(제197조의2[510]) 사법경찰관리의 수사과정에서 법령위반, 인권침해 또는 현저한 수사권 남용이 의심되는 사실의 신고가 있거나 그러한 사실을 인식하게 된 경우에는 사법경찰관에게 사건기록 등본의 송부와 시정조치를 요구할 수 있다(제197조의3[511]). 그리고 검사는 사법경찰관과 동일한 범죄사실을 수사하게 된 때에는 사법경찰관에게 사건을 송치할 것을 요구할 수 있고(제197조의4 제1항), 그러한 요구를 받은

---

510 제197조의2(보완수사요구) ① 검사는 다음 각 호의 어느 하나에 해당하는 경우에 사법경찰관에게 보완수사를 요구할 수 있다.
1. 송치사건의 공소제기 여부 결정 또는 공소의 유지에 관하여 필요한 경우
2. 사법경찰관이 신청한 영장의 청구 여부 결정에 관하여 필요한 경우
② 사법경찰관은 제1항의 요구가 있는 때에는 정당한 이유가 없는 한 지체 없이 이를 이행하고, 그 결과를 검사에게 통보하여야 한다.
③ 검찰총장 또는 각급 검찰청 검사장은 사법경찰관이 정당한 이유 없이 제1항의 요구에 따르지 아니하는 때에는 권한 있는 사람에게 해당 사법경찰관의 직무배제 또는 징계를 요구할 수 있고, 그 징계 절차는 「공무원 징계령」 또는 「경찰공무원 징계령」에 따른다.
[본조신설 2020. 2. 4.]

511 제197조의3(시정조치요구 등) ① 검사는 사법경찰관리의 수사과정에서 법령위반, 인권침해 또는 현저한 수사권 남용이 의심되는 사실의 신고가 있거나 그러한 사실을 인식하게 된 경우에는 사법경찰관에게 사건기록 등본의 송부를 요구할 수 있다.
② 제1항의 송부 요구를 받은 사법경찰관은 지체 없이 검사에게 사건기록 등본을 송부하여야 한다.
③ 제2항의 송부를 받은 검사는 필요하다고 인정되는 경우에는 사법경찰관에게 시정조치를 요구할 수 있다.
④ 사법경찰관은 제3항의 시정조치 요구가 있는 때에는 정당한 이유가 없으면 지체 없이 이를 이행하고, 그 결과를 검사에게 통보하여야 한다.
⑤ 제4항의 통보를 받은 검사는 제3항에 따른 시정조치 요구가 정당한 이유 없이 이행되지 않았다고 인정되는 경우에는 사법경찰관에게 사건을 송치할 것을 요구할 수 있다.
⑥ 제5항의 송치 요구를 받은 사법경찰관은 검사에게 사건을 송치하여야 한다.
⑦ 검찰총장 또는 각급 검찰청 검사장은 사법경찰관리의 수사과정에서 법령위반, 인권침해 또는 현저한 수사권 남용이 있었던 때에는 권한 있는 사람에게 해당 사법경찰관리의 징계를 요구할 수 있고, 그 징계 절차는 「공무원 징계령」 또는 「경찰공무원 징계령」에 따른다.
⑧ 사법경찰관은 피의자를 신문하기 전에 수사과정에서 법령위반, 인권침해 또는 현저한 수사권 남용이 있는 경우 검사에게 구제를 신청할 수 있음을 피의자에게 알려주어야 한다.
[본조신설 2020. 2. 4.]

사법경찰관은 지체 없이 검사에게 사건을 송치하여야 한다. 다만, 검사가 영장을 청구하기 전에 동일한 범죄사실에 관하여 사법경찰관이 영장을 신청한 경우에는 해당 영장에 기재된 범죄사실을 계속 수사할 수 있다(제197조의4 제2항).

한편 공소제기와 관련하여 공소는 검사가 제기하여 수행하고(국가소추주의[512]), 검사는 「형법」 제51조의 사항을 참작하여 공소를 제기하지 아니할 수 있다(기소편의주의[513]). 이와 같이 형사소송법 제246조와 제247조에 의하여 검사는 범죄의 구성요건에 해당하여 형사적 제재를 함이 상당하다고 판단되는 경우에는 공소를 제기할 수 있고 또 형법 제51조의 사항을 참작하여 공소를 제기하지 아니할 수 있는 재량권이 부여되어 있으나, 검사가 자의적으로 공소권을 행사하여 피고인에게 실질적인 불이익을 줌으로써 소추재량권을 현저히 일탈하였다고 보여지는 경우에 이를 공소권의 남용으로 보아 공소제기의 효력을 부인할 수 있는 것이고, 여기서 자의적인 공소권의 행사라 함은 단순히 직무상의 과실에 의한 것만으로는 부족하고 적어도 미필적이나마 어떤 의도가 있어야 한다.[514] 이와 반대로 기소를 해야 할 사안에 대해 불기소처분을 한 경우에는 형사소송법 제260조에 따라 검찰 항고와 재정신청을 할 수 있고, 그럼에도 불기소처분이 시정되지 않는 경우에는 헌법재판소법 제68조 제1항에 따른 헌법소원심판을 청구할 수 있다.[515]

---

512 제246조(국가소추주의) 공소는 검사가 제기하여 수행한다.

513 제247조(기소편의주의) 검사는「형법」 제51조의 사항을 참작하여 공소를 제기하지 아니할 수 있다.

514 대법원 2001. 9. 7. 선고 2001도3026 판결(피고인이 절취한 차량을 무면허로 운전하다가 적발되어 절도 범행의 기소중지자로 검거되었음에도 무면허 운전의 범행만이 기소되어 유죄의 확정판결을 받고 그 형의 집행중 가석방되면서 다시 그 절도 범행의 기소중지자로 긴급체포되어 절도 범행과 이미 처벌받은 무면허 운전의 일부 범행까지 포함하여 기소된 경우, 그 후행 기소가 적법한 것으로 보아 유죄를 인정한 원심판결에는 공소권 남용에 관한 법리 오해 또는 심리미진의 위법이 있다는 이유로 파기한 사례), 대법원 2007. 5. 31. 선고 2007도1903 판결(본래 범의를 가지지 아니한 자에 대하여 수사기관이 사술이나 계략 등을 써서 범의를 유발케 하여 범죄인을 검거하는 함정수사는 위법함을 면할 수 없고, 이러한 함정수사에 기한 공소제기는 그 절차가 법률의 규정에 위반하여 무효인 때에 해당한다).

515 검사의 불기소처분은 공권력의 행사에 포함되고, 검사의 자의적인 수사 또는 판단에 의하여 불기소처분이 이루어진 경우에는 헌법 제11조(평등권), 제27조 제5항(형사피해자의 재판절차진술권), 제30조(범죄피해사 구조청구권)에 정한 기본권을 침해하게 된다(헌법재판소 1989. 4. 17. 선고 88헌마3 전원재판부). 다만, 고소권자

다. 준수사항

1954년 제정된 형사소송법 제198조에서는 현행 제198조 제2항에 대응하는 하나의 조문만을 규정하였다가,[516] 2007. 6. 1. 개정법[517]에서 불구속수사의 원칙에 관한 제1항을 신설하였고, 2011. 7. 18. 개정법에서 제3항이 추가되었다. 현행 형사소송법 제198조는 다음과 같다.

> **제198조(준수사항)** ① 피의자에 대한 수사는 불구속 상태에서 함을 원칙으로 한다.
> ② 검사·사법경찰관리와 그 밖에 직무상 수사에 관계있는 자는 피의자 또는 다른 사람의 인권을 존중하고 수사과정에서 취득한 비밀을 엄수하며 수사에 방해되는 일이 없도록 하여야 한다.
> ③ 검사·사법경찰관리와 그 밖에 직무상 수사에 관계있는 자는 수사과정에서 수사와 관련하여 작성하거나 취득한 서류 또는 물건에 대한 목록을 빠짐 없이 작성하여야 한다. <신설 2011. 7. 18.>

* 함정수사

본래 범의를 가지지 아니한 자에 대하여 수사기관이 사술이나 계략 등을 써서 범의를 유발케 하여 범죄인을 검거하는 함정수사는 위법함을 면할 수 없고, 이러한 함정수사에 기한 공소제기는 그 절차가 법률의 규정에 위반하여 무효인 때에 해당한다 할 것이지만, 범의를 가진 자에 대하여 단순히 범행의 기회를 제공하는 것에 불과한 경우에는 위법한 함정수사라고 단정할 수 없다.[518] 즉, 본래

(告訴權者)라고 하여도 불기소처분시(不起訴處分時)까지 고소권(告訴權)을 행사하지 아니하였다면 평등권(平等權)의 침해(侵害)를 주장할 지위에 있지 않다(헌법재판소 1993. 3. 11. 선고 92헌마48 전원재판부).

516 제198조(주의사항) 검사, 사법경찰관리 기타 직무상 수사에 관계있는 자는 비밀을 엄수하며 피의자 또는 다른 사람의 인권을 존중하고 수사에 방해되는 일이 없도록 주의하여야 한다.

517 형사절차에 있어서 피고인 및 피의자의 권익을 보장하기 위하여 인신구속 제도 및 방어권보장 제도를 합리적으로 개선하고, 공판중심주의적 법정심리절차를 도입하며, 재정신청의 대상을 전면 확대함에 따라 이 법의 관련 규정을 체계적으로 정비·보완하는 한편, 국민의 알권리 보장 및 사법에 대한 국민의 신뢰를 높이기 위하여 형사재판기록의 공개범위를 확대하는 등 현행 제도의 운영상 나타난 일부 미비점을 개선·보완하려는 것임.

범의를 가지지 아니한 자에 대하여 수사기관이 사술이나 계략 등을 써서 범의를 유발하게 하여 범죄인을 검거하는 함정수사는 위법한바, 구체적인 사건에 있어서 위법한 함정수사에 해당하는지 여부는 해당 범죄의 종류와 성질, 유인자의 지위와 역할, 유인의 경위와 방법, 유인에 따른 피유인자의 반응, 피유인자의 처벌 전력 및 유인행위 자체의 위법성 등을 종합하여 판단하여야 한다. 수사기관과 직접 관련이 있는 유인자가 피유인자와의 개인적인 친밀관계를 이용하여 피유인자의 동정심이나 감정에 호소하거나, 금전적·심리적 압박이나 위협 등을 가하거나, 거절하기 힘든 유혹을 하거나, 또는 범행방법을 구체적으로 제시하고 범행에 사용될 금전까지 제공하는 등으로 과도하게 개입함으로써 피유인자로 하여금 범의를 일으키게 하는 것은 위법한 함정수사에 해당하여 허용되지 않지만, 유인자가 수사기관과 직접적인 관련을 맺지 아니한 상태에서 피유인자를 상대로 단순히 수차례 반복적으로 범행을 부탁하였을 뿐 수사기관이 사술이나 계략 등을 사용하였다고 볼 수 없는 경우는, 설령 그로 인하여 피유인자의 범의가 유발되었다 하더라도 위법한 함정수사에 해당하지 아니한다.[519]

그리고 범의를 가진 자에 대하여 단순히 범행의 기회를 제공하거나 범행을 용이하게 하는 것에 불과한 수사방법이 경우에 따라 허용될 수 있음은 별론으로 하고, 본래 범의를 가지지 아니한 자에 대하여 수사기관이 사술이나 계략 등을 써서 범의를 유발케 하여 범죄인을 검거하는 함정수사는 위법함을 면할 수 없고, 이러한 함정수사에 기한 공소제기는 그 절차가 법률의 규정에 위반하여 무효인 때에 해당한다.[520]

518 대법원 2007. 5. 31. 선고 2007도1903 판결.

519 대법원 2013. 3. 28. 선고 2013도1473 판결, 대법원 2007. 11. 29. 선고 2007도7680 판결, 대법원 2007. 7. 12. 선고 2006도2339 판결.

520 대법원 2008. 10. 23. 선고 2008도7362 판결.

(1) 적법한 수사에 해당하는 경우

1) 대법원 2013. 3. 28. 선고 2013도1473 판결

원심이 유지한 제1심이 적법하게 채택하여 조사한 증거들에 의하면, 수사기관이 공소외 1, 2로 하여금 피고인을 유인하도록 한 것이라기보다는 공소외 1, 2가 각자의 사적인 동기에 기하여 수사기관과 직접적인 관련 없이 독자적으로 피고인을 유인한 것으로서, 수사기관이 사술이나 계략 등을 사용하여 피고인으로 하여금 범의를 일으키게 하였다고 볼 수 없어 원심판결에 함정수사에 관한 법리를 오해하는 등의 위법이 없으므로, 위와 같은 항소이유 철회에 관한 법리오해나 판단누락의 잘못은 판결 결과에 영향이 없다.

2) 대법원 2007. 6. 29. 선고 2007도3164 판결

수사기관에서 공범이나 장물범의 체포 등을 위하여 범인의 체포시기를 조절하는 등 여러 가지 수사기법을 사용한다는 점을 고려하면, 수사기관이 피고인의 범죄사실을 인지하고도 피고인을 바로 체포하지 않고 추가 범행을 지켜보고 있다가 범죄사실이 많이 늘어난 뒤에야 피고인을 체포하였다는 사정만으로는 피고인에 대한 수사와 공소제기가 위법하다거나 함정수사에 해당한다고 할 수 없다.

3) 대법원 2007. 5. 31. 선고 2007도1903 판결

경찰관이 취객을 상대로 한 이른바 부축빼기 절도범을 단속하기 위하여, 공원 인도에 쓰러져 있는 취객 근처에서 감시하고 있다가, 마침 피고인이 나타나 취객을 부축하여 10m 정도를 끌고 가 지갑을 뒤지자 현장에서 체포하여 기소한 경우, 위법한 함정수사에 기한 공소제기가 아니라고 한 사례.

(2) 위법한 수사에 해당하는 경우

1) 대법원 2005. 10. 28. 선고 2005도1247 판결

원심판결 이유에 의하면, 원심은, 피고인 2의 메스암페타민 매수, 교부 공소

사실 및 피고인 1의 메스암페타민 수수, 수입 공소사실과 관련하여 그 채용 증거들에 의하여 판시와 같은 사실을 인정한 다음, 이에 의하면 이미 범의를 가지고 있던 피고인들의 범행에 관한 정보를 알아내어 검거하였을 뿐이라는 취지의 검찰 마약수사주사 공소외 1과 제보자 공소외 2의 각 진술은 믿기 어렵고, 오히려 원래 중국까지 가서 메스암페타민을 구해 올 생각이 없었는데 공소외 1과 공소외 2의 함정수사를 위한 이른바 '작업'에 의하여 비로소 이 사건 범행에 대한 범의를 일으켰다고 하는 피고인들의 진술이 더 신빙성이 있을 뿐 아니라, 공소외 2의 유발행위 이전부터 피고인들에게 메스암페타민을 중국으로부터 수입하려는 구체적인 범의가 있었다거나 피고인 1이 예정했던 것보다 하루 일찍 인천공항을 통해 귀국한 것만으로 공소외 1, 공소외 2와 같이 계획했던 것과는 별개의 범의를 일으켜 메스암페타민 수입 범행을 감행하였다고 볼 수 없다고 판단하여, 결국 이 부분 공소는 범의를 가지지 아니한 사람에 대하여 수사기관이 범행을 적극 권유하여 범의를 유발케 하고 범죄를 행하도록 한 뒤 범행을 저지른 사람에 대하여 바로 그 범죄행위를 문제 삼아 공소를 제기하는 것으로서 적법한 소추권의 행사로 볼 수 없으므로, 형사소송법 제327조 제2호에 규정된 공소제기의 절차가 법률의 규정에 위반하여 무효인 때에 해당한다는 이유로 공소기각 판결을 선고하였다.

위에서 본 법리와 기록에 의하여 살펴보면, 원심의 위와 같은 사실인정과 판단은 모두 정당하여 수긍이 가고, 거기에 상고이유의 주장과 같은 채증법칙 위배나 함정수사에 관한 법리오해 등의 위법이 있다고 할 수 없다.

2) 대법원 2008. 10. 23. 선고 2008도7362 판결

이 사건의 경우 경찰관들이 단속 실적을 올리기 위하여 손님을 가장하고 들어가 도우미를 불러 줄 것을 요구하였던 점, 피고인측은 평소 자신들이 손님들에게 도우미를 불러 준 적도 없으며, 더군다나 이 사건 당일 도우미를 불러달라는 다른 손님들이 있었으나 응하지 않고 모두 돌려보낸 바 있다고 주장하는데, 위

노래방이 평소 손님들에게 도우미 알선 영업을 해 왔다는 아무런 자료도 없는 점, 위 경찰관들도 그와 같은 제보나 첩보를 가지고 이 사건 노래방에 대한 단속을 한 것이 아닌 점, 위 경찰관들이 피고인측으로부터 한 차례 거절당하였으면서도 다시 위 노래방에 찾아가 도우미를 불러 줄 것을 요구하여 도우미가 오게 된 점 등 여러 사정들을 종합해 보면, 이 사건 단속은 수사기관이 사술이나 계략 등을 써서 피고인의 범의를 유발케 한 것으로서 위법하고, 이러한 함정수사에 기한 이 사건 공소제기 또한 그 절차가 법률의 규정에 위반하여 무효인 때에 해당한다고 하여 이 사건 공소를 기각한 원심 판결은 정당하다(참고조문 음악산업진흥에 관한 법률 제22조[521] 제2항, 제34조 제4항[522]).

라. 구속

현행 형사소송법 제198조 제1항에서는 불구속 수사의 원칙을 규정하고 있으나, 조문에서 알 수 있듯이 어디까지나 원칙 규정이기 때문에 예외적인 구속 수사도 가능하고 언론을 통해 많은 구속 수사 사례를 접할 수 있다. 구속 여부는 당사자의 인신 제한과 관련하여 가장 중요한 통제라고 할 수 있으므로 구속에 관한 기본적인 법 규정은 알아둘 필요가 있다.

---

521 제22조(노래연습장업자의 준수사항 등) ① 노래연습장업자는 다음 각 호의 사항을 지켜야 한다. <개정 2019. 12. 3.>
1. 영업소 안에 화재 또는 안전사고 예방을 위한 조치를 할 것
2. 해당 영업장소에 대통령령이 정하는 출입시간외에 청소년이 출입하지 아니하도록 할 것. 다만, 부모 등 보호자를 동반하거나 그의 출입동의서를 받은 경우 그 밖에 대통령령이 정하는 경우에는 그러하지 아니하다.
3. 주류를 판매·제공하지 아니할 것
4. 접대부(남녀를 불문한다)를 고용·알선하거나 호객행위를 하지 아니할 것
5. 「성매매알선 등 행위의 처벌에 관한 법률」 제2조 제1항의 규정에 따른 성매매 등의 행위를 하게 하거나 이를 알선·제공하는 행위를 하지 아니할 것
6. 건전한 영업질서의 유지 등에 관하여 대통령령이 정하는 사항을 준수할 것
② 누구든지 영리를 목적으로 노래연습장에서 손님과 함께 술을 마시거나 노래 또는 춤으로 손님의 유흥을 돋우는 접객행위를 하거나 타인에게 그 행위를 알선하여서는 아니 된다.

522 제22조 제2항의 규정을 위반한 자는 1년 이하의 징역 또는 300만원 이하의 벌금에 처한다.

(1) 사유

피의자가 죄를 범하였다고 의심할 만한 상당한 이유가 있고 제70조[523] 제1항 각 호의 1에 해당하는 사유가 있을 때에는 검사는 관할지방법원판사에게 청구하여 구속영장을 받아 피의자를 구속할 수 있고 사법경찰관은 검사에게 신청하여 검사의 청구로 관할지방법원판사의 구속영장을 받아 피의자를 구속할 수 있다. 다만, 다액 50만원이하의 벌금, 구류 또는 과료에 해당하는 범죄에 관하여는 피의자가 일정한 주거가 없는 경우에 한한다(제201조 제1항). 구속영장의 청구에는 구속의 필요를 인정할 수 있는 자료를 제출하여야 하며(제201조 제2항), 구속영장의 청구를 받은 지방법원판사는 신속히 구속영장의 발부여부를 결정하여야 한다(제201조 제3항). 지방법원판사는 상당하다고 인정할 때에는 구속영장을 발부하고 이를 발부하지 아니할 때에는 청구서에 그 취지 및 이유를 기재하고 서명날인하여 청구한 검사에게 교부한다(제201조 제4항). 한편, 검사가 구속영장의 청구를 함에 있어서 동일한 범죄사실에 관하여 그 피의자에 대하여 전에 구속영장을 청구하거나 발부받은 사실이 있을 때에는 다시 구속영장을 청구하는 취지 및 이유를 기재하여야 한다(제201조 제5항).

(2) 영장실질심사

제200조의2[524]·제200조의3[525] 또는 제212조[526]에 따라 체포된 피의자에 대

---

523 제70조(구속의 사유) ① 법원은 피고인이 죄를 범하였다고 의심할 만한 상당한 이유가 있고 다음 각 호의 1에 해당하는 사유가 있는 경우에는 피고인을 구속할 수 있다. <개정 1995. 12. 29.>
1. 피고인이 일정한 주거가 없는 때
2. 피고인이 증거를 인멸할 염려가 있는 때
3. 피고인이 도망하거나 도망할 염려가 있는 때
② 법원은 제1항의 구속사유를 심사함에 있어서 범죄의 중대성, 재범의 위험성, 피해자 및 중요 참고인 등에 대한 위해우려 등을 고려하여야 한다. <신설 2007. 6. 1.>
③ 다액 50만원 이하의 벌금, 구류 또는 과료에 해당하는 사건에 관하여는 제1항 제1호의 경우를 제한 외에는 구속할 수 없다. <개정 1973. 1. 25., 1995. 12. 29., 2007. 6. 1.>

524 제200조의2(영장에 의한 체포) ① 피의자가 죄를 범하였다고 의심할 만한 상당한 이유가 있고, 정당한 이유없이 제200조의 규정에 의한 출석요구에 응하지 아니하거나 응하지 아니할 우려가 있는 때에는 검사는 관할 지

하여 구속영장을 청구받은 판사는 지체 없이 피의자를 심문하여야 한다. 이 경우 특별한 사정이 없는 한 구속영장이 청구된 날의 다음날까지 심문하여야 한다(제201조의2 제1항). 제1항 외의 피의자에 대하여 구속영장을 청구받은 판사는 피의자가 죄를 범하였다고 의심할 만한 이유가 있는 경우에 구인을 위한 구속영장을 발부하여 피의자를 구인한 후 심문하여야 한다. 다만, 피의자가 도망하는 등의 사유로 심문할 수 없는 경우에는 그러하지 아니하다(제201조의2 제2항).

판사는 제1항의 경우에는 즉시, 제2항의 경우에는 피의자를 인치한 후 즉시 검사, 피의자 및 변호인에게 심문기일과 장소를 통지하여야 하고, 이 경우 검사는 피의자가 체포되어 있는 때에는 심문기일에 피의자를 출석시켜야 한다(제201조의2 제3항). 검사와 변호인은 위 심문기일에 출석하여 의견을 진술할 수 있다(제201조의2 제4항).

방법원판사에게 청구하여 체포영장을 발부받아 피의자를 체포할 수 있고, 사법경찰관은 검사에게 신청하여 검사의 청구로 관할지방법원판사의 체포영장을 발부받아 피의자를 체포할 수 있다. 다만, 다액 50만원 이하의 벌금, 구류 또는 과료에 해당하는 사건에 관하여는 피의자가 일정한 주거가 없는 경우 또는 정당한 이유없이 제200조의 규정에 의한 출석요구에 응하지 아니한 경우에 한한다.

② 제1항의 청구를 받은 지방법원판사는 상당하다고 인정할 때에는 체포영장을 발부한다. 다만, 명백히 체포의 필요가 인정되지 아니하는 경우에는 그러하지 아니하다.

③ 제1항의 청구를 받은 지방법원판사가 체포영장을 발부하지 아니할 때에는 청구서에 그 취지 및 이유를 기재하고 서명날인하여 청구한 검사에게 교부한다.

④ 검사가 제1항의 청구를 함에 있어서 동일한 범죄사실에 관하여 그 피의자에 대하여 전에 체포영장을 청구하였거나 발부받은 사실이 있는 때에는 다시 체포영장을 청구하는 취지 및 이유를 기재하여야 한다.

⑤ 체포한 피의자를 구속하고자 할 때에는 체포한 때부터 48시간이내에 제201조의 규정에 의하여 구속영장을 청구하여야 하고, 그 기간 내에 구속영장을 청구하지 아니하는 때에는 피의자를 즉시 석방하여야 한다.

525 제200조의3(긴급체포) ① 검사 또는 사법경찰관은 피의자가 사형·무기 또는 장기 3년이상의 징역이나 금고에 해당하는 죄를 범하였다고 의심할 만한 상당한 이유가 있고, 다음 각 호의 어느 하나에 해당하는 사유가 있는 경우에 긴급을 요하여 지방법원판사의 체포영장을 받을 수 없는 때에는 그 사유를 알리고 영장없이 피의자를 체포할 수 있다. 이 경우 긴급을 요한다 함은 피의자를 우연히 발견한 경우등과 같이 체포영장을 받을 시간적 여유가 없는 때를 말한다. <개정 2007. 6. 1.>

1. 피의자가 증거를 인멸할 염려가 있는 때
2. 피의자가 도망하거나 도망할 우려가 있는 때

② 사법경찰관이 제1항의 규정에 의하여 피의자를 체포한 경우에는 즉시 검사의 승인을 얻어야 한다.

③ 검사 또는 사법경찰관은 제1항의 규정에 의하여 피의자를 체포한 경우에는 즉시 긴급체포서를 작성하여야 한다.

④ 제3항의 규정에 의한 긴급체포서에는 범죄사실의 요지, 긴급체포의 사유등을 기재하여야 한다.

526 제212조(현행범인의 체포) 현행범인은 누구든지 영장없이 체포할 수 있다.

판사는 제1항 또는 제2항에 따라 심문하는 때에는 공범의 분리심문이나 그 밖에 수사상의 비밀보호를 위하여 필요한 조치를 하여야 하고(제201조의2 제5항), 제1항 또는 제2항에 따라 피의자를 심문하는 경우 법원사무관등은 심문의 요지 등을 조서로 작성하여야 한다(제201조의2 제6항). 피의자심문을 하는 경우 법원이 구속영장청구서·수사 관계 서류 및 증거물을 접수한 날부터 구속영장을 발부하여 검찰청에 반환한 날까지의 기간은 제202조 및 제203조의 적용에 있어서 그 구속기간에 이를 산입하지 아니한다(제201조의2 제7항).

심문할 피의자에게 변호인이 없는 때에는 지방법원판사는 직권으로 변호인을 선정하여야 한다. 이 경우 변호인의 선정은 피의자에 대한 구속영장 청구가 기각되어 효력이 소멸한 경우를 제외하고는 제1심까지 효력이 있고(제201조의2 제8항), 법원은 변호인의 사정이나 그 밖의 사유로 변호인 선정결정이 취소되어 변호인이 없게 된 때에는 직권으로 변호인을 다시 선정할 수 있다(제201조의2 제9항).[527]

(3) 구속기간

사법경찰관이 피의자를 구속한 때에는 10일 이내에 피의자를 검사에게 인치하지 아니하면 석방하여야 한다(제202조). 그리고 검사가 피의자를 구속한 때 또는 사법경찰관으로부터 피의자의 인치를 받은 때에는 10일 이내에 공소를 제기하지 아니하면 석방하여야 하고(제203조), 다만 지방법원판사는 검사의 신청(구속기간 연장의 필요를 인정할 수 있는 자료를 제출하여야 함)에 의하여 수사를 계속함에 상당한 이유가 있다고 인정한 때에는 10일을 초과하지 아니하는 한도에서 제203조의 구속기간의 연장을 1차에 한하여 허가할 수 있다(제205조).

527 그 이외에 제71조, 제71조의2, 제75조, 제81조부터 제83조까지, 제85조 제1항·제3항·제4항, 제86조, 제87조 제1항, 제89조부터 제91조까지 및 제200조의5는 제2항에 따라 구인을 하는 경우에 준용하고, 제48조, 제51조, 제53조, 제56조의2 및 제276조의2는 피의자에 대한 심문의 경우에 준용한다(제201조의2 제10항).

마. 체포와 구속의 적부심사

구속된 당사자를 석방할 수 있는 제도로 피고인에 대해서는 보석제도가 있는 반면, 피의자에 대해서는 체포·구속 적부심사제도가 있다. 피의자를 체포하거나 구속한 검사 또는 사법경찰관은 체포되거나 구속된 피의자와 그 변호인, 법정대리인, 배우자, 직계친족, 형제자매나 가족, 동거인 또는 고용주 중에서 피의자가 지정하는 사람에게 적부심사를 청구할 수 있음을 알려야 하고(제214조의2 제2항), 이에 따라 체포되거나 구속된 피의자 또는 그 변호인, 법정대리인, 배우자, 직계친족, 형제자매나 가족, 동거인 또는 고용주는 관할법원에 체포 또는 구속의 적부심사(適否審査)를 청구할 수 있다(제214조의2 제1항). 검사·변호인·청구인은 심문기일에 출석하여 의견을 진술할 수 있고(제214조의2 제9항), 체포되거나 구속된 피의자에게 변호인이 없는 경우에는 국선변호인을 선정한다(제214조의2 제10항).

적부심사 청구를 받은 법원은 1) 청구권자 아닌 사람이 청구하거나 동일한 체포영장 또는 구속영장의 발부에 대하여 재청구한 때, 2) 공범이나 공동피의자의 순차청구(順次請求)가 수사 방해를 목적으로 하고 있음이 명백한 때에 해당하면 심문 없이 결정으로 청구를 기각할 수 있고(제214조의2 제3항), 그렇지 않으면 청구서가 접수된 때부터 48시간 이내에 체포되거나 구속된 피의자를 심문하고 수사 관계 서류와 증거물을 조사하여 그 청구가 이유 없다고 인정한 경우에는 결정으로 기각하고, 이유 있다고 인정한 경우에는 결정으로 체포되거나 구속된 피의자의 석방을 명하여야 한다. 심사 청구 후 피의자에 대하여 공소제기가 있는 경우에도 또한 같다(제214조의2 제4항). 한편, 법원은 일정한 예외 사유[528]가 없는 한 구속된 피의자(심사청구 후 공소제기된 사람을 포함한다)에 대하여 피의자의 출석을 보증할 만한 보증금의 납입을 조건으로 하여 결정으로 석방을 명할 수 있고(제214조의2 제5항), 이 경우 주거의 제한, 법원 또는 검사가 지정하

528 1. 범죄의 증거를 인멸할 염려가 있다고 믿을 만한 충분한 이유가 있는 때
2. 피해자, 당해 사건의 재판에 필요한 사실을 알고 있다고 인정되는 사람 또는 그 친족의 생명·신체나 재산에 해를 가하거나 가할 염려가 있다고 믿을 만한 충분한 이유가 있는 때

는 일시·장소에 출석할 의무, 그 밖의 적당한 조건을 부가할 수 있으며(제214조의2 제6항) 제99조[529] 및 제100조[530]를 준용한다(제214조의2 제7항).

바. 보석

보석이란 일정한 보증금의 납부 등을 조건으로 구속의 집행을 정지하여 구속된 피고인을 석방하는 제도이며, 보증금의 납부 등을 조건으로 한다는 점에서 구속의 집행정지와 구별되고 조건부 구속의 집행정지라 할 수 있다.[531]

피고인, 피고인의 변호인·법정대리인·배우자·직계친족·형제자매·가족·동거인 또는 고용주는 법원에 구속된 피고인의 보석을 청구할 수 있으며(제94조), 필요적 보석과 임의적 보석이 있다. 필요적 보석은 보석의 청구가 있는 때에는 반드시 보석을 허가해야 하는 것으로서 1) 피고인이 사형, 무기 또는 장기 10년이 넘는 징역이나 금고에 해당하는 죄를 범한 때, 2) 피고인이 누범에 해당하거나 상습범인 죄를 범한 때, 3) 피고인이 죄증을 인멸하거나 인멸할 염려가 있다고 믿을 만한 충분한 이유가 있는 때, 4) 피고인이 도망하거나 도망할 염려가 있다고 믿을 만한 충분한 이유가 있는 때, 5) 피고인의 주거가 분명하지 아니한 때,

---

529 제99조(보석조건의 결정 시 고려사항) ① 법원은 제98조의 조건을 정할 때 다음 각 호의 사항을 고려하여야 한다. <개정 2020. 12. 8.>
1. 범죄의 성질 및 죄상(罪狀)
2. 증거의 증명력
3. 피고인의 전과(前科)·성격·환경 및 자산
4. 피해자에 대한 배상 등 범행 후의 정황에 관련된 사항
② 법원은 피고인의 자금능력 또는 자산 정도로는 이행할 수 없는 조건을 정할 수 없다. <개정 2020. 12. 8.>

530 제100조(보석집행의 절차) ① 제98조 제1호·제2호·제5호·제7호 및 제8호의 조건은 이를 이행한 후가 아니면 보석허가결정을 집행하지 못하며, 법원은 필요하다고 인정하는 때에는 다른 조건에 관하여도 그 이행 이후 보석허가결정을 집행하도록 정할 수 있다. <개정 2007. 6. 1.>
② 법원은 보석청구자 이외의 자에게 보증금의 납입을 허가할 수 있다.
③ 법원은 유가증권 또는 피고인 외의 자가 제출한 보증서로써 보증금에 갈음함을 허가할 수 있다. <개정 2007. 6. 1.>
④ 전항의 보증서에는 보증금액을 언제든지 납입할 것을 기재하여야 한다.
⑤ 법원은 보석허가결정에 따라 석방된 피고인이 보석조건을 준수하는데 필요한 범위 안에서 관공서나 그 밖의 공사단체에 대하여 적절한 조치를 취할 것을 요구할 수 있다. <신설 2007. 6. 1.>

531 이재상·조균석, 「형사소송법(제11판)」, 박영사, 2017, 296-297면.

6) 피고인이 피해자, 당해 사건의 재판에 필요한 사실을 알고 있다고 인정되는 자 또는 그 친족의 생명·신체나 재산에 해를 가하거나 가할 염려가 있다고 믿을 만한 충분한 이유가 있는 때에 해당하지 않는 경우이다(제95조). 한편, 법원은 제95조의 규정에 불구하고 상당한 이유가 있는 때에는 직권 또는 제94조에 규정한 자의 청구에 의하여 결정으로 보석을 허가할 수 있는데(제96조) 이를 임의적 보석이라고 한다.

법원은 보석을 허가하는 경우에는 필요하고 상당한 범위 안에서 다음의 조건 중 하나 이상의 조건을 정하여야 하고(제98조), 그 조건을 정함에 있어서 범죄의 성질 및 죄상(罪狀), 증거의 증명력, 피고인의 전과·성격·환경 및 자산, 피해자에 대한 배상 등 범행 후의 정황에 관련된 사항을 고려하되 피고인의 자력 또는 사산 정도로는 이행할 수 없는 조건을 정할 수 없다(제99조).

1) 법원이 지정하는 일시·장소에 출석하고 증거를 인멸하지 아니하겠다는 서약서를 제출할 것
2) 법원이 정하는 보증금 상당의 금액을 납입할 것을 약속하는 약정서를 제출할 것
3) 법원이 지정하는 장소로 주거를 제한하고 이를 변경할 필요가 있는 경우에는 법원의 허가를 받는 등 도주를 방지하기 위하여 행하는 조치를 수인할 것
4) 피해자, 당해 사건의 재판에 필요한 사실을 알고 있다고 인정되는 자 또는 그 친족의 생명·신체·재산에 해를 가하는 행위를 하지 아니하고 주거·직장 등 그 주변에 접근하지 아니할 것
5) 피고인 외의 자가 작성한 출석보증서를 제출할 것
6) 법원의 허가 없이 외국으로 출국하지 아니할 것을 서약할 것
7) 법원이 지정하는 방법으로 피해자의 권리회복에 필요한 금원을 공탁하거나 그에 상당한 담보를 제공할 것
8) 피고인 또는 법원이 지정하는 자가 보증금을 납입하거나 담보를 제공할 것
9) 그 밖에 피고인의 출석을 보증하기 위하여 법원이 정하는 적당한 조건을 이행할 것

❖ 변호인의 접견교통권, 피고인 또는 피의자의 진술거부권[532]

형사소송법은 제89조에서 "구속된 피고인은 법률의 범위 내에서 타인과 접견할 수 있다."고 규정하고, 제209조에 의하여 이를 체포 또는 구속된 피의자에 관하여도 준용하는 외에, 제34조에서 "변호인 또는 변호인이 되려는 자는 신체구속을 당한 피고인 또는 피의자와 접견하고 서류 또는 물건을 수수할 수 있다."고 규정하고 있다. 이러한 형사소송법의 규정들은, 헌법 제12조 제4항 본문이 "누구든지 체포 또는 구속을 당한 때에는 즉시 변호인의 조력을 받을 권리를 가진다."라고 규정하여 체포 또는 구속을 당한 사람이 변호인의 조력을 받을 권리를 기본적 인권의 하나로 보장한 취지를 실현하기 위하여 피의자 등의 헌법상 기본권을 구체화함과 동시에 변호인 또는 변호인이 되려는 자에게 피의자 등과 자유롭게 접견교통을 할 수 있는 법률상 권리를 인정한 것으로 보아야 할 것인데, 종래 변호인의 접견교통권을 직접적으로 제한하는 규정을 따로 두고 있지 아니하므로, 수사기관의 일방적인 처분 등을 통하여 함부로 변호인의 접견교통권을 제한할 수는 없다.

그러나 형사소송법상 체포 또는 구속은 죄를 범하였다고 의심할 만한 상당한 이유가 있는 피의자 또는 피고인의 도망이나 증거인멸을 방지하고 출석을 보장하기 위해 이루어지는 것이므로(제70조, 제200조의2, 제201조), 신체구속을 당한 피고인 또는 피의자에 대한 변호인의 접견교통권은 위와 같은 신체구속 제도의 본래의 목적을 침해하지 아니하는 범위 내에서 행사되어야 하고, 이러한 한계를 일탈하는 접견교통권의 행사는 정당한 접견교통권의 행사에 해당하지 아니하여 허용될 수 없는 것으로 보아야 할 것이다. 다만, 신체구속을 당한 사람에 대한 변호인의 접견교통권은 헌법상 기본권의 하나로 보장되고 있는 신체구속을 당한 사람이 변호인의 조력을 받을 권리와 표리관계에 있는 것이므로 그 접견교통권의 행사가 위와 같은 한계를 일탈한 것이라고 인정함에 있어서는 신체구속을 당한 사람의 헌법상의 기본적 권리로서의 변호인의 조력을 받을 권리의 본질적인 내용이 침해되는 일이 없도록 신중을 기하여야 한다.

한편, 변호사인 변호인에게는 변호사법이 정하는 바에 따라서 이른바 진실의무가 인정되는 것이지만, 변호인이 신체구속을 당한 사람에게 법률적 조언을 하는 것은 그

532 대법원 2007. 1. 31. 자 2006모656 결정.

> 권리이자 의무이므로 변호인이 적극적으로 피고인 또는 피의자로 하여금 허위진술을 하도록 하는 것이 아니라 단순히 헌법상 권리인 진술거부권이 있음을 알려 주고 그 행사를 권고하는 것을 가리켜 변호사로서의 진실의무에 위배되는 것이라고는 할 수 없다. 나아가, 신체구속을 당한 피의자 또는 피고인이 범한 것으로 의심받고 있는 범죄행위에 해당 변호인이 관련되어 있다는 등의 사유에 기하여 그 변호인의 변호활동을 광범위하게 규제하는 변호인의 제척과 같은 제도를 두고 있지 아니한 우리 법제 아래에서는, 변호인의 접견교통의 상대방인 신체구속을 당한 사람이 그 변호인을 자신의 범죄행위에 공범으로 가담시키려고 하였다는 등의 사정만으로 그 변호인의 신체구속을 당한 사람과의 접견교통을 금지하는 것이 정당화될 수는 없다.
>
> 이러한 법리는 신체구속을 당한 사람의 변호인이 1명이 아니라 여러 명이라고 하여 달라질 수 없고, 어느 변호인의 접견교통권의 행사가 그 한계를 일탈한 것인지의 여부는 해당 변호인을 기준으로 하여 개별적으로 판단하여야 할 것이다.[533]

3 공소제기

수사기관에서의 수사가 마무리되면 검사가 기소여부를 결정하게 된다. 공소제기, 불기소처분, 기소중지·참고인중지, 공소보류로 나눠지고 그 이외에 타관송치결정이 있다(검찰사건사무규칙[534] 제3장). 공소제기는 일반적인 공소제기라 할 수 있는 공판청구(형사소송법 제254조 제1항)와 약식명령청구(형사소송법

---

533 이러한 법리와 기록에 의하여 살펴보면, 원심이 그 판시와 같은 사실들을 인정한 다음, 다른 공동변호인들이 선임되어 있더라도 준항고인은 독자적으로 이 사건 피의자를 접견할 필요가 있고, 변호인들이 수시로 접견권을 행사함으로써 수사기관의 수사에 다소간의 어려움이 발생하였다고 하더라도 총 접견시간 등 여러 사정에 비추어 준항고인이 접견권의 행사를 빙자하여 접견교통을 하려는 것이라고 단정할 수 없으며, 준항고인이 이 사건 피의자들로 하여금 진술거부권을 행사하도록 법률적 조언을 하는 것을 위법하다고 할 수 없고, 준항고인의 접견권 행사가 준항고인 자신을 위한 것이라고 단정할 수도 없다는 등의 이유로 검사의 이 사건 접견불허처분을 위법하다는 취지로 판단한 것은 결론에 있어서 정당한 것으로 수긍할 수 있고, 거기에 재항고이유의 주장과 같은 법리오해 등의 위법이 있다고 할 수 없다.

534 [시행 2020. 9. 10.] [법무부령 제980호, 2020. 9. 10., 일부개정]

제448조 이하)가 있고, 20만원 이하의 벌금, 구류 또는 과료에 처할 경미한 범죄 사건에 대해 관할경찰서장 또는 관할해양경찰서장이 관할법원에 청구할 수 있는 즉결심판청구가 있다(즉결심판에 관한 절차법[535] 제2조, 제3조). 불기소처분은 기소하지 않고 사건을 종결시키는 검사의 종국처분인데 그 사유로는 공소권없음,[536] 죄가안됨,[537] 혐의없음,[538] 기소유예,[539] 각하[540]가 있다(검찰사건사무규칙 제69조). 기소중지 및 참고인중지는 피의자의 소재불명 등이나 참고인·고소인·고발인 또는 같은 사건 피의자의 소재불명으로 수사를 종결할 수 없는 경우 그 사유가 해소될 때까지 수사를 중지하는 처분이고(검찰사건사무규칙 제73조, 제74조), 공소보류는 「국가보안법」 제20조[541] 제1항의 규정에 의하여 공소제기

535 [시행 1957. 2. 15.] [법률 제439호, 1957. 2. 15., 제정]

536 확정판결이 있는 경우, 통고처분이 이행된 경우, 「소년법」·「가정폭력범죄의 처벌 등에 관한 특례법」·「성매매알선 등 행위의 처벌에 관한 법률」 또는 「아동학대범죄의 처벌 등에 관한 특례법」에 따른 보호처분이 확정된 경우(보호처분이 취소되어 검찰에 송치된 경우를 제외한다), 사면이 있는 경우, 공소의 시효가 완성된 경우, 범죄후 법령의 개폐로 형이 폐지된 경우, 법률의 규정에 의하여 형이 면제된 경우, 피의자에 관하여 재판권이 없는 경우, 동일사건에 관하여 이미 공소가 제기된 경우(공소를 취소한 경우를 포함한다. 다만, 다른 중요한 증거를 발견한 경우에는 그러하지 아니하다), 친고죄 및 공무원의 고발이 있어야 논하는 죄의 경우에 고소 또는 고발이 없거나 그 고소 또는 고발이 무효 또는 취소된 때, 반의사불벌죄의 경우 처벌을 희망하지 아니하는 의사표시가 있거나 처벌을 희망하는 의사표시가 철회된 경우, 피의자가 사망하거나 피의자인 법인이 존속하지 아니하게 된 경우

537 피의사실이 범죄구성요건에 해당하나 법률상 범죄의 성립을 조각하는 사유가 있어 범죄를 구성하지 아니하는 경우

538 가. 혐의없음(범죄인정안됨) : 피의사실이 범죄를 구성하지 아니하거나 인정되지 아니하는 경우
나. 혐의없음(증거불충분) : 피의사실을 인정할 만한 충분한 증거가 없는 경우

539 피의사실이 인정되나 「형법」 제51조 각호의 사항을 참작하여 소추를 필요로 하지 아니하는 경우

540 고소 또는 고발이 있는 사건에 관하여 고소인 또는 고발인의 진술이나 고소장 또는 고발장에 의하여 제2호부터 제4호까지의 사유에 해당함이 명백한 경우, 고소·고발이 「형사소송법」 제224조, 제232조제2항 또는 제235조에 위반한 경우, 동일사건에 관하여 검사의 불기소처분이 있는 경우(다만, 새로이 중요한 증거가 발견된 경우에 고소인 또는 고발인이 그 사유를 소명한 때에는 그러하지 아니하다), 「형사소송법」 제223조, 제225조부터 제228조까지의 규정에 따른 고소권자가 아닌 자가 고소한 경우, 고소·고발장 제출후 고소인 또는 고발인이 출석요구에 불응하거나 소재불명되어 고소·고발사실에 대한 진술을 청취할 수 없는 경우, 고소·고발 사건에 대하여 사안의 경중 및 경위, 고소·고발인과 피고소·피고발인의 관계 등에 비추어 피고소·피고발인의 책임이 경미하고 수사와 소추할 공공의 이익이 없거나 극히 적어 수사의 필요성이 인정되지 아니하는 경우 및 고발이 진위 여부가 불분명한 언론 보도나 인터넷 등 정보통신망의 게시물, 익명의 제보, 고발 내용과 직접적인 관련이 없는 제3자로부터의 전문(傳聞)이나 풍문 또는 고발인의 추측만을 근거로 한 경우 등으로서 수사를 개시할만한 구체적인 사유나 정황이 충분하지 아니한 경우

541 제20조(공소보류) ① 검사는 이 법의 죄를 범한 자에 대하여 형법 제51조의 사항을 참작하여 공소제기를 보류할 수 있다.
② 제1항에 의하여 공소보류를 받은 자가 공소의 제기없이 2년을 경과한 때에는 소추할 수 없다.
③ 공소보류를 받은 자가 법무부장관이 정한 감시·보도에 관한 규칙에 위반한 때에는 공소보류를 취소할 수 있다.

를 보류하는 일종의 중간처분으로서의 결정이다(검찰사건사무규칙 제78조). 타관송치는 사건이 그 소속검찰청에 대응한 법원의 관할에 속하지 아니한 때에는 사건을 서류와 증거물과 함께 관할법원에 대응한 검찰청검사에게 송치하는 것을 말하는데(형사소송법 제256조), 군사법원의 재판권에 속하는 사건의 경우 군검사에게 송치(형사소송법 제256조의2), 「소년법」 제49조 제1항, 「가정폭력범죄의 처벌 등에 관한 특례법」 제11조, 「성매매알선 등 행위의 처벌에 관한 법률」 제12조 제1항 또는 「아동학대범죄의 처벌 등에 관한 특례법」 제28조 제1항에 따른 관할법원으로의 송치가 있다(검찰사건사무규칙 제83조).

이러한 검사의 처분 중 기소유예는 비록 불기소결정에 해당하지만 피의자에게 죄가 있음을 전제로 하는 처분으로서, 죄가 없는 사람에 대한 기소유예처분은 헌법상 평등권 및 행복추구권을 침해하는 것이다. 따라서 기소유예처분에 불복이 있는 당사자는 헌법소원심판을 청구하여 그 처분의 취소를 구할 수 있다.[542] 이하에서는 형사소송법상 공소제기와 관련한 주요 내용을 중심으로 살펴본다.

가. 공소장일본주의

공소장일본주의는 검사가 공소를 제기할 때에는 원칙적으로 공소장 하나만을 제출하여야 하고 그 밖에 사건에 관하여 법원에 예단을 생기게 할 수 있는 서류 기타 물건을 첨부하거나 그 내용을 인용하여서는 아니 된다는 원칙이다(형사소송규칙 제118조[543] 제2항). 공소장에 법령이 요구하는 사항 외의 사실로서 법

---

④ 제3항에 의하여 공소보류가 취소된 경우에는 형사소송법 제208조의 규정에 불구하고 동일한 범죄사실로 재구속할 수 있다.

542 헌법재판소 2017. 6. 29. 선고 2017헌마306 전원재판부.

【주 문】

피청구인이 2017. 2. 14. 대구지방검찰청 김천지청 2017년 형제1909호 사건에서 청구인에 대하여 한 기소유예처분은 청구인의 평등권과 행복추구권을 침해한 것이므로 이를 취소한다.

543 제118조(공소장의 첨부서류) ① 공소장에는, 공소제기전에 변호인이 선임되거나 보조인의 신고가 있는 경우 그 변호인선임서 또는 보조인신고서를, 공소제기전에 특별대리인의 선임이 있는 경우 그 특별대리인 선임결정

원에 예단이 생기게 할 수 있는 사유를 나열하는 것이 허용되지 않는다는 것도 이른바 '기타 사실의 기재 금지'로서 공소장일본주의의 내용에 포함된다(대법원 1994. 3. 11. 선고 93도3145 판결 참조). 공소장일본주의의 위배 여부는 공소사실로 기재된 범죄의 유형과 내용 등에 비추어 볼 때에 공소장에 첨부 또는 인용된 서류 기타 물건의 내용, 그리고 법령이 요구하는 사항 외에 공소장에 기재된 사실이 법관 또는 배심원에게 예단을 생기게 하여 법관 또는 배심원이 범죄사실의 실체를 파악하는 데 장애가 될 수 있는지 여부를 기준으로 당해 사건에서 구체적으로 판단하여야 한다(대법원 2009. 10. 22. 선고 2009도7436 전원합의체 판결 참조). 이러한 기준에 비추어 공소장일본주의에 위배된 공소제기라고 인정되는 때에는, 그 절차가 법률의 규정에 위반하여 무효인 때에 해당하는 것으로 보아 공소기각의 판결을 선고하는 것이 원칙이다(형사소송법 제327조 제2호). 다만 공소장 기재의 방식에 관하여 피고인 측으로부터 아무런 이의가 제기되지 아니하였고 법원 역시 범죄사실의 실체를 파악하는 데 지장이 없다고 판단하여 그대로 공판절차를 진행한 결과 증거조사절차가 마무리되어 법관의 심증형성이 이루어진 단계에 이른 경우에는 소송절차의 동적 안정성 및 소송경제의 이념 등에 비추어 볼 때 더 이상 공소장일본주의 위배를 주장하여 이미 진행된 소송절차의 효력을 다툴 수 없다고 보아야 하나(위 대법원 전원합의체 판결 참조), 피고인 측으로부터 이의가 유효하게 제기되어 있는 이상 공판절차가 진행되어 법관의 심증형성의 단계에 이르렀다고 하여 공소장일본주의 위배의 하자가 치유된다고 볼 수 없다.[544]

등본을, 공소제기당시 피고인이 구속되어 있거나, 체포 또는 구속된 후 석방된 경우 체포영장, 긴급체포서, 구속영장 기타 구속에 관한 서류를 각 첨부하여야 한다. <개정 1996. 12. 3.>

② 공소장에는 제1항에 규정한 서류외에 사건에 관하여 법원에 예단이 생기게 할 수 있는 서류 기타 물건을 첨부하거나 그 내용을 인용하여서는 아니된다. <개정 1996. 12. 3.>

544 대법원 2015. 1. 29. 선고 2012도2957 판결(원심은 아래와 같은 요지의 이유를 들어, 제1심판결 중 실체판단에 나아간 부분에 관한 공소사실(이하 '이 부분 공소사실'이라 한다)은 공소장일본주의에 위배되어 공소제기의 절차가 법률의 규정을 위반하여 무효인 때에 해당한다고 판단하여, 그 부분을 파기하고 공소기각의 판결을 하였다. 가. 이 사건 공소장에 기재된 죄명과 적용법조에 비추어, 이 부분 공소사실을 범죄 구성요건 사실의 특정에 필

나. 공소시효

(1) 의의

공소시효는 범죄행위가 종료된 후 일정한 기간이 경과함에 따라 공소권이 소멸하는 제도이다.[545] 즉, 공소시효제도는 범죄행위가 종료된 후 일정한 기간이 경과하도록 공소가 제기되지 않으면 국가의 형벌권 행사를 위한 형사소추권을 소멸시키는 제도이다. 시간의 경과로 공소권이 소멸되는 것이지만, 우리 형사소

요한 정도로 적절히 기재한다면 공소장에 기재된 [범죄사실] 이하 1항, 2항 부분이 될 것인데, 이 사건 공소장의 모두 사실에 ['○○역전식구' 세력화 이전 ○○지역 폭력배의 이합집산], ['○○역전식구'의 세력화 배경], [운영자금 조달], [조직적 지휘, 통솔체계 확립 시도], [조직의 단합과 결속 도모] 등을 장황하게 기재하고 있다.

나. 이러한 공소사실 기재는 폭력행위 등 처벌에 관한 법률(이하 '폭력행위처벌법'이라 한다) 위반(단체 등의 구성·활동)죄, 폭력행위처벌법 위반(단체 등의 업무방해)죄, 폭력행위처벌법 위반(단체 등의 집단·흉기 등 협박)죄, 폭력행위처벌법 위반(단체 등의 공동협박)죄를 염두에 둔 것으로서, 그 범죄들이 피고인에게 기소된 폭력행위처벌법 위반(집단·흉기 등 협박)죄, 폭력행위처벌법 위반(공동협박)죄, 업무방해죄보다 법정형이 훨씬 무겁거나 가중처벌되는 사정에 비추어, 피고인이 충분히 그 기소된 범죄들을 저지를 수 있는 자라는 강한 유죄의 심증을 불러일으키게 한다.

다. 이 부분 공소사실이 피고인의 범죄전력이나 피고인이 속한 조직의 위세를 이용한 협박 및 업무방해를 그 내용으로 하고 있어 공소사실의 특정을 위하여 피고인의 범죄전력, 범죄의 동기나 경위, 범행의 배경이 되는 정황 등을 기재할 필요가 있다고는 하지만, 모두 사실의 ['○○역전식구' 세력화 이전 ○○지역 폭력배의 이합집산] 부분은 피고인과 관계가 없는 한강로동 지역에 과거 존재하였던 폭력단체들의 악행을 기재하였을 뿐이고, 이는 그 다음의 ['○○역전식구'의 세력화 배경] 부분과 함께 피고인이 속하였다고 기재된 단체가 과거 존재하였던 폭력단체들의 계보를 이어 악행을 일삼는 또 다른 폭력단체라는 점을 암시하는 기능을 함에 그친다. 그리고 검사가 ['○○역전식구'의 세력화 배경] 이하 [조직의 단합과 결속 도모]까지 부분을 공소사실의 특정에 필요한 정황으로 기재하였다면 이는 요증사실에 해당함에도, ['○○역전식구'의 세력화 배경] 가운데 △△식구파의 와해과정, 공소외인의 살인미수 범행, 비상대책위원회 방해과정 등을 비롯하여 위 부분 중 원심이 적시한 행위들에 대하여 제대로 증거가 제출되지 아니하였다.

라. 피고인의 변호인이 제1심 제1회 공판기일 전에 제출한 의견서에서 이 사건 공소장이 공소장일본주의에 위배된다고 기재하였고 제1심 제1회 공판기일에서 공소사실 낭독 후에 그 의견서를 진술하여 공소장 기재 방식에 대하여 이의를 한 이상, 공소장일본주의 위배 여부는 공소장에 기재된 사실이 법관에게 예단을 생기게 하여 법관이 범죄사실의 실체를 파악하는 데 장애가 될 수 있는지 여부를 기준으로 판단하여야 하며, 비록 제1심 법원이 공판절차 초기 쟁점정리 과정에서 이 사건 공소장 중 모두 사실은 범죄의 구성요건과 상관이 없어 심리하지 않겠다고 고지하고 증거조사 등의 공판절차를 진행하였다 하더라도 공소장 기재 방식의 하자가 치유된다고 볼 수 없다.

마. 따라서 이 부분 공소사실은 법관에게 예단을 생기게 하여 법관이 범죄사실의 실체를 파악하는 데 장애가 될 수 있도록 기재되어 있어 공소장일본주의에 위배된다.

3. 원심판결 이유를 적법하게 채택된 증거들에 비추어 살펴보면, 원심의 위와 같은 판단은 앞서 본 법리에 기초한 것으로 보이고, 거기에 상고이유 주장과 같이 공소장일본주의에 관한 법리를 오해하고 항소심 심리의 한계를 벗어나 판결에 영향을 미친 위법이 없다).

545 헌법재판소 1995. 7. 21. 선고 95헌마8,9,16,17(병합).

송법에 따르면 공소제기 후에 공소시효가 완성된 사실이 발견된 때에는 공소기각의 재판이 아니라 실체적 소송조건의 흠결을 이유로 면소판결이 이루어지게 된다(형사소송법 제326조 제3호). 때문에 공소시효 완성에 의한 공소권의 소멸은 본질적으로 실체법상 형벌권 소멸의 효과를 가져온다.[546]

(2) 제도 취지

공소시효제도의 존재이유에 대해 일반적으로 열거되고 있는 것은 다음과 같다. 첫째, 범행 후 시간경과에 따라 형벌부과의 필요성이 감소되기 시작하여 일정 기간이 지나면 피해자는 물론 피의자의 입장에서도 더 이상 형벌을 부과할 실익이 없게 되기 때문이다. 둘째, 오랜 세월이 경과되어 범행당시의 범죄인이 아닌 이미 달라진 인격체로서의 범죄인에 대하여 그의 현재의 사실상의 생활상태를 붕괴시키는 형벌권행사로써 특별예방효과를 기대할 수 없을 뿐만 아니라 오히려 법적 안정성의 침해를 야기할 우려가 있기 때문이다. 셋째, 범행 후 장기간 동안의 증거 멸실로 인하여 범죄사실을 증명하기 어렵고 그로 인해 자칫 오판을 할 우려가 있기 때문이다. 넷째, 일정한 기준을 정하여 사건을 덜어냄으로써 형사사법의 경제성을 도모하여 형사사법이 정상적으로 기능할 수 있도록 하기 위함이다. 공소시효제도는 그렇지만 이러한 사유들 가운데 어느 하나만이 아니라 이들을 종합적으로 고려하여 마련된 제도이다.[547]

이에 대해 헌법재판소는 "공소시효의 제도는 시간의 경과로 인하여 범죄의 사회적 관심이 미약해져 가벌성이 감소하고 범인이 장기간 도피생활을 하면서 정신적 고통을 받은 점과 증거가 산일되어 공정한 재판을 하기 어렵다는 점 등을 근거로 하여 범인이 범죄 후 일정한 기간 기소되지 아니함으로써 형성된 사실상

546 황문규, "공소시효제도의 변화와 미제사건 수사체제", 법학연구 제21권 제4호, 경상대학교 법학연구소, 2013, 518면.

547 황문규, "공소시효제도의 변화와 미제사건 수사체제", 법학연구 제21권 제4호, 경상대학교 법학연구소, 2013, 519면.

의 상태를 존중하여 법적 안정을 도모하고 형벌권의 적정을 기하려는데 그 존재 이유가 있다고 할 것이고 대다수 국가에서 형사시효의 하나로 이 제도를 채택하고 있다"고 하였다.[548]

(3) 공소시효 기간 및 기산점

공소시효는 다음 기간의 경과로 완성하고(제249조 제1항), 공소가 제기된 범죄는 판결의 확정이 없이 공소를 제기한 때로부터 25년을 경과하면 공소시효가 완성한 것으로 간주한다(제249조 제2항).

1) 사형에 해당하는 범죄에는 25년

2) 무기징역 또는 무기금고에 해당하는 범죄에는 15년

3) 장기 10년 이상의 징역 또는 금고에 해당하는 범죄에는 10년

4) 장기 10년 미만의 징역 또는 금고에 해당하는 범죄에는 7년

5) 장기 5년 미만의 징역 또는 금고, 장기10년 이상의 자격정지 또는 벌금에 해당하는 범죄에는 5년

6) 장기 5년 이상의 자격정지에 해당하는 범죄에는 3년

7) 장기 5년 미만의 자격정지, 구류, 과료 또는 몰수에 해당하는 범죄에는 1년

---

548 헌법재판소 1995. 7. 21. 선고 95헌마8,9,16,17(병합) 전원재판부(공시시효의 적용 범위와 기간을 어떻게 정할 것인가의 문제 특히 공소시효를 모든 범죄에 대하여 일률적으로 적용할 것인지, 그 적용을 배제하는 범죄를 인정할 것인지, 그것을 인정한다면 어떤 범죄로 할 것인지의 문제는 근본적으로 입법자가 우리의 역사와 문화, 형사사법 체계와의 관계, 범죄의 실태, 국민의 가치관 내지 법감정, 특히 사회와 국민의 법적 안정성과 범인에 대한 처벌의 필요성 등 제반 사정을 고려하여 구체적으로 결정하여야 할 입법정책에 관한 사항으로서 입법형성의 자유에 속하는 분야라고 할 것이다. 따라서 공소시효제도를 어떻게 정할 것인가의 판단은 원칙적으로 입법자의 폭넓은 재량에 속한다고 할 것이므로 그 입법재량권이 헌법규정에 위반하여 자의적으로 행사된 경우가 아닌 한 헌법에 위반된다고 할 수는 없다. 그런데 형사소송법 제249조는 각 범죄의 법정형의 경중에 따라 공소시효기간을 정하면서 이를 모든 범죄에 대하여 예외 없이 일률적으로 적용하고 있으므로 형법 제124조 , 제125조의 불법체포, 불법감금, 폭행, 가혹행위 등 이른바 고문범죄에 대하여 공소시효를 배제하지 아니하고 다른 모든 범죄와 마찬가지로 공소시효의 적용대상이 되도록 한 것이 청구인들 주장의 헌법규정에 위반하여 입법재량권을 자의적으로 행사한 경우에 해당한다고 볼 수 없다. 결국 형사소송법 제249조는 입법자의 형사정책적 결단에 따라 공소시효의 적용범위와 기간을 정한 것으로서 헌법에 위배되지 아니한다고 할 것이고, 따라서 이 사건 불기소처분은 헌법에 위반되지 아니한 형사소송법 제249조에 근거하여 행하여진 처분으로서 이로 말미암아 청구인들의 기본권이 침해되었다고 볼 수 없다).

한편, 공소시효의 기산점과 관련하여 시효는 범죄행위의 종료한 때로부터 진행하고(제252조 제1항), 공범에는 최종행위의 종료한 때로부터 전공범에 대한 시효기간을 기산한다(제252조 제2항).

다. 공소시효에 대한 특례

(1) 아동·청소년에 대한 강간죄

아동·청소년의 성보호에 관한 법률(청소년성보호법)[549] 제20조(공소시효에 관한 특례)[550] ① 아동·청소년[551]대상 성범죄의 공소시효는 「형사소송법」 제252조 제1항에도 불구하고 해당 성범죄로 피해를 당한 아동·청소년이 성년에 달한 날부터 진행한다.

② 제7조의 죄는 디엔에이(DNA)증거 등 그 죄를 증명할 수 있는 과학적인 증거가 있는 때에는 공소시효가 10년 연장된다.

③ 13세 미만의 사람 및 신체적인 또는 정신적인 장애가 있는 사람에 대하여 다음 각 호의 죄를 범한 경우에는 제1항과 제2항에도 불구하고 「형사소송법」 제249조부터 제253조까지 및 「군사법원법」 제291조부터 제295조까지에 규정된 공소시효를 적용하지 아니한다. <개정 2019. 1. 15.>

1. 「형법」 제297조(강간), 제298조(강제추행), 제299조(준강간, 준강제추행), 제301조(강간등 상해·치상) 또는 제301조의2(강간등 살인·치사)의 죄 또는 제305조(미성년자에 대한 간음, 추행)의 죄[552]

---

549 청소년의 성을 사는 행위, 성매매를 조장하는 온갖 형태의 중간매개행위 및 청소년에 대한 성폭력행위를 하는 자들을 강력하게 처벌하고, 성매매와 성폭력행위의 대상이 된 청소년을 보호·구제하는 장치를 마련함으로써 청소년의 인권을 보장하고 건전한 사회구성원으로 복귀할 수 있도록 하는 한편, 청소년을 대상으로 하는 성매매 및 성폭력 행위자의 신상을 공개함으로써 범죄예방효과를 극대화하기 위하여 2000. 2. 3. 법률 제6261호로 제정(시행 2000. 7. 1.).

550 제1항, 제2항은 2010. 4. 15. 신설(시행 2010. 4. 15.)되었고, 공소시효 적용 배제에 관한 제3항은 2012. 2. 1. 신설(시행 2012. 8. 2.), 제4항은 2012. 12. 18. 신설(시행 2013. 6. 19.)되었다.

551 "아동·청소년"이란 19세 미만의 자를 말한다. 다만, 19세에 도달하는 연도의 1월 1일을 맞이한 자는 제외한다(제2조 제1호).

552 '제205조(미성년자에 대한 간음, 추행)의 죄'는 2020. 5. 19. 개정법에서 추가되었다.

2. 제9조 및 제10조의 죄

3. 「성폭력범죄의 처벌 등에 관한 특례법」 제6조제2항, 제7조 제2항·제5항, 제8조, 제9조의 죄

④ 다음 각 호의 죄를 범한 경우에는 제1항과 제2항에도 불구하고 「형사소송법」 제249조부터 제253조까지 및 「군사법원법」 제291조부터 제295조까지에 규정된 공소시효를 적용하지 아니한다.

1. 「형법」 제301조의2(강간등 살인·치사)의 죄(강간등 살인에 한정한다)

2. 제10조 제1항의 죄

3. 「성폭력범죄의 처벌 등에 관한 특례법」 제9조 제1항의 죄

(2) 살인죄에 대한 공소시효 폐지 - 2015. 7. 31. 형사소송법 개정[553]

제253조의2(공소시효의 적용 배제) 사람을 살해한 범죄(종범은 제외한다)로 사형에 해당하는 범죄에 대하여는 제249조부터 제253조까지에 규정된 공소시효를 적용하지 아니한다. [본조신설 2015.7.31.]

부 칙 <법률 제13454호, 2015.7.31.>

제1조(시행일) 이 법은 공포한 날부터 시행한다. 다만, 제471조의2의 개정규정은 공포 후 6개월이 경과한 날부터 시행한다.

---

553 형사소송법 개정안(이른바 태완이법)은 살인죄를 저질러 법정 최고형이 사형인 경우 현행 25년으로 돼 있는 공소 시효를 폐지하는 내용의 법안이다. 법안은 사형에 해당하는 살인죄의 공소 시효를 폐지하고 아직 공소 시효가 만료되지 않은 범죄에 대해서도 적용토록 했다. 다만 살인의 고의성이 인정되지 않는 강간치사, 폭행치사, 상해치사 등의 경우에는 상대적으로 형량이 낮아 개정 법안에서는 제외됐다. 이 법안은 지난 1999년 5월 대구에서 발생한 김태완(당시 6세) 군 황산 테러 사건을 계기로 발의됐다. 태완 군은 49일간 투병하다 결국 사망했으며, 태완 군에게 황산 테러를 가한 범인이 잡히지 않은 상태에서 공소 시효 만료가 임박할 위기에 처했다. 이에 살인 사건에 대해서는 공소 시효를 폐지해야 한다는 여론이 일었고, 2015년 3월 법 개정안이 발의(새정치민주연합 서영교 의원)돼 추진됐다. 그러나 이 사건은 2015년 7월 10일 대법원이 태완 군의 부모가 낸 재정신청 기각결정에 대한 재항고를 기각하면서 사건의 공소 시효가 만료됐다. 따라서 태완이법은 아직 공소 시효가 만료되지 않은 범죄에만 해당되므로, 공소 시효가 만료된 대구 어린이 황산 테러 사건의 경우 이 법안의 대상에서 제외된다. [네이버 지식백과] 살인죄 공소 시효 폐지(2015) (시사상식사전, pmg 지식엔진연구소) (https://terms.naver.com/entry.nhn?docId=2851893&cid=43667&categoryId=43667)

제2조(공소시효의 적용 배제에 관한 경과조치) 제253조의2의 개정규정은 이 법 시행 전에 범한 범죄로 아직 공소시효가 완성되지 아니한 범죄에 대하여도 적용한다.

라. 피해자 등에 대한 통지

검사는 범죄로 인한 피해자 또는 그 법정대리인(피해자가 사망한 경우에는 그 배우자·직계친족·형제자매를 포함한다)의 신청이 있는 때에는 당해 사건의 공소제기여부, 공판의 일시·장소, 재판결과, 피의자·피고인의 구속·석방 등 구금에 관한 사실 등을 신속하게 통지하여야 한다(제259조의2).[554]

4 변호인

가. 변호인의 선임

피고인 또는 피의자는 변호인을 선임할 수 있고(제30조 제1항), 피고인 또는 피의자의 법정대리인, 배우자, 직계친족과 형제자매는 독립하여 변호인을 선임할 수 있다(제30조 제2항). 변호인은 변호사 중에서 선임하여야 하고 다만, 대법원 이외의 법원은 특별한 사정이 있으면 변호사 아닌 자를 변호인으로 선임함을 허가할 수 있다(제31조). 한편, 형사소송법에서는 절차 진행 단계에 따라 국선변호인 선정에 대한 규정을 두고 있다.

(1) 구속전 피의자심문 단계

구속영장이 청구된 피의자에 대해 심문을 하는 경우 심문할 피의자에게 변호인이 없는 때에는 지방법원판사는 직권으로 변호인을 선정하여야 한다. 이 경

554 2007. 6. 1. 개정법에서 신설된 규정이다.

우 변호인의 선정은 피의자에 대한 구속영장 청구가 기각되어 효력이 소멸한 경우를 제외하고는 제1심까지 효력이 있다(제201조의2 제8항). 또한 법원은 변호인의 사정이나 그 밖의 사유로 변호인 선정결정이 취소되어 변호인이 없게 된 때에는 직권으로 변호인을 다시 선정할 수 있다(제201조의2 제9항).

(2) 체포·구속적부심 단계

체포·구속적부심 절차에서 체포되거나 구속된 피의자에게 변호인이 없는 때에는 제33조를 준용하여 국선변호인을 선정하여야 한다(제214조의2 제10항).

(3) 재판 단계

1) 피고인이 구속된 때, 2) 피고인이 미성년자인 때, 3) 피고인이 70세 이상인 때, 4) 피고인이 듣거나 말하는 데 모두 장애가 있는 사람인 때, 5) 피고인이 심신장애가 있는 것으로 의심되는 때, 6) 피고인이 사형, 무기 또는 단기 3년 이상의 징역이나 금고에 해당하는 사건으로 기소된 경우로 변호인이 없는 때에는 법원이 직권으로 변호인을 선정하여야 한다(제33조 제1항). 그 이외에도 법원은 피고인이 빈곤이나 그 밖의 사유로 변호인을 선임할 수 없는 경우에 피고인이 청구하면 변호인을 선정하여야 하고(제33조 제2항), 또한 피고인의 나이·지능 및 교육 정도 등을 참작하여 권리보호를 위하여 필요하다고 인정하면[555] 피고인의 명시적 의사에 반하지 아니하는 범위에서 변호인을 선정하여야 한다(제33조 제3항).

---

555 대법원 2014. 8. 28. 선고 2014도4496 판결(법원으로서는 피고인이 시각장애인인 경우 장애의 정도를 비롯하여 연령·지능·교육 정도 등을 확인한 다음 권리보호를 위하여 필요하다고 인정하는 때에는 법 제33조 제3항의 규정에 의하여 피고인의 명시적 의사에 반하지 아니하는 범위 안에서 국선변호인을 선정하여 방어권을 보장해 줄 필요가 있다), 대법원 2010. 6. 10. 선고 2010도4629 판결(헌법상 변호인의 조력을 받을 권리 및 형사소송법상 국선변호인 제도의 취지 등에 비추어, 법원으로서는 형사소송법 제33조 제3항의 규정을 준용하여 피고인의 연령·지능·교육 정도를 비롯한 청각장애의 정도 등을 확인한 다음, 권리보호를 위하여 필요하다고 인정하는 때에는 청각장애인인 피고인의 명시적 의사에 반하지 아니하는 범위 안에서 국선변호인을 선정하여 방어권을 보장해 줄 필요가 있다 할 것이고, 그럼에도 국선변호인의 선정 없이 공판심리가 이루어져 피고인의 방어권이 침해됨으로써 판결 결과에 영향을 미쳤다고 인정되는 경우에는 형사소송법 제33조 제3항을 위반한 위법이 있다고 보아야 할 것이다).

한편, 제33조 제1항 각 호의 어느 하나에 해당하는 사건 및 같은 조 제2항·제3항의 규정에 따라 변호인이 선정된 사건에 관하여는 변호인 없이 개정하지 못하고(단, 판결만을 선고할 경우에는 예외)(제282조), 이 경우 변호인이 출석하지 아니한 때에는 법원은 직권으로 변호인을 선정하여야 한다(제283조). 또한 법원은 공판준비기일이 지정된 사건에 관하여 변호인이 없는 때에는 직권으로 변호인을 선정하여야 한다(제266조의8 제4항).

(4) 재심 단계

재심개시의 결정이 확정된 사건에서 1) 사망자 또는 회복할 수 없는 심신장애인을 위하여 재심의 청구가 있는 때, 2) 유죄의 선고를 받은 자가 재심의 판결전에 사망하거나 회복할 수 없는 심신장애인으로 된 때 재심을 청구한 자가 변호인을 선임하지 아니한 때에는 재판장은 직권으로 변호인을 선임하여야 한다(제438조 제4항).

나. 변호인의 권리

(1) 피고인·피의자와의 접견, 교통, 진료

변호인이나 변호인이 되려는 자는 신체가 구속된 피고인 또는 피의자와 접견하고 서류나 물건을 수수(授受)할 수 있으며 의사로 하여금 피고인이나 피의자를 진료하게 할 수 있다(제34조). 변호인 또는 변호인이 되려는 자의 접견교통권은 신체구속제도 본래의 목적을 침해하지 아니하는 범위 내에서 행사되어야 하므로, 변호인 또는 변호인이 되려는 자가 구체적인 시간적·장소적 상황에 비추어 현실적으로 보장할 수 있는 한계를 벗어나 피고인 또는 피의자를 접견하려고 하는 것은 정당한 접견교통권의 행사에 해당하지 아니하여 허용될 수 없다. 다만 접견교통권이 그와 같은 한계를 일탈한 것이어서 허용될 수 없다고 판단함에 있어서는 신체구속을 당한 사람의 헌법상 기본적 권리인 변호인의 조력을 받

을 권리의 본질적인 내용이 침해되는 일이 없도록 신중을 기하여야 한다.[556]

(2) 서류·증거물의 열람·복사

피고인과 변호인은 소송계속 중의 관계 서류 또는 증거물을 열람하거나 복사할 수 있다(제35조).

(3) 독립소송행위권

변호인은 독립하여 소송행위를 할 수 있다. 단, 법률에 다른 규정이 있는 때에는 예외로 한다(제36조).

(4) 변호사인의 참여권 등

검사 또는 사법경찰관은 피의자 또는 그 변호인·법정대리인·배우자·직계친족·형제자매의 신청에 따라 변호인을 피의자와 접견하게 하거나 정당한 사유가 없는 한 피의자에 대한 신문에 참여하게 하여야 한다(제243조의2 제1항). 신문에 참여하고자 하는 변호인이 2인 이상인 때에는 피의자가 신문에 참여할 변호인 1인을 지정한다. 지정이 없는 경우에는 검사 또는 사법경찰관이 이를 지정할 수 있다(제243조의2 제2항).

신문에 참여한 변호인은 신문 후 의견을 진술할 수 있다. 다만, 신문 중이라도 부당한 신문방법에 대하여 이의를 제기할 수 있고, 검사 또는 사법경찰관의 승인을 얻어 의견을 진술할 수 있다(제243조의2 제3항). 이 경우 변호인의 의견이 기재된 피의자신문조서는 변호인에게 열람하게 한 후 변호인으로 하여금 그 조서에 기명날인 또는 서명하게 하여야 한다(제243조의2 제4항). 검사 또는 사법경찰관은 변호인의 신문참여 및 그 제한에 관한 사항을 피의자신문조서에 기재하여야 한다(제243조의2 제5항). [557]

---

556 대법원 2017. 3. 9. 선고 2013도16162 판결.

5 재정신청

가. 일반

종래 형사소송법에서는 재정신청의 대상을 공무원의 직무에 관한 죄 중 일부로 한정하였고,[558] 재정신청에 대한 처리기간도 단기이며[559] 기각결정에 대한 불복수단도 없다는 한계가 있었는데, 2007. 6. 1. 개정법[560]에서 그 적용대상을

557 2007년에 동 규정이 신설되기 이전인 2004년 헌법재판소는 "우리 헌법은 변호인의 조력을 받을 권리가 불구속 피의자·피고인 모두에게 포괄적으로 인정되는지 여부에 관하여 명시적으로 규율하고 있지는 않지만, 불구속 피의자의 경우에도 변호인의 조력을 받을 권리는 우리 헌법에 나타난 법치국가원리, 적법절차원칙에서 인정되는 당연한 내용이고, 헌법 제12조 제4항(누구든지 체포 또는 구속을 당한 때에는 즉시 변호인의 조력을 받을 권리를 가진다. 다만, 형사피고인이 스스로 변호인을 구할 수 없을 때에는 법률이 정하는 바에 의하여 국가가 변호인을 붙인다.)도 이를 전제로 특히 신체구속을 당한 사람에 대하여 변호인의 조력을 받을 권리의 중요성을 강조하기 위하여 별도로 명시하고 있다. 피의자·피고인의 구속 여부를 불문하고 조언과 상담을 통하여 이루어지는 변호인의 조력자로서의 역할은 변호인선임권과 마찬가지로 변호인의 조력을 받을 권리의 내용 중 가장 핵심적인 것이고, 변호인과 상담하고 조언을 구할 권리는 변호인의 조력을 받을 권리의 내용 중 구체적인 입법형성이 필요한 다른 절차적 권리의 필수적인 전제요건으로서 변호인의 조력을 받을 권리 그 자체에서 막바로 도출되는 것이다. 불구속 피의자나 피고인의 경우 형사소송법상 특별한 명문의 규정이 없더라도 스스로 선임한 변호인의 조력을 받기 위하여 변호인을 옆에 두고 조언과 상담을 구하는 것은 수사절차의 개시에서부터 재판절차의 종료에 이르기까지 언제나 가능하다. 따라서 불구속 피의자가 피의자신문시 변호인을 대동하여 신문과정에서 조언과 상담을 구하는 것은 신문과정에서 필요할 때마다 퇴거하여 변호인으로부터 조언과 상담을 구하는 번거로움을 피하기 위한 것으로서 불구속 피의자가 피의자신문장소를 이탈하여 변호인의 조언과 상담을 구하는 것과 본질적으로 아무런 차이가 없다. 형사소송법 제243조는 피의자신문시 의무적으로 참여하여야 하는 자를 규정하고 있을 뿐 적극적으로 위 조항에서 규정한 자 이외의 자의 참여나 입회를 배제하고 있는 것은 아니다. 따라서 불구속 피의자가 피의자신문시 변호인의 조언과 상담을 원한다면, 위법한 조력의 우려가 있어 이를 제한하는 다른 규정이 있고 그가 이에 해당한다고 하지 않는 한 수사기관은 피의자의 위 요구를 거절할 수 없다."고 결정한 바 있다(헌법재판소 2004. 9. 23. 선고 2000헌마138 결정).

558 제260조 (재정신청) ① 형법 제123조 내지 제125조의 죄에 대하여 고소 또는 고발을 한 자는 검사로부터 공소를 제기하지 아니한다는 통지를 받은 때에는 그 검사소속의 고등검찰청에 대응하는 고등법원에 그 당부에 관한 재정을 신청할 수 있다. <개정 1973. 1. 25.>
② 전항의 신청은 제258조의 규정에 의한 통지를 받은 날로부터 10일 이내에 서면으로 검사소속의 지방검찰청검사장 또는 지청장을 경유하여야 한다.

559 재정신청서와 그 기록을 수리한 고등법원은 항고의 절차에 준하여 20일이내에 다음의 구별에 의하여 재정결정을 하여야 한다(제262조 제1항).

560 재정신청제도의 합리적 개선(법 제260조 내지 제262조, 법 제262조의2·제262조의3 신설, 법 제262조의4, 법 제264조의2 신설)
(1) 종전 「형사소송법」은 재정신청 대상범죄를 공무원의 직무에 관한 죄 중 직권남용, 불법체포·감금 및 폭행·가혹행위 등의 범죄로 한정함으로써 검사의 불기소처분에 대한 사법심사의 폭이 제한되어 있고, 재정신청에 대한 처리기간이 지나치게 단기이고 재정신청의 기각결정에 대한 불복수단이 없는 등 재정신청제도의 합리적 운영에 상당한 애로가 있었음.

확대하면서 제도를 보완하였다. 이에 따라 고소권자로서 고소를 한 자(「형법」 제123조부터 제126조까지의 죄에 대하여는 고발을 한 자를 포함한다. 이하 이 조에서 같다)는 검사로부터 공소를 제기하지 아니한다는 통지를 받은 때에는 그 검사 소속의 지방검찰청 소재지를 관할하는 고등법원(이하 "관할 고등법원"이라 한다)에 그 당부에 관한 재정을 신청할 수 있다. 다만, 「형법」 제126조의 죄[561]에 대하여는 피공표자의 명시한 의사에 반하여 재정을 신청할 수 없다(제260조 제1항). 재정신청을 하려면 「검찰청법」 제10조에 따른 항고를 거쳐야 하며 다만, 1) 항고 이후 재기수사가 이루어진 다음에 다시 공소를 제기하지 아니한다는 통지를 받은 경우, 2) 항고 신청 후 항고에 대한 처분이 행하여지지 아니하고 3개월이 경과한 경우, 3) 검사가 공소시효 만료일 30일 전까지 공소를 제기하지 아니하는 경우에는 그러하지 아니하다(제260조 제2항).

재정신청을 하려는 자는 항고기각 결정을 통지받은 날 또는 제2항 각 호의 사유가 발생한 날부터 10일 이내에 지방검찰청검사장 또는 지청장에게 재정신청서를 제출하여야 한다. 다만, 제2항 제3호의 경우에는 공소시효 만료일 전날까지 재정신청서를 제출할 수 있다(제260조 제3항). 이러한 재정신청서에는 재정신청의 대상이 되는 사건의 범죄사실 및 증거 등 재정신청을 이유있게 하는 사유를 기재하여야 한다(제260조 제4항).

---

(2) 재정신청의 대상범죄를 모든 범죄로 확대함으로써 국가 형벌권 행사의 적정성을 제고함.
(3) 재정신청의 남용을 방지하기 위하여 신청권자는 고소권자로 제한하되, 형법상 공무원의 직무에 관한 죄 중에서 직권남용, 불법체포·감금 및 폭행·가혹행위의 죄의 경우에는 현행대로 고발사건을 포함하도록 함.
(4) 재정신청 범위의 확대에 따른 피고소인의 장기간 법적 불안정 및 제도의 남용을 방지하기 위하여, 재정신청의 관할법원을 고등법원으로 조정하고, 재정신청인의 재정결정에 대한 불복을 금지하도록 하는 한편, 재정신청의 기각결정을 받은 자에 대한 비용부담 제도를 도입함.
(5) 법원은 재정신청이 이유 있다고 인정한 경우에는 공소제기를 결정하도록 하고, 공소의 제기는 검사가 수행하도록 하되, 이에 대하여는 공소취소를 할 수 없도록 함.
(6) 재정신청사건의 심리는 특별한 사정이 없는 한 공개하지 아니하도록 하고, 재정신청사건의 심리 중에는 관련 서류 및 증거물의 열람 또는 등사를 허가할 수 없도록 함.

561 제126조(피의사실공표) 검찰, 경찰 기타 범죄수사에 관한 직무를 행하는 자 또는 이를 감독하거나 보조하는 자가 그 직무를 행함에 당하여 지득한 피의사실을 공판청구전에 공표한 때에는 3년 이하의 징역 또는 5년 이하의 자격정지에 처한다.

나. 심리와 결정

법원은 재정신청서를 송부받은 때에는 송부받은 날부터 10일 이내에 피의자에게 그 사실을 통지하여야 하고(제262조 제1항), 재정신청서를 송부받은 날부터 3개월 이내에 항고의 절차에 준하여 신청이 법률상의 방식에 위배되거나 이유 없는 때에는 신청을 기각하고, 신청이 이유 있는 때에는 사건에 대한 공소제기를 결정한다. 이 경우 필요한 때에는 증거를 조사할 수 있다(제262조 제2항). 재정신청사건의 심리는 특별한 사정이 없는 한 공개하지 아니한다(제262조 제3항).

재정신청 기각 결정에 대하여는 제415조에 따른 즉시항고를 할 수 있고, 공소제기결정에 대하여는 불복할 수 없다. 기각 결정 확정된 사건에 대하여는 다른 중요한 증거를 발견한 경우를 제외하고는 소추할 수 없다(제262조 제4항).

법원은 재정신청에 대한 결정을 한 때에는 즉시 그 정본을 재정신청인·피의자와 관할 지방검찰청검사장 또는 지청장에게 송부하여야 한다. 이 경우 공소제기 결정을 한 때에는 관할 지방검찰청검사장 또는 지청장에게 사건기록을 함께 송부하여야 한다(제262조 제5항). 법원의 공소제기 결정에 따른 재정결정서를 송부받은 관할 지방검찰청 검사장 또는 지청장은 지체 없이 담당 검사를 지정하고 지정받은 검사는 공소를 제기하여야 한다(제262조 제6항).

6 공판절차

경찰 및 검사의 수사를 거쳐(제2편 제1장) 검사가 피의자를 기소하게 되면(제2편 제2장 공소) 공판절차가 진행되며, 이때부터 피의자의 지위는 피고인으로 바뀐다. 공판절차에 대해서는 제2편 제3장에서 규정하고 있는데 세부적인 내용보다는 기본적인 사항 중심으로 살펴보면 다음과 같다.

가. 공판절차의 기본원칙

공판절차는 공개주의(헌법 제109조[562]), 구두변론주의(제275조의3[563]), 공판정에서 직접 조사한 증거만을 재판의 기초로 삼을 수 있다는 직접주의(제301조[564] 참고), 집중심리주의(제267조의2[565])에 의한다.

형사피고인은 유죄의 판결이 확정될 때까지는 무죄로 추정되며(헌법 제27조 제4항, 제275조의2[566]). 이러한 무죄추정의 원칙은 수사를 하는 단계뿐만 아니라 판결이 확정될 때까지 형사절차와 형사재판 전반을 이끄는 대원칙으로서, '의심스러우면 피고인의 이익으로'라는 오래된 법언에 내포된 이러한 원칙은 우리 형사법의 기초를 이루고 있다.[567]

나. 공판심리의 범위

검사는 공소제기를 함에 있어 공소장에 범죄사실 등을 기재하여 법원에 제출하게 되는데(제254조[568]), 따라서 공판심리도 공소장에 기재된 범죄사실을 중

---

562 제109조 재판의 심리와 판결은 공개한다. 다만, 심리는 국가의 안전보장 또는 안녕질서를 방해하거나 선량한 풍속을 해할 염려가 있을 때에는 법원의 결정으로 공개하지 아니할 수 있다.

563 제275조의3(구두변론주의) 공판정에서의 변론은 구두로 하여야 한다.
[본조신설 2007. 6. 1.]

564 제301조(공판절차의 갱신) 공판개정 후 판사의 경질이 있는 때에는 공판절차를 갱신하여야 한다. 단, 판결의 선고만을 하는 경우에는 예외로 한다.

565 제267조의2(집중심리) ① 공판기일의 심리는 집중되어야 한다.
② 심리에 2일 이상이 필요한 경우에는 부득이한 사정이 없는 한 매일 계속 개정하여야 한다.
③ 재판장은 여러 공판기일을 일괄하여 지정할 수 있다.
④ 재판장은 부득이한 사정으로 매일 계속 개정하지 못하는 경우에도 특별한 사정이 없는 한 전회의 공판기일부터 14일 이내로 다음 공판기일을 지정하여야 한다.
⑤ 소송관계인은 기일을 준수하고 심리에 지장을 초래하지 아니하도록 하여야 하며, 재판장은 이에 필요한 조치를 할 수 있다.
[본조신설 2007. 6. 1.]

566 제275조의2(피고인의 무죄추정) 피고인은 유죄의 판결이 확정될 때까지는 무죄로 추정된다.
[본조신설 1980. 12. 18.]

567 대법원 2017. 10. 31. 선고 2016도21231 판결.

568 제254조(공소제기의 방식과 공소장) ① 공소를 제기함에는 공소장을 관할법원에 제출하여야 한다.
② 공소장에는 피고인수에 상응한 부본을 첨부하여야 한다.
③ 공소장에는 다음 사항을 기재하여야 한다.

심으로 이루어지게 된다. 공소의 효력 범위에 대해 형사소송법 제248조는 공소의 효력은 검사가 피고인으로 지정한 자에게만 미치고(제1항), 범죄사실의 일부에 대한 공소의 효력은 범죄사실 전부에 미친다(제2항)고 규정하고 있다. 제2항과 관련하여 결국 공소장에 기재된 범죄사실만으로 한정되지는 않는다는 것을 알 수 있는데, 대법원은 "법원은 공소장에 기재된 공소사실과 적용법조를 기초로 하여 이에 대하여 형식적 또는 실체적 심판을 행하는 것이나 반드시 공소제기 당시의 공소사실과 적용법조에 구속되는 것이 아니라 소송의 진행을 거쳐 사실심리의 가능성 있는 최종 시점인 판결선고시를 기준으로 하여 이때 특정된 공소사실과 적용법조가 현실적인 심판의 대상이 된다."고 한다.[569]

한편, 공소제기 후 공소장변경은 공소사실의 동일성을 해하지 않는 한도에서 할 수 있는데(제298조[570] 제1항), 공소사실의 동일성은 그 사실의 기초가 되는 사회적 사실관계가 기본적인 점에서 동일하면 그대로 유지되는 것이나, 이러한 기본적 사실관계의 동일성을 판단함에 있어서는 그 사실의 동일성이 갖는 기능을 염두에 두고 피고인의 행위와 그 사회적 사실관계를 기본으로 하되 규범적

---

1. 피고인의 성명 기타 피고인을 특정할 수 있는 사항
2. 죄명
3. 공소사실
4. 적용법조

④ 공소사실의 기재는 범죄의 시일, 장소와 방법을 명시하여 사실을 특정할 수 있도록 하여야 한다.
⑤ 수개의 범죄사실과 적용법조를 예비적 또는 택일적으로 기재할 수 있다.

569 대법원 1989. 2. 14. 선고 85도1435 판결(기소당시에는 이중기소된 위법이 있었다 하여도 그 후 공소사실과 적용법조가 적법하게 변경되어 새로운 사실의 소송계속상태가 있게 된 때에는 이중기소된 위법상태가 계속 존재한다고 할 수는 없다).

570 제298조(공소장의 변경) ① 검사는 법원의 허가를 얻어 공소장에 기재한 공소사실 또는 적용법조의 추가, 철회 또는 변경을 할 수 있다. 이 경우에 법원은 공소사실의 동일성을 해하지 아니하는 한도에서 허가하여야 한다.
② 법원은 심리의 경과에 비추어 상당하다고 인정할 때에는 공소사실 또는 적용법조의 추가 또는 변경을 요구하여야 한다.
③ 법원은 공소사실 또는 적용법조의 추가, 철회 또는 변경이 있을 때에는 그 사유를 신속히 피고인 또는 변호인에게 고지하여야 한다.
④ 법원은 전3항의 규정에 의한 공소사실 또는 적용법조의 추가, 철회 또는 변경이 피고인의 불이익을 증가할 염려가 있다고 인정한 때에는 직권 또는 피고인이나 변호인의 청구에 의하여 피고인으로 하여금 필요한 방어의 준비를 하게 하기 위하여 결정으로 필요한 기간 공판절차를 정지할 수 있다.

요소도 아울러 고려하여야 한다.[571]

다. 공소장부본의 송달 및 의견서의 제출 등

법원은 공소의 제기가 있는 때에는 지체없이 공소장의 부본을 피고인 또는 변호인에게 송달하여야 한다. 단, 제1회 공판기일 전 5일까지 송달하여야 한다(제266조). 피고인 또는 변호인은 공소장 부본을 송달받은 날부터 7일 이내에 공소사실에 대한 인정 여부, 공판준비절차에 관한 의견 등을 기재한 의견서를 법원에 제출하여야 한다. 다만, 피고인이 진술을 거부하는 경우에는 그 취지를 기재한 의견서를 제출할 수 있다(제266조의2 제1항). 법원은 제1항의 의견서가 제출된 때에는 이를 검사에게 송부하여야 한다(제266조의2 제2항).

피고인 또는 변호인은 공소제기 후 검사가 보관하고 있는 서류 등의 열람·등사를 신청할 수 있고(제266조의3[572]), 피고인 또는 변호인은 검사가 서류등의

571 대법원 2012. 4.13. 선고 2010도16659 판결(검사가 당초 '피고인이 갑에게 필로폰 약 0.3g을 교부하였다'고 하여 마약류관리에 관한 법률 위반(향정)으로 공소를 제기하였다가 '피고인이 갑에게 필로폰을 구해 주겠다고 속여 갑 등에게서 필로폰 대금 등을 편취하였다'는 사기 범죄사실을 예비적으로 추가하는 공소장변경을 신청한 사안에서, 위 두 범죄사실은 기본적인 사실관계가 동일하다고 볼 수 없는데도, 공소장변경을 허가한 후 사기죄를 인정한 원심판결에 법리오해의 위법이 있다고 한 사례), 대법원 1999. 5. 14. 선고 98도1438 판결(절도죄의 공소사실과 공소장변경허가신청으로 예비적으로 추가한 장물운반죄의 공소사실이 기본적 사실관계는 동일하지만 공소장변경을 허가하여도 주위적·예비적 공소사실 전부에 대하여 무죄를 선고할 것이 분명한 경우, 공소장변경을 허가하지 않은 것이 판결 결과에 영향을 미치지 않았다고 한 사례).

572 제266조의3(공소제기 후 검사가 보관하고 있는 서류 등의 열람·등사) ① 피고인 또는 변호인은 검사에게 공소제기된 사건에 관한 서류 또는 물건(이하 "서류등"이라 한다)의 목록과 공소사실의 인정 또는 양형에 영향을 미칠 수 있는 다음 서류등의 열람·등사 또는 서면의 교부를 신청할 수 있다. 다만, 피고인에게 변호인이 있는 경우에는 피고인은 열람만을 신청할 수 있다.

1. 검사가 증거로 신청할 서류등
2. 검사가 증인으로 신청할 사람의 성명·사건과의 관계 등을 기재한 서면 또는 그 사람이 공판기일 전에 행한 진술을 기재한 서류등
3. 제1호 또는 제2호의 서면 또는 서류등의 증명력과 관련된 서류등
4. 피고인 또는 변호인이 행한 법률상·사실상 주장과 관련된 서류등(관련 형사재판확정기록, 불기소처분기록 등을 포함한다)

② 검사는 국가안보, 증인보호의 필요성, 증거인멸의 염려, 관련 사건의 수사에 장애를 가져올 것으로 예상되는 구체적인 사유 등 열람·등사 또는 서면의 교부를 허용하지 아니할 상당한 이유가 있다고 인정하는 때에는 열람·등사 또는 서면의 교부를 거부하거나 그 범위를 제한할 수 있다.

③ 검사는 열람·등사 또는 서면의 교부를 거부하거나 그 범위를 제한하는 때에는 지체 없이 그 이유를 서면으

열람·등사 또는 서면의 교부를 거부하거나 그 범위를 제한한 때에는 법원에 그 서류등의 열람·등사 또는 서면의 교부를 허용하도록 할 것을 신청할 수 있다(제266조의4[573]).

라. 공판준비절차

정식 공판절차를 진행하기에 앞서 효율적이고 집중적인 심리를 위하여 공판준비절차를 거칠 수 있는데, 이에 대해서는 제266조의5부터 제266조의15에서 규정하고 있다. 공판준비절차는 공판절차에 앞선 준비적 성격의 절차이지만, 공판준비절차를 거친 경우에는 그 종결의 효과로서 원칙적으로 공판기일에서 증거신청을 하지 못하는 효과가 있다(제266조의13[574]).

로 통지하여야 한다.

④ 피고인 또는 변호인은 검사가 제1항의 신청을 받은 때부터 48시간 이내에 제3항의 통지를 하지 아니하는 때에는 제266조의4 제1항의 신청을 할 수 있다.

⑤ 검사는 제2항에도 불구하고 서류등의 목록에 대하여는 열람 또는 등사를 거부할 수 없다.

⑥ 제1항의 서류등은 도면·사진·녹음테이프·비디오테이프·컴퓨터용 디스크, 그 밖에 정보를 담기 위하여 만들어진 물건으로서 문서가 아닌 특수매체를 포함한다. 이 경우 특수매체에 대한 등사는 필요 최소한의 범위에 한한다. [본조신설 2007. 6. 1.]

573 제266조의4(법원의 열람·등사에 관한 결정) ① 피고인 또는 변호인은 검사가 서류등의 열람·등사 또는 서면의 교부를 거부하거나 그 범위를 제한한 때에는 법원에 그 서류등의 열람·등사 또는 서면의 교부를 허용하도록 할 것을 신청할 수 있다.

② 법원은 제1항의 신청이 있는 때에는 열람·등사 또는 서면의 교부를 허용하는 경우에 생길 폐해의 유형·정도, 피고인의 방어 또는 재판의 신속한 진행을 위한 필요성 및 해당 서류등의 중요성 등을 고려하여 검사에게 열람·등사 또는 서면의 교부를 허용할 것을 명할 수 있다. 이 경우 열람 또는 등사의 시기·방법을 지정하거나 조건·의무를 부과할 수 있다.

③ 법원은 제2항의 결정을 하는 때에는 검사에게 의견을 제시할 수 있는 기회를 부여하여야 한다.

④ 법원은 필요하다고 인정하는 때에는 검사에게 해당 서류등의 제시를 요구할 수 있고, 피고인이나 그 밖의 이해관계인을 심문할 수 있다.

⑤ 검사는 제2항의 열람·등사 또는 서면의 교부에 관한 법원의 결정을 지체 없이 이행하지 아니하는 때에는 해당 증인 및 서류등에 대한 증거신청을 할 수 없다. [본조신설 2007. 6. 1.]

574 제266조의13(공판준비기일 종결의 효과) ① 공판준비기일에서 신청하지 못한 증거는 다음 각 호의 어느 하나에 해당하는 경우에 한하여 공판기일에 신청할 수 있다.

1. 그 신청으로 인하여 소송을 현저히 지연시키지 아니하는 때
2. 중대한 과실 없이 공판준비기일에 제출하지 못하는 등 부득이한 사유를 소명한 때

② 제1항에도 불구하고 법원은 직권으로 증거를 조사할 수 있다.

마. 공판절차

공판기일에서는 먼저 모두절차(冒頭節次)로서 진술거부권의 고지(제283조의2[575]), 재판장이 피고인의 성명, 연령, 등록기준지, 주거와 직업을 물어서 피고인임에 틀림없음을 확인하는 인정신문(人定訊問)(제284조), 검사의 모두진술(冒頭陳述)(제285조[576]), 피고인의 모두진술(제286조[577]), 재판장의 쟁점정리 및 검사·변호인의 증거관계 등에 대한 진술(제287조[578])이 이루어진다. 한편, 피고인이 공판정에서 공소사실에 대하여 자백한 때에는 법원은 그 공소사실에 한하여 간이공판절차에 의하여 심판할 것을 결정할 수 있는데(제286조의2), 간이공판절차에서는 증거조사에 대한 특칙(제297조의2[579]), 증거능력에 대한 특칙(제318조의3[580])이 인정되어 보다 신속하게 재판이 진행된다.

모두절차가 끝나면 사실심리절차가 진행되는데 증거조사(제290조~제296조)를 먼저 진행한 후 피고인신문(제296조의2[581]), 검사의 의견진술(제302조),

---

575 제283조의2(피고인의 진술거부권) ① 피고인은 진술하지 아니하거나 개개의 질문에 대하여 진술을 거부할 수 있다.
② 재판장은 피고인에게 제1항과 같이 진술을 거부할 수 있음을 고지하여야 한다.

576 제285조(검사의 모두진술) 검사는 공소장에 의하여 공소사실·죄명 및 적용법조를 낭독하여야 한다. 다만, 재판장은 필요하다고 인정하는 때에는 검사에게 공소의 요지를 진술하게 할 수 있다.

577 제286조(피고인의 모두진술) ① 피고인은 검사의 모두진술이 끝난 뒤에 공소사실의 인정 여부를 진술하여야 한다. 다만, 피고인이 진술거부권을 행사하는 경우에는 그러하지 아니하다.
② 피고인 및 변호인은 이익이 되는 사실 등을 진술할 수 있다.

578 제287조(재판장의 쟁점정리 및 검사·변호인의 증거관계 등에 대한 진술) ① 재판장은 피고인의 모두진술이 끝난 다음에 피고인 또는 변호인에게 쟁점의 정리를 위하여 필요한 질문을 할 수 있다.
② 재판장은 증거조사를 하기에 앞서 검사 및 변호인으로 하여금 공소사실 등의 증명과 관련된 주장 및 입증계획 등을 진술하게 할 수 있다. 다만, 증거로 할 수 없거나 증거로 신청할 의사가 없는 자료에 기초하여 법원에 사건에 대한 예단 또는 편견을 발생하게 할 염려가 있는 사항은 진술할 수 없다.

579 제297조의2(간이공판절차에서의 증거조사) 제286조의2의 결정이 있는 사건에 대하여는 제161조의2, 제290조 내지 제293조, 제297조의 규정을 적용하지 아니하며 법원이 상당하다고 인정하는 방법으로 증거조사를 할 수 있다.

580 제318조의3(간이공판절차에서의 증거능력에 관한 특례) 제286조의2의 결정이 있는 사건의 증거에 관하여는 제310조의2, 제312조 내지 제314조 및 제316조의 규정에 의한 증거에 대하여 제318조제1항의 동의가 있는 것으로 간주한다. 단, 검사, 피고인 또는 변호인이 증거로 함에 이의가 있는 때에는 그러하지 아니하다.

581 제296조의2(피고인신문) ① 검사 또는 변호인은 증거조사 종료 후에 순차로 피고인에게 공소사실 및 정상에 관하여 필요한 사항을 신문할 수 있다. 다만, 재판장은 필요하다고 인정하는 때에는 증거조사가 완료되기 전이라도 이를 허가할 수 있다.
② 재판장은 필요하다고 인정하는 때에는 피고인을 신문할 수 있다.
③ 제161조의2 제1항부터 제3항까지 및 제5항은 제1항의 신문에 관하여 준용한다.

피고인 및 변호인의 최후진술(제303조)을 하고 변론을 종결한다.

바. 증거

변론을 종결하게 되면 증거에 기초하여 판단을 하게 되는데 증거법칙에 있어 제한이 거의 없는 민사소송과 달리 형사소송은 엄격한 증거법칙이 적용되기 때문에 어떠한 증거를 유죄의 증거로 인정할 수 있는지가 아주 중요한 핵심사항이다. 다만 이 부분을 제대로 이해하기 위해서는 상당한 정도의 설명이 필요하고 또한 그 이해를 위해서 필요한 배경 지식도 적지 않기 때문에 본격적인 학습은 차후로 미루고, 이하에서는 기본적인 내용 중심으로만 살펴보기로 한다.

형사소송에서는 사실의 인정은 증거에 의해서만 판단해야 한다는 증거재판주의(제307조), 증거의 증명력은 법관의 자유판단에 의한다는 자유심증주의(제308조), 적법한 절차에 따르지 아니하고 수집한 증거는 증거로 할 수 없다는 위법수집증거배제의 원칙(제308조의2), 피고인의 자백이 고문, 폭행, 협박, 신체구속의 부당한 장기화 또는 기망 기타의 방법으로 임의로 진술한 것이 아니라고 의심할 만한 이유가 있는 때에는 이를 유죄의 증거로 하지 못한다는 자백배제의 법칙(제309조), 피고인의 자백이 그 피고인에게 불이익한 유일의 증거인 때에는 이를 유죄의 증거로 하지 못한다는 자백의 보강법칙(제310조)이 적용된다.

한편, 형사소송법의 핵심이라고 할 수 있는 전문법칙[582]과 관련하여 형사소송법 제310조의2는 "제311조 내지 제316조에 규정한 것 이외에는 공판준비 또는 공판기일에서의 진술에 대신하여 진술을 기재한 서류나 공판준비 또는 공판기일 외에서의 타인의 진술을 내용으로 하는 진술은 이를 증거로 할 수 없다."고 규정하고 있다. 제311조(법원 또는 법관의 조서), 제312조(검사 또는 사법경찰관의 조서 등), 제313조(진술서등), 제314조(증거능력에 대한 예외), 제315조(당연

582 전문증거(傳聞證據)의 증거능력을 원칙적으로 부정하는 법칙.

히 증거능력이 있는 서류), 제316조(전문의 진술)에서 규정하고 있는 전문법칙의 예외규정은 간단한 조문에 비해 내용이 복잡하고 어렵기 때문에 형사소송법에 대한 기본적인 이해가 전제된 후에 살펴보는게 바람직할 것으로 생각되고, 그 이외에 형사소송법에서는 진술의 임의성(제317조[583]), 당사자의 동의와 증거능력(제318조[584]), 증명력을 다투기 위한 증거(소위 탄핵증거)(제318조의2[585])에 대해 규정하고 있다.

❖ 위법수집증거배제의 원칙

기본적 인권 보장을 위하여 압수수색에 관한 적법절차와 영장주의의 근간을 선언한 헌법과 이를 이어받아 실체적 진실 규명과 개인의 권리보호 이념을 조화롭게 실현할 수 있도록 압수수색절차에 관한 구체적 기준을 마련하고 있는 형사소송법의 규범력은 확고히 유지되어야 한다. 그러므로 헌법과 형사소송법이 정한 절차에 따르지 아니하고 수집한 증거는 기본적 인권 보장을 위해 마련된 적법한 절차에 따르지 않은 것으로서 원칙적으로 유죄 인정의 증거로 삼을 수 없다. 수사기관의 위법한 압수수색을 억제하고 재발을 방지하는 가장 효과적이고 확실한 대응책은 이를 통하여 수집한 증거는 물론 이를 기초로 하여 획득한 2차적 증거를 유죄 인정의 증거로 삼을 수 없도록 하는 것이다.[586]

583 제317조(진술의 임의성) ① 피고인 또는 피고인 아닌 자의 진술이 임의로 된 것이 아닌 것은 증거로 할 수 없다.
② 전항의 서류는 그 작성 또는 내용인 진술이 임의로 되었다는 것이 증명된 것이 아니면 증거로 할 수 없다.
③ 검증조서의 일부가 피고인 또는 피고인 아닌 자의 진술을 기재한 것인 때에는 그 부분에 한하여 전2항의 예에 의한다.

584 제318조(당사자의 동의와 증거능력) ① 검사와 피고인이 증거로 할 수 있음을 동의한 서류 또는 물건은 진정한 것으로 인정한 때에는 증거로 할 수 있다.
② 피고인의 출정없이 증거조사를 할 수 있는 경우에 피고인이 출정하지 아니한 때에는 전항의 동의가 있는 것으로 간주한다. 단, 대리인 또는 변호인이 출정한 때에는 예외로 한다.

585 제318조의2(증명력을 다투기 위한 증거) ① 제312조부터 제316조까지의 규정에 따라 증거로 할 수 없는 서류나 진술이라도 공판준비 또는 공판기일에서의 피고인 또는 피고인이 아닌 자(공소제기 전에 피고인을 피의자로 조사하였거나 그 조사에 참여하였던 자를 포함한다. 이하 이 조에서 같다)의 진술의 증명력을 다투기 위하여 증거로 할 수 있다.
② 제1항에도 불구하고 피고인 또는 피고인이 아닌 자의 진술을 내용으로 하는 영상녹화물은 공판준비 또는 공판기일에 피고인 또는 피고인이 아닌 자가 진술함에 있어서 기억이 명백하지 아니한 사항에 관하여 기억을 환기시켜야 할 필요가 있다고 인정되는 때에 한하여 피고인 또는 피고인이 아닌 자에게 재생하여 시청하게 할 수 있다.

다만, 법이 정한 절차에 따르지 아니하고 수집한 압수물의 증거능력 인정 여부를 최종적으로 판단함에 있어서는, 실체적 진실 규명을 통한 정당한 형벌권의 실현도 헌법과 형사소송법이 형사소송 절차를 통하여 달성하려는 중요한 목표이자 이념이므로, 형식적으로 보아 정해진 절차에 따르지 아니하고 수집한 증거라는 이유만을 내세워 획일적으로 그 증거의 증거능력을 부정하는 것 역시 헌법과 형사소송법이 형사소송에 관한 절차 조항을 마련한 취지에 맞는다고 볼 수 없다. 따라서 수사기관의 증거 수집 과정에서 이루어진 절차 위반행위와 관련된 모든 사정 즉, 절차 조항의 취지와 그 위반의 내용 및 정도, 구체적인 위반 경위와 회피가능성, 절차 조항이 보호하고자 하는 권리 또는 법익의 성질과 침해 정도 및 피고인과의 관련성, 절차 위반행위와 증거수집 사이의 인과관계 등 관련성의 정도, 수사기관의 인식과 의도 등을 전체적·종합적으로 살펴 볼 때, 수사기관의 절차 위반행위가 적법절차의 실질적인 내용을 침해하는 경우에 해당하지 아니하고, 오히려 그 증거의 증거능력을 배제하는 것이 헌법과 형사소송법이 형사소송에 관한 절차 조항을 마련하여 적법절차의 원칙과 실체적 진실 규명의 조화를 도모하고 이를 통하여 형사 사법 정의를 실현하려 한 취지에 반하는 결과를 초래하는 것으로 평가되는 예외적인 경우라면, 법원은 그 증거를 유죄 인정의 증거로 사용할 수 있다고 보아야 한다. 이는 적법한 절차에 따르지 아니하고 수집한 증거를 기초로 하여 획득한 2차적 증거의 경우에도 마찬가지여서, 절차에 따르지 아니한 증거 수집과 2차적 증거 수집 사이 인과관계의 희석 또는 단절 여부를 중심으로 2차적 증거 수집과 관련된 모든 사정을 전체적·종합적으로 고려하여 예외적인 경우에는 유죄 인정의 증거로 사용할 수 있다.[587]

586 이와 달리, 압수물은 그 압수절차가 위법이라 하더라도 물건 자체의 성질, 형상에 변경을 가져오는 것은 아니므로 그 형상 등에 관한 증거가치에는 변함이 없다 할 것이므로 증거능력이 있다는 취지로 판시한 대법원 1968. 9. 17. 선고 68도932 판결, 대법원 1987. 6. 23. 선고 87도705 판결, 대법원 1994. 2. 8. 선고 93도3318 판결, 대법원 1996. 5. 14.자 96초88 결정, 대법원 2002. 11. 26. 선고 2000도1513 판결, 대법원 2006. 7. 27. 선고 2006도3194 판결 등은 이 판결의 견해에 배치되는 범위 안에서 이를 변경하기로 한다.

587 대법원 2007. 11. 15. 선고 2007도3061 전원합의체 판결(피고인측에서 검사의 압수수색이 적법절차를 위반하였다고 다투고 있음에도 불구하고 주장된 위법사유가 적법절차의 실질적인 내용을 침해하였는지 여부 등에 관하여 충분히 심리하지 아니한 채, 압수절차가 위법하더라도 압수물의 증거능력은 인정된다는 이유만으로 압수물의 증거능력을 인정한 것은 위법하다고 한 사례).

거짓말탐지기의 검사 결과

1) 거짓말탐지기의 검사 결과에 대하여 사실적 관련성을 가진 증거로서 증거능력을 인정할 수 있으려면, 첫째로 거짓말을 하면 반드시 일정한 심리상태의 변동이 일어나고, 둘째로 그 심리상태의 변동은 반드시 일정한 생리적 반응을 일으키며, 셋째로 그 생리적 반응에 의하여 피검사자의 말이 거짓인지 아닌지가 정확히 판정될 수 있다는 세 가지 전제요건이 충족되어야 할 것이며, 특히 마지막 생리적 반응에 대한 거짓 여부 판정은 거짓말탐지기가 검사에 동의한 피검사자의 생리적 반응을 정확히 측정할 수 있는 장치이어야 하고, 질문사항의 작성과 검사의 기술 및 방법이 합리적이어야 하며, 검사자가 탐지기의 측정내용을 객관성 있고 정확하게 판독할 능력을 갖춘 경우라야만 그 정확성을 확보할 수 있는 것이므로, 이상과 같은 여러 가지 요건이 충족되지 않는 한 거짓말탐지기 검사 결과에 대하여 형사소송법상 증거능력을 부여할 수는 없다.[588]

2) 거짓말탐지기의 검사는 그 기구의 성능, 조작기술 등에 있어 신뢰도가 극히 높다고 인정되고 그 검사자가 적격자이며, 검사를 받는 사람이 검사를 받음에 동의하였으며, 검사서가 검사자 자신이 실시한 검사의 방법, 경과 및 그 결과를 충실하게 기재하였다는 등의 전제조건이 증거에 의하여 확인되었을 경우에만 형사소송법 제313조 제2항에 의하여 이를 증거로 할 수 있는 것이고, 위와 같은 조건이 모두 충족되어 증거능력이 있는 경우에도 그 검사결과는 검사를 받는 사람의 진술의 신빙성을 가늠하는 정황증거로서의 기능을 하는데 그치는 것인 바, 이 사건에 있어서 위의 거짓말탐지기 검사결과는 그 정확성을 보장할 수 있는 전제조건들을 구비하였다고 단정하기도 어려울 뿐만 아니라 설사 그러한 조건을 구비하였다 하더라도 수사기관이래 원심법정에 이르기 까지의 피고인의 일관된

588 대법원 2005. 5. 26. 선고 2005도130 판결, 대법원 1986. 11. 25. 선고 85도2208 판결. 다만, 일정한 증거가 발견되면 피의자가 자백하겠다고 한 약속이 검사의 강요나 위계에 의하여 이루어졌다던가 또는 불기소나 경한 죄의 소추등 이익과 교환조건으로 된 것으로 인정되지 않는다면 위와 같은 자백의 약속하에 된 자백이라 하여 곧 임의성 없는 자백이라고 단정할 수는 없다(대법원 1983. 9. 13. 선고 83도712 판결).

변소내용에 비추어 볼 때 위 거짓말탐지기 검사결과에 나타난 반응을 그대로 받아들일 수는 없으며 그밖에 공소사실을 인정할 만한 다른 증거가 없다고 판시하여 피고인에게 무죄를 선고한 제1심판결을 유지하였다.

기록에 의하여 살펴보건대, 원심의 위와 같은 판단은 정당한 것으로 수긍되고 그 판단과정에 채증법칙을 위배하여 사실을 오인한 위법이 있다고 할 수 없으므로 논지는 이유없다.[589]

7 판결

판결의 선고는 변론을 종결한 기일에 하여야 한다. 다만, 특별한 사정이 있는 때에는 따로 선고기일을 지정할 수 있다(제318조의4 제1항). 변론을 종결한 기일에 판결을 선고하는 경우에는 판결의 선고 후에 판결서를 작성할 수 있다(제318조의4 제2항). 제1항 단서의 선고기일은 변론종결 후 14일 이내로 지정되어야 한다(제318조의4 제3항). 판결의 종류는 다음과 같다.

가. 유죄

형의 선고를 하는 때에는 판결이유에 범죄될 사실, 증거의 요지와 법령의 적용을 명시하여야 한다(제323조 제1항). 법률상 범죄의 성립을 조각하는 이유 또는 형의 가중, 감면의 이유되는 사실의 진술이 있은 때에는 이에 대한 판단을 명시하여야 한다(제323조 제2항). 제323조 제2항에서 '형의 가중, 감면의 이유되는 사실'이란 형의 필요적 가중, 감면의 이유되는 사실을 말하고 형의 감면이 법원의 재량에 맡겨진 경우, 즉 임의적 감면사유는 이에 해당하지 않는다. 따라서 피

---

589 대법원 1987. 7. 21. 선고 87도968 판결.

해회복에 관한 주장이 있었더라도 이는 작량감경 사유에 해당하여 형의 양정에 영향을 미칠 수 있을지언정 유죄판결에 반드시 명시하여야 하는 것은 아니다.[590]

나. 무죄

피고사건이 범죄로 되지 아니하거나 범죄사실의 증명이 없는 때에는 판결로써 무죄를 선고하여야 한다(제325조). 형벌에 관한 법령이 헌법재판소의 위헌결정으로 소급하여 그 효력을 상실하였거나 법원에서 위헌·무효로 선언된 경우 그 법령을 적용하여 공소가 제기된 피고사건에 대해서는 형사소송법 제325조에 따라 무죄를 선고하여야 하고, 나아가 재심이 개시된 사건에서 형벌에 관한 법령이 재심판결 당시 폐지되었더라도 그 폐지가 당초부터 헌법에 위배되어 효력이 없는 법령에 대한 것이었다면 형사소송법 제325조 전단에서 규정하는 '범죄로 되지 아니한 때'의 무죄사유에 해당한다.[591]

다. 면소

다음 경우에는 판결로써 면소의 선고를 하여야 한다(제326조).

1) 확정판결이 있은 때[592]

2) 사면이 있은 때

3) 공소의 시효가 완성되었을 때

4) 범죄 후의 법령개폐로 형이 폐지되었을 때

판결이 확정되면 일사부재리(一事不再理)의 효력이 인정되므로(헌법 제13조[593]

---

590 대법원 2017. 11. 9. 선고 2017도14769 판결.

591 대법원 2018. 11. 29. 선고 2016도14781 판결.

592 대법원 2000. 2. 11. 선고 99도2983 판결(형사소송법 제326조 제2호 소정의 면소판결의 사유인 사면이 있을 때란 일반 사면이 있을 때를 말하는 것이다). 일반사면이 있으면 형 선고의 효력이 상실되며 형을 선고받지 아니한 자에 대하여는 공소권(公訴權)이 상실되어 면소판결의 대상이 되나, 특별사면은 형의 집행만 면제되고 다만 특별한 사정이 있을 때에는 형 선고의 효력을 상실하게 할 수 있어 면소판결의 대상이 되지 않는다(사면법 제5조 참고).

593 제13조 ① 모든 국민은 행위시의 법률에 의하여 범죄를 구성하지 아니하는 행위로 소추되지 아니하며, 동일한 범죄에 대하여 거듭 처벌받지 아니한다.
② 모든 국민은 소급입법에 의하여 참정권의 제한을 받거나 재산권을 박탈당하지 아니한다.

제1항 후문) 동일한 범죄사실에 대해 재차 공소가 제기되면 법원의 면소의 판결을 한다(제326조 제1호). 다만 이러한 사부재리의 효력은 확정판결이 있을 때에 발생하는 것이므로 검사가 일차 무혐의 결정을 하였다가 다시 공소를 제기하였다 하여도 이를 일사부재리의 원칙에 위배된 것이라고는 할 수 없다.[594]

라. 공소기각 판결

다음 경우에는 판결로써 공소기각의 선고를 하여야 한다(제327조).

1) 피고인에 대하여 재판권이 없을 때

2) 공소제기의 절차가 법률의 규정을 위반하여 무효일 때[595]

3) 공소가 제기된 사건에 대하여 다시 공소가 제기되었을 때

4) 제329조[596]를 위반하여 공소가 제기되었을 때

5) 고소가 있어야 공소를 제기할 수 있는 사건에서 고소가 취소되었을 때

6) 피해자의 명시한 의사에 반하여 공소를 제기할 수 없는 사건에서 처벌을 원하지 아니하는 의사표시를 하거나 처벌을 원하는 의사표시를 철회하였을 때

마. 공소기각 결정

다음 경우에는 결정으로 공소를 기각하여야 하고, 이 결정에 대해서는 즉시항고할 수 있다(제328조).

1) 공소가 취소되었을 때[597]

2) 피고인이 사망하거나 피고인인 법인이 존속하지 아니하게 되었을 때

---

③ 모든 국민은 자기의 행위가 아닌 친족의 행위로 인하여 불이익한 처우를 받지 아니한다.

594 대법원 1984. 11. 27. 선고 84도1545 판결.

595 위법한 함정수사에 기한 공소제기의 경우 제2호에 따라 공소기각 판결을 한다(대법원 2005. 10. 28. 선고 2005도1247 판결).

596 제329조(공소취소와 재기소) 공소취소에 의한 공소기각의 결정이 확정된 때에는 공소취소 후 그 범죄사실에 대한 다른 중요한 증거를 발견한 경우에 한하여 다시 공소를 제기할 수 있다.

597 제329조(공소취소와 재기소) 공소취소에 의한 공소기각의 결정이 확정된 때에는 공소취소 후 그 범죄사실에 대한 다른 중요한 증거를 발견한 경우에 한하여 다시 공소를 제기할 수 있다.

3) 제12조[598] 또는 제13조[599]의 규정에 의하여 재판할 수 없는 때
4) 공소장에 기재된 사실이 진실하다 하더라도 범죄가 될 만한 사실이 포함되지 아니하는 때[600]

바. 소송비용의 재판

(1) 형사소송법

第186조(피고인의 소송비용부담) ① 형의 선고를 하는 때에는 피고인에게 소송비용의 전부 또는 일부를 부담하게 하여야 한다. 다만, 피고인의 경제적 사정으로 소송비용을 납부할 수 없는 때에는 그러하지 아니하다. <개정 1995. 12. 29.>
② 피고인에게 책임지울 사유로 발생된 비용은 형의 선고를 하지 아니하는 경우에도 피고인에게 부담하게 할 수 있다.

第194조의2(무죄판결과 비용보상) ① 국가는 무죄판결이 확정된 경우에는 당해 사건의 피고인이었던 자에 대하여 그 재판에 소요된 비용을 보상하여야 한다.
② 다음 각 호의 어느 하나에 해당하는 경우에는 제1항에 따른 비용의 전부 또는 일부를 보상하지 아니할 수 있다.
1. 피고인이었던 자가 수사 또는 재판을 그르칠 목적으로 거짓 자백을 하거나

598 제12조(동일사건과 수개의 소송계속) 동일사건이 사물관할을 달리하는 수개의 법원에 계속된 때에는 법원합의부가 심판한다.

599 제13조(관할의 경합) 같은 사건이 사물관할이 같은 여러 개의 법원에 계속된 때에는 먼저 공소를 받은 법원이 심판한다. 다만, 각 법원에 공통되는 바로 위의 상급법원은 검사나 피고인의 신청에 의하여 결정으로 뒤에 공소를 받은 법원으로 하여금 심판하게 할 수 있다. [전문개정 2020. 12. 8.]

600 대법원 1990. 4. 10. 선고 90도174 판결(형사소송법 제328조 제1항 제4호에 규정된 공소장에 기재된 사실이 진실하다 하더라도 범죄가 될만한 사실이 포함되지 아니한 때라 함은 공소장 기재사실 자체에 대한 판단으로 그 사실자체가 죄가 되지 아니함이 명백한 경우를 가리키는 것인 바, 공중위생법위반의 이 사건 주위적 공소사실에 기재된 유기기구인 에이트라인 및 고스톱기가 공중위생법 소정의 유기기구에 해당하는지의 여부는 위 공소사실 기재 자체에 의하여 명백하다고 할 수 없음에도 불구하고 원심이 위 주위적 공소사실에 대하여 형사소송법 제328조 제1항 제4호에 의하여 공소기각의 결정을 할 경우에 해당한다고 판시한 것은 적절하지 못하다).

다른 유죄의 증거를 만들어 기소된 것으로 인정된 경우

2. 1개의 재판으로써 경합범의 일부에 대하여 무죄판결이 확정되고 다른 부분에 대하여 유죄판결이 확정된 경우

3. 「형법」 제9조[601] 및 제10조[602] 제1항의 사유에 따른 무죄판결이 확정된 경우

4. 그 비용이 피고인이었던 자에게 책임지울 사유로 발생한 경우

[본조신설 2007. 6. 1.]

제194조의3(비용보상의 절차 등) ① 제194조의2 제1항에 따른 비용의 보상은 피고인이었던 자의 청구에 따라 무죄판결을 선고한 법원의 합의부에서 결정으로 한다.

② 제1항에 따른 청구는 무죄판결이 확정된 사실을 안 날부터 3년, 무죄판결이 확정된 때부터 5년 이내에 하여야 한다. <개정 2014. 12. 30.>[603]

③ 제1항의 결정에 대하여는 즉시항고를 할 수 있다. [본조신설 2007. 6. 1.]

(2) 형사소송비용 등에 관한 법률[604] 및 형사소송비용 등에 관한 규칙

제2조(형사소송비용의 범위) 「형사소송법」에 따른 소송비용은 다음 각 호의 어느 하나에 해당하는 것으로 한다.

1. 증인·감정인·통역인 또는 번역인의 일당, 여비 및 숙박료
2. 감정인·통역인 또는 번역인의 감정료·통역료·번역료, 그 밖의 비용
3. 국선변호인의 일당, 여비, 숙박료 및 보수

---

601 제9조(형사미성년자) 14세되지 아니한 자의 행위는 벌하지 아니한다.

602 제10조(심신장애인) ① 심신장애로 인하여 사물을 변별할 능력이 없거나 의사를 결정할 능력이 없는 자의 행위는 벌하지 아니한다.
② 심신장애로 인하여 전항의 능력이 미약한 자의 행위는 형을 감경할 수 있다. <개정 2018. 12. 18.>
③ 위험의 발생을 예견하고 자의로 심신장애를 야기한 자의 행위에는 전2항의 규정을 적용하지 아니한다.

603 개정전에는 "제1항에 따른 청구는 무죄판결이 확정된 날부터 6개월 이내에 하여야 한다."고 규정하고 있었다.

604 1954. 9. 9. 법률 제338호 '형사소송비용법'이 제정되었고(시행 1954. 9. 1.), 1999. 12. 31. 개정 법률 제6082호(시행 1999. 12. 31.)에 의해 현행법과 같이 명칭이 변경되었다.

사. 판결 선고기간

판결의 선고는 제1심에서는 공소가 제기된 날부터 6개월 이내에, 항소심(抗訴審) 및 상고심(上告審)에서는 기록을 송부받은 날부터 4개월 이내에 하여야 한다(소송촉진 등에 관한 특례법 제21조).

8 상소

가. 일반

민사소송과 마찬가지로 형사소송에서도 항소, 상고 등의 상소제도가 있는데, 민사소송과의 차이를 중심으로 숙지할 필요가 있다. 상소의 제기는 그 기간 내에 서면으로 하고(제343조 제1항), 상소의 제기기간은 재판을 선고 또는 고지한 날로부터 진행된다(제343조 제2항).

나. 항소

항소의 제기기간은 7일로 한다(제358조). 피고인이 공판기일에 출정하지 아니한 때에는 다시 기일을 정하여야 하고(제365조 제1항), 피고인이 정당한 사유 없이 다시 정한 기일에 출정하지 아니한 때에는 피고인의 진술없이 판결을 할 수 있다(제365조 제2항). 한편 민사소송에서와 유사한 취지에서 피고인이 항소한 사건과 피고인을 위하여 항소한 사건에 대하여는 원심판결의 형보다 무거운 형을 선고할 수 없다(제368조).

- 형사소송법 제186조 제1항은 "형의 선고를 하는 때에는 피고인에게 소송비용의 전부 또는 일부를 부담하게 하여야 한다."고 규정하고 있고, 같은 법 제191조 제1항은 "재판으로 소송절차가 종료되는 경우에 피고인에게 소송비용을 부담하게 하는 때에는 직권으로 재판하여야 한다."고 규정하고 있는바, 소송비

용의 부담은 형이 아니고 실질적인 의미에서 형에 준하여 평가되어야 할 것도 아니므로 불이익변경금지원칙의 적용이 없다.[605]

- 현행 형사소송법상 항소심은 속심을 기반으로 하되 사후심적 요소도 상당 부분 들어 있는 이른바 사후심적 속심의 성격을 가지므로 항소심에서 제1심판결의 당부를 판단할 때에는 그러한 심급구조의 특성을 고려하여야 한다. 그러므로 항소심이 심리과정에서 심증의 형성에 영향을 미칠 만한 객관적 사유가 새로 드러난 것이 없음에도 제1심의 판단을 재평가하여 사후심적으로 판단하여 뒤집고자 할 때에는, 제1심의 증거가치 판단이 명백히 잘못되었다거나 사실인정에 이르는 논증이 논리와 경험법칙에 어긋나는 등으로 그 판단을 그대로 유지하는 것이 현저히 부당하다고 볼 만한 합리적인 사정이 있어야 하고, 그러한 예외적 사정도 없이 제1심의 사실인정에 관한 판단을 함부로 뒤집어서는 안 된다. 그것이 형사사건의 실체에 관한 유죄·무죄의 심증은 법정 심리에 의하여 형성하여야 한다는 공판중심주의, 그리고 법관의 면전에서 직접 조사한 증거만을 재판의 기초로 삼는 것을 원칙으로 하는 실질적 직접심리주의의 정신에 부합한다.[606]

---

605 대법원 2001. 4. 24. 선고 2001도872 판결(제1심법원이 소송비용의 부담을 명하는 재판을 하지 않았음에도 항소심법원이 제1심의 소송비용에 관하여 피고인에게 부담하도록 재판을 한 경우, 불이익변경금지원칙에 위배되지 않는다고 본 사례).

606 대법원 2017. 3. 22. 선고 2016도18031 판결(피고인은 이 사건 계약상 약정금 지급의무를 이행하지 못할 수도 있다는 사실을 인식한 상태에서 ○○○○ 건물을 곧바로 처분할 의사나 능력이 없이 어떻게든 위 건물을 자신의 사업에 활용하려는 의도로 이 사건 계약을 체결하였다고 볼 여지가 상당하다. 제1심이 피고인에게 편취의 범의가 있었다고 인정한 것도 그러한 여러 사정을 고려하여 판단한 것으로 보이고, 그와 같은 증거판단과 범의를 인정하는 데 이른 논증이 논리와 경험법칙에 어긋난다고는 보이지 않는다. 한편 기록에 의하면 원심은, ○○○○ 건물을 매도한 기획부동산 측과 피고인의 변호인이 ○○○○ 건물의 매도대금에 관하여 통화한 내용을 녹음한 녹취록(증 제10호)만 추가로 증거조사를 하였을 뿐 제1심의 증거조사 결과에 영향을 미칠 만한 새로운 증거조사나 심리를 한 바 없다. 그런데도 원심은, 그 판시와 같은 점들을 논거로 하여 피고인이 피해자를 기망하였다는 점에 대한 증명이 부족하다고 보아 제1심의 증거판단 및 사실인정을 뒤집었다. 그러나 앞에서 본 사실관계와 전후 사정으로 보면, 피해자는 피고인이 ○○○○ 건물을 비싸게 팔아 주겠다고 하여 위 건물을 넘겨준 것일 뿐 피고인이 추진하던 공소외 6 회사 인수 사업을 신뢰하여 그 건물을 넘긴 것은 아니라고 보이므로, 피고인이 그 사업을 진정성 있게 추진하였다는 사정은 피고인의 편취 범의 내지 기망행위 등을 판단하는 데 주된 근거가 될 수 없을 뿐 아니라, 위에서 본 바와 같이 그 사업의 성공가능성도 신뢰할 만한 정도에 이르렀다고 보이지 않는다. 또한 원심이 따로 주목하지 않았거나 제1심과 달리 평가한 이 사건 계약의 체결 경위 등에 관한 사정은, 피고인이

- 우리 형사소송법은 형사사건의 실체에 대한 유죄·무죄의 심증 형성은 법정에서의 심리에 의하여야 한다는 공판중심주의의 한 요소로서, 법관의 면전에서 직접 조사한 증거만을 재판의 기초로 삼을 수 있고 증명 대상이 되는 사실과 가장 가까운 원본 증거를 재판의 기초로 삼아야 하며 원본 증거의 대체물 사용은 원칙적으로 허용되어서는 안 된다는 실질적 직접심리주의를 채택하고 있는바, 이는 법관이 법정에서 직접 원본 증거를 조사하는 방법을 통하여 사건에 대한 신선하고 정확한 심증을 형성할 수 있고 피고인에게 원본 증거에 관한 직접적인 의견진술의 기회를 부여함으로써 실체적 진실을 발견하고 공정한 재판을 실현할 수 있기 때문이다. 형사소송절차를 주재하는 법원으로서는 형사소송절차의 진행과 심리 과정에서 법정을 중심으로 특히, 당사자의 주장과 증거조사가 이루어지는 원칙적인 절차인 제1심의 법정에서 위와 같은 실질적 직접심리주의의 정신이 충분하고도 완벽하게 구현될 수 있도록 하여야 할 것이다.

제1심판결 내용과 제1심에서 적법하게 증거조사를 거친 증거들에 비추어 제1심 증인이 한 진술의 신빙성 유무에 대한 제1심의 판단이 명백하게 잘못되었다고 볼 특별한 사정이 있거나, 제1심의 증거조사 결과와 항소심 변론종결시까지 추가로 이루어진 증거조사 결과를 종합하면 제1심 증인이 한 진술의 신빙성 유무에 대한 제1심의 판단을 그대로 유지하는 것이 현저히 부당하다고 인정되는 예외적인 경우가 아니라면, 항소심으로서는 제1심 증인이 한 진술의 신빙성 유

자백하지 않는 이 사건에서 그 편취 범의를 가늠해 볼 수 있는 주요한 정황적 요소라고 할 수 있다. 나아가 원심은 피고인이 피해자를 기망한 바 없음에도 피해자 스스로 착오에 빠진 것처럼 사실관계를 추론하고 있으나, 이 사건 계약 체결 당시의 피고인의 의사, 즉 피고인이 이 사건 계약을 체결한 동기 내지 목적이 무엇이었는지에 대한 구체적인 논증 없이 피해자의 증언에도 일부 배치되는 피해자 측의 사정만을 내세워 위와 같은 판단에 이른 것은 그 논리적 선후가 맞지 않음은 물론 사기죄에서 기망행위 및 편취 범의를 판단하는 방법을 그르친 것이다. 결국 원심이 무죄의 이유로 들고 있는 판단 근거와 논증 구조는 논리와 경험의 법칙에 합치한다고 보기 어려울 뿐 아니라 공판중심주의와 실질적 직접심리주의를 토대로 한 형사소송법의 기본 원리와 항소심의 심급구조로 본 판단 재량의 한계를 벗어난 것이다. 원심판결에는 자유심증주의의 한계를 벗어나 사기죄에서 편취의 범의 등에 관하여 잘못 판단하거나 필요한 심리를 다하지 아니하여 판결 결과에 영향을 미친 잘못이 있다. 이를 지적하는 취지의 상고이유 주장은 이유 있다).

무에 대한 제1심의 판단이 항소심의 판단과 다르다는 이유만으로 이에 대한 제1심의 판단을 함부로 뒤집어서는 아니 된다. 특히 공소사실을 뒷받침하는 증거의 경우에는, 증인신문 절차를 진행하면서 진술에 임하는 증인의 모습과 태도를 직접 관찰한 제1심이 증인의 진술에 대하여 그 신빙성을 인정할 수 없다고 판단하였음에도 불구하고, 항소심이 이를 뒤집어 그 진술의 신빙성을 인정할 수 있다고 판단할 수 있으려면, 진술의 신빙성을 배척한 제1심의 판단을 수긍할 수 없는 충분하고도 납득할 만한 현저한 사정이 나타나는 경우이어야 한다.[607]

---

607 대법원 2006. 11. 24. 선고 2006도4994 판결(기록에 의하면, 아래와 같은 사정을 알 수 있다.
이 사건 공소사실의 요지는, 피고인이 2004. 4.경 불상의 방법으로 소지하게 된 공소외 1의 인감도장을 찍어 이 사건 약속어음 및 위임장을 위조·행사하였다는 것인데, 피고인은 수사 초기부터 일관하여 고소인 공소외 1이 공소사실 기재 일시경 피고인의 사무실을 방문하여 남편 공소외 2의 채무를 연대보증하는 취지로 백지 약속어음 및 위임장에 직접 인감도장을 날인하였다고 주장하였다.
이에 반하여, 공소외 1과 공소외 2는 고소 이후 일관하여 공소외 1은 공소사실 기재 일시경 공소외 2의 채무에 대하여 연대보증한 사실은 물론, 피고인의 사무실을 방문하거나 공소외 2에게 인감도장을 맡긴 사실조차 없다고 주장하였고, 제1심에 증인으로 출석해서도 같은 취지로 진술하였으나, 두 사람에 대한 증인신문을 마친 **제1심**은 이 사건 약속어음 및 위임장에 공소외 1의 인감도장이 날인되어 있는 사실 등에 비추어 두 사람의 진술은 믿기 어렵다고 보아 그 신빙성을 배척하고 피고인에게 무죄를 선고하였다.
그런데 **원심**은 공소외 1의 연대보증 여부와 관련된 정황에 대하여 피고인에게 석명하여 피고인이 원심에서 제출한 일부 서류들에 대하여 추가로 증거조사를 하기는 하였으나, 그 제출한 서류들이 대부분 수사기록에 첨부되어 있는 서류들일 뿐만 아니라, 주로 제1심에서 증거조사를 마친 수사기록에 첨부된 대출 관련 서류들에 기초하여 수사 및 제1심 과정에서 이미 지적이 되었던 사정들 즉, 이 사건 대출 관련 서류들의 연대보증인란에 공소외 1의 서명날인이 없고, 피고인이 공소외 1의 인감증명서를 받아 두지 않았다는 사실 등으로 미루어 볼 때 공소외 1이 연대보증을 하지 않았다는 두 사람의 제1심법정 진술에 신빙성이 인정된다고 판단하여 제1심을 파기하고, 피고인에게 유죄를 선고하였다.
앞서 본 법리에 위 사실을 비추어 살펴보면, 원심이 공소사실을 뒷받침하는 공소외 1, 2의 제1심법정 진술의 신빙성을 배척한 제1심의 판단을 뒤집기 위해서는 그러한 제1심의 판단을 수긍할 수 없는 충분하고도 납득할 만한 현저한 사정이 나타나는 경우이어야 할 것인데, 원심이 지적한 사정들은 제1심에서 증거조사를 마친 수사기록에 첨부된 대출 관련 서류들에 기초하여 수사 및 제1심 과정에서 이미 지적이 되었던 사정들로서 제1심이 공소외 1, 2의 제1심법정 진술의 신빙성을 배척함에 있어 이미 고려했던 여러 정황들 중 일부에 불과한 것으로 보이고 제1심의 판단을 뒤집을 만한 특별한 사정으로 내세울 만한 것은 아니라 할 것이니, 원심이 공소외 1, 2가 제1심에서 한 진술의 신빙성에 대한 제1심의 판단을 뒤집은 조치는 수긍하기 어렵다.
결국, 원심에는 제1심 증인이 한 진술의 신빙성에 대한 판단을 함에 있어 공판중심주의와 직접심리주의의 원칙에 어긋남으로써 채증법칙을 위반한 위법이 있고, 이는 판결에 영향을 미쳤음이 명백하여 그대로 유지될 수 없다 할 것이다).

다. 상고

상고의 제기기간도 7일로 하고(제374조), 민사소송에서와 마찬가지로 상고법원으로부터 소송기록접수의 통지를 받은 날로부터 20일 이내에 상고이유서를 제출하여야 한다(제378조, 제379조). 한편, 상고법원은 판결에 영향을 미친 법률의 위반이 있는 경우에는 상고이유서에 포함되지 아니한 때에도 직권으로 심판할 수 있는바(형사소송법 제384조, 제383조 제1호), 이는 법률의 해석·적용을 그르친 나머지 피고인을 유죄로 잘못 인정한 원심판결에 대하여 피고인은 상고를 제기하지 아니하고 검사만이 다른 사유를 들어 상고를 제기하였고, 검사의 상고가 피고인의 이익을 위하여 제기된 것이 아님이 명백한 경우라 하더라도 마찬가지이다.[608]

9 약식절차

약식절차란 지방법원의 관할사건에 대하여 검사의 청구가 있는 때에 공판절차를 경유하지 않고 검사가 제출한 자료만을 조사하여 약식명령으로 피고인에게 벌금, 과료 또는 몰수의 형을 과하는 간이한 재판절차이다(제448조).[609]

약식명령에는 범죄사실, 적용법령, 주형, 부수처분과 약식명령의 고지를 받은 날로부터 7일 이내에 정식재판의 청구를 할 수 있음을 명시하여야 한다(제451조).[610] 검사 또는 피고인은 약식명령의 고지를 받은 날로부터 7일 이내에 정식재판의 청구를 할 수 있다. 단, 피고인은 정식재판의 청구를 포기할 수 없다(제453조 제1항). 약식명령은 정식재판의 청구기간이 경과하거나 그 청구의 취하

608 대법원 2016. 10. 27. 선고 2015도16764 판결.
609 이재상·조균석, 「형사소송법 제11판」, 박영사, 2017, 855면.
610 약식명령은 「형사소송법」 제450조의 경우를 제외하고는 그 청구가 있은 날부터 14일 이내에 하여야 한다(소송촉진 등에 관한 특례법 제22조).

또는 청구기각의 결정이 확정한 때에는 확정판결과 동일한 효력이 있다(제457조). 약식명령에 대한 정식재판청구에 대해서도 불이익변경금지의 원칙이 적용되는데 다만 무분별한 정식재판청구의 남용을 방지하기 위해 2017년 개정법[611]에서는 피고인이 정식재판을 청구한 사건에 대하여는 약식명령의 형보다 중한 종류의 형을 선고하지 못한다는 형종 상향의 금지로 한정하였다(제457조의2[612]). 한편, 형사소송법 제457조의2에서 규정한 불이익변경금지의 원칙은 피고인이 약식명령에 불복하여 정식재판을 청구한 사건에서 약식명령의 주문에서 정한 형보다 중한 형을 선고할 수 없다는 것이므로, 그 죄명이나 적용법조가 약식명령의 경우보다 불이익하게 변경되었다고 하더라도 선고한 형이 약식명령과 같거나 약식명령보다 가벼운 경우에는 불이익변경금지의 원칙에 위배된 조치라고 할 수 없다.[613]

611 2017년 개정전 제457조의2 (불이익변경의 금지) 피고인이 정식재판을 청구한 사건에 대하여는 약식명령의 형보다 중한 형을 선고하지 못한다. [본조신설 1995·12·29]

612 제457조의2(형종 상향의 금지 등) ① 피고인이 정식재판을 청구한 사건에 대하여는 약식명령의 형보다 중한 종류의 형을 선고하지 못한다.
② 피고인이 정식재판을 청구한 사건에 대하여 약식명령의 형보다 중한 형을 선고하는 경우에는 판결서에 양형의 이유를 적어야 한다.
[전문개정 2017. 12. 19.]

613 대법원 2013. 2. 28. 선고 2011도14986 판결.

Ⅲ 특별법

1 성폭력범죄자의 성충동 약물치료에 관한 법률 (성충동약물치료법)

가. [시행 2011. 7. 24.] [법률 제10371호, 2010. 7. 23., 제정]

최근 사회적으로 문제되고 있는 아동 성폭력범에 대하여 여러 가지 다른 법률에서 강력한 처벌을 규정하여 시행 중이나, 아동 성폭력범죄는 정신적·사회적 문제와 관련되어 있어 강력한 처벌만으로는 재범방지에 한계가 있는 실정임.

이에 상습적 아동 성폭력범에게 성욕을 조절할 수 있는 호르몬 주사를 주기적으로 투여하는 약물치료요법과 심리치료를 병행하여 아동 성폭력범의 재범율을 현저히 낮춘 외국의 사례 등을 고려하여, 성폭력범죄자에 대하여 성충동 약물치료를 할 수 있는 법적 근거를 마련함으로써 성폭력범죄의 재범을 방지하고 잠재적 피해자들을 보호하려는 것임.

동법 제4조 제1항에서는 '검사는 사람에 대하여 성폭력범죄를 저지른 성도착증 환자로서 성폭력범죄를 다시 범할 위험성이 있다고 인정되는 19세 이상의 사람에 대하여 약물치료명령(이하 "치료명령"이라고 한다)을 법원에 청구할 수 있다'고 규정하고 있다.

나. 헌법재판소 2015. 12. 23. 선고 2013헌가9 전원재판부

【결정요지】

(1) 심판대상조항들은 성폭력범죄를 저지른 성도착증 환자의 동종 재범을 방지하기 위한 것으로서 그 입법목적이 정당하고, 성충동 약물치료는 성도착증 환자

의 성적 환상이 충동 또는 실행으로 옮겨지는 과정의 핵심에 있는 남성호르몬의 생성 및 작용을 억제하는 것으로서 수단의 적절성이 인정된다. 또한 성충동 약물치료는 전문의의 감정을 거쳐 성도착증 환자로 인정되는 사람을 대상으로 청구되고, 한정된 기간 동안 의사의 진단과 처방에 의하여 이루어지며, 부작용 검사 및 치료가 함께 이루어지고, 치료가 불필요한 경우의 가해제제도가 있으며, 치료 중단시 남성호르몬의 생성과 작용의 회복이 가능하다는 점을 고려할 때, 심판대상조항들은 원칙적으로 침해의 최소성 및 법익균형성이 충족된다. 다만 장기형이 선고되는 경우 치료명령의 선고시점과 집행시점 사이에 상당한 시간적 간극이 있어 집행시점에서 발생할 수 있는 불필요한 치료와 관련한 부분에 대해서는 침해의 최소성과 법익균형성을 인정하기 어렵다. 따라서 이 사건 청구조항은 과잉금지원칙에 위배되지 아니하나, 이 사건 명령조항은 집행 시점에서 불필요한 치료를 막을 수 있는 절차가 마련되어 있지 않은 점으로 인하여 과잉금지원칙에 위배되어 치료명령 피청구인의 신체의 자유 등 기본권을 침해한다.

(2) 이 사건 명령조항에는 위헌적 부분과 합헌적 부분이 공존하고 있고, 장기형 선고로 치료명령 선고시점과 집행시점 사이에 상당한 시간적 간극이 존재하는 경우 불필요한 치료가 이루어질 가능성을 배제할 수 있는 구체적인 방법과 절차의 형성은 입법자의 판단에 맡기는 것이 바람직하다. 또한 이 사건 명령조항의 위헌적 부분은 치료명령의 선고에 의하여 곧바로 현실화되는 것이 아니라 집행시점에서 비로소 구체적으로 문제가 되며, 그 집행시점까지 개선입법을 함으로써 제거될 수 있으므로, 법적 혼란의 방지를 위하여 헌법불합치 결정을 선고하되, 2017. 12. 31. 을 시한으로 입법자가 개정할 때까지 계속 적용하도록 하였다.

재판관 김이수, 재판관 이진성, 재판관 안창호의 반대의견

심판대상조항들의 입법목적의 정당성에는 의문이 없으나, 성폭력범죄의 동기나 행위태양의 다양성에 비추어 성기능 무력화가 성폭력범죄를 불가능하게 한다고 보기 어렵고, 성충동 약물치료에 사용되는 약물은 성도착증의 병리적 문제를 근본적으로 해결하는 치료제가 아닌 점 등을 고려할 때 수단의 적절성에 의문이 있다. 또한 자발적 치료의지가 없는 치료대상자에 대한 약물치료의 효과를 기대하기 어려운 점, 성폭력범죄의 원인이 된 성도착증의 치료와 재범방지는 현행법상 치료감호제도 및 보호관찰, 전자발찌 부착 등 대책을 결합하여 대처할 수 있는 점, 법정의견이 지적하는 위헌성 등을 종합하여 보면, 심판대상조항들은 목적 달성에 필요한 범위를 넘는 과도한 제한을 규정하여 침해의 최소성에 반한다. 나아가 심판대상조항들에 의한 재범 억제 효과는 제한적이거나 한시적이고 그 달성 여부가 불확실하나, 피치료자가 받게 되는 불이익은 심대하므로, 심판대상조항들은 인간의 존엄과 가치에 반하여 법익균형성이 인정되지 않는다. 따라서 심판대상조항들은 모두 과잉금지원칙에 위배되어 치료명령 피청구인의 신체의 자유 등 기본권을 침해하는 것으로서 헌법에 위반된다.

재판관 이진성의 반대의견에 대한 보충의견

치료대상자의 동의 없이 성충동 약물치료명령의 청구와 선고가 가능하도록 한 심판대상조항들의 위헌성에 대해서는 반대의견에 동의하나, 치료 대상자의 진정한 동의가 있는 때에는 처음부터 신체의 자유나 자기결정권 등 기본권 제한의 문제가 없으므로 달리 판단하여야 한다.

【심판대상조문】

1) 성폭력범죄자의 성충동 약물치료에 관한 법률(2010. 7. 23. 법률 제10371호로 제정된 것) 제8조 제1항

제8조(치료명령의 판결 등) ① 법원은 치료명령 청구가 이유 있다고 인정하는 때에는 15년의 범위에서 치료기간을 정하여 판결로 치료명령을 선고하여야 한다.

2) 성폭력범죄자의 성충동 약물치료에 관한 법률(2012. 12. 18. 법률 제11557호로

개정된 것) 제4조 제1항

제4조(치료명령의 청구) ① 검사는 사람[614]에 대하여 성폭력범죄를 저지른 성도착증 환자로서 성폭력범죄를 다시 범할 위험성이 있다고 인정되는 19세 이상의 사람에 대하여 약물치료명령(이하 "치료명령"이라고 한다)을 법원에 청구할 수 있다.

【주 문】

1. '성폭력범죄자의 성충동 약물치료에 관한 법률' (2012. 12. 18. 법률 제11557호로 개정된 것) 제4조 제1항은 헌법에 위반되지 아니한다.
2. '성폭력범죄자의 성충동 약물치료에 관한 법률' (2010. 7. 23. 법률 제10371호로 제정된 것) 제8조 제1항은 헌법에 합치되지 아니한다. 이 법률조항은 2017. 12. 31. 을 시한으로 입법자가 개정할 때까지 계속 적용된다.

재판관 박한철(재판장) 이정미 김이수 이진성 김창종 안창호 강일원 서기석 조용호

2 디엔에이신원확인정보의 이용 및 보호에 관한 법률 (디엔에이법)

가. [시행 2010. 7. 26.] [법률 제9944호, 2010. 1. 25., 제정]

최근 빈발하고 있는 살인, 강간, 방화 등 강력사건의 범죄수법이 흉포화, 지능화, 연쇄범죄화됨에 따라 강력범죄를 저지른 사람의 디엔에이신원확인정보를

614 개정전에는 '16세 미만의 사람'으로 한정하고 있었다. 즉, 2012년 개정전에는 성폭력범죄자에 대한 "성충동 약물치료(화학적 거세 등)"는 16세 미만을 대상으로 범한 성폭력 범죄자에 대해서만 실시되고 있으나, 최근(2012년) 연이은 부녀자 성폭력 강력범죄를 볼 때 화학적 거세가 필요한 성충동 범죄자를 축소하여 운영할 필요성이 적다고 보이므로 16세 미만의 사람을 대상으로 하였는지를 불문하고 성폭력 범죄자가 성도착증 환자인 경우에는 이 법에 따른 치료명령 등을 할 수 있도록 하기 위해 개정한 것이다.

미리 확보·관리하는 디엔에이신원확인정보데이터베이스 제도를 도입함으로써 강력범죄가 발생하였을 때 등록된 디엔에이신원확인정보와의 비교를 통하여 신속히 범인을 특정·검거하고, 무고한 용의자를 수사선상에서 조기에 배제하며, 더 나아가 디엔에이신원확인정보가 등록된 사람의 재범 방지 효과를 제고하려는 것임.

나. 개정전 제8조

제8조(디엔에이감식시료채취영장) ① 검사는 관할 지방법원 판사(군판사를 포함한다. 이하 같다)에게 청구하여 발부받은 영장에 의하여 제5조 또는 제6조에 따른 디엔에이감식시료의 채취대상자로부터 디엔에이감식시료를 채취할 수 있다.

② 사법경찰관은 검사에게 신청하여 검사의 청구로 관할 지방법원판사가 발부한 영장에 의하여 제6조에 따른 디엔에이감식시료의 채취대상자로부터 디엔에이감식시료를 채취할 수 있다.

③ 제1항과 제2항의 채취대상자가 동의하는 경우에는 영장 없이 디엔에이감식시료를 채취할 수 있다. 이 경우 미리 채취대상자에게 채취를 거부할 수 있음을 고지하고 서면으로 동의를 받아야 한다.

④ 제1항 및 제2항에 따라 디엔에이감식시료를 채취하기 위한 영장(이하 "디엔에이감식시료채취영장"이라 한다)을 청구할 때에는 채취대상자의 성명, 주소, 청구이유, 채취할 시료의 종류 및 방법, 채취할 장소 등을 기재한 청구서를 제출하여야 하며, 청구이유에 대한 소명자료를 첨부하여야 한다.

⑤ 디엔에이감식시료채취영장에는 대상자의 성명, 주소, 채취할 시료의 종류 및 방법, 채취할 장소, 유효기간과 그 기간을 경과하면 집행에 착수하지 못하며 영장을 반환하여야 한다는 취지를 적고 지방법원판사가 서명날인하여야 한다.

⑥ 디엔에이감식시료채취영장은 검사의 지휘에 의하여 사법경찰관리가 집행한다. 다만, 수용기관에 수용되어 있는 사람에 대한 디엔에이감식시료채취영장은 검사의 지휘에 의하여 수용기관 소속 공무원이 행할 수 있다.

⑦ 검사는 필요에 따라 관할구역 밖에서 디엔에이감식시료채취영장의 집행을 직접 지휘하거나 해당 관할구역의 검사에게 집행지휘를 촉탁할 수 있다.

⑧ 디엔에이감식시료를 채취할 때에는 채취대상자에게 미리 디엔에이감식시료의 채취 이유, 채취할 시료의 종류 및 방법을 고지하여야 한다.

⑨ 디엔에이감식시료채취영장에 의한 디엔에이감식시료의 채취에 관하여는 「형사소송법」 제116조, 제118조, 제124조부터 제126조까지 및 제131조를 준용한다.

다. 헌법재판소 2018. 8. 30. 선고 2016헌마344, 2017헌마630(병합) 전원재판부

(1) 헌법재판소는 이 사건 헌법재판소법 조항에 대하여, '법원의 재판'에 헌법재판소가 위헌으로 결정한 법령을 적용함으로써 국민의 기본권을 침해한 재판이 포함되는 것으로 해석하는 한도 안에서 헌법에 위반된다는 한정위헌결정을 선고함으로써(헌재 2016. 4. 28. 2016헌마33 참조), 그 위헌 부분을 제거하는 한편 그 나머지 부분이 합헌임을 밝힌 바 있다. 이에 따라 이 사건 헌법재판소법 조항은 위헌 부분이 제거된 나머지 부분으로 이미 그 내용이 축소되었고, 이에 관하여는 이를 합헌이라고 판단한 위 선례와 달리 판단하여야 할 아무런 사정변경이나 필요성이 인정되지 아니한다. 따라서 이 사건 헌법재판소법 조항이 청구인들의 재판청구권 등 기본권을 침해한다고 볼 수 없다.

(2) 이 사건 영장 발부는 검사의 청구에 따라 판사가 디엔에이감식시료채취의 필요성이 있다고 판단하여 이루어진 재판으로서, 헌법소원심판의 대상이 될 수 있는 예외적인 재판에 해당하지 아니한다.

(3) 이 사건 채취 조항은 특정범죄를 저지른 사람의 디엔에이신원확인정보를 확보하여 데이터베이스로 관리함으로써, 범죄 수사 및 예방의 효과를 높이기 위한 것으로 입법목적의 정당성 및 수단의 적합성이 인정된다. 이 사건 채취 조항의 대상범죄인 형법 제320조의 특수주거침입죄는 그 행위 태양, 수법 등에서 다른 범죄에 비하여 위험성이 높을 뿐만 아니라 다른 강력범죄로 이어질 가능성이 상당한 점, 판사가 채취영장을 발부하는 단계에서 채취의 필요성과 상당성을 판단하면서 재범의 위험성도 충분히 고려할 수 있는 점, 디엔에이감식시료 채취 과정에서 채취대상자의 신체나 명예에 대한 침해를 최소화하는 방법이나 절차가 마련되어 있는 점 등을 고려해 볼 때, 이 사건 채취 조항은 침해의 최소성 요건을 충족한다. 이 사건 채취 조항에 의하여 제한되는 신체의 자유의 정도가 범죄수사 및 범죄예방 등에 기여하고자 하는 공익에 비하여 크다고 할 수 없으므로, 법익의 균형성도 인정된다.
따라서 이 사건 채취 조항이 과잉금지원칙을 위반하여 청구인들의 신체의 자유를 침해한다고 볼 수 없다.
(4) 이 사건 영장절차 조항은 이와 같이 신체의 자유를 제한하는 디엔에이감식시료 채취 과정에서 중립적인 법관이 구체적 판단을 거쳐 발부한 영장에 의하도록 함으로써 법관의 사법적 통제가 가능하도록 한 것이므로, 그 목적의 정당성 및 수단의 적합성은 인정된다.
디엔에이감식시료채취영장 발부 여부는 채취대상자에게 자신의 디엔에이감식시료가 강제로 채취당하고 그 정보가 영구히 보관·관리됨으로써 자신의 신체의 자유, 개인정보자기결정권 등의 기본권이 제한될 것인지 여부가 결정되는 중대한 문제이다. 그럼에도 불구하고 이 사건 영장절차 조항은 채취대상자에게 디엔에이감식시료채취영장 발부 과정에서 자신의 의견을 진술할 수 있는 기회를 절차적으로 보장하고 있지 않을 뿐만 아니라, 발부 후 그 영장 발부에 대하여 불복할 수 있는 기회를 주거나 채취행위의 위법성 확인을 청구할 수 있도록 하는 구제절차마저 마련하고 있지 않다. 위와 같은 입법상의 불비가 있는 이 사건 영장절차 조항은 채취대상자인 청구인들의 재판청구권을 과도하게 제한하므로, 침해의 최소성 원칙에 위반된다.

이 사건 영장절차 조항에 따라 발부된 영장에 의하여 디엔에이신원확인정보를 확보할 수 있고, 이로써 장래 범죄수사 및 범죄예방 등에 기여하는 공익적 측면이 있으나, 이 사건 영장절차 조항의 불완전·불충분한 입법으로 인하여 채취대상자의 재판청구권이 형해화되고 채취대상자가 범죄수사 및 범죄예방의 객체로만 취급받게 된다는 점에서, 양자 사이에 법익의 균형성이 인정된다고 볼 수도 없다.

따라서 이 사건 영장절차 조항은 과잉금지원칙을 위반하여 청구인들의 재판청구권을 침해한다.

(5) 입법자가 이 사건 영장절차 조항의 입법상 불비를 개선함에 있어서, 채취대상자의 의견 진술절차를 마련하는 데에 그칠 것인지, 영장 발부에 대한 불복절차도 마련할 것인지, 나아가 채취행위에 대한 위법성 확인 청구절차까지 마련할 것인지, 이들 절차를 구체적으로 어떠한 내용과 방법으로 만들 것인지 등에 관하여는 이를 입법자의 판단에 맡기는 것이 바람직하다. 위와 같은 입법상의 불비는 개선입법을 함으로써 제거될 수 있음에도, 이 사건 영장절차 조항에 대하여 단순위헌결정을 하여 그 효력을 즉시 상실시킨다면, 디엔에이감식시료 채취를 허용할 법률적 근거가 사라지는 심각한 법적 공백 상태가 발생하게 된다. 그러므로 이 사건 영장절차 조항에 대하여 단순위헌결정을 하는 대신 헌법불합치결정을 선고하되, 입법자의 개선입법이 이루어질 때까지 계속 적용을 명하기로 한다.

바. 헌법재판소는 2014. 8. 28. 2011헌마28등 결정에서 이 사건 삭제 조항이 개인정보자기결정권을 침해하지 아니한다고 판단하였는바, 이 사건에서 이와 달리 판단해야 할 아무런 사정변경이 없으므로, 이를 그대로 유지하기로 한다.

재판관 이진성, 재판관 김이수, 재판관 강일원, 재판관 서기석의 이 사건 채취 조항에 대한 반대의견

이 사건 채취 조항은 행위자의 재범의 위험성 요건에 대하여 전혀 규정하지 않고 특정 범죄를 범한 수형인등에 대하여 획일적으로 디엔에이감식시료를 채취할 수 있게 한다는 점에서 침해최소성 원칙에 어긋나고, 재범의 위험성 요건에 관한 규정이 없는 이 사건 채취 조항으로 인하여 받게 되는 채취대상자의 불이익이 이 사건 채취 조항을 통해 달성하고자 하는 공익에 비해 결코 작지 아니하므로 법익균형성 원칙에도 어긋난다. 따라서 이 사건 채취 조항은 과잉금지원칙을 위반하여 청구인들의 신체의 자유를 침해한다.

재판관 김창종, 재판관 안창호, 재판관 조용호의 이 사건 영장절차 조항에 대한 반대의견

청구인들과 같이 유죄확정판결을 받은 사람에 대하여 디엔에이감식시료를 채취하는 것은 형사처벌에 추가하여 법적 제재를 부과하는 의미를 가진다. 이러한 법적 제재는 비례원칙에 위배되지 않는 한 법원의 별도 판단이 없이 직접 법률로서 이루어질 수 있다. 그리고 그 법적 제재에 대한 침해의 최소성 판단에는, 그 제재로 인해 제한되는 법익의 성질 및 정도, 법적 제재에 의하여 제고될 가치 및 국가작용의 효율성, 법적 제재의 요건과 절차, 그 절차에 소요되는 비용 및 불복의 기회, 대상범죄의 종류 및 법적 제재와의 관련성, 형벌의 종류와 양형, 국민의 법 감정 등 다양한 요소를 형량하여 개별적으로 판단하여야 한다. '디엔에이신원확인정보의 이용 및 보호에 관한 법률'은 디엔에이감식시료의 채취과정에 관하여 여러 가지 절차를 둠으로써 디엔에이감식시료 채취에서 발생하는 신체의 자유를 제한을 최소화하고 있고, 또한 채취된 디엔에이감식시료의 폐기와 그 정보의 관리에 관해서도 엄격하게 규율함으로써, 개인정보자기결정권의 제한 가능성 또한 최소화하고 있다. 검사는 영장을 청구함에 있어 청구이유 등이 기재된 청구서 및 소명자료를 제출하여야 하고, 법원은 이를 검토하여 채취대상자가 법률이 정한 죄로 유죄확정판결을 받았는지, 형벌의 내용이 지극히 경미하여 영장을 발부하는 것이 비례원칙에 위반되는지, 그 대상자의 동의가 있었는지 등을 확인하여 영장을 발부하게 되므로, 채취대상자가 영장 발부 과정에 참여하여 자신의 의견을 진술할 수 있는 절차가 봉쇄되어 있다고 볼 수 없다. 이 사건 영장절차 조항에 의한 디엔에이감식시료채취영장 청구는 형이 확정된 사람으로부터 디엔에이감식시료를 채취하는 것이고, 그 채취가 채취대상자의 기본권을 제한한다고 하더라도 정도가 중하다고 보기 어려우며, 디엔에이감식시료의 수록·관리 등과 관련해서 채취대상자가 받게 되는 기본권 제한 역시 한정적이라고 할 것이므로, 그 대상자에게 구속영장 청구 시와 같이 엄격한 절차적 권리가 보장되어야 하거나 영장 발부 후 반드시 구제절차를 두어야 하는 것은 아니다. 이러한 사정을 종합하면, 이 사건 영장절차 조항은 과잉금지원칙을 위반하여 청구인들의 재판청구권을 침해하지 않는다.

재판관 이진성, 재판관 김이수의 이 사건 삭제 조항에 대한 반대의견

이 사건 삭제 조항은 일단 데이터베이스에 수록된 디엔에이신원확인정보에 대하여는 법원의 무죄판결 등의 특별한 사유가 없는 한 수형인 등이 사망한 경우에야 이를 삭제하도록 규정하고 있어 사실상의 기간 제한 없이 디엔에이신원확인정보를 보관하는 것을 허용하고 있다. 이는 과잉금지원칙을 위반하여 청구인들의 개인정보자기결정권을 침해한다.

【주 문】

1. 2016헌마344 사건 청구인들의 대구지방법원 김천지원 판사의 디엔에이감식시료채취 영장 발부에 대한 심판청구를 모두 각하한다.
2. '디엔에이신원확인정보의 이용 및 보호에 관한 법률'(2010. 1. 25. 법률 제9944호로 제정된 것) 제8조는 헌법에 합치되지 아니한다. 위 법률조항은 2019. 12. 31.을 시한으로 입법자가 개정할 때까지 계속 적용된다.
3. 청구인들의 나머지 심판청구를 모두 기각한다.

재판관 이진성 김이수 김창종 안창호 강일원 서기석 조용호 이선애 유남석

라. 개정후 제8호

제8조(디엔에이감식시료채취영장) ① 검사는 관할 지방법원 판사(군판사를 포함한다. 이하 같다)에게 청구하여 발부받은 영장에 의하여 제5조 또는 제6조에 따른 디엔에이감식시료의 채취대상자로부터 디엔에이감식시료를 채취할 수 있다.

② 사법경찰관은 검사에게 신청하여 검사의 청구로 관할 지방법원판사가 발부한 영장에 의하여 제6조에 따른 디엔에이감식시료의 채취대상자로부터 디엔에이감식시료를 채취할 수 있다.

③ 제1항과 제2항의 채취대상자가 동의하는 경우에는 영장 없이 디엔에이감식시료를 채취할 수 있다. 이 경우 미리 채취대상자에게 채취를 거부할 수 있음을 고지하고 서면으로 동의를 받아야 한다.

④ 제1항 및 제2항에 따라 디엔에이감식시료를 채취하기 위한 영장(이하 "디엔에이감식시료채취영장"이라 한다)을 청구할 때에는 채취대상자의 성명, 주소, 청구이유, 채취할 시료의 종류 및 방법, 채취할 장소 등을 기재한 청구서 및 채취에 관한 채취대상자의 의견이 담긴 서면을 제출하여야 하며, 청구이유에

대한 소명자료를 첨부하여야 한다. 이 경우 채취대상자의 의견이 담긴 서면을 제출하기 곤란한 사정이 있는 때에는 그에 대한 소명자료를 함께 제출하여야 한다.

⑤ 관할 지방법원 판사는 디엔에이감식시료채취영장 발부여부를 심사하는 때에 채취대상자에게 서면에 의한 의견진술의 기회를 주어야 한다. 다만, 제4항에 따라 채취대상자의 의견이 담긴 서면이 제출된 때에는 의견진술의 기회를 부여한 것으로 본다.

⑥ 디엔에이감식시료채취영장에는 대상자의 성명, 주소, 채취할 시료의 종류 및 방법, 채취할 장소, 유효기간과 그 기간을 경과하면 집행에 착수하지 못하며 영장을 반환하여야 한다는 취지를 적고 지방법원판사가 서명날인하여야 한다.

⑦ 디엔에이감식시료채취영장은 검사의 지휘에 의하여 사법경찰관리가 집행한다. 다만, 수용기관에 수용되어 있는 사람에 대한 디엔에이감식시료채취영장은 검사의 지휘에 의하여 수용기관 소속 공무원이 행할 수 있다.

⑧ 검사는 필요에 따라 관할구역 밖에서 디엔에이감식시료채취영장의 집행을 직접 지휘하거나 해당 관할구역의 검사에게 집행지휘를 촉탁할 수 있다.

⑨ 디엔에이감식시료를 채취할 때에는 채취대상자에게 미리 디엔에이감식시료의 채취 이유, 채취할 시료의 종류 및 방법을 고지하여야 한다.

⑩ 디엔에이감식시료채취영장에 의한 디엔에이감식시료의 채취에 관하여는 「형사소송법」 제116조, 제118조, 제124조부터 제126조까지 및 제131조를 준용한다. [전문개정 2020.1.21.]

3 국민의 형사재판 참여에 관한 법률(국민참여재판법)

사법의 민주적 정당성을 강화하고 투명성을 높임으로써 국민으로부터 신뢰받는 사법제도를 확립하기 위하여 국민이 배심원으로서 형사재판에 참여하는 동법을 2007. 6. 1. 제정(시행 2008. 1. 1.)하였다.

가. 대상사건

종전에는 제5조에서 구체적으로 한정하면서 일정한 범위를 정하여 대법원규칙에 위임하는 이원적 방식을 취하였으나, 2012. 1. 17. 개정법에서 현행[615]과 같이 1) 「법원조직법」 제32조[616] 제1항(제2호 및 제5호는 제외한다)에 따른 합의부 관할 사건, 2) 제1호에 해당하는 사건의 비수죄·교사죄·방조죄·예비죄·음모죄에 해당하는 사건, 3) 제1호 또는 제2호에 해당하는 사건과 「형사소송법」 제11

---

615 [시행 2017. 7. 26.] [법률 제14839호, 2017. 7. 26., 타법개정]

616 제32조(합의부의 심판권) ① 지방법원과 그 지원의 합의부는 다음의 사건을 제1심으로 심판한다. <개정 2016. 1. 6., 2018. 12. 24.>

1. 합의부에서 심판할 것으로 합의부가 결정한 사건
2. 민사사건에 관하여는 대법원규칙으로 정하는 사건
3. 사형, 무기 또는 단기 1년 이상의 징역 또는 금고에 해당하는 사건. 다만, 다음 각 목의 사건은 제외한다.

가. 「형법」 제258조의2, 제331조, 제332조(제331조의 상습범으로 한정한다)와 그 각 미수죄, 제350조의2와 그 미수죄, 제363조에 해당하는 사건

나. 「폭력행위 등 처벌에 관한 법률」 제2조 제3항 제2호·제3호, 제6조(제2조 제3항 제2호·제3호의 미수죄로 한정한다) 및 제9조에 해당하는 사건

다. 「병역법」 위반사건

라. 「특정범죄 가중처벌 등에 관한 법률」 제5조의3 제1항, 제5조의4 제5항 제1호·제3호 및 제5조의11에 해당하는 사건

마. 「보건범죄 단속에 관한 특별조치법」 제5조에 해당하는 사건

바. 「부정수표 단속법」 제5조에 해당하는 사건

사. 「도로교통법」 제148조의2 제1항·제2항, 같은 조 제3항 제1호 및 제2호에 해당하는 사건

4. 제3호의 사건과 동시에 심판할 공범사건
5. 지방법원판사에 대한 제척·기피사건
6. 다른 법률에 따라 지방법원 합의부의 권한에 속하는 사건

② 지방법원 본원 합의부 및 춘천지방법원 강릉지원 합의부는 지방법원단독판사의 판결·결정·명령에 대한 항소 또는 항고사건 중 제28조제2호에 해당하지 아니하는 사건을 제2심으로 심판한다. 다만, 제28조의4 제2호에 따라 특허법원의 권한에 속하는 사건은 제외한다. <개정 2015. 12. 1.>

조에 따른 관련 사건으로서 병합하여 심리하는 사건으로 확대하였다(제5조 제1항). 다만 피고인이 국민참여재판을 원하지 아니하거나 제9조[617] 제1항에 따른 배제결정이 있는 경우는 국민참여재판을 하지 아니한다(제5조 제2항).

나. 배심원의 수

법정형이 사형·무기징역 또는 무기금고에 해당하는 대상사건에 대한 국민참여재판에는 9인의 배심원이 참여하고, 그 외의 대상사건에 대한 국민참여재판에는 7인의 배심원이 참여한다. 다만, 법원은 피고인 또는 변호인이 공판준비절차에서 공소사실의 주요내용을 인정한 때에는 5인의 배심원이 참여하게 할 수 있다(제13조 제1항). 그리고 법원은 사건의 내용에 비추어 특별한 사정이 있다고 인정되고 검사·피고인 또는 변호인의 동의가 있는 경우에 한하여 결정으로 배심원의 수를 7인과 9인 중에서 제1항과 달리 정할 수 있다(제13조 제2항). 한편 법원은 배심원의 결원 등에 대비하여 5인 이내의 예비배심원을 둘 수 있다(제14조).

다. 배심원의 자격, 선정 및 해임 등

배심원의 자격은 만 20세 이상의 대한민국 국민을 원칙으로 하며(제16조) 직업 등에 따른 제외사유(제18조), 제척사유(제19조), 면제사유(제20조)가 규정

---

617 제9조(배제결정) ① 법원은 공소제기 후부터 공판준비기일이 종결된 다음날까지 다음 각 호의 어느 하나에 해당하는 경우 국민참여재판을 하지 아니하기로 하는 결정을 할 수 있다. <개정 2012. 1. 17.>
1. 배심원·예비배심원·배심원후보자 또는 그 친족의 생명·신체·재산에 대한 침해 또는 침해의 우려가 있어서 출석의 어려움이 있거나 이 법에 따른 직무를 공정하게 수행하지 못할 염려가 있다고 인정되는 경우
2. 공범 관계에 있는 피고인들 중 일부가 국민참여재판을 원하지 아니하여 국민참여재판의 진행에 어려움이 있다고 인정되는 경우
3. 「성폭력범죄의 처벌 등에 관한 특례법」 제2조의 범죄로 인한 피해자(이하 "성폭력범죄 피해자"라 한다) 또는 법정대리인이 국민참여재판을 원하지 아니하는 경우
4. 그 밖에 국민참여재판으로 진행하는 것이 적절하지 아니하다고 인정되는 경우
② 법원은 제1항의 결정을 하기 전에 검사·피고인 또는 변호인의 의견을 들어야 한다.
③ 제1항의 결정에 대하여는 즉시항고를 할 수 있다.

되어 있다. 그리고 배심원은 선정은 배심원후보예정자명부의 작성(제22조), 배심원후보자의 결정 및 출석통지(제23조), 선정기일의 진행(제24조), 질문표(제25조), 후보자명부 송부 등(제26조), 선정기일의 참여자(제27조), 배심원후보자에 대한 질문과 기피신청(제28조[618]), 이의신청(제29조), 무이유부기피신청(제30조[619]), 선정결정 및 불선정결정(제31조)에 의한다. 한편, 선정된 배심원 또는 예비배심원이 선서를 하지 않는 등 일정한 사유가 인정되면 해임할 수 있고(제32조), 직무 수행이 어려운 사정이 있는 경우 사임을 신청할 수 있으며(제33조), 이에 따라 배심원이 부족하게 된 경우에는 추가선정 절차를 진행한다(제34조).

라. 배심원의 절차상 권리와 의무

배심원과 예비배심원은 피고인·증인에 대하여 필요한 사항을 신문하여 줄 것을 재판장에게 요청하는 행위, 필요하다고 인정되는 경우 재판장의 허가를 받아 각자 필기를 하여 이를 평의에 사용하는 행위를 할 수 있고, 이와 달리 심리 도중에 법정을 떠나거나 평의·평결 또는 토의가 완결되기 전에 재판장의 허락 없이 평의·평결 또는 토의 장소를 떠나는 행위, 평의가 시작되기 전에 당해 사건

---

618 제28조(배심원후보자에 대한 질문과 기피신청) ① 법원은 배심원후보자가 제17조부터 제20조까지의 사유에 해당하는지 여부 또는 불공평한 판단을 할 우려가 있는지 여부 등을 판단하기 위하여 배심원후보자에게 질문을 할 수 있다. 검사·피고인 또는 변호인은 법원으로 하여금 필요한 질문을 하도록 요청할 수 있고, 법원은 검사 또는 변호인으로 하여금 직접 질문하게 할 수 있다.
② 배심원후보자는 제1항의 질문에 대하여 정당한 사유 없이 진술을 거부하거나 거짓 진술을 하여서는 아니 된다.
③ 법원은 배심원후보자가 제17조부터 제20조까지의 사유에 해당하거나 불공평한 판단을 할 우려가 있다고 인정되는 때에는 직권 또는 검사·피고인·변호인의 기피신청에 따라 당해 배심원후보자에 대하여 불선정결정을 하여야 한다. 검사·피고인 또는 변호인의 기피신청을 기각하는 경우에는 이유를 고지하여야 한다.

619 제30조(무이유부기피신청) ① 검사와 변호인은 각자 다음 각 호의 범위 내에서 배심원후보자에 대하여 이유를 제시하지 아니하는 기피신청(이하 "무이유부기피신청"이라 한다)을 할 수 있다.
1. 배심원이 9인인 경우는 5인
2. 배심원이 7인인 경우는 4인
3. 배심원이 5인인 경우는 3인
② 무이유부기피신청이 있는 때에는 법원은 당해 배심원후보자를 배심원으로 선정할 수 없다.
③ 법원은 검사·피고인 또는 변호인에게 순서를 바꿔가며 무이유부기피신청을 할 수 있는 기회를 주어야 한다.

에 관한 자신의 견해를 밝히거나 의논하는 행위, 재판절차 외에서 당해 사건에 관한 정보를 수집하거나 조사하는 행위, 이 법에서 정한 평의·평결 또는 토의에 관한 비밀을 누설하는 행위를 하여서는 아니 된다(제41조). 그리고 배심원과 예비배심원은 법률에 따라 공정하게 그 직무를 수행할 것을 다짐하는 취지의 선서를 하여야 하고(제42조 제1항), 재판장은 배심원과 예비배심원에 대하여 배심원과 예비배심원의 권한·의무·재판절차, 그 밖에 직무수행을 원활히 하는 데 필요한 사항을 설명하여야 한다(제42조 제2항).

출석통지를 받은 배심원·예비배심원·배심원후보자가 정당한 사유 없이 지정된 일시에 출석하지 아니한 때, 배심원 또는 예비배심원이 정당한 사유 없이 제42조 제1항의 선서를 거부한 때, 배심원후보자가 배심원 또는 예비배심원 선정을 위한 질문서에 거짓 기재를 하여 법원에 제출하거나 선정절차에서의 질문에 대하여 거짓 진술을 한 때에는 200만원 이하의 과태료를 부과한다(제60조).

마. 배심원의 평결과 판결선고

배심원은 유·무죄에 관하여 전원의 의견이 일치하지 아니하는 때에는 평결을 하기 전에 심리에 관여한 판사의 의견을 들어야 한다. 이 경우 유·무죄의 평결은 다수결의 방법으로 하고, 심리에 관여한 판사는 평의에 참석하여 의견을 진술한 경우에도 평결에는 참여할 수 없다(제46조 제3항).

재판장은 판결선고 시 피고인에게 배심원의 평결결과를 고지하여야 하며, 배심원의 평결결과와 다른 판결을 선고하는 때에는 피고인에게 그 이유를 설명하고(제48조 제4항), 판결서에 그 이유를 기재하여야 한다(제49조 제2항).

❖ 형사사건에서의 메모권 보장, 자기변호노트 활용

경찰, 사건관계인 메모권 보장.. 자기변호노트도 확대

2018. 12. 3. 파이낸셜 뉴스 (http://www.fnnews.com/news/201812021425438616)

경찰이 사건관계인의 기본권과 방어권을 강화하기 위해 이들의 메모권을 보장하기로 했다. 경찰청은 향후 6개월 간 전국의 모든 경찰서에서 메모장 교부제를 도입해 시범운영한다고 3일 밝혔다.

이는 사건과계인이 조사 과정에서 자신의 진술이나 조사 주요내용 등을 기록할 수 있도록 권리안내서와 함께 메모장을 제공하는 것을 주요 내용으로 한다.

조사 시작에 앞서 권리안내서와 메모장이 동시에 출력되도록 경찰 내부 시스템을 개선한 만큼 앞으로 경찰서에서 조사를 받는 모든 피의자·피해자·참고인 등은 이를 활용할 수 있게 된다.

아울러 경찰청은 올해 상반기 3개월간 서울지방경찰청 소속 용산·광진·서부·서초·은평경찰서를 대상으로 시범운영했던 '자기변호노트'를 서울의 모든 경찰서로 확대하기로 했다.

'자기변호노트'란 피의자가 자신의 진술 및 조사 주요사항을 스스로 기록하고 수사과정에서의 인권침해 여부를 점검할 수 있도록 서울지방변호사회에서 제작한 노트다.

올 상반기 시범운영 기간 중 자기변호노트 이용자를 대상으로 실시한 설문조사에서 응답자의 약 67%가 "조사에 도움이 됐다"고 답하는 등 긍정적 효과를 확인한 바 있다.

자기변호노트 사용을 원하는 사람은 서울 모든 경찰서에 비치된 노트를 자유롭게 이용할 수 있으며, 서울지방경찰청과 소속 경찰서, 서울지방변호사회 홈페이지에서도 다운로드 받을 수 있다.

경찰 관계자는 "설문조사·현장 간담회 등을 통해 시범운영 경과를 지속적으로 점검하고 진행 성과와 상황에 따라 자기변호노트 제도의 전면 시행을 검토할 계획"이라며 "이 밖에도 진술녹음제도 확대 시행, 수사절차 개선을 통한 인권보장 강화방안 등 다각적인 개혁과제를 추진해 투명하고 공정한 수사, 인권 우선의 신뢰 받는 수사를 구현하는 데 노력할 것"이라고 말했다.

제10강

행정법의 이해

I
행정법의 기초

1 행정기본법

행정법이란 행정의 조직, 작용 및 행정구제에 관한 국내공법이라고 할 수 있는데, 이와 관련하여서는 먼저 '행정법'이라는 법이 따로 존재하지 않는다는 것을 이해할 필요가 있다. 즉, 행정법이라는 법이 별도로 존재하지는 않고 행정에 관한 국내의 관련 법률들을 통칭하여 행정법이라고 하는데, 따라서 행정법의 일반 원리들도 구체적인 법 규정보다는 법 해석과 판례에 의해 성립되고 발전되어 왔다. 이러한 상황을 개선하기 위해 「행정기본법(안)」이 2020년 3월 입법예고되고 같은 해 7월 국회에 제출되었는데 아직까지 법안이 통과되지는 않았다.[620]

「행정기본법(안)」은 제안이유를 『행정 법령은 국가 법령의 대부분을 차지하고 국민 생활과 기업 활동에 중대한 영향을 미치는 핵심 법령이나, 그동안 행정법 분야의 집행 원칙과 기준이 되는 기본법이 없어 일선 공무원과 국민들이 복잡한 행정법 체계를 이해하기 어렵고, 개별법마다 유사한 제도를 다르게 규정하고 있어 하나의 제도 개선을 위하여 수백 개의 법률을 정비해야 하는 문제점이 있었음. 이에 따라 부당결부금지의 원칙 등 학설·판례로 정립된 행정법의 일반원칙을 명문화하고, 행정 법령 개정 시 신법과 구법의 적용 기준, 수리가 필요한 신고의 효력 발생 시점 등 법 집행의 기준을 명확히 제시하며, 개별법에 산재해 있는 인허가의제 제도 등 유사한 제도의 공통 사항을 체계화함으로써 국민 혼란을 해소하고 행정의 신뢰성·효율성을 제고하는 한편, 일부 개별법에 따라 운영되고 있는 처분에 대한 이의신청 제도를 확대하고, 법령이나 판례에 따라 인정되는 권

620 행정에 관한 기본법으로는 2007년 제정된 「행정조사기본법」과 1997년 제정된 「행정규제기본법」이 있다.

익보호 수단에 더하여 처분의 재심사 제도를 도입하는 등 행정 분야에서 국민의 실체적 권리를 강화함으로써 국민 중심의 행정법 체계로 전환할 수 있도록 하고, 이를 통하여 국민의 권익 보호와 법치주의의 발전에 이바지하기 위하여 이 법을 제정하려는 것임』이라고 하며, 그 주요내용은 다음과 같다.

가. 행정의 법 원칙 명문화(안 제8조부터 제13조까지)

헌법 원칙 및 그동안 학설과 판례에 따라 확립된 원칙인 법치행정·평등·비례·권한남용금지·신뢰보호·부당결부금지의 원칙 등을 행정의 법 원칙으로 규정함.

나. 법령 등 개정 시 신법과 구법의 적용 기준(안 제14조)

당사자의 신청에 따른 처분은 처분 당시의 법령 등을 따르고, 제재처분은 위반행위 당시의 법령 등을 따르도록 하되, 제재처분 기준이 가벼워진 경우에는 변경된 법령 등을 적용하도록 함.

다. 위법 또는 부당한 처분의 취소 및 적법한 처분의 철회 (안 제18조 및 제19조)

1) 행정청이 위법 또는 부당한 처분의 전부나 일부를 소급하여 또는 장래를 향하여 취소할 수 있도록 하고, 적법하게 성립된 처분이라도 법률에서 정한 철회 사유에 해당하거나 법령 등의 변경으로 처분을 더 이상 존속시킬 필요가 없게 된 경우 등에는 그 처분의 전부 또는 일부를 장래를 향하여 철회할 수 있도록 함.
2) 행정청이 처분을 취소·철회하려는 경우에는 취소·철회로 인하여 당사자가 입게 될 불이익을 취소·철회로 달성되는 공익과 비교·형량하도록 함.

라. 자동적 처분(안 제20조)

인공지능 시대를 맞아 미래 행정 수요에 대비하기 위하여, 행정청은 처분에 재량이 있는 경우를 제외하고 법령으로 정하는 바에 따라 완전히 자동화된 시스

템으로 처분을 할 수 있도록 함.

마. 제재처분의 제척기간 제도 도입(안 제23조)

행정청은 법령 등의 위반행위가 종료된 날부터 5년이 지나면 원칙적으로 해당 위반행위에 대하여 인가·허가 등의 정지·취소·철회처분, 등록 말소처분, 영업소 폐쇄처분과 정지처분을 갈음하는 과징금 부과처분 등의 제재처분을 할 수 없도록 함.

바. 인허가의제의 공통 기준(안 제24조부터 제26조까지)

1) 인허가의제 시 관련 인허가 행정청과의 협의 기간 및 협의 간주 규정 등 인허가의제에 필요한 공통적인 사항을 규정함.
2) 인허가의제의 효과는 주된 인허가의 해당 법률에 규정된 관련 인허가에 한정하고, 주된 인허가로 의제된 관련 인허가는 관련 인허가 행정청이 직접 행하는 것으로 보아 관계 법령에 따른 관리·감독 등을 하도록 함.

사. 공법상 계약(안 제29조 및 제30조)

행정의 전문화·다양화에 대응하여 공법상 법률관계에 관한 계약을 통해서도 행정이 이루어질 수 있도록 공법상 계약의 법적 근거를 마련하고, 공법상 계약의 체결 방법, 변경 요구, 해지 사유 등에 관한 일반적 사항을 규정함.

아. 수리가 필요한 신고의 효력(안 제35조)

법령 등으로 정하는 바에 따라 행정청에 일정한 사항을 통지하여야 하는 신고로서 법률에 신고의 수리가 필요하다고 명시되어 있는 경우에는 행정청이 수리하여야 효력이 발생하도록 함.

자. 처분에 대한 이의신청 제도 확대(안 제37조)

1) 일부 개별법에 도입되어 있는 처분에 대한 이의신청 제도를 확대하기 위하여,

행정청의 처분에 대해 이의가 있는 당사자는 행정청에 이의신청을 할 수 있도록 일반적 근거를 마련함.

2) 행정청은 이의신청을 받은 날부터 14일 이내에 이의신청에 대한 결과를 통지하도록 하고, 이의신청에 대한 결과를 통지받은 후 행정심판이나 행정소송을 제기하는 경우에는 그 이의신청 결정을 통보받을 날부터 90일 이내에 제기하도록 하는 등 이의신청 제도의 공통적인 사항을 정함.

차. 처분의 재심사 제도 도입(안 제38조)

제재처분 및 행정상 강제를 제외한 처분에 대해서는 쟁송을 통하여 더 이상 다툴 수 없게 된 경우에도 처분의 근거가 된 사실관계 또는 법률관계가 추후에 당사자에게 유리하게 바뀐 경우 등 일정한 요건에 해당하면 그 사유를 안 날부터 60일 이내에 행정청에 대하여 처분을 취소·철회하거나 변경하여 줄 것을 신청할 수 있도록 하되, 처분이 있은 날부터 5년이 지나면 재심사를 신청할 수 없도록 함.

카. 규제에 관한 법령 등의 입안·정비 원칙(안 제40조)

국가나 지방자치단체가 국민의 권리를 제한하거나 의무를 부과하는 법령 등을 제정·개정·폐지할 때에는 국민의 편익을 우선 고려하도록 함.

2 행정법의 구성

행정법이라는 단행법이 없기 때문에 어느 영역까지 행정법에 포함시켜야 할지 단정할 수는 없지만, 일반적으로는 행정법 일반, 행정작용법, 행정구제법, 행정조직법, 특별행정작용법으로 구분해 볼 수 있다. 행정법의 적용 영역은 매우 광범위하여 법학입문의 관점에서 모든 영역을 다루기에는 부적절하고, 이하에서는 가장 기초가 되는 행정법의 일반 원리, 행정행위의 효력, 행정구제법으로서 행정심판법과 행정소송법의 기초, 국가배상법의 내용 중심으로 살펴보기로 한다.

가. 행정법 일반

행정법 이해의 서론 부분으로서 행정법의 의의 및 법원, 행정법의 특징, 행정법의 일반원리. 행정법의 효력, 행정상 법률관계 등에 대한 기초적인 법리를 주로 다룬다.

나. 행정작용법

행정입법(법규명령, 행정규칙)의 한계와 효력, 행정행위의 의의와 다양한 유형의 행정행위(재량행위와 기속행위, 명령적 행정행위와 형성적 행정행위, 수익적 행정행위 등) 및 그 효력, 조건과 기한 및 부담 등 행정행위의 부관, 행정행위의 성립요건·효력요건·적법요건과 행정행위의 하자, 행정행위의 취소와 철회·실효, 행정행위의 실효성 확보수단(행정강제, 행정벌 등) 등을 다루는 영역이다.

다. 행정구제법

행정행위에 대한 구제수단을 다루는 영역으로서 행정심판법, 행정소송법, 국가배상법을 중심으로 한 다양한 구제절차를 다룬다.

라. 행정조직법

행정조직에 관한 사항을 다루는데 행정조직의 개념, 행정기관과 행정청, 행정기관 상호관의 관계 등이 있으며 관련하여 공무원법, 지방자치법이 다루어진다.

마. 특별행정작용법

경찰행정법, 급부행정법, 공기업법, 공용부담법, 개발행정법, 재무행정법, 환경행정법 등 특수 분야의 행정작용을 다루는 영역이다.

II

행정법의 일반 원리

1 법률유보의 원칙

법률유보의 원칙이란 일정한 행정작용은 법률의 수권에 의하여 행하여져야 한다는 원칙으로서, 헌법재판소는 "오늘날 법률유보원칙은 단순히 행정작용이 법률에 근거를 두기만 하면 충분한 것이 아니라, 국가공동체와 그 구성원에게 기본적이고도 중요한 의미를 갖는 영역, 특히 국민의 기본권실현과 관련된 영역에 있어서는 국민의 대표자인 입법자가 그 본질적 사항에 대해서 스스로 결정하여야 한다는 요구까지 내포하고 있다(의회유보원칙)."고 하고,[621] 대법원은 "구 도시 및 주거환경정비법(2005. 3. 18. 법률 제7392호로 개정되기 전의 것)상 사업시행자에게 사업시행계획의 작성권이 있고 행정청은 단지 이에 대한 인가권만을 가지고 있으므로 사업시행자인 조합의 사업시행계획 작성은 자치법적 요소를 가지고 있는 사항이라 할 것이고, 이와 같이 사업시행계획의 작성이 자치법적 요소를 가지고 있는 이상, 조합의 사업시행인가 신청시의 토지 등 소유자의 동의요건 역시 자치법적 사항이라 할 것이며, 따라서 2005. 3. 18. 법률 제7392호로 개정된 도시 및 주거환경정비법 제28조 제4항 본문이 사업시행인가 신청시의 동의요건을 조합의 정관에 포괄적으로 위임하고 있다고 하더라도 헌법 제75조[622]가 정하는 포괄위임입법금지의 원칙이 적용되지 아니하므로 이에 위배된다

621 앞에서 본 헌법재판소 1999. 5. 27. 선고 98헌바70 전원재판부(텔레비전방송수신료는 대다수 국민의 재산권 보장의 측면이나 한국방송공사에게 보장된 방송자유의 측면에서 국민의 기본권실현에 관련된 영역에 속하고, 수신료금액의 결정은 납부의무자의 범위 등과 함께 수신료에 관한 본질적인 중요한 사항이므로 국회가 스스로 행하여야 하는 사항에 속하는 것임에도 불구하고 한국방송공사법 제36조 제1항에서 국회의 결정이나 관여를 배제한 채 한국방송공사로 하여금 수신료금액을 결정해서 문화관광부장관의 승인을 얻도록 한 것은 법률유보원칙에 위반된다).

고 할 수 없다. 그리고 조합의 사업시행인가 신청시의 토지 등 소유자의 동의요건이 비록 토지 등 소유자의 재산상 권리·의무에 영향을 미치는 사업시행계획에 관한 것이라고 하더라도, 그 동의요건은 사업시행인가 신청에 대한 토지 등 소유자의 사전 통제를 위한 절차적 요건에 불과하고 토지 등 소유자의 재산상 권리·의무에 관한 기본적이고 본질적인 사항이라고 볼 수 없으므로 법률유보 내지 의회유보의 원칙이 반드시 지켜져야 하는 영역이라고 할 수 없고, 따라서 개정된 도시 및 주거환경정비법 제28조 제4항 본문이 법률유보 내지 의회유보의 원칙에 위배된다고 할 수 없다."고 판시한 바 있다.[623]

2 비례의 원칙

가. 일반

비례의 원칙, 즉 과잉금지의 원칙이라는 것은 국가가 국민의 기본권을 제한하는 내용의 입법활동을 함에 있어서, 준수하여야 할 기본원칙 내지 입법활동의 한계를 의미하는 것으로서 국민의 기본권을 제한하려는 입법의 목적이 헌법 및 법률의 체제상 그 정당성이 인정되어야 하고(목적의 정당성), 그 목적의 달성을 위하여 그 방법이 효과적이고 적절하여야 하며(방법의 적절성), 입법권자가 선택한 기본권 제한의 조치가 입법목적달성을 위하여 설사 적절하다 할지라도 보다 완화된 형태나 방법을 모색함으로써 기본권의 제한은 필요한 최소한도에 그치도록 하여야 하며(피해의 최소성), 그 입법에 의하여 보호하려는 공익과 침해되는 사익을 비교형량할 때 보호되는 공익이 더 커야 한다(법익의 균형성)는 헌법상의 원칙이다. 위와 같은 요건이 충족될 때 국가의 입법작용에 비로소 정당성

---

622 제75조 대통령은 법률에서 구체적으로 범위를 정하여 위임받은 사항과 법률을 집행하기 위하여 필요한 사항에 관하여 대통령령을 발할 수 있다.

623 대법원 2007. 10. 12. 선고 2006두14476 판결.

이 인정되고 그에 따라 국민의 수인의무가 생겨나는 것으로서, 이러한 요구는 오늘날 법치국가의 원리에서 당연히 추출되는 확고한 원칙으로서 부동의 위치를 점하고 있으며, 헌법 제37조[624] 제2항에서도 이러한 취지의 규정을 두고 있는 것이다.[625] 예를 들어 운전면허를 받은 사람이 음주운전을 한 경우에 운전면허의 취소 여부는 행정청의 재량행위이나, 음주운전으로 인한 교통사고의 증가와 그 결과의 참혹성 등에 비추어 보면 음주운전으로 인한 교통사고를 방지할 공익상의 필요는 더욱 중시되어야 하고, 운전면허의 취소에서는 일반의 수익적 행정행위의 취소와는 달리 취소로 인하여 입게 될 당사자의 불이익보다는 이를 방지하여야 하는 일반예방적 측면이 더욱 강조되어야 한다.[626]

나. 판례

원심판결의 이유에 의하면, 원심은 설령 원고의 이 사건 음주측정거부행위가 도로교통법 제78조 제1항 제8호에 해당한다고 하여도, 원고는 자신의 차량 뒤에 주차한 다른 차량의 진로를 열어주기 위하여 부득이 이 사건 음주운전을 하게 되었고 그 운전 거리도 약 25m에 불과한 점, 원고는 당초 음주운전이 아닌 다른 혐의로 파출소로 갔다가 원고와 시비를 벌인 참고인의 진술이 계기가 되어 갑자기 경찰관으로부터 음주측정요구를 받게 되었던 점, 원고는 운전원으로 근무하는 지방공무원으로서 아무런 교통사고 없이 근무하여 오다가 이 사건 처분으로 신분상의 불이익을 받게 된 점 등을 감안하면, 원고의 운전면허를 취소함으로써 달성하려는 공익에 비하여 그로 인하여 원고가 입게 될 불이익이 막대하여 원고에게 지나치게 가혹하다 할 것이므로 이 사건 처분은 운전면허취소에 관한 재량권을 남용한 위법이 있다는 취지로 판단하였는바, 기록에 의하면 원심의 이러한

---

624 제37조 ① 국민의 자유와 권리는 헌법에 열거되지 아니한 이유로 경시되지 아니한다.
② 국민의 모든 자유와 권리는 국가안전보장·질서유지 또는 공공복리를 위하여 필요한 경우에 한하여 법률로써 제한할 수 있으며, 제한하는 경우에도 자유와 권리의 본질적인 내용을 침해할 수 없다.

625 헌법재판소 1990. 9. 3. 선고 89헌가95 전원재판부.

626 대법원 2018. 2. 28. 선고 2017두67476 판결.

판단은 수긍이 가고, 거기에 소론과 같은 행정처분의 재량권에 관한 법리를 오해한 위법이 있다고 할 수 없다.[627]

3 신뢰보호의 원칙

가. 일반

일반적으로 행정상의 법률관계에 있어서 행정청의 행위에 대하여 신뢰보호의 원칙이 적용되기 위해서는, 첫째 행정청이 개인에 대하여 신뢰의 대상이 되는 공적인 견해표명을 하여야 하고, 둘째 그 개인에게 행정청의 그 견해표명이 정당하다고 신뢰한 데에 대하여 귀책사유가 없어야 하며, 셋째 그 개인이 행정청의 견해표명을 신뢰한 결과 이에 상응하는 어떠한 행위를 하여야 하고, 넷째 행정청이 그 견해표명과는 반대되는 취지의 처분을 함으로써 개인의 이익을 침해하는 결과를 초래하며, 다섯째 종전 견해표명대로 행정처분을 할 경우 이로 인하여 공익 또는 제3자의 정당한 이익을 현저히 해할 우려가 없을 것 등의 요건이 필요하다.[628]

나. 판례

(1) 교통사고가 일어난지 1년 10개월이 지난 뒤 그 교통사고를 일으킨 택시에 대하여 운송사업면허를 취소하였더라도 처분관할관청이 위반행위를 적발한 날로부터 10일 이내에 처분을 하여야 한다는 교통부령인 자동차운수사업법제31조등의규정에의한사업면허의취소등의처분에관한규칙 제4조 제2항 본문을 강행규정으로 볼 수 없을 뿐만 아니라 택시운송사업자로서는 자동차운수사업법의 내용을 잘 알고 있어 교통사고를 낸 택시에 대하여 운송사업면허가 취소될 가능

627 대법원 1998. 3. 27. 선고 97누20755 판결.
628 대법원 2007. 3. 29. 선고 2005후2168 판결.

성을 예상할 수도 있었을 터이니, 자신이 별다른 행정조치가 없을 것으로 믿고 있었다 하여 바로 신뢰의 이익을 주장할 수는 없으므로 그 교통사고가 자동차운수사업법 제31조 제1항 제5호 소정의 "중대한 교통사고로 인하여 많은 사상자를 발생하게 한 때"에 해당한다면 그 운송사업면허의 취소가 행정에 대한 국민의 신뢰를 저버리고 국민의 법생활의 안정을 해치는 것이어서 재량권의 범위를 일탈한 것이라고 보기는 어렵다.[629]

(2) 택시운전사가 1983. 4. 5. 운전면허정지기간중의 운전행위를 하다가 적발되어 형사처벌을 받았으나 행정청으로부터 아무런 행정조치가 없어 안심하고 계속 운전업무에 종사하고 있던중 행정청이 위 위반행위가 있은 이후에 장기간에 걸쳐 아무런 행정조치를 취하지 않은채 방치하고 있다가 3년여가 지난 1986. 7. 7.에 와서 이를 이유로 행정제재를 하면서 가장 무거운 운전면허를 취소하는 행정처분을 하였다면 이는 행정청이 그간 별다른 행정조치가 없을 것이라고 믿은 신뢰의 이익과 그 법적안정성을 빼앗는 것이 되어 매우 가혹할 뿐만 아니라 비록 그 위반행위가 운전면허취소사유에 해당한다 할지라도 그와 같은 공익상의 목적만으로는 위 운전사가 입게 될 불이익에 견줄바 못된다 할 것이다.[630]

4 부당결부금지의 원칙

가. 일반

수익적 행정행위에 있어서는 법령에 특별한 근거규정이 없다고 하더라도 그 부관으로서 부담을 붙일 수 있으나, 그러한 부담은 비례의 원칙, 부당결부금지의 원칙에 위반되지 않아야만 적법하다.[631] 여기서 부당결부금지의 원칙이란

629 대법원 1989. 6. 27. 선고 88누6283 판결.
630 대법원 1987. 9. 8. 선고 87누373 판결.

행정주체가 행정작용을 함에 있어서 상대방에게 이와 실질적인 관련이 없는 의무를 부과하거나 그 이행을 강제하여서는 아니 된다는 원칙을 말한다.[632]

나. 판례

(1) 지방자치단체장이 사업자에게 주택사업계획승인을 하면서 그 주택사업과는 아무런 관련이 없는 토지를 기부채납하도록 하는 부관을 주택사업계획승인에 붙인 경우, 그 부관은 부당결부금지의 원칙에 위반되어 위법하지만, 지방자치단체장이 승인한 사업자의 주택사업계획은 상당히 큰 규모의 사업임에 반하여, 사업자가 기부채납한 토지 가액은 그 100분의 1 상당의 금액에 불과한 데다가, 사업자가 그 동안 그 부관에 대하여 아무런 이의를 제기하지 아니하다가 지방자치단체장이 업무착오로 기부채납한 토지에 대하여 보상협조요청서를 보내자 그 때서야 비로소 부관의 하자를 들고 나온 사정에 비추어 볼 때 부관의 하자가 중대하고 명백하여 당연무효라고는 볼 수 없다고 한 사례.[633]

(2) 제1종 보통, 대형 및 특수 면허를 가지고 있는 자가 레이카크레인을 음주운전한 행위는 제1종 특수면허의 취소사유에 해당될 뿐 제1종 보통 및 대형 면허의 취소사유는 아니므로, 3종의 면허를 모두 취소한 처분 중 제1종 보통 및 대형면허에 대한 부분은 이를 이유로 취소하면 될 것이다.[634]

(3) 한 사람이 여러 종류의 자동차운전면허를 취득하는 경우뿐 아니라 이를 취소 또는 정지함에 있어서도 서로 별개의 것으로 취급하는 것이 원칙이기는 하지만, 자동차운전면허는 그 성질이 대인적 면허일 뿐만 아니라 도로교통법시행규칙 제26조 [별표 14]에 의하면, 제1종 보통면허 소지자는 승용자동차만이 아니라 원동기장치자전거까지 운전할 수 있도록 규정하고 있어 제1종 보통면허의

631 대법원 1997. 3. 11. 선고 96다49650 판결.
632 대법원 2009. 2. 12. 선고 2005다65500 판결.
633 대법원 1997. 3. 11. 선고 96다49650 판결.
634 대법원 1995. 11. 16. 선고 95누8850 전원합의체 판결.

취소에는 원동기장치자전거의 운전까지 금지하는 취지가 포함된 것이어서 이들 차량의 운전면허는 서로 관련된 것이라고 할 것이므로, 제1종 보통면허로 운전할 수 있는 차량을 운전면허정지기간 중에 운전한 경우에는 이와 관련된 원동기장치자전거면허까지 취소할 수 있다.[635]

(4) 갑이 혈중알코올농도 0.140%의 주취상태로 배기량 125cc 이륜자동차를 운전하였다는 이유로 관할 지방경찰청장이 갑의 자동차운전면허[제1종 대형, 제1종 보통, 제1종 특수(대형견인·구난), 제2종 소형]를 취소하는 처분을 한 사안에서, 갑에 대하여 제1종 대형, 제1종 보통, 제1종 특수(대형견인·구난) 운전면허를 취소하지 않는다면, 갑이 각 운전면허로 배기량 125cc 이하 이륜자동차를 계속 운전할 수 있어 실질적으로는 아무런 불이익을 받지 않게 되는 점, 갑의 혈중알코올농도는 0.140%로서 도로교통법령에서 정하고 있는 운전면허 취소처분 기준인 0.100%를 훨씬 초과하고 있고 갑에 대하여 특별히 감경해야 할 만한 사정을 찾아볼 수 없는 점, 갑이 음주상태에서 운전을 하지 않으면 안 되는 부득이한 사정이 있었다고 보이지 않는 점, 처분에 의하여 달성하려는 행정목적 등에 비추어 볼 때, 처분이 사회통념상 현저하게 타당성을 잃어 재량권을 남용하거나 한계를 일탈한 것이라고 단정하기에 충분하지 않음에도, 이와 달리 위 처분 중 제1종 대형, 제1종 보통, 제1종 특수(대형견인·구난) 운전면허를 취소한 부분에 재량권을 일탈·남용한 위법이 있다고 본 원심판단[636]에 재량권 일탈·남용에 관한 법리 등을 오해한 위법이 있다고 한 사례.[637]

---

635 대법원 1997. 5. 16. 선고 97누2313 판결.

636 원심은, 원고가 2016. 9. 11. 12:30경 혈중알코올농도 0.140%의 주취상태로 배기량 125cc 이륜자동차를 운전한 사실, 피고가 2016. 10. 18. 위 음주운전을 이유로 원고의 자동차운전면허[제1종 대형, 제1종 보통, 제1종 특수(대형견인·구난), 제2종 소형]를 2016. 10. 27.자로 취소하는 처분(이하 '이 사건 처분'이라고 한다)을 한 사실을 인정한 다음, ① 원고가 지방운전주사보로 임용되어 약 21년간 성실하게 근무한 점, ② 원고의 자동차운전면허가 취소되는 경우 직장에서 파면 혹은 해임이 될 가능성이 큰 점, ③ 원고는 1982년부터 이 사건 사고일까지 별다른 사고나 교통위반 전력이 없는 점, ④ 운전이 원고 가족의 생계를 유지할 중요한 수단에 해당하는 점 등을 비롯하여 원심판시 사정들에 비추어 보면, 이 사건 처분 중 제1종 소형 운전면허를 제외한 제1종 대형, 제1종 보통, 제1종 특수(대형견인·구난) 운전면허를 취소한 부분은 재량권의 범위를 일탈·남용하여 위법하다고 판단하였다.

5 평등의 원칙 및 자기구속의 원칙

평등의 원칙은 행정작용에 있어 합리적인 이유 없이 상대방인 국민을 차별하여서는 안된다는 원칙이고, 자기구속의 원칙은 행정관행이 성립된 경우 행정청은 특별한 사정이 없는 한 같은 사안에서 행정관행과 같은 결정을 해야 한다는 원칙이다.[638] 대법원은 원고와 함께 화투놀이를 한 3명(지방공무원)은 부산시 소청심사위원회에서 견책에 처하기로 의결된 사실이 인정되는 점 등 제반 사정을 고려하면 피고(부산시장)가 원고에 대한 징계처분으로 파면을 택한 것은 당직근무 대기자의 실정이나 공평의 원칙상 그 재량의 범위를 벗어난 위법한 것이라고 하였고,[639] 위법한 행정처분이 수차례에 걸쳐 반복적으로 행하여졌다 하더라도 그러한 처분이 위법한 것인 때에는 행정청에 대하여 자기구속력을 갖게 된다고 할 수 없다고 한다.[640]

637 대법원 2018. 2. 28. 선고 2017두67476 판결(원심의 이러한 판단을 앞서 본 법리에 비추어 보면, 다음과 같은 이유로 수긍하기 어렵다. 가. 원고에 대하여 제1종 대형, 제1종 보통, 제1종 특수(대형견인·구난) 운전면허를 취소하지 않는다면, 원고는 위 각 운전면허로 배기량 125cc 이하 이륜자동차를 계속 운전할 수 있어 실질적으로는 아무런 불이익을 받지 아니하게 된다. 나. 원고의 혈중알코올농도는 0.140%로서 도로교통법령에서 정하고 있는 운전면허 취소처분 기준인 0.100%를 훨씬 초과하고 있고, 원고에 대하여 특별히 감경해야 할 만한 사정을 찾아볼 수 없다. 다. 원고가 당시 음주상태에도 불구하고 운전을 하지 않으면 안 되는 부득이한 사정이 있었다고 보이지도 아니한다. 라. 이 사건 처분에 의하여 달성하려는 행정목적 등에 비추어 볼 때, 원심이 들고 있는 사정만으로는 이 사건 처분이 사회통념상 현저하게 타당성을 잃어 재량권을 남용하거나 그 한계를 일탈한 것이라고 단정하기에 충분하지 않다).

638 박균성, 「행정법강의 제15판」, 박영사, 2018, 26면, 28면.

639 대법원 1972. 12. 26. 선고 72누194 판결.

640 대법원 2009. 6. 25. 선고 2008두13132 판결(피고가 소외 2측 추진위원회의 승인신청을 반려할 당시 100인 이상의 위원으로 추진위원회를 구성할 것을 요구하고, 날짜가 기재되지 아니한 동의서들을 효력이 없는 것으로 간주한 선례가 있다 하더라도 피고가 참가인 추진위원회에 대하여 승인심사를 할 때에도 그러한 기준을 따라야 할 의무가 없는 점 등에 비추어, 피고가 평등의 원칙이나 신뢰보호의 원칙 또는 자기구속의 원칙 등에 위배하고 재량권을 일탈·남용하여 자의적으로 이 사건 승인처분을 하였다고 볼 수 없다).

6 행정처분과 형사처분의 관계

가. 행정법규 위반에 대한 처분에 있어 입법재량

어떤 행정법규 위반행위에 대하여 이를 단지 간접적으로 행정상의 질서에 장해를 줄 위험성이 있음에 불과한 경우(단순한 의무태만 내지 의무위반)로 보아 행정질서벌인 과태료를 과할 것인가, 아니면 직접적으로 행정목적과 공익을 침해한 행위로 보아 행정형벌을 과할 것인가, 그리고 행정형벌을 과할 경우 그 법정형의 종류와 형량을 어떻게 정할 것인가는, 당해 위반행위가 위의 어느 경우에 해당하는가에 대한 법적 판단을 그르친 것이 아닌 한 그 처벌내용은 기본적으로 입법자가 제반 사정을 고려하여 결정할 입법재량에 속하는 문제이다.[641]

나. 행정처분(행정질서벌 포함)과 형사처분의 관계

(1) 대법원 판례

행정법상의 질서벌인 과태료의 부과처분과 형사처벌은 그 성질이나 목적을 달리하는 별개의 것이므로 행정법상의 질서벌인 과태료를 납부한 후에 형사처벌을 한다고 하여 이를 일사부재리의 원칙에 반하는 것이라고 할 수는 없으며, 자동차의 임시운행허가를 받은 자가 그 허가 목적 및 기간의 범위 안에서 운행하지 아니한 경우에 과태료를 부과하는 것은 당해 자동차가 무등록 자동차인지 여부와는 관계없이, 이미 등록된 자동차의 등록번호표 또는 봉인이 멸실되거나 식별하기 어렵게 되어 임시운행허가를 받은 경우까지를 포함하여, 허가받은 목적과 기간의 범위를 벗어나 운행하는 행위 전반에 대하여 행정질서벌로써 제재를 가하고자 하는 취지라고 해석되므로, 만일 임시운행허가기간을 넘어 운행한 자가 등록된 차량에 관하여 그러한 행위를 한 경우라면 과태료의 제재만을 받게 되겠지만, 무등록 차량에 관하여 그러한 행위를 한 경우라면 과태료와 별도로 형사처벌의 대상이 된다.[642]

641 헌법재판소 2016. 9. 29. 선고 2015헌바121, 2016헌바221(병합) 전원재판부.

(2) 헌법재판소 결정

헌법 제13조 제1항이 정한 "이중처벌금지의 원칙"은 동일한 범죄행위에 대하여 국가가 형벌권을 거듭 행사할 수 없도록 함으로써 국민의 기본권 특히 신체의 자유를 보장하기 위한 것이므로, 그 "처벌"은 원칙으로 범죄에 대한 국가의 형벌권 실행으로서의 과벌을 의미하는 것이고, 국가가 행하는 일체의 제재나 불이익처분을 모두 그에 포함된다고 할 수는 없다. 따라서 무허가건축행위로 (구) 건축법 제54조 제1항에 의하여 형벌을 받은 자가 그 위법건축물에 대한 시정명령에 위반한 경우 그에 대하여 과태료를 부과할 수 있도록 한 동법 제56조의2 제1항의 규정은 이중처벌금지원칙에 위배되지 않는다.[643]

(3) 형사처분의 결과와 행정처분의 관계

① 형사무죄 판결에도 불구하고 징계 처분이 가능한지 여부[644]

성희롱을 사유로 한 징계처분의 당부를 다투는 행정소송에서 징계사유에 대한 증명책임은 그 처분의 적법성을 주장하는 피고에게 증명책임이 있다. 다만 민사소송이나 행정소송에서 사실의 증명은 추호의 의혹도 없어야 한다는 자연과학적 증명이 아니고, 특별한 사정이 없는 한 경험칙에 비추어 모든 증거를 종합적으로 검토하여 볼 때 어떤 사실이 있었다는 점을 시인할 수 있는 고도의 개

---

642 대법원 1996. 4. 12. 선고 96도158 판결.

643 헌법재판소 1994. 6. 30. 선고 92헌바38 전원재판부((구) 건축법 제54조 제1항에 의한 형사처벌의 대상이 되는 범죄의 구성요건은 당국의 허가 없이 건축행위 또는 건축물의 용도변경행위를 한 것이고, 동법 제56조의2 제1항에 의한 과태료는 건축법령에 위반되는 위법건축물에 대한 시정명령을 받고도 건축주 등이 이를 시정하지 아니할 때 과하는 것이므로, 양자는 처벌 내지 제재대상이 되는 기본적 사실관계로서의 행위를 달리하는 것이다. 그리고, 전자가 무허가건축행위를 한 건축주 등의 행위 자체를 위법한 것으로 보아 처벌하는 것인 데 대하여, 후자는 위법건축물의 방치를 막고자 행정청이 시정조치를 명하였음에도 건축주 등이 이를 이행하지 아니한 경우에 행정명령의 실효성을 확보하기 위하여 제재를 과하는 것이므로 양자는 그 보호법익과 목적에서도 차이가 있고, 또한 무허가건축행위에 대한 형사처벌시에 위법건축물에 대한 시정명령의 위반행위까지 평가된다고 할 수 없으므로 시정명령위반행위가 무허가건축행위의 불가벌적 사후행위라고 할 수도 없다. 이러한 점에 비추어 (구)건축법 제54조 제1항에 의한 무허가건축행위에 대한 형사처벌과 동법 제56조2 제1항에 의한 과태료의 부과는 헌법 제13조 제1항이 금지하는 이중처벌에 해당한다고 할 수 없다).

644 대법원 2018. 4. 12. 선고 2017두74702 판결.

연성을 증명하는 것이면 충분하다. 민사책임과 형사책임은 그 지도이념과 증명책임, 증명의 정도 등에서 서로 다른 원리가 적용되므로, 징계사유인 성희롱 관련 형사재판에서 성희롱 행위가 있었다는 점을 합리적 의심을 배제할 정도로 확신하기 어렵다는 이유로 공소사실에 관하여 무죄가 선고되었다고 하여 그러한 사정만으로 행정소송에서 징계사유의 존재를 부정할 것은 아니다.

② '성폭행 무혐의' 대학생, 퇴학 무효 소송서 패소한 까닭은?[645]

1·2심 법원, "성인지 감수성 잃지 않아야…" 강조

성폭행 의혹으로 퇴학당한 학생이 검찰에서 무혐의 처분을 받았더라도 퇴학은 정당하다는 법원의 판단이 나왔다. 22일 법조계에 따르면 서울고법 민사11부(김재호 부장판사)는 A씨가 서울 명문 사립대를 상대로 제기한 '퇴학처분 무효확인' 항소심에서 원심과 같이 A씨의 청구를 기각했다. A씨는 2016년 같은 학교 학생인 B씨가 술에 취한 틈을 타 B씨를 성폭행 및 성추행했다는 이유로 2017년 퇴학당했다.

B씨는 A씨를 강간치상, 준강간 등 혐의로 고소했으나 서울중앙지검은 둘 사이 성관계가 서로 합의 하에 이뤄진 것이 아닌지 의심스럽다며 '혐의없음' 처분을 내렸다. 이에 A씨는 "B씨와 합의 하에 성관계를 가졌을 뿐인데 학교가 B씨의 일방적인 진술에 기초해 퇴학 처분을 했다"며 무효를 주장했다. 하지만 1심 재판부는 "민사 소송에서의 증명은 형사 소송처럼 추호의 의혹도 없어야 하는 것이 아니고 고도의 개연성을 증명하는 것이면 충분하다"며 '혐의없음' 처분이 퇴학의 사유마저 부정할 수 없는 이유를 밝혔다. 재판부는 "법원이 성희롱 소송을 심리할 때는 사건이 발생한 맥락에서 성차별 문제를 이해하고 양성평등을 실현할 수 있도록 '성인지 감수성'을 잃지 않아야 한다"며 "성희롱 피해자가 처한 특별한 사정

645 2019. 7. 22. 서울경제(https://www.sedaily.com/NewsView/1VLSJ4YTPO).

을 고려하지 않은 채 피해자 진술의 증명력을 배척하는 건 정의와 형평의 이념에 입각한 증거 판단이라고 볼 수 없다"고 판시했다. 또 "B씨는 사건 당시 상당히 취한 상태였던 것으로 보이고, B씨를 잘 아는 사람들도 거주하는 B씨 원룸 복도에서 성적 행위가 이뤄졌다"며 "다른 사람들에게 이 사건이 알려질 경우 B씨가 큰 수치심을 느낄 수 있는 점을 고려했을 때 B씨가 원고에게 저항하지 못했다는 것을 이유로 B씨가 성적 행위에 동의했다고 볼 수 없다"고 강조했다. 더불어 "B씨는 사건 발생 4일 후 양성평등센터에 피해 사실을 신고했고, 원고에게 악감정을 갖고 허위로 진술할 동기를 찾기 어렵다"며 "B씨는 현재까지 외상 후 스트레스 장애를 겪고 있고, 검사가 불기소한 이유는 원고의 폭행·협박이 없었다는 이유 때문이지 B씨 진술의 신빙성을 문제 삼은 게 아니었다"고 덧붙여 설명했다.

재판부는 "B씨가 성행위에 동의했다는 것은 원고의 추측"이라며 "성 인권보호 규정에 의하면 성적 수치심에 대한 판단 기준은 피해자의 합리적인 주관적 판단을 따르는 것이 원칙이니 B씨가 성적 자율권을 침해받았다고 주장하는 만큼 당시 상황이 합의 하에 성관계를 가질 만했다고 인정할 수 없다"고 밝혔다.

2심 재판부는 이러한 원심 판단을 그대로 받아들여 A씨 항소를 기각했다.

③ "제자들 성추행 혐의받은 교사 검찰서 무혐의 났어도 해임 정당"[646]

부적절한 신체접촉 이유로 해임징계

검찰 조사에서 불기소 처분

재판부 "비위행위가 인정되지 않는건 아냐"

제자들을 성추행한 혐의를 받은 교사가 검찰 조사에서 무혐의 결정을 받았더라도 해임 처분은 정당하다는 법원 판단이 나왔다. 28일 법조계에 따르면 서울행정법원 행정12부는 A씨가 교원소청심사위원회를 상대로 "해임 처분을 취소

646 2019. 7. 28. 서울경제
https://www.sedaily.com/NewsView/1VLVAK8DTL/GK0108?utm_source=dable

해달라"고 낸 소송에서 원고 패소로 판결했다.

중학교 교사로 재직하던 A씨는 여학생들을 가르치는 과정에서 여러 차례 부적절한 신체 접촉을 했다는 이유로 지난해 해임 징계를 받았다. 하지만 사건을 수사한 검찰은 "추행할 목적은 없었던 것으로 보이고 피해자 일부의 진술만으로 피의사실을 인정하기 부족하다"고 판단하고 A씨를 불기소 처분했다. 이에 A씨는 성추행 사건에서 무혐의를 받았으니 해임 징계 역시 부당하다며 소송을 냈다. 그러나 재판부는 "A씨가 학생들에게 성적 굴욕감이나 혐오감을 느끼게 한 사실이 인정된다"며 "교사의 품위유지의무를 위반했으므로 적법한 징계사유"라고 봤다. 해임 징계가 지나치게 무겁다는 A씨의 주장도 재판부는 받아들이지 않았다. 재판부는 "교원에게는 일반 직업인보다 높은 도덕성이 요구되고, 교원의 비위행위는 학생들에게도 영향을 미칠 우려가 크다는 특수성을 징계에 엄중하게 고려해야 한다"고 했다.

❖ 시사 상식 - 카풀 서비스와 택시업계의 반발 관련 분쟁과 법 규정

우리나라의 여객자동차운수사업법(여객법)은 자가용을 이용한 유상운송행위를 금지해 승차공유형 모빌리티 서비스가 애초 불가능했다. 이에 따라 업체들은 여객법의 빈틈(예외조항)을 노린 모빌리티 서비스를 내놓았다. 카카오모빌리티와 풀러스의 카풀 서비스나 기사 포함 렌터카 실시간 호출 서비스인 '타다'가 그렇다. 카풀은 여객법이 금지하는 자가용을 이용한 유상운송행위의 예외조항인 '출퇴근 목적의 카풀'을 파고들어 사업모델로 삼았다. 타다 역시 원칙적으로 금지된 렌터카 기사 알선 행위의 예외 대상인 11인승 승합차로 실시간 호출 서비스를 시작하면서 택시업계와 갈등을 빚었다.[647]

647 한겨레21, No.1271, 2019. 7. 22., 67-68면.

가. 운수사업 관련 법 제·개정 현황

- 1961년 자동차운수사업법 제정[648]
- 1997년 화물자동차운수사업법 제정[649]
- 1997년 '자동차운수사업법' 전면 개정에 의해 '여객자동차운수사업법'[650] 전부 개정

나. 카풀 서비스 관련 법 규정

(1) 자동차운수사업법

- 1961년 제58조(유상운송의 금지) 자동차는 교통부장관의 허가를 얻은 경우를 제외하고 이를 유상으로 운송용에 공하거나 임대하여서는 아니된다.

- 1989년 전문개정[651] 제58조 (유상운송의 금지등) 자가용자동차는 유상으로 운송용에 제공하거나 임화하여서는 아니된다. 다만, 천재지변 또는 긴급한 수송등 교통부령이 정하는 사유에 해당되는 경우에 교통부장관이 허가를 받은 때에는 그러하지 아니하다.

---

648 자동차운수사업에 관한 질서를 확립하고 자동차운수의 종합적인 발달을 도모하여 공공복리를 증진하려는 것으로, 구법령인 조선자동차교통사업령을 폐지하고 이에 대체하기 위해 1961. 12. 30. '자동차운수사업법' 제정(1962. 1. 1. 시행).

649 화물자동차운수사업의 경영개선을 도모하기 위하여 현재 여객위주로 운영되고 있는 자동차운수사업법으로부터 화물운수분야를 분리하는 한편, 화물자동차운송사업을 면허제에서 등록제로 전환하는 등 화물운송질서를 전면적으로 개편함으로써 경제규모의 확대와 더불어 발생하는 새롭고 다양한 운송수요에 효율적으로 대응하기 위해 1997. 8. 30. 제정(1998. 1. 1. 시행).

650 화물자동차운수사업을 대상으로 하는 화물자동차운수사업법이 제정됨에 따라 여객자동차운수사업에 관한 법률체계를 정비하기 위하여 자동차운수사업법중 화물운수분야를 분리하고, 육운진흥법 및 여객자동차터미널법을 이 법에 통합하여 법률명칭을 여객자동차운수사업법으로 바꾸며, 여객자동차운수사업의 요금을 수송수요의 변화에 따라 운수업체가 탄력적으로 정하도록 하여 운수업체의 경쟁과 운송수요의 분산을 유도하고, 등록업종의 경우 수송수요와 수송력공급의 부균형을 이유로 등록을 제한할 수 있도록 하던 제도를 폐지하며, 최저자본금에 관한 등록기준을 삭제하여 이들 업종에 대한 진입제한을 완화하며, 시외버스승차권을 버스터미널이 아닌 곳에서도 구입할 수 있도록 하여 여객의 편의를 도모하기 위해 1997. 12. 13. '자동차운수사업법' 전면 개정(1998. 6. 14. 시행).

651 1989. 12. 30. 법률 제4190호(1990. 4. 1. 시행) 부칙 제5조 (자가용자동차 유상운송에 관한 경과조치) 이 법 시행당시 종전의 규정에 의하여 자가용자동차 유상운송의 허가를 받은 자는 제58조의 개정규정에 의한 허가를 받은 것으로 보되, 허가기간을 명시하지 아니한 허가는 1990년 12월 31일까지 허가를 한 것으로 본다.

(2) 여객자동차운수사업법

- 1997년 여객자동차운수사업법 제73조 (자가용자동차의 유상운송금지) ① 사업용자동차외의 자동차(이하 "自家用自動車"라 한다)는 유상(自動車運行에 필요한 經費를 포함한다)으로 운송용에 제공하거나 임대하여서는 아니된다. 다만, 다음 각호의 1에 해당하는 경우에는 그러하지 아니하다.

1. 승용자동차를 출퇴근시 함께 타는 경우
2. 천재지변, 긴급수송, 교육목적을 위한 운행 기타 건설교통부령이 정하는 사유에 해당되는 경우로서 시·도지사의 허가를 받은 경우

② 제1항 제2호의 규정에 의한 유상운송허가의 대상·기간등은 건설교통부령으로 정한다.

- 현행[652] 제81조(자가용 자동차의 유상운송 금지) ① 사업용 자동차가 아닌 자동차(이하 "자가용자동차"라 한다)를 유상(자동차 운행에 필요한 경비를 포함한다. 이하 이 조에서 같다)으로 운송용으로 제공하거나 임대하여서는 아니 되며, 누구든지 이를 알선하여서는 아니 된다. 다만, 다음 각 호의 어느 하나에 해당하는 경우에는 유상으로 운송용으로 제공 또는 임대하거나 이를 알선할 수 있다. <개정 2013. 3. 23., 2015. 6. 22., 2017. 3. 21., 2019. 8. 27., 2020. 2. 18.>

1. 출·퇴근시간대(오전 7시부터 오전 9시까지 및 오후 6시부터 오후 8시까지를 말하며, 토요일, 일요일 및 공휴일인 경우는 제외한다) 승용자동차를 함께 타는 경우
2. 천재지변, 긴급 수송, 교육 목적을 위한 운행, 그 밖에 국토교통부령으로 정하는 사유에 해당되는 경우로서 시장·군수·구청장의 허가를 받은 경우

② 시장·군수·구청장은 제1항 제2호에 따른 허가의 신청을 받은 날부터 10일 이내에 허가 여부를 신청인에게 통지하여야 한다. <신설 2017. 3. 21., 2020. 2. 18.>

---

652 [시행 2021. 1. 1.] [법률 제17689호, 2020. 12. 22., 타법개정]

③ 시장·군수·구청장이 제2항에서 정한 기간 내에 허가 여부 또는 민원 처리 관련 법령에 따른 처리기간의 연장 여부를 신청인에게 통지하지 아니하면 그 기간이 끝난 날의 다음 날에 허가를 한 것으로 본다. <신설 2017. 3. 21., 2020. 2. 18.>
④ 제1항 제2호의 유상운송 허가의 대상 및 기간 등은 국토교통부령으로 정한다. <개정 2013. 3. 23., 2017. 3. 21.>

다. 렌터카 기사 알선 행위

(1) 여객자동차운수사업법

제34조(유상운송의 금지 등) ① 자동차대여사업자의 사업용 자동차를 임차한 자는 그 자동차를 유상(有償)으로 운송에 사용하거나 다시 남에게 대여하여서는 아니 되며, 누구든지 이를 알선(斡旋)하여서는 아니 된다. <개정 2015. 6. 22.>
② 누구든지 자동차대여사업자의 사업용 자동차를 임차한 자에게 운전자를 알선하여서는 아니 된다. 다만, 외국인이나 장애인 등 대통령령으로 정하는 경우에는 운전자를 알선할 수 있다. <개정 2015. 6. 22.>
③ 자동차대여사업자는 다른 사람의 수요에 응하여 사업용자동차를 사용하여 유상으로 여객을 운송하여서는 아니 되며, 누구든지 이를 알선하여서는 아니 된다. <개정 2015. 6. 22.>

(2) 여객자동차 운수사업법 시행령

제18조(운전자 알선 허용 범위) 법 제34조 제2항 단서에서 "외국인이나 장애인 등 대통령령으로 정하는 경우"란 다음 각 호의 경우를 말한다.
1. 자동차대여사업자가 다음 각 목의 어느 하나에 해당하는 자동차 임차인에게 운전자를 알선하는 경우
가. 외국인
나. 「장애인복지법」 제32조에 따라 등록된 장애인

다. 65세 이상인 사람

라. 국가 또는 지방자치단체

마. 자동차를 6개월 이상 장기간 임차하는 법인

바. 승차정원 11인승 이상 15인승 이하인 승합자동차를 임차하는 사람

사. 본인의 결혼식 및 그 부대행사에 이용하는 경우로서 본인이 직접 승차할 목적으로 배기량 3,000시시 이상인 승용자동차를 임차하는 사람

2.「소득세법 시행령」제224조제1항제1호에 따른 대리운전용역을 제공하는 자를 알선하는 자(「소득세법」제168조제3항,「법인세법」제111조제3항 또는「부가가치세법」제8조제5항에 따른 사업자등록증을 발급받은 자로 한정한다)가 자동차 임차인에게 운전자를 알선하는 경우

[전문개정 2015. 11. 30.]

라. 타다 서비스에 대한 법원 판단과 관련 법 개정

검찰은 지난 2019. 10. 28. 자동차 대여사업자가 여객자동차운송사업 허가를 받지 않고 운송 사업을 하였다는 이유로 여객자동차운수사업법 위반죄로 쏘카 타다 운영사 VCNC 박재욱 대표와 모회사인 쏘카의 이재웅 대표를 불구속 기소했는데, 이에 대해 2020. 2. 19. 서울중앙지방법원(1심)은 초단기 임대차 계약의 성립으로 보아 무죄를 선고했다.

이후 국회는 일명 '타다 금지법'이라 불리는 '여객자동차운수사업법' 개정안을 마련하였는데(2020. 4. 7. 개정법), 타다와 같은 사업자는 타는 곳이나 내리는 곳이 항만, 공항이거나 대여시간이 6시간 이상인 경우를 제외하고는 서비스의 제공이 불가능해 져서 기존처럼 콜택시의 형태로 이용하지 못하게 되었다

- **개정법 제34조(유상운송의 금지 등)** ① 자동차대여사업자의 사업용 자동차를 임차한 자는 그 자동차를 유상(有償)으로 운송에 사용하거나 다시 남에게

대여하여서는 아니 되며, 누구든지 이를 알선(斡旋)하여서는 아니 된다. <개정 2015. 6. 22.>

② 누구든지 자동차대여사업자의 사업용 자동차를 임차한 자에게 운전자를 알선하여서는 아니 된다. 다만, 다음 각 호의 어느 하나에 해당하는 경우에는 운전자를 알선할 수 있다. <개정 2015. 6. 22., 2020. 4. 7.>

1. 자동차대여사업자가 다음 각 목의 어느 하나에 해당하는 자동차 임차인에게 운전자를 알선하는 경우

가. 외국인

나. 「장애인복지법」 제32조에 따라 등록된 장애인

다. 65세 이상인 사람

라. 국가 또는 지방자치단체

마. 자동차를 6개월 이상 장기간 임차하는 법인

바. <u>관광을 목적으로 승차정원 11인승 이상 15인승 이하인 승합자동차를 임차하는 사람. 이 경우 대여시간이 6시간 이상이거나, 대여 또는 반납 장소가 공항 또는 항만인 경우로 한정한다</u>.

사. 본인의 결혼식 및 그 부대행사에 이용하는 경우로서 본인이 직접 승차할 목적으로 배기량 3천시시 이상인 승용차동차를 임차하는 사람

2. 자동차 임차인이 임차 후 임대차계약서상의 운전자(제1호에 따라 운전자를 알선할 경우에는 해당 운전자를 말한다)가 주취, 신체부상 등의 사유로 직접 운전이 불가능하여 「소득세법」 제173조 제1항에 따라 대리운전 용역제공자에게 용역 제공과 관련된 사업장을 제공하는 자가 자동차 임차인에게 운전자를 알선하는 경우

③ 자동차대여사업자는 다른 사람의 수요에 응하여 사업용자동차를 사용하여 유상으로 여객을 운송하여서는 아니 되며, 누구든지 이를 알선하여서는 아니 된다. <개정 2015. 6. 22.> [시행일 : 2021. 10. 8.] 제34조 제2항

III
행정행위의 효력

1 무효와 취소

행정행위의 무효란 행정행위가 외관상 성립은 하였으나 그 하자의 중대함으로 인하여 행정행위가 처음부터 아무런 효력을 발생하지 않는 것을 말하고, 행정행위의 취소는 하자있는 행정행위의 효력을 상실시키는 것으로서 누구든지 언제나 그 효력을 부인할 수 있는 무효와 달리 취소를 구할 수 있는 사람이 일정한 기간과 절차를 통해 행정행위를 취소해야 비로소 취소의 효력이 발생한다.

행정처분이 당연무효라고 하기 위하여는 처분에 위법사유가 있다는 것만으로는 부족하고 그 하자가 법규의 중요한 부분을 위반한 중대한 것으로서 객관적으로 명백한 것이어야 하며, 하자가 중대하고 명백한 것인지 여부를 판별함에 있어서는 그 법규의 목적, 의미, 기능 등을 목적론적으로 고찰함과 동시에 구체적 사안 자체의 특수성에 관하여도 합리적으로 고찰함을 요한다.[653] 예를 들어 법률에 근거하여 행정처분이 발하여진 후에 헌법재판소가 그 행정처분의 근거가 된 법률을 위헌으로 결정하였다면 결과적으로 행정처분은 법률의 근거가 없이 행하여진 것과 마찬가지가 되어 하자가 있는 것이 되나, 하자 있는 행정처분이 당연무효가 되기 위하여는 그 하자가 중대할 뿐만 아니라 명백한 것이어야 하는데, 일반적으로 법률이 헌법에 위반된다는 사정이 헌법재판소의 위헌결정이 있기 전에는 객관적으로 명백한 것이라고 할 수는 없으므로 헌법재판소의 위헌결정 전에 행정처분의 근거되는 당해 법률이 헌법에 위반된다는 사유는 특별한 사정

653 대법원 2006. 6. 30. 선고 2005두14363 판결.

이 없는 한 그 행정처분의 취소소송의 전제가 될 수 있을 뿐 당연무효사유는 아니라고 봄이 상당하다.[654]

2 구별 실익

행정처분이 무효인 경우에는 그 효력은 처음부터 당연히 발생하지 아니하는 것이어서 행정처분의 취소를 구하는 경우와는 달리 행정심판을 거치는 등의 절차나 그 제소기간에 구애받지 않고 그 무효확인을 구할 수 있다.[655] 이러한 차이로 인해 행정행위의 무효와 취소를 구별하는 것은 매우 중요한 문제이나, 실무적으로 행정행위의 어떠한 하자가 무효인 하자인지 취소사유인 하자인지 그 구별이 쉽지 않다. 이로 인해 우리 대법원은 동일한 행정처분에 대해 무효확인의 소를 제기하였다가 그 후 그 처분의 취소를 구하는 소를 추가로 병합하는 것을 허용하고 있고,[656] 일반적으로 행정처분의 무효확인을 구하는 소에는 원고가 그 처분의 취소를 구하지 아니한다고 밝히지 아니한 이상 그 처분이 만약 당연무효가 아니라면 그 취소를 구하는 취지도 포함되어 있는 것으로 본다.[657]

하자의 승계와 관련하여서도 선행행위가 무효인 경우에는 후행행위도 당연히 무효가 되는데 반해,[658] 선행행위에 취소의 하자가 있는 경우에는 선행행위의

654 대법원 1994. 10. 28. 선고 92누9463 판결.

655 대법원 1993. 1. 19. 선고 91누8050 전원합의체 판결.

656 대법원 2005. 12. 23. 선고 2005두3554 판결(하자 있는 행정처분을 놓고 이를 무효로 볼 것인지 아니면 단순히 취소할 수 있는 처분으로 볼 것인지는 동일한 사실관계를 토대로 한 법률적 평가의 문제에 불과하고, 행정처분의 무효확인을 구하는 소에는 특단의 사정이 없는 한 그 취소를 구하는 취지도 포함되어 있다고 보아야 하는 점 등에 비추어 볼 때, 동일한 행정처분에 대하여 무효확인의 소를 제기하였다가 그 후 그 처분의 취소를 구하는 소를 추가적으로 병합한 경우, 주된 청구인 무효확인의 소가 적법한 제소기간 내에 제기되었다면 추가로 병합된 취소청구의 소도 적법하게 제기된 것으로 봄이 상당하다).

657 대법원 1994. 12. 23. 선고 94누477 판결.

658 대법원 1999. 4. 27. 선고 97누6780 판결(적법한 건축물에 대한 철거명령은 그 하자가 중대하고 명백하여 당연무효라고 할 것이고, 그 후행행위인 건축물철거 대집행계고처분 역시 당연무효라고 할 것이다).

하자가 후행행위에도 승계되는지를 별도로 검토해 보아야 한다. 즉, 동일한 행정목적을 달성하기 위하여 단계적인 일련의 절차로 연속하여 행하여지는 선행처분과 후행처분이 서로 결합하여 하나의 법률효과를 발생시키는 경우, 선행처분이 하자가 있는 위법한 처분이라면, 비록 하자가 중대하고도 명백한 것이 아니어서 선행처분을 당연무효의 처분이라고 볼 수 없고 행정쟁송으로 효력이 다투어지지도 아니하여 이미 불가쟁력이 생겼으며 후행처분 자체에는 아무런 하자가 없다고 하더라도, 선행처분을 전제로 하여 행하여진 후행처분도 선행처분과 같은 하자가 있는 위법한 처분으로 보아 항고소송으로 취소를 청구할 수 있는데 반해,[659] 선행행위와 후행행위가 각각 단계적으로 별개의 법률효과가 발생되는 독립된 행정처분인 경우에는 원칙적으로 선행행위의 하자가 후행행위에 승계되지 않고,[660] 다만 선행처분의 불가쟁력이나 구속력이 그로 인하여 불이익을 입게 되는 자에게 수인한도를 넘는 가혹함을 가져오며 그 결과가 당사자에게 예측가능한 것이 아닌 경우에는 국민의 재판받을 권리를 보장하고 있는 헌법의 이념에 비추어 선행처분의 후행처분에 대한 구속력은 인정될 수 없다.[661]

---

659 대법원 1993. 2. 9. 선고 92누4567 판결(국립보건원장의 안경사 시험합격 무효처분과 보건사회부장관의 안경사면허 취소처분).

660 대법원 2000. 10. 13. 선고 99두653 판결(구 택지개발촉진법(1999. 1. 25. 법률 제5688호로 개정되기 전의 것)에 의하면, 택지개발은 택지개발예정지구의 지정(제3조), 택지개발계획의 승인(제8조), 이에 기한 수용재결 등의 순서로 이루어지는바, 위 각 행위는 각각 단계적으로 별개의 법률효과가 발생되는 독립한 행정처분이어서 선행처분에 불가쟁력이 생겨 그 효력을 다툴 수 없게 된 경우에는 선행처분에 위법사유가 있다고 할지라도 그것이 당연무효의 사유가 아닌 한 선행처분의 하자가 후행처분에 승계되는 것은 아니라고 할 것인데, 같은 법 제3조에서 건설부장관이 택지개발예정지구를 지정함에 있어 미리 관계중앙행정기관의 장과 협의를 하라고 규정한 의미는 그의 자문을 구하라는 것이지 그 의견을 따라 처분을 하라는 의미는 아니라 할 것이므로 이러한 협의를 거치지 아니하였다고 하더라도 이는 위 지정처분을 취소할 수 있는 원인이 되는 하자 정도에 불과하고 위 지정처분이 당연무효가 되는 하자에 해당하는 것은 아니다).

661 대법원 1994. 1. 25. 선고 93누8542 판결(개별공시지가결정에 위법이 있는 경우에는 그 자체를 행정소송의 대상이 되는 행정처분으로 보아 그 위법 여부를 다툴 수 있음은 물론 이를 기초로 한 과세처분 등 행정처분의 취소를 구하는 행정소송에서도 선행처분인 개별공시지가결정의 위법을 독립된 위법사유로 주장할 수 있다고 해석함이 타당하다).

IV 행정처분에 대한 구제

행정처분에 대한 구제수단으로는 행정심판법에 의한 행정심판과 행정소송법에 의한 행정소송이 있다. 행정처분을 받은 당사자가 이에 불복하는 경우 활용하는 대표적인 구제수단인바, 행정기관이 담당하는 행정심판과 법원이 담당하는 행정소송은 그 권한배분의 원칙에 따라 비슷하면서도 차이가 있기 때문에, 어떠한 차이가 있는지를 중심으로 살펴보는 것이 필요하다.

1 행정심판(행정심판법[662])

가. 행정심판의 종류

행정심판법에서는 행정심판의 종류로 취소심판(행정청의 위법 또는 부당한 처분을 취소하거나 변경하는 행정심판), 무효등확인심판(행정청의 처분의 효력 유무 또는 존재 여부를 확인하는 행정심판), 의무이행심판(당사자의 신청에 대한 행정청의 위법 또는 부당한 거부처분이나 부작위에 대하여 일정한 처분을 하도록 하는 행정심판)을 규정하고 있다(제5조). 행정소송과 달리 상급행정 관청에 불복하는 것이어서 의무이행심판도 인정하고 있는 것이 특징이라고 할 수 있다.

나. 청구인적격

심판의 유형별로 청구인적격이 규정되어 있는데 취소심판은 처분의 취소

662 제1조(목적) 이 법은 행정심판 절차를 통하여 행정청의 위법 또는 부당한 처분(處分)이나 부작위(不作爲)로 침해된 국민의 권리 또는 이익을 구제하고, 아울러 행정의 적정한 운영을 꾀함을 목적으로 한다.

또는 변경을 구할 법률상 이익이 있는 자가 청구할 수 있다. 처분의 효과가 기간의 경과, 처분의 집행, 그 밖의 사유로 소멸된 뒤에도 그 처분의 취소로 회복되는 법률상 이익이 있는 자의 경우에도 또한 같다(제13조 제1항). 무효등확인심판은 처분의 효력 유무 또는 존재 여부의 확인을 구할 법률상 이익이 있는 자가 청구할 수 있고(제13조 제2항), 의무이행심판은 처분을 신청한 자로서 행정청의 거부처분 또는 부작위에 대하여 일정한 처분을 구할 법률상 이익이 있는 자가 청구할 수 있다(제13조 제3항).

다. 청구기간

행정심판은 처분이 있음을 알게 된 날부터 90일 이내에 청구하여야 하며(제27조 세1항), 청구인이 천재지변, 전쟁, 사변(事變), 그 밖의 불가항력으로 인하여 제1항에서 정한 기간에 심판청구를 할 수 없었을 때에는 그 사유가 소멸한 날부터 14일 이내에 행정심판을 청구할 수 있다. 다만, 국외에서 행정심판을 청구하는 경우에는 그 기간을 30일로 한다(제27조 제2항). 한편, 행정심판은 처분이 있었던 날부터 180일이 지나면 청구하지 못한다. 다만, 정당한 사유가 있는 경우에는 그러하지 아니하다(제27조 제3항). 제1항과 제2항의 기간은 불변기간(不變期間)으로 한다(제27조 제4항).

이와 관련하여 행정청이 심판청구 기간을 제1항에 규정된 기간보다 긴 기간으로 잘못 알린 경우 그 잘못 알린 기간에 심판청구가 있으면 그 행정심판은 제1항에 규정된 기간에 청구된 것으로 본다(제27조 제5항)고 규정하고 있는데, 뒤에서 보는 바와 같이 행정소송법과 차이가 있는 부분이다. 한편, 행정청이 심판청구 기간을 알리지 아니한 경우에는 제3항에 규정된 기간에 심판청구를 할 수 있으며(제27조 제6항), 제1항부터 제6항까지의 규정은 무효등확인심판청구와 부작위에 대한 의무이행심판청구에는 적용하지 아니한다(제27조 제7항).

라. 임시구제제도

행정심판이 제기되면 심판의 결과가 확정되기까지 상당한 시간이 소요될 수 있고, 이로 인해 최종적으로 청구인의 주장이 받아들여지더라도 이미 행정처분 기간이 도과하여 구제의 실효성이 상실될 우려가 있다. 이러한 문제를 보완하기 위해 행정심판법에서는 처분, 처분의 집행 또는 절차의 속행 때문에 중대한 손해가 생기는 것을 예방할 필요성이 긴급하다고 인정할 때에는 직권으로 또는 당사자의 신청에 의하여 처분의 효력, 처분의 집행 또는 절차의 속행의 전부 또는 일부의 정지("집행정지")를 결정할 수 있는 집행정지제도(제30조[663])와 처분 또는 부작위가 위법·부당하다고 상당히 의심되는 경우로서 처분 또는 부작위 때문에 당사자가 받을 우려가 있는 중대한 불이익이나 당사자에게 생길 급박한 위험을 막기 위하여 임시지위를 정하여야 할 필요가 있는 경우에는 직권으로 또는 당사자의 신청에 의하여 임시처분을 결정할 수 있는 임시처분제도(제31조[664])를 두고 있다.

---

663 제30조(집행정지) ① 심판청구는 처분의 효력이나 그 집행 또는 절차의 속행(續行)에 영향을 주지 아니한다.
② 위원회는 처분, 처분의 집행 또는 절차의 속행 때문에 중대한 손해가 생기는 것을 예방할 필요성이 긴급하다고 인정할 때에는 직권으로 또는 당사자의 신청에 의하여 처분의 효력, 처분의 집행 또는 절차의 속행의 전부 또는 일부의 정지(이하 "집행정지"라 한다)를 결정할 수 있다. 다만, 처분의 효력정지는 처분의 집행 또는 절차의 속행을 정지함으로써 그 목적을 달성할 수 있을 때에는 허용되지 아니한다.
③ 집행정지는 공공복리에 중대한 영향을 미칠 우려가 있을 때에는 허용되지 아니한다.
④ 위원회는 집행정지를 결정한 후에 집행정지가 공공복리에 중대한 영향을 미치거나 그 정지사유가 없어진 경우에는 직권으로 또는 당사자의 신청에 의하여 집행정지 결정을 취소할 수 있다.
⑤ 집행정지 신청은 심판청구와 동시에 또는 심판청구에 대한 제7조 제6항 또는 제8조 제7항에 따른 위원회나 소위원회의 의결이 있기 전까지, 집행정지 결정의 취소신청은 심판청구에 대한 제7조 제6항 또는 제8조 제7항에 따른 위원회나 소위원회의 의결이 있기 전까지 신청의 취지와 원인을 적은 서면을 위원회에 제출하여야 한다. 다만, 심판청구서를 피청구인에게 제출한 경우로서 심판청구와 동시에 집행정지 신청을 할 때에는 심판청구서 사본과 접수증명서를 함께 제출하여야 한다.
⑥ 제2항과 제4항에도 불구하고 위원회의 심리·결정을 기다릴 경우 중대한 손해가 생길 우려가 있다고 인정되면 위원장은 직권으로 위원회의 심리·결정을 갈음하는 결정을 할 수 있다. 이 경우 위원장은 지체 없이 위원회에 그 사실을 보고하고 추인(追認)을 받아야 하며, 위원회의 추인을 받지 못하면 위원장은 집행정지 또는 집행정지 취소에 관한 결정을 취소하여야 한다.
⑦ 위원회는 집행정지 또는 집행정지의 취소에 관하여 심리·결정하면 지체 없이 당사자에게 결정서 정본을 송달하여야 한다.

664 제31조(임시처분) ① 위원회는 처분 또는 부작위가 위법·부당하다고 상당히 의심되는 경우로서 처분 또는 부작위 때문에 당사자가 받을 우려가 있는 중대한 불이익이나 당사자에게 생길 급박한 위험을 막기 위하여 임시지위를 정하여야 할 필요가 있는 경우에는 직권으로 또는 당사자의 신청에 의하여 임시처분을 결정할 수 있다.

마. 재결[665]

재결은 제23조에 따라 피청구인 또는 위원회가 심판청구서를 받은 날부터 60일 이내에 하여야 한다. 다만, 부득이한 사정이 있는 경우에는 위원장이 직권으로 30일을 연장할 수 있다(제45조 제1항). 위원장은 제1항 단서에 따라 재결 기간을 연장할 경우에는 재결 기간이 끝나기 7일 전까지 당사자에게 알려야 한다(제45조 제2항).

위원회는 심판청구가 적법하지 아니하면 그 심판청구를 각하(却下)하고(제43조 제1항), 심판청구가 이유가 없다고 인정하면 그 심판청구를 기각(棄却)한다(제43조 제2항). 심판청구 인용과 관련하여 취소심판의 청구가 이유가 있다고 인정하면 처분을 취소 또는 다른 처분으로 변경하거나 처분을 다른 처분으로 변경할 것을 피청구인에게 명하고(세43조 제3항), 무효등확인심판의 청구가 이유가 있다고 인정하면 처분의 효력 유무 또는 처분의 존재 여부를 확인하며(제43조 제4항), 의무이행심판의 청구가 이유가 있다고 인정하면 지체 없이 신청에 따른 처분을 하거나 처분을 할 것을 피청구인에게 명한다(제43조 제5항).

한편 행정법에서의 특유한 재결로서 사정재결이 있는데, 위원회는 심판청구가 이유가 있다고 인정하는 경우에도 이를 인용(認容)하는 것이 공공복리에 크게 위배된다고 인정하면 그 심판청구를 기각하는 재결을 할 수 있다. 이 경우 위원회는 재결의 주문(主文)에서 그 처분 또는 부작위가 위법하거나 부당하다는 것을 구체적으로 밝혀야 한다(제44조 제1항). 위원회는 사정재결을 할 때에는 청구인에 대하여 상당한 구제방법을 취하거나 상당한 구제방법을 취할 것을 피청구인에게 명할 수 있고(제44조 제2항), 다만 이러한 사정재결에 관한 규정은 무효등확인심판에는 적용하지 아니한다(제44조 제3항).

---

② 제1항에 따른 임시처분에 관하여는 제30조 제3항부터 제7항까지를 준용한다. 이 경우 같은 조 제6항 전단 중 "중대한 손해가 생길 우려"는 "중대한 불이익이나 급박한 위험이 생길 우려"로 본다.
③ 제1항에 따른 임시처분은 제30조제2항에 따른 집행정지로 목적을 달성할 수 있는 경우에는 허용되지 아니한다.

665 "재결(裁決)"이란 행정심판의 청구에 대하여 제6조에 따른 행정심판위원회가 행하는 판단을 말한다(제2조 제3호).

2 행정소송(행정소송법[666])

가. 행정심판과의 관계

취소소송은 법령의 규정에 의하여 당해 처분에 대한 행정심판을 제기할 수 있는 경우에도 이를 거치지 아니하고 제기할 수 있다. 다만, 다른 법률에 당해 처분에 대한 행정심판의 재결을 거치지 아니하면 취소소송을 제기할 수 없다는 규정이 있는 때에는 그러하지 아니하다(제18조 제1항).

나. 행정소송의 종류

행정소송법에서는 행정소송의 종류를 항고소송(행정청의 처분등이나 부작위에 대하여 제기하는 소송), 당사자소송(행정청의 처분등을 원인으로 하는 법률관계에 관한 소송 그 밖에 공법상의 법률관계에 관한 소송으로서 그 법률관계의 한쪽 당사자를 피고로 하는 소송), 민중소송(국가 또는 공공단체의 기관이 법률에 위반되는 행위를 한 때에 직접 자기의 법률상 이익과 관계없이 그 시정을 구하기 위하여 제기하는 소송), 기관소송(국가 또는 공공단체의 기관상호간에 있어서의 권한의 존부 또는 그 행사에 관한 다툼이 있을 때에 이에 대하여 제기하는 소송. 다만, 헌법재판소법 제2조의 규정에 의하여 헌법재판소의 관장사항으로 되는 소송은 제외한다.)의 4가지로 분류하고 있다(제3조). 그리고 항고소송은 다시 취소소송(행정청의 위법한 처분등을 취소 또는 변경하는 소송), 무효등 확인소송(행정청의 처분등의 효력 유무 또는 존재여부를 확인하는 소송), 부작위위법확인소송(행정청의 부작위가 위법하다는 것을 확인하는 소송)으로 구분하는데(제4조), 행정심판(위법 또는 부당)과 달리 '위법'만이 판단 대상이며 의

---

666 제1조(목적) 이 법은 행정소송절차를 통하여 행정청의 위법한 처분 그 밖에 공권력의 행사·불행사등으로 인한 국민의 권리 또는 이익의 침해를 구제하고, 공법상의 권리관계 또는 법적용에 관한 다툼을 적정하게 해결함을 목적으로 한다.

무이행을 명하는 소송은 인정하지 않는다. 실무적으로 가장 많이 접할 수 있는 형태가 항고소송 중 하나인 취소소송인바, 이하에서는 취소소송을 중심으로 간략히 살펴본다.

다. 당사자적격

(1) 원고적격

취소소송은 처분등의 취소를 구할 법률상 이익이 있는 자가 제기할 수 있다. 처분등의 효과가 기간의 경과, 처분등의 집행 그 밖의 사유로 인하여 소멸된 뒤에도 그 처분등의 취소로 인하여 회복되는 법률상 이익이 있는 자의 경우에는 또한 같다(제12조).

(2) 피고적격

취소소송은 다른 법률에 특별한 규정이 없는 한 그 처분등을 행한 행정청을 피고로 한다. 다만, 처분등이 있은 뒤에 그 처분등에 관계되는 권한이 다른 행정청에 승계된 때에는 이를 승계한 행정청을 피고로 한다(제13조 제1항). 제1항의 규정에 의한 행정청이 없게 된 때에는 그 처분등에 관한 사무가 귀속되는 국가 또는 공공단체를 피고로 한다(제13조 제2항).

라. 제소기간

(1) 일반

행정심판의 제기기간과 비교하여 숙지할 필요가 있는데, 취소소송은 처분등이 있음을 안 날부터 90일 이내에 제기하여야 한다. 다만, 제18조[667] 제1항 단

---

667 제18조(행정심판과의 관계) ① 취소소송은 법령의 규정에 의하여 당해 처분에 대한 행정심판을 제기할 수 있는 경우에도 이를 거치지 아니하고 제기할 수 있다. 다만, 다른 법률에 당해 처분에 대한 행정심판의 재결을 거치지 아니하면 취소소송을 제기할 수 없다는 규정이 있는 때에는 그러하지 아니하다. <개정 1994. 7. 27.>
② 제1항 단서의 경우에도 다음 각호의 1에 해당하는 사유가 있는 때에는 행정심판의 재결을 거치지 아니하고

서에 규정한 경우와 그 밖에 행정심판청구를 할 수 있는 경우 또는 행정청이 행정심판청구를 할 수 있다고 잘못 알린 경우에 행정심판청구가 있은 때의 기간은 재결서의 정본을 송달받은 날부터 기산한다(제20조 제1항). 취소소송은 처분등이 있은 날부터 1년(第1項 但書의 경우는 裁決이 있은 날부터 1年)을 경과하면 이를 제기하지 못한다. 다만, 정당한 사유가 있는 때에는 그러하지 아니하다(제20조 제2항). 제1항의 규정에 의한 기간은 불변기간으로 한다(제20조 제3항).

(2) 행정청이 행정소송 제기기간을 잘못 고지하여 이를 신뢰한 당사자가 법정기간보다 늦게 행정소송을 제기한 경우

행정소송법 제20조 제1항, 제3항에서 말하는 "취소소송은 처분 등이 있음을 안 날부터 90일 이내에 제기하여야 한다."는 제소기간은 불변기간이고, 다만 당사자가 책임질 수 없는 사유로 인하여 이를 준수할 수 없었던 경우에는 같은 법 제8조에 의하여 준용되는 민사소송법 제160조 제1항에 의하여 그 사유가 없어진 후 2주일 내에 해태된 제소행위를 추완할 수 있다고 할 것이며, 여기서 당사자가 책임질 수 없는 사유란 당사자가 그 소송행위를 하기 위하여 일반적으로 하여야 할 주의를 다하였음에도 불구하고 그 기간을 준수할 수 없었던 사유를 말한다고 할 것이다(대법원 1987. 3. 10. 선고 86다카2224 판결, 1998. 10. 2. 선고 97

취소소송을 제기할 수 있다. <개정 1994. 7. 27.>
1. 행정심판청구가 있은 날로부터 60일이 지나도 재결이 없는 때
2. 처분의 집행 또는 절차의 속행으로 생길 중대한 손해를 예방하여야 할 긴급한 필요가 있는 때
3. 법령의 규정에 의한 행정심판기관이 의결 또는 재결을 하지 못할 사유가 있는 때
4. 그 밖의 정당한 사유가 있는 때
③ 제1항 단서의 경우에 다음 각호의 1에 해당하는 사유가 있는 때에는 행정심판을 제기함이 없이 취소소송을 제기할 수 있다. <개정 1994. 7. 27.>
1. 동종사건에 관하여 이미 행정심판의 기각재결이 있은 때
2. 서로 내용상 관련되는 처분 또는 같은 목적을 위하여 단계적으로 진행되는 처분중 어느 하나가 이미 행정심판의 재결을 거친 때
3. 행정청이 사실심의 변론종결후 소송의 대상인 처분을 변경하여 당해 변경된 처분에 관하여 소를 제기하는 때
4. 처분을 행한 행정청이 행정심판을 거칠 필요가 없다고 잘못 알린 때
④ 제2항 및 제3항의 규정에 의한 사유는 이를 소명하여야 한다.

다50152 판결 등 참조). 한편 행정청이 법정 심판청구기간보다 긴 기간으로 잘못 알린 경우에 그 잘못 알린 기간 내에 심판청구가 있으면 그 심판청구는 법정 심판청구기간 내에 제기된 것으로 본다는 취지의 행정심판법 제18조 제5항의 규정은 행정심판 제기에 관하여 적용되는 규정이지, 행정소송 제기에도 당연히 적용되는 규정이라고 할 수는 없다. 그리고 행정심판과 행정소송은 그 성질, 불복사유, 제기기간, 판단기관 등에서 본질적인 차이점이 있고, 임의적 전치주의는 당사자가 행정심판과 행정소송의 유·불리를 스스로 판단하여 행정심판을 거칠지 여부를 선택할 수 있도록 한 취지에 불과하므로 어느 쟁송 형태를 취한 이상 그 쟁송에는 그에 관련된 법률 규정만이 적용될 것이지 두 쟁송 형태에 관련된 규정을 통틀어 당사자에게 유리한 규정만이 적용된다고 할 수는 없으며, 행정처분시나 그 이후 행정청으로부터 행정심판 제기기간에 관하여 법정 심판청구기간보다 긴 기간으로 잘못 통지받은 경우에 보호할 신뢰 이익은 그 통지받은 기간 내에 행정심판을 제기한 경우에 한하는 것이지 행정소송을 제기한 경우에까지 확대된다고 할 수 없으므로, 당사자가 행정처분시나 그 이후 행정청으로부터 행정심판 제기기간에 관하여 법정 심판청구기간보다 긴 기간으로 잘못 통지받아 행정소송법상 법정 제소기간을 도과하였다고 하더라도, 그것이 당사자가 책임질 수 없는 사유로 인한 것이라고 할 수는 없다.[668]

마. 집행정지

행정심판법과 마찬가지로 긴급한 필요가 있는 경우 집행 또는 절차의 속행의 전부 또는 일부의 정지를 결정할 수 있는 집행정지제도가 인정되며(제23조,[669] 제24조[670]), 다만 권한배분의 원칙상 임시처분제도는 인정되지 않는다.

---

668 대법원 2001. 5. 8. 선고 2000두6916 판결.

669 제23조(집행정지) ① 취소소송의 제기는 처분등의 효력이나 그 집행 또는 절차의 속행에 영향을 주지 아니한다. ② 취소소송이 제기된 경우에 처분등이나 그 집행 또는 절차의 속행으로 인하여 생길 회복하기 어려운 손해를 예방하기 위하여 긴급한 필요가 있다고 인정할 때에는 본안이 계속되고 있는 법원은 당사자의 신청 또는 직권

바. 소의 이익

국민의 재판청구권을 보장한 헌법 제27조 제1항의 취지와 행정처분으로 인한 권익침해를 효과적으로 구제하려는 행정소송법의 목적 등에 비추어 행정처분의 존재로 인하여 국민의 권익이 실제로 침해되고 있는 경우는 물론이고 권익침해의 구체적·현실적 위험이 있는 경우에도 이를 구제하는 소송이 허용되어야 한다는 요청을 고려하면, 규칙이 정한 바에 따라 선행처분을 가중사유 또는 전제요건으로 하는 후행처분을 받을 우려가 현실적으로 존재하는 경우에는, 선행처분을 받은 상대방은 비록 그 처분에서 정한 제재기간이 경과하였다 하더라도 그 처분의 취소소송을 통하여 그러한 불이익을 제거할 권리보호의 필요성이 충분히 인정된다고 할 것이므로, 선행처분의 취소를 구할 법률상 이익이 있다고 보아야 할 것이다.[671]

에 의하여 처분등의 효력이나 그 집행 또는 절차의 속행의 전부 또는 일부의 정지(이하 "執行停止"라 한다)를 결정할 수 있다. 다만, 처분의 효력정지는 처분등의 집행 또는 절차의 속행을 정지함으로써 목적을 달성할 수 있는 경우에는 허용되지 아니한다.
③ 집행정지는 공공복리에 중대한 영향을 미칠 우려가 있을 때에는 허용되지 아니한다.
④ 제2항의 규정에 의한 집행정지의 결정을 신청함에 있어서는 그 이유에 대한 소명이 있어야 한다.
⑤ 제2항의 규정에 의한 집행정지의 결정 또는 기각의 결정에 대하여는 즉시항고할 수 있다. 이 경우 집행정지의 결정에 대한 즉시항고에는 결정의 집행을 정지하는 효력이 없다.
⑥ 제30조제1항의 규정은 제2항의 규정에 의한 집행정지의 결정에 이를 준용한다.

670 제24조(집행정지의 취소) ① 집행정지의 결정이 확정된 후 집행정지가 공공복리에 중대한 영향을 미치거나 그 정지사유가 없어진 때에는 당사자의 신청 또는 직권에 의하여 결정으로써 집행정지의 결정을 취소할 수 있다.
② 제1항의 규정에 의한 집행정지결정의 취소결정과 이에 대한 불복의 경우에는 제23조 제4항 및 제5항의 규정을 준용한다.

671 대법원 2006. 6. 22. 선고 2003두1684 전원합의체 판결(그러므로 이와는 달리 규칙에서 제재적 행정처분을 장래에 다시 제재적 행정처분을 받을 경우의 가중사유로 규정하고 있고 그 규정에 따라 가중된 제재적 행정처분을 받게 될 우려가 있다고 하더라도 그 제재기간이 경과한 제재적 행정처분의 취소를 구할 법률상 이익이 없다는 취지로 판시한 대법원 1995. 10. 17. 선고 94누14148 전원합의체 판결 및 대법원 1988. 5. 24. 선고 87누944 판결, 대법원 1992. 7. 10. 선고 92누3625 판결, 대법원 1997. 9. 30. 선고 97누7790 판결, 대법원 2003. 10. 10. 선고 2003두6443 판결 등을 비롯한 같은 취지의 판결들은 이 판결의 견해에 배치되는 범위 내에서 이를 모두 변경하기로 한다).

사. 재판

(1) 재량처분의 취소

행정청의 재량에 속하는 처분이라도 재량권의 한계를 넘거나 그 남용이 있는 때에는 법원은 이를 취소할 수 있다(제27조).

(2) 사정판결

행정심판에서와 마찬가지로 행정소송에서도 사정판결이 가능하다. 즉, 원고의 청구가 이유있다고 인정하는 경우에도 처분등을 취소하는 것이 현저히 공공복리에 적합하지 아니하다고 인정하는 때에는 법원은 원고의 청구를 기각할 수 있다. 이 경우 법원은 그 판결의 주문에서 그 처분등이 위법함을 명시하여야 한다(제28조 제1항). 법원이 제1항의 규정에 의한 판결을 함에 있어서는 미리 원고가 그로 인하여 입게 될 손해의 정도와 배상방법 그 밖의 사정을 조사하여야 하며(제28조 제2항), 원고는 피고인 행정청이 속하는 국가 또는 공공단체를 상대로 손해배상, 제해시설의 설치 그 밖에 적당한 구제방법의 청구를 당해 취소소송등이 계속된 법원에 병합하여 제기할 수 있다(제28조 제3항).

❖ 누구를 위한 '사정판결'인가?[672]

서울행정법원 행정14부는 지난 14일 그린피스와 시민 599명 등 국민소송단이 원자력안전위원회를 상대로 '신고리 5·6호기 원전건설허가처분 취소 소송'을 기각했다. 원고 측인 소송단은 13가지 쟁점을 제기하며 취소 처분의 정당성을 주장했다. 그러나 재판부는 일부 위법성을 인정하면서도 사회적 손실 등을 고려해 건설을 취소할 수 없다는 이른바 '사정판결'을 결정했다. 위법은 저질렀지만, 건설을 지속한다는 황당한 결정이다. 결격사유가 있음에도 재판부가 원안위, 한수원의 편을 든 것은 명백한 봐주기 판결이라고 볼 수밖에 없다.

(3) 취소판결등의 효력

처분등을 취소하는 확정판결은 제3자에 대하여도 효력이 있으며(제29조 제1항), 제23조의 규정에 의한 집행정지의 결정 또는 제24조의 규정에 의한 그 집행정지결정의 취소결정에도 마찬가지이다(제29조 제2항).

한편, 처분등을 취소하는 확정판결은 그 사건에 관하여 당사자인 행정청과 그 밖의 관계행정청을 기속하며(제30조 제1항), 판결에 의하여 취소되는 처분이 당사자의 신청을 거부하는 것을 내용으로 하는 경우에는 그 처분을 행한 행정청은 판결의 취지에 따라 다시 이전의 신청에 대한 처분을 하여야 한다(제30조 제2항). 제2항의 규정은 신청에 따른 처분이 절차의 위법을 이유로 취소되는 경우에 준용한다(제30조 제3항).

행정소송법 제30조 제2항의 규정에 의하면 행정청의 거부처분을 취소하는 판결이 확정된 경우에는 그 처분을 행한 행정청이 판결의 취지에 따라 이전의 신청에 대하여 재처분할 의무가 있으나, 이 때 확정판결의 당사자인 처분 행정청은 그 행정소송의 사실심 변론종결 이후 발생한 새로운 사유를 내세워 다시 이전의 신청에 대한 거부처분을 할 수 있고 그러한 처분도 위 조항에 규정된 재처분에 해당된다.[673] 그리고 행정처분의 적법 여부는 그 행정처분이 행하여 진 때의 법령과 사실을 기준으로 하여 판단하는 것이므로 거부처분 후에 법령이 개정·시행된 경우에는 개정된 법령 및 허가기준을 새로운 사유로 들어 다시 이전의 신청에 대한 거부처분을 할 수 있으며 그러한 처분도 행정소송법 제30조 제2항에 규정된 재처분에 해당된다.[674]

---

672 부산환경운동연합, 봄이 오면 산에 들에, 2019. 03., Vol.295, 4면.

673 대법원 1997. 2. 4. 자 96두70 결정.

674 대법원 1998. 1. 7. 자 97두22 결정(건축불허가처분을 취소하는 판결이 확정된 후 국토이용관리법시행령이 준농림지역 안에서의 행위제한에 관하여 지방자치단체의 조례로써 일정 지역에서 숙박업을 영위하기 위한 시설의 설치를 제한할 수 있도록 개정된 경우, 당해 지방자치 단체장이 위 처분 후에 개정된 신법령에서 정한 사유를 들어 새로운 거부처분을 한 것이 행정소송법 제30조 제2항 소정의 확정판결의 취지에 따라 이전의 신청에 대한 처분을 한 경우에 해당한다).

V

국가배상법[675]

1 국가배상법의 구성과 주요 조문[676]

국가배상법은 제1조 목적, 제2조 배상책임, 제3조 배상기준, 제3조의2 공제액, 제4조 양도 등 금지, 제5조 공공시설 등의 하자로 인한 책임, 제6조 비용부담자 등의 책임, 제7조 외국인에 대한 책임, 제8조 다른 법률과의 관계, 제9조 소송과 배상신청의 관계, 제10조 배상심의회, 제11조 각급 심의회의 권한, 제12조 배상신청, 제13조 심의와 결정, 제14조 결정서의 송달, 제15조 신청인의 동의와 배상금 지급, 제15조의2 재심신청 등 총 17개의 조문으로 구성되어 있다.

국가배상법 규정 중에서는 배상책임을 규정하고 있는 제2조가 가장 핵심적인 규정이라고 할 수 있는데, 동 규정에 의하면 국가나 지방자치단체는 공무원 또는 공무를 위탁받은 사인(이하 "공무원"이라 한다)이 직무를 집행하면서 고의 또는 과실로 법령을 위반하여 타인에게 손해를 입히거나, 「자동차손해배상 보장법」에 따라 손해배상의 책임이 있을 때에는 이 법에 따라 그 손해를 배상하여야 한다. 다만, 군인·군무원·경찰공무원 또는 예비군대원이 전투·훈련 등 직무 집행과 관련하여 전사(戰死)·순직(殉職)하거나 공상(公傷)을 입은 경우에 본인이나 그 유족이 다른 법령에 따라 재해보상금·유족연금·상이연금 등의 보상을 지급받을 수 있을 때에는 이 법 및 「민법」에 따른 손해배상을 청구할 수 없다(제2

675 1951. 9. 8. 법률 제231호 제정(시행 1951. 9. 8.) - 헌법상 공무원의 직무상 불법행위로 인하여 손해를 받은 자는 국가 또는 공공단체에 대하여 배상을 청구할 수 있도록 되어 있는 바, 이는 공무원의 직무상 불법행위로 인하여 손해를 받은 국민을 특히 보호하기 위한 것으로서 이러한 국가배상제도는 민주주의국가에서 예외없이 채택하고 있음을 감안하여 국가배상에 관한 사항을 정하려는 것임.

676 [시행 2017. 10. 31.] [법률 제14964호, 2017. 10. 31., 일부개정]

조 제1항). 그리고 제1항 본문의 경우에 공무원에게 고의 또는 중대한 과실이 있으면 국가나 지방자치단체는 그 공무원에게 구상(求償)할 수 있다(제2조 제2항). 이러한 동법 제2조와 관련하여서는 다음의 사항들을 검토할 필요가 있다.

2 국가배상법상 공무원의 배상책임 인정 여부

국가배상법 제2조 제1항에 따라 손해를 입은 사람이 국가나 지방자치단체를 상대로 손해배상청구를 할 수 있는 경우, 이와 선택적으로 불법행위를 한 공무원에 대해서도 손해배상청구를 할 수 있는지 다툼의 여지가 있다. 이에 대해 대법원은 "공무원이 직무수행 중 불법행위로 타인에게 손해를 입힌 경우에 국가 등이 국가배상책임을 부담하는 외에 공무원 개인도 고의 또는 중과실이 있는 경우에는 불법행위로 인한 손해배상책임을 진다고 할 것이지만, 공무원에게 경과실뿐인 경우에는 공무원 개인은 손해배상책임을 부담하지 아니한다고 해석하는 것이 헌법 제29조 제1항 본문과 단서 및 국가배상법 제2조의 입법취지에 조화되는 올바른 해석이다."라고 하여 제한적 긍정설(절충설)의 입장을 취하고 있다.[677]

3 공무원에 대한 국가 또는 지방자치단체의 구상권

국가 또는 지방자치단체의 산하 공무원이 그 직무를 집행함에 당하여 중대한 과실로 인하여 법령에 위반하여 타인에게 손해를 가함으로써 국가 또는 지방자치단체가 손해배상책임을 부담하고, 그 결과로 손해를 입게된 경우에는 국가

677 대법원 1996. 2. 15. 선고 95다38677 전원합의체 판결.

등은 당해 공무원의 직무내용, 당해 불법행위의 상황, 손해발생에 대한 당해 공무원의 기여정도, 당해 공무원의 평소 근무태도, 불법행위의 예방이나 손실분산에 관한 국가 또는 지방자치단체의 배려의 정도 등 제반사정을 참작하여 손해의 공평한 분담이라는 견지에서 신의칙상 상당하다고 인정되는 한도 내에서만 당해 공무원에 대하여 구상권을 행사할 수 있다고 봄이 상당하다.[678]

4 국가 또는 지방자치단체에 대한 공무원의 구상권

공무원이 직무수행 중 불법행위로 타인에게 손해를 입힌 경우에 국가 등이 국가배상책임을 부담하는 외에 공무원 개인도 고의 또는 중과실이 있는 경우에는 불법행위로 인한 손해배상책임을 지고, 공무원에게 경과실이 있을 뿐인 경우에는 공무원 개인은 손해배상책임을 부담하지 아니한다. 이처럼 경과실이 있는 공무원이 피해자에 대하여 손해배상책임을 부담하지 아니함에도 피해자에게 손해를 배상하였다면 그것은 채무자 아닌 사람이 타인의 채무를 변제한 경우에 해당하고, 이는 민법 제469조의 '제3자의 변제' 또는 민법 제744조의 '도의관념에 적합한 비채변

678 대법원 1991. 5. 10. 선고 91다6764 판결(원심은 피고가 서울지방법원 동부지원의 등기공무원으로 이 사건 근저당권설정등기의 업무를 수행한 1983. 위 법원의 등기공무원이 5명이었는데, 위 법원의 연간 등기처리 건수는 104,146건에 다달아 등기공무원 1인당 등기처리 건수는 연 평균 20,829건에 이르렀고, 같은해의 위 법원의 등기부 등·초본 발급업무 등 기타 업무처리 건수도 122,818건에 이르렀던 사실을 인정할 수 있는 점, 피고가 이 사건 근저당권설정등기를 함에 있어서 근저당권설정자를 근저당권자로 잘못 기재한 것은 법무사들이 일반적으로 근저당권설정등기신청서를 작성함에 있어서는 근저당권설정자를 위쪽에 근저당권자를 아래쪽에 기재하여 오던 관행을 과신하고 신청서에 기재된 위치만으로 근저당권자를 판단하여 기재를 하다가 과실로 위와 같은 잘못을 범하게 된 점, 피고가 이 사건 근저당권설정등기를 마친 후에도 위 잘못된 등기가 보다 일찍 발견되지 아니하고 장기간 방치되었다가 마침내 위 잘못된 내역이 밝혀지기 전에 말소되기에 이르른 점, 이 사건 부동산의 경매 및 대금교부절차에서도 진정한 근저당권자인 위 최한군의 권리가 신속하게 보호되지 아니함으로써 손해가 확대된 점, 피고가 법원공무원으로 재직하는 동안 이 사건 이외에 다른 직무상의 잘못을 범하는 등 특별히 불성실하게 근무하였다고 보여지지는 아니하는 점 등 변론에 나타난 모든 사정을 참작하여 피고는 원고에게 금 5,000,000원을 상환함이 신의칙상 상당하다고 판시하고 있는바, 원심의 이와 같은 판단은 국가배상에 있어서 국가의 공무원에 대한 구상권행사의 범위에 관한 위와 같은 법리에 따른 것으로서 정당하다 할 것이고 거기에 소론과 같은 법리오해의 위법이 있다 할 수 없다).

제'에 해당하여 피해자는 공무원에 대하여 이를 반환할 의무가 없고, 그에 따라 피해자의 국가에 대한 손해배상청구권이 소멸하여 국가는 자신의 출연 없이 채무를 면하게 되므로, 피해자에게 손해를 직접 배상한 경과실이 있는 공무원은 특별한 사정이 없는 한 국가에 대하여 국가의 피해자에 대한 손해배상책임의 범위 내에서 공무원이 변제한 금액에 관하여 구상권을 취득한다고 봄이 타당하다.[679]

* 시사 상식[680]

(1) 인사청문회 대상과 인사청문 통과 대상

- 국회법[681]

제46조의3(인사청문특별위원회) ① 국회는 다음 각 호의 임명동의안 또는 의장이 각 교섭단체 대표의원과 협의하여 제출한 선출안 등을 심사하기 위하여 인사청문특별위원회를 둔다. 다만, 「대통령직 인수에 관한 법률」 제5조 제2항에 따라 대통령당선인이 국무총리 후보자에 대한 인사청문의 실시를 요청하는 경우에 의장은 각 교섭단체 대표의원과 협의하여 그 인사청문을 실시하기 위한 인사청문특별위원회를 둔다.

1. 헌법에 따라 그 임명에 국회의 동의가 필요한 대법원장·헌법재판소장·국무총리·감사원장 및 대법관에 대한 임명동의안
2. 헌법에 따라 국회에서 선출하는 헌법재판소 재판관 및 중앙선거관리위원회

---

679 대법원 2014. 8. 20. 선고 2012다54478 판결(공중보건의인 갑에게 치료를 받던 을이 사망하자 을의 유족들이 갑 등을 상대로 손해배상청구의 소를 제기하였고, 갑의 의료과실이 인정된다는 이유로 갑 등의 손해배상책임을 인정한 판결이 확정되어 갑이 을의 유족들에게 판결금 채무를 지급한 사안에서, 갑은 공무원으로서 직무 수행 중 경과실로 타인에게 손해를 입힌 것이어서 을과 유족들에 대하여 손해배상책임을 부담하지 아니함에도 을의 유족들에 대한 패소판결에 따라 그들에게 손해를 배상한 것이고, 이는 민법 제744조의 도의관념에 적합한 비채변제에 해당하여 을과 유족들의 국가에 대한 손해배상청구권은 소멸하고 국가는 자신의 출연 없이 채무를 면하였으므로, 갑은 국가에 대하여 변제금액에 관하여 구상권을 취득한다고 한 사례).

680 청문회는 '입법 청문회', '인준(confirmation, 인사) 청문회', '심사(oversight, 감사) 청문회', '조사(investigations) 청문회'의 네 가지 유형이 있다.

681 [시행 2020. 12. 22.] [법률 제17756호, 2020. 12. 22., 일부개정]

위원에 대한 선출안
② 인사청문특별위원회의 구성과 운영에 필요한 사항은 따로 법률로 정한다.
[전문개정 2018. 4. 17.]

제65조의2(인사청문회) ① 제46조의3에 따른 심사 또는 인사청문을 위하여 인사에 관한 청문회(이하 "인사청문회"라 한다)를 연다.
② 상임위원회는 다른 법률에 따라 다음 각 호의 어느 하나에 해당하는 공직후보자에 대한 인사청문 요청이 있는 경우 인사청문을 실시하기 위하여 각각 인사청문회를 연다.
1. 대통령이 임명하는 헌법재판소 재판관, 중앙선거관리위원회 위원, 국무위원, 방송통신위원회 위원장, 국가정보원장, 공정거래위원회 위원장, 금융위원회 위원장, 국가인권위원회 위원장, 고위공직자범죄수사처장,[682] 국세청장, 검찰총장, 경찰청장, 합동참모의장, 한국은행 총재, 특별감찰관 또는 한국방송공사 사장의 후보자
2. 대통령당선인이 「대통령직 인수에 관한 법률」 제5조 제1항에 따라 지명하는 국무위원 후보자
3. 대법원장이 지명하는 헌법재판소 재판관 또는 중앙선거관리위원회 위원의 후보자
③ 상임위원회가 구성되기 전(국회의원 총선거 후 또는 상임위원장의 임기 만료 후에 제41조 제2항에 따라 상임위원장이 선출되기 전을 말한다)에 제2항 각 호의 어느 하나에 해당하는 공직후보자에 대한 인사청문 요청이 있는 경우에는 제44조 제1항에 따라 구성되는 특별위원회에서 인사청문을 실시할 수 있다. 이 경우 특별위원회의 설치·구성은 의장이 각 교섭단체 대표의원과 협

682 고위공직자범죄수사처장은 2020. 8. 18. 개정법에서 추가되었다.

의하여 제의하며, 위원 선임에 관하여는 제48조 제4항을 적용하지 아니하고 「인사청문회법」 제3조 제3항 및 제4항을 준용한다.

④ 제3항에 따라 실시한 인사청문은 소관 상임위원회의 인사청문회로 본다.

⑤ 헌법재판소 재판관 후보자가 헌법재판소장 후보자를 겸하는 경우에는 제2항 제1호에도 불구하고 제1항에 따른 인사청문특별위원회의 인사청문회를 연다. 이 경우 제2항에 따른 소관 상임위원회의 인사청문회를 겸하는 것으로 본다.

⑥ 인사청문회의 절차 및 운영 등에 필요한 사항은 따로 법률로 정한다.

[전문개정 2018. 4. 17.]

- 인사청문회법(2000. 6. 23. 제정, 2000. 6. 23. 시행)

임명에 국회의 동의를 요하거나 국회에서 선출하도록 규정되어 있는 국무총리, 감사원장 및 헌법재판소 재판관등 고위공직자에 대한 인사청문회를 실시하도록 국회법 제46조의3과 제65조의2의 규정이 신설(2000.2.16.)됨에 따라 인사청문특별위원회의 구성·운영과 인사청문회의 절차 및 운영등에 관한 사항을 정하려는 것임.

- 인사청문회와 국회의 임명동의가 모두 필요한 대상자(23인)

1) 국무총리(헌법 제86조 제1항)

2) 대법원장 및 대법관(헌법 제104조 제1항, 제2항: 현행 법원조직법상 14명[683])

3) 헌법재판소장(헌법 제111조 제4항)

4) 감사원장(헌법 제98조 제2항)

5) 국회선출 헌법재판소 재판관 3인(헌법 제111조 제3항)

6) 국회선출 중앙선거관리위원회 위원 3인(헌법 제114조 제2항)

---

683 법원조직법 제4조(대법관) ① 대법원에 대법관을 둔다.
② 대법관의 수는 대법원장을 포함하여 14명으로 한다.

- 인사청문회 대상자(위 23명 + 아래 43명 = 66명)

1) 대통령임명 헌법재판소 재판관 3인, 2) 대통령임명 중앙선거관리위원회 위원 3인, 3) 대법원장지명 헌법재판소 재판관 3인,[684] 4) 대법원장지명 중앙선거관리위원회 위원 3인,[685] 5) 각 국무위원(행정각부의 장, 현행 정부조직법상 18인[686]).

---

684 헌법 제111조 ① 헌법재판소는 다음 사항을 관장한다.
1. 법원의 제청에 의한 법률의 위헌여부 심판
2. 탄핵의 심판
3. 정당의 해산 심판
4. 국가기관 상호간, 국가기관과 지방자치단체간 및 지방자치단체 상호간의 권한쟁의에 관한 심판
5. 법률이 정하는 헌법소원에 관한 심판
② 헌법재판소는 법관의 자격을 가진 9인의 재판관으로 구성하며, 재판관은 대통령이 임명한다.
③ 제2항의 재판관중 3인은 국회에서 선출하는 자를, 3인은 대법원장이 지명하는 자를 임명힌다.
④ 헌법재판소의 장은 국회의 동의를 얻어 재판관중에서 대통령이 임명한다.

685 헌법 제114조 ① 선거와 국민투표의 공정한 관리 및 정당에 관한 사무를 처리하기 위하여 선거관리위원회를 둔다.
② 중앙선거관리위원회는 대통령이 임명하는 3인, 국회에서 선출하는 3인과 대법원장이 지명하는 3인의 위원으로 구성한다. 위원장은 위원중에서 호선한다.
③ 위원의 임기는 6년으로 한다.
④ 위원은 정당에 가입하거나 정치에 관여할 수 없다.
⑤ 위원은 탄핵 또는 금고 이상의 형의 선고에 의하지 아니하고는 파면되지 아니한다.
⑥ 중앙선거관리위원회는 법령의 범위안에서 선거관리·국민투표관리 또는 정당사무에 관한 규칙을 제정할 수 있으며, 법률에 저촉되지 아니하는 범위안에서 내부규율에 관한 규칙을 제정할 수 있다.
⑦ 각급 선거관리위원회의 조직·직무범위 기타 필요한 사항은 법률로 정한다.

686 **정부조직법 제19조(부총리)** ① 국무총리가 특별히 위임하는 사무를 수행하기 위하여 부총리 2명을 둔다. <개정 2014. 11. 19.>
② 부총리는 국무위원으로 보한다.
③ 부총리는 기획재정부장관과 교육부장관이 각각 겸임한다. <개정 2014. 11. 19.>
④ 기획재정부장관은 경제정책에 관하여 국무총리의 명을 받아 관계 중앙행정기관을 총괄·조정한다. <신설 2014. 11. 19.>
⑤ 교육부장관은 교육·사회 및 문화 정책에 관하여 국무총리의 명을 받아 관계 중앙행정기관을 총괄·조정한다. <신설 2014. 11. 19.>
정부조직법 제22조(국무총리의 직무대행) 국무총리가 사고로 직무를 수행할 수 없는 경우에는 기획재정부장관이 겸임하는 부총리, 교육부장관이 겸임하는 부총리의 순으로 직무를 대행하고, 국무총리와 부총리가 모두 사고로 직무를 수행할 수 없는 경우에는 대통령의 지명이 있으면 그 지명을 받은 국무위원이, 지명이 없는 경우에는 제26조 제1항에 규정된 순서에 따른 국무위원이 그 직무를 대행한다.
정부조직법 제26조(행정각부) ① 대통령의 통할하에 다음의 행정각부를 둔다. <개정 2014. 11. 19., 2017. 7. 26.>
1. 기획재정부 - 2. 교육부 - 3. 과학기술정보통신부 - 4. 외교부 - 5. 통일부 - 6. 법무부 - 7. 국방부 - 8. 행정안전부 - 9. 문화체육관광부 - 10. 농림축산식품부 - 11. 산업통상자원부 - 12. 보건복지부 - 13. 환경부 - 14. 고용노동부 - 15. 여성가족부 - 16. 국토교통부 - 17. 해양수산부 - 18. 중소벤처기업부
② 행정각부에 장관 1명과 차관 1명을 두되, 장관은 국무위원으로 보하고, 차관은 정무직으로 한다. 다만, 기획재정부·과학기술정보통신부·외교부·문화체육관광부·국토교통부에는 차관 2명을 둔다. <개정 2014. 11. 19.,

6) 방송통신위원회 위원장, 7) 국가정보원장, 8) 공정거래위원회 위원장, 9) 금융위원회 위원장, 10) 국가인권위원회 위원장, 11) 고위공직자범죄수사처장, 12) 국세청장, 13) 검찰총장, 14) 경찰청장, 15) 합동참모의장, 16) 한국은행 총재, 17) 특별감찰관,[687] 18) 한국방송공사 사장

(2) 기초의원 공천제

동시 지방선거는 1995년 처음 치러졌지만 당시 여당 반대로 기초의원 공천은 이뤄지지 않았고, 2003년 헌법재판소의 위헌 법률 심사까지 거쳐 노무현 정부 시절인 2006년 처음으로 도입되었다. 이에 대해서는 끊임 없이 제도 폐지 여부에 대한 논란이 지속되고 있다(기초단체장 230여명, 기초의원 2500여명 등 총 3000여명 이상 대상).

헌법재판소는 1999. 11. 25. 99헌바28 결정에서 정당으로부터의 지지 또는 추천 받음을 표방할 수 없도록 한 규정에 대해 헌법에 위반되지 않는다고 판단하였으나, 2003년 기초의회의원선거 후보자로 하여금 특정 정당으로부터의 지지 또는 추천 받음을 표방할 수 없도록 한 공직선거및선거부정방지법[688] 제84조 중 "자치구·시·군의회의원선거의 후보자" 부분이 정치적 표현의 자유를 침해하고 다른 지방선거 후보자와는 달리 기초의회의원선거의 후보자에 대해서만 정당표방을 금지한 것이 평등원칙에 위배된다고 판단하였다.[689]

2017. 7. 26.>
③ 장관은 소관사무에 관하여 지방행정의 장을 지휘·감독한다.

687 특별감찰관법 [시행 2014. 6. 19.] [법률 제12422호, 2014. 3. 18., 제정]
◇ 제정이유
대통령의 친인척 및 측근들의 권력형 비리를 척결하기 위해 직무상 독립성이 보장되는 특별감찰관이 상시적으로 대통령의 친인척 및 측근들의 비위를 감찰하도록 함으로써 권력형 비리를 사전에 예방할 필요가 있는바, 대통령 측근 등의 권력형 비리를 근절하고 공직사회의 청렴성을 확보하기 위하여 특별감찰관제를 도입하여 대통령의 친인척 등의 행위를 감시하고 향후 발생할 수 있는 비리행위를 방지하려는 것임.

688 공정한 선거 정착 등을 위한 목적에서 1994. 3. 16. 법률 제4739호로 제정[시행 1994. 3. 16.]되었고, 2005. 8. 4. 개정에서 제명을 '공직선거법'으로 변경하였다.

689 헌법재판소 2003. 1. 30. 선고 2001헌가4 결정, 헌법재판소 2003. 5. 15. 선고 2003헌가9,10(병합) 결정.

[개정전] 第84조 (무소속후보자 등의 정당표방금지) 자치구·시·군의원선거의 후보자와 무소속후보자는 특정 정당으로부터의 지지 또는 추천받음을 표방할 수 없다. 다만, 정당의 당원경력의 표시는 그러하지 아니하다. <개정 1995. 4. 1., 2000. 2. 16.>

[2004. 3. 12. 개정(2004. 3. 12. 시행)] 第84조(무소속후보자의 정당표방제한) 무소속후보자는 특정 정당으로부터의 지지 또는 추천받음을 표방할 수 없다. 다만, 다음 각 호의 어느 하나에 해당하는 행위는 그러하지 아니하다. <개정 1995. 4. 1., 2000. 2. 16., 2004. 3. 12., 2010. 1. 25.> [제목개정 2010. 1. 25.]

1. 정당의 당원경력을 표시하는 행위
2. 해딩 선거구에 후보자를 추천하지 아니한 정당이 무소속후보자를 지지하거나 지원하는 경우 그 사실을 표방하는 행위

[2004. 3. 12. 법률 제7189호에 의하여 2003. 1. 30. 헌법재판소에서 위헌결정된 이 조를 개정함.]

제11강

상법의 이해

I 상법 일반

1 상법과 어음·수표법

상법에 대해서는 '상법'이라는 단일 법률이 있어 그 법이 가장 기본이 되며, 그 이외에 유가증권에 대해 규정하고 있는 「어음법」[690]과 「수표법」[691]을 포함하는 것으로 이해하는 것이 일반적이다. 과거 사법시험 체제에서 뿐만 아니라 현재의 변호사시험 체제에서도 상법에는 '어음법'과 '수표법'이 포함되어 있다. 다만, 아무래도 '상법'이 가장 핵심이고 또한 분량이 방대할뿐더러, '어음법'과 '수표법'은 실생활에 쉽게 접하기 어려운 영역으로서 법 규정을 이해하기가 쉽지 않다보니 학습하는데 어려움이 있다. 이러한 비유가 적절할지는 모르겠지만, '어음법'과 '수표법'이 '상법' 영역에서 차지하는 비중이나 중요도는 마치 '가족법'이 '민법' 영역에서 차지하는 그것과 비슷하다고 볼 수도 있을 것이다. 따라서 법학입문의 관점에서는 '어음법'과 '수표법'을 '상법'과 함께 학습하기보다는 '상법'에 대한 기본적인 구성과 기초 법리에 대한 이해를 숙지한 다음 어느 정도 상법의 체계가 잡히면 그때 '어음법'과 '수표법'을 학습하는게 바람직할 것으로 생각된다. 이러한 점을 감안하여 이하에서도 '상법'의 기본 법리를 중심으로 살펴보기로 한다.

---

690 [시행 1963. 1. 1.] [법률 제1001호, 1962. 1. 20., 제정]
691 [시행 1963. 1. 1.] [법률 제1002호, 1962. 1. 20., 제정]

2 상법의 구성

현행 상법[692]은 제1편 총칙(제1조~제45조), 제2편 상행위(제46조~제168조의12), 제3편 회사(제169조~제637조의2), 제4편 보험(제638조~제739조의3), 제5편 해상(제740조~제895조), 제6편 항공운송(제896조~제935조) 등 6개의 편으로 구성되어 있다. 이중에서 상법의 핵심은 제3편(회사)이라고 할 수 있고, 제3편만을 별도로 구분하여 회사법이라 하기도 한다. 이에 반해 해상(제5편)과 항공운송(제6편)은 특수한 영역을 다루고 있어 상법의 핵심이라 보기는 어려우며 상대적으로 덜 중요하게 다뤄지는 측면이 있다. 그리고 보험(제4편)의 경우 실생활과 밀접한 관련이 있고 또한 많은 판례들이 나오고 있어 중요성을 부인할 수 없지만, 상법 진체의 분량이 방대하고 그중에서 회사법이 중요하게 다뤄지다 보니 실무적인 중요성에 비해 이론적인 측면에서는 충분히 강조되지 못하는 측면이 있다.

법학입문의 관점에서도 총칙(제1편)과 상행위(제2편)에 대한 기본적인 내용을 살펴보고, 회사(제3편)의 경우 회사의 유형과 특징에 대한 개론적인 이해와 가장 중요하게 다뤄지는 주식회사에 대한 좀 더 세부적인 내용 파악을 중심으로 하며, 이러한 내용이 어느 정도 숙지된 후 그 이외의 나머지 영역들에 대한 학습을 해 나가는 것이 바람직할 것으로 생각된다. 이에 이하에서도 그러한 기준에 따라 살펴보기로 한다.

가. 제1편 총칙

제1장 통칙(제1조~제3조), 제2장 상인(제4조~제9조), 제3장 상업사용인(제10조~제17조), 제4장 상호(제18조~제28조), 제5장 상업장부(제29조~제33조), 제6장 상업등기(제34조~제40조), 제7장 영업양도(제41조~제45조)로 구성되어 있다.

---

692 [시행 1963. 1. 1.] [법률 제1000호, 1962. 1. 20., 제정], [시행 2020. 12. 29.] [법률 제17764호, 2020. 12. 29., 일부개정]

나. 제2편 상행위

제1장 통칙(제46조~제66조), 제2장 매매(제67조~제71조), 제3장 상호계산(제72조~제77조), 제4장 익명조합(제78조~제86조), 제4장의2 합자조합[693](제86조의2~제86조의9), 제5장 대리상(제87조~제92조의3), 제6장 중개업(제93조~제100조), 제7장 위탁매매업(제101조~제113조), 제8장 운송주선업(제114조~제124조), 제9장 운송업(제125조~제150조),[694] 제10장 공중접객업(제151조~제154조), 제11장 창고업(제155조~제168조), 제12장 금융리스업(제168조의2~제168조의5), 제13장 가맹업(제168조의6~제168조의10), 제14장 채권매입업(제168조의11, 제168조의12)으로 구성되어 있다.

다. 제3편 회사

제1장 통칙(제169조~제177조), 제2장 합명회사(제178조~제267조), 제3장 합자회사(제268조~제287조), 제3장의2 유한책임회사(제287조의2~제287조의45), 제4장 주식회사(제288조~제542조의13), 제5장 유한회사(제543조~제613조), 제6장 외국회사(제614조~제621조), 제7장 벌칙(제622조~제637조의2)로 구성되어 있다. 각장의 보다 세부적인 구성에 대해서는 뒤에서 살펴보기로 한다.

라. 제4편 보험

제1장 통칙(제638조~제664조), 제2장 손해보험(제665조~제726조의7), 제3장 인보험(제727조~제739조의3)으로 구성되어 있다. 그리고 제2장 손해보험은 제1절 통칙(제665조~제682조), 제2절 화재보험(제683조~제687조), 제3절 운송

693 인적 자산의 중요성이 높아짐에 따라 인적 자산을 적절히 수용(收用)할 수 있도록 공동기업 또는 회사 형태를 취하면서 내부적으로는 조합의 실질을 갖추고 외부적으로는 사원의 유한책임이 확보되는 기업 형태에 대한 수요가 늘어나고 있다는 점을 반영하여 2011. 4. 14. 개정법에서 합자조합(제2편 제4장의2) 및 유한책임회사(제3편 제3장의2)를 신설하였다.

694 제125조(의의), 제1절 물건운송(제126조~제147조), 제2절 여객운송(제148조~제150조)로 구성되어 있다.

보험(제688조~제692조), 제4절 해상보험(제693조~제718조), 제5절 책임보험(제719조~제726조), 제6절 자동차보험(제726조의2~제726조의4), 제7절 보증보험(제726조의5~제726조의7)로 구성되어 있고, 제3장 인보험은 제1절 통칙(제727조~제729조), 제2절 생명보험(제730조~제736조), 제3절 상해보험(제737조~제739조), 질병보험(제739조의2, 제739조의3)으로 구성되어 있다.

마. 제5편 해상

제1장 해상기업(제740조~제790조), 제2장 운송과 용선(제791조~제864조), 제3장 해상위험(제865조~제895조)으로 구성되어 있다. 세부적으로는 제1장 해상기업은 제1절 선박(제740조~제744조), 제2절 선장(제745조~제755조), 제3절 선박공유(세756조~제768조), 제4절 선박소유자 등의 책임제한(제769조~제776조), 제5절 선박담보(제777조~제790조)로 구성되어 있고, 제2장 운송과 용선은 제1절 개품운송(제791조~제816조), 제2절 해상여객운송(제817조~제826조), 제3절 항해용선(제827조~제841조), 제4절 정기용선(제842조~제846조), 제5절 선체용선(제847조~제851조), 제6절 운송증서(제852조~제864조)로 구성되어 있으며, 제3장 해상위험은 제1절 공동해손(제865조~제875조), 제2절 선박충돌(제876조~제881조), 제3절 해난구조(제882조~제895조)로 구성되어 있다.

바. 제6편 항공운송

제1장 통칙(제896조~제898조), 제2장 운송(제899조~제929조), 제3장 지상 제3자의 손해에 대한 책임(제930조~제935조)로 구성되어 있고, 이중 제2장 운송은 제1절 통칙(제899조~제903조), 제2절 여객운송(제904조~제912조), 제3절 물건운송(제913조~제920조), 제4절 운송증서(제921조~제929조)로 구성되어 있다.

Ⅱ 상법 총칙

제1장 통칙부터 제7장 영업양도까지 내용을 규정하고 있는데, 총칙에 대한 기본적인 이해의 관점에서 상업사용인(제3장), 상업장부(제5장), 상업등기(제6장)는 따로 살펴보지 않고, 나머지 사항들을 중심으로 주요 내용을 살펴본다.

1 통칙

통칙은 제1조(상사적용법규), 제2조(공법인의 상행위), 제3조(일방적 상행위)로 구성되어 있다. 먼저 제1조(상사적용법규)는 "상사에 관하여 본법에 규정이 없으면 상관습법에 의하고 상관습법이 없으면 민법의 규정에 의한다."고 하여 민법 제1조와 달리 불문법인 상관습법이 성문법인 민법에 우선하여 적용된다는 점에서 특징이 있다. 그리고 공법인의 상행위에 대하여는 법령에 다른 규정이 없는 경우에 한하여 상법을 적용하고(제2조), 당사자중 그 1인의 행위가 상행위인 때에는 전원에 대하여 상법을 적용한다(제3조).

2 상인

회사는 회사라는 자체로 상인이 되고 다만 상행위를 하는지에 따라 상사회사와 민사회사(제5조[695] 제2항)로 구분된다. 이와 달리 개인상인의 경우 제46조에 규정된 상행위를 영업으로 하는 자는 당연상인이 되고(제4조[696]), 점포 기타 유사한 설비에 의하여 상인적 방법으로 영업을 하는 자는 상행위를 하지 아니하더라도 의제상인이 된다(제5조 제1항). 한편, 자본금액이 1천만원에 미치지 못하는 상인으로서 회사가 아닌 자를 소상인이라 하며(시행령 제2조), 지배인, 상호, 상업장부와 상업등기에 관한 규정은 소상인에게 적용하지 아니한다(제9조).

상인에 대한 규정과 관련하여 제7조(미성년자와 무한책임사원)는 "미성년자가 법정대리인의 허락을 얻어 회사의 무한책임사원이 된 때에는 그 사원자격으로 인한 행위에는 능력자로 본다."고 규정하여, 민법상 행위능력에 대한 특칙을 규정하고 있다.

3 상호

가. 상호자유주의와 한계

상호는 문자로 표시되는 상인의 자기표시 명칭인데, 상인은 그 성명 기타의 명칭으로 상호를 정할 수 있다(제18조: 상호선정의 자유). 회사의 경우 상호에는 그 종류에 따라 합명회사, 합자회사, 유한책임회사, 주식회사 또는 유한회사의 문자를 사용하여야 하고(제19조), 회사가 아니면 상호에 회사임을 표시하는 문자를 사용하지 못한다. 회사의 영업을 양수한 경우에도 같다(제20조).

상호자유주의에 대한 제한으로서 이러한 회사상호 사용의 제한(제20조) 이외에 상호의 단일성에 따른 동일영업 단일상호의 사용(제21조[697]), 부정목적사용금지(제23조[698])가 적용된다.[699] 한편, 상호는 영업을 폐지하거나 영업과 함께

---

695 제5조(동전-의제상인) ① 점포 기타 유사한 설비에 의하여 상인적 방법으로 영업을 하는 자는 상행위를 하지 아니하더라도 상인으로 본다.
② 회사는 상행위를 하지 아니하더라도 전항과 같다.

696 제4조(상인-당연상인) 자기명의로 상행위를 하는 자를 상인이라 한다.

697 제21조(상호의 단일성) ① 동일한 영업에는 단일상호를 사용하여야 한다.
② 지점의 상호에는 본점과의 종속관계를 표시하여야 한다.

하는 경우에 한하여 이를 양도할 수 있고(제25조 제1항), 상호의 양도는 등기하지 아니하면 제3자에게 대항하지 못한다(제25조 제2항).

나. 상호의 등기

상호등기의 효력으로서 타인이 등기한 상호는 동일한 특별시·광역시·시·군에서 동종영업의 상호로 등기하지 못한다(제22조). 한편, 상법에서는 상호의 가등기에 대해 규정하고 있는데, 유한책임회사[700], 주식회사 또는 유한회사를 설립하고자 할 때에는 본점의 소재지를 관할하는 등기소에 상호의 가등기를 신청할 수 있고(제22조의2 제1항), 회사는 상호나 목적 또는 상호와 목적을 변경하고자 할 때에는 본점의 소재지를 관할하는 등기소에 상호의 가등기를 신청할 수 있으며(제22조의2 제2항), 회사는 본점을 이전하고자 할 때에는 이전할 곳을 관할하는 등기소에 상호의 가등기를 신청할 수 있다(제22조의2 제3항). 이러한 상호의 가등기는 일반적인 가등기와 달리 순위보전적 효력만 인정되는 것이 아니라 본등기와 동일한 효력이 인정되는 것이 특징이라 할 수 있다(제22조의2 제4항[701]).

상호를 등기한 자가 정당한 사유없이 2년간 상호를 사용하지 아니하는 때에는 이를 폐지한 것으로 간주하고(제26조), 상호를 변경 또는 폐지한 경우에 2주

---

698 제23조(주체를 오인시킬 상호의 사용금지) ① 누구든지 부정한 목적으로 타인의 영업으로 오인할 수 있는 상호를 사용하지 못한다.
② 제1항의 규정에 위반하여 상호를 사용하는 자가 있는 경우에 이로 인하여 손해를 받을 염려가 있는 자 또는 상호를 등기한 자는 그 폐지를 청구할 수 있다. <개정 1984. 4. 10.>
③ 제2항의 규정은 손해배상의 청구에 영향을 미치지 아니한다. <개정 1984. 4. 10.>
④ 동일한 특별시·광역시·시·군에서 동종영업으로 타인이 등기한 상호를 사용하는 자는 부정한 목적으로 사용하는 것으로 추정한다. <개정 1984. 4. 10., 1994. 12. 22., 1995. 12. 29.>

699 제28조(상호 부정사용에 대한 제재) 제20조와 제23조 제1항에 위반한 자는 200만원 이하의 과태료에 처한다.

700 2020. 6. 9. 개정법에서 '유한책임회사'가 추가되었는데, 개정전 '상호의 가등기'는 '주식회사'와 '유한회사'만 신청할 수 있도록 규정하고 있어 '유한책임회사'는 상호의 가등기가 불가하였다. 그런데 유한책임회사는 운영과 기관 구성의 측면에서 사적 자치를 폭넓게 인정하는 것일 뿐 설립등기 전 출자를 이행하여야 하는 등 설립절차에 있어서는 유한회사와 유사하여 상호의 가등기를 유한책임회사도 신청할 수 있도록 개정함으로써 설립절차 진행 중 타인이 먼저 그 상호를 등기하는 것을 방지하려는 취지로 추가된 것이다.

701 ④ 상호의 가등기는 제22조의 적용에 있어서는 상호의 등기로 본다.

간내에 그 상호를 등기한 자가 변경 또는 폐지의 등기를 하지 아니하는 때에는 이해관계인은 그 등기의 말소를 청구할 수 있다(제27조).

다. 명의대여자의 책임

타인에게 자기의 성명 또는 상호를 사용하여 영업을 할 것을 허락한 자는 자기를 영업주로 오인하여 거래한 제3자에 대하여 그 타인과 연대하여 변제할 책임이 있다(제24조). 상법 제24조에 의한 명의대여자와 명의차용자의 책임은 동일한 경제적 목적을 가진 채무로서 서로 중첩되는 부분에 관하여 일방의 채무가 변제 등으로 소멸하면 타방의 채무도 소멸하는 이른바 부진정연대의 관계에 있다. 이와 같은 부진정연대채무에서는 채무자 1인에 대한 이행청구 또는 채무자 1인이 행한 채무의 승인 등 소멸시효의 중단사유나 시효이익의 포기가 다른 채무자에게 효력을 미치지 아니한다.[702]

4 영업양도

가. 의의

상법상의 영업양도는 일정한 영업목적에 의하여 조직화된 업체, 즉 인적·물적 조직을 그 동일성은 유지하면서 일체로서 이전하는 것을 의미하고, 영업양도가 이루어졌는가의 여부는 단지 어떠한 영업재산이 어느 정도로 이전되어 있는가에 의하여 결정되어야 하는 것이 아니고 거기에 종래의 영업조직이 유지되어

702 대법원 2011. 4. 14. 선고 2010다91886 판결(명의대여자를 영업주로 오인하여 명의차용자와 거래한 채권자가 물품대금채권에 관하여 상법 제24조에 의한 명의대여자 책임을 묻자 명의대여자가 그 채권이 3년의 단기 소멸시효기간 경과로 소멸하였다고 항변한 사안에서, 부진정연대채무자의 1인에 불과한 명의차용자가 한 채무 승인 또는 시효이익 포기의 효력은 다른 부진정연대채무자인 명의대여자에게 미치지 않음에도, 명의차용자가 시효기간 경과 전 채권 일부를 대물변제하고 잔액을 정산하여 변제를 약속한 사실이 있으므로 이는 채무 승인 또는 시효이익 포기에 해당한다는 이유로 위 항변을 배척한 원심판단을 파기한 사례).

그 조직이 전부 또는 중요한 일부로서 기능할 수 있는가에 의하여 결정되어야 하므로 영업재산의 일부를 유보한 채 영업시설을 양도했어도 그 양도한 부분만으로도 종래의 조직이 유지되어 있다고 사회관념상 인정되면 그것을 영업의 양도라 볼 것이지만,[703] 영업재산의 전부를 양도했어도 그 조직을 해체하여 양도했다면 영업의 양도로 볼 수 없다. 또한 위와 같은 영업양도가 인정되려면 영업양도 당사자 사이의 명시적 또는 묵시적 계약이 있어야 한다.[704]

나. 영업양도인의 경업금지

영업을 양도한 경우에 다른 약정이 없으면 양도인은 10년간 동일한 특별시·광역시·시·군과 인접 특별시·광역시·시·군에서 동종영업을 하지 못하며(제41조 제1항), 양도인이 동종영업을 하지 아니할 것을 약정한 때에는 동일한 특별시·광역시·시·군과 인접 특별시·광역시·시·군에 한하여 20년을 초과하지 아니한 범위내에서 그 효력이 있다(제41조 제2항).

다. 영업양수인의 책임

영업양수인이 양도인의 상호를 계속사용하는 경우에는 양도인의 영업으로 인한 제3자의 채권에 대하여 양수인도 변제할 책임이 있고(제42조 제1항), 다만 양수인이 영업양도를 받은 후 지체없이 양도인의 채무에 대한 책임이 없음을 등기한 때에는 적용하지 아니한다. 양도인과 양수인이 지체없이 제3자에 대하여 그 뜻을 통지한 경우에 그 통지를 받은 제3자에 대하여도 같다(제42조 제2항). 제42조 제1항의 경우 양도인의 영업으로 인한 채권에 대하여 채무자가 선의이며 중대한 과실없이 양수인에게 변제한 때에는 그 효력이 있다(제43조). 한편, 영업

---

703 대법원 1997. 4. 25. 선고 96누19314 판결(전속기사에 대한 전적명령과 함께 일부 버스를 양도한 것은 영업의 일부 양도에 해당하지 아니하여 그 전적명령에 불응한 전속기사들은 여전히 종전 회사와 근로관계를 유지하고, 그 후의 영업양도시 그들을 근로관계의 승계대상에서 제외한 것은 부당해고에 해당한다고 본 사례).

704 대법원 2013. 2. 15. 선고 2012다102247 판결.

양수인이 양도인의 상호를 계속사용하지 아니하는 경우에 양도인의 영업으로 인한 채무를 인수할 것을 광고한 때에는 양수인도 변제할 책임이 있다(제44조). 영업양수인이 제42조 제1항 또는 제44조의 규정에 의하여 변제의 책임이 있는 경우에는 양도인의 제3자에 대한 채무는 영업양도 또는 광고후 2년이 경과하면 소멸한다(제45조).

Ⅲ 상행위

1 일반

제1장(통칙)부터 제4장의2(합자조합)까지 상행위 총론, 제5장(대리상)부터 제14장(채권매입법)까지 상행위 각론이라고 할 수 있다. 상행위 총론에 대해서는 아래에서 살펴보도록 하고, 상행위 각론에 대해서만 간략히 정리해 보면 총론에 비해 중요성이 크다고 보기는 어렵고 또한 개별 상행위 유형에 따른 특징들을 다루기 때문에 상행위 일반의 이해와는 차이가 있다. 따라서 상행위 각론과 관련하여서는 대리상,[705] 중개업,[706] 위탁매매업,[707] 운송주선업,[708] 운송업,[709] 공중접객업,[710] 창고업,[711] 금융리스업,[712] 가맹업,[713] 채권매입업[714] 등 총 10개의 상행위 유형이 규정되어 있다는 것과 각 상행위의 의의, 종전에는 7개의 상행위 유형만

---

705 제87조(의의) 일정한 상인을 위하여 상업사용인이 아니면서 상시 그 영업부류에 속하는 거래의 대리 또는 중개를 영업으로 하는 자를 대리상이라 한다.

706 제93조(의의) 타인간의 상행위의 중개를 영업으로 하는 자를 중개인이라 한다.

707 제101조(의의) 자기명의로써 타인의 계산으로 물건 또는 유가증권의 매매를 영업으로 하는 자를 위탁매매인이라 한다.

708 제114조(의의) 자기의 명의로 물건운송의 주선을 영업으로 하는 자를 운송주선인이라 한다.

709 제125조(의의) 육상 또는 호천, 항만에서 물건 또는 여객의 운송을 영업으로 하는 자를 운송인이라 한다.

710 제151조(의의) 극장, 여관, 음식점, 그 밖의 공중이 이용하는 시설에 의한 거래를 영업으로 하는 자를 공중접객업자(公衆接客業者)라 한다.

711 제155조(의의) 타인을 위하여 창고에 물건을 보관함을 영업으로 하는 자를 창고업자라 한다.

712 제168조의2(의의) 금융리스이용자가 선정한 기계, 시설, 그 밖의 재산(이하 이 장에서 "금융리스물건"이라 한다)을 제3자(이하 이 장에서 "공급자"라 한다)로부터 취득하거나 대여받아 금융리스이용자에게 이용하게 하는 것을 영업으로 하는 자를 금융리스업자라 한다.

713 제168조의6(의의) 자신의 상호·상표 등(이하 이 장에서 "상호등"이라 한다)을 제공하는 것을 영업으로 하는 자[이하 "가맹업자"(加盟業者)라 한다]로부터 그의 상호등을 사용할 것을 허락받아 가맹업자가 지정하는 품질기준이나 영업방식에 따라 영업을 하는 자를 가맹상(加盟商)이라 한다.

714 제168조의11(의의) 타인이 물건·유가증권의 판매, 용역의 제공 등에 의하여 취득하였거나 취득할 영업상의 채권(이하 이 장에서 "영업채권"이라 한다)을 매입하여 회수하는 것을 영업으로 하는 자를 채권매입업자라 한다.

을 인정하고 있었는데 2010년 개정법[715]에서 금융리스업, 가맹업, 채권매입업을 신설하였다는 점 정도만 이해해도 무방할 것으로 생각된다.

2 통칙

통칙에서는 기본적 상행위(제46조[716])와 보조적 상행위(제47조[717])를 규정한 다음 일반 민사거래와 다른 상행위의 특징들에 대해 규정하고 있는데, 다음과 같은 규정들이 있다.

가. 청약에 대한 낙부통지의무(諾否通知義務)

민사거래에서는 청약에 대해 상대방이 승낙 여부의 통지를 발송할 일반적인 의무는 없다. 이와 달리 상법에서는 상인이 상시 거래관계에 있는 자로부터 그 영업부류에 속한 계약의 청약을 받은 때에는 지체없이 낙부의 통지를 발송하여야 하고 이를 해태한 때에는 승낙한 것으로 본다(제53조).

---

715 [시행 2010. 11. 15.] [법률 제10281호, 2010. 5. 14., 일부개정] - 변화된 현실을 반영하여 새로운 상행위인 리스(lease), 프랜차이즈(franchise), 팩토링(factoring)의 법률관계를 구체적으로 이 법에 규정하는 등 현행 규정의 미비점을 보완하고 법률관계를 명확히 하려는 것으로서, 경제살리기 관련 법안임.

716 제46조(기본적 상행위) 영업으로 하는 다음의 행위를 상행위라 한다. 그러나 오로지 임금을 받을 목적으로 물건을 제조하거나 노무에 종사하는 자의 행위는 그러하지 아니하다. <개정 1995. 12. 29., 2010. 5. 14.>
1. 동산, 부동산, 유가증권 기타의 재산의 매매, 2. 동산, 부동산, 유가증권 기타의 재산의 임대차, 3. 제조, 가공 또는 수선에 관한 행위, 4. 전기, 전파, 가스 또는 물의 공급에 관한 행위, 5. 작업 또는 노무의 도급의 인수, 6. 출판, 인쇄 또는 촬영에 관한 행위, 7. 광고, 통신 또는 정보에 관한 행위, 8. 수신·여신·환 기타의 금융거래, 9. 공중(公衆)이 이용하는 시설에 의한 거래, 10. 상행위의 대리의 인수, 11. 중개에 관한 행위, 12. 위탁매매 기타의 주선에 관한 행위, 13. 운송의 인수, 14. 임치의 인수, 15. 신탁의 인수, 16. 상호부금 기타 이와 유사한 행위, 17. 보험, 18. 광물 또는 토석의 채취에 관한 행위, 19. 기계, 시설, 그 밖의 재산의 금융리스에 관한 행위, 20. 상호·상표 등의 사용허락에 의한 영업에 관한 행위, 21. 영업상 채권의 매입·회수 등에 관한 행위, 22. 신용카드, 전자화폐 등을 이용한 지급결제 업무의 인수.

717 제47조(보조적 상행위) ① 상인이 영업을 위하여 하는 행위는 상행위로 본다.
② 상인의 행위는 영업을 위하여 하는 것으로 추정한다.

나. 상사법정이율

일반 민사관계에서 이자있는 채권의 이율은 다른 법률의 규정이나 당사자의 약정이 없으면 연 5분으로 하는데 반해(민법 제379조), 상행위로 인한 채무의 법정이율은 연 6분으로 한다(제54조).

다. 금전대차

민사관계에서 금전대차는 무이자가 원칙이나(민법 제598조,[718] 제600조[719] 참고), 상사관계에서는 이자부 금전대차가 원칙이다. 즉, 상인이 그 영업에 관하여 금전을 대여한 경우에는 법정이자를 청구할 수 있고(제55조 제1항), 상인이 그 영업범위 내에서 타인을 위하여 금전을 체당(替當)하였을 때에는 체당한 날 이후의 법정이자를 청구할 수 있다(제55조 제2항).

라. 다수 당사자의 채권채무관계

수인의 채무자가 있거나 채무자와 보증인이 있는 경우 민사관계에서는 분할채권관계 또는 보증채무의 부종성이 인정되는데 반해(민법 제408조,[720] 제428조[721] 제1항), 상사관계에서는 원칙적으로 연대책임을 부담한다. 즉, 수인이 그 1인 또는 전원에게 상행위가 되는 행위로 인하여 채무를 부담한 때에는 연대하여 변제할 책임이 있고(제57조 제1항), 보증인이 있는 경우에 그 보증이 상행위이거나 주채무가 상행위로 인한 것인 때에는 주채무자와 보증인은 연대하여

---

718 제598조(소비대차의 의의) 소비대차는 당사자 일방이 금전 기타 대체물의 소유권을 상대방에게 이전할 것을 약정하고 상대방은 그와 같은 종류, 품질 및 수량으로 반환할 것을 약정함으로써 그 효력이 생긴다.

719 제600조(이자계산의 시기) 이자있는 소비대차는 차주가 목적물의 인도를 받은 때로부터 이자를 계산하여야 하며 차주가 그 책임있는 사유로 수령을 지체할 때에는 대주가 이행을 제공한 때로부터 이자를 계산하여야 한다.

720 제409조(불가분채권) 채권의 목적이 그 성질 또는 당사자의 의사표시에 의하여 불가분인 경우에 채권자가 수인인 때에는 각 채권자는 모든 채권자를 위하여 이행을 청구할 수 있고 채무자는 모든 채권자를 위하여 각 채권자에게 이행할 수 있다.

721 제428조(보증채무의 내용) ① 보증인은 주채무자가 이행하지 아니하는 채무를 이행할 의무가 있다.
② 보증은 장래의 채무에 대하여도 할 수 있다.

변제할 책임이 있다(제57조 제2항).

마. 소멸시효

민사채권의 소멸시효는 10년이 원칙이고(민법 제162조[722] 제1항) 예외적으로 3년(제163조) 또는 1년(제164조)의 단기소멸시효가 적용되는데 반해, 상행위로 인한 채권은 본법에 다른 규정이 없는 때에는 5년간 행사하지 아니하면 소멸시효가 완성한다. 그러나 다른 법령에 이보다 단기의 시효의 규정이 있는 때에는 그 규정에 의한다(제64조).

바. 기타

위 규정들 이외에도 대리의 방식(제48조), 상사유치권(제58조), 물건보관의무(제60조) 등 다양한 특유 규정들을 두고 있는데, 민사법 원칙과 어떠한 차이가 있는지를 중심으로 살펴보면 상행위의 특징을 이해하는데 도움이 될 수 있다.

3 매매

일반 민사관계에서의 매매계약(민법 제3편 제2장 제3절: 제563조~제595조)과 다른 특칙들을 규정하고 있다.

가. 매도인의 목적물의 공탁, 경매권

상인간의 매매에 있어서 매수인이 목적물의 수령을 거부하거나 이를 수령할 수 없는 때에는 매도인은 그 물건을 공탁하거나 상당한 기간을 정하여 최고한

722 제162조(채권, 재산권의 소멸시효) ① 채권은 10년간 행사하지 아니하면 소멸시효가 완성한다.
② 채권 및 소유권 이외의 재산권은 20년간 행사하지 아니하면 소멸시효가 완성한다.

후 경매할 수 있는데(제67조[723] 제1항), 민법(제490조[724])과 달리 법원의 허가 없이도 경매할 수 있다는 점에 특징이 있다.

나. 확정기매매의 해제

상인간의 매매에 있어서 매매의 성질 또는 당사자의 의사표시에 의하여 일정한 일시 또는 일정한 기간내에 이행하지 아니하면 계약의 목적을 달성할 수 없는 경우에 당사자의 일방이 이행시기를 경과한 때에는 상대방은 즉시 그 이행을 청구하지 아니하면 계약을 해제한 것으로 본다(제68조). 민법(제545조[725])과 달리 해제의 의사표시를 요하지 않는다.[726]

다. 매수인의 목적물의 검사와 하자통지의무

상인간의 매매에 있어서 매수인이 목적물을 수령한 때에는 지체없이 이를 검사하여야 하며 하자 또는 수량의 부족을 발견한 경우에는 즉시 매도인에게 그 통지를 발송하지 아니하면 이로 인한 계약해제, 대금감액 또는 손해배상을 청구

---

723 제67조(매도인의 목적물의 공탁, 경매권) ① 상인간의 매매에 있어서 매수인이 목적물의 수령을 거부하거나 이를 수령할 수 없는 때에는 매도인은 그 물건을 공탁하거나 상당한 기간을 정하여 최고한 후 경매할 수 있다. 이 경우에는 지체없이 매수인에 대하여 그 통지를 발송하여야 한다.
② 전항의 경우에 매수인에 대하여 최고를 할 수 없거나 목적물이 멸실 또는 훼손될 염려가 있는 때에는 최고없이 경매할 수 있다.
③ 전2항의 규정에 의하여 매도인이 그 목적물을 경매한 때에는 그 대금에서 경매비용을 공제한 잔액을 공탁하여야 한다. 그러나 그 전부나 일부를 매매대금에 충당할 수 있다.

724 제490조(자조매각금의 공탁) 변제의 목적물이 공탁에 적당하지 아니하거나 멸실 또는 훼손될 염려가 있거나 공탁에 과다한 비용을 요하는 경우에는 변제자는 법원의 허가를 얻어 그 물건을 경매하거나 시가로 방매하여 대금을 공탁할 수 있다.

725 제545조(정기행위와 해제) 계약의 성질 또는 당사자의 의사표시에 의하여 일정한 시일 또는 일정한 기간내에 이행하지 아니하면 계약의 목적을 달성할 수 없을 경우에 당사자 일방이 그 시기에 이행하지 아니한 때에는 상대방은 전조의 최고를 하지 아니하고 계약을 해제할 수 있다.

726 대법원 1995. 5. 26. 선고 93다61543 판결(이 사건 알루미늄 매매계약은 그 성질 또는 당사자의 의사표시에 의하여 약정된 선적기간 내에 선적되지 아니하면 계약의 목적을 달성할 수 없는 상법 제68조 소정의 이른바 확정기매매에 해당한다고 봄이 상당하고, 따라서 원고가 위 알루미늄을 약정된 선적기간 내에 선적하지 아니하였고 피고가 즉시 그 이행을 청구하지 아니한 이상, 피고에게는 위 상품을 인수할 의무는 없고, 이 사건 매매계약은 그로써 해제된 것으로 보아야 할 것이다.) 참고.

하지 못한다. 매매의 목적물에 즉시 발견할 수 없는 하자가 있는 경우에 매수인이 6월내에 이를 발견한 때에도 같다(제69조 제1항). 다만 매도인이 악의인 경우에는 동 규정이 적용되지 않는다(제69조 제2항). 민법상 담보책임 요건(제580조~제582조)과 달리 지체없이 검사의무의 이행 및 통지의무를 부담한다는 점에 특징이 있고, 다만 상사매매에 관한 상법 제69조는 민법의 매매에 관한 규정이 민법 제567조에 의하여 매매 이외의 유상계약에 준용되는 것과 달리 상법에 아무런 규정이 없는 이상 상인간의 수량을 지정한 건물의 임대차계약에 준용될 수 없다.[727]

라. 매수인의 목적물보관, 공탁의무

제69조의 경우에 매수인이 계약을 해제한 때에도 매도인의 비용으로 매매의 목적물을 보관 또는 공탁하여야 하고, 그 목적물이 멸실 또는 훼손될 염려가 있는 때에는 법원의 허가를 얻어 경매하여 그 대가를 보관 또는 공탁하여야 한다(제70조). 이는 매도인으로부터 매수인에게 인도한 물건이 매매의 목적물과 상위하거나 수량이 초과한 경우에 그 상위 또는 초과한 부분에 대하여도 준용한다(제71조).

4 상호계산, 익명조합, 합자조합

가. 상호계산

상호계산은 상인간 또는 상인과 비상인간에 상시 거래관계가 있는 경우에 일정한 기간의 거래로 인한 채권채무의 총액에 관하여 상계하고 그 잔액을 지급

727 대법원 1995. 7. 14. 선고 94다38342 판결.

할 것을 약정함으로써 그 효력이 생기는 계약을 말하는데(제72조), 계산의 간이화기능, 신용제공기능(상호계산기간의 만료시까지 채권 결제의 유보 가능), 담보적 기능이 있다.

나. 익명조합

익명조합은 당사자의 일방이 상대방의 영업을 위하여 출자하고 상대방은 그 영업으로 인한 이익을 분배할 것을 약정함으로써 그 효력이 생기는 계약이며(제78조), 내부적으로는 공동기업의 형태이지만 대외적으로는 영업자의 단독기업이 된다.

다. 합자조합

합자조합은 조합의 업무집행자로서 조합의 채무에 대하여 무한책임을 지는 조합원과 출자가액을 한도로 하여 유한책임을 지는 조합원이 상호출자하여 공동사업을 경영할 것을 약정함으로써 그 효력이 생기는 계약이며(제86조의2), 일반적으로 조합이 무한책임을 지는 조합원으로만 구성되는 것과 달리 출자가액을 한도로 유한책임을 지는 조합원을 인정한 특징이 있다.

Ⅳ 회사

1 통칙

통칙에서는 회사의 의의(제169조), 회사의 종류(제170조), 회사의 주소(제171조), 회사의 성립(제172조), 권리능력의 제한(제173조), 회사의 합병(제174조), 설립위원(제175조), 회사의 해산명령(제176조), 등기기간의 기산점(제177조)에 대해 규정하고 있다.

동법에서 "회사"란 상행위나 그 밖의 영리를 목적으로 하여 설립한 법인을 말하고(제169조), 회사는 합명회사, 합자회사, 유한책임회사, 주식회사와 유한회사의 5종으로 한다(제170조). 회사의 주소는 본점소재지에 있는 것으로 하고(제171조), 회사는 본점소재지에서 설립등기를 함으로써 성립하며(제172조), 회사는 다른 회사의 무한책임사원이 되지 못한다(제173조).

2 회사의 종류와 특징

상법에서는 회사의 종류로 합명회사, 합자회사, 유한책임회사, 주식회사와 유한회사의 5종을 인정하고 있으며(제170조), 제3편 제2장부터 제5장에서 각 회사의 내용에 대해 규정하고 있다(제6장은 외국회사, 제7장은 벌칙 규정이다). 5가지 회사의 내용을 모두 이해하는 것도 필요하겠지만, 기본적으로는 주식회사에 관한 내용을 파악하는게 중요하다. 따라서 이하에서는 5가지 회사를 특징에 따라 분류하여 기본적인 차이점 정도만 확인하고, 주식회사에 대한 주요 법리를 살펴보는 것으로 한다.

가. 인적회사

사원의 개성과 인적 신뢰관계를 기초로 한 회사를 인적회사라고 하는데, 우리 상법상 합명회사와 합자회사가 이에 해당한다.

합명회사(unlimited partnership)는 회사 채권자에 대하여 직접·연대·무한의 책임을 지는 무한책임사원으로만 구성된 회사로서 전형적인 인적회사이다. 합명회사의 각 사원은 정관에 다른 규정이 없는 때에는 회사의 업무를 집행할 권리와 의무가 있고(제200조 제1항), 각 사원의 업무집행에 관한 행위에 대하여 다른 사원의 이의가 있는 때에는 곧 행위를 중지하고 총사원 과반수의 결의에 의하여야 한다(제200조 제2항). 회사의 재산으로 회사의 채무를 완제할 수 없는 때에는 각 사원은 연대하여 변제할 책임이 있고(제212조 제1항), 회사재산에 대한 강제집행이 주효하지 못한 때에도 마찬가지의 책임이 있으며(제212조 제2항) 다만 사원이 회사에 변제의 자력이 있으며 집행이 용이한 것을 증명한 때에는 적용하지 아니한다(제212조 제3항). 회사성립후에 가입한 사원은 그 가입전에 생긴 회사채무에 대하여 다른 사원과 동일한 책임을 지며(제213조), 퇴사하거나 지분을 양도한 사원은 본점소재지에서 등기를 하기 전에 생긴 회사채무에 대하여는 등기후 2년내에는 다른 사원과 동일한 책임이 있다(제225조).

한편, 합자회사(limited partnership)는 직접·연대·무한의 책임을 지는 무한책임사원과 직접·연대·유한의 책임을 지는 유한책임사원으로 구성된 회사로서[728] 인적회사의 성질과 물적회사의 성질이 결합된 형태이다. 무한책임사원은 정관에 다른 규정이 없는 때에는 각자가 회사의 업무를 집행할 권리와 의무가 있

728 제268조(회사의 조직) 합자회사는 무한책임사원과 유한책임사원으로 조직한다.

다(제273조). 유한책임사원은 영업년도말에 있어서 영업시간 내에 한하여 회사의 회계장부·대차대조표 기타의 서류를 열람할 수 있고 회사의 업무와 재산상태를 검사할 수 있으며(제277조 제1항), 중요한 사유가 있는 때에는 유한책임사원은 언제든지 법원의 허가를 얻어 그와 같은 열람과 검사를 할 수 있다(제277조 제2항). 그리고 유한책임사원은 그 출자가액에서 이미 이행한 부분을 공제한 가액을 한도로 하여 회사채무를 변제할 책임이 있으며(제279조 제1항), 회사에 이익이 없음에도 불구하고 배당을 받은 금액은 변제책임을 정함에 있어서 이를 가산한다(제279조 제2항).

합명회사와 합자회사는 인적회사로서의 공통점이 있는데, 이에 합명회사는 합자회사로(제242조[729]), 합자회사는 합명회사로 조직변경을 할 수 있다(제286조[730]).

나. 물적 회사

사원이 출자한 재산을 기초로 한 회사로서 회사구성원은 간접·유한 책임을 지는데, 주식회사와 유한회사가 이에 해당한다.

주식회사란 자본금, 주식, 주주의 유한책임을 3요소로 하여 성립되는 물적회사로서 주주들이 주식의 형태로 회사를 공동소유하며 주식의 인수가액을 한도로 책임을 진다(제331조[731]). 3가지 구성요소 중 자본금과 관련하여서는 자본금 확정의 원칙, 자본금 유지(충실)의 원칙, 자본금 불변의 원칙이 있다.

한편, 유한회사는 유한책임사원만으로 구성된 물적회사로서 주식회사에 인

---

729 제242조(조직변경) ① 합명회사는 총사원의 동의로 일부사원을 유한책임사원으로 하거나 유한책임사원을 새로 가입시켜서 합자회사로 변경할 수 있다.
② 전항의 규정은 제229조 제2항의 규정에 의하여 회사를 계속하는 경우에 준용한다.

730 제286조(조직변경) ① 합자회사는 사원전원의 동의로 그 조직을 합명회사로 변경하여 계속할 수 있다.
② 유한책임사원전원이 퇴사한 경우에도 무한책임사원은 그 전원의 동의로 합명회사로 변경하여 계속할 수 있다.
③ 전2항의 경우에는 본점소재지에서는 2주간내, 지점소재지에서는 3주간내에 합자회사에 있어서는 해산등기를, 합명회사에 있어서는 설립등기를 하여야 한다.

731 제331조(주주의 책임) 주주의 책임은 그가 가진 주식의 인수가액을 한도로 한다.

적요소를 가미한 것으로서 출자금을 한도로 책임을 진다는 점에서 주식회사와 유사하나(자본단체성 - 주식회사의 장점), 소규모의 사업에 적합하도록 설립절차가 간단하고[732] 내부조직을 유연하게 구성[733]할 수 있도록 한 특징이 있다(소규모 폐쇄성 - 인적 회사의 장점). 다만 종전에는 사원총수를 50인 이하로 한정하고[734] 지분양도도 제한하였다가,[735] 2011년 개정법에서 사원총수 제한 규정을 삭제하고 지분양도 제한 규정도 원칙적 허용으로 개정하여[736] 기존의 폐쇄성을 완화하였고, 그럼에도 지분에 관한 증권발행을 금지하고(제555조) 성립 당시의 사원이나 증자결의에 동의한 사원은 연대하여 자본금의 결함을 전보할 책임을 지는 등(제550조, 제551조, 제593조) 폐쇄성과 강한 유대성은 여전히 존재한다.

다. 유한책임회사(Limited Liability Company, 有限責任會社)

유한책임회사는 2011년 개정법에서 신설된 회사 형태로서, 경제적 실질이나 내부관계는 인적회사(합명회사)의 성질을 가지면서도 대외적으로는 사원의 유한책임만 인정하는 회사 형태로 인적 회사와 물적 회사의 성격이 혼합된 특징이 있다. 벤처기업이나 투자기업 등 기술이나 지식을 기반으로 하는 기업 등에 적합한 형태로 이해되고 있다. 사원은 원칙적으로 출자금액을 한도로 책임을 지

---

732 유한회사의 설립절차는 발기인이 없는 점, 법원이 선임한 검사인에 의한 조사제도가 없는 점, 사원이 정관에 의하여 확정되고 기관도 정관에서 정할 수 있는 점, 사원과 이사에게 무거운 자본의 전보책임이 있는 점, 사원의 개성이 중시되므로 설립 취소의 소가 인정되는 점 등 주식회사의 설립보다 훨씬 간소화되어 있다. 정찬형, 「상법강의요론 제13판」, 박영사, 2014, 630면.

733 감사의 임의기관화(제568조), 총회소집절차의 생략(제573조), 서면에 의한 총회결의의 허용(제577조) 등.

734 제545조 (사원총수의 제한) ① 사원의 총수는 50인을 초과하지 못한다. 그러나 특별한 사정이 있는 경우에 법원의 인가를 얻은 때에는 그러하지 아니하다.
② 전항의 규정은 상속 또는 유증으로 인하여 사원의 수에 변경이 생기는 경우에는 적용하지 아니한다.

735 제556조 (지분의 양도) ① 사원은 제585조의 규정에 의한 사원총회의 결의가 있은 때에 한하여 그 지분의 전부 또는 일부를 타인에게 양도할 수 있다. 그러나 정관으로 양도의 제한을 가중할 수 있다.
② 양도로 인하여 사원의 총수가 제545조의 규정에 의한 제한을 초과하는 경우에는 유증의 경우를 제외하고는 그 양도는 효력이 없다.
③ 사원상호간의 지분의 양도에 대하여는 제1항의 규정에 불구하고 정관으로 다른 정함을 할 수 있다.

736 제556조(지분의 양도) 사원은 그 지분의 전부 또는 일부를 양도하거나 상속할 수 있다. 다만, 정관으로 지분의 양도를 제한할 수 있다. [전문개정 2011.4.14.]

고(제287조의7), 유한책임회사는 정관으로 사원 또는 사원이 아닌 자를 업무집행자로 정하여야 하는데(제287조의12 제1항), 유한책임회사를 대표하는 업무집행자가 그 업무집행으로 타인에게 손해를 입힌 경우에는 회사는 그 업무집행자와 연대하여 배상할 책임이 있다(제287조의20).

3 주식회사의 기초

상법 제3편 제4장(주식회사)은 제1절 설립(제288조~제328조), 제2절 주식(제329조~제360조의26),[737] 제3절 회사의 기관(제361조~제415조의2),[738] 제4절 신주의 발행(제416조~제432조), 제5절 정관의 변경(제433조~제437조), 제6절 자본금의 감소(제438조~제446조), 제7절 회사의 회계(제446조의2~제468조), 제8절 사채(제469조~제516조의11),[739] 제9절 해산(제517조~제521조의2), 제10절 합병(제522조~제530조), 제11절 회사의 분할(제530조의2~제530조의12), 제12절 청산(제531조~제542조), 제13절 상장회사에 대한 특례(제542조의2~제542조의13)로 구성되어 있다.

상법에서 가장 핵심이라고 할 수 있는데, 그 구성 및 내용이 방대하여 처음부터 세부적인 내용을 모두 이해하기에는 무리가 있고 따라서 이하에서는 주식회사와 관련하여 가장 기본이 되는 내용 중심으로 살펴보기로 한다.

---

737 제1관 주식과 주권(제329조~제360조), 제2관 주식의 포괄적 교환(제360조의2~제360조의14), 제3관 주식의 포괄적 이전(제360조의15~제360조의23), 제4관 지배주주에 의한 소수주식의 전부 취득(제360조의24~제360조의26).

738 제1관 주주총회(제361조~제381조), 제2관 이사와 이사회(제382조~제408조의9), 제3관 감사 및 감사위원회(제409조~제415조의2).

739 제1관 통칙(제469조~제489조), 제2관 사채권자집회(제490조~제512조), 제3관 전환사채(제513조~제516조), 제4관 신주인수권부사채(제516조의2~제516조의11).

가. 설립 행위

주식회사의 설립은 발기설립이든 모집설립이든 1) 정관작성, 2) 사원의 확정, 3) 회사재산의 형성, 4) 기관의 구성, 5) 설립등기의 절차에 따른다. 먼저 주식회사를 설립함에는 발기인이 정관을 작성하여야 하는데(제288조), 정관의 절대적 기재사항(제289조[740])과 변태설립사항(제290조)[741]이 있다. 이와 관련하여 종전에는 회사의 설립시에 발행하는 주식의 총수는 회사가 발행할 주식의 총수의 4분의 1 이상이어야 한다고 규정하고 있었다가(제289조 제2항), 2011년 개정법에서 삭제하였다.

(1) 발기설립(發起設立)

발기설립이란 설립시에 발행하는 주식의 전부를 발기인만이 인수하여 회사를 설립하는 것을 말하는데, 사원의 확정과 관련하여 각 발기인은 서면에 의하여 주식을 인수하여야 한다(제293조). 회사재산의 형성을 위해 발기인이 회사의 설립 시에 발행하는 주식의 총수를 인수한 때에는 지체없이 각 주식에 대하여 그

---

740 제289조(정관의 작성, 절대적 기재사항) ① 발기인은 정관을 작성하여 다음의 사항을 적고 각 발기인이 기명날인 또는 서명하여야 한다.
1. 목적, 2. 상호, 3. 회사가 발행할 주식의 총수, 4. 액면주식을 발행하는 경우 1주의 금액, 5. 회사의 설립 시에 발행하는 주식의 총수, 6. 본점의 소재지, 7. 회사가 공고를 하는 방법, 8. 발기인의 성명·주민등록번호 및 주소, 9. 삭제(정관의 작성년월일) <1984. 4. 10.>
② 삭제 <2011. 4. 14.>
③ 회사의 공고는 관보 또는 시사에 관한 사항을 게재하는 일간신문에 하여야 한다. 다만, 회사는 그 공고를 정관으로 정하는 바에 따라 전자적 방법으로 할 수 있다. <개정 2009. 5. 28.>
④ 회사는 제3항에 따라 전자적 방법으로 공고할 경우 대통령령으로 정하는 기간까지 계속 공고하고, 재무제표를 전자적 방법으로 공고할 경우에는 제450조에서 정한 기간까지 계속 공고하여야 한다. 다만, 공고기간 이후에도 누구나 그 내용을 열람할 수 있도록 하여야 한다. <신설 2009. 5. 28.>
⑤ 회사가 전자적 방법으로 공고를 할 경우에는 게시 기간과 게시 내용에 대하여 증명하여야 한다. <신설 2009. 5. 28.>
⑥ 회사의 전자적 방법으로 하는 공고에 관하여 필요한 사항은 대통령령으로 정한다. <신설 2009. 5. 28.>

741 변태설립사항(變態設立事項, particulars of abnormal incorporation)은 정관의 상대적 기재사항 중 회사의 자본충실을 위해 정관에 기재하여야만 그 효력이 인정되는 것을 말하는데, 우리 상법은 1) 발기인이 받을 특별이익과 이를 받을 자의 성명, 2) 현물출자를 하는 자의 성명과 그 목적인 재산의 종류, 수량, 가격과 이에 대하여 부여할 주식의 종류와 수, 3) 회사성립후에 양수할 것을 약정한 재산의 종류, 수량, 가격과 그 양도인의 성명, 4) 회사가 부담할 설립비용과 발기인이 받을 보수액 등 4가지를 규정하고 있다.

인수가액의 전액을 납입하여야 하고, 이 경우 발기인은 납입을 맡을 은행 기타 금융기관과 납입장소를 지정하여야 한다(제295조 제1항). 그리고 현물출자를 하는 발기인은 납입기일에 지체없이 출자의 목적인 재산을 인도하고 등기, 등록 기타 권리의 설정 또는 이전을 요할 경우에는 이에 관한 서류를 완비하여 교부하여야 한다(제295조 제2항).

주식인수 가액의 납입과 현물출자의 이행이 완료된 때에는 발기인은 지체없이 의결권의 과반수로 이사와 감사를 선임하여야 하고(제296조 제1항), 이 경우 발기인의 의결권은 그 인수주식의 1주에 대하여 1개로 한다(제296조 제2항).

(2) 모집설립(募集設立)

모집설립이란 설립시에 발행하는 주식 중 일부는 발기인이 인수하고 나머지는 주주를 모집하여 인수시켜 회사를 설립하는 것을 말하는데, 발기인이 회사의 설립시에 발행하는 주식의 총수를 인수하지 아니하는 때에는 주주를 모집하여야 한다(제301조).

회사설립시에 발행하는 주식의 총수가 인수된 때에는 발기인은 지체없이 주식인수인에 대하여 각 주식에 대한 인수가액의 전액을 납입시켜야 하고(제305조 제1항), 현물출자를 하는 경우에는 납입기일에 지체없이 출자의 목적인 재산을 인도하고 등기, 등록 기타 권리의 설정 또는 이전을 요할 경우에는 이에 관한 서류를 완비하여 교부하여야 한다(제305조 제3항). 이에 따른 납입과 현물출자의 이행을 완료한 때에는 발기인은 지체없이 창립총회를 소집하여야 하며(제308조 제1항), 창립총회에서는 이사와 감사를 선임하여야 한다(제312조).

나. 주식

회사는 정관으로 정한 경우에는 주식의 전부를 무액면주식으로 발행할 수 있다. 다만, 무액면주식을 발행하는 경우에는 액면주식을 발행할 수 없다(제329

조 제1항). 액면주식의 금액은 균일하여야 하고(제329조 제2항), 액면주식 1주의 금액은 100원 이상으로 하여야 한다(제329조 제3항).

회사는 정관으로 정하는 바에 따라 발행된 액면주식을 무액면주식으로 전환하거나 무액면주식을 액면주식으로 전환할 수 있는데(제329조 제4항), 이 경우 주식병합에 관한 제440조,[742] 제441조[743] 본문 및 제442조[744]를 준용한다(제329조 제5항).

주주의 책임은 그가 가진 주식의 인수가액을 한도로 하는데(제331조), 이러한 주주 유한책임의 원칙은 주주의 의사에 반하여 주식의 인수가액을 초과하는 새로운 부담을 시킬수 없다는 취지에 불과하고 주주들의 동의 아래 회사채무를 주주들이 분담하는 것까지 금하는 취지는 아니다.[745]

한편, 주식은 타인에게 양도할 수 있고 다만, 회사는 정관으로 정하는 바에 따라 그 발행하는 주식의 양도에 관하여 이사회의 승인을 받도록 할 수 있다(제335조 제1항). 제1항 단서의 규정에 위반하여 이사회의 승인을 얻지 아니한 주식의 양도는 회사에 대하여 효력이 없다(제335조 제2항). 또한 주권발행전에 한 주식의 양도는 회사에 대하여 효력이 없으며 다만 회사성립후 또는 신주의 납입기일후 6월이 경과한 때에는 그러하지 아니하다(제335조 제3항). 주식의 양도를 제한하는 방법으로서 이사회의 승인을 요하도록 정관에 정할 수 있다는 상법 제335조 제1항 단서의 취지에 비추어 볼 때, 주주들 사이에서 주식의 양도를 일부 제한하는 내용의 약정을 한 경우, 그 약정은 주주의 투하자본회수의 가능성을 전

---

742 제440조(주식병합의 절차) 주식을 병합할 경우에는 회사는 1월 이상의 기간을 정하여 그 뜻과 그 기간 내에 주권을 회사에 제출할 것을 공고하고 주주명부에 기재된 주주와 질권자에 대하여는 각별로 그 통지를 하여야 한다.

743 제441조(동전) 주식의 병합은 전조의 기간이 만료한 때에 그 효력이 생긴다. 그러나 제232조의 규정에 의한 절차가 종료하지 아니한 때에는 그 종료한 때에 효력이 생긴다.

744 제442조(신주권의 교부) ① 주식을 병합하는 경우에 구주권을 회사에 제출할 수 없는 자가 있는 때에는 회사는 그 자의 청구에 의하여 3월 이상의 기간을 정하고 이해관계인에 대하여 그 주권에 대한 이의가 있으면 그 기간 내에 제출할 뜻을 공고하고 그 기간이 경과한 후에 신주권을 청구자에게 교부할 수 있다.
② 전항의 공고의 비용은 청구자의 부담으로 한다.

745 대법원 1983. 12. 13. 선고 82도735 판결.

면적으로 부정하는 것이 아니고, 공서양속에 반하지 않는다면 당사자 사이에서는 원칙적으로 유효하다.[746]

4 회사의 기관

가. 주주총회

(1) 주주총회의 권한과 의결권

주주총회는 본법 또는 정관에 정하는 사항에 한하여 결의할 수 있다(제361조). 의결권은 1주마다 1개로 하고(제369조 제1항), 다만 회사가 가진 자기주식은 의결권이 없으며(제369조 제2항), 회사, 모회사 및 자회사 또는 자회사가 다른 회사의 발행주식의 총수의 10분의 1을 초과하는 주식을 가지고 있는 경우 그 다른 회사가 가지고 있는 회사 또는 모회사의 주식은 의결권이 없다(제369조 제3항).

이와 관련하여 주주명부에 기재되어 있는 형식상의 주주와 실질적인 주주가 다를 경우 누구를 주주로 인정할 것인지에 대해 최근 대법원은 "주주명부에 적법하게 주주로 기재되어 있는 자는 회사에 대한 관계에서 주식에 관한 의결권 등 주주권을 행사할 수 있고, 회사 역시 주주명부상 주주 외에 실제 주식을 인수하거나 양수하고자 하였던 자가 따로 존재한다는 사실을 알았든 몰랐든 간에 주주명부상 주주의 주주권 행사를 부인할 수 없으며, 주주명부에 기재를 마치지 아니한 자의 주주권 행사를 인정할 수도 없다."고 판시하였다.[747]

---

746 대법원 2008. 7. 10. 선고 2007다14193 판결.

747 대법원 2017. 3. 23. 선고 2015다248342 전원합의체 판결(이와 달리 ① 타인의 명의를 빌려 회사의 주식을 인수하고 그 대금을 납입한 경우에 그 타인의 명의로 주주명부에 기재까지 마쳐도 실질상의 주주인 명의차용인만이 회사에 대한 관계에서 주주권을 행사할 수 있는 주주에 해당한다는 취지로 본 대법원 1975. 9. 23. 선고 74다804 판결, 대법원 1977. 10. 11. 선고 76다1448 판결, 대법원 1980. 9. 19.자 80마396 결정, 대법원 1980. 12. 9. 선고 79다1989 판결, 대법원 1985. 12. 10. 선고 84다카319 판결, 대법원 1998. 4. 10. 선고 97다50619 판

(2) 영업양도, 양수, 임대등

회사가 1) 영업의 전부 또는 중요한 일부의 양도, 2) 영업 전부의 임대 또는 경영위임, 타인과 영업의 손익 전부를 같이 하는 계약, 그 밖에 이에 준하는 계약의 체결·변경 또는 해약, 3) 회사의 영업에 중대한 영향을 미치는 다른 회사의 영업 전부 또는 일부의 양수의 어느 하나에 해당하는 행위를 할 때에는 제434조[748]에 따른 결의가 있어야 한다(제374조 제1항). 그리고 이러한 행위에 관한 주주총회의 소집의 통지를 하는 때에는 제374조의2 제1항 및 제2항의 규정에 의한 주식매수청구권의 내용 및 행사방법을 명시하여야 한다(제374조 제2항).

(3) 반대주주의 주식매수청구권

제374조에 따른 결의사항에 반대하는 주주(의결권이 없거나 제한되는 주주를 포함한다. 이하 이 조에서 같다)는 주주총회 전에 회사에 대하여 서면으로 그 결의에 반대하는 의사를 통지한 경우에는 그 총회의 결의일부터 20일 이내에 주식의 종류와 수를 기재한 서면으로 회사에 대하여 자기가 소유하고 있는 주식의 매수를 청구할 수 있다(제374조의2 제1항). 이러한 청구를 받으면 해당 회사는 같은 항의 매수 청구 기간(이하 이 조에서 "매수청구기간"이라 한다)이 종료하는 날부터 2개월 이내에 그 주식을 매수하여야 하고(제374조의2 제2항), 주식의

결, 대법원 2011. 5. 26. 선고 2010다22552 판결, 대법원 2011. 5. 26. 선고 2010다27519 판결 등, ② 회사는 주식인수 및 양수계약에 따라 주식의 인수대금 또는 양수대금을 모두 납입하였으나 주식의 인수 및 양수에 관하여 상법상의 형식적 절차를 이행하지 아니한 자의 주주로서의 지위를 부인할 수 없다고 한 대법원 1980. 4. 22. 선고 79다2087 판결 등, ③ 회사가 명의개서를 하지 아니한 실질상의 주주를 주주로 인정하는 것은 무방하다고 한 대법원 1989. 10. 24. 선고 89다카14714 판결, 대법원 2001. 5. 15. 선고 2001다12973 판결, 대법원 2005. 2. 17. 선고 2004다61198 판결, 대법원 2006. 7. 13. 선고 2004다70307 판결 등, ④ 회사가 주주명부상 주주가 형식주주에 불과하다는 것을 알았거나 중대한 과실로 알지 못하였고 또한 이를 용이하게 증명하여 의결권 행사를 거절할 수 있었음에도 의결권 행사를 용인하거나 의결권을 행사하게 한 경우에 그 의결권 행사가 위법하게 된다는 취지로 판시한 대법원 1998. 9. 8. 선고 96다45818 판결, 대법원 1998. 9. 8. 선고 96다48671 판결 등을 비롯하여 이와 같은 취지의 판결들은 이 판결의 견해에 배치되는 범위 내에서 모두 변경하기로 한다).

748 제434조(정관변경의 특별결의) 제433조 제1항의 결의는 출석한 주주의 의결권의 3분의 2 이상의 수와 발행주식총수의 3분의 1 이상의 수로써 하여야 한다.

매수가액은 주주와 회사간의 협의에 의하여 결정한다(제374조의2 제3항).

매수청구기간이 종료하는 날부터 30일 이내에 제3항의 규정에 의한 협의가 이루어지지 아니한 경우에는 회사 또는 주식의 매수를 청구한 주주는 법원에 대하여 매수가액의 결정을 청구할 수 있으며(제374조의2 제4항), 법원이 이에 따라 주식의 매수가액을 결정하는 경우에는 회사의 재산상태 그 밖의 사정을 참작하여 공정한 가액으로 이를 산정하여야 한다(제374조의2 제5항).

(4) 소수주주권

① 유지청구권

이사가 법령 또는 정관에 위반한 행위를 하여 이로 인하여 회사에 회복할 수 없는 손해가 생길 염려가 있는 경우에는 감사 또는 발행주식의 총수의 100분의 1 이상에 해당하는 주식을 가진 주주는 회사를 위하여 이사에 대하여 그 행위를 유지할 것을 청구할 수 있다(제402조).

② 주주의 대표소송

발행주식의 총수의 100분의 1 이상에 해당하는 주식을 가진 주주는 회사에 대하여 이사의 책임을 추궁할 소의 제기를 이유를 기재한 서면으로 청구할 수 있다(제403조 제1항, 제2항).[749] 회사가 그 청구를 받은 날로부터 30일내에 소를 제기하지 아니한 때에는 그 주주는 즉시 회사를 위하여 소를 제기할 수 있고(제403조 제3항), 기간의 경과로 인하여 회사에 회복할 수 없는 손해가 생길 염려가 있는 경우에는 즉시 소를 제기할 수 있다(제403조 제4항). 주주 대표소송을 제기한 주주의 보유주식이 제소후 발행주식총수의 100분의 1 미만으로 감소한 경

---

749 대법원 2013. 9. 12. 선고 2011다57869 판결(대표소송을 제기한 주주 중 일부가 주식을 처분하는 등의 사유로 주식을 전혀 보유하지 아니하게 되어 주주의 지위를 상실하면, 특별한 사정이 없는 한 그 주주는 원고적격을 상실하여 그가 제기한 부분의 소는 부적법하게 되고, 이는 함께 대표소송을 제기한 다른 원고들이 주주의 지위를 유지하고 있다고 하여 달리 볼 것은 아니다).

우(發行株式을 보유하지 아니하게 된 경우를 제외한다)에도 제소의 효력에는 영향이 없다(제403조 제5항).

③ 주주의 회계장부열람권

발행주식의 총수의 100분의 3 이상에 해당하는 주식을 가진 주주는 이유를 붙인 서면으로 회계의 장부와 서류의 열람 또는 등사를 청구할 수 있고(제466조 제1항), 회사는 이러한 주주의 청구가 부당함을 증명하지 아니하면 이를 거부하지 못한다(제466조 제2항).

나. 이사와 이사회

(1) 이사의 선임

이사는 주주총회에서 선임한다(제382조 제1항).

(2) 이사의 의무

① 충실의무

이사는 법령과 정관의 규정에 따라 회사를 위하여 그 직무를 충실하게 수행하여야 한다(제382조의3).

② 비밀유지의무

이사는 재임중 뿐만 아니라 퇴임후에도 직무상 알게된 회사의 영업상 비밀을 누설하여서는 아니된다(제382조의4).

③ 경업금지의무

이사는 이사회의 승인이 없으면 자기 또는 제삼자의 계산으로 회사의 영업부류에 속한 거래를 하거나 동종영업을 목적으로 하는 다른 회사의 무한책임사원이나 이사가 되지 못한다(제397조 제1항). 이사가 이에 위반하여 거래를 한 경우에 회사는 이사회의 결의로 그 이사의 거래가 자기의 계산으로 한 것인 때에는 이를 회사의 계산으로 한 것으로 볼 수 있고 제삼자의 계산으로 한 것인 때에는 그 이사에 대하여 이로 인한 이득의 양도를 청구할 수 있으며(제397조 제2항), 이러한 권리는 거래가 있은 날로부터 1년을 경과하면 소멸한다(제397조 제3항).

(3) 이사의 인원수 및 임기

이사는 3명 이상이어야 한다. 다만, 자본금 총액이 10억원 미만인 회사는 1명 또는 2명으로 할 수 있다(제383조 제1항). 이사의 임기는 3년을 초과하지 못하고(제383조 제2항), 다만 정관으로 그 임기 중의 최종의 결산기에 관한 정기주주총회의 종결에 이르기까지 연장할 수 있다(제383조 제3항).

(4) 대표이사

회사는 이사회의 결의로 회사를 대표할 이사를 선정하여야 한다. 그러나 정관으로 주주총회에서 이를 선정할 것을 정할 수 있다(제389조 제1항). 이 경우 수인의 대표이사가 공동으로 회사를 대표할 것을 정할 수 있다(제389조 제2항). 제208조[750] 제2항, 제209조,[751] 제210조[752]와 제386조[753]의 규정은 대표이사에

---

750 제208조(공동대표) ① 회사는 정관 또는 총사원의 동의로 수인의 사원이 공동으로 회사를 대표할 것을 정할 수 있다.
② 전항의 경우에도 제삼자의 회사에 대한 의사표시는 공동대표의 권한있는 사원 1인에 대하여 이를 함으로써 그 효력이 생긴다.

751 제209조(대표사원의 권한) ① 회사를 대표하는 사원은 회사의 영업에 관하여 재판상 또는 재판외의 모든 행위를 할 권한이 있다.
② 전항의 권한에 대한 제한은 선의의 제삼자에게 대항하지 못한다.

752 제210조(손해배상책임) 회사를 대표하는 사원이 그 업무집행으로 인하여 타인에게 손해를 가한 때에는 회사는 그 사원과 연대하여 배상할 책임이 있다.

753 제386조(결원의 경우) ① 법률 또는 정관에 정한 이사의 원수를 결한 경우에는 임기의 만료 또는 사임으로 인하여 퇴임한 이사는 새로 선임된 이사가 취임할 때까지 이사의 권리의무가 있다.
② 제1항의 경우에 필요하다고 인정할 때에는 법원은 이사, 감사 기타의 이해관계인의 청구에 의하여 일시 이사의 직무를 행할 자를 선임할 수 있다. 이 경우에는 본점의 소재지에서 그 등기를 하여야 한다.

준용한다(제389조 제3항).

(5) 이사회의 권한

중요한 자산의 처분 및 양도, 대규모 재산의 차입, 지배인의 선임 또는 해임과 지점의 설치·이전 또는 폐지 등 회사의 업무집행은 이사회의 결의로 한다(제393조 제1항).[754] 이사회는 이사의 직무의 집행을 감독하고(제393조 제2항), 이사는 대표이사로 하여금 다른 이사 또는 피용자의 업무에 관하여 이사회에 보고할 것을 요구할 수 있다(제393조 제3항). 그리고 이사는 3월에 1회 이상 업무의 집행상황을 이사회에 보고하여야 한다(제393조 제4항).

(6) 회사에 대한 책임

이사가 고의 또는 과실로 법령 또는 정관에 위반한 행위를 하거나 그 임무를 게을리한 경우에는 그 이사는 회사에 대하여 연대하여 손해를 배상할 책임이 있다(제399조 제1항). 이러한 행위가 이사회의 결의에 의한 것인 때에는 그 결의에 찬성한 이사도 전항의 책임이 있으며(제399조 제2항), 결의에 참가한 이사로서 이의를 한 기재가 의사록에 없는 자는 그 결의에 찬성한 것으로 추정한다(제399조 제3항).

한편, 제399조에 따른 이사의 책임은 주주 전원의 동의로 면제할 수 있고(제400조 제1항), 회사는 정관으로 정하는 바에 따라 제399조에 따른 이사의 책임을 이사가 그 행위를 한 날 이전 최근 1년간의 보수액(상여금과 주식매수선택권의 행사로 인한 이익 등을 포함한다)의 6배(사외이사의 경우는 3배)를 초과하는 금액에 대하여 면제할 수 있다. 다만, 이사가 고의 또는 중대한 과실로 손해를

754 대법원 2019. 8. 14. 선고 2019다204463 판결(주식회사에서의 이사회의 역할 및 주식회사에 대한 회생절차 개시결정의 효과 등에 비추어 보면 주식회사의 회생절차개시신청은 대표이사의 업무권한인 일상 업무에 속하지 아니한 중요한 업무에 해당하여 이사회 결의가 필요하다고 보아야 한다).

발생시킨 경우와 제397조, 제397조의2[755] 및 제398조[756]에 해당하는 경우에는 그러하지 아니하다(제400조 제2항).

(7) 제3자에 대한 책임

이사가 고의 또는 중대한 과실로 그 임무를 게을리한 때에는 그 이사는 제3자에 대하여 연대하여 손해를 배상할 책임이 있다(제401조 제1항). 이 경우 제399조 제2항, 제3항의 규정이 준용된다(제401조 제2항).

(8) 업무집행지시자 등의 책임

회사에 대한 자신의 영향력을 이용하여 이사에게 업무집행을 지시한 자, 이사의 이름으로 직접 업무를 집행한 자, 이사가 아니면서 명예회장·회장·사장·부사장·전무·상무·이사 기타 회사의 업무를 집행할 권한이 있는 것으로 인정될 만한 명칭을 사용하여 회사의 업무를 집행한 자는 그 지시하거나 집행한 업무에 관하여 제399조·제401조 및 제403조의 적용에 있어서 이를 이사로 본다(제401조

---

755 제397조의2(회사의 기회 및 자산의 유용 금지) ① 이사는 이사회의 승인 없이 현재 또는 장래에 회사의 이익이 될 수 있는 다음 각 호의 어느 하나에 해당하는 회사의 사업기회를 자기 또는 제3자의 이익을 위하여 이용하여서는 아니 된다. 이 경우 이사회의 승인은 이사 3분의 2 이상의 수로써 하여야 한다.
1. 직무를 수행하는 과정에서 알게 되거나 회사의 정보를 이용한 사업기회
2. 회사가 수행하고 있거나 수행할 사업과 밀접한 관계가 있는 사업기회
② 제1항을 위반하여 회사에 손해를 발생시킨 이사 및 승인한 이사는 연대하여 손해를 배상할 책임이 있으며 이로 인하여 이사 또는 제3자가 얻은 이익은 손해로 추정한다.
[본조신설 2011. 4. 14.]

756 제398조(이사 등과 회사 간의 거래) 다음 각 호의 어느 하나에 해당하는 자가 자기 또는 제3자의 계산으로 회사와 거래를 하기 위하여는 미리 이사회에서 해당 거래에 관한 중요사실을 밝히고 이사회의 승인을 받아야 한다. 이 경우 이사회의 승인은 이사 3분의 2 이상의 수로써 하여야 하고, 그 거래의 내용과 절차는 공정하여야 한다.
1. 이사 또는 제542조의8 제2항 제6호에 따른 주요주주
2. 제1호의 자의 배우자 및 직계존비속
3. 제1호의 자의 배우자의 직계존비속
4. 제1호부터 제3호까지의 자가 단독 또는 공동으로 의결권 있는 발행주식 총수의 100분의 50 이상을 가진 회사 및 그 자회사
5. 제1호부터 제3호까지의 자가 제4호의 회사와 합하여 의결권 있는 발행주식총수의 100분의 50 이상을 가진 회사

의2 제1항). 이 경우 회사 또는 제3자에 대하여 손해를 배상할 책임이 있는 이사는 연대하여 그 책임을 진다(제401조의2 제2항).

다. 감사 및 감사위원회

자본금 총액이 10억원 미만인 회사가 아니면 반드시 감사를 선임하여야 하는데, 감사는 주주총회에서 선임한다(제409조 제1항, 제4항). 의결권없는 주식을 제외한 발행주식의 총수의 100분의 3(정관에서 더 낮은 주식 보유비율을 정할 수 있으며, 정관에서 더 낮은 주식 보유비율을 정한 경우에는 그 비율로 한다)을 초과하는 수의 주식을 가진 주주는 그 초과하는 주식에 관하여 감사의 선임에 있어서는 의결권을 행사하지 못한다(제409조 제2항). 감사는 이사의 직무집행에 대한 감사, 회사의 업무와 재산상태에 대한 조사권한 등이 있고(제412조~제412조의5), 주주총회에서 의견을 진술할 의무가 있으며(제413조) 감사록을 작성하여야 한다(제413조의2). 그리고 감사가 그 임무를 해태한 때에는 그 감사는 회사에 대하여 연대하여 손해를 배상할 책임이 있고(제414조 제1항), 악의 또는 중대한 과실로 인하여 그 임무를 해태한 때에는 그 감사는 제삼자에 대하여 연대하여 손해를 배상할 책임이 있으며(제414조 제2항), 회사 또는 제삼자에 대하여 손해를 배상할 책임이 있는 경우에 이사도 그 책임이 있는 때에는 그 감사와 이사는 연대하여 배상할 책임이 있다(제414조 제3항).

한편, 회사는 정관이 정한 바에 따라 감사에 갈음하여 제393조의2[757]의 규정

757 제393조의2(이사회내 위원회) ① 이사회는 정관이 정한 바에 따라 위원회를 설치할 수 있다.
② 이사회는 다음 각호의 사항을 제외하고는 그 권한을 위원회에 위임할 수 있다.
1. 주주총회의 승인을 요하는 사항의 제안
2. 대표이사의 선임 및 해임
3. 위원회의 설치와 그 위원의 선임 및 해임
4. 정관에서 정하는 사항
③ 위원회는 2인 이상의 이사로 구성한다.
④ 위원회는 결의된 사항을 각 이사에게 통지하여야 한다. 이 경우 이를 통지받은 각 이사는 이사회의 소집을 요구할 수 있으며, 이사회는 위원회가 결의한 사항에 대하여 다시 결의할 수 있다.

에 의한 위원회로서 감사위원회를 설치할 수 있고 감사위원회를 설치한 경우에는 감사를 둘 수 없다(제415조의2 제1항). 감사위원회는 3명 이상의 이사로 구성하고, 사외이사가 위원의 3분의 2 이상이어야 한다(제415조의2 제2항). 감사위원회의 위원의 해임에 관한 이사회의 결의는 이사 총수의 3분의 2 이상의 결의로 하여야 한다(제415조의2 제3항).

❖ 시사상식 - 스튜어드십 코드(Stwardship Code)[758] 제7원칙

1) 기관투자자는 고객, 수익자 등 타인 자산을 관리·운영하는 수탁자로서 책임을 충실히 이행하기 위한 명확한 정책을 마련해 공개해야 한다.
2) 기관투자자는 수탁자로서 책임을 이행하는 과정에서 실제 직면하거나 직면할 가능성이 있는 이해상충 문제를 해결하기 위한 효과적이고 명확한 정책을 마련하고 그 내용을 공개해야 한다.
3) 기관투자자는 투자대상회사의 중장기적인 가치를 제고하여 투자자산의 보존과 증진을 위해 투자대상회사를 지속적으로 점검해야 한다.
4) 기관투자자는 투자대상회사와 공감대 형성을 지향하되, 필요한 경우 수탁자 책임 이행을 위한 활동 전개 시기와 절차, 방법에 관한 내부지침을 마련해야 한다.
5) 기관투자자는 충실한 의결권 행사를 위한 지침·절차·세부기준을 포함한 의결권 정책을 마련해 공개해야 하며, 의결권 행사의 적정성을 파악할 수 있도록 의결권 행사의 구체적인 내용과 그 사유를 함께 공개해야 한다.
6) 기관투자자는 의결권 행사와 수탁자 책임 이행 활동에 관해 고객과 수익자에게 주기적으로 보고해야 한다.
7) 기관투자자는 수탁자 책임의 적극적이고 효과적인 이행을 위해 필요한 역량과 전문성을 확보해야 한다.

---

⑤ 제386조 제1항·제390조·제391조·제391조의3 및 제392조의 규정은 위원회에 관하여 이를 준용한다.

758 보건복지부는 2018. 7. 17. 국민연금 스튜어드십 코드 도입 방안에 대한 공청회를 개최한 후 7월 30일 전격적인 도입을 선언하였다.

법학입문

참고문헌

곽윤직, 「민법총칙」, 박영사, 1995

김준호, 「민법강의(제27판)」, 법문사, 2021

박선아, "일본 전범기업을 상대로 한 민사소송의 의의와 과제", 법조 제684호, 법조협회, 2013. 9.

양다오 지음/ 박다짐 옮김, 미국 헌법을 읽다, 유유, 2018

양삼승, 「권력, 정의, 판사」, 까치, 2017

이재상·조균석, 「형사소송법(제11판)」, 박영사, 2017

이시윤, 「新민사소송법(제11판)」, 박영사, 2017

정상조편, 「상표법주해Ⅱ」, 박영사, 2018

정찬형, 「상법강의요론 제13판」, 박영사, 2014

조지형, 「헌법에 비친 역사」, 푸른역사, 2009

최병호, 「범죄피해자 보호와 피해회복에 관한 연구」, 고려대학교, 2005

한인섭, 100년의 헌법, 푸른역사, 2019

홍영기, "법이념관점에서 죄형법정주의", 한국형법학의 새로운 지평: 심온 김일수교수 화갑기념논문집, 박영사, 2006

황문규, "공소시효제도의 변화와 미제사건 수사체제", 법학연구 제21권 제4호, 경상대학교 법학연구소, 2013

색 인